157497   D   15   B8 A4

JACOB BURCKHARDT
    BURCKHARDT J
A 000000   C 770125

Library
St. Joseph's College
City Avenue at 54th Street
Philadelphia, Pennsylvania 19131

Kröners Taschenausgabe
Band 134

Nach dem Leben gezeichnet von Hans Lendorff, Basel, Juni 1895

JACOB BURCKHARDT

Briefe

zur Erkenntniß seiner

geistigen Gestalt

—

Mit einem Lebensabriß herausgegeben

von

FRITZ KAPHAHN

Mit 12 Abbildungen

ALFRED KRÖNER VERLAG · LEIPZIG

Copyright 1935 by Alfred Kröner Verlag in Leipzig

Alle Rechte vorbehalten

Druck der Spamer A.-G. in Leipzig

VORWORT

Diesem Burckhardt-Briefband eignet wie jeder literarischen Auswahl ein bestimmter subjektiver Charakter. Um die negative Wirkung dieser Tatsache einzugrenzen, ist den Briefen außer einer allgemeinen Einleitung ein **biographischer Abriß** vorangestellt worden, in dem das geistige Porträt des großen Basler Historikers zu entwickeln versucht wird, wie es sich dem Herausgeber allmählich erschloß, und wofür die nachfolgenden Texte dann gleichsam weitere Illustrationen bilden. Selbstverständlich kann dies kein Ersatz für die uns noch fehlende erschöpfende Burckhardt-Biographie sein. Immerhin hat die intensive Beschäftigung mit seinen Werken und Briefen vielleicht doch Linien und Züge in Burckhardts Bild erkennen lassen, wie sie so bisher noch nicht gesehen wurden. Ob sie stimmen, sollen die Sachkenner entscheiden. Zur Nachprüfung der Auswahl im einzelnen wie zur Erleichterung weiterer Studien findet sich am Ende des Bandes ein **Verzeichnis sämtlicher dem Herausgeber bekannt gewordener Burckhardt-Briefe**.

Die hier abgedruckten zerfallen deutlich in zwei Kategorien: in solche, die völlig oder nahezu ungekürzt veröffentlicht werden, und andere, die nur durch einen Teil konstitutive Bedeutung für Burckhardts Sein und Werden besitzen. Von diesen sind immer nur die betreffenden Stellen zitatmäßig in die Sammlung aufgenommen worden, während jene nicht nur als Quelle für Leben und Denken des großen Mannes, sondern auch als Beispiele seiner hohen epistolographischen Kunst dienen sollen. Die Briefe sind sämtlich den ersten Abdrücken, nicht den Originalen nachgedruckt. Da bei den bisherigen Teilbriefausgaben sehr verschiedene Editionsprinzipien angewendet wurden (in der Orthographie z. B. differierend zwischen buchstabengetreuer Wiedergabe und völliger Modernisierung), so ist, um der vorliegenden Publikation einen einheitlichen Charakter zu verleihen, grundsätzlich die in unseren Tagen geltende Rechtschreibung und Satzzeichengebung zur Anwendung gelangt.

In den Anmerkungen ist nur wirklich Wesentliches und nicht das als Erläuterung aufgenommen worden, was sich bequem in einem Konversationslexikon oder einem Fremdwörterbuch finden läßt. Von der Burckhardt-Literatur ist nur das vermerkt, was dem vorliegenden Band zum unmittelbaren Vorteil diente.

Von der beigegebenen Schriftprobe und den Bildnissen ist die erstere aus dem Jahre 1878 artvertretend, da sich Jacob Burckhardts Handschrift im Laufe der Jahre wenig geändert hat, im Gegensatz etwa zu der Nietzsches und in Übereinstimmung mit Goethe, dessen Schriftzügen sie überhaupt ähnelt. Leider kennen wir, von einem Kindheitsbild abgesehen, gute Porträts von Jacob Burckhardt nur aus den zwanziger und aus den späten siebziger Jahren seines Lebens. Sein Bild aus den mittleren Jahren scheint in gleicher Eindringlichkeit nicht auf uns gekommen zu sein.

Der Herausgeber des vorliegenden Burckhardt-Bandes hat bei seiner Tätigkeit die vielfältigste Unterstützung erfahren. Es sei an dieser Stelle ausdrücklich hervorgehoben, daß er sie vor allem bei den Herren Rudolf Marx-Leipzig, Dr. Walther Rehm-München, Direktor Dr. Wilhelm Schuster-Berlin und Direktor Dr. Uhlendahl-Leipzig gefunden hat. Zu ganz besonderem Dank fühlt er sich seinem Freunde, Herrn Prof. Dr. Dr. Hans Keller-Berlin, und seiner treuesten Gehilfin, Frau Irma Kaphahn, verpflichtet. Ohne sie wäre diese Arbeit überhaupt nicht entstanden; ihr sei sie darum auch zu ihrem Geburtstag dargebracht.

Berlin-Zehlendorf, 2. Okt. 1935

FRITZ KAPHAHN

INHALT

Vorwort V

Allgemeine Einleitung *3*

ERSTER TEIL

DAS LEBEN JACOB BURCKHARDTS

Erster Abschnitt

1818–1858: Deutschland – Basel – Italien *13*

I. 1818–1843: Jugend und Lehrjahre *13*

II. 1843–1846: Krisis *39*

III. 1846–1858: Wanderjahre *48*

Zweiter Abschnitt

1858–1897: Die spätere Basler Zeit *73*

IV. 1858–1867: Die „Renaissance"-Zeit *73*

V. 1868–1886: Die Zeit der Gestaltung des universalhistorischen Gesamtbildes *87*

VI. 1886–1897: Das Alter *119*

ZWEITER TEIL

BRIEFE JACOB BURCKHARDTS

I. Briefe aus den Jahren 1823–1843 3

II. Briefe aus den Jahren 1843–1846 93

III. Briefe aus den Jahren 1846–1858 152

    Anhang: Gedichte 234

IV. Briefe aus den Jahren 1858–1867 239

V. Briefe aus den Jahren 1868–1886 298

VI. Briefe aus den Jahren 1886–1897 468

Verzeichnis der dem Herausgeber bekannt gewordenen Briefe
Jacob Burckhardts 513

Register 523

Abkürzungen:

J. B. = Jacob Burckhardt

B. G. A. = Burckhardt-Gesamtausgabe,

14 Bände, 1929 ff.

VERZEICHNIS DER ABBILDUNGEN

Jacob Burckhardt. Nach dem Leben gezeichnet von Hans Lendorff, Basel, Juni 1895 . . . . Titelbild

Die Eltern. Kohlezeichnungen von S. Gysin. Basler Privatbesitz . . . . nach S. 2

Jacob Burckhardt als Kind. Pastell. Basler Privatbesitz nach S. 6

Florenz vom Kloster al Monte aus. Bleistiftzeichnung Burckhardts, 1838 . . . . nach S. 12

Groß-St. Martin und Dom in Köln. Bleistiftskizze aus Burckhardts Skizzenbuch, 1841 . . . . nach S. 28

Pont des Arches in Lüttich. Bleistiftzeichnung aus Burckhardts Skizzenbuch, 1841 . . . . nach S. 60

Jacob Burckhardt. Bleistiftzeichnung aus dem Nachlaß Franz Kuglers, 8. Februar 1843 . . . . nach S. 76

Jacob Burckhardt. Photographie, wahrscheinlich aus Paris, Sommer 1843 . . . . nach S. 156

Jacob Burckhardt. Zeichnung von Franz Kugler, 1846 oder 1847 . . . . nach S. 172

Handschriftprobe Burckhardts aus dem Jahre 1878 nach S. 412

Jacob Burckhardt. Photographie von Burckhardts Vetter Rektor Burckhardt in Basel . . . . nach S. 444

Jacob Burckhardt. Photographie von Hans Lendorff, etwa 1890 . . . . nach S. 460

ALLGEMEINE EINLEITUNG

Es gibt große Persönlichkeiten der Geistesgeschichte, deren Dasein erschöpft sich nahezu restlos in ihren Werken. Ihr Wesen ist ganz in sie eingegangen, und sie haben sich völlig in den Dienst der überpersönlichen Aufgabe gestellt, mit der sie die Zeit fortführen halfen. Nicht daß ihre allgemeinen Lebensumstände völlig gleichgültig seien, auch bei ihnen lassen sich manche Seiten ihres Denkens nur aus den Besonderheiten ihres Lebenslaufes erklären. Aber ihr persönliches Leben tritt im ganzen doch stark zurück hinter ihrem Schaffen, bei ihnen ruht der Akzent entscheidend auf dem Werk, nicht auf ihrer psychophysischen Existenz. Die meisten großen Naturforscher gliedern sich hier ein, aber auch Männer der Geisteswissenschaft.

Neben ihnen ragen nun aber Gestalten empor, die ausgreifender in ihrem sachlichen Planen und umfassender in ihrem Menschentum mehr in der Weite ihres Geistes und der Fülle ihres Bewußtseins schwingen, als daß sie zu abschließenden Werken gelangen, die mit einem starken und fein differenzierten inneren Sensorium begabt sind, aber die Gestaltung der ungeheuren Mannigfalt der Eindrücke nicht voll vermögen, oder aus dem Wissen um die Unmöglichkeit ihrer vollen Objektivierung nicht wollen. Ihre Werke, wenn sie sie überhaupt schaffen, behalten auch dann etwas Fragmentarisches, wenn die Vollendung ihrer äußeren Form zunächst darüber hinwegtäuscht, weil sie nie „das Ganze" zum Ausdruck bringen, sondern nur einer Seite eine nach außen, in das Reich des objektiven Geistes gerichtete Gestalt verleihen. Solche Männer werden von ihren Zeitgenossen oft sehr einseitig gesehen, ja total verkannt, solange man sich nur an das hält, wovon sie einer engeren oder weiteren Welt Kunde gegeben haben. Ihr volles Wesen erschließt sich meist erst längere Zeit nach ihrem Tode, wenn das allgemein offenbar geworden ist,

was alles ihren Geist bewegte, ohne den Weg zu Büchern zu finden; oder konkreter gesprochen: wenn erst der literarische Nachlaß und ihre Briefe bekannt geworden sind. Ist es für den Menschen späterer Zeit im ersteren Falle die Aufgabe und der Genuß, das wohldurchdachte und wohlgestaltete Werk nachsinnend zu interpretieren, so fügt sich dem im anderen Falle das fesselnde Bemühen an, das in Bruchstücken und Ansätzen vorliegende Werk aus einem tieferen Lebenszentrum zu durchfühlen und zu einer bestimmten Gestalt zusammenzuschließen. Ein Nachschaffen, nicht bloß ein Nachdenken winkt hier als Lohn.
Zu den Männern zweiter Art gehört nun auch Jacob Burckhardt. Er hat abgesehen von kleineren Arbeiten und Zeitschriftenaufsätzen aus den 1840er Jahren vier einbändige Werke veröffentlicht: die „Zeit Konstantins des Großen" 1853, den „Cicerone" 1855, die „Kultur der Renaissance in Italien" 1860 und die „Kunst der Renaissance" 1867. Seit diesem letzteren Jahre ist er dann aber für eine breitere Öffentlichkeit völlig verstummt, obwohl er noch über ein Vierteljahrhundert an der Universität Basel als Professor der Geschichte und später auch der Kunstgeschichte lehrte und Vorlesungen über das gesamte Gebiet der Welt- und der Kunstgeschichte hielt, deren Ruf weit über die Grenzen Basels in alle europäische Länder, vor allem aber nach Deutschland drang. So war es wohl seit den 1860er Jahren möglich, durch einen längeren Aufenthalt in Basel und den Besuch seiner Vorlesungen sich ein vollständigeres Bild von diesem Manne und seinen Geschichtsanschauungen zu verschaffen; allein das Beispiel Friedrich Nietzsches, der während seiner Basler Professur in den 1870er Jahren Vorlesungen und öffentliche Vorträge seines älteren Kollegen hörte und sich sogar seines persönlichen Umgangs erfreute, zeigt, wie entscheidende Mißverständnisse dabei noch immer obwalten konnten. Erst nach Jacob Burckhardts Tode, als vor allem seine „Griechische Kulturgeschichte" 1898–1902, seine „Weltgeschichtlichen Betrachtungen" 1905 und seine „Vorträge" 1918 bekannt geworden waren, zu denen sich neuestens, seit 1929, die großartig aufschlußreichen „Historischen Fragmente aus dem Nach-

laß" gesellen, begann sich sein volles Weltgeschichtsbild zu enthüllen. Mit seinem Kunstgeschichtsbild sind wir trotz der 1898 posthum erschienenen „Beiträge zur Kunstgeschichte Italiens" und der „Erinnerungen aus Rubens" bis auf den heutigen Tag noch ganz ungenügend vertraut. Und wie sich durch die nachgelassenen Arbeiten erst ganz allmählich ein klares Bild seiner historischen Gesamtauffassung erschloß, so entstieg auch nur langsam den seit 1904 veröffentlichten Briefgruppen seine menschliche Gesamterscheinung[1]. Jacob Burckhardt hat dem ja auch in keiner Weise Vorschub geleistet. Im Gegenteil sorgte er dafür, daß wichtige Dokumente, wie sein Briefwechsel mit Franz Kugler und mit Wilhelm Lübke, noch bei seinen Lebzeiten vernichtet wurden. Außerdem wird manches, vielleicht auf seinen ausdrücklichen Wunsch, bis auf den heutigen Tag von den Adressaten zurückgehalten. Trotzdem liegen die bekannten Briefe dicht genug, um den Versuch zu rechtfertigen, die entscheidend wichtigen aus ihnen herauszuheben und auf sie und die Werke als wesentliche Quelle eine Biographie aufzubauen.

Jacob Burckhardt ist bei allem Hang zur Einsamkeit doch auch wieder ein mitteilungsbedürftiger Mensch gewesen. Er hat, soviel wir wissen, nie ein Tagebuch, höchstens gelegentlich ein Reisejournal geführt. Was ihn bewegte und beschäftigte, das vertraute er Blättern an, die er nicht in seinem Schreibtisch verschloß, sondern Freunden oder anderen zuverlässigen Menschen übersandte. Will man sie ganz im großen zu Gruppen zusammenfassen, so kann man die **Briefe zu seiner inneren Entwicklung** abheben einmal von den Briefen zur Kunst und zur Tagesgeschichte und zum andern von seinen Reise- und seinen Lehrbriefen. Die ersteren, welche begreiflicherweise in seinen jüngeren Jahren die andern überwiegen, werden durch zwei Eigenschaften charakterisiert: es sind nicht Gelehrtenbriefe im üblichen Sinne des Wortes, in denen die

---

[1] Vgl. die Übersicht sämtlicher bisheriger B.-Briefveröffentlichungen am Kopf des „Verzeichnisses der dem Herausgeber bekanntgewordenen Briefe J. B.s" S. 513 ff.

Fragen und Probleme der Bücher im einzelnen weiterverfolgt und kommentiert werden. Jacob Burckhardt legte die Zwiesprache mit seinem wissenschaftlichen Stoff, oft in sehr lebhaften und drastischen Worten, in seinen Kollegheften nieder, ganz selten in seinen Briefen. Diese enthalten darüber meist nur Andeutungen. Um so deutlicher enthüllen sie die seelischen Voraussetzungen, die allgemeine Stimmung, unter der Jacob Burckhardt jeweils stand und arbeitete. Das ist deshalb so wichtig, weil bei wenigen großen Gelehrten die Werke so von ihrem Lebensgefühl bestimmt werden wie bei ihm. An wieviel Stellen führen nicht die Erklärungsversuche in seine irrationalen Untergründe!
Von der zweiten Gruppe von Briefen sind die zur Kunst zunächst ein willkommener Ersatz für die kunsthistorischen Anschauungen Jacob Burckhardts, soweit sie noch ungekannt in den Kollegheften des Jacob-Burckhardt-Archivs zu Basel ruhen. Darüber hinaus beleuchten sie zwar nur in zahllosen Einzelurteilen, im ganzen aber doch durchaus eindeutig sein Verhältnis zur zeitgenössischen Kunst, der er so gut wie völlig ablehnend gegenüberstand. Dies erklärt sich aus seiner allgemeinen Anschauung über die Gegenwart, die noch deutlicher aus seinen Briefen zur Tagesgeschichte spricht. Sie vor allem sind erfüllt von der tiefen und schweren Spannung, in der er sich seit 1846 zur Welt und der Entwicklung des öffentlichen Wesens befunden hat. Sie verlieren sich gewiß manchmal ins kleine und kleinliche und erinnern an schopenhauerische Galligkeit, aber man wird nie dabei vergessen dürfen, wie Jacob Burckhardt unter dem Zusammenbruch des deutschen Idealismus litt, und wie sehr das Bild vom sich überschlagenden Radikalismus und den brutalen Diktatoren, den „terribles simplificateurs", als politischer Zukunft Europas auf seiner Seele lastete. Er trug objektiv viel schwerer an seinem Pessimismus als Schopenhauer. Und trotzdem hat er sich den Glauben an die einstige Wiedergeburt seiner Ideale niemals ganz rauben lassen!
Er hat sich vor allem mit dem Nacherleben ihrer Verwirklichungen in der Vergangenheit, mit den großen humanen Epochen der Weltgeschichte getröstet. Davon künden außer

seinen Werken namentlich seine Reisebriefe. Unter diesen befinden sich die Perlen seiner Epistolographie. Das Reisen ist für Jacob Burckhardt ein integrierender Bestandteil seines Lebens gewesen. Es war für ihn wie ein immer wiederholtes tiefes seelisches Atemholen. Es hat ihm am Ende seiner Jugend die Erlösung aus einer schweren inneren Krisis gebracht. Es führte später nach der gleichmäßigen Basler Atmosphäre ihm immer wieder neue geistige Luft zu. Es erregte immer wieder seine Phantasie, hob seine Stimmung, versetzte ihn in einen höheren Lebenszustand, von dem aus sich die trübe Zeitperspektive aufhellte. Es spannte sein Lebensgefühl, so daß er den Weg getroster in die Zukunft antrat. Jacob Burckhardt hat manche seiner Reisen in Begleitung angetreten, die meisten aber allein, und von ihnen hat er seinen Freunden dann lebendige Berichte geschickt, die wir in seinen Briefen heute noch vor uns haben.

Es fehlen bei Jacob Burckhardt vollkommen die Liebesbriefe. Nicht daß er (wie Ranke) völlig beziehungslos zur Erotik gestanden hätte. Namentlich die Briefe aus seinen zwanziger Jahren sind voll von Anspielungen über seine Beziehungen zum weiblichen Geschlecht, aber als ihn dann die entscheidende Leidenschaft packte, hat er sie nur seinen Gedichten anvertraut. Um so deutlicher spricht seine Liebe zum kommenden Geschlecht aus denjenigen Dokumenten, die man seine Lehrbriefe nennen könnte, jenen ausführlichen Schreiben, in denen er jungen Dichtern, Künstlern oder Wissenschaftlern (auch einer Dichterin) ausführliche Ratschläge und Anweisungen für ihre Weiterarbeit gibt und die dabei gleichzeitig so tiefe Einblicke in seine Anschauungen von Leben und Dichtung, Kunst und Wissenschaft gestatten.

Selbstverständlich scheiden sich die Themen nicht scharf in den einzelnen konkret vorliegenden Schreiben, und mancher Brief wäre sowohl für diese wie für jene Sparte in Anspruch zu nehmen.

Aber – ist es denn überhaupt recht und an der Zeit, sich mit Jacob Burckhardt zu beschäftigen und eine Sammlung seiner Briefe herauszugeben? Diese Frage stellt sich in einem doppelten Sinn, von Jacob Burckhardt selbst wie von unseren Tagen aus.

Der Schreiber der nachfolgend abgedruckten Briefe hat in seiner letztwilligen Verfügung erklärt: „Man soll vor allem auf keine Weise die Hand bieten zur Abfassung und vollends zur Veröffentlichung einer Biographie. ... Man soll nicht Literaten in meinem Nachlaß wühlen lassen[1]." Wir wissen nicht, wann er genau diese Sätze verfaßt hat, ob ganz spät unter der Einwirkung einer der Verstimmungen seiner letzten Lebenszeit oder ob früher unter dem Eindruck irgendwelcher äußerer Ereignisse. Jedenfalls sind es seine Worte, und wir haben es zu begründen, wenn wir uns darüber hinwegsetzen. Sind sie in seelischer Indisposition geschrieben, so wäre man berechtigt zu glauben, daß er sie unter anderen Umständen vielleicht selbst korrigiert hätte; wurden sie bewußt und nach traurigen Erfahrungen konzipiert, so sollen verehrende Liebe und höchster Takt unsere Arbeit leiten, um sie gleichsam vor dem toten Burckhardt noch zu rechtfertigen.

Und unserer Gegenwart wollen wir sagen: In einer Zeit, da nach den großen Kundgebungen des deutschen Geistes in unserem idealistischen Zeitalter unsere wissenschaftliche Kultur wieder in Spezialistentum und Stoffdienst herabzusinken begann, hat Jacob Burckhardt die großen synthetischen Kräfte wach gehalten, hat Werke geschrieben, die, bei voller Treue zum Objekt, dieses doch künstlerisch geschlossen schauen, zusammenfassen und ihm den Platz in der großen geistigen Tradition unseres Erdteils anweisen. Er hat darüber hinaus in seinen Kollegs ein Weltgeschichtsbild vorgetragen von einer Festigkeit und Geschlossenheit, die es als eins der stärksten Bollwerke im Strom der geistigen Auflösung des späteren 19. Jahrhunderts erscheinen lassen.

Und er war in einer Zeit des künstlerischen Spezialistentums ein entschiedener Gegner des L'art-pour-l'art-Prinzips, und Raffael stand ihm nicht allein darum so hoch, weil er ein so großer Künstler, sondern weil er vor allem

---

[1] Vgl. Jakob Oeri, J. B. und Gottfried Kinkel. Grenzboten, 1899. S. 729.

eine so hohe sittliche Potenz darstellte. Er hat auch um die geheimen Beziehungen zwischen Kunst und Volkstum gewußt und den Grund ihres gemeinsamen Verfalles in der wachsenden Ökonomisierung und Vergroßstädterung des Lebens seiner Zeit erkannt. Ihm war auch klar, daß die Kunst als Förderer nicht zuletzt die öffentliche Hand braucht, um gedeihen zu können; allerdings glaubte er aus seiner großen historischen Erfahrung zu wissen, daß diese uneigennützig sein und die Kunst in dem großen ethisch-ästhetischen Rahmen der gesamteuropäischen Kulturtradition sich vollenden lassen müsse.

Endlich hat Jacob Burckhardt das Kommen eines betont politischen Zeitalters, sowenig er es von sich aus wünschte, klaren Auges vorausgesehen. Wenn er auch nie Gewalt gutheißen konnte, wußte er doch, daß die Tendenz einer Zeit von sich aus bis zum letzten vorzudringen vermag und inadäquate Geister ausgliedert. So sehr er alsdann von diesen wie von sich selbst verlangte, daß sie sich in privatere Sphären zurückzögen, so nachdrücklich forderte er für diese die Freiheit. Er erkannte die ganze brutale und wohl unvermeidbare Härte der Gegenwart, aber er wußte von einer anderen Vergangenheit und glaubte an eine bessere, wenn auch ferne Zukunft.

Hat solch ein Mann uns nichts mehr zu sagen – ja und sollte es nicht überhaupt ein ewiges Anliegen für uns sein, Leben und unmittelbare Zeugnisse von Menschen innerlich anzuschauen, die zu den Auserwählten unseres Geschlechts gehören?

ERSTER TEIL

DAS LEBEN JACOB BURCKHARDTS

ERSTER ABSCHNITT
1818—1858
DEUTSCHLAND—BASEL—ITALIEN

Erstes Kapitel
JUGEND UND LEHRJAHRE
1818—1843

Jacob Burckhardt ist am St.-Urbans-Tag, dem 25. Mai 1818 in Basel als viertes unter sechs Geschwistern und zwei Halbgeschwistern geboren worden. Er gehört zu den gestaltgebenden Persönlichkeiten, die das 19. Jahrhundert dem evangelischen Pfarrhaus verdankt. Sein Vater Jacob Burckhardt war Obersthelfer, später Antistes (Erster Prediger) am Münster zu Basel. Er wird als „ein Mann von vielseitigen geistigen Interessen... von festem Willen, gewandten Formen und großem Ordnungssinn" geschildert[1]. Er besaß ein bemerkenswertes Zeichentalent und hat sich über seinen Beruf hinaus, wenn auch in bescheidenem Maße, als Geschichtsschreiber betätigt. Gütige und kluge Augen sprechen aus seinem sympathischen Gesicht. Seinem Sohn hat er auch in schwierigen Lebenslagen volles Verständnis entgegengebracht. Er starb 1858, 73jährig, kurz nachdem Jacob Burckhardt zum ordentlichen Professor der Geschichte an der Universität Basel ernannt worden war,

[1] Vgl. H. Trog, J. B., Basler Jahrbuch 1898, S. 2. Dieser Aufsatz, der kurz nach J. B.s Tode von einem seiner Vertrauten veröffentlicht wurde und den ersten Versuch einer Biographie darstellt, ist für B.s Jugend z. T. überholt durch das Werk von Otto Markwart, J. B., Persönlichkeit und Jugendjahre, Basel 1920. Dieses gehört zu den wertvollsten Erscheinungen der Burckhardt-Literatur. Auf beide Werke als Quellen dieser Darstellung sei hier ein für allemal hingewiesen.

und hat, wie der Sohn sich später ausdrückte, noch dessen „vollständige Rehabilitation" erleben dürfen[1]. Das Geschlecht, dem die Burckhardts entstammen, ist Anfang des 16. Jahrhunderts aus dem Obermünstertal im südlichen Schwarzwald nach Basel zugewandert. Es hat der Stadt viele ausgezeichnete Bürger und eine stattliche Reihe von Gottesdienern geschenkt, deren Gedächtnis noch heute zahlreiche Grabsteine im Kreuzgang des Münsters bezeugen[2].

Jacob Burckhardts Mutter Susanna war eine geborene Schorndorf. Auch ihre Familie ist reichsdeutschen Ursprungs; ein Hans v. Schorndorf ist Ende des 15. Jahrhunderts aus Württemberg nach Basel gekommen. Unter den späteren Schorndorfs sind die verschiedensten Berufe vertreten: vom Wirt und Silberdreher bis zum Pfarrer, Gesandtschaftssekretär und Staatsrat; Susannens Großvater war Landvogt von Klein-Hüningen.

Es ist ein Brief Jacob Burckhardts aus seiner frühesten Jugend erhalten, der erst durch den Zusatz der Mutter die rechte Bedeutung gewinnt (4. Oktober 1823): wie schon damals, so hat er auch in seinem späteren Leben sich nie mit fremden Federn geschmückt, sondern stets die Leistungen anderer rückhaltlos anerkannt, ja aus dem großen Schatz seiner Gaben gern und reichlich verschenkt.

Mutter und Kind hingen in inniger Liebe aneinander; denn sowohl bestimmte Gesichtszüge, Augen und Nase, als auch ihr heiteres, sonniges Temperament verbanden sie miteinander. Es war darum für den Sohn ein schwerer Schicksalsschlag, als die Mutter bereits 1830 mit 48 Jahren starb. „Der Eindruck der großen Hinfälligkeit und Unsicherheit alles Irdischen" trat in sein Gemüt, der später oft so große Macht über sein Denken und Empfinden gewinnen sollte.

[1] Vgl. J. B.s „Autobiographische Aufzeichnungen", höchstwahrscheinlich im Spätsommer 1889 niedergeschrieben mit einzelnen nachträglichen Ergänzungen. Gedruckt B. G. A. I, S. VII–IX, und im Nachwort von R. Marx zu den „Weltgeschichtlichen Betrachtungen" in Kröners Taschenausgabe, Bd. 55, S. 317–320.
[2] Vgl. die Stammbäume von J. B.s Vater und Mutter, die Felix Stähelin als Anhang I zu Markwarts Burckhardt-Biographie veröffentlicht hat.

Es ist uns bisher nichts Genaueres von Jacob Burckhardts Schulleistungen bekannt. Daß er aber kein schlechter Schüler war und sich auf dem Basler Pädagogium wohl fühlte, beweist das gute Zeugnis, das er später seiner ehemaligen Lehranstalt ausstellte: er habe sich auf ihr nie überarbeiten müssen und so keinen Haß gegen das Lernen gefaßt, dabei aber doch eine solide Grundlage in den alten Sprachen erworben, „welche ihm in allen Zeiten seines Lebens die Vertrautheit mit dem Altertum möglich gemacht hat".

Ostern 1836 verließ Jacob Burckhardt das Gymnasium, ließ sich zunächst als stud. phil. an der Universität Basel einschreiben, reiste dann aber im Juli nach Neuenburg in der Schweiz, wo er neun Monate verblieb. Er selbst hat später die Bedeutung dieser Zeit für sein Leben nur in der engen Vertrautheit gesehen, die er damals zur französischen Sprache und Gedankenwelt gewann, so daß sie ihm zu einer „zweiten geistigen Heimat" wurde. Aber sie reicht weiter. Ohne sich kopfüber ins Fachstudium zu stürzen oder durch Exzesse die ersten Studiensemester zu verlieren, war ihm bei der Begegnung mit einer ganz neuen geistigen Welt Zeit zur Selbstbesinnung und Selbsteinschätzung gegeben. Das unten abgedruckte Gedicht „Im neunzehnten Lebensjahr" (31. Dezember 1836), das in Ermangelung von Briefen aus jener Zeit in die nachfolgende Sammlung aufgenommen wurde, gewährt einen Einblick in die geheimsten Gedanken und Hoffnungen dieser Monate.

Nach seiner Rückkehr in die Heimat im Frühjahr 1837 hat sich dann Jacob Burckhardt auf Wunsch des Vaters vier Semester, bis Frühjahr 1839, dem Theologiestudium gewidmet. Es ist die Zeit, die uns als erste genauere Einblicke in seine geistige Entwicklung gestattet. Mit ihr schließt aber zugleich auch der erste Abschnitt seines Lebens; denn an ihrem Ende tritt ein entscheidender Ortswechsel und endgültig eine innere Wandlung ein; Jacob Burckhardt geht danach auf mehrere Jahre zum Studium nach Deutschland, und aus dem Theologiestudenten wird der der Geschichte und Kunstgeschichte.

Nun gliedern aber nicht radikale Umkehrungen und katastrophale Entwicklungsbrüche Jacob Burckhardts Leben;

im Gegenteil: es ist erstaunlich, wie früh er die Lebenslinien zu zeichnen begann, die er dann alle Jahre, wenn auch mit wechselnder Stärke und Sicherheit, weiterverfolgte; wie früh er sich selbst erkannte, und wie fest er sich in seinem ganzen Leben treu blieb. Konkreter ausgedrückt: Schon in dem ersten Lebensabschnitt, also in Basel und vor Deutschland, regen sich alle entscheidenden Grundtendenzen, die sein Leben beherrschen werden: der Hang zur Geschichte, zur Dichtung, zur Kunst und zur Politik sowie seine Art der höheren Lebensführung. Und aus der verschiedenartigen Akzentuierung und Kombination, der wachsenden Formung und Vertiefung dieser Faktoren werden wir die Eigentümlichkeit der einzelnen Epochen seines Lebens sich aufbauen sehen.

Als im Jahre 1835 der Freiburger Historiker Heinrich Schreiber bei seinem Basler Freunde Prof. Wilhelm Wackernagel anfragte, wer ihm wohl für eine Schrift über den Humanisten Glareanus Abschriften von Akten in Basler Archiven und Bibliotheken anfertigen könne, da wurde ihm der Primaner Jacob Burckhardt empfohlen und von ihm angenommen. Mit einem Feuereifer und einer Gewissenhaftigkeit, die der Ehre des Auftrages für ihn entsprach, machte sich der junge Mensch an die Arbeit, und der Auftraggeber war über seine ersten Leistungen so befriedigt, daß er ihn bald für andere seiner literarischen Unternehmungen bemühte. So entwickelte sich aus der zunächst rein sachlichen Hilfsarbeit im Laufe der Zeit ein geistiger Gedankenaustausch und eine zunehmende Freundschaft, die im Gegensatz zu anderen Beziehungen Jacob Burckhardts bis zu Schreibers Tod im Jahre 1872 nie eine Trübung erfahren haben. Wenn der Primaner und spätere Student immer wieder eine Honorierung seiner Arbeit außer durch Dedikationsexemplare ablehnte, so geschah dies nicht nur aus angeborener nobler Grundgesinnung heraus, sondern auch in der ehrlichen Überzeugung von den großen Vorteilen, die ihm auf dem Gebiete der historischen Hilfswissenschaften, der Chronologie und der Paläographie, durch diese kleinen Dienste zugewachsen waren.

Jacob Burckhardt leistete zwar nur Lehrlingsarbeit, aber bei einem Meister, der seinen Schüler nicht nur nicht ausbeutete, sondern mit allen Kräften zu fördern suchte, auch auf anderen Gebieten als dem der Geschichte.

In den Jahren 1837-1839 veröffentlichte der junge Student seine erste kunsthistorische Arbeit „Bemerkungen zu Schweizer Kathedralen"[1]: kurze Beschreibungen der Hauptkirchen von Genf und Lausanne, die er von Neuenburg aus besucht hatte, sowie derer von Basel und Zürich. In der Verbindung chronologischer Fragestellung mit ästhetischen Gesichtspunkten wollte der Verfasser für die Schönheit der großen mittelalterlichen Kirchenbauten seiner Heimat werben, die, einem an sich durchaus berechtigten Übergangsstil angehörend, zu Unrecht gegenüber den vollkommenen Werken der Gotik in Deutschland so völlig vernachlässigt würden. Es ist nicht schwer, Vorbild und Anregung zu diesen Studien aufzufinden[2]: Heinrich Schreiber veröffentlichte seine grundlegende Geschichte und Beschreibung des Freiburger Münsters in zwei verschiedenen Ausgaben, als Frühwerk 1820 und dann später 1826 mit urkundlichen Beilagen und lithographischen Abbildungen. Unzweifelhaft ist Jacob Burckhardt dieses Werk sehr früh bekannt geworden; er hat ja auch in seinen Briefen darauf hingewiesen, wie großer Förderung auf historischem wie auf kunsthistorischem Gebiete er sich Heinrich Schreiber schuldig fühlte. Wie er später unter Franz Kuglers Einfluß den Kölner Dom über alles stellte, so bezeichnete er in den „Bemerkungen" nach Schreibers Vorgang das Freiburger Münster als „eines der wenigen Gebäude, die man ganz vollkommen nennen darf".

Nun hat während dieser Jahre aber in Jacob Burckhardts Leben weder die bildende Kunst so ausschließlich im Vordergrund gestanden, noch ist sein Verhältnis zu ihr ein rein betrachtendes gewesen. Seine Beziehungen zur Kunst bzw.

[1] Sie sind leider nicht in die B. G. A. aufgenommen worden. J. B. veröffentlichte sie in der von Ehrenberg herausgegebenen „Zeitschrift für das gesamte Bauwesen", Jg. 1837 und 1839.
[2] Das Folgende darf man wohl ergänzend den Ausführungen H. Trogs, a.a.O. S. 11 ff., und O. Markwarts, a.a.O. S. 264 ff., hinzufügen.

zu den Künsten zeigen in dieser Zeit vielmehr, mit welch universaler Grundveranlagung wir es in diesem Punkte bei ihm zu tun haben. Vor allen Dingen war sie primär produktiv und nicht reflektierend. Dabei äußerte sich sein Zeichentalent wahrscheinlich als Erbe seines Vaters. Er hat es weniger um seiner selbst willen gepflegt, als vielmehr bald in den Dienst seiner architekturgeschichtlichen Studien gestellt. Immer wieder betonte er später, wie sehr ihm diese Fähigkeit geholfen, sich die Formen der Kunstwerke einzuprägen, und er übte sie bis in seine späte Zeit in Briefen, wenn auch immer mehr mit seinem Ungenügen sich entschuldigend. Zu bemerkenswerten selbständigen Leistungen hat er es jedoch nicht gebracht. Und genau so verhält es sich mit der Musik. Auch hier beschränken sich seine Kompositionsversuche auf die früheste Zeit. Aber in Deutschland stellte er sein Klavierspiel und seine Sangeskunst gern in den Dienst der Geselligkeit, und bis in sein Alter haben sie ihm einsame Abendstunden verschönt.

Ganz anders steht es dagegen mit der Dichtkunst! Aus einem Brief an Schreiber vom 2. Januar 1838 erfahren wir, daß Jacob Burckhardt bereits als Primaner einem „poetischen Klub" angehört hat, in dem der Grund zu seiner umfassenden Kenntnis der Weltliteratur gelegt wurde, er aber auch seine ersten Gedichte vorlas. Er hat viel länger als für Zeichnen und Musik an seine schöpferische Begabung für Poesie geglaubt, und wenn er in den autobiographischen Aufzeichnungen seines Alters diese Seite seines Wesens völlig unterdrückt, so muß der Biograph doch feststellen, daß in der ganzen ersten Hälfte seines Lebens der Historiker und der Dichter in ihm um den Vorrang stritten.

Verhältnismäßig geringe Bedeutung hatte in diesem ersten Lebensabschnitt Jacob Burckhardts die Politik. Zwar fiel in seine Jugend die schwere politische Krise seines Heimatkantons, die zur Trennung von Basel-Stadt und Basel-Land führte; aber die gelegentlichen Äußerungen in seinen Briefen geben davon doch nur einen indirekten Reflex. Es ist auch charakteristisch, daß er als Basler Student – sehr im Gegensatz zu der folgenden Zeit in Deutschland – keine politischen Kollegs hörte.

Dagegen wurde das Ende dieser ersten Lebensepoche noch von inneren Spannungen erfüllt, die aus Burckhardts Berufswahl resultierten. Er sollte ja nach dem Willen seines Vaters Theologe werden. Diese Disziplin geriet aber gerade damals durch das Eindringen liberaler Richtungen und die Unkraft der Orthodoxie, ihre Position einleuchtend zu verteidigen, in eine schwere Krisis, welche ihre jungen Anwärter in tiefste Zweifel und Anfechtungen stieß. Die Briefe Jacob Burckhardts an Hans Riggenbach geben davon ein erschütterndes Zeugnis. Aber er mochte wohl fühlen, daß seine Begabung und Lebensaufgabe nicht war, hier klärend und lösend einzugreifen. Deshalb versuchte er erst, in die historischen Disziplinen der Theologie auszuweichen und nicht Pfarrer, sondern Religionslehrer zu werden; dann aber, in den ersten Monaten des Jahres 1839, nach einer entscheidenden Aussprache mit seinem väterlichen Freunde Heinrich Schreiber, „bog er rechtzeitig um die Ecke", gab mit vollem Einverständnis seines Vaters das Theologiestudium auf, um in Zukunft zunächst in Berlin Geschichte zu studieren. Er hat es aber sein Leben lang immer wieder betont, daß es ihn nie gereut habe, sich ursprünglich der Theologie gewidmet zu haben.

Es würde ein wesentlicher Zug im Jugend- wie überhaupt im Lebensbild Jacob Burckhardts fehlen, wollte man nicht einer Leidenschaft gedenken, der er bis in sein höchstes Alter verhaftet blieb: des Reisens. Dieses war für ihn nicht in erster Linie eine Angelegenheit der geistigen und körperlichen Erholung nach den Monaten der Arbeit und der Anstrengung im Kreislauf des Jahres, sondern vielmehr allerhöchstes Bildungselement. Auf seinen Reisen fühlte er sich fast immer in gesteigerter Lebensstimmung, sein Geist fühlte sich frei und leicht, und seine Phantasie führte ihn in jenes Reich höherer Ordnung, in dem heimisch zu werden er im Laufe seines Lebens auf so mannigfache Weise gesucht hat. Es ist charakteristisch, daß der größte Teil seiner Jugendgedichte Reiseerinnerungen festgehalten haben.

Wir wissen von zahlreichen Fußwanderungen des jungen Burckhardt in Basels nähere und weitere Umgebung, bis nach Freiburg i. Br. und Straßburg, sowie von einer Reise mit dem Vater ins Berner Oberland. Wir erinnern uns seines Neuenburger Aufenthaltes und seiner anschließenden Fahrt nach Genf und Lausanne; er sah auch früh Bern und Zürich. Von größerer Bedeutung aber wurden erst seine beiden Reisen nach Italien. Die erste dauerte nur fünf Tage, vom 29. Juli bis 2. August 1837. Es war ein kleines Abenteuer, das Jacob Burckhardt mit vier Freunden am St. Gotthard improvisierte, das sie über Bellinzona an den Langensee (Lago maggiore) bis Luino führte und das mit allerhand Verlegenheiten für die jungen Wanderer bei der österreichischen Grenzbehörde endete, da sie keine Pässe besaßen. Aber mächtig ließ dieser kurze Aufenthalt die Sehnsucht in dem jungen Studenten emporlodern, „mit nächster Gelegenheit weiter in das schöne Italien einzudringen". Nach weniger als einem Jahre konnte er sie schon befriedigen. Während 5 Wochen, im Juli und August 1838, besuchte er vor allem Mailand, Genua, Pisa und Florenz mit Fiesole. Man möge den Brief an Hans Riggenbach vom 26. August 1838 oder die ausführlicheren „Reisebilder aus Italien"[1] lesen, um die Wonnen des Gefühls nachzuempfinden, die südliche Landschaft und Kunst in dem jungen Schweizer aufregten, und die deutschen Augen zu erkennen, mit denen er beides schaute.

Jacob Burckhardt hat in seinen jungen Jahren auch der heiteren Geselligkeit mit Freunden und Freundinnen seinen vollen Tribut geleistet. Als „Zofinger" hat er sich um die innere Hebung des studentischen Vereinslebens – allerdings vergeblich – bemüht, seine ersten Liebeserlebnisse fallen in diese Zeit, und in einem noch unveröffentlichten Brief an Hans Riggenbach vom 10. April 1839 heißt es: „Von der ganzen Woche war ich meist keinen Abend zu Hause.... Daneben habe ich – hört, hört! – tanzen gelernt, freilich es nicht weit gebracht, und nehme nun seit einigen Wochen Reitstunden. Der Teufel weiß, was aus mir für ein Kavalier werden soll, ich habe keine Idee davon und treibe die Sache so recht in den Tag hinein, es macht mir Vergnügen." Jedenfalls verstand er damals die Allseitigkeit

[1] Jetzt wiederveröffentlicht in der B. G. A. I, S. 1ff., mit Einleitung von Emil Dürr.

seiner Ausbildung sowohl in geistiger wie in körperlicher Hinsicht, und es mögen Erinnerungen an diese Jahre gewesen sein, die seine historische Reproduktionskraft unterstützten, als er später, in der „Kultur der Renaissance", das Bild des „Cortigiano", des gesellschaftlichen Idealmenschen dieser Epoche, entwarf.

Jacob Burckhardt verließ Basel am 19. September 1839, um auf einem großen Umwege über Schaffhausen, Ulm, Augsburg, München, Freising, Landshut, Regensburg, Nürnberg, Bamberg, Prag, Dresden nach Berlin zu gelangen. Kunstgeschichtlicher Anschauungswille begleitete ihn vor allem auf seiner langen Fahrt.
Von dem Äußeren Berlins hat er in einem ganz auf das einfache Gemüt der Empfängerin abgestellten Brief an eine alte Bedienstete seines väterlichen Hauses ein anschauliches Bild entworfen (22. März 1840). Aber die große, öde, arme Stadt in der reizlosen Umgebung mit dem schlechten Essen und dem noch schlechteren Winterwetter war doch nur das e i n e Berlin; daneben stand das a n d e r e, das geistige Berlin, die bestimmte Kulturatmosphäre, die die Stadt erfüllte und deren große Bedeutung für sein Leben er allzeit anerkannt hat. Ein neuerer Forscher (Paul Kluckhohn) hat die Zeit zwischen 1815 und 1848, in der die preußische Hauptstadt wirklich ein Kulturmittelpunkt war, „die letzte, noch einigermaßen einheitliche deutsche Kulturepoche" genannt[1]. Ein schlichtes, genügsames, bürgerliches Leben war ihr äußeres Kennzeichen. Die Opfer und Verluste der napoleonischen Kriege hatten den wirtschaftlichen Lebensstandard des deutschen Volkes stark verringert; um so nachdrücklicher betonte man die kulturellen Werte; es war eine Zeit besonderer Pflege der geistigen Genüsse in der Gesellschaft: Hausmusik, Vorlesen von Dichtungen, literarische Tees und Liebhabertheater standen in großer Blüte. Durch Taschenbücher und Almanache kam der Buchhandel diesen Bedürfnissen des Publikums entgegen. Dabei war es die

[1] Vgl. Paul Kluckhohn „Biedermeier als literarische Epochenbezeichnung". Deutsche Vierteljahrsschrift f. Literaturwissenschaft und Geistesgeschichte XIII (1935), S. 1 ff.

Kultur einer gehobenen Schicht, in der die Kenntnis der Geschichte und der antiken Mythologie eine selbstverständliche Voraussetzung bildete. Diese Zeit lebte ganz und gar aus der großen deutschen Kulturbewegung des vergangenen Menschenalters, des Klassizismus und der Romantik, aber doch mit einem tiefdeutlichen Zug zur Resignation. Man leistete Verzicht auf die unmittelbare Verwirklichung der hohen Ideale der Väter, auf ein aktives Leben überhaupt (wozu auch die politische Reaktion zwang), und man gab sich der Beschaulichkeit und inneren Sammlung hin als einzig unangreifbarer Position höherer Lebensführung. Auf diesem etwas schwermütigen Untergrunde erhoben sich aber noch große Gestalten deutscher Kultur und entstanden bedeutende Schöpfungen des deutschen Geisteslebens, namentlich in Wissenschaft und Poesie. Auf historisch-philosophischem Gebiete trat Hegel und seinen Anhängern die sog. historische Schule gegenüber mit Ranke, Savigny, Grimm als Hauptvertretern; und damals dichteten Grillparzer, Stifter und Immermann.

Freilich im Jahre 1839, als Jacob Burckhardt nach Berlin kam, geriet diese Kultursituation schon sichtbar ins Wanken, und es ist gerade die Bedeutung seiner Berliner und weiterhin seiner gesamten deutschen Zeit, daß er sich nicht nur dem Erlebnis einer absinkenden Epoche, der er sich allezeit verwandt und verhaftet fühlte, hinzugeben vermochte, sondern auch mit neuen Strömungen und Tendenzen auseinandersetzen mußte.

Noch aus den letzten in Basel geschriebenen Briefen erkennen wir, daß Ranke der eigentliche Magnet war, der Jacob Burckhardt nach Berlin zog. Er konnte ihn nicht sofort hören, da seine Vorlesung mit der Franz Kuglers kollidierte, aber in den beiden folgenden Semestern (S. S. 1840 und W. S. 1840/41) besuchte er seine Vorlesungen über deutsche Geschichte und Geschichte des Mittelalters sowie seine Übungen. Hier lieferte er auch sein geschichtswissenschaftliches Gesellenstück, seine historische Erstlingsarbeit über „Karl Martell" zur vollen Zufriedenheit seines Lehrers[1].

---

[1] Erstmalig veröffentlicht und eingeleitet von Emil Dürr in der B. G. A. I, S. 55 ff.

Nach dem Bonner Zwischensemester (S. S. 1841) trat er bei der Rückkehr nach Berlin sofort (W. S. 1841/42) wieder in Rankes Seminar ein, um diesem alsbald eine zweite Arbeit, den durch die Anregungen der rheinischen Zeit entstandenen „Konrad v. Hochstaden"[1], eine Abhandlung über den berühmten Kölner Erzbischof, mutmaßlichen Gründer des heutigen Kölner Doms, und seine Zeit vorzulegen, ein Werk, das durch die Vermittlung des neuen rheinischen Freundes Gottfried Kinkel alsbald sogar gedruckt wurde. Auf Grund dieser Leistung und einiger lateinisch abgefaßter Thesen aus seinem „Karl Martell" wurde Jacob Burckhardt am 19. Mai 1843 zu Basel in absentia zum Dr. phil. promoviert. Vorher, in seinen beiden letzten deutschen Semestern (S. S. 1842 und W. S. 1842/43), hatte er sich historisch (wahrscheinlich angeregt durch Rankes Vorlesung über Neueste Geschichte) vor allem Studien zur Gegenreformation gewidmet. Aber wie er schon seinem „Konrad von Hochstaden" und seinem „Karl Martell" gegenüber erklärte, daß sie nur eine Vorarbeit für die Geschichte seiner Vaterstadt resp. der Schweiz seien, so stellte er auch diese Forschung über das 17. Jahrhundert wie seine Studien in Paris vom Juni bis August 1843 unter heimatgeschichtlichen Gesichtspunkt. Kein Zweifel: Jacob Burckhardt wollte nach Abschluß seiner Lehr- und Studienzeit ein Historiker der Schweiz werden, er wollte sich der Geschichte seines Heimatlandes widmen – allerdings in einer besonderen Manier.

Sieht man sich seine frühesten Arbeiten auf ihre geschichtliche Grundanschauung an, so finden sich die deutlichsten Nachwirkungen Rankescher Gedankengänge. „Die Gestaltung des jetzigen Europa beruht auf der Entwicklung des germanischen Christentums.... Sie wirkt fort bis zum heutigen Tag", heißt es in der Einleitung zum „Karl Martell"; und dieser durch die mangelhafte Quellenüberlieferung schwer erkennbaren Gestalt ihren Platz in der europäischen Gesamtentwicklung – man könnte auch sagen: im Rankeschen Weltgeschichtsbild – anzuweisen, wird zum Zweck seiner nach den quellenkritischen Grundsätzen des Meisters

[1] Wiedergedruckt und eingeleitet von Emil Dürr in der B. G. A. I, S. 199 ff.

gearbeiteten Untersuchung. Aber schon während seiner zweiten Berliner Studienzeit (Herbst 1841 bis Frühjahr 1843) melden sich die ersten Differenzen zwischen Lehrer und Schüler. In einem Brief vom 2. Oktober 1842 an Heinrich Schreiber, in dem er sich gegen den historischen Roman ebenso wie gegen die „Tendenzgeschichte" wendet, stehen die aufhorchen lassenden Sätze: „Summa summarum, der Historiker steht in diesem Augenblicke schief mit dem Publikum und muß es entweder mit demselben oder mit der Wahrheit verderben. In dieser letzteren Beziehung ist auch Ranke nicht ganz sauber; er hat seiner herrlichen Darstellung viel, sehr viel aufgeopfert; die Totalität der Anschauung, die seine Schriften bei seinem ersten Anblick zu geben scheinen, ist illusorisch. Da er seine Leser nicht von seinen (konservativen) Ansichten aus gefangennehmen konnte, setzt er es mit blendender Darstellung durch. (Seine ungeheuren Verdienste in Ehren)." Dabei war Burckhardt durchaus davon überzeugt, „daß die Geschichte in die Gegenwart einmünden sollte; nur tut sie es noch nicht in wahrem Sinne!" Was er mit diesem „wahren Sinne" meint, wird aus dem Brief allerdings nicht ganz ersichtlich; aber es scheint, als ob bei ihm schon damals eine Vorstellung aufdämmerte, die die eigentliche geschichtliche Wahrheit und Wirklichkeit nicht innerhalb der politischen Bewegungen, sondern tiefer sucht. In der Zeit seiner größten schöpferischen Kraftentwicklung zwischen seinem 50. und 70. Lebensjahr wird sich zeigen, wie sich für ihn das Verhältnis von Politik und Geschichte höchst eigenartig klärt.

Mit größerer Deutlichkeit künden sich damals andere Kennzeichen von Jacob Burckhardts historischem Empfinden und Gestalten an. Bereits in Basel, bei Auseinandersetzungen mit seinem etwas anmaßenden und rechthaberischen, ausgesprochen intellektualistisch und introvertiert veranlagten Freunde Biedermann, und dann weiter in Berlin im Verkehr mit hegelianisch gesinnten Kommilitonen hat er nachgesonnen über die tieferen Gründe, die ihn von diesem Menschentypus trennten. Er wurde sehr bald inne, daß sie das völlig verschiedene Verhältnis zur Außenwelt schied. Am 14. Juni 1842 schrieb er darüber an einen seiner neuen

Freunde Willibald Beyschlag: „Überhaupt werdet Ihr längst den einseitigen Hang meiner Natur zur **Anschauung** erkannt haben. Ich habe mein Leben lang noch nie philosophisch gedacht und überhaupt noch keinen einzigen Gedanken gehabt, der sich nicht an ein Äußeres angeschlossen hätte. Wo ich nicht von der Anschauung ausgehen kann, da leiste ich nichts. Ich rechne zur Anschauung natürlich auch die geistige, z. B. die historische, welche aus den Quellen hervorgeht." Es war Jacob Burckhardt nicht gegeben, noch hätte er sich je damit begnügen können, aus obersten logischen oder ethischen Prinzipien Wahrheit und Wirklichkeit abzuleiten, sondern er mußte und wollte die Welt erst offenen Auges und voll in sich aufnehmen, ehe er sich Gedanken über ihr Wesen machte. Er war, psychologisch gesprochen, ein „extravertierter"[1], ein nach **außen gerichteter** Typus.

Und weiterhin gehörte er im Gegensatz zu vielen seiner Altersgenossen als dynamisch bestimmten zu den **statisch bestimmten Menschen**[2]. An Gottfried Kinkel heißt es unter dem 21. März 1842 mit Bezug auf seine Dichtungen: „Meine Figuren sind wesentlich Staffage, und wenn sie auch nicht wie solche aussehen, so sind sie doch als solche empfunden. Mit meiner geschichtlichen Forschung steht es gerade ebenso, der Hintergrund ist mir die Hauptsache, und ihn bietet die Kulturgeschichte, der ich auch hauptsächlich meine Kräfte widmen will." Jacob Burckhardt lockte nicht die große innere und äußere Bewegtheit, die Fülle der Haupt- und Staatsaktionen oder gar das Schwelgen in der „Selbstbewegung des Gedankens", sondern er fühlte

[1] Der im Anschluß an C G. Jung, „Psychologische Typen", gebrauchten fruchtbaren Unterscheidung fehlt nur die ansprechende Bezeichnung. Es wird im folgenden darum auch mehr von „nach innen gerichtet" und „anschauungsbedingt" als von „introvertiert" und „extravertiert" gesprochen werden.

[2] Diese für das Grundverhältnis vieler bedeutender Menschen zur Welt wesentliche Unterscheidung ist – soweit ich sehe – psychologisch bisher noch nicht eingehender untersucht worden. Sie ist selbstverständlich nicht identisch mit: reflektierend und aktiv. Hegel z. B. war ein reflektierender, aber dynamisch bestimmter, umgekehrt Metternich ein aktiver, aber statisch bestimmter Mensch.

sich angezogen von den stabileren Faktoren der Geschichte, von den in sich ausgeglichenen oder ineinander übergehenden, jedenfalls zu einem Bild sich zusammenschließenden Zuständen. Der vorhin zitierte Brief an Beyschlag fährt bezeichnenderweise fort: „Was ich historisch aufbaue, ist nicht Resultat der Kritik und Spekulation, sondern der Phantasie, welche die Lücken der Anschauung ausfüllen will. Die Geschichte ist mir noch großenteils Poesie; sie ist mir eine Reihe der schönsten malerischen Kompositionen."

Das sollte nicht heißen, daß er sich vom Zwang der geschichtlichen Tatsachen völlig befreien wollte. Er war nur entschlossen, kein Empirist zu werden, der sich in den Sklavendienst des historischen Objektes begäbe; sein die Geschichte zu vollen Bildern zusammenschließender Sinn wußte aus dem Überlieferten das Wesentliche auszuwählen, aber auch es zu vervollständigen. Schon Ende 1838 schrieb er aus Basel an Hans Riggenbach: „Letzten Freitag war ich im Theater. Man verhunzte die Zauberflöte; Du weißt aber, daß ich von Gebäuden her das Talent habe, mir die Sachen so zu denken, wie sie sein sollten, und so hatte ich im Grunde doch großen Genuß." Diese seine **sachlich ergänzende künstlerische Phantasie** hat er nicht nur an ruinierten Bauten und bei schlechten Opernaufführungen, sondern auch der historischen Tradition gegenüber mit den großartigsten Ergebnissen betätigt.

„Hunger nach Anschauung" – statisch bestimmtes Lebensgefühl – künstlerisch zusammenschließende historische Einbildungskraft: sind das nicht schon entscheidende Elemente seiner späteren „statischen"[1] Kulturgeschichtsschreibung, von der er im vierten Kapitel seines „Konrad v. Hochstaden" mit der Schilderung des kulturellen Zustandes der Rheinlande im 13. Jahrhundert eine erste Probe gab?

[1] Schon hier sei bemerkt, daß mir für J. B.s Geschichtsschreibung das Attribut „analytisch", im Gegensatz zu „gewöhnlicher synthetischer Geschichtsdarstellung", wie es E. Gothein in den „Preuß. Jahrbüchern" 90 (1898), S. 10, vorschlägt, nicht als glücklich erscheint. Denn: synthetisch sind die B.schen Geschichtsbilder doch im eminentesten Sinn. Weiter führt, wie ich glaube, viel eher der Gegensatz: statisch-evolutionistisch.

In seinem ersten Brief, den er am 15. Januar 1840 von Berlin aus an Heinrich Schreiber richtete, klagte Jacob Burckhardt sehr über den Mangel eines väterlichen Freundes in der großen Stadt. Derjenige, welcher Schreiber in der Geschichtswissenschaft ablöste, konnte es nicht werden, da der ratbedürftige Student Rankes geistige Fähigkeiten zwar allezeit mit den höchsten Worten anerkannte, sich über die Mängel seines Charakters aber nie hinwegsetzen konnte. Nein, den neuen menschlichen Führer fand er nicht in dem großen Historiker, sondern in dem Kunsthistoriker an der Universität Berlin. Franz Kugler war schon insofern Jacob Burckhardt ähnlich, als er seine Existenz nicht durch den Dienst an seinem wissenschaftlichen Werk aufzehren ließ, sondern neben den sachlichen auch die persönlichen Beziehungen pflegte und außerdem ausübender Künstler war. Es ist nun von höchstem Reiz, in den Briefen zu beobachten, wie sich das Verhältnis aus einer ursprünglichen Wandergemeinschaft rasch enger zu einer wirklichen Freundschaft gestaltete, bis der junge Schweizer seinem Freunde Kinkel beglückt aus Paris melden konnte, daß der um 10 Jahre ältere Professor ihm das Du angetragen habe.

Sowohl in der späteren Widmung seines „Cicerone" wie in dem in alten Tagen abgefaßten Lebensabriß hebt Jacob Burckhardt in der ihm eigenen bescheidenen und fremder Verdienste überbetonenden Weise hervor, daß er auf kunsthistorischem Gebiete dem Freunde „im wesentlichen seine geistige Richtung zu verdanken habe". Aber früh und noch deutlicher als in der Historie trat hier die Originalität und Selbständigkeit des Schülers gegenüber dem Lehrer hervor. Denn während jener die Geschichte nach Forschungsmethode wie Darstellung in einem Zustand sehr hoher Vollkommenheit vorfand, wurde er sehr bald inne, wieviel die Kunstgeschichte hinter diesem Entwicklungszustand nachhinkte. Die großen Leistungen Winckelmanns für die Archäologie waren für die mittelalterliche und neuere Kunst trotz v. Rumohrs und Waagens noch wenig fruchtbar gemacht, die Denkmäler weder zeitlich exakt bestimmt noch von den vielfältigen Fabeln entkleidet, mit denen eine spätere Zeit ihre Entstehung umwoben hatte. Und in diesem halbgeordneten Zustande drohte die Kunstgeschichte die Beute einer Kunstphilosophie zu werden, die, statt die wunderbare Realität der Denkmäler zu vertiefen, sie symbolistisch verdampfte. Jacob Burckhardt hat bei Kugler „Geschichte der Baukunst" (W. S. 1839/1840) gehört und an dessen „Erklärung von Gemälden" (S. S. 1840) teilgenommen. Dies ist nicht ohne Einfluß auf ihn geblieben. Der ausgesprochen deutsche Standpunkt seiner Kunstgeschichtsbetrachtung in dieser Zeit und die hohe Einschätzung der deutschen Gotik, insbesondere des Kölner Domes, als Kulminationspunkt der gesamten abendländischen Architekturentwicklung gehen auf den Lehrer zurück. Aber wenn es schon überrascht, daß Jacob Burckhardt in seiner zweiten Berliner Studienzeit Kugler überhaupt nicht mehr hörte, so wird durch folgende Briefstelle vom 11. August 1840 vieles noch deutlicher: „Etwas klingt mir in den Ohren", heißt es da an Heinrich Schreiber, „und ich muß noch etwas darin leisten, und das ist die deutsche Kunstgeschichte, die noch so ziemlich im argen liegt. Und nun hören Sie meinen Plan. Ich reise nächsten Freitag in den Harz und besuche von da aus Hildesheim, das an alten, bisher noch nicht untersuchten Kunstwerken sehr reich sein soll. Hier werde ich die im verflossenen Winter gemachten architekturgeschichtlichen Studien in Anwendung zu bringen suchen und sehen, wie es damit geht. Den nächsten Sommer bringe ich in Bonn zu, um Welckers [des Vertreters der alten Kunstgeschichte] willen und wegen der Nähe des heiligen Köln. In den Ferien reise ich nach Belgien usw." Jacob Burckhardt hat dies alles ausgeführt, und der im Anschluß an das Bonner Semester (S. S. 1841) erfolgten Kunstreise nach Belgien verdanken wir seine zweite kunsthistorische Arbeit: „Die Kunstwerke der belgischen Städte[1]."

Zwei Kennzeichen Burckhardtscher Kunstgeschichtsbetrachtung treten darin mit voller Deutlichkeit in den Vordergrund. Zunächst spricht er immer nur von seinem

[1] Wiederabgedruckt und eingeleitet von Emil Dürr in der B. G. A. I, S. 113 ff.

„guide", d. h. er schreibt nicht aus puren wissenschaftlichen, sondern aus kunstpädagogischen Gründen – der „Cicerone" kündigt sich an. Was darüber hinaus aber diesem Werkchen noch heute einen so großen biographischen Wert verleiht, das ist die Unmittelbarkeit und künstlerische Erlebnisfrische, mit denen der Verfasser vor die Denkmäler tritt, und die außerordentliche sprachliche Kraft, mit der er schon seine Empfindungen zu formulieren vermag. Jacob Burckhardt nennt das in seiner selbstkritischen Art „seine Subjektivität"; in Wirklichkeit ist dieser Führer zu den belgischen Kunstwerken aber einer der ersten wohlgelungenen Angriffe gegen konventionelle Kunstbewertung und äußerliche Rubrizierungsmethoden und ein Durchstoß zu dem eigentümlichen seelischen Wesen, das aus den Kunstwerken spricht.

Jacob Burckhardt hat dann in seiner zweiten Berliner Studienzeit noch einen kunsthistorischen Aufsatz über „Die vorgotischen Kirchen am Niederrhein" veröffentlicht[1], zweifellos eine nicht ganz ausgereifte Arbeit über die romanische Kunst im Rheinland, aber doch mit instruktiven Seitenblicken auf die niedersächsische Romanik und mit jener berühmt gewordenen Fußnote, die er im Hinblick auf die barocken Elemente in der rheinischen Baukunst des 13. Jahrhunderts schrieb: „Rokoko entsteht, wenn man das Wort gelten läßt, immer da, wo die eigentliche Bedeutung der Formen vergessen worden ist, die Formen selbst aber um des Effektes willen fortwährend und zwar mit Mißverstand benutzt werden. Es gibt sonach auch einen römischen, gotischen usw. Rokoko[2]." Über seine weiteren kunsthistorischen Pläne äußerte sich Jacob Burckhardt schon am 1. Juli 1842 an Schreiber: „Von hier [Berlin] aus wünschte ich in zwei Jahren nach Paris für einige Monate und dann womöglich auf ein Jahr nach Italien zu gehen und allerorten die Bibliotheken und Museen so zu benutzen, daß ich 1. eine Archäologie der Kunst von Konstantin bis

---

[1] Wiederabgedruckt und eingeleitet von Emil Dürr in der B. G. A. I, S. 283 ff.
[2] Über die völlig andere Einschätzung der Spätzeit von Kunststilen seit den 1870er Jahren vgl. S. *126 f.*

auf die Ottonen oder die Hohenstaufen und 2. eine Geschichte der schweizerischen Gegenreformation zu liefern instand gesetzt würde."

Mit der Übersiedlung nach Berlin verband sich für Jacob Burckhardt auch ein vollständiger Wechsel unter seinen gleichalterigen Freunden. Der längst vorbereitete Bruch mit Biedermann fällt in die ersten Berliner Monate. Auch eine Basler Jugendliebe, die sich verlobte, entschwindet. Nur mit Hans Riggenbach bleibt er verbunden. Dagegen gewinnt er neue Freunde: einen Rheinländer aus Koblenz, August Focke, und zwei Westfalen, Siegfried Nagel und Eduard Schauenburg. Des letzteren Bruder Hermann lernte er dann in Leipzig auf seiner Reise ins Rheinland im Frühjahr 1841 kennen. Über die wunderbar gehobene Stimmung, die ihn auf dieser Reise erfüllte, geben zwei herrliche Briefe, der eine an seine Schwester Louise und der andere an den in Berlin zurückgebliebenen Eduard Schauenburg, beredte Auskunft (5. April und 15. April 1841). Und das hochgemute Empfinden sollte womöglich noch eine Steigerung erfahren, als er in Bonn die Bekanntschaft Gottfried Kinkels und dessen geistvoller Braut und späteren Frau Johanna Möckel-Matthieux machte und in den von diesen gegründeten „Maikäferbund", einen poetisch-literarischen Klub, aufgenommen wurde. Einer der „Maikäfer", Willibald Beyschlag, hat uns in seinen „Lebenserinnerungen" ein anschauliches Bild von den Zusammenkünften gegeben, an denen Jacob Burckhardt regelmäßig teilnahm[1]: „Entzückend waren die Abende, welche Kinkel uns darbot. Hier fand sich ohne Zweifel der auserlesenste Studentenkreis zusammen, den die Bonner theologische und philosophische Fakultät damals umschloß.... Es waltete der freieste Ton, ganz anders als an Professorenabenden, da man sich schüchtern ausfragen und belehren ließ. ... Stundenlang riß das angeregteste, vielseitigste, mitunter auch disputierende Gespräch nicht ab. Und Kinkel beherrschte dasselbe, ohne das fühlen zu lassen; über jedes Thema, das angegeben ward, wußte er sich auf überlegene Weise auszusprechen, den

[1] Willibald Beyschlag, Aus meinem Leben, Bd. I, S. 100f.

Vorlauten zu dämpfen, den Schüchternen zur Mitteilung anzuregen, auch dem Besten und Gereiftesten Genüge zu tun. Zuweilen las er auch etwas nicht Allzulanges vor, bald etwas Ernstes aus irgendeiner neuen poetischen Erscheinung, bald etwas Komisches, z. B. aus einer Jesuitenpredigt des 17. Jahrhunderts oder aus den Epistolae obscurorum virorum; nach solchen uns neuen Mitteilungen loderte dann das Gespräch desto höher auf. So saßen wir bei der einfachsten Bewirtung regelmäßig bis über Mitternacht und gingen in hochgemuter Stimmung nach Hause; einmal waren wir noch so angeregt, daß wir, anstatt nach Hause, in der Nacht auf den Kreuzberg zogen, um in dem dortigen Café bis zum Sonnenaufgang weiterzuplaudern." Die Briefe Jacob Burckhardts aus den folgenden Jahren sind voll von Gedenken an diese herrliche Zeit. Damals gewann er außer Kinkel und Willibald Beyschlag Kommilitonen zu Freunden, mit denen er noch auf lange Zeit hinaus brieflich innig verbunden blieb: Karl Fresenius aus Frankfurt a. M., Albrecht Wolters aus Cleve u. a. m. Und er, der in seinen jungen Jahren die Eigenart hatte, rückblickend gehaltvolle Zeiten seines Lebens zu superlativieren, schrieb später von Berlin aus: „In Bonn und Köln ruhen die schönsten Erinnerungen meines Lebens" (4. März 1842).

Es war aber nicht nur dieses „schöne Leben", das das rheinische Semester für Jacob Burckhardt so wertvoll gestaltete. Wir sahen schon, daß er hier zu seinem „Konrad v. Hochstaden" inspiriert wurde; ebenso gewann er hier die unmittelbaren Anschauungen für seine „Vorgotischen Kirchen am Niederrhein"; vor allem aber zwang ihn der Umgang mit Kinkel und seinen anderen Freunden zu einer Auseinandersetzung mit der zeitgenössischen Dichtung und Politik.

Seit der Wende des 4. zum 5. Jahrzehnt im 19. Jahrhundert begann das äußerlich so genügsame und innerlich so anspruchsvolle, das geistig so lebendige, aber dem aktiven Leben gegenüber so resignierte und beschauliche Zeitalter sich seinem Ende zu nähern. Eine junge Generation mit Ansprüchen nicht nur an den Geist, sondern auch an den

Willen, mit Tatendrang und Kampfstimmung kam empor und wirkte sich, da es vorerst keine politische Bühne gab, auf dem Theater und in der Literatur aus. Jacob Burckhardt, dessen statisch bestimmtes Lebensgefühl diesen Menschen von vornherein nicht sonderlich entgegenkam, hat sich doch intensiv mit ihren literarischen und politischen Zielen auseinandergesetzt. Die Briefe aus der zweiten Berliner Studienzeit sind voll entsprechender Anspielungen. Am bemerkenswertesten ist vielleicht sein Urteil über Gutzkow, das er Kinkel am 13. Juni 1842 schrieb: „Es ist ein Unglück für das moderne Drama, daß Gutzkows Feinde ihm seine Erfolge so ohne Not verbittert haben und mit Gewalt in eine falsche Stellung hetzen. Er hat einen immensen Fortschritt gemacht, und seine Stücke sind alle wunderbar ergreifend, weil sie alle aus seinem Herzen gekommen sind. ... Der Fortschritt Gutzkows ist der, die ernste Behandlung sozialer Fragen der Poesie vindiziert zu haben. Es gibt einen Punkt, wo er mit Immermanns Romanen zusammentrifft." Schon aus diesen wenigen Sätzen wird deutlich, wie er zur Kunst des „Jungen Deutschland" stand. Er schätzte und anerkannte ihre Verdienste um die Stofferweiterung für die Dichtung, aber er verwarf als „falsche Stellung" ihre „Tendenzpoesie". Nicht daß er am klassischen Ideal sklavisch hängen blieb, aber er stellte sich seine Fortentwicklung anders vor. Am 7. Dezember 1842 schrieb er hierüber an Kinkel anläßlich dessen Trauerspiels „Lothar v. Lotharingien": „Ihr Lothar ... ist eins von den Stücken, welche einen Übergang bezeichnen von der ethisch idealen Richtung [Lessings und Schillers] zur realen, fatalistischen im echten historischen Sinn. Hier sind die ethischen Konflikte Nebensache und bedingen mehr Schmuck und Haltung des Stückes als den eigentlichen Kern. Die Hauptsache aber sind historische, somit unlösbare Konflikte streitender Weltmächte, wo sichs erst zeigen muß, wer gewinnt, damit man wisse, wer recht hat. Ich halte diese Art für eine höhere, poetisch reichere, Ihren Schritt aber für einen Fortschritt. Denn: damit erst ist die wahre Geschichte, die im großen kein Gut und Böse, sondern nur ein So oder Anders kennt, ins Drama ausgegossen. Damit erst eröffnet sich eine volle, unendliche Quelle der Individualistik, die dem bloßen moralischen Dramatiker und seinen ethischen Gegensätzen verschlossen bleibt.... Sie werden vielleicht vor diesen Konsequenzen erschrecken, aber ein Übelstand würde erst dann eintreten, wenn ein Dramatiker die Gesetze der ewigen Moral, die zu allen Zeiten gilt, absichtlich übertreten wollte. Unsere bisherigen Dramatiker haben aber den entgegengesetzten Mangel, sie tragen auch das, was an der Moral bloß ihrer Zeit angehört, auf ihren Gegenstand über und erheben es sogar zum dramatischen Hauptmotiv." Im übrigen hatte Burckhardts Sympathie für Männer wie Gutzkow und Mundt, den er in seiner Berliner Zeit sogar persönlich aufsuchte, primär wohl weniger einen dichterischen als einen rein menschlichen Grund: er ist auch in seiner Geschichtsdarstellung stets für Gestalten eingetreten, gleichviel welche Anschauungen sie verfochten, die für diese sich Verfolgungen auszusetzen, ja unterzugehen bereit waren.

Endlich Burckhardt und die Politik in seiner deutschen Zeit! Sie war in seinem Denken während der Basler Semester noch wenig hervorgetreten. Das wurde in Berlin nun völlig anders! Aber es ist bezeichnend, wie er sich ihr näherte. Er kannegießerte nicht und holte sich seine Weisheit nicht aus politischen Debattierklubs, sondern er suchte sich durch den Besuch von politischen und verfassungsgeschichtlichen Vorlesungen eine solide Erkenntnisgrundlage zu verschaffen. Er hörte bei Homeyer „Deutsche Landstände" (W. S. 1839/40) und „Deutsche Rechtsgeschichte" (W. S. 1840/41), in Bonn bei Mendelssohn „Statistik von England", in Berlin bei Doenniges „Politik und Staatsrecht" (W. S. 1841/42) und bei Friedrich Julius Stahl „Staatsrecht" (W. S. 1842/43). Es ist danach wohl begreiflich, daß, als er in Leipzig mit seinen konservativen Grundanschauungen, zu denen ihn sein Studium ebenso wie sein statisches Lebensgefühl hingeführt hatten, dem ultraliberalen Hermann Schauenburg gegenübertrat, dieser ohne weiteres die geistige Überlegenheit seines Gegners anerkannte. Nun ist aber dieser Konservativismus des jungen

Schweizers nicht zu verwechseln mit dem damaligen Konservativismus in Preußen. Beispielhaft tritt dieser Unterschied bei einem Konflikt der preußischen Krone mit den Ständen der Provinz Posen im Frühjahr 1843 in die Erscheinung. In einem Brief an Kinkel vom 16. März 1843 stellt er sich gegenüber der Antwort Friedrich Wilhelms IV. an die oppositionellen Stände ganz auf deren Seite und erklärt: „Schon die Billigkeit ist nicht mehr geschont und noch weniger die öffentliche Meinung und die Sehnsucht der Nation. Wehe dem Ratgeber, der dem König diesen Schritt eingab; der König selbst wird ihm einst fluchen, aber wenn es zu spät ist. Man wagt es, einen durch Stimmenmehr bei den Ständen durchgegangenen Beschluß ein Parteiwerk zu nennen! Man wagt es, den Ständen wegen dieses Beschlusses zu drohen, man werde sie nicht mehr zusammenberufen! Wie muß der König berichtet sein, wenn er meint, seine Argumente gegen die Pressefreiheit machten noch Eindruck auf das Publikum!" Und ganz grundsätzlich hatte er schon am 13. Juni 1842 an Kinkel geschrieben: „Alle Restauration, so wohlgemeint und so sehr sie der scheinbare einzige Ausweg war, kann das Faktum nicht auslöschen, daß das 19. Jahrhundert mit einer Tabula rasa aller Verhältnisse begonnen hat. Ich lobe es nicht, ich tadle es nicht, es ist eben eine Tatsache, und die Fürsten würden wohltun, wenn sie es sich klarmachen wollten, worin ihre jetzige Stellung sich von ihrer früheren unterscheidet. Die furchtbar gesteigerte Berechtigung des Individuums besteht darin: cogito (ob richtig oder falsch), ergo regno. Ich erwarte noch überaus schreckliche Krisen, aber die Menschheit wird sie überstehen, und Deutschland gelangt vielleicht erst dann zu einem wahrhaft goldenen Zeitalter. ... Was meine Wenigkeit betrifft, so werde ich nie Wühler und Umwälzer sein wollen; eine Revolution hat nur dann ein Recht, wenn sie unbewußt und unbeschworen aus der Erde steigt. Aber dem Fortschritt des deutschen Geistes werde ich mich ewig mit allen Kräften widmen und tun, was mir recht scheint."

Jacob Burckhardts Konservativismus war also – um es paradox auszudrücken – liberal, indem er in schroffem Gegensatz zum vormärzlichen Absolutismus stand und die „furchtbar gesteigerte Berechtigung des Individuums" als eine Tatsache erklärte, mit der alle Politiker zu rechnen hätten. Aber er bestritt diesen Individuen das Recht, sich ihre politischen Freiheiten durch eine Revolution selbst zu nehmen; er war überzeugt, daß, wenn wirklich eine echte große Umwälzung im Anzug sei, dies auch die bisherigen Machthaber einsehen und danach handeln würden. Es mögen ihm wohl die Vorgänge als Vorbild vorgeschwebt haben, die zwischen 1818 und 1820 in den süddeutschen Staaten die Einführung der sog. konstitutionellen Monarchie mit sich brachten. Wichtig aber und immer wiederkehrend in allen politischen Expektorationen dieser Zeit ist sein unerschütterlicher Glaube an Deutschland und seine große Zukunft.

Jacob Burckhardt ist in Bonn auch mit seinem Vater zusammengetroffen, und hier wird er wohl dessen definitives Einverständnis erhalten haben, daß er unter der Voraussetzung, selbst mit zu seinem Unterhalt beizutragen, im Herbst 1841 noch für mehrere Semester nach Berlin zurückkehre. Das hat dazu geführt, daß er in seinem Leben auch die Freuden und Leiden eines Hauslehrers kennenlernte. Nachdem er sich in Berlin noch ein halbes Jahr völlig frei seinen Studien gewidmet hatte, trat er im Mai 1842 in den Dienst des Grafen Perponcher, ehemaligen holländischen Gesandten in Berlin. Die Launen und Forderungen der Dame des Hauses wurden aber rasch so unerträglich, daß er diese Stellung schon im Oktober wieder verließ. Dies Mißgeschick mag der Grund dafür gewesen sein, daß er das zweitemal viel kürzer, als er ursprünglich beabsichtigt hatte, in Berlin verblieb.

Die Wintermonate 1842/43 hat Jacob Burckhardt in Berlin dann vornehmlich der Poesie gewidmet und dabei eine Art Berliner Filiale des „Maikäferbundes" geleitet. Er muß damals zeitweise von einem besonders tiefen Glauben an seine dichterische Mission durchdrungen gewesen sein; denn er begnügte sich nicht mit Liedern und Gedichten, sondern versuchte sich auch an einer Novelle, einem Operntext, einem Lustspiel und mehreren Tragödien. Es sind dies aber alles Fragmente geblieben[1], und in einem Brief an Kinkel vom 7. Februar 1843 scheint ihn zum erstenmal eine Ahnung erfaßt zu haben, daß sein Leben für die Wissenschaft, für die Geschichte und doch nicht für die Dichtung bestimmt sei. Was er aber seinen Freunden in diesem Winter war, das schildert uns Willibald Beyschlag in seinen „Lebenserinnerungen"[2]: „Es war eine herzbewegende Schlußfeier des Winters, als Burckhardt, der nun von dem geliebten Deutschland scheiden mußte, um in Paris seine kunsthistorischen Studien fortzusetzen, uns zum letztenmal auf seine Stube zusammenbat. Als ihm schließlich in unser aller Namen Wolters unsern Dank aussprach für alles, was wir an ihm und durch ihn gehabt, brach er in Tränen aus, wollte dem einen dies, dem anderen jenes abbitten und redete herrliche Worte über Deutschland und deutsche Freunde."

Am 23. März 1843 ist er dann von Berlin abgereist und wiederum auf großen Umwegen über Naumburg, Jena, Schwarzatal, Coburg, Bamberg, Würzburg, Heidelberg, Weinheim, Speyer, Worms, Oppenheim, Nierstein, Bodenheim, Laubenheim, Mainz, Frankfurt a. M., rheinabwärts nach Koblenz (mit einem Abstecher nach Limburg a. d. L.) und schließlich nach Bonn gefahren, wo er mit Geibel als Trauzeuge an Kinkels Hochzeit mit Johanna Möckel-Matthieux teilnahm. Nachdem er länger als ursprünglich beabsichtigt sich bei den Freunden aufgehalten hatte, fuhr er über Köln nach Holland, das er zum erstenmal sah, nach Belgien und schließlich nach Paris. Die anschaulichen Briefe, die er von hier an die Kinkels und seine Berliner Freunde schrieb, geben den Eindruck wieder, den Frankreichs Hauptstadt auf ihn ausübte. Zwei Tatsachen treten dabei besonders hervor: das äußerlich und künstlerisch befriedigendere Bild, das ihm Paris im Vergleich zu Berlin gewährt; dagegen das erhebliche Defizit, das er beim geistigen und moralischen Vergleich der beiden Metropolen für die Stadt

---

[1] Sie wurden bisher auch noch nicht veröffentlicht, so daß ein abschließendes Urteil über J. B.s dichterische Ziele und Leistungen in seiner deutschen Zeit noch nicht möglich ist.
[2] Willibald Beyschlag, Aus meinem Leben, Bd. I, S. 150f.

an der Seine herausrechnet. Man hat den Eindruck, daß die politisch „liberalen" Grundsätze, die Bettina v. Arnim in Berlin so an ihm lobte, hier schon ihren ersten Stoß erfahren haben.

Auf eine charakteristische Einzelheit dieser Briefe darf aber vielleicht noch besonders aufmerksam gemacht werden. Um sich einen möglichst umfassenden Anblick von Paris zu verschaffen, besteigt er auf der Place de l'Étoile den Arc de Triomphe und vergleicht diese „ganz majestätische Aussicht" mit dem Blick „vom Berliner Marienturm auf die trostlosen Häuserreihen und noch trostloseren Heiden und Steppen". So hatte er früher schon, im Jahre 1837, die herrliche Aussicht vom Turme der Kathedrale von Lausanne auf Genfer See und Alpenkette gerühmt, „die allein schon der Reise wert ist", so 1838 sich vom Dach des Domes aus die Fernsicht über Mailand und die Lombardische Ebene verschafft, so von der Kuppel des Domes von Florenz aus den schönsten Moment seiner zweiten Italienreise, den Rundblick auf Stadt und Umgebung erlebt – und so wird er später in der „Kultur der Renaissance" Petrarca auf den Mont Ventoux begleiten, um den freien Rundblick nachzuerleben, den einer der frühesten modernen Menschen über Alpen und Provence genoß.

Fragt man schließlich nach der Bedeutung, die die deutsche Zeit in Jacob Burckhardts Entwicklung gehabt hat, so herrscht darüber Einverständnis, daß wissenschaftlich, historisch wie kunsthistorisch, in diese Jahre die entscheidenden Anregungen der Lehrer wie die ersten bemerkenswerten Äußerungen eigener Wesensart fallen. Strittig dagegen ist, welche Funktion die Berliner und das Bonner Semester für seine allgemeine Lebensrichtung und seine kulturellen Ideale gehabt hat. Die einen[1] erklären, daß in diesem Punkte in Jacob Burckhardts späterem Leben ein

[1] Vgl. vor allem Carl Neumann, J. B., München 1927, namentlich S. 43. Bei der Lektüre dieses Buches wird man überhaupt nicht recht froh. Es bindet Aufsätze des Verf.s, die zu ganz verschiedenen Zeiten erschienen, zu einer äußeren Einheit zusammen, ohne die inneren Unstimmigkeiten zum Ausgleich zu bringen. Außerdem ist es sehr „impressionistisch" geschrieben.

völliger Bruch eintrat, daß er seine deutsche Zeit mit ihren Wunschbildern gegenüber der Verherrlichung Italiens geradezu verleugnete; die anderen[1] sagen sogar, daß die große Liebe zu Deutschland, die damals seine Seele erfüllte, überhaupt nur eine ephemere Bedeutung gehabt habe, nur „einzeitweiliges Abbiegen vom südlichen Weg" gewesen sei. Demgegenüber werden die bisherigen und die folgenden Ausführungen, so hoffe ich, den Beweis erbringen, daß beide Vorstellungen irren. Jacob Burckhardt hat weder später einen radikalen Stellungswechsel zugunsten des Südens vollzogen noch in Deutschland eine unwesentliche Linie seines Lebens verfolgt; er hat hier vielmehr den bleibenden Grund zu seiner gesamten geistigen Existenz gelegt. Er ist seit dieser Zeit eng und unzerreißlich mit deutscher Kultur und deutschem Lebensgefühl verwachsen, freilich einem Lebensgefühl, das nicht die Teutschheit der Revolutionsmänner der achtundvierziger Jahre hervorbrechen ließ, sondern welches gründete in dem ungeheuren Aufbruch des deutschen Geistes seit dem Ausgang des 18. Jahrhunderts. Er hat später diese gewaltige Entwicklung selbst einmal glänzend dargestellt[2]. Eines ihrer Hauptkennzeichen sieht er in ihrem Sinn und ihrer Achtung für die Eigenart aller Zeiten und Völker, in der „hohen Gabe der Nation zur Verdeutschung alles Fremden", in dem Erwachen eines „allgemeinen, objektiven Verständnisses des Vergangenen und des Fremden überhaupt". Was Jacob Burckhardt später erlebte, war weder ein Umbruch noch gar eine Entlarvung, sondern die Ausweitung und höhere Ausprägung seines ursprünglich und zu allen Zeiten deutschen Wesens.

[1] Vgl. namentlich Walther Rehm, J. B., Frauenfeld, Leipzig 1930, S. 37. Das Buch stellt als Ganzes aber eine sehr erfreuliche Erscheinung in der Burckhardt-Literatur dar.
[2] In seiner Antrittsvorlesung bei Übernahme des kunstgeschichtlichen Lehrstuhles an der Universität Basel am 6. Mai 1874. Jetzt veröffentlicht von Felix Stähelin in der B. G. A. XIII, S. 23 ff.

Zweites Kapitel

KRISIS

1843–1846

Als Jacob Burckhardt an einem trüben Herbsttag des Jahres 1843 nach über vierjähriger Abwesenheit in seine Heimatstadt zurückkehrte, da ward ein neues, ein dunkleres Blatt in seinem Lebensbuche aufgeschlagen.
Basels öffentliches Leben war damals in einer großen Umwandlung begriffen. Die Verbindung mit seiner großen aristokratischen und humanistischen Vergangenheit hing nur noch an dünnen Fäden. Der Besuch seiner alten Universität ging dauernd zurück, so daß man schon daran dachte, sie überhaupt zu schließen oder in ein modernes Institut umzuwandeln. Dafür gab man sich um so rückhaltloser den politischen und wirtschaftlichen Interessen hin. Die mit der französischen Julirevolution neu empordringende Welle der Demokratie wurde nur vorübergehend im Jahre 1833 durch die Abtrennung des Kantons Basel-Land von Basel-Stadt aufgehalten und siegte dann doch vollständig im Jahre 1847, als sich auch in der Stadt eine rein demokratisch-republikanische Verfassung durchsetzte. Gleichzeitig brach mit voller Wucht wie im ganzen kontinentalen Europa so auch in der Schweiz der Hochkapitalismus durch, mit seinem rastlosen Erwerbsstreben und der Überschätzung des Reichtums für den Menschen, mit seiner Vermassung alles öffentlichen Lebens und dem Versanden der höheren Geselligkeit in handfestem, sinnlichem Genuß und kultureller Flachheit. Und neben dieser politischen und ökonomischen „Modernität" schwelte in Basel eine dumpfe, reaktionäre, „pietistische" Luft, die den wenigen, die das Banner echten Geistes aufrichten wollten, das Leben erschwerte.
Jacob Burckhardt dachte schon die Monate in Paris mit einem gewissen Grauen an die Rückkehr in seine Heimat. Aber der unerhörte geistige Kontrast zwischen Berlin und Bonn auf der einen und Basel auf der anderen Seite kam ihm doch erst in diesen dunklen Herbsttagen zum

Bewußtsein. Es erregt wirklich Erstaunen, wenn man aus der Feder desselben Mannes, der dereinst der große Lobredner Basels werden sollte, die scharfen Worte liest, die er damals gegen die Stadt gebrauchte, am schlimmsten wohl in einem Brief an Kinkel vom 24. November 1843, in dem es heißt: „Wie so eine Stadt versumpft ohne anregende Lebenselemente von außen.... Es ist nicht gut in unserer Zeit, wenn solch ein kleiner Winkel ganz seiner Individualität überlassen bleibt." Von Anfang an fühlte Jacob Burckhardt, daß er hier „keine bleibende Stätte finden", daß ihm die Stadt „ewig unleidlich bleiben" werde und daß auch „zwei blaue Augen" das nicht ändern könnten.

Zu diesem allgemeinen Widerwillen gegen Basel kam nun aber bald noch ein besonderer, der seinen Grund in Jacob Burckhardts beruflicher Entwicklung hatte. Da er auch in seiner schwärmerischsten deutschen Zeit kein Vogel-Strauß-Politiker und Phantast war, hatte er sich schon in Berlin Gedanken über seine materielle Zukunft gemacht. Bereits am 21. März 1842 war ihm klar, daß er in Basel nicht Lehrer werden, sondern Stunden geben und wissenschaftlich, vielleicht auch poetisch weiterarbeiten werde, und am 20. Juli 1843 hatte er von Paris aus, anscheinend unter dem deprimierenden Eindruck, der sich ihm von der französischen Presse enthüllte, seinem Freunde Wolters geschrieben, daß er „ans Journalisieren immer weniger denke". Da erfahren wir plötzlich aus einem Brief vom 18. April 1844 an Karl Fresenius und wenige Tage später aus einem solchen an Kinkel, daß er „vom 1. Juni an die hiesige konservative Zeitung redigiere"! – Was mag Jacob Burckhardt zu dieser Sinnesänderung, zu diesem überraschenden Entschluß bewogen haben?

Eine völlig eindeutige Antwort auf diese Frage dürfte wohl erst möglich sein, wenn seine journalistischen Elaborate aus jener Zeit der Forschung zugänglich gemacht worden sind. Leider hat aber bisher weder ein Schweizer sich entschlossen, einmal die Artikel genauer zu prüfen, die Jacob Burckhardt in der Zeit vom 1. Juni 1844 bis 31. Dezember 1845 für die „Basler Nachrichten" geschrieben hat, noch ist ein Deutscher auf den Gedanken gekommen, seine Korrespondenzartikel für die „Kölnische Zeitung", die in dieselbe Zeit fallen, der Erkenntnis seiner politischen Entwicklung dienstbar zu machen. So bleibt man auf die Andeutungen beschränkt, die sich in den Briefen finden. Da gibt denn ein Schreiben an Kinkel vom 21./26. April 1844 gleich einen wichtigen Hinweis: „Ich habe", heißt es, „die Redaktion hauptsächlich übernommen, um den hier regierenden schnöden Sympathien mit allem Absolutismus (z. B. dem russischen) nach und nach den Garaus zu machen und beinebens dem schweizerischen Brüllradikalismus entgegenzutreten, welch letzterer mir akkurat ebenso ekelhaft ist wie jener." Und am 29. Januar 1844 hatte er Eduard Schauenburg erklärt: „Ich überzeuge mich mehr und mehr, daß der Liberalismus der Jahre 1840-43 nur die erste, saure Blüte war, die die Frucht umschließt und abfallen muß. Um so siegreicher wird nun nachgerade ein neuer Liberalismus, eine allgemeine öffentliche Meinung entstehen, mehr und mehr geläutert von Extravaganzen jeder Richtung, und da muß der Sieg endlich kommen." Jacob Burckhardt war also der eigentümlichen mittleren politischen Richtung zwischen Absolutismus und Radikalismus, zu der er sich schon in Berlin durchgedacht hatte, nicht nur treu geblieben, sondern glaubte sogar an ihren endgültigen Sieg. Ihn mit herbeiführen zu helfen war sicher das Hauptmotiv, das ihn zum Redaktor und Tagespolitiker werden ließ. Daneben spielen aber unbedingt noch zwei andere Gründe eine Rolle. Der ausgesprochene Realismus, die Anschauungsbedingtheit seines Wesens und das damit verbundene instinktive Mißtrauen gegen die „glättende" Interpretation politischer Vorgänge durch Ranke hatten in ihm bestimmt das Verlangen erzeugt, die politischen Realitäten seiner Tage doch einmal an der Quelle kennenzulernen. Und es ist interessant, daß die Befriedigung dieses Wunsches ihn nach einiger Zeit seine journalistische Tätigkeit sogar anziehend erscheinen ließ. Ganz und gar nicht kam für ihn bei Übernahme des Redaktorpostens etwa persönlicher politischer Ehrgeiz in Frage. Er hat von vornherein nur an eine begrenzte Zeit gedacht, die er sich dieser Tätigkeit widmen wollte, und stand ihr vom ersten Tag an mit einer betonten Kühle und gefühlsmäßigen Unberührtheit gegenüber, so daß ihm persönliche Angriffe seiner Gegner nichts anhaben konnten. Nein, wenn es noch einen Grund für das tagespolitische Intermezzo seines Lebens gab, so waren es die ganz handgreiflichen finanziellen Vorteile, die für ihn damit verbunden blieben und die er für eine andere bessere Zukunft auszunutzen entschlossen schien.

Im März des Jahres 1845 trat nun aber in der Schweizer Politik eine Wendung ein, die geeignet war, seine politischen Hoffnungen in ihr völliges Gegenteil zu verkehren: der zweite Freischarenmarsch nach Luzern, durch den die liberale Partei mit Gewalt das noch bestehende klerikalkonservative Regime zu stürzen versuchte. Obwohl dieser Handstreich ebenso scheiterte wie der erste, muß um diese Zeit doch der Glaube Jacob Burckhardts an den Sieg seines „neuen Liberalismus" zerbrochen sein. Damals sah er zum ersten Male dem „Liberalismus der Schwünge, Knoten und Dorfmagnaten" ins Gesicht und ahnte in seinem Gefolge eine künftige Gewaltherrschaft. Er fühlte, es war vergebens, wofür er politisch wirkte und wertvolle Zeit seines Lebens darangab. Viel früher als er urprünglich beabsichtigt hatte, schon für den 1. Januar 1846 kündigte er darum seine Redaktortätigkeit wieder auf.

Aber das Scheitern seiner politischen Hoffnungen war nicht die einzige große Enttäuschung, die ihm diese Zeit in Basel brachte. Sehr bald, nachdem er in die Redaktionsstube eingezogen war, merkte er mit Schrecken, wie ihm die Zeitung alle Ruhe und Sammlung raubte, die er für seine wissenschaftlichen und poetischen Pläne brauchte. Zahllos sind die Klagen in den Briefen dieser Monate über die zermürbende und zerstreuende Wirkung der Journalisterei. Jacob Burckhardt hat aber auch in der anstrengendsten Zeit seiner Redaktortätigkeit sich geistig nicht völlig plattwalzen lassen. Nachdem er schon in den ersten Basler Monaten seine Habilitation an der Universität „ohne Anstand" erreicht hatte, kündigte er für das Sommersemester 1844 „Deutsche Geschichte" und „Deutsche Kunstgeschichte" als Kollegs an. Zwar kam nur das letztere zustande, aber unverzagt versuchte er es weiterhin mit einem Kolleg über das Mittelalter, dann über die älteste Geschichte der Schweiz und schließlich über die Geschichte der Völkerwanderung, ohne daß wir hörten, das eine oder andere sei nicht gelesen worden. Am 26. April 1844 meldete er dann Kinkel, daß er zwei Abhandlungen geschrieben habe, seine Antrittsvorlesung „Über die Lage Frankreichs zur Zeit des Armagnakenzuges 1444", jenes gefährlichen Angriffes französischer Söldner auf die Schweiz, den diese aber in der Schlacht bei St. Jakob a. d. Birs siegreich abschlug[1]; und seine beiden Vorträge über „Den Ursprung und Verlauf des Veltliner Mordes 1620", mit denen er sich in der Basler Historischen Gesellschaft einführte und „ziemlichen Beifall" erntete[2]. Dann aber folgen auch hier die Klagen. Zwar erscheint noch als Neujahrsblatt 1846 der Gesellschaft zur Beförderung des Guten und Gemeinnützigen zu Basel seine Arbeit über „Die Alemannen und ihre Bekehrung zum Christentum"[3], aber all das waren kleine Sachen, war ein Ausgreifen hierhin und dorthin; für das, was ihm als eigentliches Ziel vorschwebte: eine Darstellung der Geschichte der Schweiz oder zum mindesten einer ihrer großen Epochen – auf diesem Wege sah er keine wesentlichen Fortschritte. So konnte es für ihn auch nur ein schwacher Trost sein, daß er am 12. März 1845 zum außerordentlichen Professor der Geschichte ernannt wurde.

Und genau so wie die Geschichte gerieten Kunstgeschichte und Poesie bei ihm in Notstand. Zwar waren seine kunsthistorischen Vorlesungen von Anfang an gut besucht und seine öffentlichen Vorträge über die Geschichte der Malerei in den Wintern 1844/45 und 1845/46 an Basler Verhältnissen gemessen sogar ein voller Erfolg; es brachte ihm auch eine recht hübsche Einnahme, als Franz Kugler die Bearbeitung der Artikel über Kunst in Brockhaus' Konversationslexikon an ihn abtrat. Aber mit seinen kunstarchäologischen Studien kam er doch nicht so voran, wie er es

---

[1] Veröffentlicht von Emil Dürr in den „Vorträgen" J. B.s, Basel 1918 (= B. G. A. XIV), S. 1 ff.
[2] Notiert in den „Vorträgen", S. 477.
[3] Wiederabgedruckt und eingeleitet von Emil Dürr, B. G. A. I, S. 505 ff.

wünschte; nur die methodisch sehr interessante kleine Abhandlung über „Die Kirche zu Ottmarsheim im Elsaß" konnte er vollenden[1].

Und womöglich noch zerstörender wirkte diese Zeit auf seine dichterische Produktion. Er wird von tiefsten Zweifeln gepackt, ob er überhaupt dazu berufen sei. Seine unzerstörbare Sehnsucht danach und sein äußeres wie inneres Unvermögen dazu quälen und zermürben ihn.

Grenzenloses Unbehagen gegenüber seiner Umgebung – nutzloser Einsatz seiner Arbeitskraft für die Politik – Stocken seiner wissenschaftlichen Weiterentwicklung – Versiegen seiner dichterischen Kräfte – Jacob Burckhardts Lebensweg war in den Sand geraten, und er trieb der ersten schweren Krisis seines Daseins entgegen. Denn ihm half kein gleichmäßiges Gemüt und kein nüchterner Lebenswille rasch aus der verfahrenen Situation, sondern die seelische Labilität, welche ihm sein Leben lang eignete, ließ ihn nur umso tiefer leiden. Konnte es bei ihm schon vorkommen, daß er mitten im größten inneren Jubel und beseligenden Kunstgenuß unvermittelt von tiefster Traurigkeit und Melancholie ergriffen werden konnte, wie 1838 auf seiner zweiten Italienfahrt in Pisa, so zeigte ihm jetzt das weit ausschlagende Pendel seiner Gefühle seine Lage nur in den dunkelsten Farben. Es gibt erschütternde Stellen in den Briefen dieser Zeit. 22. Mai 1844: „Ich bin bei allem äußerlichen Wohlsein ein Schatten von dem, was ich war." 10. Juni 1844: „Mir ist bisweilen, als stände ich schon tief im Abendrot, als sollte aus mir nicht mehr viel werden." 14. September 1844: „Dieses Jahr war ein verlorenes.... Meine glückliche, innerlich feste Natur hat mich allerdings vor der Melancholie bewahrt; unglücklich bin ich fast nie gewesen, aber unbeglückt bin und bleibe ich."

Aber so schwer die Depressionen waren, die er durchleben mußte, Jacob Burckhardt hat weder Selbstmord begangen, noch ist er ins Philisterium versunken, sondern sein starker Geist und seine „innerlich feste Natur" haben ihn die Krisis seines Arbeits- und Gemütslebens überwinden

[1] Wiederveröffentlicht und eingeleitet von Emil Dürr in der B. G. A. I, S. 295 ff.

lassen. Er hat schließlich die Kraft zur Selbstbefreiung gefunden.

Sehr bald schon nach seiner Rückkehr in die Heimat hat er bei sich den Entschluß gefaßt, nur kurze Zeit in Basel zu bleiben. Schon am 24. November 1843 schreibt er an Kinkel: „Binnen zwei Jahren kratze ich sicher aus, nach Jena oder sonst wohin." Er schließt sich den Baslern gegenüber innerlich vollständig ab, wird wortkarg und konventionell, „alles gegen seine Natur". Sein einziger wirklicher Verkehr sind seine deutschen Freunde. An sie schreibt er immer gleichzeitig lange Briefe, um sich stets demjenigen mitteilen zu können, nach dem es ihn gerade verlangt. Deutschland, Deutschland, das ist immer wieder sein Gedanke, daran klammert sich immer wieder seine Hoffnung. „All mein Sinnen und Denken geht auf Deutschland allein" (26. November 1843). Und die Sehnsucht dahin flammt noch gewaltiger empor, als ihm der Freischarenzug das Leben in der Schweiz vollends verleidet. Am 19. April 1845 heißt es an Kinkel: „Die Sommerreise zu Euch soll, so Gott will, zustande kommen, Ende Juli!" Aber – vielleicht schon auf dieser Reise, bestimmt unmittelbar nach ihr tritt dann die entscheidende geographische Wendung ein. Während er am 19. April noch Kinkel erklärt, er werde nach Abschluß seiner Redaktortätigkeit „möglicherweise für einige Zeit nach Italien gehen, doch sei es kaum wahrscheinlich" schreibt er am 1. November schon: „Ich bin gesonnen mich in der Stille von hier zu drücken, vielleicht nach Rom, vielleicht nach Göttingen", um schließlich am 11. Januar 1846 lapidar zu verkünden: „Ende März gehe ich direkt nach Rom!"

Man muß im Grundton die Briefe, die Jacob Burckhardt an seine deutschen Freunde vor dem Herbst 1845 mit denen vergleichen, die er nach diesem Zeitpunkt an sie schrieb, um die ungeheure seelische Wirkung zu empfinden, die diese Selbstbefreiung auf ihn ausübte. Alles Moll geht nun in Dur über. Alle Klage wird zum hellen Jubel, alle quälende Sehnsucht zu lustvoller Vorfreude, aller nagender Zweifel zur Siegeszuversicht für die Zukunft. Mit souveräner Verachtung schaut er auf alle Politik, der er für immer entsagen will. „Bene vixit qui bene latuit" (26. Januar 1846), klingt es das erstemal wie so oft noch später in Burckhardts Leben, und am 1. November 1845 heißt es hoffnungsvoll: „Wenn ich wieder in die weite Welt gehe, wird eine neue Jugend und eine neue Poesie auf mich herniederkommen."

Aber – warum ging Jacob Burckhardt nicht nach Deutschland, warum nach Italien? Diese Frage wird eingeschlossen von der anderen: Welche Bedeutung hat überhaupt diese „Flucht nach dem Süden" für sein Leben und seine Gesamtentwicklung gehabt? Um sie zu beantworten, müssen wir noch einmal auf seine ursprünglichen politischen Überzeugungen zurückgreifen. In den Jahren bis 1845 hat Jacob Burckhardt der festen Überzeugung gelebt, daß die politische und allgemeine Entwicklung, wie sie mit der französischen Revolution heraufgekommen war, ein bloßes revolutionäres Zwischenspiel gewesen sei, das zwar vieles zur Förderung des europäischen Geistes beigetragen, das aber die Wiederanknüpfung an die aus dem Mittelalter geborene und in den ersten Jahrhunderten der Neuzeit ausgebreitete europäische Kultur nicht nur nicht verhindere, sondern im Gegenteil fordere. Je mehr die Zeit aber auf das Jahr 1848 lossteuerte, um so tiefere Zweifel an der Richtigkeit dieser Perspektive legten sich ihm in die Seele. Stoßartig: 1845 im Frühjahr in der Schweiz und 1845 im Sommer in Deutschland wurde es ihm zur Gewißheit, daß diesseits der Alpen sein „neuer Liberalismus" verspielt habe, daß die politische Entwicklung auf andere Ziele lossteuere, Ziele, denen er aus seiner tiefsten Natur heraus unter keinen Umständen seine Kraft und Unterstützung leihen konnte.

Denn Jacob Burckhardt hatte seit dem Tode seiner Mutter einen tiefen Blick für alles Vergängliche, Vorübergehende, Transitorische bekommen, aber gleichzeitig auch für alles Dauernde, Perennierende, Ewige. Am 10. Juni 1844 schreibt er hierüber einmal an Hermann Schauenburg: „Ich glaube, daß selten ein Mensch in meinem Alter solch ein lebhaftes Gefühl hatte von der Geringfügigkeit und Hinfälligkeit der menschlichen Dinge, insofern sie sich bloß auf das Individuum beziehen ... Desto riesiger wächst der Respekt vor dem Allgemeinen, vor dem Atem der Völker und Jahrhunderte." Nun sah er, wie sich die Welt diesseits der Alpen immer mehr von der Suche nach dem Ewigen und seiner Pflege abwandte und sich in den Dienst des Zeitlichen in Gestalt des bloß mittelbar Geistigen, Tagespolitischen und Wirtschaftlichen begab. Da blieb ihm, wollte er nicht versinken, sondern festen Boden für seine Art der Geistigkeit gewinnen, nichts anderes übrig, als dahin zu gehen, wo auch noch in der Gegenwart ihn dieses „Allgemeine", dieser „Atem der Völker und Jahrhunderte" umwehte. Das aber war damals weder in Deutschland noch in Frankreich der Fall, sondern allein in Italien, im „ewigen, unparteiischen, unmodernen, tendenzlosen, großartig-abgetanen Rom" (9. März 1846). So mußte er, der stets Stadtmensch blieb und nie Dorfmensch werden konnte, den nur Kultur und nie Natur erlösen konnte, im Süden seine Freiheit suchen.

Hatte er einst, im Jahre 1838, aus seiner „Affinität zum Schönen", eine tiefe Liebe zu den klaren Linien und den harmonischen Verhältnissen, der Luft und den Farben in der Landschaft und in der Kunst des Südens gewonnen, so empfing Italien nun eine entscheidende Bedeutung für seine ganze innere Weiterentwicklung. Rom barg damals allein noch in Europa die Kräfte, die seinen in Verwirrung geratenen Lebenslinien wieder zur Ordnung verhelfen und den Kern seines Wesens: seine Anschauungskraft, sein statisches Lebensgefühl und seine künstlerische Phantasie, zu neuer schöpferischer Entfaltung bringen konnten.

Man wird in diesem Zusammenhang an Goethe denken; denn auch für ihn verband sich mit seiner Italiänischen Reise vom Jahre 1786/87 die Befreiung aus einer innerlich unerträglich gewordenen Situation und der Durchbruch zu einer vorgefühlten neuen Lebensstufe. Aber ganz davon abgesehen, daß die Goethesche Wandlung für die deutsche Geistesgeschichte eine Epoche eröffnen half, während Jacob Burckhardt wohl eine ihrer großen Schlußerscheinungen darstellt, bleiben auch im einzelnen wichtige Unterschiede. Goethe ging mit 37 Jahren nach Italien, Jacob Burckhardt mit 28; Goethe nach einem vollentfalteten, von Werken größter Bedeutung erfüllten Lebensabschnitt,

Burckhardt nach einem im Sand verlaufenen Intermezzo seines Lebens, Goethe als schon in ganz Europa berühmter Mann, der nur schwer sein Inkognito wahren konnte, Burckhardt als junger unbekannter Extraordinarius der Geschichte, dessen Werk und Ruhm noch ganz in der Zukunft lag. Ihm verhalf Italien nicht zu einer späteren, sondern überhaupt erst zur vollen Ausprägung seiner Lebensform, einer Lebensform aber, die – genau wie bei Goethe – dadurch nicht ihren deutschen Ursprung und Grundcharakter verlor, daß ihr südliche Inhalte und Formen eingeschmolzen wurden, die damals keinen Bruch erlitt, sondern von nun an zu der gewaltigen Ausweitung und Vertiefung ansetzt, die seine Größe wurde.

Drittes Kapitel

WANDERJAHRE

1846—1858

Jacob Burckhardt hat die ersten Wochen in Rom eine Zeit wunderbarer seelischer Erhebung durchlebt. Wie eine Ruine auf den Menschen den tiefsten Eindruck dadurch hervorbringt, daß die bauenden und auflösenden Kräfte dieser Welt, Werden und Vergehen, in ihr zur Ruhe und zum Ausgleich gekommen sind, so traten die vielen und gewaltigen Zeugen einer mehrtausendjährigen Geschichte in ihrer stillen Größe in sein Gemüt: vieles, wie die christliche Tradition zwar äußerlich in voller Gestalt, aber mit abgeschlossenem und ausgereiftem Gehalt, vieles aus Antike und Mittelalter als ein Fragment, das der rekonstruierenden Phantasie des künstlerisch Gestimmten ein unerschöpfliches Betätigungsfeld bot. „Der Genuß Roms ist ein beständiges Erraten und Kombinieren; die Trümmer der Zeiten liegen in gar rätselhaften Schichten übereinander", heißt es am 21. April 1846 in einem Brief an Karl Fresenius. Und dieser, durch Kunst und Anlage in ihm entwickelte Zustand spiegelt ihm auch das öffentliche Leben der „Königin der Welt". Die Römer erscheinen ihm freundlich und doch nicht aufdringlich, stilvoll faul und frei von allen fremden-

industriellen Listen. Hier „hat der Müßiggang eine Kunst der Artigkeit zum Blühen gebracht, die dem Fremden sehr wohl tut." Zwar sagt er, der „den ganzen heiligen Karneval mitmachte", damals nichts Ausdrückliches von Antlitz und Gestalt der römischen Menschen, als er aber 1875 die ewige Stadt wieder besuchte, schrieb er seinem Freunde Robert Grüninger unter dem Eindruck der „allergrößten und seelenvollsten Schönheit" eines siebzehnjährigen Campagnolenmädchens: „Überhaupt hat die Rasse seit 29 Jahren ... auf keine Weise abgenommen" (13. April 1875).
Jacob Burckhardt befand sich damals in einer Harmonie all seiner Kräfte, „wie er sie noch nie gekostet", und er kann im September des Jahres, schon wieder diesseits der Alpen, dem Freunde Kinkel genau die Orte in Rom nennen, „wo ihn ohne besonderen Anlaß das Gefühl überraschte, daß er jetzt vollkommen glückselig sei" (12. September 1846). Er stand noch mitten in diesem Hochgefühl und war ihm in reinem Selbstgenuß noch völlig hingegeben, als ihn bereits Mitte Mai ein „Quasi-Ruf nach Berlin", eine Anfrage Franz Kuglers erreichte, ob er eine noch zu begründende Stelle an der Kunstakademie annehmen und bis zur endgültigen Betreuung damit die zweite Auflage seines „Handbuchs der Kunstgeschichte" und seiner „Geschichte der Malerei" besorgen wolle. In dem zwiespältigen Empfinden des Bedauerns, seinen Aufenthalt in Italien unerwünscht abkürzen zu müssen, und der gleichzeitigen Freude über seine gebesserten Berufsaussichten nahm Jacob Burckhardt das Berliner Angebot an, und mit der ihm eigenen entschlossenen Hingabe an eine neue Aufgabe drängte er das Schwelgen in Erinnerungen und Genuß zurück und stürzte sich „über Hals und Kopf in das Studium der Kirchen und Galerien". Unter ausgesprochen kunsthistorischen Gesichtspunkten besucht er nun die Monumente der Vergangenheit, und nicht nur die Roms, sondern anschließend daran auch die Neapels, von dem er abfällig bemerkt, daß er es „ohne besondere Gründe nie wieder aufsuchen werde", Florenz, den Höhepunkt seiner Reise im Jahre 1838, und Venedig. Aber trotz der „Tizians und Mosaiken auf Goldgründen" vermag es ebensowenig wie die Stadt am Arno jetzt den Vergleich mit

Rom auszuhalten; nur Ravenna empfindet er als „einen wahren und echten Nachklang".

Anfang September 1846, nach fast halbjährigem Aufenthalt, verließ dann Jacob Burckhardt Italien wieder und reiste über Basel, Bonn und Herford, den Wohnsitz der Schauenburgs, nach Berlin. Aber er hatte die Alpen kaum überschritten, als ihn mit voller Wucht und stärker als je zuvor die Sehnsucht nach dem Süden von neuem überfiel. Schon von Basel aus schrieb er am 12. September 1846 an Kinkel: „Sobald ich wieder Geld habe, kratze ich aus nach Rom und bleibe dort bis auf den letzten Pfennig. Dann laß ich wieder drucken ... um mich durchzubringen und neue Kräfte zu sammeln, d. h. Geldkräfte [um wieder nach dem Süden zu gehen] ... und so mag es fortgehen bis an mein seliges Ende." – Ein letzter, tiefster Unterschied des Goetheschen von dem Burckhardtschen Italienerlebnis wird mit diesen Sätzen offenbar: Die Goethesche Wandlung war nur formgebunden, die Burckhardts dagegen gegenstandsgebunden. Es war die Klarheit der Linien und Verhältnisse in der südlichen Landschaft und Kunst, die im Dichter des „Tasso" und der „Iphigenie" die erhöhte Formkraft entband, welche er nun dauernd in sein Wesen einbezog; was ihn im Einzelnen und Gegenständlichen Italien lieben ließ, das war im Erlebnis nicht an das Land gebunden; das konnte er sich auch in Weimar wieder vergegenwärtigen. Jacob Burckhardt dagegen wurde ergriffen von einem nur im Süden ganz reproduzierbaren Objekt: der vollen Eigentümlichkeit des italienischen Lebens und einer damals nur noch hier den Menschen umflutenden Kulturatmosphäre. Darum konnte die Italienreise Jacob Burckhardts im Jahre 1846 an ihm auch nicht zum einmaligen Genesungs- und Ausweitungsprozeß werden, sondern drängte nach immer neuen Wiederholungen, ließ allen Aufenthalt diesseits der Alpen auf lange Zeit zum bloßen Provisorium herabsinken und zwang ihn für über zehn Jahre zu einer Art geregelten Wanderlebens, mit dem er sich schon im Herbst 1846 vertraut machte.

Jacob Burckhardt weiß, als er Anfang Oktober 1846 in der preußischen Hauptstadt eintrifft, genau um sein Wesen und

sein Leben der nächsten Jahre Bescheid, und es ist nur zu
verständlich, daß er dadurch auf Kugler einen viel besseren,
„männlicheren" Eindruck macht, als ein Jahr früher, da
ihn der Lehrer in einer der Depressionen während seiner
Journalistenzeit in Basel sehen mußte. Er führt in Berlin
ein völlig zurückgezogenes Leben, verkehrt nur im Kuglerschen Hause, wo sich eine enge Freundschaft mit dem
gleichgestimmten Geibel und auch schon mit Heyse anspinnt, arbeitet fleißig an der Neuauflage der Kuglerschen
Werke, sieht mit kühler Neugier der Entwicklung seiner
äußeren Lebensumstände entgegen und lebt im übrigen
ganz und gar in römischen, in italienischen Erinnerungen,
die sich gegen Ende seines zweiten Berliner Aufenthaltes,
als ihm klar wird, daß äußerlich wie innerlich seines Bleibens hier nicht sein kann, zu wahren Verachtungsgesängen
gegen den Norden und verklärenden Hymnen auf den Süden
verdichten. Unmittelbar nach Erledigung der zweiten Auflage von Kuglers Büchern reist er am 30. September 1847
über Wien, Triest, Ancona direkt wieder nach Rom, wo er
am 11. Oktober eintrifft und ununterbrochen bis zum Mai
des Jahres 1848 bleibt.

Wir wissen über diesen zweiten Aufenthalt Jacob Burckhardts in Rom unmittelbar noch sehr wenig. Hing 1846
sein Herz noch eng an den deutschen Freunden, so daß er
ihnen ausführliche Briefe schrieb und sie an all seinen Erlebnissen teilnehmen ließ, so hatte er sich während seines
zweiten Aufenthaltes in Deutschland endgültig überzeugt,
daß sie ein neues und anderes Deutschland erstrebten, als
an dem er hing, und daß ihre Wege sich trennen mußten.
Von Beyschlag und Wolters hatte er sich schon am Ende
der Basler Zeit aus religiös-dogmatischen Gründen gelöst,
nun rissen auch die Beziehungen zu Fresenius und Nagel,
zu Kinkel und etwas später auch zu Hermann Schauenburg.
In einem vorbildlich ehrlichen Abschiedsbrief an letzteren
spricht er es aus: „Du hast wirken wollen und Dich deshalb
mit dem Zerfallenen und Verworrenen abgeben müssen;
ich will schauen und suche das Harmonische" (23. August
1848): selten ist dem Gegensatz dynamisch und statisch
bestimmter Menschen ein so prägnanter Ausdruck verliehen

worden. Nur die Freundschaft mit Eduard Schauenburg ist nie ganz erloschen und einer der wenigen Fäden geblieben, die äußerlich die Jugendzeit Jacob Burckhardts mit seinem späteren Leben verbinden.

Man ist also zumeist auf spätere oder indirekte Zeugnisse angewiesen, um Jacob Burckhardts Fühlen und Denken während seines zweiten römischen Aufenthaltes deutlicher zu erkennen. Da heißt es nun in dem schon zitierten Briefe aus dem Jahre 1875 an Robert Grüninger: „Der eigentliche Schmerz bei alledem ist [jetzt, 1875], daß für die wahre Meditation, wie ich sie im Winter 1847/48 hier genoß, die edle Muße völlig fehlt." Obwohl im Herbst 1847 sich seine Berufsaussichten wieder vollkommen verdunkelt hatten – er war sogar um Entlassung aus seinem Amt als Geschichtsprofessor an der Universität Basel eingekommen –, wurde er in Rom doch wieder von jenem wunderbaren, ruhigen Harmoniegefühl seines ersten römischen Aufenthaltes ergriffen, das er nun aber nicht mehr bloß als erhöhte Lebensstimmung genoß, sondern aus dem heraus als tragendem Grund und fruchtbarem Nährboden sein starker Geist neue Gedanken und Pläne für die kommenden Jahre aufbaute. So sehr er sich dem Zauber des römischen Lebens hingab, der nur Anfang 1848 durch die Wirkung der Pariser Februarrevolution mitten in den Karneval hinein einen starken Stoß erhielt, so sehr er die südliche Lebensatmosphäre in sich „hineinschnüffelte" – deutlich erkennen wir, wie gegenüber diesem ununterbrochenen Einströmen der Welt des Südens in seine Seele die gestaltende Kraft seines Geistes zu ersten großen Formungen ansetzt. Am Ende seines zweiten römischen Aufenthaltes konnte Jacob Burckhardt auf dem Kreditkonto seines Lebens einen inneren Bewußtseinszustand buchen, der ihn in der Ferne zwar qualvoller Sehnsucht nach dem Süden überließ, durch den sich aber doch sein Wesen neu zusammenfaßte und zu großen Leistungen erheben konnte.

Im Mai 1848 kehrte Jacob Burckhardt nach längerer Abwesenheit zum zweiten Male auf Jahre in seine Heimat zurück. Was er bisher strikte von sich gewiesen, nahm er jetzt in mutiger Resignation auf sich: er wurde Geschichtslehrer an der Realabteilung des Pädagogiums zu Basel mit 8 Stunden wöchentlichem Unterricht, außerdem übte er seine Universitäts- und Vortragstätigkeit wieder aus; dagegen lehnte er die Stelle eines Konservators am Kunstmuseum, die ihm gleichzeitig angetragen wurde, ab, „um einige Zeit und Kräfte zu freien Arbeiten übrigzubehalten" (21. Februar 1849). So hat Jacob Burckhardt fast fünf Jahre, vom Mai 1848 bis März 1853, still und zurückgezogen in Basel gelebt, anfangs in dem Gefühl, mit dieser Welt abgerechnet zu haben, aber später doch zunehmend mehr einen ehrlichen Kompromiß mit den gegebenen Lebensumständen schließend. „So wenig ich in dieser jetzigen Welt zu Hause bin, so will ich doch streben, ihr harmlos und liebreich begegnen zu lernen. Einsamer als jetzt habe ich nie gelebt, es kommt mir aber doch so ein Hauch unbestimmten Glückes entgegen, das ist die (relative) Stille, das Otium divinum", heißt es im September 1849. – War's nun die verborgene Rhythmik seines labilen Gefühlslebens oder war's vielleicht doch ein „Äußeres", das seine Lebensstimmung in der nächsten Zeit allmählich wieder steigerte und erhöhte? Jedenfalls wissen wir, daß damals – das einzige Mal in seinem Leben – Frauen, oder vielleicht nur eine Frau, tief leidvoll zwar, aber doch schöpferisch in sein Leben eingriff.

Es ist gewiß richtig, wenn dagegen protestiert wird, daß intime Seiten im Leben großer Menschen taktlos und indiskret an die Öffentlichkeit gezerrt werden. Das soll hier gewiß nicht geschehen; dazu ist die Liebe und Verehrung, die der Schreiber dieser Zeilen für Jacob Burckhardt empfindet, viel zu groß, als daß er ihn gleichsam im Grabe noch zu kränken vermöchte. Aber so wahr dies ist: unsere heutigen Forschungsmethoden gestatten uns nicht mehr, die Erotik als Erklärungsmotiv nur bei Dichtern und Künstlern gelten zu lassen; ihre Wirkung reicht tief auch in die „objektiven" Wissenschaften hinein. Darum muß jede Lebensbeschreibung Jacob Burckhardts auch einen Abschnitt über sein Verhältnis zur Liebe enthalten.

Wenn man die Anreden, Schluß- und Koseworte in den Jugendbriefen an die Freunde liest, so zeigt sich darin Jacob Burckhardt wohl einem allgemeinen Zeitgeschmack verhaftet, der nicht mehr der unsere ist, aber aus ihnen spricht doch auch ein Jüngling, dem Freundschaft mindestens ebensoviel Gefühls- als Gedankenverbundenheit bedeutete. Er hing an den ihm nahestehenden Menschen und konnte brennend eifersüchtig werden. Er hat sich damit manche traurige Stunde im Leben bereiten müssen. All dies hielt sich aber durchaus im Rahmen normaler, allerdings etwas überschwenglicher Jugendempfindungen. Jacob Burckhardt hat in Basel auch die Jugendliebe zu einem Mädchen gepackt, der er tief nachtrauerte, als es sich während seiner Berliner Zeit mit einem anderen Manne verband. Er hat in den folgenden Jahren viel geliebelt und „poussiert", ohne doch je ein festes Verhältnis zu knüpfen. In der trostlosen Basler Zeit erwägt er dann aber doch verschiedene Male, ob er sich nicht verheiraten solle, und halb aus Erinnerung und halb in Sehnsucht schreibt er Anfang 1844 seinem Freunde Eduard Schauenburg zu dessen Verlobung: „Die ersten Stunden eingestandener Liebe eines geliebten Weibes sind doch das Höchste, was das Leben bietet." Jedoch immer wieder dringt demgegenüber bei ihm das Gefühl durch, daß ihm jede Bindung die Freiheit, d. h. die Weiterentwicklungs- und Regenerationsfähigkeit seines Geistes kosten könnte; diesem aber hält er sich vor allem zu unbedingter Treue verpflichtet. So nehmen alle Heiratsüberlegungen regelmäßig einen negativen Ausgang, und nach seiner Rückkehr aus Rom schreibt er am 12. September 1846 im Vollgefühl der lebenerhöhenden Wirkung seiner Unabhängigkeit und in schärfstem politischen Ingrimm an Kinkel: „Eine Familie will ich dieser infamen Zeit nicht in die Krallen liefern; es soll kein Proletarier meine Kinder mores lehren wollen. Du glaubst nicht, wie resolviert ich in diesen Dingen bin." Das bleibt so bis nach seiner Rückkehr in die Heimat im Mai 1848. Lange schwingt die Harmonie des Südens in seiner Seele nach. Tiefe lyrische Stimmungen erfüllen sein Gemüt, und jetzt gelingt es der geläuterten Gestaltungskraft seines Geistes, sie zu Dichtungen zu formen, die zum erstenmal auch der eigenen strengen Selbstkritik genügen. Jacob Burckhardt hat in diesen Jahren zwei dünne Gedichtbände veröffentlicht, beide anonym: 1849 „Ferien. Eine Herbstgabe" und 1853 „E Hämpfeli Lieder" in Baseldeutscher Mundart[1]. Stehen in diesen beiden Büchlein, die fast lauter Liebesgedichte enthalten, nun nur Phantasien? Oder verraten sie etwas von dem, was damals in seinem Herzen wirklich vorging?

Jacob Burckhardt ist in jener Zeit von einer tiefen Liebe zu einer Frau ergriffen worden. In einem Briefe an Hermann Schauenburg vom 21. Dezember 1849 kündet sich alles schon an. „Du findest mich aller Wahrscheinlichkeit nach unverheiratet, unverlobt, vielleicht sogar unverliebt vor. Es wäre wohl am besten so ... aber der Mensch ist schwach, und innerlich einsam zu leben ist nicht jedermanns Sache." Wir wissen nichts und brauchen nichts Einzelnes über das Weitere zu wissen. Aber die Gedichte lassen erraten, daß diese Liebe ihn mit Empfindungen und Erlebnissen von einer Schönheit und Zartheit beschenkt hat, die sicherlich zu dem Höchsten gehören, das seinem Herzen zu fühlen beschieden war. Es ist uns unbekannt, ob diese Liebe schließlich durch die Schuld des Mannes oder der Frau zerbrach, ob diese sich ihm im entscheidenden Augenblick versagte, oder ob er mitten im Erklingen feinster, zitternder Herzenstöne nicht schon wieder von seiner Scheu vor realer Verbindung überfallen wurde. Genug, daß der unglückliche Ausgang dieses Liebeserlebnisses Jacob Burckhardt weder verbitterte, noch in bloße Sachbezüge zum Leben, in freudlose Hingabe an die Arbeit trieb. Er hat zwar später weder geheiratet, noch ist er einer anderen nähergetreten, aber seine Liebe zu Freund und Frau ist damals nicht in Haß und Verachtung umgeschlagen, sondern hat sich verwandelt und erweitert in Liebe zur Welt und den Menschen. Der amor amici et amicae wurde zum amor hominum et mundi. Diese Liebe hat ihn sein ganzes fürderes Leben begleitet, und sie wurde zu einem

---

[1] Vollständig wiederabgedruckt in J. B., „Gedichte", hrsg. von K. E. Hoffmann, Basel 1926, S. 75 ff. und 110 ff. Vgl. die 8 Proben unten S. 234 ff.

der entscheidenden Züge im umfassenden Bild der Weltgeschichte, das der Menschheit zu schenken ihm später beschieden war.

So hat damals die Erotik bestimmt einen Einfluß auf Jacob Burckhardt erlangt – einen Einfluß, aber nie eine vorherrschende oder überwiegende Stellung; denn weder im Gefühlsüberschwang seiner Studienjahre in Deutschland, noch im Jubel der Selbstbefreiung in Italien, noch jetzt in innigstem heimlichen Liebesglück und -schmerz vergaß er der objektiven, künstlerischen und wissenschaftlichen Aufgaben, die er sich für sein Leben gestellt. Das Gefühl ist für ihn immer nur wie ein Rankengewächs gewesen, das den festen Stamm seines Lebens wohl oft mit mächtig wuchernden Trieben dicht umschlingen, ihn aber nie aus seiner klaren Wachstumsrichtung verdrängen konnte. Leben war ihm für die Dauer niemals bloßes Gefühl oder Genuß, sondern immer auch Dienst an einer Sache. Darum kann es auch nicht verwundern, wenn es in einem Brief aus Rom an den Ratsherrn Andreas Heusler, seinen väterlichen Freund in Basel, vom 7. Januar 1848 d. h. mitten heraus aus der später so oft berufenen, beglückenden Meditation dieser Zeit heißt, daß er sich mit dem Plan einer „Bibliothek der Kulturgeschichte" trage, in der zunächst die Schilderung der späteren römischen Kaiserzeit erscheinen und alsdann die Darstellung der Kultur des 8. Jahrhunderts folgen sollte. Es ist klar, daß hier der Keim zu Jacob Burckhardts erstem umfassenden Geschichtswerk, zur „Zeit Konstantins des Großen" an den Tag tritt, dessen Vorbereitung und Ausarbeitung das Ende der 1840er und den Anfang der 1850er Jahre in Anspruch nahm, bis es 1853 im Druck erschien[1].

Mit ihm nähern wir uns den großen literarischen Schöpfungen Jacob Burckhardts. Da erscheint eine grundsätzliche Bemerkung vonnöten, unter welchen Gesichtspunkten allein im vorliegenden Zusammenhang zu ihnen Stellung genommen zu werden vermag. Es kann unmöglich die

---

[1] „Die Zeit Konstantins des Großen", hrsg. von Felix Stähelin in der B. G. A., Bd. II. – Wohlfeiler Druck, von Ernst Hohl besorgt, in Kröners Taschenausgabe, Bd. 54.

Aufgabe dieser Präludien zu Jacob Burckhardts Briefen sein, den „Konstantin", den „Cicerone", die „Kultur der Renaissance" und die „Kunst der Renaissance" – von den posthum herausgekommenen Werken ganz zu schweigen – im einzelnen inhaltlich zu referieren und ihre Vielbezüglichkeit zur Kultur-, Kunst- und Geistesgeschichte Deutschlands und Europas in diesem und dem vergangenen Jahrhundert aufzuzeigen. Nur die Antwort auf die folgenden beiden Fragen wird uns im weiteren vorschweben: Was sagen die Briefe über Ursprung und Entstehung der Werke aus? Und was läßt sich daraus für ihre Stellung und ihren Sinn innerhalb der geistigen Gesamtentwicklung Jacob Burckhardts erschließen?

Eins ist sofort klar: Jacob Burckhardt biegt mit dem „Konstantin" wieder in die universalhistorischen Studien seiner Universitätsjahre ein. Sein Ehrgeiz, ein Geschichtsschreiber Basels oder der Schweiz zu werden, den er um die Mitte der 1840er Jahre verfolgte, und von dem wir noch ein verspätetes Produkt kennenlernen werden, ist verflogen, und er drängt wieder zu einer breiteren Basis als neuen Ausgangspunkt seiner Studien und zu umfassenderen Gesichtspunkten. Freilich, wie vieles hat sich gegenüber den Arbeiten für das Rankesche Seminar geändert! Zwar nehmen auch jetzt noch politische und kirchliche Fragen den Hauptteil der Arbeit ein, aber nicht mehr das Mittelalter, sondern die Spätantike, nicht mehr der Norden, sondern der Süden ist das historische Objekt. Und wohl wird noch manche entbehrliche Einzelheit, mancher „Schutt", wie Jacob Burckhardt später sagte, eingeflochten, aber mit wesentlich größerer Energie als ehedem wird das früh erkannte Ziel seiner Geschichtsschreibung verfolgt, „die bezeichnenden, wesentlich charakteristischen Umrisse der damaligen Welt zu einem anschaulichen Bilde zu sammeln". Der ureigne Burckhardtsche Kern, der im „Konrad v. Hochstaden" von fremden Elementen noch eng umschlossen war, zeigt sich im „Konstantin" mit der durchgehenden Schilderung der politischen, religiösen und künstlerischen Kultur der Zeit gewaltig erweitert.

Aus dem gleichen Keim ist dann aber in diesem Werke auch eine ganz neue historische Grundanschauung Jacob Burckhardts gewachsen, die er im Vorwort in leicht ironisch-polemischer Form vorträgt: „Von dem trefflichen Werk Schirmers [eines Theologen über den „Fall des Heidentums"] glaubte er [der Verfasser], beiläufig gesagt, in einer Beziehung vollständig abweichen zu müssen: der Einfluß des Christentums auf das sinkende Heidentum schien ihm dort viel zu hoch angeschlagen zu sein, und er zog es vor, die betreffenden Phänomene durch eine innere Entwicklung im Heidentum selbst zu erklären". Es ist der Gedanke der organischen Entwicklung aller großen historischen Erscheinungen mit Geburt, Wuchs, Abnahme und Untergang, der sich hier in Jacob Burckhardts Geschichtsauffassung zum erstenmal mit voller Deutlichkeit zur Kenntnis bringt.

Aber – warum wandte sich Jacob Burckhardt nicht einem Stück vollentfalteter, südlicher, italienischer oder antiker Geschichte zu, warum gerade dem sinkenden Altertum? Man hat als Erklärung dafür auf seine frühe Vorliebe für Themata hingewiesen, die, wie er sich später an Bernhard Kugler ausdrückte (30. März 1870), „rittlings auf der Grenzscheide zwischen den Zeiten schweben[1]." Das ist gewiß richtig und im Buche selbst steht das Wort von dem „merkwürdigen halben Jahrhundert vom Auftreten Diokletians bis zum Tode Konstantins", das als Übergangsepoche zu schildern ihn so überaus anzog. Aber daneben läßt sich noch ein genauerer Grund für seine Themenwahl auffinden. In einem Brief an Hermann Schauenburg von Mitte September 1849, also zu einem Zeitpunkt, da er schon zum „Konstantin" entschlossen war, heißt es: „Von der Zukunft hoffe ich gar nichts; möglich, daß uns noch ein paar halb und halb erträgliche Jahrzehnte vergönnt sind, so ein Genre römischer Kaiserzeiten"; und ein Brief an Andreas Heusler vom 4. März 1848, der die Wirkung der Pariser Februarrevolution mitten in den römischen Karneval hinein schildert, atmet dieselbe Niedergangsstimmung und verweist den Adressaten tröstend auf – St. Severin: „Der hat

[1] Vgl. Felix Stähelin in der B. G. A., Bd. II, S. X.

unter dem Umsturz aller Dinge ausgehalten." Danach trat in jener Zeit die Spätantike bei Jacob Burckhardt in unmittelbaren Vergleich zur Gegenwart, und so dürften seine zeitgeschichtlichen Erfahrungen von ausschlaggebender Bedeutung für die Themenwahl gewesen sein. Der „Konstantin" wäre dann die Projektion ihres Fazits in eine große universalhistorische Ebene. Man könnte seine Verfallsindikationen, wie er sie im einzelnen für die Spätantike vornimmt, mit seinen Äußerungen über zeitgenössische Kunst, Poesie, Mode, Literatentum usw. vergleichen, um diese These weiter zu erhärten. Hier sei nur noch eine Tatsache hervorgehoben. Die einzige Sparte, die er innerhalb der Dichtung der Spätantike von Untergangssymptomen ausnimmt, ist die Lyrik, die sich wie das menschliche Herz ewig verjüngen und in Zeiten des allgemeinen Jammers einzelne herrliche Blüten treiben könne. Vielleicht hat der Gedanke an seine eigene Dichtung ihm diesen Satz eingegeben. Sicherlich ist der „Konstantin" kein bloßer zeitgeschichtlicher Reflex und verfolgt ernste und sachliche geschichtswissenschaftliche Ziele; aber mit ihm hat sich Jacob Burckhardt auch die Eindrücke der mittleren 1840er Jahre aus der Seele geschrieben. Es mochte ihm dabei wohl eine Tröstung für die europäische Zukunft sein, wenn er für das späte Altertum feststellen konnte, daß „das Christentum zwar dem gealterten Römertum keine zweite Jugend mehr schenken, wohl aber die germanischen Eroberer so weit vorbereiten konnte, daß sie die Bildung desselben wohl nicht mit Füßen traten" und das okzidentalische Leben in der Folge gegen Hunnen wie Mongolen im Bündnis mit den alten Mächten verteidigten[1]. Ins allgemeine erhoben kündigt sich mit diesen Worten aber schon hier jenes eigentümliche Widerspiel zu seinen organologischen Vorstellungen an: die Idee der Kontinuität und Ununterbrochenheit der geistigen Überlieferung und Weltbildung von Griechenzeiten her, die in seinem voll entfalteten Geschichtsbild eine so große Rolle spielen wird.

Jacob Burckhardt hat die „Zeit Konstantins des Großen" Heinrich Schreiber gewidmet, dem Manne, der ihn schon

[1] Kröners Taschenausgabe Bd. 54, S. 272.

als Gymnasiast in die Historie einführte. Nicht nur die Dankbarkeit für diese Lehre, sondern auch die Erinnerung an die menschliche Hilfe, die er dem Studenten im Jahre 1839 beim Übergang vom theologischen zum historischen Studium gewährt hatte, mögen ihn dazu bewogen haben; denn Jacob Burckhardt stand im Begriff, seinen Freiburger väterlichen Freund bei einem neuen entscheidenden Lebensschritt zu konsultieren.

Die äußerlich zwar resignierte, aber innerlich reiche und harmonische Lebensstimmung, die ihn in den Jahren um 1850 vorwiegend beherrschte, begann sich mit dem Jahre 1852 aufzulösen. Er selbst hat in seiner autobiographischen Skizze einen ganz äußerlichen Umstand dafür verantwortlich gemacht: daß durch den Verlust seiner Berufsstellung, seines Amtes als Realgymnasiallehrer seine Lebens- und Arbeitspläne gestört worden seien und er ein neues Wanderleben mit unbestimmter Zukunft und neuen Arbeitsaufgaben hätte antreten müssen. Diese Tatsache ist schon deshalb nicht zu unterschätzen, weil sie rein äußerlich die größte Wirkung hatte. Die Verweigerung der neuen Bedingungen, unter denen er sein Lehramt weiterführen sollte, (Hauskorrekturen von Schülerarbeiten) und die schließlich zum Bruch mit der Behörde führte, mag in Basel einen kleinen Skandal hervorgerufen haben, und namentlich der sonst so verständnisvolle Vater scheint damals von Sorgen über den Ruf und die Zukunft des Sohnes erfüllt worden zu sein; jedenfalls empfand er dessen spätere Berufung als Ordinarius nach Basel als „Rehabilitation". Und doch waren es weder Laune noch unberechtigtes Selbstgefühl, die Jacob Burckhardt zu dieser Entscheidung zwangen. Die Gründe lagen tiefer. Mag die Frage auf sich beruhen, wie weit der unglückliche Ausgang seiner Liebe ihm den Aufenthalt in Basel vergällte, die entscheidenden Sätze stehen in seiner Antwort an Heinrich Schreiber auf dessen freundliche Vorstellungen, Basel doch nicht den Rücken zu kehren (18. Dezember 1852): „Meine arme Seele verlangt von Zeit zu Zeit ein Erfrischungsbad im Gebiete der schönen Formen, zumal der landschaftlichen. Ich bin vielleicht hierin noch ein wenig Phantast; aber was hilft alles Argumentieren, wenn man eben einmal den Durst nach den schönen Dingen empfindet?... Seien Sie nur außer Sorge um mich!" Zum dritten Male zwang ihn sein Italienerlebnis zur unmittelbaren Verwirklichung, und in fast stolzer Gewißheit, daß die gute Wirkung auf ihn nicht ausbleiben werde, zog er wiederum für längere Zeit über die Alpen. Er sollte es nicht zu bereuen haben; denn unerwartet groß ist schließlich das Ergebnis dieser Reise gewesen.

Jacob Burckhardt blieb damals über ein Jahr in Italien. Aber nicht nur durch die ungewöhnlich lange Dauer, sondern auch durch den Arbeitsstil unterschied sich dieser dritte Italienaufenthalt von den beiden ersten. Schon in dem erwähnten Brief an Schreiber sagt er: „Von dem kostspieligen Herumziehen soll gar nicht die Rede sein; die florentinischen Bibliotheken sind das wesentlichste Ziel, dort, wo man im Winter im Mantel und Wollschuhen arbeiten muß." Zwar nimmt dann doch seine Reise einen gewaltigen Umfang an. Sie führt ihn von Basel über Genua direkt wieder nach Rom (wo er den April, Mai und Juni 1853 verbringt); von da nach Neapel, Paestum, Salerno, Amalfi und wieder nach Rom (wo er von Mitte August bis Mitte September weilt); dann nordwärts nach Umbrien, Toscana und besonders Florenz (hier bleibt er wirklich den ganzen Winter: von Ende September 1853 bis Anfang Februar 1854); und schließlich in einer großen Serpentine über Pisa, Genua, Piacenza, Parma, Modena, Bologna, Ferrara, Padua, Venedig, Verona, Brescia, Bergamo nach der Heimat zurück. Aber auf dieser langen Reise steht nicht mehr Lebensgenuß und Selbstbesinnung, sondern der feste Entschluß im Vordergrund, sich mit einer großen Arbeit über die äußere Krisis seines Lebens hinwegzubringen. Im April 1854 kehrte Jacob Burckhardt nach Basel zurück, in einem halben Jahre, schon im Herbst 1854, lag bereits das Manuskript des ersten Produktes dieser dritten Italienfahrt, der „Cicerone", fertig vor seinen Augen [1].

[1] „Der Cicerone", hrsg. von Heinrich Wölfflin in der B. G. A., Bd. III und IV. – Wohlfeiler Abdruck der Urausgabe mit Abbildungen bei Alfred Kröner, Leipzig.

Heinrich Wölfflin hat eine ebenso glänzende wie erschöpfende Charakterisierung des ersten großen kunsthistorischen Werkes Jacob Burckhardts, seiner Entstehung, seines Gehaltes, wie seines späteren Schicksals gegeben. Wir müssen uns an dieser Stelle in der angegebenen Weise beschränken. Da ist denn zu sagen, daß der „Cicerone" ganz ähnlich wie der „Konstantin" eine Wiederanknüpfung an die kunstgeschichtlichen Unternehmungen der Studentenzeit darstellt. Anläßlich der „Kunstwerke in belgischen Städten" wurde schon auf den kunstpädagogischen Grundcharakter des Büchleins hingewiesen, sowie auf die in der Erscheinungszeit unerhörte Kraft des Verfassers, den sinnlichen Eindruck der Kunstwerke in seiner vollen Eigentümlichkeit in sich aufzunehmen, aus dem allgemeinen Kunstcharakter der Zeit heraus zu erklären und mit Worten zu kennzeichnen. Wie nun im „Konstantin" das ehemals Keimhafte von Burckhardts geschichtlichem Schauen sich in voller Entfaltung zeigt, so hat sich auch im „Cicerone" seine frühe kunsthistorische Eigenart zu voller Artikulation gebracht. Der Untertitel des Werkes lautet: „Eine Anleitung zum Genuß der Kunstwerke Italiens!" und apostrophiert so die kunsterziehliche Tendenz. Freilich hat sie nichts gemein mit ähnlichen Bestrebungen späterer Zeit, die sich unmittelbar an Gruppen von Menschen wenden und durch Wortfluten Kunstverständnis beizubringen suchen, sondern der „Cicerone" stellt sich höchst knapp und diskret dem Einzelnen zur Verfügung und will nur da sein, wenn bei diesem die Stunde der fruchtbaren Begegnung mit dem Kunstwerk schlägt. Außerdem denkt Jacob Burckhardt gar nicht so sehr an die vielen bloß rezeptiven Italienreisenden als an seine Leser, sondern vielmehr an Lernende, Studierende, Künstler, namentlich Architekten, die im Texte oft genug angesprochen werden. Es kündigt sich damit übrigens eine Wendung in Jacob Burckhardts Bewußtsein der schaffenden Kunst gegenüber an, die später noch berührt und hier nur angedeutet werden soll. Er, der in diesen Jahren schon fast jeder produktiven Kunstausübung entsagte, fühlte sich nun aber um so mehr zum Lehrer und Leiter jüngerer Künstler berufen. Er glaubte zu wissen – ohne es zu können –, wie es gemacht werden muß, um wirkliche Kunst zu schaffen, und daß Kunst bis zu einem gewissen Grade lehrbar, zum mindesten leitbar sei.

In der gleichen lebendigen Fortentwicklung zeigt sich dann auch die andere ursprüngliche Tendenz seines kunsthistorischen Erlebens und Gestaltens, und auch hier findet sich die Parallele zur Geschichte: es ist nicht mehr der Norden, nicht mehr das Mittelalter mit seiner Gotik und Vorgotik, die seine Intuition und Sprachkraft anregen, sondern der Süden, die Antike und die Renaissance, zwischen denen sich die romanische und die „germanische" (gotische) Kunst nur als schmächtige Kapitel einschalten. Darüber hinaus wechseln aber auch die Wertakzente! Nicht mehr die deutsche Gotik und der Kölner Dom, sondern die Kunst der Hochrenaissance werden zum künstlerischen Maßstab, an dem alles übrige offen oder im stillen gemessen wird. – Welche Bedeutung hat dieser geschichtliche und ästhetische Stellungswechsel für seine kunsthistorische Gesamtanschauung, und wie ist er zu erklären?

Jacob Burckhardt ist mitten in seinem befreienden Italienerlebnis im Jahre 1846 von außen her auf die Kunstgeschichte gestoßen worden, durch die Übernahme der Bearbeitung der 2. Auflage von Franz Kuglers „Handbuch der Kunstgeschichte" und seiner „Geschichte der Malerei". Umfang und Charakter der Abänderungen, die er damals an den Werken seines Lehrers vornahm, sind im einzelnen bisher noch nicht untersucht worden. Das ist um so bedauerlicher, als die Briefe keine widerspruchslose Vorstellung davon gestatten. Einmal, am 25. März 1847, schreibt er mitten aus der Arbeit von Berlin an Eduard Schauenburg: „Italien hat mir für tausend Dinge einen ganz neuen Maßstab gegeben", und dann wieder beschränkt er in einem Brief an Kinkel vom 4./5. Mai 1847 sein Verdienst an der neuen Auflage der „Geschichte der Malerei" doch hauptsächlich auf die erste Lieferung. „Den Mosaiken und dem Verhältnis der byzantinischen Kunst zur abendländischen habe ich zuerst einigermaßen auf die Beine geholfen." Wie dem aber nun auch sei, deutlicher sehen wir für den zweiten römischen Aufenthalt im Winter 1847/48. Aus dieser

Zeit ist ein Aufsatz Jacob Burckhardts erhalten, der ihn mitten in dem epochalen Wandel zeigt, welcher sich damals auch in seinen kunstgeschichtlichen Anschauungen vollzog. Es sind die „Andeutungen zur Geschichte der christlichen Skulptur", die zuerst 1848 im „Deutschen Kunstblatt" erschienen, und die der Vergessenheit entrissen zu haben das bleibende Verdienst Walther Rehms ist[1]. Sie stellen die erste große Auseinandersetzung zwischen Jacob Burckhardts neuen großen südlichen Kunsteindrücken und seinen nicht minder nachhaltigen nordischen Erinnerungen dar. Es ist hier nicht der Ort, seinen Gedanken im einzelnen genauer nachzugehen. Eines muß aber mit dem größten Nachdruck hervorgehoben werden: es kann gar keine Rede davon sein, daß er damit „ganz und für immer" auf den Boden des „südlich-klassischen Kunstempfindens" übergetreten sei. Es gibt wenige der bisher bekanntgewordenen Äußerungen Jacob Burckhardts zur Kunstgeschichte, die von einem so tiefen Verständnis und von einer so hohen Wertschätzung der nordischen Kunst Zeugnis ablegen, wie sie sich in diesem Aufsatz finden: so wenn er bestimmte Werke der gotischen Plastik des 13. Jahrhunderts in ihrem künstlerischen Wert unmittelbar neben die Antike stellt, oder wenn er den tiefen Sinn und die volle Berechtigung der „Fassaden der reichen germanischen Dome aus guter Zeit mit ihrer Überfülle plastischen Vermögens" erschließt; und bezeichnenderweise hebt er das ihm damals Problematische und Fragwürdige an bestimmten Kunsterscheinungen des späteren 15. und 16. Jahrhunderts nicht nur für den Norden, sondern ebenso für den Süden hervor. Es ist im Hinblick auf den „Cicerone" und die „Kunstwerke in belgischen Städten" überhaupt überraschend, wie wenig in diesem Aufsatz das Geschmacksurteil und wieviel mehr das bohrende Eindringen in das tiefere Verständnis der künstlerischen Erscheinungen in den Vordergrund tritt.

---

[1] „Andeutungen zur Geschichte der christlichen Skulptur", wiederveröffentlicht von Walther Rehm in „Italien, Monatsschrift für Kultur, Kunst und Literatur" 2. Jahrg., Heft 11 (Okt. 1929), und 3. Jahrg., Heft 1 (Dez. 1929). – Der Aufsatz hat leider vorläufig noch keine Aufnahme in die B. G. A. gefunden.

Dieser Aufsatz weist vielmehr auf die spätere „Kunst der Renaissance" als auf den „Cicerone" hin. Für den vorliegenden Zusammenhang bestätigt er jedenfalls die ja ganz allgemein vertretene Überzeugung, daß wie in anderem so auch auf kunstgeschichtlichem Gebiete Jacob Burckhardt damals keinem Umbruch seiner geistigen Struktur unterlag oder gar eine Uminterpretation seiner selbst vornahm, sondern daß er in einen neuen Lebensabschnitt eintrat, der ihn zu einer ungeheuren Ausweitung seines gesamten Wesens wie damit auch seiner kunsthistorischen Empfindungen und Anschauungen führte.

Und der „Cicerone"? Ganz gewiß liegen in ihm die historischen wie die ästhetischen Akzente eindeutig auf dem Süden. Das ist nicht schwer zu erklären: es ist der gegenständliche Reflex seines Italienerlebnisses, das historisch und künstlerisch Neue, das ihm damals zuwuchs. Aber ich möchte sagen: dieses Werk gibt nur den halben Burckhardt! In ihm sind die neuen südlichen Kunsteindrücke und Werterlebnisse bewußt einseitig in den Vordergrund gestellt; die nordische Tradition kommt so überhaupt nicht zur Geltung, obwohl sie in Burckhardts künstlerischem Gesamtbewußtsein keineswegs vergessen war. Mag sein, daß damals in seinem Lebenslied die südliche Melodie etwas vernehmlicher erklingt als die nordische, aber bald wird die Zeit kommen, da sie wieder gleichmäßig ertönen, und dann erst steigt Jacob Burckhardt zur vollen Höhe seiner historischen und kunsthistorischen Anschauungen empor.

Biographisch erhebt sich zum „Cicerone" aber noch eine wichtige Frage: Wie verhält er sich zur Kunstarchäologie, innerhalb deren für die Zeit von Konstantin dem Großen bis zu den Saliern oder Staufern Jacob Burckhardt doch ein erster Kenner werden wollte? Daß er diese Studien in der trüben Basler Zeit gefördert hat, beweist u. a. das Wertempfinden, mit welchem er sie Kinkel leiht und um ihre Rücksendung besorgt ist. In Italien hat er sie dann namentlich im Winter 1853/54 in den Florentiner Bibliotheken sowohl zeitlich wie räumlich bedeutend erweitert. Aber im „Cicerone" hören wir wenig davon. Auch diese Tatsache weist darauf hin, daß Jacob Burckhardt in diesem Buche nicht alles für ihn

Entscheidende zum Thema Kunstgeschichte sagte. So gesehen erscheint der „Cicerone" nur als eine Art Einführung, Propädeutik, die die Absicht verfolgte, den Studienbeflissenen wohlgeordnet mit der italienischen Kunstgeschichte in ihrer ganzen Fülle und Eigentümlichkeit vertraut zu machen, um danach erst die eigentliche wissenschaftliche Bearbeitung zu beginnen. Durch Hermann Bächtold ist bekanntgeworden, daß Jacob Burckhardt zur selben Zeit (S. S. 1851 und W. S. 1854/55) eine „Einleitung ins Studium der Geschichte" als historische Quellenkunde las, die sich dadurch vom normalen Inhalt eines derartigen Kollegs unterschied, daß er die literarischen Zeugnisse nicht bloß philologisch-antiquarisch beschrieb, sondern sie hineinstellte in die Zeit, da sie entstanden, und so eine Art Geschichte der historischen Literatur mit Kabinettstücken von Kulturbildern aus dem Mittelalter schuf[1]. Dann wäre dies auf historischem Gebiete die Parallelerscheinung zu dem gewesen, was der „Cicerone" auf kunstgeschichtlichem darstellt. Aber während die „Einleitung ins geschichtliche Studium" in der Folge einem umfassenden Umgestaltungsprozeß unterworfen wurde und schließlich in die „Weltgeschichtlichen Betrachtungen" einmündete, ist bisher nichts davon bekannt, daß Jacob Burckhardt diese „Einführung in die Kunstgeschichte Italiens", als welche sich danach der „Cicerone" präsentiert, später zu ähnlich prinzipiellen Gedanken über Kunst und Kunstgeschichte emporgeführt hätte. Er ist nach dem unbefriedigenden Versuch der „Kunst der Renaissance" auf diesem Gebiete anscheinend mehr beim Einzelnen, Anschaulichen, Beispielmäßigen stehengeblieben und nur ein Ahner, Versucher, Beginner einer neuen Betrachtungsweise geworden, während er sein universalhistorisches Gesamtbild in seinen Werken und Vorlesungen zu großartiger Vollendung bringen konnte.

Als Jacob Burckhardt nach seinem dritten und letzten längeren Aufenthalt in Italien in seine Heimat zurückgekehrt war, veränderten sich die äußeren Voraussetzungen

[1] Hermann Bächtold, Die Entstehung von J.B.s „Weltgeschichtlichen Betrachtungen". Aus Politik und Geschichte, Gedächtnisschrift für G. v. Below, 1928, S. 284 ff.

für sein Fortkommen in überraschend günstiger Weise. Der Basler Ordinarius für Geschichte erkrankte, und er konnte sowohl dessen Geschichtsunterricht am Pädagogium wie auch einen Teil seiner Vorlesungen an der Universität übernehmen. Es hätte wohl nur noch eine kurze Zeit gedauert, bis er in Basel eine dauernde und gesicherte Stellung gefunden haben würde. Trotzdem nahm er den Ruf als ordentlicher Professor der Kunstgeschichte an das neugegründete Polytechnikum in Zürich für den 1. Oktober 1855 an. Als einen der entscheidenden Gründe für die Übersiedlung verrät er Paul Heyse, seinem Vertrauten in diesen Jahren, am 6./7. Mai 1855, daß er dort inkognito leben könne. „Wenn einmal die goldene Freiheit da ist, wenn außer meiner Professur niemand Anspruch auf mich hat, dann streif ich die Hemdsärmel zurück, spuck fröhlich in die Hände und unternehme was Rechts." Später hat er als ein anderes Motiv des Ortswechsels die Reichhaltigkeit der Züricher Bibliotheken an italienischer Literatur des 15. und 16. Jahrhunderts angegeben. Es wird sich noch zeigen, warum ihm gerade damals so viel daran gelegen war.
In Zürich hat Jacob Burckhardt fast das zurückgezogene Leben wieder aufgenommen, wie er es in den Jahren 1843 bis 1846 in Basel geführt hatte. Sein Verkehr beschränkte sich auf ganz wenig Menschen, zu denen allerdings Gottfried Keller gehörte. Fast ganz und gar mied er seine Kollegen, namentlich die, welche nach dem Zusammenbruch der deutschen Revolution 1848/49 in Zürich ihr Unterkommen fanden, wie Gottfried Semper und Hermann Köchly, zu denen in freier Stellung noch Richard Wagner kam. Es bedarf nur der Erinnerung an die Gründe der Trennung von den deutschen Freunden der Studienzeit, um diese seine Antipathie zu verstehen. Dagegen ist gerade aus den Züricher Jahren ein besonders schönes Dokument erhalten, das einen tiefen Blick in seine Lebensauffassung gestattet und ihn in seiner rührenden Liebe und Fürsorge für die jüngere Generation zeigt. Ich meine die Briefe an seinen Schüler Albert Brenner, die in Basel Anfang der 50er Jahre ein Vorspiel in den Briefen an die Basler Dichterin Emma Brenner-Kron gehabt haben.

Jacob Burckhardt ist sein Leben lang ein überaus hilfsbereiter Mensch gewesen. Als er sich in seinen jungen Jahren vom christlichen Dogma lossagte, da hat er sich – nicht aus Pflicht, sondern aus echter innerer Anlage – um so fester auf die christliche Ethik verpflichtet. An Hans Riggenbach schrieb er darüber am 12. Dezember 1838: „Ich sehe nur darin den Zweck meines Lebens, daß ich die Existenz trage, wie ich kann, und möglichst vielen anderen zu nützen suche." Und so hat er geholfen, in seiner Studentenzeit, von Basel aus, während seiner Wanderjahre und sein ganzes späteres Leben – seinen deutschen und seinen Schweizer Freunden, mit Geist und mit Gut, so bescheiden das letztere bei ihm auch immer gewesen sein mag. Die Art, wie er dabei Arnold Böcklin anfangs der 1850er Jahre sowohl durch eigene Aufträge wie dadurch, daß er ihm fremde verschaffte, die Möglichkeit eines längeren Aufenthaltes in Italien ermöglichte, gehört wohl zu dem Nobelsten, was in dieser Hinsicht je geschehen ist.

Aber das war überwiegend ein äußeres Helfen und galt Gleichalterigen. Das Neue nun ist, daß sich seine tätige Nächstenliebe auf Jüngere ausdehnt und er sie als Älterer und Erfahrener in ihrer inneren Entwicklung zu fördern sucht. Bei Emma Brenner-Kron lag der Fall, äußerlich gesehen, absonderlich genug. Erhält da eines Tages der Herr Professor ein dickes Paket mit einem Begleitschreiben, in dem eine Dame ihn um sein Urteil über ihre Gedichte bittet; sie nennt aber ihren Namen nicht und bittet, auch in Zukunft ihre Anonymität beibehalten zu dürfen. Burckhardt, der instinktiv merkt, daß keine Mystifikation vorliegt, und den das Absonderliche des Falles wohl reizt, geht ohne Zögern auf den Wunsch der Unbekannten ein und bespricht das dicke Bündel übersandter Gedichte mit dem Ernst und der Nachdrücklichkeit, die wir bei ihm jeder freigewählten Aufgabe gegenüber kennen. Als die „schöne Maske" sich zu streng kritisiert fühlt, versucht er es zunächst mit Ironie, ihr die unberechtigte Autorenempfindlichkeit zu nehmen und sie zu strengem Dienst an der Kunst hinzuführen. Da er aber merkt, daß dies unnötig verletzt, kehrt er zum objektiven Ton zurück und faßt seine Hilfe „rein als Pflichtsache" auf. So spinnt sich zwischen dem bekannten Professor und der unbekannten Dichterin eine geistige Verbundenheit und Freundschaft an, die sich auch fortsetzt, als Emma Brenner-Kron sich ihrem künstlerischen Mentor zu erkennen gibt und in persönlichen Verkehr mit ihm tritt.

In den Beziehungen Jacob Burckhardts zu Albert Brenner fehlt alles äußere Versteckspielen; um so mehr bemüht sich der ältere Mann, seinem Schüler die innere Maske abzunehmen und ihm, der mit 20 Jahren sich zum Satyriker und Ironiker berufen glaubt, klarzumachen, daß er seinem Alter und günstigen äußeren Geschick nach sich ganz andere dichterische Ziele vorsetzen, daß er „Götter, Helden, Glück und Liebe ... in einfachen ergreifenden Gegensätzen" darstellen müsse. „Statt dessen greifen Sie nach dem, was faul und phosphorisch leuchtet, nach dem, was Sie nicht kennen und nicht erfahren haben. Sie werden sagen, Götter und Helden kenne ich auch nicht – gut, aber Sie dürfen sie ahnen, Ihre Phantasie in Ihrem glücklichen Alter hat das Recht dazu – die Fäulnis zu ahnen haben Sie das Recht nicht" (2. Dezember 1855).

Diese letzteren Sätze verraten sehr deutlich die Art, wie Jacob Burckhardt poetisch half. Er versenkte sich nicht liebevoll in die Eigenart seiner Mitmenschen und suchte nicht zur Entfaltung zu verhelfen, was irgendwie keimhaft in ihnen vorhanden war, ohne alle Rücksicht auf die Güte der Anlage. Er hatte vielmehr eine sehr genaue Vorstellung von dem, was künstlerisch sein sollte, und je mehr er erkannte, daß ihm selbst zu dessen Verwirklichung nur wenig Kraft gegeben war, um so entschiedener suchte er jüngere Talente nach diesem Ziel hinzuführen, ja manchmal sogar hinzudrängen. Er hat dies auch in späterer Zeit getan, und Arnold v. Salis, sosehr er sonst das Bild, das Carl Spitteler von Jacob Burckhardt gezeichnet hat[1], glaubt berichten zu müssen, stimmt in dem Punkte doch mit diesem überein, daß Burckhardts Rat für Dichter selten günstig war, da

---

[1] Arnold v. Salis „Zum 100. Geburtstag J. B.s. Erinnerungen eines alten Schülers". Basler Jahrbuch 1918, S. 270ff. — Carl Spitteler, J. B. und der Student. Neue Züricher Zeitung 1912, No. 184, 185, 186, 191, 192, 193.

er zu wenig Rücksicht auf die einzelne Individualität genommen habe. Dem stehen freilich die Fälle der glücklichen positiven Einwirkungen gegenüber, wie bei Emma Brenner-Kron, deren „Bilder aus dem Basler Familienleben" unmittelbar auf eine Anregung in einem Brief Burckhardts vom Ende Oktober 1852 zurückgehen.

Man wird bei der Beurteilung dieser Dinge zunächst nicht vergessen dürfen, was sich Jacob Burckhardt von seinem Einfluß eigentlich versprach. Er kannte das Wesen des Dichterischen zu genau, als daß er wirklich große Meister glaubte erziehen zu können[1]. Aber er wollte die Dichtkunst bei den Talenten der oberflächlichen, spielerischen Behandlung entziehen, er wollte sie in jedem Falle zu einer ernsten Angelegenheit machen. Gerade weil er der schaffenden Poesie immer den Vorzug vor der bloßen Literaturbetrachtung gab, hielt er sich für verpflichtet, immer wieder daran zu erinnern, daß Dichten eine Arbeit sei, die wie jede andere bewußte Anstrengung und nachhaltige Energie erforderte. Er dachte vom Dilettantismus zu hoch, als daß er ihn dem bloßen „Wogen der Gefühle" hätte preisgeben wollen.

Jacob Burckhardt hat seinen Einfluß auf junge Dichter auch indirekt durch anempfohlene Lektüre auszuüben versucht. Und da erkennt man denn, wie sehr sich sein künstlerisches Urteil in dieser Zeit nach einer ganz bestimmten Richtung ausgebildet und verfestigt hat. Charakteristisch die Stelle im Brief an Paul Heyse vom 13. August 1852: „Ich hätte nicht geglaubt, daß ich ... in meinen Ansichten von der Kunst ... noch so einseitig werden könnte. ... Es ist für mich höchste Zeit, von dem allgemeinen, falsch-objektiven Geltenlassen von allem und jedem endlich frei und wieder recht intolerant zu werden". Worin bestand diese Intoleranz?

Jacob Burckhardts literarisches Urteil ist zunächst in dem politischen Klub Prof. Wackernagels in Basel geformt worden. Dieser stand ganz unter dem Zeichen des deutschen Idealismus und Klassizismus. In der Berliner und Bonner Zeit hat er sich dann mit der Dichtung des jungen Deutschland auseinandergesetzt, aber höchstens die persönliche

[1] Vgl. darüber den schönen Aufsatz von Walther Rehm über „J. B. und das Dichterische". Euphorion, Bd. 28 (1927), S. 85 ff.

Tapferkeit der Dichter, ihre allgemeine nationale Begeisterung und die Erweiterung des poetischen Stoffgebietes anerkannt, ihre Kunst, soweit sie die Tendenzpoesie war, aber entschieden verurteilt. Es ist nur zu begreiflich, daß er unter dem Eindruck seines Italienerlebnisses auch diese Konzession an die zeitgenössische Dichtung zurücknahm und mit voller Entschiedenheit zur großen deutschen literarischen Tradition zurückkehrte, indem er gleichzeitig alles aufspürte und heraushob, was diese für ihn mit der früheren allgemein-europäischen Entwicklung verband. So entstand jene goldene Dichterkette mit Homer, Äschylos und Sophokles am Anfang, mit Dante und Ariost, mit Wilhelm Meister und Faust in der Mitte und mit Platen, Mörike, Eichendorff, Immermann am Ende, um nur die Namen zu nennen, die in den Briefen vorkommen[1]. Diese Vorbilder stellte er sich und den jungen Dichtern immer von neuem vor Augen und legte diese Kette gleichsam um jede aufstrebende dichterische Kraft in der Überzeugung, sie damit zum besten zu leiten und zu lenken. Das konnte gut abgehen, wenn die immanenten Kräfte der Jungen dem entgegenkamen; das mußte zu schlimmsten Verwachsungen bei innerlich anderen, aber unsicheren Menschen führen; unfehlbar aber war der Bruch, wo anders Eigenwüchsiges stark aufsproß.

Daß Jacob Burckhardt seine Kunstauffassung mit solcher Entschiedenheit und Unnachsichtlichkeit vertrat, wird noch begreiflicher, wenn man sich vergegenwärtigt, wie tief sie in seiner Lebensauffassung wurzelte, die sich im Laufe seiner Wanderjahre herauskristallisierte. Zunächst verlegte er damals bewußt den Schwerpunkt seines Wesens aus dem öffentlichen in das Privatleben. „Bleiben Sie bei ihrem Weihnachtsbaum", schreibt er am 2. Dezember 1854 an Emma Brenner-Kron, „von allen Kreisen des Daseins ist der der Mutter doch immer der schönste. Bei allem Öffentlichen, so wie es jetzt in der Regel betrieben wird, ist im besten Falle viel Aufopferung und wenig wahres Glück"; und am 17. Oktober 1855 heißt es an Albert Brenner: „Wie ist uns in

[1] Arnold v. Salis nennt unter den Deutschen namentlich noch Schiller, unter den Engländern Shakespeare, unter den Spaniern Calderon; Carl Spitteler Camões, Tasso, Grillparzer.

tausend Beziehungen das äußere Handeln abgeschnitten. ...
Wie übel ist uns unter den großen Maschinenrädern der
jetzigen Welt zumute, wenn wir nicht unserem persönlichsten Dasein eine eigentümliche edlere Weihe geben?"
Und innerhalb dieser privaten Sphäre ist er nun der Vertreter eines festen und unerschütterlichen, wunderbar zusammenschließenden und ebenso opferfähigen Idealismus.
Dieser ist ästhetisch gestimmt, wenn er „die beständige Anschauung des Schönen und Großen" als erste Notwendigkeit
des Lebens erklärt (17. Oktober 1855), oder wenn er fordert,
„die Dinge als Ganzes in ihrer Harmonie zu schauen ...
nicht als Zerrissenes und Zwiespältiges" (2. Dezember 1855)
und „irgendeinen Zweig der höchsten Bildungsinteressen
mit vorzüglicher Beziehung auf das Schöne festzuhalten"
(17. Oktober 1855). Und dieser Idealismus ist ethisch bestimmt, wenn er die Liebe zum unzertrennlichen Korrelat
des Schönen erklärt (2. Dezember 1855) und die abstrakt
formulierten Worte des Schülers, daß der Wille in der Welt
von größerer Wichtigkeit als der Verstand sei, in den klassischen Satz umprägt: „Der Charakter ist für den Menschen
viel entscheidender als der Reichtum des Geistes, welches
eine meiner ältesten und stärksten Überzeugungen ist"
(21. Februar 1856). Jacob Burckhardt hat diese Anschauungen nicht mit großen Worten der Welt verkündet, sondern sie still und zurückgezogen wirklich gelebt und nur im
engsten Verkehr für sie und ihre unerläßlichen praktischen
Voraussetzungen geworben. „Man muß beizeiten lernen auf
eigenen Füßen stehen und in Ehren arm sein. Dies ist die
erste Vorbedingung aller Poesie, die Schutzwehr des Charakters, die einzige Garantie reiner und schöner Stimmungen",
erklärt er Albert Brenner am 21. Februar 1856 und fügt hinzu: „Die Pflicht kann bei saurer Mühe doch ihre angenehme
Seite haben."
Äußere Bedürfnislosigkeit – stärkste Betonung des Geistigen
gegenüber dem Materiellen – strengster Dienst am Schönen
und Guten als Lebensideal – Beruf – Pflicht – Charakter:
sicherlich allgemein menschliche Begriffe, aber als sittliche
Normen einer mittleren Schicht doch weit eher im Norden,
in deutschen Landen, als im Süden, in Italien anzutreffen!

ZWEITER ABSCHNITT

1858—1897

DIE SPÄTERE BASLER ZEIT

Viertes Kapitel

DIE „RENAISSANCE"-ZEIT

1858—1867

Geschichtsepochen ebenso wie Lebensabschnitte stoßen nicht geradflächig aneinander wie die Zimmer in einem Hause, sondern verbinden sich und gehen ineinander über wie die Landschaftsbilder auf einer Wanderung. Der Biograph empfindet sehr deutlich, daß mit der endgültigen Übersiedlung Jacob Burckhardts nach Basel im Frühjahr 1858 sich eine deutliche Zäsur in den Lauf seines Lebens eingräbt, aber ebenso stark drängt sich die Empfindung auf, wie vieles er von früher her über die auch mathematisch exakte Lebensmitte[1] trägt.

Als der Züricher Ordinarius für Kunstgeschichte damals einen Ruf als ordentlicher Professor der Geschichte an die Universität Basel erhielt, hat er diesen gern und ohne Zögern angenommen. Er war innerlich zur Ruhe und mit sich völlig ins Klare gekommen. Noch von der Übersiedelung nach Zürich hatte er sich Vorteile für seine poetische Tätigkeit versprochen (6. Mai 1855); jetzt weiß er endgültig, daß nicht der Dichter, sondern der Historiker sein eigentlicher Beruf ist und ihn ausschließlich fordert. Die Züricher Professur hatte er noch als einen günstigen Vorwand betrachtet, um sich den Basler gesellschaftlichen Verpflichtungen zu entziehen und ein möglichst ungestörtes,

---

[1] Über diesen Begriff vgl. den aufschlußreichen Vortrag von C. G. Jung „Die Lebenswende". Seelenprobleme der Gegenwart (1931), S. 248 ff.

wissenschaftliches und künstlerisches Privatleben zu führen; nach Basel geht er nun mit dem festen und ausgesprochenen Entschluß, alle seine Kräfte seinem Lehramt zu widmen. Er will keine langen Reisen mehr machen, um seine Seele zu immer neuen Erhebungen emporzuführen und seinem Geist immer neue große Gestaltungen abzufordern; sondern er will sich mit dem Vergangenen begnügen und nun daran gehen, seine Verpflichtung gegenüber der kommenden Generation und – der Alma mater Basiliensis abzutragen, wie er es in dem Schreiben, mit dem er einst um die Entlassung aus seinem Extraordinariat eingekommen war, versprochen hatte.

Bei Jacob Burckhardt ist damals die früher unüberwindliche Abneigung gegen seine Vaterstadt in eine erklärte und sich von Jahr zu Jahr steigernde Zuneigung zu seiner Heimat umgeschlagen. Eduard Schauenburg mag erstaunt gewesen sein, als er nach den absprechenden Urteilen aus Jugendtagen in dem Brief Burckhardts vom 3. Dezember 1869 den Hymnus auf Basel las. Aber das Verdienst, den großen Sohn schließlich der Stadt gewonnen zu haben, erwarb sich nicht die lebende Basler Bevölkerung; wie er damals noch über diese dachte, verrät ein Brief an Paul Heyse vom 14. August 1858, als er die Möglichkeit der Aufführung von dessen Drama „Sabinerinnen" in Basel erörtet. Nein – nicht die Basler Menschen, sondern eine Basler Einrichtung, die in der kritischen frühkapitalistischen Zeit lange in ihrer Existenz bedroht und ihm darum so teuer war, hat Jacob Burckhardt schließlich für immer an sich gefesselt: die Universität Basel. Ihr hatte er auch früher schon eine gewisse Ausnahmestellung eingeräumt. In der trüben Basler Zeit empfand er das gute kollegiale Einvernehmen der Professoren im Gegensatz zu den Verhältnissen an deutschen Universitäten als einen der wenigen Lichtblicke seines Lebens. Nun wird sie geradezu zum Fixpunkt seiner Existenz. An ihrem Wohl und Wehe mißt sich für ihn das Gut und Schlecht der Dinge. Was von den Zeitereignissen ihr nützt, das billigt, was ihr schadet, das verwirft er. Am 17. November 1876 spricht er es ganz offen aus: „Ich für meine Person habe mir meinen ganzen Gesichtskreis längst dadurch vereinfacht, daß ich jede Frage schlechterdings mit der Universität Basel in Verbindung bringe und immer nur sage: Dient ihr dieses oder jenes oder dient es ihr nicht?" Aber neben diesem Maßstab, den sie ihm für die unmittelbare Beurteilung des Weltenlaufes abgibt, wird sie gleichzeitig zum Angelpunkt, von dem aus er den Materialismus und die Krähwinkelei seiner Basler Mitbürger auszuheben sucht. Sicherlich ist ihm dabei zustatten gekommen, daß um diese Zeit der Frühkapitalismus seine gröbsten Auswüchse aus sich selbst heraus überwand und durch das große internationale Eisenbahnnetz, an das Basel angeschlossen wurde, ein frischer und freierer Wind durch die Patrizierstuben der Stadt zu wehen begann; wenn aber Friedrich Nietzsche am 20. Dezember 1871 in einem Brief an Erwin Rohde den „hellenischen" Geist des Basler Lebens hervorhebt und sagt: „Ich glaube, man kann jetzt in dieser Hinsicht in Basel einiges lernen[1]", so ist diese Veränderung der Stadtphysiognomie für einen geistigen Menschen zu einem guten Teil Jacob Burckhardts persönlichem Wirken wie der von ihm unterstützten Personalpolitik der Universität zu verdanken gewesen.

Aber wir eilen den Ereignissen voraus! So einfach, wie es danach scheinen könnte, ist Jacob Burckhardt der Sprung über den Graben der Lebensmitte doch nicht gelungen; dazu war sein Gepäck von früher her zu schwer. Im ersten Jahrzehnt seiner Basler Wirksamkeit als Ordinarius der Geschichte wurde sein Entschluß, sich ausschließlich den Aufgaben seines Lehramtes zu widmen, von äußeren und inneren Faktoren wiederholt auf das empfindlichste gestört. Er hatte kaum seine neue Tätigkeit aufgenommen, als Paul Heyse mit dem stürmischen Verlangen an ihn herantrat, Franz Kuglers „Geschichte der Baukunst" nach dessen Tode (18. März 1858) aus seinem Nachlaß herauszugeben, die fehlenden Teile, namentlich die Neuzeit zu ergänzen und ebenso die dritte Auflage des von ihm schon in der zweiten Auflage besorgten „Handbuchs der Kunstgeschichte" zu übernehmen. Jacob Burckhardt hätte am

---

[1] Friedrich Nietzsche, Ges. Briefe, Bd. II, hrsg. von E. Förster-Nietzsche und F. Schöll, S. 277.

liebsten völlig abgelehnt, aber Verehrung und Dankbarkeit für seinen verstorbenen Lehrer brachten ihn doch zu dem Entschluß, den Abschnitt: „Skulptur und Malerei der letzten Zeiten des Mittelalters" im „Handbuch" neu zu redigieren, während er die Kuglerschen Erben damals mit Erfolg überzeugte, daß die „Geschichte der Baukunst" in ihrer Eigenwüchsigkeit überhaupt von keinem anderen fortgesetzt werden könne und aus innerer Notwendigkeit Fragment bleiben müsse[1]. Aber diese Bedrängnis von außen her war noch gering im Verhältnis zu der Not von innen, die ein „wissenschaftlicher Quälgeist" über ihn gebracht hatte. „Ich habe diese Bresten", schreibt er schon am 17. Oktober 1855 an Albert Brenner, „voriges Jahr aus Italien mitgebracht und glaube nun, ich könnte nicht ruhig sterben, wenn ich nicht in dieser Sache mein Schicksal erfüllt habe". – Es sind die ersten Andeutungen der „Kultur der Renaissance" und der „Kunst der Renaissance", denen wir hier begegnen.

Man sieht es dem gefaßten, in sich ausgeglichenen, harmonischen Werk, als welches die „Kultur der Renaissance in Italien"[2] uns heute entgegentritt, wirklich nicht an, unter welchen inneren Nöten und qualvollen Zwiespältigkeiten der Verfasser es schließlich zustande gebracht hat. Verhältnismäßig am ruhigsten vollzogen sich die Vorarbeiten, die in die zurückgezogenen Züricher Jahre fallen. Aber Jacob Burckhardt war gerade im Begriff zur Gestaltung und Darstellung anzusetzen, als ihn der Ruf nach Basel erreichte und er grundsätzlich zu einem ganz neuen Lebens- und Arbeitsstil überzugehen sich entschloß. Er wollte anfangs das ursprünglich auf eine Reihe von Bänden berechnete und gleichmäßig auf Kultur und Kunst abgestellte Werk zu ein paar Aufsätzen zusammenschrumpfen lassen (9. April 1858), bloße „Renaissancefragmente" herausgeben (14. August 1858). Aber Anfang 1859 verzichtete er auch darauf. „Meine

---

[1] Später (1867) ist ja dann seine „Kunst der Renaissance" doch im Rahmen dieses Werkes erschienen.
[2] Das Werk wurde als Band V der B. G. A. von Werner Kaegi neu herausgegeben. — Wohlfeiler Druck der Erstauflage, von Walter Goetz besorgt, in der Krönerschen Taschenausgabe, Bd. 53.

große Arbeit", schreibt er am 16. Januar 1859 an Paul Heyse, „zog ich in Gedanken zu immer kleineren und engeren Entwürfen zusammen und habe sie nun endlich völlig beiseite gelegt, um dem Amte zu leben." Da traf ihn das Schwerste! Die Universitätstätigkeit, um derentwillen er sein Werk im Stiche gelassen hatte – auch diese befriedigte ihn nicht mehr! „Sonst geht es mir gut", heißt es elegisch in einem Brief an Heyse vom 26. November 1859, „als Dozent habe ich für hier wahrhaft brillante Zeiten, nur daß die innere Satisfaktion dabei gar gering ist." Da Jacob Burckhardt in dieser Zeit auch dem Vertrauten dieser Jahre, Paul Heyse, gegenüber längst nicht mehr so mitteilsam gewesen ist wie den früheren deutschen Freunden, so wissen wir nicht genau, was in den nächsten Monaten in seinem Inneren vor sich ging. Genug: seine künstlerische und geistige Energie faßte sich noch einmal der inneren Ermattung und Verdrossenheit gegenüber zusammen und schuf – sein literarisches Meisterwerk! Am 1. August 1860 kündigt er Heinrich Schreiber das bevorstehende Erscheinen der „Kultur der Renaissance" an, und am 16. September übersendet er sie demselben Paul Heyse, dem er vor genau 20 Monaten gemeldet hatte, daß er die Arbeit endgültig aufgegeben habe!

Dieses klassische Werk der deutschen Geschichtsschreibung hat einen ebenso klassischen Herausgeber gefunden. Was Werner Kaegi im V. Band der Burckhardt-Gesamtausgabe biographisch und ideengeschichtlich zur Entstehung der „Kultur der Renaissance" und ihrer Stellung in der deutschen und der europäischen Geistesgeschichte ausführt, kann trotz einzelner Vorbehalte als vorbildlich bezeichnet werden. Hier bleibt nur die Frage zu beantworten, welche Stellung das Werk in der geistigen Entwicklung Jacob Buckhardts selbst einnimmt.

Vergleicht man seine Arbeitsform vor 1846 mit derjenigen nach diesem Jahre, so läßt sich ein auffälliger Unterschied beobachten. Zwar bleibt es immer dabei, was er schon am 15. Januar 1840 Heinrich Schreiber erklärt hatte, daß neben der Geschichte die Kunstgeschichte „immer ihr Recht auf ihn behaupten" würde. Aber während er bis ans Ende der trüben Basler Zeit beides und noch einiges mehr dauernd

nebeneinander betrieb, tritt seit Rom jeweils eine mehr oder weniger lang andauernde Konzentration auf das eine oder andere Gebiet ein. Die zweite Berliner Zeit und der zweite römische Aufenthalt waren der Kunstgeschichte gewidmet; in Basel (1848-1853) läßt er die Geschichte so in den Vordergrund treten, daß er ausdrücklich auf das ihm angebotene Kustodenamt am Museum der Arbeitskonzentrierung halber verzichtet[1]. Seit 1853 drängt es ihn dann wieder zu einem „Erfrischungsbad im Gebiete der schönen Formen" und vertauscht sich bei ihm noch einmal die Geschichte mit der Kunstgeschichte. Wenn er aber im Winter 1853/1854 in Florenz Bibliotheksstudien in gleichzeitig historischer und kunsthistorischer Absicht betreibt, so handelt es sich nicht um einen Rückfall in das beziehungslose Nebeneinander der Zeit vor 1846, sondern um den ersten und einzigen Versuch Jacob Burckhardts, seine beiden Begabungen und Arbeitsrichtungen an einem großen Gegenstand organisch zusammenzuführen. Wir wissen heute aus dem aufschlußreichen Brief an König Maximilian von Bayern vom Mai 1858, daß Jacob Burckhardt ursprünglich beabsichtigte, von der Renaissance als „der Mutter und Heimat des modernen Menschen ... im Denken und Empfinden sowohl als im Formenbild" eine „gemeinsame Darstellung aller geistigen Lebensformen in organischer Einheit" zu geben; und noch im Vorwort zur „Kultur der Renaissance" stellte er ein entsprechendes Werk über die „Kunst der Renaissance" in Aussicht. Es wird sich später zeigen, warum dieser Plan nur eine bruchstückhafte und literarisch unangemessene Ausführung erhielt. Gegenüber den ersten literarischen Plänen ist jedenfalls die „Kultur der Renaissance" bei all ihrer klaren, in sich ausgewogenen Disposition und klassischen Diktion nur ein Fragment.
In einer anderen Beziehung konvergierten dagegen die Arbeitslinien Jacob Burckhardts erfolgreicher in diesem

---

[1] Daß J. B. auch in dieser Zeit nicht völlig auf die Kunstgeschichte verzichtete, beweist der im „Deutschen Kunstblatt" 1850 erschienene Aufsatz: „Kunstbemerkungen auf einem Ausflug in den Kanton Tessin und nach Mailand"; wieder abgedruckt von W. v. d. Schulenburg in „J. B. Reisebilder aus dem Süden", S. 167 ff.

Werk. Wir wissen, daß er seit seiner Rückkehr aus Deutschland zum Historiker Basels bzw. der Schweiz werden wollte und in den mittleren vierziger Jahren auch verschiedene Versuche in dieser Richtung unternommen hat, daß er aber seit Rom aus der territorialgeschichtlichen Vereinzelung herausstrebte und von neuem das universalgeschichtliche Terrain aufsuchte. Es gibt eine späte, biographisch interessante Arbeit von ihm aus dem Jahre 1852, die gleichsam die Brücke von dem einen zum anderen Sachfundament darstellt: seine Studie über „Andreas von Krain und der letzte Konzilversuch in Basel 1482-1484."[1]. Sie steht in vielem ganz isoliert in Jacob Burckhardts Lebenswerk und blieb im ganzen auch folgenlos; nur an einem Punkte weist sie deutlich über sich hinaus: bei der kurzen Schilderung des politischen, moralischen und kulturellen Zustandes Italiens Ende des 15. Jahrhunderts[2]. Hiervon sind Teile fast wörtlich in das erste Renaissancebuch übergegangen; ja es fällt schon das in diesem als Kapitelüberschrift verhältnismäßig spät aufgenommene Wort vom „Staat als Kunstwerk".

Aber – warum wandte sich Jacob Burckhardt überhaupt der Renaissance und nicht der verwandten, aber ursprünglicheren Erscheinung, der Antike zu? Lag das, nachdem er im „Konstantin" das sinkende Altertum geschildert hatte, wissenschaftlich nicht viel näher? Wenn an keiner anderen Stelle, so greift man es hier mit Händen, daß Burckhardts Werke nicht objektiven Nahelegungen, sondern subjektivem Zwang ihre Entstehung verdanken. Sie sind nicht Meilensteine einer immanenten wissenschaftlichen Entfaltung, sondern Bekenntnisse in einer stationenreichen allgemein seelischen Entwicklung. Im „Konstantin" hatte Jacob Burckhardt mit dem „Geist" seiner Zeit in universalhistorischer Perspektive abgerechnet. Was war er dann aber selbst? Wenn seine Art Geistigkeit in der weiteren Öffentlichkeit nicht mehr zählte, war auch er nur eine bloß ephemere Erscheinung, eine bloße idealistische Reaktion auf eine ins Materielle entartete Zeit, die vergehen

---

[1] Wiederabgedruckt und eingeleitet von Emil Dürr in der B. G. A. I, S. 337 ff.
[2] Vgl. B. G. A. I, S. 348.

würde, wenn diese verging? Und gab es nicht Dinge zwischen ihm und seinen Zeitgenossen, durch die er sich im tieferen von ihnen gar nicht unterschied? War er nicht auch Gegner der Pietisten und der Orthodoxen, der Willkürherrschaft und des Absolutismus, trat er nicht auch für die völlige Unabhängigkeit der Wissenschaft ein, war er nicht auch ganz und gar auf dieser Erde und unter diesen Menschen beheimatet und ließ sich auf kein Jenseits vertrösten? Gab es nicht gemeinsame Wurzeln für alle modernen Menschen? Und wo lagen sie? Wir können diese Gedanken ahnen, vielleicht mit großer Wahrscheinlichkeit erschließen; aus Briefen belegen oder sonst beweisen können wir sie nicht. Eins ist jedenfalls gewiß: die „Kultur der Renaissance" stellt im Zuge der inneren Entwicklung Jacob Burckhardts die erste große Selbstverständlichung und Eingliederung der eigenen Wesensart in die universalgeschichtlichen Zusammenhänge dar, indem sie ihren zeitlichen Ursprung aufsucht. Das wird deutlich, wenn wir uns noch einmal die Wesenszüge vor Augen stellen, die seine geistige Gestalt von früh an profilieren: seinen Realismus und seine Anschauungsbestimmtheit, sein statisches Lebensgefühl und seine ästhetische Weltauffassung, zu denen sich seit Rom ein aristokratischer Individualismus, ein ethisch-ästhetischer Idealismus und innerweltliche Askese als neue entscheidende Faktoren hinzugesellen. Sind das aber nicht dieselben geistigen Erscheinungen, die in universalem Ausmaß und Ursprung in dem ersten Renaissancebuch zur Darstellung gebracht werden? „Der Staat (ja überhaupt das Leben) als Kunstwerk", „Die Entwicklung des Individuums", die „Entdeckung der Welt und des Menschen" – könnten das nicht Überschriften sein, die er mutatis mutandis den Abschnitten einer Analyse seines eigenen Wesens hätte voranstellen müssen? Man hat mit Recht betont, daß Jacob Burckhardt keineswegs ein blinder Bewunderer der Renaissance gewesen ist, sondern in vielem ihr strenger Kritiker. Seine Monita decken sich dabei haarscharf mit den Punkten, in denen seine Lebensauffassung von der der Renaissance abwich; man denke an sein Verdikt des wüsten politischen

Treibens in den kleinen Tyrannien und der sittlichen Ruchlosigkeit eines Pietro Aretino und eines Cesare Borgia, von den feinen Ironien zu schweigen, mit denen er sich gegen Renaissance sowohl wie zur Gegenwart distanziert und die den Genuß der Lektüre dieses Buches so sehr erhöhen.
Darüber hinaus ist die „Kultur der Renaissance" die Krone von Jacob Burckhardts Geschichtsschreibung. Er ist in ihr voll zu seiner historiographischen Eigenart durchgedrungen und hat dafür den klassischen Ausdruck gefunden. War im „Konstantin" noch vieles Vorsatz und Ansatz, so ist jetzt alles Erfüllung. Staat und Religion treten in großartiger künstlerischer Symmetrie ganz an die Peripherie des Blickfeldes, an den Anfang und ans Ende des Werkes, und den breiten Mittelgrund nimmt ein Bild der wissenschaftlichen, literarischen, künstlerischen und gesellschaftlichen Kultur Italiens im 15. und beginnenden 16. Jahrhundert ein, wie es die Welt für keine andere Geschichtsepoche besitzt.

Der „Cicerone" und die „Kultur der Renaissance" haben später den europäischen, den Weltruhm Jacob Burckhardts begründet. Von ersterem erschien 1873 eine englische und 1885 eine französische Übersetzung; die entsprechenden Jahre für das zweitgenannte Werk sind 1878 und 1885. Die italienische Übersetzung der „Kultur der Renaissance" erschien schon 1876. Aber ehe Jacob Burckhardt äußerlich wie innerlich die Sonnenhöhe seines Daseins in seinem sechsten und siebenten Lebensjahrzehnt erreichen konnte, mußte er noch ein langes, dunkles Tal durchwandern, die zweite schwere innere Krisis seines Lebens überwinden.
Der Autor der „Kultur der Renaissance" hat schon in dem Begleitbrief, mit dem er Paul Heyse das Werk übersandte, das Versprechen schmerzlich bereut, für die Zukunft ein zweites Werk über die „Kunst der Renaissance" in Aussicht gestellt zu haben. In der folgenden Zeit hätte er es am liebsten ganz auf sich beruhen lassen; aber sollte er seinen Plan, an einem großen Thema die Zusammenfassung seines historischen und kunsthistorischen Arbeitens zu erproben, aufgeben, ohne die Vollendung überhaupt versucht zu

haben? So nimmt er sich Anfang 1862 vor, das Werk doch noch zu vollenden (5. Januar 1862), aber schon nicht mehr in der ursprünglich beabsichtigten mehrbändigen und literarisch der „Kultur der Renaissance" ähnlichen Form, sondern nur noch als „ein Geripp" von 20 Bogen, das auf lesbare Form verzichtet und nur die neuen Resultate seiner Forschung mitteilt. Zwar vergehen noch viele Monate, bis er wirklich an die Ausführung dieses Entschlusses geht, am 30. November 1862 schreibt er dann aber doch an Heyse: „Ich arbeite nun an der ‚Kunst der Renaissance', die ... aber nur als einbändiger Grundriß von höchstens 500 Seiten ans Licht treten soll." Er ist auch gesonnen, weiterhin „diesen Winter daran zu wenden und alle irgend entbehrlichen Stunden dafür zusammenzusparen". Aber – da versagt nach dem Verzicht auf die literarische Form nun auch noch die Kraft des Geistes zur adäquaten Durchdringung des Stoffes. Hoffte er am 15. Februar 1863 in einem Brief an Salomon Vögelin noch, „bis Ende April damit fertig zu sein", so teilte er am 3. April Paul Heyse mit: „Meine ‚Kunst der Renaissance' habe ich im Winter 1862/63 zu 7/8 ausgearbeitet, dann aber in Prinzip und Ausführung ungenügend befunden und wieder in den Pult getan, wahrscheinlich für immer!" Im Dezember des folgenden Jahres hat er dann das Manuskript, soweit es Architektur und Dekoration umfaßte, dem befreundeten Kunsthistoriker Wilhelm Lübke überlassen, „damit er dieses Material wenigstens teilweise vernütze zu einem 4. Band von Kuglers Geschichte der Baukunst" (6. Dezember 1864), und innerhalb dieses Werkes ist dann unumgearbeitet im Jahre 1867 die Architektur und Dekoration als „Kunst der Renaissance" von Jacob Burckhardt wirklich im Druck erschienen[1], während Skulptur und Malerei unvollendet im Schreibtisch zurückblieben.

Wie erklärt sich dieses Versagen Jacob Burckhardts an der entscheidungsvollsten Aufgabe seines Lebens? Man hat gesagt, daß, wenn ihm eine längere Zeit geringerer beruflicher Inanspruchnahme und ungestörten Arbeitens wie

[1] Sie ist jetzt als Bd. VI der B. G. A. von Heinrich Wölfflin neu herausgegeben worden.

in Zürich beschieden gewesen wäre, er aller Wahrscheinlichkeit nach das Werk dem ursprünglichen Plan gemäß vollendet hätte[1]. Aber so einfach liegen die Dinge nicht, und die wahren Ursachen ruhen tiefer. Der obigen Behauptung läßt sich ja ohne weiteres die Tatsache entgegenhalten, daß Jacob Burckhardt die „Kultur der Renaissance" erst in Basel, 1 1/2 Jahr nach Übernahme seines neuen Amtes schrieb, also doch dazu „die Zeit fand", und seine äußeren Lebensbedingungen blieben in den folgenden Jahren die gleichen. Nein, es kommen ganz andere Gründe in Frage.

Zunächst hat Jacob Burckhardt der geringe Absatz seiner „Kultur der Renaissance" in einen heillosen Pessimismus aller literarischen Produktion gegenüber hineingetrieben. Am 5. Januar 1862 klagte er Otto Mündler, daß von seinem ersten Renaissancebuch „keine 200 Exemplare" abgesetzt worden seien und er daraufhin den reduzierten Plan für das zweite über die Kunst beschlossen habe. „Natürlich gibt dies kein lesbares Buch mehr, aber mit aller Lesbarkeit dringt man in Deutschland ja doch nicht mehr durch." Der geringe buchhändlerische Erfolg der „Kultur der Renaissance" nahm ihm also die Lust an der Wiederholung derselben literarischen Produktionsform.

Sodann führte die eindringliche und völlig miterlebende Art, in der er die großen historischen Erscheinungen in sich aufnahm, nach einer bestimmten Zeit bei ihm zu einem Moment, wo er seines Themas überdrüssig wurde, wo er an ihm litt und sich unter allen Umständen von ihm zu befreien suchte. An Otto Ribbeck schrieb er am 10. Juli 1864 den bezeichnenden Satz: „Es ist eine wahre Wahrheit: in unserer Zeit leidet der Autor eines auf langjährige Arbeit angelegten Werkes unverhältnismäßig", und als er demselben Adressaten am 17. Oktober 1865 die Übergabe des Manuskriptfragments an Lübke verkündet, fügt er hinzu: „Ist mir alles recht, wenn ich nur nicht mit der Sache geschoren bin und alle Verantwortung auf anderen Schultern abladen kann." Dem jungen Kugler endlich hat er später (30. April 1870) ausdrücklich zu Themen geraten, „welche man in

[1] Werner Kaegi in der Einleitung zur „Kultur der Renaissance", B. G. A., Bd. V, S. XLVI.

einer nicht gar zu langen Zeit" – vorher spricht er von 2 Jahren – „bemeistern kann, um dann zu etwas anderem überzugehen". Das innerliche Gepacktsein vom Thema wich bei Jacob Burckhardt, ehe er das Gesamtwerk über die Renaissance ausgeführt hatte.

Aber der letzte und tiefste Grund, der das Gesamtwerk Jacob Burckhardts über die Renaissance zum bloßen Fragment werden ließ, ist auch damit nicht genannt: es sind die tiefen Erschöpfungszustände seiner produktiven und gestaltenden Geisteskräfte und die schweren Depressionen, die ihn um die Mitte der vierziger Jahre seines Lebens heimsuchten. Auch für dieses zweite tiefe Wellental seines Daseins sind die Briefe der Zeit erschütternde Zeugen. Unmittelbar nach Vollendung der „Kultur der Renaissance" bekennt er, daß ihn eine „dumpfe Mattigkeit" gefangen halte (16. September 1860), zwei Monate später wird er von Zweifeln an der Richtigkeit der Herausgabe des Buches überhaupt geplagt; er möchte „viele Stellen ausmerzen und umschreiben" (16. November 1860); wieder ein Jahr später verrät seine Angst vor „Widerwärtigkeiten" bei seinen öffentlichen Vorlesungen seinen innerlich gereizten, nervösen Zustand (30. Dezember 1861). Ein Gefühl frühen Alterns überkommt ihn wieder, und derselbe Mann, der drei große Werke im Laufe von noch nicht einem Jahrzehnt geschaffen hatte und dem noch viel Großartigeres bevorstand, freut sich in diesen dunklen Jahren „töricht lebhaft auf die Zeit, da er die Lektüre eines Jahres für ein Programm oder einen Aufsatz von 2–3 Bogen mit Bequemlichkeit und Nachdenken werde vernützen können" (30. November 1862). Den tiefsten Punkt aber erreichte seine Lebensstimmung nach dem mißglückten Versuch, die „Kunst der Renaissance" doch noch zu schreiben. Da hält er „seine geringe literarische Laufbahn für abgeschlossen" und sieht den Augenblick kommen, da „seine Opera omnia, davon noch Bergeslasten vorhanden sind, in eine Masse kommen, d. h. sie werden vielleicht von irgendeinem Abyssus in Leipzig verschlungen, eine Weile zu herabgesetztem, ja sehr herabgesetztem Preis ausgeboten und dann vermakuliert werden"! (3. April 1863).

Aber wie die erste Lebenskrisis in den zwanziger Jahren, so hat seine „innerlich feste Natur" auch diese zweite überwunden. Jacob Burckhardt ist, ohne unmittelbar nervenkrank zu werden, über diese Zeit hinweggekommen, freilich nicht rasch und schlagartig durch ein äußeres Ereignis, wie damals sein Italienerlebnis, sondern ganz allmählich nach jahrelangem Warten. Er hat sich durch möglichst harmlose Geselligkeit und durch Reisen, durch bloß rezeptive wissenschaftliche Tätigkeit sowie durch dichterische und musikalische Privatkritiken zu trösten versucht, aber diese Zeit mußte durchlitten werden, und erst gegen Ende seines 5. Lebensjahrzehntes kündigt sich die neue Wendung an.

Noch aber bleibt für die „Kunst der Renaissance" eine Frage zu beantworten: was hat ihr Verfasser damit denn wissenschaftlich beabsichtigt? – Wie für den „Cicerone", so reichen auch für sein zweites großes kunsthistorisches Werk die Fäden weit zurück. Schon am 4. Mai 1847 schrieb er etwas burschikos an Kinkel: „Laß Dich wenigstens im 15. Jahrhundert nicht auf dieses verrückte Charakterisieren der Schulen und der Malerei ein, wie wir [Kugler und er] haben tun müssen, sondern greife mit aller Frechheit die gegenständliche Betrachtungsweise auf und schreibe ein großes allgemeines Kapitel über die nordische Malerei im 15. Jahrhundert. ... Stelle Dir die Aufgabe so: wie spricht sich der Geist des 15. Jahrhunderts in der Malerei aus?" Zwei Forderungen stellt danach Jacob Burckhardt für die Kunstgeschichte auf: zunächst nicht mehr additiv eine Künstler- und Schulcharakteristik an die andere zu hängen und sie wie Erbsen in eine große Schale zu legen, sondern den historischen Gesamtuntergrund aufzuspüren, der sie alle trägt und aus dem heraus sie sich erläutern. Es ist klar: das, was er für die Geschichte wollte und erreichte, postulierte er auch für die Kunstgeschichte. Man könnte sagen, er forderte neben einer Kultur-Geschichte eine Kultur-Kunstgeschichte. Mit dieser Tendenz kreuzte sich bei ihm nun aber von vornherein charakteristischerweise eine andere: der Rat an Kinkel, sich der „gegenständlichen" Betrachtungsweise zu bedienen, d. h. nicht von wechselnden Künstlerindividualitäten auszugehen, sondern von den durchgehenden objektiven Aufgaben, die diesen Jahrhunderte, ja Jahrtausende hindurch gestellt wurden, und deren immer neue und eigenartige Bewältigung und Lösung die andere Seite der Kunstgeschichte bildet. Jacob Burckhardt hat diese doppelte Problemstellung zum ersten Male praktisch durchgeführt in den erwähnten „Andeutungen zur Geschichte der christlichen Skulptur", wo er die Erklärung der Tatsache, daß man bei der Ausschmückung des christlichen Altars seit dem 13. Jahrhundert vom Relief zum Gemälde und nicht zur freistehenden Altarstatue überging, „in dem wesentlichen Unterschied der religiösen Gegenstände" im Altertum und im Mittelalter findet (hier Erzählung, dort Idealtypus) und das Eindringen des malerischen Prinzips in die Plastik des 15. und des 17. Jahrhunderts mit der allgemeinen Wendung des Lebens, des „Geistes dieser Jahrhunderte" zum Realismus verbindet. Diese Gesichtspunkte leiten Jacob Burckhardt nun auch in der „Kunst der Renaissance", wenn er die erzählende Kunstgeschichte durch eine Darstellung nach Sachen und Gattungen ersetzen und die Triebkräfte, welche das Ganze der Kunst beherrschen, sowie die „Präzedentien" aufspüren wollte, von welchen der einzelne Künstler bei seinem Schaffen bedingt war. Wenn sich dabei ein weder subjektiv noch objektiv befriedigendes Werk ergab [1], so hat dies in den 1860er Jahren die depressive Pause seines Lebens verhindert.

So ragt der Torso der „Kunst der Renaissance" aus dem Lebenswerk Jacob Burckhardts empor als das Symbol des schweren Tributs, den er, wie so viele schöpferische Menschen, den Stockungen und Stauungen in der Zeit der Lebensmitte zahlen mußte [2]. Aber vielleicht läßt sich dieser

---

[1] Dies Urteil steht in Harmonie mit den Worten H. Wölfflins, B. G. A., Bd. VI, Einleitung und im Gegensatz zu denen F. Rintelens, der die „Kunst der Renaissance" „das einzig menschenwürdige Handbuch" nennt, „das unsere Disziplin besitzt" (Reden und Aufsätze S. 34).
[2] Heinrich Wölfflin fordert B. G. A., Bd. XII, S. VIII den Biographen J. B.s. auf zu erklären, „warum B. über die Krisis nicht hinauskam und plötzlich die Lust am ganzen Werk [der Kunst der Renaissance] verlor". Diesem Wunsch ist im Vorstehenden nachzukommen versucht worden.

beklagenswerten Tatsache auch eine „tröstliche" Seite abgewinnen. Jacob Burckhardt hat nicht aus übertriebener Selbsteinschätzung, sondern aus einem großen allgemeinen Verständnis heraus die entscheidenden Erfahrungen seines Lebens als heuristische Prinzipien auf die Geschichte übertragen. In der folgenden Zeit spielt nun beim Ausbau des universalhistorischen Gesamtbildes, bei der neuen Gesamtdeutung der Weltgeschichte der Begriff „der heilsamen Zögerung", „des vielleicht Wünschenswerten im Retardieren" eine wichtige Rolle[1]. Ist es eine unberechtigte Vermutung, den Ursprung dieser Vorstellung in den arbeitsgehemmten Jahren seiner „Renaissance"-Zeit zu suchen?

Fünftes Kapitel

DIE ZEIT DER GESTALTUNG DES UNIVERSALHISTORISCHEN GESAMTBILDES

1868—1886

Es ist eine Paradoxie in Jacob Burckhardts Leben, daß er mit der Darstellung der Renaissance als weltgeschichtlicher Epoche erst völlig abgeschlossen haben mußte, ehe seine eigene Wiedergeburt aus der inneren Krisis der 1860er Jahre anheben konnte.

Verschiedene äußere Gründe lassen sich für diese Wendung anführen. Während er in den kritischen Jahren von dem niederdrückenden Gedanken verfolgt wurde, daß seine literarischen Werke ungenügend und völlig wirkungslos geblieben seien, machten sich gegen Ende der 1860er Jahre Neuauflagen sowohl für den „Cicerone" wie für die „Kultur der Renaissance" notwendig. Er war als Autor also doch nicht vergessen! Und wenn er auch 1858 die Basler Geschichtsprofesssur mit dem festen Entschluß angenommen hatte, seine Kräfte für immer und ausschließlich der Universität seiner Heimatstadt zu widmen, so zeigten ihm doch die seit 1867 sich wiederholenden Angebote von Lehrstühlen

[1] Vgl. B. G. A., Bd. VII, S. 284 und 316.

an deutschen Hochschulen (Tübingen, Karlsruhe usw.), die im Jahre 1872 in der Berufung an die Universität Berlin als Nachfolger Rankes gipfelten, eines wie hohen wissenschaftlichen Ansehens er sich erfreute. Aber so wenig man in Jacob Burckhardts Leben die kleinen, die additionalen Ursachen vernachlässigen soll, entscheidend bleibt bei ihm doch immer der tiefere seelische Rhythmus, der weitgehend unabhängig von allem Äußeren ihn ebenso in tote Zeiten wie zu ungeheuren Leistungskonzentrationen führte. Um das Jahr 1868 setzt er zu einem letzten und höchsten Aufstieg an.

Jacob Burckhardt hat in späterer Zeit diesem beginnenden inneren Wandel ein treues Gedächtnis bewahrt. Seine bisher bekannten Briefe verraten darüber allerdings weniger, aber Heinrich Wölfflin erzählt uns[1], daß sein großer Lehrer in den 1880er und 1890er Jahren wiederholt mit großer Befriedigung seiner Sommerferien im Jahre 1868 am Bodensee gedacht habe, wo er jeden Abend eine Stunde weit nach einem Wirtshaus wanderte, um angesichts des Säntis seinen Schoppen zu trinken. Auf diesen Wegen seien ihm so ausgezeichnete Gedanken gekommen, daß er seitdem geneigt gewesen wäre zu glauben, die besten Einfälle schenkten sich einem abends nach der Arbeit. Wir wissen auch, um welche Fragen sein damaliges Denken kreiste. Er entwarf eine Vorlesung, die er im W. S. 1868/69 (und danach noch zweimal im W. S. 1870/71 und 1872/73) unter dem Titel „Über Studium der Geschichte" hielt und die, verbunden mit öffentlichen Vorträgen im Winter 1870 „Über historische Größe" und im Winter 1871 „Über Glück und Unglück in der Weltgeschichte", als „Weltgeschichtliche Betrachtungen" 1905 von seinem Neffen Jacob Oeri veröffentlicht worden sind[2]. Dieses posthum erschienene Werk ist immer wieder zum Ausgangspunkt der Darstellung von Jacob Burckhardts Gesamtgeschichtsauffassung gemacht

[1] Heinrich Wölfflin, J. B. zum 100. Geburtstag, Zeitschr. f. Bild. Kunst, Bd. 29 (1918), S. 131.
[2] Wiederabgedruckt in der B.G.A., Bd. VII, S. 1 ff. mit einer ganz kurzen Einleitung von Albert Oeri. – Wohlfeiler Druck in der Krönerschen Taschenausgabe, Bd. 55 mit einem ausgezeichneten Nachwort von Rudolf Marx.

worden, und lange Zeit hat es im Zentrum der Diskussion seines Gedankenguts gestanden. Dieser Tatsache trägt die Burckhardt-Gesamtausgabe aber leider in keiner Weise Rechnung. Im Gegensatz zu seinen Mitarbeitern hat der Herausgeber weder die Stellung des von ihm edierten Werkes in der Geschichtsforschung des 19. Jahrhunderts noch seine Funktion in der Gesamtentwicklung Jacob Burckhardts erörtert. Hier bleibt eine höchst bedauernswerte Lücke, die an dieser Stelle auch nur nach der einen Seite, der biographischen, andeutend ausgefüllt zu werden vermag.

Auf die Frage nach dem Fortgang, den die „Weltgeschichtlichen Betrachtungen" im Geschichtsdenken Jacob Burckhardts darstellen, läßt sich zusammenfassend sagen, daß das, was in den früheren Geschichtswerken anschaulich und beispielmäßig geschildert worden war, nun zu prinzipieller Höhe und Klarheit emporgehoben wurde. Im „Konstantin" waren in universalhistorischer Perspektive geschichtliche Mächte und Entwicklungsformen geschildert worden, zu denen sich Jacob Burckhardt überwiegend in innerer Opposition fühlte; in der „Kultur der Renaissance" dagegen eine Epoche, die ihn geistig-seelisch wie historisch im tiefsten anzog. Was war es, das ihn von den maßgebenden Menschen jener Zeit abstieß und umgekehrt zu diesen hinführte? Im Nachdenken über diese Frage – so nehmen wir an – und angeregt durch das Buch eines katholischen Geschichtsphilosophen, Ernst v. Lasaulx' „Neuer Versuch einer alten auf die Wahrheit der Tatsachen gegründeten Philosophie der Geschichte", vereinfachte sich ihm plötzlich das Gesamtbild der Historie, indem er darin drei, aber eigentlich nur zwei große „Potenzen" wirksam sah: eine auf Geist, Freiheit und Vielgestaltigkeit hinzielende Kraft, die „Kultur", und als scharfen Widerpart zwei zu Dumpfheit, Zwang und Uniformität hinführende Mächte, den „Staat" und die „Religion". So erweiterte sich sein forscherisches Interesse für die einmalige italienische Renaissance zu dem für jede geschichtliche Erscheinung, in der der freie schöpferische Menschengeist die Vorherrschaft hatte, und so erschienen als seine schwarze

Folie nicht mehr bloß Konstantin der Große und Eusebius v. Caesarea, sondern überhaupt der reine Staat und die reine Kirche. Und indem er diese gefühlsbetonte Polarität in ein früheres Kolleg, eine „Einführung in das Studium der Geschichte", hineintrug und dieses völlig umgestaltete[1], zeigte er in einer erstaunlichen Fülle der historischen Anschauung, wie sich die zwei bez. drei Potenzen im Laufe der Jahrtausende bedingt und im Kampfe miteinander das Werk der Weltgeschichte aufgebaut haben. Es fehlt den „Weltgeschichtlichen Betrachtungen" die chronologische Ordnung; sie tragen sich in scheinbar sehr willkürlicher Gruppierung vor. In Wirklichkeit werden sie aber von einem wohldurchdachten, höchst eigentümlichen historischen Koordinatensystem getragen, in dem alle großen Erscheinungen der Vergangenheit schon ihren Platz erhalten haben. So sind sie die großartige Ouvertüre zu einer ganz neuen Schau der Weltgeschichte in zeitlicher Ordnung, die im einzelnen zu schaffen und zu gestalten die Hauptleistung Jacob Burckhardts in seinen beiden nächsten Lebensjahrzehnten gewesen ist. Brachte in seiner historiographischen Arbeit die Überwindung der ersten Lebenskrisis den endgültigen Übergang von der Territorial- zur Universalgeschichte, so das Ende der zweiten die Ablösung der universalhistorischen Monographie durch die Gesamtbetrachtung der Weltgeschichte.

Und nun ist es, wie wenn die Schleusen eines Staudamms sich geöffnet hätten und da, wo jahrelang ein kümmerliches Rinnsal versickerte, befruchtende Wassermassen rauschend das alte Flußbett durchfluten. Mit einer unerhörten Energie werden fast gleichzeitig die größten Aufgaben angepackt: zuerst und lange vorbereitet das, was jetzt als „Griechische Kulturgeschichte" in 4 Bänden vor uns liegt[2].

[1] Vgl. Hermann Bächtold, Die Entstehung von J. B.s „Weltgeschichtlichen Betrachtungen". Aus Politik und Geschichte, Gedächtnisschrift für G. v. Below, 1928, S. 280ff.
[2] Neudruck in der B. G. A., Bd. VIII–XI, mit einer Einleitung hrsg. von Felix Stähelin. – Die 3bändige Ausgabe bei Kröner (Taschenausgabe, Bd. 58–60) bezeichnet sich zwar selbst als zusammengefaßt, ist aber – von einem Kapitel abgesehen – ein wörtlicher Nachdruck des Originals. Nachwort von Rudolf Marx.

Über die Entstehung dieses an Unfang bedeutendsten Werkes Jacob Burckhardts geben die Briefe höchst bezeichnende Aufschlüsse. Bereits am 10. Juli 1864 schrieb sein Verfasser an Otto Ribbeck: „Ich bin doch einigermaßen infiziert von jener Idee, welche einst beim Bier in der Wirtschaft gegenüber vom Badischen Bahnhof zur Sprache kam: einmal auf meine kuriose und wildgewachsene Manier das Hellenentum zu durchstreifen und zu sehen, was da herauskommt, freilich gewiß nicht für ein Buch, sondern für einen akademischen Kurs ‚Vom Geiste der Griechen'." Aber es ist für seinen dumpfen Seelenzustand und seine Schaffensohnmacht bezeichnend, daß in den nächsten Jahren nichts wieder von diesem Plan verlautet. Erst gegen Ende der 1860er Jahre hören wir wieder davon. Am 24. Oktober 1868 schreibt er an den Neffen Jacob Oeri, daß aus dem Dunkel der Zukunft ihm ein Kolleg über den „Geist des Altertums" (einigermaßen im Stil der Renaissance) entgegendämmere. Und noch bevor seine Vorlesung „Über Studium der Geschichte" zu Ende gegangen war, faßte er im Februar 1869 den endgültigen Entschluß dazu und hat dann die nächsten drei Jahre sehr nachdrücklich der Vorbereitung des Kollegs über „Griechische Kulturgeschichte" gewidmet, mit dem er am 6. Mai 1872 begann. Jacob Burckhardt hat unter der Gestaltung dieser Vorlesung gelitten wie nur je unter einem neuen Werke, und nach ihrem Abschluß schrieb er am 3. Oktober 1872 an Friedrich v. Preen: „Ich mußte vor allem mit dem Kolleg fertig sein, welches mich auf eine heillose Weise präokkupierte; nun wäre, Gottlob! dieses vorüber und für immer; es hat sich ein Retter aufgetan, ein vortrefflicher neuer Privatdozent, der mir die ganze Alte Geschichte abnimmt, welche ich doch nur auf mich geladen hatte, weil sie niemand las." Aber wie er so oft in den folgenden Jahren einen Verzichtsentschluß aussprach, um ihn später wieder umzustoßen, so trieb ihn auch hier sein Geist, sich immer von neuem mit dem Griechentum produktiv zu beschäftigen. Er las über „Griechische Kulturgeschichte" S. S. 1874, 1876, 1878, 1880, und in diesem Jahre, nach einer langen rezeptiven Tätigkeit, faßte er aus einem plötzlichen Gestaltungsdrang heraus sogar den Entschluß, aus dem Kolleg ein Buch zu machen. Am 2. Januar 1880 schrieb er darüber an Friedrich v. Preen: „Fürs Jahr 1880 wird aufs Reisen verzichtet und dafür eine größere Arbeit – aber ohne Schinderei – in Aussicht genommen." Aber am 2. August heißt es dann an denselben Adressaten: „Die große literarische Entreprise ... habe ich begonnen und nach Abfassung von etwa 100 Seiten weislich liegen gelassen, weil ich mich in ein Meer hinausgeführt sah." Auch dieser Entschluß war kein definitiver. Wie er das Kolleg noch zweimal, im Winter 1883/84 und 1885/86 las, so hat er in späteren Jahren auch an dem Manuskript weitergearbeitet, so daß, als Jacob Oeri kurz vor seinem Tode die Druckerlaubnis erhielt, er den jetzigen ersten und zweiten Band (Staat und Religion) so gut wie satzreif vorfand und nur für Band 3 und 4 (Kunst und Forschung, Der griechische Mensch) jene Schlußredaktion vorzunehmen brauchte, die für alle Zeit ein bewunderungswürdiges Beispiel geistiger und sprachlicher Einfühlungsfähigkeit bleiben wird.

Es müßte eine der schönsten wissenschaftlichen Aufgaben sein, die „Griechische Kulturgeschichte" Jacob Burckhardts hineinzustellen in den Wandel, den die Auffassung vom Griechentum im 19. Jahrhundert erfahren und sie selbst mit bewirkt hat. Das ist hier genau so unmöglich wie auf den Einzelinhalt dieser umfassendsten historischen Leistung Jacob Burckhardts näher einzugehen. Und auch für ihre biographische Funktion beschränken wir uns auf die Bemerkung, daß ihr Verfasser, nachdem er in der „Kultur der Renaissance" den Ursprung der modernen Kultur aufgesucht und dargestellt hatte, in der „Griechischen Kulturgeschichte" die erste große Entfaltung der Kultur überhaupt, wie er den Begriff faßte, schilderte – nun aber nicht mehr bloß den Ursprung, sondern alle Entwicklungsstadien, von der Entstehung über die Blüte bis zum Verfall.

Es kann deshalb an dieser Stelle auch einmal von einer aus wissenschaftlicher Immanenz geborenen Weiterarbeit Jacob Burckhardts gesprochen werden, wenn er nun dazu überging, dasselbe für die moderne Kultur zu leisten, d. h.

nach ihrem Ursprung, der „Kultur der Renaissance", sie auch in ihren späteren Formen zu erfassen.

Zunächst allerdings gab es ein interessantes Zwischenspiel. Zu Beginn des Jahres 1870 wandte sich Bernhard Kugler, der Sohn seines verstorbenen väterlichen Freundes Franz Kugler, an Jacob Burckhardt mit der Bitte, ihm ein historisches Thema zur Bearbeitung anzuraten. Mit dem Feuereifer, der ihn stets in solchen Fällen ergriff, machte er sich daran, den jüngeren Fachgenossen in verschiedenen, für seine Forschungsmethode und Geschichtsbetrachtung äußerst aufschlußreichen Briefen auf die Zeit Karls des Kühnen als auf ein Thema hinzulenken, das er „schon mehr als einmal mit anderen jüngeren Gelehrten besprochen" habe (30. März 1870). Als der Adressat ihn danach um nähere Angaben bat, entwarf er einen bis ins einzelne gehenden Plan der Arbeit, ohne ihn freilich abzusenden (11. April 1870). Schließlich ging der Frager nach langem Hin und Her aber doch ganz andere Wege. Da schrieb ihm Jacob Burckhardt am 14. Juni 1874 zu dem vorgeschlagenen Thema[1]: „Nun wenn Sie es nicht wollen, so rate ich es einem anderen an und schreibe dieses wunderschöne Thema am Ende selbst." Danach scheint Jacob Burckhardt, als er an die Gesamtgestaltung der neueren Geschichte herantrat, sich ernsthaft mit der Absicht getragen zu haben, der „Kultur der Renaissance in Italien" ein nordisches Gegenstück in Gestalt einer Kulturgeschichte der „Lande zwischen Lahn und Seine" im 15. Jahrhundert gegenüberzustellen. Dieser literarische Plan ist aber nicht ausgeführt worden, und die entsprechenden wissenschaftlichen Bemühungen und Forschungen sind eingegangen in die Kollegs über Neuere Geschichte, die er zunächst auf zwei, später auf drei Semester verteilt las.

[1] J. B. spricht an dieser Stelle allerdings nicht von der Zeit Karls des Kühnen, sondern vom Konstanzer Konzil, d. h. von dem Zustand Europas ungefähr 2 Menschenalter früher. In einem der früheren Briefe an Kugler nennt er auch dies, ohne es gerade dem Adressaten unmittelbar zur Bearbeitung zu empfehlen. Später hat er sich in dem Thema, das er ursprünglich Kugler angeraten, dann wohl geirrt. Für den folgenden Gedanken spielt der Lapsus keine Rolle.

Wie wenig er damit im ersten Jahrzehnt seines Basler Ordinariats ins Reine gekommen war, verrät ein Brief an Salomon Vögelin vom 22. August 1870, in dem es heißt: „Eigene Erfahrung über den Bau eines Kollegs habe ich nur für das Mittelalter und über die Renaissance und auch hier nicht für die des Nordens, nur für Italien! Für eine Kulturgeschichte der Griechen habe ich nur erst die Rudimente eines Planes, und neuere Kulturgeschichte wüßte ich noch gar nicht wie anfangen." Nicht der Abschluß der „Kunst der Renaissance" oder die Ausarbeitung der Kolleghefte über Neuere Geschichte erklären – wie man wohl gemeint hat[1] – das langsame Vorrücken der Studien zur „Griechischen Kulturgeschichte" in den 1860er Jahren, vielmehr litt alles: Renaissance, Altertum wie Neuere Zeit, unter den inneren Stauungen und der Gestaltungsohnmacht, die Jacob Burckhardt damals in seiner geistigen Weiterentwicklung hemmten.

Und noch einmal gleichzeitig mit den „Weltgeschichtlichen Betrachtungen" wie auch mit der „Griechischen Kulturgeschichte" entsteht nun, zu Beginn seines sechsten Lebensjahrzehnts, das dreigegliederte Bild der neueren Jahrhunderte. Nach der verdienstvollen Arbeit Emil Dürrs sind wir durch die „Historischen Fragmente", die er aus dem literarischen Nachlaß herausgegeben hat, in die Lage versetzt, uns wenigstens einigermaßen eine Vorstellung von Jacob Burckhardts Vorlesungen über „Neuere Geschichte" in den 1870er und 1880er Jahren zu machen. Den überragenden Platz nehmen darin die drei Einleitungen zur europäischen Geschichte des späteren 15. und des 16. Jahrhunderts, des 17. und 18. Jahrhunderts und des Revolutionszeitalters ein, die fast ausnahmslos in den Jahren 1868–1874 niedergeschrieben worden sind. Es gibt nirgends derart umfassende und konsequent gesehene Bilder der Kultur und ihrer Widerparte, der realen Staatsmacht und der religiösen Organisationsformen in der neueren Zeit. Daneben enthalten die Kolleghefte literarische Portraits maßgebender Persönlichkeiten dieser Epochen wie Richards III., Heinrichs VIII. von

[1] Felix Stähelin, B G. A., Bd. VIII, S. XVI und Emil Dürr, B. G. A., Bd. VII, S. 213.

England, Heinrichs IV. von Frankreich, Richelieus, Cromwells, Rousseaus, Talleyrands usw. von einer Eindringlichkeit und Originalität, daß man mit Staunen innewird, mit welcher Einfühlungsfähigkeit ihr Verfasser auch in seelisch Fremdes einzudringen vermochte.

Als Jacob Burckhardt an die endgültige Gestaltung seines Bildes vom Altertum und der neueren Zeit herantrat, hat er sich wie kunstgeschichtlich von der italienischen Renaissance, so geschichtlich von dem bis dahin bevorzugten Mittelalter getrennt. In seinem letzten Brief an Heinrich Schreiber vom 13. Februar 1869 erklärte er diesem: „Das Mittelalter habe ich ... gänzlich meinen Kollegen, einem Extraordinarius und einem Privatdozenten, überlassen", und tatsächlich hat er es auch über anderthalb Jahrzehnte zurückgestellt. Als dann aber zu Beginn der 1880er Jahre geschichtlich wie kunstgeschichtlich das gesamte Gebiet des Altertums wie der Neuzeit von ihm umschritten worden war, da entschloß sich der rastlos Vorwärtsstrebende, seine Anschauungen über das Mittelalter an dem Bild zu überprüfen, das sich ihm für die anderen weltgeschichtlichen Epochen erschlossen hatte, und es in Übereinstimmung mit seiner Gesamtgeschichtsauffassung zu bringen. Er schrieb darüber an Friedrich v. Preen am 20. Juli 1882: „In jugendlicher Unvorsichtigkeit hatte ich mich verpflichtet, nach 16jähriger Unterbrechung wieder einmal ‚Kultur des Mittelalters' zu lesen, und merkte dann chemin faisant zu meinem wachsenden Schrecken, wie wenig mein altes Heft taugte. Da galt es nachzuarbeiten ohne Rast, zumal ich ein übervolles Auditorium hatte". Von nun an las Jacob Burckhardt bis zum Jahre 1886 in einem viersemestrigen Turnus: Griechische Kulturgeschichte, Kultur des Mittelalters, Geschichte des 15. und 16. und Geschichte des 17. und 18. Jahrhunderts[1]: seinen großen tragenden Gedanken der Kontinuität der geistigen Überlieferung und Weltbildung seit den Griechentagen in den Vordergrund rückend und organologische Anschauungen stark zurückdrängend; die bewahrenden Leistungen von Rom und Byzanz betonend;

---

[1] Die Geschichte des Revolutionszeitalters las er von 1882 an nicht mehr.

der Bedeutung des Mittelalters als einer neuen Jugendzeit der europäischen Völker wie einer heilsamen Zögerung nachsinnend; die produktive Neugestaltung der Kultur seit der Renaissance im Rahmen der gesamteuropäischen Geschichte klar herausarbeitend; ihre großen Bedroher: den Islam und das Mongolentum in früher und den modernen Machtstaat, die dogmatischen Staatsreligionen, die politischen Doktrinen und die wachsende Geltung des Wirtschaftlichen in späterer Zeit scharf kontrapostierend; und bei aller Sympathie und Antipathie doch alles Menschliche mit der großen verstehenden Liebe umfassend, zu der sich ihm sein persönliches erotisches Leben erweitert hatte – ein Geschichtsbild von einer Fülle und Vielgestaltigkeit, einer Universalität und Geschlossenheit, das vielleicht gerade darum so packt, weil es uns zum großen Teil nur skizzenhaft überliefert ist, in seiner gedrängten Form nur die allgemeinen Umrisse zeigt und die lockendsten Ergänzungen gestattet. Erst seitdem wir die „Historischen Fragmente" haben, kennen wir die ganze Größe Burckhardtscher Geschichtsschau[1]!

Sosehr nun aber auch damals in der Historie das gesamte geistige Schaffen Jacob Burckhardts kulminiert, die Doppelpoligkeit als Grundzug seines wissenschaftlichen Wesens ist in dieser Zeit keineswegs verschwunden. Er hatte sein universalhistorisches Gesamtbild noch gar nicht vollendet, als sein Geist ihn schon wieder trieb, der Kunstgeschichte, die er viele Jahre völlig in den Hintergrund seiner Forschung gedrängt hatte, sich von neuem vorwiegend zuzuwenden. Er tat dies, indem er 1874 neben seiner geschicht-

---

[1] So sehr wir uns der vorliegenden „Fragmente" freuen können, es bleibt doch der Wunsch nach Kenntnis der früheren Gestalt der Vorlesungen über das Mittelalter. Vor allem möchte man wissen, wieweit J. B. seinen Plan aus dem Jahre 1848, es in großen Querschnitten zur Anschauung zu bringen, in ihnen zur (vorläufigen) Durchführung gebracht hat. Die Mitteilungen H. Bächtolds in seinem Aufsatz über die Entstehung der „Weltgeschichtlichen Betrachtungen" (Aus Politik und Geschichte, Gedächtnisschrift für G. v. Below, S. 286) lassen auf Gesamtaspekte schließen, die über ihre biographische Bedeutung hinaus eine allgemeingeschichtliche zu haben scheinen.

lichen auch die kunstgeschichtliche Professur an der Universität Basel mitübernahm und zunächst wöchentlich dreistündig, seit 1882 fünfstündig einen viersemestrigen Kurs über griechische Kunst, Kunst des Mittelalters, Kunst der Renaissance und Kunst des 17. und 18. Jahrhunderts las. Aber im Gegensatz zu seinen historischen sind wir über diese kunsthistorischen Kollegs leider noch wenig orientiert. Es fehlen die „Kunsthistorischen Fragmente" wenigstens für das Mittelalter und die Neuzeit[1]. Wir kennen zwar – dank Felix Stähelin – die Vorlesung, welche Jacob Burckhardt am 6. Mai 1874 beim Antritt seiner kunstgeschichtlichen Professur in Basel gehalten hat und die uns wenigstens sein Programm vermittelt[2]; aber was er davon und wie er es ausführte, darüber wissen wir unmittelbar noch so gut wie nichts. Um so wertvoller muß unter diesen Umständen das sein, was die Briefe über seine späteren kunstgeschichtlichen Grundvoraussetzungen und Prinzipien verraten. Sie reden nach bestimmten Seiten eine sehr vernehmliche Sprache! Sie zerstören vor allem endgültig die schon früher auf diesen Blättern zurückgewiesene Behauptung, daß Jacob Burckhardt sich je „auf dem Gebiete des ästhetischen Formgefühls von der nordisch-gotischen Kunstweise abgekehrt und sich in klassizistischem Empfinden dem Süden zugewandt habe"[3]. In einem Brief an Heinrich Schreiber vom 24. November

[1] Im XIII. Band der B. G. A. hat Felix Stähelin „Aufzeichnungen zur Griechichen Kunst" veröffentlicht und dabei einen ersten Einblick in das entsprechende Kolleg, auch in seine Einleitung vermittelt. Noch fehlt uns aber ganz das Gesamtbild der kunsthistorischen Vorlesungen, vor allem die Verrechnung der mittelalterlichen mit der Renaissancekunst.
[2] Vgl. S. 38, Anm. 2.
[3] Hermann Bächtold in dem wiederholt zitierten Aufsatz, S. 281. Diese Anschauung teilen auch andere Autoren. Nur Heinrich Wölfflin in der Zeitschr. für Bild. Kunst, Bd. 29 (1918), S. 129, betont: „Übrigens darf man J. B. nicht festlegen auf das Cinquecento; seine Begeisterung für Rubens war bekanntlich ebenso stark, und für die Erhabenheit gotischer Dome hatte er unvergeßliche Worte"; und im Vorwort zur Neuausgabe der „Erinnerungen aus Rubens" in der B. G. A. Bd. XIII, S. 369 heißt es: „Jeder flüchtige Blick in die Vorlesungsmanuskripte würde zeigen, daß B. der nordischen Welt nichts schuldig blieb."

1867 heißt es z. B.: „Im Oktober war ich über drei Wochen in Paris.... Auf die Reise hin... und zurück... wandte ich jedesmal vier bis fünf Tage und sah etwas Rechtes. Das Wiedersehen des Doms von Reims war allein schon eine Reise wert." Bei Gelegenheit der zweiten Auflage des „Cicerone" kam er mit deren Herausgeber Albert v. Zahn in einen längeren Briefwechsel. Während er am 28. Oktober 1869 von sich selbst und der italienischen Renaissance sagt: „Mir liegt alles schon so ferne", macht er diesem den Vorschlag, „die Kunstgeschichte der deutschen Blütezeit... darzustellen. ... Denken Sie sich die Größe des Verhörs, wo nebeneinander ein Miniaturstich von Martin Schön [Schongauer], ein Außenflügel von Wohlgemut, ein Glasgemälde einer sächsischen Kirche usw. zum Bekenntnis eines allgemeinen Faktums vorgerufen werden". Da v. Zahn auf diese Anregung eingeht, denkt sich Jacob Burckhardt in den nächsten Monaten immer tiefer in diese Aufgabe hinein, und am 13. Dezember 1869 heißt es, daß ihm die Schönheit des gesamten Plans immer mehr einleuchte. Gegenüber Frankreich habe Deutschland „seine unbedingte damalige Superiorität schon in der größeren Frische und Süße seines spätgotischen Dekorationsstiles. ... Ich kenne doch manches vom Prächtigsten in Frankreich ... aber das reicht doch alles nicht an die Deutschen und auch die Niederländer nicht, deren spätgotische Hauptleistung... sonst an überwundener Schwierigkeit alles erreicht und übertrifft. Und was die deutsche Frührenaissancedekoration betrifft, so überholt ja Holbein in unseren Tuschzeichnungen und schon in mehreren Titeleinfassungen alles, was sonst diesseits der Alpen damals kroch und flog. A propos: kennen Sie den sog. Grünewald in Kolmar? Wo nicht, so ist er aus verschiedenen Gründen eine Reise wert!" Von seiner Kunstfahrt durch Deutschland im Sommer 1875 – nachdem er im Frühjahr nach über zwanzig Jahren Rom wiedergesehen hatte! – schreibt er unter dem 24. Juli an Max Alioth: „Nachmittags nach Marburg, drei Stunden gebummelt und St. Elisabeth gesehen und mich in meinem alten Respekt bestärkt vor Leuten des 13. Jahrhunderts, deren

Bauten wie lebendige Pflanzen aus dem Boden hervorgewachsen scheinen." Man soll auch eine Stelle gerade dieses Briefes nicht überbetonen, wo er davon spricht, daß beim Anblick des Kyffhäusers „Erinnerungen, muffig verschimmelte Erinnerungen an seine romantische Zeit wachgerufen worden seien, daß er lachen mußte"; ein halbes Jahr früher hatte er am 30./31. Dezember 1874 Friedrich v. Preen erklärt: „Heute erhielt ich die Todesanzeige eines alten Freundes aus meiner Berliner Studienzeit und habe große Revue alter schöner Erinnerungen gehalten." Auf seiner Kunstreise durch Deutschland im Jahre 1877, auf der seine schon seit 1875 keimende besondere Vorliebe für das Barock zum vollen Durchbruch gelangte, empfindet er in der Münchner Residenz „die Zimmer Karls VII. aus den Jahren 1730–40 usw. geradezu als den herrlichsten Rokoko, der auf Erden vorhanden ist, und an Erfindung und elastischer Eleganz sogar den Prachtzimmern von Versailles überlegen" (11. August 1877) und darüber hinaus das Schloß von Würzburg als „das für ihn Erstaunlichste, was er neu sah" (28. November 1877).

Diese Briefzeugnisse wurden absichtlich etwas gehäuft, nicht um, nachdem bisher für Jacob Burckhardts künstlerisches und kunsthistorisches Bewußtsein der Süden weit über Gebühr gegen den Norden ausgespielt worden ist, das umgekehrte Verfahren anzuwenden, sondern um das **Europäisch-universale** seines Empfindens und Blickfeldes als eines notwendigen Korrelats **seiner** Form deutscher Geistigkeit zu unterstreichen.

Was erstrebte nun aber Jacob Burckhardt **wissenschaftlich** auf diesem abendländischen Fundament? Auch dafür bieten die Briefe einzelne wichtige Hinweise. Es bleiben Ziele und leitende Ideen dieselben, wie er sie in der „Kunst der Renaissance" zu seinem Ungenügen verfolgt hatte, wenn er Albert v. Zahn anrät, „die Kunstgeschichte der deutschen Blütezeit abgelöst von der Künstlergeschichte und -biographie, bloß nach den Sachen, den bewegenden Kräften und den Gesamtgraden des Könnens darzustellen. Ich bin überzeugt", fügt er hinzu (28. Oktober 1869), „daß die Zukunft der ganzen Kunstforschung wesentlich nach dieser Seite liegt." Und drei Wochen später ruft er aus: „Es ist doch ein ewiges und ganz wunderbares Verdienst von Winckelmann, daß er die Kunstgeschichte nach ihrem historischen und systematischen Teil geschieden hat." Diese Gedanken haben sich bei ihm in den nächsten Jahren dann noch wesentlich vertieft, wie wir aus der erwähnten Antrittsvorlesung vom Jahre 1874 wissen. Am 20. April 1875 schreibt er dann aus Rom an Robert Grüninger: „Was das wissenschaftliche Resultat der Reise betrifft, so bin ich in großen Sorgen, denn gerade für das, was ich törichterweise hoffte, hat die Zeit auf keine Weise reichen wollen: ich wollte diejenigen Studien machen, durch welche ich imstand wäre, das Dozieren der Kunstgeschichte zu einer reinen Geschichte der Stile und der Formen umzubilden; einstweilen bleibe ich statt dessen im alten Käse der Künstlergeschichte wenigstens teilweise stecken. Wenn ich aber auch nur noch drei Jahre habe wie dieses und jedes Jahr nach Italien kann, soll es schon bessern." Dürfen wir dem Zeugnis Heinrich Wölfflins vertrauen, so hat sich diese Hoffnung jedoch nicht erfüllt; denn der Schüler charakterisiert seinen großen Lehrer in den kunstgeschichtlichen Vorlesungen der 1880er Jahre mit den Worten: „Er zeigte vieles in ungleichwertigen Abbildungen und begleitete Blatt um Blatt mit den trefflich charakterisierenden Bemerkungen, wie sie ihm sein reicher Sprachschatz möglich machte"; von der Durchdringung der Kunst nach den proklamierten Prinzipien erfahren wir dagegen nichts[1]. Darnach hat Jacob Burckhardt seine wissenschaftlichen Ziele auf kunsthistorischem Gebiete nicht erreicht. Während er seine Geschichtsanschauung zu allseitiger und voller Entfaltung bringen konnte, ähnelt er für die Kunsthistorie Moses, der das Heilige Land wohl erschaute, ohne es selbst aber noch betreten zu können; vielleicht wandte er dieses Bild sogar im selben Sinne auf sich an, als er im Sommer 1887 das letzte Mal Italien besuchte, „noch einmal auf dem Sacro Monte von Varese war und von dort wie Moses auf dem Berge

[1] Vgl. Heinrich Wölfflin, Ztschr. f. Bild. Kunst Bd. 29 (1918), S. 127.

Nebo die Lombardei noch einmal überschaute" (15. Oktober 1887).

Selbstverständlich kann es bei der Erklärung dieser Tatsache heißen, daß die individuelle Vollendung zweier großer Wissenschaftsgebiete über die Kraft auch eines so starken Geistes wie Jacob Burckhardt hinausgegangen sei. Es ist aber auch noch eine andere Überlegung möglich, die am Ende sogar plausibler erscheint. Jacob Burckhardt hat nicht nur in seinen Jugendbriefen, sondern auch später, z. B. in der erwähnten Antrittsvorlesung von 1874, den gegenüber anderen historischen Disziplinen viel weniger entwickelten Stand der Kunstgeschichte bei seinem Eintritt ins wissenschaftliche Leben hervorgehoben. Auf rein historischem Gebiete hatte er namentlich durch Ranke gleichsam ein so großes Stück Vorgabe, daß er die vorgesetzte Lebensaufgabe vollenden konnte; in der Kunstgeschichte dagegen mußte er – trotz Winckelmann und aller liebenswürdigen Danksagungen an Kugler – nahezu von vorn anfangen, am Nullpunkt starten und einen viel längeren Weg bis ans Ende zurücklegen. Er fand keine eigentlichen Vorgänger und hatte Gestaltungs- wie Forschungsprinzipien ganz aus sich heraus zu entwickeln. Während er auf rein historischem Gebiete eine allgemeine wissenschaftliche Tendenz in höchst individueller Weise voll aussprechen konnte, war für seine kunsthistorischen Ahnungen die Zeit der vollen Ausprägung noch nicht gekommen. Erst seine Schüler, deren er bezeichnenderweise nur auf diesem Gebiete fand, haben seine Gedanken ganz ausgetragen und bis in unsere Tage hinein vollendet.

Als Jacob Burckhardt im Jahre 1858 von Zürich nach Basel übersiedelte, da hatte er nicht nur den Glauben an seine dichterische Berufung endgültig aufgegeben und den Entschluß gefaßt, sich ausschließlich seinem Lehramt und der mit ihm verbundenen Wissenschaft zu widmen, sondern er wollte auch aus der geistig-künstlerischen Isolierung heraustreten, in der er sich jahrelang der Welt gegenüber abgeschlossen hatte, und von seiner festen individualistischen, idealistischen und äußerlich bedürfnislosen Grundhaltung aus wieder Berührung und Auseinandersetzung mit der Welt suchen. So begannen Politik und der breitere Umgang mit Menschen in seinem Leben wieder eine Rolle zu spielen: anfangs allerdings nur in therapeutischer Beziehung als Ablenkung und Heilmittel gegenüber seiner inneren Krisis, nach deren Überwindung jedoch zu schöpferischer Funktion in seiner Existenz emporsteigend.

Es wird erinnerlich sein, daß Jacob Burckhardt schon in seiner Jugendzeit über das Wesen der Politik und ihren Unterschied zur Geschichte nachgedacht hatte, ohne freilich zu völlig klaren Resultaten zu gelangen[1]. Seine praktische Beschäftigung mit Politik als Chefredaktor der „Basler Nachrichten", die er vielleicht gerade darum gesucht hatte, führte ihn dann in jene Krisis seines Lebens, aus der ihn Rom befreite, um ihn gleichzeitig aber auch auf Jahre hinaus allem Interesse für das öffentliche Wesen seiner Zeit zu entfremden. Als sich das wiederum änderte, kam bei der grundsätzlichen Konzentration seiner geistigen Tätigkeit auf das Lehramt praktisch-politische Arbeit für ihn selbstverständlich nicht mehr in Frage. sondern nur noch scharfe Beobachtung und persönliche Urteilsbildung.

Zunächst nahm er die grundsätzlichen Überlegungen über das Verhältnis zwischen Politik und Geschichte wieder auf. Sie sind erst seit kurzer Zeit bekannt, stehen an ziemlich versteckter Stelle in der Einleitung zur Geschichte des 17. und 18. Jahrhunderts, und ihre Resultate werden in ganz wenigen Sätzen formuliert. Da heißt es einmal: „Der Mensch muß allerdings in seiner Zeitlichkeit etwas Bestimmtes wollen und vertreten, aber die höhere Betrachtung vorbehalten", und zum anderen noch deutlicher: „Das Leben des Okzidents ist der Kampf. Und für seine Person mag auch der Historiker sich demselben seines Ortes nicht entziehen können; als Mensch in seiner Zeitlichkeit muß er etwas Bestimmtes wollen und vertreten, aber in seiner Wissenschaft muß er sich die höhere Betrachtung vorbehalten"[2].

[1] Vgl. S. 24.
[2] B. G. A. VII, S. 368 und 374f.

Immer wieder, namentlich in seinen Briefen an Bernhard Kugler, hat sich Jacob Burckhardt gegen die Vermischung augenblicklicher politischer Partikulartendenzen mit geschichtswissenschaftlichen Anschauungen gewendet und dies namentlich der „nationalliberalen" Forschung in Deutschland zum Vorwurf gemacht. Er hat eine Trennung der beiden Gebiete gefordert, nicht minder radikal, wie sie nachmals Max Weber proklamierte. Aber er befand sich dafür in einer doch viel beneidenswerteren Lage als später der große deutsche Soziologe. Ihm waren die Grundwerte, aus denen das gesamte kulturelle Leben Deutschlands zu Ende des 18. und zu Beginn des 19. Jahrhunderts neu geboren worden war, noch nicht erschüttert, sondern nur bedroht; und so legte sich für ihn der Gegensatz von Politik und Wissenschaft auch nicht in den Unterschied von Diskussion rangmäßig ungeklärter Werte zu wertfreiem, rein logischem Wissen auseinander, sondern in den von wertblinder Gier und Sucht, bestenfalls unreflektierten Trieben und Gefühlen auf der einen und bewußtseinsklarem, von ewigen Werten erfülltem Geist auf der anderen Seite. Diese ewigen Werte waren für ihn ebenso unerschütterlich und ein unbezweifelbarer objektiver Maßstab, wie er die entgegengesetzten Tendenzen als irrig und verderblich empfand. Jacob Burckhardt ist bei seinen Bemühungen um die Trennung von Politik und Wissenschaft also nie in die Nähe des modernen Relativismus gekommen. Er hat dieser verhängnisvollen Geistesform viel weniger als z. B. Ranke Vorschub geleistet.

Man mag sich nun darüber amüsieren, wie häufig Jacob Burckhardt in seinen Briefen bei Beurteilung der aktuellen Zeitereignisse in die Irre gegangen ist – er hat es gelegentlich selbst getan (19. Dezember 1884). Aber man wird dabei weder seine feinen Einzelbemerkungen über den Charakter der europäischen Völker und ihrer Einrichtungen noch den Umstand übersehen dürfen, daß sein politisches Urteil nicht von engen, jeweils wechselnden Partikularinteressen oder von schwankenden, dem Wandel des „Zeitgeistes" unterworfenen Wunschbildern diktiert war, sondern eine außerordentlich klare und unverrückbare Vorstellung von der

Gegenwart und Zukunft zur Voraussetzung gehabt hat. Mag sie der Vorkriegszeit schwerer zugänglich gewesen sein, uns enthüllt sie seine Größe gerade auch in seinen politischen Reflexionen.

Jacob Burckhardt sah in seiner späteren Zeit – ganz anders als vor 1846! – die Jahre von 1789 bis in seine Gegenwart als eine große geschichtliche Krisis und den Zeitraum von 1815 bis 1840 nur noch als ein täuschendes Zwischenspiel der Ruhe und Ordnung. Ihre hervorstechendsten Kennzeichen waren für ihn: eine rasch zunehmende Schätzung des Wirtschaftlichen in der Welt, wachsender politischer Einfluß des Radikalismus und der Massen sowie rascher Verfall all dessen, was er Kultur nannte. Schon in einem Brief an Salomon Vögelin vom 24. April 1865 spricht er es nach einer Reise in Südfrankreich deutlich aus: „Der Midi gibt viel zu denken ... pressierte Bevölkerungen, wie die von Lyon mit Comptoirarbeit rite bis neun Uhr, so daß das Theater nicht gedeihen kann – und darüber die Wallfahrtskirche von Fourvières. ... Die Bildung, statt ein geistiges Medium zu sein, ist bei der großen mittleren Leuteschicht ein Vehikel des Fortkommens und nicht mehr." Und was ihm damals in Südfrankreich auffiel, das beobachtete er dann in den folgenden Jahren auf seinen Reisen auch in den anderen europäischen Ländern. Das Bedenklichste war für ihn dabei, daß diese reich werden wollende Mittelschicht sich um Politik nur noch kümmerte, wenn ihre Geschäfte davon berührt wurden, und das Regiment im übrigen demokratischen Geschäftspolitikern überließ, die nach seiner Meinung der Masse wirtschaftliche und politische Wünsche und Ansprüche suggerierten, um durch ihre Erfüllung sich selbst an der Macht und im Einfluß zu erhalten. Ein rücksichtsloser, selbstsüchtiger, in den Mitteln wahlloser Kapitalismus und eine immer mehr sich ausbreitende verlogene Demokratie als entscheidende Faktoren – so vereinfachte sich ihm das wirtschaftlich-politische Bild der Gegenwart, als dessen charakteristischste Repräsentanten ihm zunehmend mehr die Juden erschienen.

Nun glaubte aber Jacob Burckhardt nicht, daß der Kampf der alten beharrenden Mächte mit den neu aufkommenden

Schichten der Unternehmer, der Arbeiter und deren intellektuellen Gefolgsmannen zum Vorteil der einen oder anderen Gruppe ausschlagen werde, sondern daß ganz andere Gestalten die Sieger sein würden. Ahnungsvoll schreibt er unter dem Einfluß des beginnenden Deutsch-Französischen Krieges am 20. Juli 1870 an Friedrich v. Preen: „Das letzte Ende könnte doch wieder (freilich erst wenn wir tot sind) ein Imperium Romanum sein, nachdem es zuerst mehrere Assur, Medien, Persien gewesen sein werden. Eine Dynastie hat ein solches Imperium, wie wir wissen, nicht mehr, sondern nur eine Zentralverwaltung und (vermöge der Soldaten) eine beata tranquillitas. Die heutigen Menschen haben allmählich in großen gesellschaftlichen Schichten schon unbewußt der Nationalität entsagt und hassen eigentlich jede Diversität. Sie opfern, wenn es sein muß, alle ihre speziellen Literaturen und Kulturen gegen ‚durchgehende Nachtzüge' auf." Und nach zahlreichen Wiederholungen heißt es am 13. April 1882: „Für mich ist es schon lange klar, daß die Welt der Alternative zwischen völliger Demokratie und absolutem rechtlosem Despotismus entgegentreibt, welcher letztere dann freilich nicht von Dynastien betrieben werden möchte, denn diese sind zu weichherzig, sondern von angeblich republikanischen Militärkommandos. Man mag sich nur noch nicht gern eine Welt vorstellen, deren Herrscher von Recht, Wohlergehen, bereichernder Arbeit und Industrie, Kredit usw. völlig abstrahieren und dafür absolut brutal regieren könnten. Solchen Leuten treibt man aber die Welt in die Hände mit der heutigen Konkurrenz und Teilnahme der Massen bei allen Parteifragen."

Jacob Burckhardt sah zunächst eine Zeit verheerender Kriege voraus, deren einleitenden Weltkrieg er immer wieder als unmittelbar bevorstehend empfand und dessen Resultat der Untergang alles Radikalismus und aller Demokratie und das Emporkommen einer neuen, vielleicht einer schrecklichen Autorität in allen Ländern sein werde, bis nach wechselnden nationalen Vorherrschaften und der Erschöpfung der völkischen Kräfte das Neue Imperium Romanum, d. h. die politische Einigung Europas unter einer Militärdiktatur und als Beginn einer langen Friedenszeit sich durchsetzen werde.

Und das Schicksal der Kultur bei alledem? „Ja, verehrter Freund", schreibt er am 12. Oktober 1871 an v. Preen, „Kunst und Wissenschaft werden den Schwachen und Kranken bleiben!", und am 19. September 1875 mit deutlichem Bezug auf die Gegenwart: „Es hat im 4. und 5. Jahrhundert Zeiten gegeben, da noch ohne alle Einwirkung der Völkerwanderung der Pessimismus eine fast allgemein wenigstens theoretisch zugegebene Gesinnung war." Jacob Burckhardt ist damals im Anblick der Welt zum Schwarzseher geworden. Hatte er sie in seiner Jugend geliebt, in seinen mittleren Jahren ignoriert, so beklagte er sie jetzt. Aber wenn sich bei ihm gleichzeitig eine Hinwendung zu Schopenhauer als „den Philosophen" vollzieht, so ist es doch notwendig, den Pessimismus beider klar zu unterscheiden. Schopenhauer war prinzipieller, Burckhardt nur bedingter Pessimist. Für Schopenhauer war die Welt aus ihrem Grundwesen heraus schlecht und konnte grundsätzlich und für immer nur überwunden werden durch das Sich-Zurückziehen des Menschen in die Sphäre der Reflexion und Kontemplation und in der Erlösung durch die Kunst; für Burckhardt dagegen galt diese Haltung nur unter ganz bestimmten historischen Konstellationen, wie in der Spätantike und in der Gegenwart, oder unter besonderen ethnischen Voraussetzungen wie bei den Griechen[1]. Diese Erkenntnis der ungeheuren Berechtigung des Pessimismus zu bestimmten Zeiten hat in ihm aber immer gerungen mit dem Glauben an eine, wenn auch ferne, bessere Zukunft. Zum ersten Male bricht dieser durch in den großartigen Briefen aus der Zeit um den Deutsch-Französischen Krieg. Da heißt es

---

[1] Es ist doch sehr zu beachten, daß im 5. Abschnitt der „Griechischen Kulturgeschichte": „Zur Gesamtbilanz des griechischen Lebens" der griechische Pessimismus aus ganz bestimmten einmaligen Eigenschaften des Griechenvolkes abgeleitet wird, und daß der Untergang Griechenlands im 9. Abschnitt: „Der hellenische Mensch in seiner zeitlichen Entwicklung", nicht aus der inneren Abnahme der Kräfte der Nation, sondern aus ihrer physischen Selbstzerstörung resultiert. Vgl. Bd. II, S. 1ff. und Bd. III, S. 375 in Kröners Taschenausgabe.

am 6. März 1871 an Friedrich v. Preen: „Mein ganzes und einziges Sehnen geht nach den großen Reaktionen in Geist und Gemüt der beiden Völker. Ich weiß, das Wünschen wird uns mehr als einmal zum Narren halten, und wir werden Licht zu sehen glauben, wo uns nur die Augen flimmern; aber kommen muß es doch"; und am 21. April 1872 an Arnold v. Salis: „Wenn ich nicht irre, so habe ich Ihnen schon während des letzten Krieges meine Grundansicht mitgeteilt: das Neue, Große, Befreiende muß kommen aus dem deutschen Geist, und zwar in Gegensatz zu Macht, Reichtum und Geschäften." Und wenn auch dieser Regenerationsprozeß der europäischen Kulturen auf sich warten ließ und sein Hoffen, ihn noch zu erleben, immer mehr dahinsank, niemals hätte er sich mit einer Zukunftsperspektive für Europa abgefunden, die hinter die Militärdiktatur das Nichts setzt und dem Glauben an die Wiedergeburt der Kultur nur mit Hohn begegnet (Spengler). Die Macht „seiner" Potenz, die mit den Griechen in die Welt kam, die im germanischen Mittelalter einen geheimnisvollen Kräftezuwachs gewann und seit der Renaissance in Europa zum zweiten Mal emporblühte – sie war in der Welt noch nicht zu Ende, das konnte nicht der Wille der Vorsehung sein, deren Wege er immer wieder zu ahnen suchte. Zu keiner Zeit ist sein humaner Wiedergeburtsglaube völlig erschüttert worden, wenn er ihn auch in der Gegenwart der schwersten Belastung ausgesetzt sah und scharf von dem flachen Optimismus seiner Tage abhob.

Überschaut man die großartige Entfaltung des Burckhardtschen Geistes auf wissenschaftlichem und politisch-reflektierendem Gebiet in den 1870er und 1880er Jahren, so drängt sich immer wieder die Frage auf: warum hat dieser Mann die Mitteilung seiner historischen und kunsthistorischen Erkenntnisse auf die jungen Menschen beschränkt, die seine Kollegs, und die Hautevolée Basels, die seine öffentlichen Vorlesungen hörte, und warum hat er seine politischen Einsichten nur den Partnern seiner Gespräche und Empfängern seiner Briefe anvertraut? Warum hat er, dem ein so vollendetes Werk wie die „Kultur der

Renaissance" gelungen war, in der Zeit der vollen Wiederherstellung seiner Geisteskräfte und Gestaltungsfähigkeit nicht weitere literarische Arbeiten veröffentlicht? Denn die „Kunst der Renaissance" ist ja das letzte Werk, das von ihm bei Lebzeiten erschien, alles andere kam erst nach seinem Tode heraus.

Man hat wohl als Antwort auf diese Frage gesagt, daß ihn eine mit den Jahren wachsende Scheu vor der Öffentlichkeit und sein Lebensgenießertum daran gehindert hätten. Das ist beides nicht völlig unzutreffend, berührt aber doch nur die Oberfläche. Die eigentlichen Gründe lagen tiefer.

Zunächst hat Jacob Burckhardt die furchtbaren Qualen, die ihn schon die Gestaltung der „Kultur der Renaissance", aber dann gesteigert die der „Kunst der Renaissance" gekostet hatten, sein Leben lang nicht vergessen. Er fürchtete ihre Wiederholung und den jahrelangen depressiven Zustand darnach. Am 5. Oktober 1874 sprach er es Bernhard Kugler gegenüber ganz offen aus: „Einstweilen geht meine Erfahrung dahin, daß gelehrte Autorschaft eines der ungesündesten und bloßes Dozieren ... eines der gesündesten Metiers auf der Welt ist." Und wenn er auch diese Überzeugung nicht sein ganzes späteres Leben hindurch vertrat, so hat er doch, als er wieder an literarische Arbeiten heranging, sich selbst und anderen gegenüber betont, daß er sie „ohne Schinderei" und nicht mehr für die Veröffentlichung leisten würde, und er hat wie im Falle der „Griechischen Kulturgeschichte" wieder davon abgelassen, als er sich „in ein Meer hinausgeführt sah".

Um zu verstehen, was er mit diesen Worten sagen will, müssen wir uns des Lebensgefühls und der Geisteshaltung erinnern, die er sich in Opposition zu seiner Zeit seit Rom errungen hatte. Das bewegte Verharren in der kulturellen Atmosphäre Alteuropas, die Kongruenz von Rhythmus und Spannung seiner Vorstellungswelt mit den Gefühlsfolgen in seinem Innern, die Harmonie der äußeren Anschauung mit der psychischen Resonanz, dies alles wollte er sich nicht nehmen lassen, als ihn sein Wesen über künstlerische und erotische Erlebnisse in großer Selbstausweitung

zu neuen umfassenden wissenschaftlichen Erkenntnissen
drängte. Er wollte auch dann nicht in ein verwirrendes
Tatsachenmeer versinken, sondern klare Horizonte sehen,
wollte immer noch über seinen Gegenstand nach seinem
Willen verfügen und nicht von ihm beherrscht werden.
Nun verlor aber gerade damals die deutsche Geschichtswissenschaft unter dem Einfluß von Positivismus und
Spezialistentum ihre aufs Große und die Zusammenhänge gehende Blickrichtung und ließ sich zunehmend
mehr von jener exakten Kleinarbeit beherrschen, die die
Höhe der Wissenschaftlichkeit an der Summe der philolo-
gisch einwandfrei erarbeiteten Tatsachen maß, die ein Forscher aufzuweisen hatte, und die ein wissenschaftliches
Werk um so höher stellte, je sachlich erschöpfender
es war. Da konnte Jacob Burckhardt, der erklärtermaßen
immer nur das arbeitete, was ihn interessierte, und den
Begriff der Vollständigkeit für sich nie anerkannte, nicht
mithalten.

Aber warum verzichtete er – warum ließ er es nicht,
wie später Lamprecht, auf einen Kampf mit der „alten"
Richtung ankommen, die damals die „neue" war? Ganz
gewiß ist Jacob Burckhardt keine Kämpfernatur gewesen;
und auf eine bestimmte Form ungestörten Lebensgenusses
hat er nie verzichten mögen. Aber vielleicht wollte er
Werke in gewöhnlichem Sinne, wollte er Bücher überhaupt nicht mehr schreiben – weil ihm klargeworden war,
daß seine Form schöpferischer Geistigkeit an den Augenblick gebunden war und eine Fixierung im strengen
Sinne, wie sie ein Druckwerk darstellt, kaum noch zuließ.
Als Emma Brenner-Kron unter dem Eindruck eines seiner
öffentlichen Vorträge um dessen Festlegung bat, schrieb er
ihr am 9. November 1866: „Von meinen Vorlesungen wird
nie etwas gedruckt, weil sie nur durch den Vortrag entstehen und sich gedruckt ganz ‚letz', wie Teppiche von
der Kehrseite ausnehmen müßten." – Jacob Burckhardt
sah über sich eine große ideale Welt, von der er wußte,
daß er sich in seiner Zeit ihr nur noch in ideeller Hingabe ganz verbinden, daß er sie nicht dauernd auf diese
Erde herabzwingen konnte. Dieses Schwelgen in Kunst und

Vergangenheit, es war letzten Endes nur eine Reihe lebendiger Visionen, die nie voll objektiviert werden konnten, sondern die mit- oder nachzuerleben der Hörer bzw. der Leser immer nur aufgefordert zu werden vermochte. Darum lebt der spätere Jacob Burckhardt auch am echtesten in seinen „Vorträgen"[1], für die es nicht bedauerlich, sondern eine tiefe innere Notwendigkeit ist, daß sie uns zum größten Teil nur rudimentär, stichwortartig oder skizzenhaft überliefert worden sind. Wer diese Texte so liest, wie sie jetzt vorliegen, der darf sich oft wundern, daß sie bei den Hörern eine so große Wirkung hervorbringen konnten; wer aber durch sein Wissen um das gestaltende Zentrum Jacob Burckhardts aus den oft kümmerlichen Notizen den Glanz und die Weihe des Augenblicks zu erraten vermag, dem wird das aufbauende Nacherleben dieser großen Stunden in den Basler Wintern des vorigen Jahrhunderts zu den tiefsten Begegnungen mit dem Geistigen in dieser Welt führen.

Die Absage an die wissenschaftlichen Schuttheber seiner Zeit und das Wissen um die Momentaneität seines Schaffens erklärt übrigens auch Jacob Burckhardts vielberufene „Treulosigkeit" gegenüber seinen literarischen Kindern. Es war nicht Scheu vor weiterer Verantwortlichkeit und Unlust an entsagungsvoller Einzelarbeit, die ihn den „Cicerone" sowohl wie die „Kultur der Renaissance" für die späteren Auflagen Händen ausliefern ließen, welche diese Werke mit der Zeit fast bis zur Unkenntlichkeit umgestalteten, sondern die Einsicht, daß er den „viri eruditissimi", wie er seine Fachkollegen gern ironisch nannte, doch nie werde Genüge leisten, und die innere und äußere Konstellation, der die Bücher ihre Entstehung verdankten, doch nicht wieder werde so reproduzieren können, um bei der Neubearbeitung die genügende innere Befriedigung zu empfinden[2]. So sollten sie, die nun einmal in die Welt der

---

[1] Hrsg. von Emil Dürr; = B.G.A. Bd. XIV. – Wohlfeiler Nachdruck von 16 der 24 Vorträge in Kröners Taschenausgabe, Bd. 56, mit einem Nachwort von Rudolf Marx.

[2] Eine Ausnahme bildet die 2. Auflage des „Konstantin" vom Jahre 1880. Die Gründe, die ihn zur eigenen Übernahme bewogen, sind

konkurrierenden Forschung eingegangen waren, ruhig von anderen Forschern auf der Höhe der Wissenschaft gehalten werden.

Und dasselbe gilt von Jacob Burckhardts Stellung zum wissenschaftlichen Nachwuchs. Klang es in dem Postskriptum zum Brief an Paul Heyse vom 30. November 1862 noch halb unglücklich, als er an Bernhard Kuglers Dissertation erkannte, „welche Methode Sybel in seinen eigenen Studien hat und seiner Schule beibringt", und als er ausrief: „Ich werde nie eine Schule gründen!", so schreibt er am 25. Februar 1874 an Friedrich Nietzsche auf dessen Abhandlung „Über Nutzen und Nachteil der Historie fürs Leben", selbstbewußt sich vom Angreifer und seinen Opfern abhebend: „Ich dachte nie daran, Gelehrte und Schüler im engeren Sinne groß zu ziehen, sondern wollte nur, daß jeder Zuhörer sich die Überzeugung und den Wunsch bilde, man könne und dürfe sich dasjenige Vergangene, was jedem individuell zusagt, selbständig zu eigen machen, und es könne hierin etwas Beglückendes liegen. Ich weiß auch recht wohl, daß man ein solches Streben als zum Dilettantismus führend tadeln mag, und tröste mich hierüber." Jacob Burckhardt war sich klar, daß es nicht seine Begabung war und darum auch nicht seines Amtes sein konnte, den Studenten die historische Methode beizubringen. Deshalb hat er auch in seinem Leben weder historische noch kunsthistorische Übungen abgehalten. Was er der Jugend zu bieten vermochte: das Vorerleben der Geschichte als Vorempfinden ihres Reichtums, als Anschauen ihrer großen Epochen, und das Ahnenkönnen des Höchsten, das vermochte er nur in ungestörtem Vortrag zu gestalten, deren jeder durch ihn zu einem lebendigen Kunstwerk wurde. –

Im Jahre 1904 bat der Schweizer Literaturhistoriker Adolf Frey aus irgendeinem Grunde seinen Freund Carl Spitteler, als den persönlichen Bekannten Jacob Burckhardts, um eine

nicht ganz deutlich. Hingen sie mit seinem Interesse für das Mittelalter zusammen, das damals neu zu erwachen begann? Oder kam es ihm auf ein Geschenk für seinen „großen Freund" Friedrich v. Preen an, dem er sie widmete?

Charakteristik von dessen Vortragsstil; da antwortete unter dem 22. Mai desselben Jahres der Dichter[1]:

„Also Burckhardts Vortragsstil:

Analyse seines Zaubers

I. Inneres

Vorbedingung: Ein Mensch, der im Ewigkeitsbewußtsein lebt, der alle Zeitalter schon innerlich miterlebt und durchdacht und mitgefühlt hat, und der dies Bewußtsein, diese Kenntnisse, die daraus gewonnene Übersicht und Urteile gegenwartslebendig mit in den Saal hereinbringt. Stets bereit und befähigt, ein Ereignis mit einem tausend Jahre entfernten zu vergleichen und zu messen, nicht mit der Gelehrtheit, sondern auf Grund eines früher stattgehabten innern Miterlebnisses. Wirkung: im Saale, wo Burckhardt vortrug, herrschte immer Ewigkeitsatem.

Andere Vorbedingung. Im tiefsten Grunde: eine tiefernste pessimistische Weltanschauung; ich habe keinen Satz häufiger (im Privatumgang) von ihm gehört als den: eine böse Welt! In diesem Grunde als unlogische Ausnahme[2]: Glaube an ein außerirdisch geregeltes Völkerschicksal, an eine Vorsehung für die Völker. Also im Grunde eine religiöse (wenn auch vorwiegend negativ-religiöse) Weltanschauung (den Begriff „Gott" nahm er nicht an).

Effekt dieser Vorbedingung: Niemals Spott über irgendein Volk. Jedes Volk war ihm heilig, und er behandelte Ägypter und Skythen mit demselben Respekt wie Griechen und Germanen. Also Wirkung: Ernst bei jeder Geschichtsepoche.

Andere Wirkung: Er speiste kein Jahrhundert, keine Epoche obenhin ab; man fühlte, er fühlt: auch damals in der niederträchtigsten Zeit lebten die Menschen ihre Sorgen und waren im Grunde nicht viel schlechter als wir. Kurz,

---

[1] Vgl. die Briefe von Adolf Frey und Carl Spitteler, hrsg. von Lina Frey, Leipzig 1933, S. 189–193. Ich verdanke den Hinweis auf diesen Brief Herrn Dr. Walther Rehm, München. Dieser Brief ist viel treffender als zahlreiche Urteile in den S. 69 Anm. 1 zitierten Aufsätzen.

[2] Dieser scheinbare Widerspruch erklärt sich aus seinem „bedingten Pessimismus", siehe oben S. *106f.*

die Menschen als Volk waren ihm immer wichtig, ernst, ihre Schmerzen heilig.

3. Vorbedingung. Eine absolute **Unabhängigkeit** (zwar nicht von Vorlieben), wohl aber von **Vorurteilen**. Er hatte den **Wahrheitsgeist** (nicht immer freilich den Wahrheitsmut). Bei diesem Unabhängigkeitsbewußtsein ist das erstaunlichste Bewunderungswürdige das, daß er, obschon er immer gegen Vorurteile protestieren mußte, sich niemals durch den Oppositionseifer hinreißen ließ, ins andere Extrem zu verfallen. Er war gemäßigt, weil ihm die Tatsachen, die Wahrheit das Maß waren. Er gab nur Selbstgedachtes und -geurteiltes (obwohl selten Selbstgefundenes); er war nur an einzelnen Punkten Bahnbrecher: Renaissance und Spätrömertum (Konstantin)[1]. So brachte er einen Geist ins Kolleg von einer männlichen Freiheit, gegen welche alle anderen Geschichtsprofessoren die reinen Lausbuben erschienen. ...

Rechnen Sie dazu als weitere Vorbedingung eine stets gewissenhafte Vorbereitung, stetig gewissenhafte, ohne Ausnahme; sogar für seine Schulstunden. So vorbereitet, daß, wenn er die Genealogie von arabischen Häuptlingen zu sagen hatte, er auch das auswendig wußte.

Beiläufig, Burckhardts Charakterschwächen, seine fast bis zur Feigheit gehende Vorsicht, sein gemütloser „Egoismus" sind aus diesem Wahrheitsfleiß zu entschuldigen. Er hatte diese Aufgabe, aus der Vergangenheit das Leben aufzuerstellen und dieses Leben im Kolleg auferstanden darzustellen. Um das zu können, waren unendliche Arbeiten nötig (Lektüre, Vertiefung), und in diesen Arbeiten wollte er nicht gestört sein, nicht durch Ereignisse, Menschen usw.

II. Äußeres

Auch wenn mit allen Vortragsschwächen behaftet, hätten die innern Vorzüge hingerissen. Der Vortrag war aber meisterhaft.

Auftreten: bescheiden, ungesucht bescheiden, weil ganz im Ernst der Sache aufgehend. Kam eilends herein, stellte sich **vor** das Katheder (**niemals** hinein oder sitzend) ohne ein

---

[1] Eine typische Falscheinschätzung J. B.s aus früherer Zeit.

Blättchen Papier; sagte „Meine Herrn" und fing an. Niemals Einleitungen (auch in den Büchern nicht). Einleitungen zu hassen ist Basler Eigentümlichkeit. Ich habe sie auch. –
Suchte niemals die Worte, stockte nicht, korrigierte sich nicht. Einfach und meisterhaft. Der ganze Vortrag eine einzige Andacht, ein Geschichtsgebet.
Glanzpunkte: 1. Seine Vergleichungen. 2. Seine Ironien und Sarkasmen, bis zum Hohn. Pietätvoll im Großen, sarkastisch in Einzelheiten über Menschentorheiten. Ich habe überhaupt niemand gekannt, der so mit einer einzigen wunderhübschen Hohnbemerkung literarisch-fein charakterisieren konnte. Lesen Sie seine „Griechische Geschichte"? Er ließ sich da von keiner Autorität bange machen. Nicht durch die Bibel. Den Haß Jehovas gegen die andern Götter nannte er metaphysischen Konkurrenzneid (so mutig freilich nicht ganz, ich korrigiere ihn). Er erklärte nur den Haß der Juden gegen andere Völker so, weil sie ‚andere metaphysische Vorstellungen' hatten." ...

Die Persönlichkeit Carl Spittelers führt uns nun endlich auch zu den Menschen, mit denen der spätere Burckhardt näheren Umgang pflog. Es besteht da ein fast vollkommener Bruch gegenüber seiner Jugendzeit, den er auch dann nicht heilte, als sich ihm die Gelegenheit dazu bot. Im Jahre 1866 besuchte ihn in Basel Gottfried Kinkel, der damals nach seinem Londoner Exil den Lehrstuhl für Archäologie und Kunstgeschichte am Polytechnikum in Zürich erhielt, den Jacob Burckhardt selbst drei Jahre verwaltet hatte. Der einstige deutsche Freund wünschte das alte Verhältnis auf alle Weise zu erneuern, aber sein Basler Kollege folgte seiner Einladung nach Zürich nicht, und so blieben die beiden Männer für ihr Leben geschieden[1].
Jacob Burckhardt hat anfangs in Basel auf „standesgemäßen" Verkehr Wert gelegt, d. h. vor allem zu Professoren Beziehungen aufgenommen, zu Männern verwandten Faches, aber auch zu Vertretern ganz anderer Fakultäten.

[1] Vgl. Jacob Oeri, J. B. und Gottfried Kinkel. Grenzboten 1899, S. 732.

Am 3. Juli 1870 schreibt er aber an Friedrich v. Preen, er habe „in Bekanntschaften mit geistreichen Leuten so kuriose Haare gefunden, daß er gern freundlich par distance mit solchen lebe, wenn er nicht der wirklichen Güte gewiß sei". Vielleicht dachte er dabei auch an Böcklins Bruch mit ihm, der im Herbst 1869 eine jahrzehntelange Freundschaft in der irrigen Meinung auflöste, Burckhardt habe in der Frage der Ausmalung des Basler Museums gegen ihn intrigiert[1]. Seitdem hat er ausübende Künstler und Gelehrte im persönlichen Verkehr möglichst gemieden und Menschen gesucht und gefunden, die entweder gleichaltrig, aber in völlig anderem Beruf, nur durch gemeinsame Weltanschauung mit ihm verbunden waren, oder die jünger, nicht bloße Berufsmenschen, sondern in Liebe zu Kunst und Geschichte jene Dilettanten werden wollten, die erziehen zu dürfen er sich Nietzsche gegenüber die ausdrückliche Berechtigung genommen hatte. Zu der ersteren Gruppe gehört vor allem der badische Oberamtmann und spätere Stadtdirektor Friedrich v. Preen, Jacob Burckhardts Wandergefährte in den 1860er Jahren, mit dem er aber auch brieflich noch eng verbunden blieb, als dieser von Lörrach nach Bruchsal und später nach Karlsruhe versetzt wurde. Durch ihn ist er wahrscheinlich auf Schopenhauer aufmerksam gemacht worden, und die Briefe an ihn gehören zu den wesentlichsten Quellen für seine späteren politischen Anschauungen. Die zweite Gruppe ist viel größer. Ihr sind zunächst die beiden Architekten Max Alioth und Heinrich v. Geymüller zuzuzählen, beide sehr ungleichartig, der erste eine mittelmäßige Basler Begabung, skeptisch-pessimistisch, unruhig einen Platz in der ausübenden Kunst seiner Tage suchend, der andere ein Wiener, gläubig-

---

[1] Vgl. Albert Oeri, A. Böcklin und J. B., Süddeutsche Monatshefte, 1911, 1, S. 371 ff. R. Oeri-Sarasin, Beiträge zum Verhältnis zwischen J. B. und A. Böcklin, Basler Jahrbuch 1917, S. 252 ff. H. A. Schmid, Böcklin und J. B., Jahresbericht der öffentlichen Kunstsammlung zu Basel, 1927, S. 23 ff. — Auch das Freundschaftsverhältnis zu Paul Heyse erlitt Ende 1864 eine wohl nur aus der inneren Krisis J. B.s in dieser Zeit zu erklärende Erschütterung und wurde 1875 doch nur äußerlich wiederhergestellt. Ebenso bricht der Briefwechsel mit Geibel im Jahre 1864 plötzlich ab.

katholisch, bewußt auf den Beruf eines gestaltenden Künstlers verzichtend und ganz sich der Erforschung der Architekturgeschichte hingebend, einer der glühendsten Verehrer Jacob Burckhardts als des Verfassers der „Kunst der Renaissance". Dieser führte mit beiden einen ausgedehnten Briefwechsel, der den mit v. Preen nach der künstlerischen Seite auf das glücklichste ergänzt. Und an diese beiden schließt sich dann die lange Reihe der anderen: nachmalige Pfarrer und Philosophen, Universitätsprofessoren und Lehrer, freie Schriftsteller und Museumsbeamte. Unter ihnen ist Friedrich Nietzsche der bekannteste[1]. Viele von ihnen haben Erinnerungen an Jacob Burckhardt geschrieben: Arnold v. Salis die ausführlichsten, Carl Spitteler die eigenwilligsten, Otto Markwart die liebevollsten, C. H. Bernoulli die ungerechtesten, Nicolaus Bolt die innerlich gepacktesten, Georg Klebs ihn als akademischen Kollegen, Heinrich Gelzer ihn besonders als Althistoriker, Eberhard Gothein als Kulturhistoriker, Heinrich Wölfflin als Kunsthistoriker würdigend[2]. Sie berühren

---

[1] Über das Verhältnis J. B.s zu Nietzsche soll an dieser Stelle nicht erneut gehandelt werden, da eine Auseinandersetzung mit der vielfachen Literatur zu diesem Thema vonnöten wäre. Die Beziehungen sind insofern bisher einseitig gesehen worden, als nur die Antike und allgemeine kulturphilosophische Gedanken als Berührungspunkte untersucht wurden. Noch gar nicht ist dagegen das Bild, welches die beiden Männer von den neueren Jahrhunderten hatten, miteinander verglichen worden. Dabei mutet der bekannte Aphorismus aus dem „Willen zur Macht" mit dem Titel: „Die 3 Jahrhunderte" doch wie ein ins Nietzschisch-Eigenwillige übersetztes Exzerpt aus J. B.s Vorlesungen über Neuere Geschichte an!

[2] Arnold v. Salis, Zum 100. Geburtstag J. B.s, Basler Jahrbuch 1918, S. 270 ff.; Carl Spitteler, J. B. und der Student, Neue Züricher Zeitung 1912, Nr. 184–186, 191–193; Otto Markwart, J. B. Persönlichkeit und Jugendjahre, I. Die Persönlichkeit, Basel 1920; C. A. Bernoulli, J. J. Bachofen und das Natursymbol 1924, S. 60 ff.; Nicolaus Bolt, Im Kolleg bei J. B., Basler Nachrichten vom 15. April 1935, Nr. 104; Georg Klebs, Erinnerungen an J. B., Heidelberg 1919; Heinrich Gelzer, J. B. als Mensch und Lehrer, Ausgewählte kleine Schriften 1907, S. 295 ff.; Eberhard Gothein, J.B., Preußische Jahrbücher, Bd.90 (1897), S.1ff.; Heinrich Wölfflin, J. B. Rep. für Kunstwissenschaft, Bd. 20 (1897), S. 341 ff. und J.B., Zum 100. Geburtstag, Zeitschrift f. Bild. Kunst, Bd. 29 (1918), S. 127 ff. — Als Berichte über einen einmaligen Besuch beim alten

und ergänzen im einzelnen die Ausführungen dieser Blätter, heben aber alle auch noch einen Charakterzug des späteren Burckhardt hervor, der von konstitutiver Bedeutung für seine geistige Gestalt gewesen ist: seine Heiterkeit und Genußfähigkeit.

Als der Basler Geschichtsprofessor in der Rüstung seines ethisch-ästhetischen Individualismus und Idealismus aus der Burg seiner Einsamkeit und Askese wieder in die Welt hinaustrat, diese in der Macht ganz anderer Potenzen und die Herrschaft seiner Ideale in die fernste Zukunft gerückt sah, da hat ihn die Furchtbarkeit der Situation zwar immer wieder übermannt, aber er ist nicht angeekelt und verbittert zurückgewichen, sondern hat wie „sein" Heiliger, wie St. Severin ausgehalten, hat gearbeitet und auch die freundlichen Seiten des Lebens für sich zu nutzen gewußt. Während der Vorlesungsmonate in Basel verbrachte er mehrere Abende in der Woche in einer Weinhalle im Kreise fröhlicher Gleichgesinnter; mitunter ging er auch ins Konzert oder Theater; auf seinen großen Spaziergängen, die er, wenn möglich, jeden Sonnabend und Sonntag unternahm, hat er sich immer wieder an den Reizen der Basler Umgebung erfreut; und in seinen Kollegs hat er das Drückende mancher historischen Tatsache durch seinen Witz und seine Ironie gelöst. Die glücklichsten Tage seines späteren Daseins aber hat Jacob Burckhardt auf seinen jährlichen Ferienreisen erlebt. Wir werden darüber aus den Briefen im einzelnen ziemlich genau unterrichtet. Darnach hat er Italien in der Zeit von 1854–1861 mindestens noch dreimal: 1855, 1857 und 1861 aufgesucht. 1856 war er in München (über 1858 und 1859 wissen wir noch nicht Bescheid). Die Ferien 1862, 1863 und 1864 „verdämmerte" er bezeichnenderweise an einem Schweizer See (für 1868 fehlen wieder die Nachrichten). 1868 war er am Bodensee. Seit 1865 erregte aus wieder beginnendem politischem Interesse dann plötzlich Frankreich seine besondere Aufmerksamkeit: in diesem Jahre besuchte er Südfrankreich,

---

Burckhardt seien noch angefügt: L. v. Pastor, Ein Besuch bei J. B., Basler Nachrichten vom 7. März 1920, und K. Breysig, Ein Besuch bei J. B., Zukunft, Jahrg. 20 (1897), S. 334 ff.

1867, 1869 und 1874 Paris, dem er schon 1860 aus rein künstlerischen Gründen einen Besuch abgestattet hatte. Später ist er auf längere Zeit nicht wieder hingegangen; die Briefe an Alioth geben dafür die eindeutige Erklärung: politisch widerte es ihn an, und die moderne französische Kultur sah er in vollem Verfall. Seit 1870 verteilen sich seine Reisen dann ziemlich gleichmäßig auf Mittel- bzw. Süddeutschland und Ober- bzw. Mittelitalien; dort war er 1870, 1871, 1875, 1877, 1880, 1882, 1884 und 1886, wozu noch zwei Besuche Wiens im Jahre 1872 und 1884 kommen; hier, im „Kastanien- und Freskenland", weilte er 1875, 1876, 1878, 1881, 1883 und 1887 – wenn man will: noch ein Beweis für die allzeit „nordsüdliche" Grundlage seines künstlerischen und kulturellen Empfindens und Sehnens. In London ist Jacob Burckardt nur zweimal, 1860 kurz und 1879 auf mehrere Wochen, in Holland 1873 und in Belgien 1886 gewesen. Sein Reisegebiet beschränkte sich also auf einen Raum, den auf der europäischen Landkarte ein unregelmäßiges Fünfeck mit London, Berlin, Wien, Rom-Neapel und der Provence als Eckpunkten deckt. Er ist in England nie über die Hauptstadt hinausgekommen, blieb völlig fremd in Norddeutschland und Nordeuropa, empfand nach Osten hin schon Schlesien als hyperboräisch, war nie in Griechenland, Unteritalien und Sizilien und kannte weder Spanien noch Westfrankreich. Wie seinem Geschichtsbild, so eignet auch seinem Verlangen nach landschaftlichen und monumentalen Eindrücken kein expansivplanetarischer, sondern ein intensiv-alteuropäischer Zug.

Jacob Burckhardts Ferienreisen erfüllten in seinem späteren Leben eine doppelte Funktion: er selbst stellte immer mehr ihre rein sachliche Aufgabe in den Vordergrund, ihm sein kunsthistorisches Wissen und Erkennen zu vermehren. Selbst Rom wollte er 1875 „so geschäftlich und gesetzlich" wie jede andere Kunststadt traktieren (13. April 1875). Aber das war doch nur eine fromme Selbsttäuschung. Die alte Leistung seiner Reisen, ihm neue seelische Kräfte zuzuführen, sein ganzes Lebensgefühl zu erhöhen und ihn die Schönheit und den Reichtum des Lebens in aller politischen Gegenwartsmisere unmittelbar kosten zu lassen, die haben sie auch in späterer Zeit vollbracht. Man braucht nur einmal die Reisebriefe mit denen aus der Heimat zu vergleichen, um den Unterschied der ganzen Lebensstimmung innezuwerden. Nicht nur daß Jacob Burckhardt dann sein asketisches Basler Dasein vergaß, gut aß, gut trank und fast jeden Abend ins Theater ging – einzelne Seiten seiner weiteren geistigen Existenz haben dann geradezu erst ihre volle Ausprägung erhalten, allen voran sein musikalisches Empfinden und Urteil. Da befestigte sich seine Vorliebe für Händel, Gluck, Mozart und Rossini, wie überhaupt für die italienische Oper, da entdeckte er Verdi, den er ursprünglich absprach, und da verhärtete sich seine Abneigung gegen Richard Wagner, dem er nur eine ganz vorübergehende Wirkung prophezeite. Man ist versucht, sich vorzustellen, daß er bei seinem Besuch in Wien 1872 oder 1884 auch die beiden neuen Sterne kennenlernte, die damals am Musikhimmel der Donaustadt erstrahlten. Wir wissen nichts darüber, und es ist fast ebenso unwahrscheinlich, wie daß die Musik von Brahms ihn überhaupt angesprochen hätte. Aber Bruckner, dessen Leben fast die gleiche Zeitspanne (1824–1896) wie das seine deckt! Was hätte er, der 1846 in einem Artikel aus Rom für die „Kölnische Zeitung" die deutsche Kirchenmusik (Beethovens C-dur-Messe, Mozarts Requiem und Haydns Sieben Worte) so hoch über alle italienische gestellt hatte[1] – was hätte er wohl empfunden, wenn er seine Musik gehört haben würde?

Sechstes Kapitel

DAS ALTER

1886—1897

Es war im August des Jahres 1913. Als junger Doktor hatte ich zum erstenmal in meinem Leben die Hochgebirgswelt der Schweiz gesehen, und auf der Heimreise im Nachklang der großen Natureindrücke machte ich in Basel halt, um die Wirkungsstätte des großen Historikers

[1] Siehe „Unbekannte Aufsätze J. B.s aus Paris, Rom und Mailand", eingeleitet und hrsg. von J. Oswald, Basel 1922, S. 131.

zu besuchen, der – mehr als jeder andere – schon in der Schule eine fast magische Anziehungskraft auf mich ausgeübt hatte. Ich schaute seine Büste im Basler Museum, ich ging zum Münsterkreuzgang und stellte ihn mir im Gespräch mit Nietzsche vor – aber ich wollte auch seine ehemalige Wohnung sehen. Auf der Straße fragte ich diesen und jenen, einfache und gebildet aussehende Leute, aber niemand konnte mir Auskunft geben. Schließlich wandte ich mich an die Polizei; da erfuhr ich es: Aeschengraben Nr. 6. Ich eilte hin. Eine ältliche Frau mit dünnumrandeten flachen Augengläsern öffnete mir die Tür und führte mich, als ich mein Anliegen vorgebracht, mit ruhiger Freundlichkeit durch die Wohnung. Sie mußte Jacob Burckhardt noch gekannt haben, ja vielleicht bei ihm bedienstet gewesen sein; denn ihr war die frühere Wohnungseinteilung und -einrichtung vollkommen geläufig. Hier also hatte er seine letzten Lebensjahre verbracht; hier war er gestorben! Als ich in seinem einstigen Arbeitszimmer eine Weile in Gedanken versunken stehen blieb, mißdeutete die Frau mein Schweigen, und während mich Gefühle überkamen wie in Goethes Arbeits- und Sterbezimmer, sagte sie fast entschuldigend: „Ja, der Herr Professor hat gansch einfach gewohnt!" Wie gern hätte ich an jenem Tag mit einem Menschen gesprochen, der Jacob Burckhardt noch gekannt und ihm nahegestanden hatte! Aber Karl Joël, der einzige Basler, zu dem ich Beziehungen hatte, war verreist. So blieb ich allein mit meinen Gedanken, die sich aber an diesem Tage zu dem festen Entschluß verdichteten, die geheimnisvolle Nähe, in die ich durch diesen Besuch zu Jacob Burckhardt gekommen war, in Zukunft zu erhellen, ihn nicht bloß zu „studieren", sondern einer seiner „Eingeweihten" zu werden.
Über zwanzig Jahre sind seit diesem Tage vergangen. Krieg und Nachkriegszeit haben mich Wege geführt, wie ich sie an jenem Spätsommertag nicht ahnen konnte. Aber wo ich auch war, ob als Soldat in Rußland oder Rumänien und später, ob als Lehrer oder als Regierungsbeamter in öffentlichen Diensten, niemals hat mich die Erinnerung an diesen Tag in Basel verlassen, und leuchtend stieg sie in

meinem Gedächtnis auf, als sich mir die Muße zur Verwirklichung meiner Jugendpläne schenkte. –

Während Jacob Burckhardts psychische Disposition in seinem Leben starken Schwankungen unterworfen war, hat er sich bis in sein siebentes Lebensjahrzehnt hinein einer festen, nie angegriffenen körperlichen Gesundheit erfreut. Erst gegen Ende des Jahres 1880 hören wir ihn klagen. Am 3. Dezember schreibt er an v. Preen: „Ich meinesteils fange an, Beschwerden des Alters zu spüren, namentlich etwas Asthma." Als ihn darauf der Freund damit zu trösten versucht, daß ihn dieses Übel in der Jugend auch geplagt habe, es aber doch bald wieder verschwunden sei, da erwidert er (29. Dezember 1880): „Mein Asthma und andere Mängel mehr sind anderer Art und Ursache, als Ihr Asthma in der Jugend war; es sind Erbsachen, und ein solches Erbe muß man antreten wie ein anderes." Mit wachem Bewußtsein berichtet er nun regelmäßig über seinen Gesundheitszustand, der sich Mitte der 1880er Jahre nach einer Kur in Baden-Baden noch einmal merklich besserte, um sich gegen Ende desselben Jahrzehnts aber wieder zu verschlechtern. In seinem vorletzten Brief an Max Alioth vom 19. Februar 1889 heißt es: „Gegenwärtig bin ich dauernd im Gefühl des Abnehmens der Kräfte; neben mehreren anderen Gebrechlichkeiten ist, wie ich glaube, ein Herzleiden im Anzug, welches nun einmal Erbkrankheit in unserm Hause ist. Meinem Bruder geht es insofern erträglich, als er in seinem Phantasieren abwesend ist und dann offenbar nicht leidet, aber seine Erlösung ist nur eine Frage der Zeit und einer nahen Zeit. Wahrscheinlich wird bei irgendeinem Erstickungsanfall die Konstitution nicht mehr stark genug sein zum Widerstande, und es tritt ein, was man einen Herzschlag nennt ... Ich präge mir alles ein, damit ich auch mein Ende kenne."
Obwohl, wie gesagt, sich sein Gesundheitszustand nach 1885 noch einmal erheblich besserte, so daß er im Sommer 1886 noch nach Belgien und ins Rheinland und 1887 drei Wochen nach Locarno und vierzehn Tage nach Oberitalien reisen konnte, hat er mit dem S. S. 1886 achtundsechzig-

jährig doch seine historische Professur niedergelegt und für das halbe Gehalt nur noch seine kunsthistorischen Vorlesungen beibehalten. Den Grund läßt er in seinem Brief an v. Preen vom 25. Dezember 1885 durchblicken: „Ich bin nun nahezu entschlossen, mir vom Ende des Sommersemesters an ... eine Erleichterung in meinem Amt auszubitten und male mir nun zum voraus den künftigen Winter als eine Zeit der Wonne aus, da ich den halben Tag Ferien haben werde ... Wilhelm v. Humboldt, als er vom Amt kam, fragte ganz zufrieden: muß man denn vom Aktentisch ins Grab taumeln?" Er gedachte nicht auszuruhen und zu feiern, sondern „freie und gemächliche Arbeit" zu leisten und „endlich das [zu] studieren, was er gern wollte". Was war das?

Den ersten Fingerzeig zur Antwort auf diese Frage gibt die Tatsache, daß er seine historische und nicht die kunsthistorische Professur niederlegte. Es scheint, daß Jacob Burckhardt gegen Ende seines siebenten Lebensjahrzehnts das Gefühl gehabt hat, den für ihn wesentlichen Teil der Weltgeschichte umschritten zu haben, und daß er sie nun auf sich beruhen lassen könne. Nicht, daß er ihr völlig entsagte. Sein letzter öffentlicher Vortrag, am 15. November 1887, behandelte ein kulturhistorisches Thema: Die Briefe der Madame de Sévigné; am Manuskript zur „Griechichen Kulturgeschichte" hat er auch nach 1886 noch gearbeitet; und als Heinrich Gelzer ihm ein Jahr vor seinem Tod seinen „Abriß der byzantinischen Kaisergeschichte" sandte, skizzierte er in seinem Dankschreiben vom 5. Dezember 1896 die Reize einer Darstellung der byzantinischen Kulturgeschichte im 10. und 11. Jahrhundert. Aber als Ganzes hat er die Geschichte in seinem Alter doch ad acta gelegt. Der Grund für diese Wendung war übrigens nicht nur das Bewußtsein der (relativen) Erschöpfung des Gegenstandes, sondern auch ein Wandel in seiner Blickform der Welt gegenüber. Am 24. Juli 1889 schrieb er hierüber an v. Preen aus Baden i. Aargau: „Heute kaufte ich ‚Rochholz, Sagen des Aargaus' und muß bei diesem Anlaß bekennen, daß mich das Mythische mehr und mehr anzieht und vom Historischen abwendig macht. Nicht umsonst war das einzige Buch, so ich von Basel mitnahm, der griechische Pausanias". Seine Anschauungsbedingtheit und seine künstlerische Phantasie, konstitutive Elemente seines wissenschaftlichen Wesens von Jugend an, zogen ihn von der zum mindesten politisch immer zweifelhafter werdenden Welt ab und ließen ihn Regionen menschlichen Vorstellens aufsuchen, die der normalen Realität zwar entbehrten, wo aber die menschliche Einbildungskraft, vielleicht in einem viel tieferen unmittelbaren Kontakt zum Grund der Dinge, sich Bilder davon schuf. Wir werden sehen, daß diese Wandlung in einem Falle bei ihm noch schöpferische Kraft erlangte.

Jacob Burkhardt hat dann von 1886 bis zum Frühjahr 1893 seinen viersemestrigen Kurs über Kunstgeschichte weiter gelesen. Da seine Gesundheit unter dem Einfluß regelmäßiger Kuren in Baden i. Aargau sich wenigstens nicht verschlechterte, so schleppte er sogar noch jahrelang seine große Photographiemappe höchst eigenhändig zum Kolleg; erst am 28. Dezember 1891 muß er v. Preen melden: „Ich lese noch immer fünfstündig, aber die Mappe trägt jetzt ein Dienstmann hin und her, nachdem ich lange Jahre selber ‚ce vieux monsieur au portefeuille' geheißen hatte." Zu Beginn des Frühjahrs 1893 hatten er selbst und sein Arzt seinen Gesundheitszustand so „löblich" gefunden, daß er für das S. S. noch ein Kolleg ankündigte. Da starb plötzlich sein alter Freund und Fachgenosse Wilhelm Lübke, und bei ihm selbst stellte sich eine schmerzhafte Ischias und ein noch bedenklicheres Asthma ein. Dieses beides veranlaßte ihn, nunmehr fünfundsiebzigjährig, doch schon für das S. S. 1893 um seine volle Entlassung einzukommen, die ihm natürlich auf das ehrenvollste gewährt wurde. Aber auch jetzt war für ihn von Ausruhen noch keine Rede. Die volle Muße, deren er sich nun erfreute, benutzte er vielmehr zum Abschluß einiger kunsthistorischer Arbeiten, die, bald nach seinem Tod veröffentlicht, erkennen lassen, wo es auf diesem Gebiete schließlich bei ihm hinausgegangen ist.

Jacob Burckhardt hat sich schon bald nach dem Rücktritt von seiner Geschichtsprofessur wieder schriftstellerischer

Tätigkeit zugewendet. In seinem Pfingstbrief vom Jahre 1887 an v. Preen heißt es: „Ich habe einen gelehrten Neffen, dem muß ich doch, abgesehen von anderem, auch Manuskripte hinterlassen, nicht damit er sie drucken lasse, sondern damit er sich daran erbaue oder auch nicht", und am 5. Juni 1889: „Ich arbeite beständig, ohne mich sonderlich anzustrengen. Bald dies, bald jenes aus Kollegienheften und Kollektaneen wird jetzt säuberlich ausgearbeitet, nicht zum Drucklassen, sondern zum Abschluß für mich." Mit seiner völligen Emeritierung hat diese Tätigkeit dann aber noch eine bestimmtere Wendung bekommen in der Form, daß er sich auf einzelne Gegenstände konzentrierte und auch ihre posthume Veröffentlichung ins Auge faßte. In seinem letzten Brief an v. Preen vom 30./31. Dezember 1893 schreibt er seinem „großen Freund": „Ich arbeite noch immer kunsthistorische Notizen aus, um mir selber glaubhaft zu machen, ich sei noch einer konsequenten Tätigkeit fähig. Und es gibt noch immer edle Menschen in meiner Umgebung, die mich dabei aufmuntern, so daß der eine oder andere Aufsatz nach meinem Tode – aber nicht früher – kann gedruckt werden, worüber ich besondere Vollmacht hinterlasse."

Wir wissen, um welche posthum erschienenen Werke es sich dabei handelte: die „Beiträge zur Kunstgeschichte Italiens", deren Abfassung in die Zeit von Mai 1893 bis März 1894 und von Juli bis Dezember 1895 fällt, und die 1898 im Druck erschienen, und die „Randglossen zur Skulptur der Renaissance", die vom Juni 1894 bis März 1895 entstanden, denen Jacob Burckhardt zwar im letzten Moment noch das Imprimatur entzog, die aber jetzt doch wie das erstgenannte Werk veröffentlicht worden sind[1]. Der äußere Anlaß, weswegen Jacob Burckhardt sich in seinem Alter noch einmal der Darstellung der Kunst der Renaissance zuwandte, war unzweifelhaft die Tatsache, daß die unveröffentlichten Manuskripte über die Skulptur und die Malerei der Renaissance noch vom Winter

[1] Die „Beiträge zur Kunstgeschichte von Italien" im XII. Band, die „Randglossen zur Skulptur der Renaissance" im XIII. Band der B.G.A., beide hrsg. v. Heinrich Wölfflin.

1862/63 her in seinem Schreibtisch lagen, und deren hartnäckige Herausgabeverweigerung an die späteren Editoren des „Cicerone" ist vielleicht schon der Absicht zuzuschreiben, daß er in seinem Leben noch auf eine günstige Zeit der Schlußredaktion hoffte. Aber dem läuft doch auch wieder ein Stimmungsmoment parallel. Seit seiner Unfähigkeit zu weiteren Reisen, seit seinem Gefesseltsein an Basel und seine Umgebung ergriff Jacob Burckhardt die Sehnsucht nach dem Süden oft in den quälendsten Formen. „So wie Sie ein Parisien par Sehnsucht, so bin ich ein Romano und werde doch nie mehr nach Rom kommen!" ruft er Max Alioth am 20. Februar 1889 klagend zu. 1890 verschaffte er sich wenigstens einen kleinen Trost, indem er seiner vierwöchigen Kur zu Baden im Aargau „noch anderthalb Wochen in dem himmlischen, zur heißen Zeit fast fremdenlosen Locarno" anfügte, weil er „ohne einen letzten Schnapp südlicher Luft nicht gerne sterben" wollte (25. März und 14. September 1890). Aber ohne damit seine Sehnsucht beruhigt zu haben, schreibt er am 28. Dezember 1891 an v. Preen: „Aus dem noch immer von mir schmerzlich geliebten Italien lasse ich mir Stöße von Photographien kommen, es ist aber nicht das gleiche wie der einst reichlich genossene unmittelbare Anblick." Was lag da näher, als daß er seine volle Muße benutzte, um das nunmehr unstillbare Verlangen nach unmittelbarem Erleben Italiens, das ihn einst aus einer schweren inneren Krisis erlöst und ihm später so oft neue Kräfte des seelischen Aufschwungs und der geistigen Gestaltung zugeführt hatte, wenigstens durch die Beschäftigung mit der italienischen Kunst etwas zu besänftigen?

Heinrich Wölfflin hat uns überliefert, daß Jacob Burckhardt damals zunächst die Absicht gehabt hat, das seit 1863 liegengebliebene Manuskript über die Skulptur und die Malerei der Renaissance voll zum Abschluß zu bringen. Aber schließlich begnügte er sich, die paragraphenmäßige Darstellung der Skulptur in einen fortlaufenden Text umzuarbeiten, und beschränkte sich in der Malerei überhaupt auf drei große Themen: das Altarbild, das Porträt und die Sammler. Diese Arbeiten, köstlich im einzelnen mit ihrer

Kunst, den Leser ohne Abbildungen völlig in die Anschauung zu bringen, führen aber methodisch nicht weiter, sondern sind ein Abschluß und eine Verarbeitung von Material, das halbfertig schon seit Jahrzehnten in seinem Pulte ruhte.

Also hat Jacob Burckhardt in seiner allerspätesten Zeit doch noch die entschlossene Wendung zum Süden vollzogen? Mitnichten! Auch damals blieb Italien nicht sein ausschließliches Erlebnisfeld und Studiengebiet. Als er nur noch Professor der Kunstgeschichte war, fuhr er im ersten Sommer, 1886, nach Belgien und ins Rheinland, und es ist wohl keine unberechtigte Vermutung, wenn man den Entschluß zu seinen „Erinnerungen aus Rubens" in diese Zeit verlegt[1]. Kann man aus dieser innerlich ausgeglichensten und tiefstführenden kunsthistorischen Arbeit Jacob Burckhardts ein kunstgeschichtliches Schlußbekenntnis ablesen? Wie mir scheinen will, sind drei Dinge ganz deutlich: zunächst ist das Werk gleichsam eine letzte Versicherung seines Glaubens an die germanisch-romanische Völkergemeinschaft als den geistigen und künstlerischen Nährboden nicht nur seiner, sondern aller kulturellen Entwicklung in Europa; denn Rubens ist der Künstler der nordischen Welt, „der, ohne sich selbst preiszugeben, mit romanischer Kultur am meisten gesättigt ist" (Wölfflin). Sodann zeigt es, daß Jacob Burckhardt wie schon in den späteren 1870er und den 1880er Jahren so auch in seiner spätesten Zeit eine wachsende Hinneigung zum Barock empfunden hat; statt einer Zeit der Entartung erschien es ihm immer mehr als eine Epoche genialer Vollendung der mit der Renaissance in die europäische Welt gekommenen Kunstform. Schon am 27. April 1870 hatte er nach einem Besuch des Münsters von Thann i. Elsaß an v. Preen geschrieben: „Mehr und mehr gehen mir über die sogenannte Entartung des spätgotischen Stils (wie anderer Stile in ihrer Spätzeit) höchst ketzerische Lichter auf; die vorgebliche Ausartung bestand meist in genialen letzten Konsequenzen und Fortschritten", und am 5. April 1875 heißt es an Max Alioth: „Mein

[1] Dies zu Wölfflins Bemerkung in der B.G.A., Bd. XIII, S. 369, Anm.

Respekt vor dem Barocco nimmt stündlich zu." Wie sich diese Entwicklung dann namentlich auf den Kunstreisen durch Deutschland steigerte, darauf wurde schon bei früherer Gelegenheit hingewiesen.

Aber – warum wandte er sich nun nicht zur Barockarchitektur oder -dekoration, die ihn in den Briefen so begeistert, sondern zur Malerei, und warum in der Malerei gerade zu Rubens? Wenn diese Frage nicht einfach mit dem Hinweis auf eine nun einmal bestehende persönliche Vorliebe Jacob Burckhardts für diesen Meister abgetan werden soll, so ist zweierlei in Erwägung zu ziehen. Jacob Burckhardt interessierte das Barock als „geniale Konsequenz" der Renaissance, und so mußten ihn die Fälle und Meister anziehen, bei deren genauerem Studium trotz aller Bewegtheit und scheinbaren Auflösung die früheren Formgesetze erweitert und abgewandelt besonders deutlich hervortreten. Bekanntlich liegt auf diesem Nachweis ein besonderer Akzent des Büchleins. Aber das hätte sich an architektonischen schließlich genau so wie an malerischen Beispielen demonstrieren lassen. Wenn die Wahl schließlich doch auf letztere und speziell auf Rubens fiel, so dürfte das Bewußtseinselement den Ausschlag gegeben haben, dessen wachsendes Hervortreten Jacob Burckhardt selbst bei sich beobachtet hatte: das Mythische als Scheinsphäre des tiefsten Realen in der Welt. Was Jacob Burckhardt bei Rubens letztlich am meisten packte, das war dessen unerhörte Fähigkeit, seinen künstlerischen Visionen den höchsten Grad von Momentaneität und damit Symbolkraft für eine Wirklichkeit zu verleihen, die er selbst bei seinem eignen Schaffen und Gestalten als höchste erlebt hatte; alles sagend schließt das Werk: „So treffen sie denn zusammen, der aus Jonien und der aus Brabant, die beiden größten Erzähler, welche unser alter Erdball bis heute getragen hat, Homer und Rubens."

Liest man die letzten Briefe Jacob Burkhardts an v. Preen, so kann man feststellen, daß damals selbst über das Gebiet ein verklärender Schimmer fließt, das er bisher als rein des Teufels gehalten und an dessen Ecken er sich fortwährend gestoßen: die Politik. Zwar sieht er nach wie vor bange in die Zukunft Europas und fürchtet einen Weltkrieg, namentlich nachdem Bismarck von Wilhelm II. entlassen und Deutschland und sein Heer als bisher sicherer Hort des europäischen Friedens und der Autorität in eine unsichere Lage gebracht worden war, aber es fehlen die düsteren Farben und die verzweiflungsvollen Töne von früher. Fast überraschend klingt es aus dem Mund des großen Individualisten und Schilderers der Renaissancemenschen, wenn er seinem Freunde v. Preen Ende Dezember 1891 zuruft: „Heil Ihnen, daß Ihre amtliche Stellung Ihnen möglich macht, den Armen und Elenden förderlich zu sein", und als dieser in der geistigen Produktion der Gegenwart die großen Individuen vermißt, da entgegnet er am 26. Dezember 1892, daß „sich wohl im 20. Jahrhundert, wenn einmal Zeiten der Verarmung und Vereinfachung kommen und die Orientation aller Hervorbringungen auf das Großstädtische und dessen Presse aufhört, noch immer zeigen wird, daß frische und große Kräfte vorhanden sein können, welche der allgemeinen Verfälschung entrinnen und sie überleben werden". Er setzt zwar hinter diesen Satz zwei Fragezeichen, fügt dann aber doch hinzu: „Das sind so meine unmaßgeblichen Tröste." Die Briefe an v. Preen brechen durch des Partners Tod ja Ende 1893 ab, und vielfältigere Zeugnisse für Jacob Burckhardts Interesse an der Politik in seinen letzten Lebensjahren sind noch nicht bekanntgeworden. Wenn es aber erlaubt ist, eine Stelle des Briefes an Heinrich Gelzer vom 5. Dezember 1896 als artvertretend anzusehen, so wäre eine deutliche Abnahme des Interesses Jacob Burckhardts am äußeren Lauf der Welt in seinen letzten Lebensjahren festzustellen. Wie von der Geschichte, so kehrte sich Jacob Burckhardt zunehmend mehr auch von der Politik ab, und statt dessen trat neben den Sinn für das Mythische nunmehr eine wachsende Hinwendung zur Religion.

In einem Punkte bedarf allerdings dieser Satz einer Einschränkung. Jacob Burckhardt hat sich in den letzten Jahren seines Lebens viel mit der eigenen Vergangenheit beschäftigt. Am 24. Juni 1889 schreibt er darüber an v. Preen: „Übrigens gebe ich mich nicht nur mit alten Sagen und dergleichen ab, ganz wie Sie rekapituliere ich jetzt bisweilen die bunte eigene Vergangenheit, nur werde ich mich vielleicht mehr zu wundern haben als Sie, weil ich so vieles töricht beurteilt und angegriffen habe; es ist ganz unsäglich, wie blind man hat sein können über Entscheidendes, und wie wichtig man dafür Unwesentliches hat nehmen können und wie pathetisch." Diese Reflexionen haben sich aber nicht zu umfangreichen „Lebenserinnerungen" verdichtet, lediglich einen kurzen Lebensabriß, der nach Jacob Burckhardts Wunsch und Willen an seinem Grabe verlesen wurde, hat er damals geschrieben[1]. Dem Zweck als „akademischer Personalien" entsprechend, stellt er in ihnen das Sachliche und Tatsächliche ganz in den Vordergrund und unterdrückt alles Gefühlsmäßige und Krisenhafte, seine Dichtungen wie seine politische Betätigung. In großer Verehrung für seine Lehrer gedenkt er seiner wissenschaftlichen Jugendarbeiten nur mit leiser Ironie und seiner späteren großen Werke auch nur summarisch. Das Positive der deutschen, französischen und italienischen Aufenthalte sieht er nur im Historischen und Kunsthistorischen, und einiger Glanz fällt nur auf die spätere Basler Zeit und seine Lehrtätigkeit. Man könnte meinen, den Lebenslauf eines Durchschnittsprofessors vor sich zu haben, wenn man nicht wüßte, daß seine übertriebene Bescheidenheit Jacob Burckhardt die Feder führte und einige undichte Stellen verrieten, daß Wesentliches überdeckt wurde. Darüber scheint ihn die Rekapitulation der eigenen Vergangenheit zu tiefen Lebenseinsichten und zu weit ausschauenden Lebensweisheiten geführt zu haben. In dieser Hinsicht wird man ganz besonders bedauern müssen, daß aus seiner allerletzten Zeit bisher noch sowenig Zeugnisse bekanntgeworden sind. Namentlich seine Briefe an Robert Grüninger, die die Kenntnis schon des vorletzten Lebensabschnittes bereichern könnten, und die an Otto Markwart dürften nach den Bruchstücken, die daraus gedruckt worden sind, im einzelnen ein viel genaueres Bild von Jacob Burckhardts spätesten Gedanken erschließen, als es jetzt geahnt werden kann.

Religion dem Namen nach steht nur am Anfang und am Ende von Jacob Burckhardts Leben, verständigt man sich

[1] Vgl. S. *14*, Anm. 1.

aber über eine bestimmte Bedeutung dieses Wortes, so durchzieht sie sein ganzes Leben. Was Jacob Burckhardt von Jugend an ablehnte und weshalb er schließlich der Theologie als Studium den Rücken kehrte, das war nicht nur der christliche Offenbarungsglaube und die kirchliche Dogmatik, sondern auch die hegelianische Rabulistik, die vorgab, nicht nur Gott zu kennen, sondern sein Sosein auch dialektisch beweisen zu können. Ganz anders steht es aber, wenn man unter Religion das Fühlen und Ahnen des Absoluten, wenn man das Wort im Sinn des jungen Schleiermacher als „Sinn und Geschmack für das Unendliche" versteht; dann erscheint der große Basler Historiker als ein allzeit tief religiös gestimmter Mensch. Im vollen Bewußtsein der Unerforschlichkeit Gottes hat er dennoch nicht nur in jedem einzelnen Vortrag die Existenz des Ewigen durchscheinen lassen können, sondern auch im Ganzen der Geschichte die Wege der Vorsehung zu ahnen versucht. In seiner letzten Zeit wandten sich diese Gedanken nun vom Draußen auf das Drinnen, von der Welt zu seinem Selbst. v. Geymüller, der tief gläubige Katholik, hatte es immer beklagt, daß der verehrte Lehrer auf diesem Gebiete lange den mechanistischen und sensualistischen Vorstellungen der Aufklärung verhaftet blieb, aus denen heraus er ihm noch am 13. April 1893 schrieb: „Die ganze Maschine ist eben alt ... et il faut bien qu'on meure de quelque chose". Aber das berührte den gläubigen Renaissanceverehrer damals schon nicht mehr so schmerzlich; denn zwei Jahre früher, am 8. Mai 1891, hatte er tief beglückt von Jacob Burckhardt in unmittelbarem Anschluß an die Klagen über die „Defekte der Lebensmaschine" die Worte vernommen: „Das Hinscheiden hat für mich zwar nicht die Hoffnungen, womit Sie, lieber Freund, erfüllt sind, aber ich sehe demselben doch ohne Furcht und Grauen entgegen und hoffe auf das Unverdiente."

Jacob Burckhardts Gesundheit hielt sich von 1893 bis 1896 mit einigen Schwankungen in einem durchaus erträglichen Zustande. Zwar konnte er nur noch selten mehr seine Wohnung verlassen, dafür empfing er aber häufig den Besuch vertrauter Menschen und Freunde. Auch seelisch müssen diese Jahre von tiefer Euphorie erfüllt gewesen sein, denn sein Antlitz nahm in dieser Zeit jenen wunderbar versonnenen Ausdruck an, den sein Großneffe Hans Lendorff in seinen Bildern festgehalten hat. Mit dem Jahre 1897 trat dann aber eine starke Verschlechterung seines Befindens ein. In seinem letzten Brief an Heinrich v. Geymüller vom 6. April 1897, dem gegenüber er ein halbes Jahr vorher noch allen Grund zum Klagen abgelehnt hatte, heißt es: „Mein jetziger Gesundheitszustand geht deutlich bergab. Schlaf und sonstige Qualitäten gehen noch, aber der Atemzug ist gering; vom Arbeiten ist keine Rede mehr." Arnold v. Salis berichtet[1], daß er in dieser Zeit öfters Jacob Burckhardt besucht und mit ihm über die letzten Dinge gesprochen habe. Am 26. April, als es ihm besonders schlecht ging und er sich dem Tode nahe fühlte, sagte er beim Abschied: „Denken Sie auch sonst an mich. Sie wissen, wie ichs meine ... Ich glaube an eine Unvergänglichkeit, obwohl ich spüre, Ansprüche gibt es hier nicht, gar keine; aber Erbarmen gibt es vielleicht auch für mich."

Jacob Burckhardt ist keine Euthanasie beschieden gewesen. Die Abnahme der Geisteskräfte, das Nicht-mehr-arbeitenkönnen, das Hinvegetieren bei ganz wachem Bewußtsein, das alles muß bei ihm während seiner letzten Lebenszeit Depressionen wie in seinen zwanziger und vierziger Jahren hervorgerufen haben, und nur aus dem völligen Verfall seines Lebensgefühls ist es zu erklären, daß er einmal in dieser Zeit, fast ängstlich, hervorstieß: „Nur nicht noch ein Erdenleben!" Am 8. August 1897, einem Sonntag, um die vierte Nachmittagsstunde ist er dann zu Basel in der Stille seiner Gelehrtenstube auf dem Lehnstuhl sitzend verschieden. Er starb nicht in Gewißheit und nicht ohne Zweifel, aber in Zuversicht und Hoffnung; es war, wie wenn in der Missa Solemnis am Ende die leisen dumpfen Paukenschläge ertönen....

„Es ist ein höchst angenehmes Gefühl, sich Persönlichkeit und Lebenslauf des Rubens zu vergegenwärtigen." Diese Worte, mit denen Jacob Burckhardt seine „Erinnerungen

[1] A. v. Salis, Basler Jahrbuch 1918, S. 304.

aus Rubens" beginnt, könnte man auch von seinem Leben sagen: ungeheuer reich in der Anlage und doch ohne Kehren und radikale Umbrüche, sondern durch Krisen hindurchgeführt von einer klaren Entwicklungsrichtung, die die verschiedenen Phasen miteinander verknüpft – gesund, jedoch getragen von einer Labilität der Seele, die es zu den höchsten Wonnen des Gefühls empor- wie an die letzten Abgründe der menschlichen Existenz hinabführte, am Ende aber stets auf eine höhere Stufe erhob – von rastlosem Forschungsdrang, aber Kunst und Liebe, Freundschaft und Lebensgenuß so mit ihm zusammenschließend, daß die Monotonie so manchen Gelehrtendaseins entschwindet und ein innerer Glanz entsteht, der sonst nur Dichtern und Künstlern beschieden ist – treu der Erde und treu ihren Werken, aber weder in eifernden Kritizismus noch grauen Positivismus sich verstrickend, sondern mit der Kraft begabt, die Buntheit und die Vielgestaltigkeit dieser Welt zu bewahren und doch das Höchste transparent werden zu lassen – fest im Norden verwurzelt, aber durch den Süden die tiefere Form und die europäische Ausweitung gewinnend – in der Historie kulminierend, der Kunstgeschichte neue Wege weisend, in der Politik von echter Prophetie – ein deutsches Dasein, das seine exemplarische Bedeutung für die Gegenwart wohl vor allem dadurch gewinnt, daß es, im Gegensatz zu seiner Zeit geraten, weder eine opportunistische Annäherung versuchte, noch sich in fruchtloser Opposition verzehrte, sondern in schlichter Treue die Flamme des Humanen hütete, das für Jacob Burckhardt das Nationale einschloß und an dessen einstiger Wiedergeburt er im letzten Grunde nie gezweifelt hat.

ZWEITER TEIL
BRIEFE JACOB BURCKHARDTS

Die Eltern

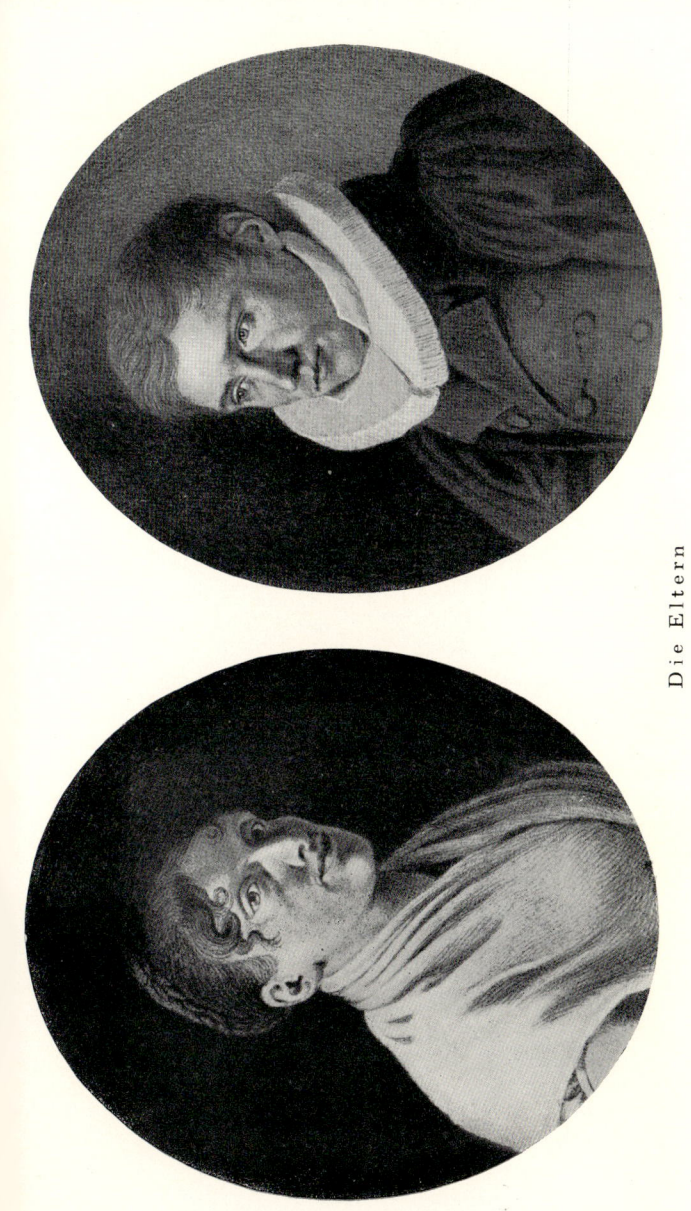

Kohlezeichnungen von S. Gysin. Basler Privatbesitz

I.

BRIEFE AUS DEN JAHREN
1823—1843

AN DIE GROSSMUTTER

Basel, den 4. Oktober 1823

Liebste Großmama!
Ich habe Ihnen nur melden wollen, daß ich gesund bin. Ich wünsche Ihnen ebenfalls Gesundheit, einen reichen Herbst und mir viel süße Trauben.   J. Burckhardt.

[Zusatz der Mutter:
Hier ein gar schöner Brief von Jacöbli, den er heute bei Herrn Munzinger gebar. Er sagt: Munzinger habe ihm am schönen Ort die Hand geführt, und das Wüste habe er allein geschrieben.]

AN HEINRICH SCHREIBER

Basel, Dienstag, den 10. November 1835

Hochgeachteter Herr Professor,
Hochwürdiger Herr!
... Ich habe Glareans Briefe vollendet, die ich hier beilege. Aber ich bitte Sie, sprechen Sie nicht von Vergütung, wo ich mir's zur Ehre rechne, Ihnen nur auch etwas dienen zu können. Ich übe mich dabei im Lesen der Abbreviaturen, obgleich es mir gar nicht immer gelungen ist, dieselben ganz richtig zu entziffern. Interpunktion und Orthographie sind wie in den Originalen; Punkte stehen darin oft statt Kolons. Glauben Sie ja nicht, daß dies Kopieren eine geistestötende Sache sei; auch bin ich mit der Zeit gar nicht so beschränkt, und es ist in diesen winterlichen Tagen recht heimlich, in dem warmen Schreibzimmer der Bibliothek

zu sitzen und zu kopieren. An den Samstagen habe ich so
Gelegenheit, die römischen Münzen der hiesigen reichen
Sammlung zu sehen, wenn ich mit dem Schreiben fertig bin,
und das könnte sonst gar nicht geschehen. Übermorgen
beginne ich die Briefe des Zasius. ... Glauben Sie nicht,
daß meine Geschäfte unter dieser Korrespondenz und diesen Arbeiten leiden; meine Sachen gehen ihren Gang fort;
um aber doch von Ihrer Güte Gebrauch zu machen, erbitte
ich mir, weniger als Belohnung denn als Andenken an Sie
und an meine ersten literarischen Bemühungen, so gering
sie sein mögen, Ihre Schrift über Glarean, wenn dieselbe
gedruckt sein wird. Möchten Sie, Hochwürdiger Herr, diese
meine Freiheit nicht übel aufnehmen.
Dieser Brief ist ohne Zusammenhang und in schlechter
Ordnung geschrieben. Könnte ich nur erst gute Briefe schreiben! Verzeihen Sie der großen Nachlässigkeit Ihres untertänigsten Verehrers   Ew. Hochwürden J. Burckhardt.

AN HEINRICH SCHREIBER

Basel, den 10. Dezember 1835

Es ist mir außerordentlich leid, daß Ihnen, hochwürdiger
Herr, die Kopie der Briefe nichts genützt hat. Dürfte ich
Sie darum bitten, mir dieselben mit Anmerkung der unverständlichen Stellen zurückzuschicken? Ich würde sie
gerne nochmals vergleichen.
Ich bedaure sehr, Ihr Vertrauen verscherzt zu haben; indessen hoffe ich, Sie werden, sobald Sie der Briefe des Zasius
benötigt sein werden, dennoch mich mit dem Auftrag beehren. Einstweilen ist hier das Verzeichnis und zwar nicht
bloß dem Katalog nach, sondern nach eigener Aufsuchung
der Briefe. Glauben Sie nicht, ich hätte das Monats- und
Tagesdatum weggelassen; es war fast nirgends angegeben,
wie es bei den Kopien natürlich ist; in den eigenhändigen
Briefen fehlte sogar das Jahresdatum zweimal, und ist das
eine Mal bloß aus Vermutung ergänzt. (Nicht von mir.)
Ich habe immer den Band in der Sammlung angegeben
und notiert, welche Briefe autographa, welche apographa
sind.

Ich komme nochmals auf Ihre schätzenswerten Geschenke zurück[1]. Ich wüßte nicht zu sagen, welches derselben mich am meisten interessiert hat. Wenn Sie auch in den Ansichten über den Sagenkreis darin von Herrn Wackernagels Ansichten abweichen, daß sie nicht, wie er, Sivrit für den Gott Balder halten, so war doch Ihre Schrift sehr belehrend für mich. Ich mußte sie einem meiner Kommilitonen leihen. Wir können selbst keine Forschungen anstellen, aber wir sind darin übereingekommen, daß H. Wackernagels Ansicht gefälliger ist, weil sie das alte Göttergeschlecht mit den Sagen aus der Völkerwanderung verbindet. –

Nicht weniger interessierte mich die Schrift über den Pfaffen Lamprecht. Es wäre merkwürdig, die Gestaltung der Geschichte Alexanders bei den verschiedenen Völkern und Schriftstellern zu untersuchen; die historische bei Arrian, die romanhaftere bei Curtius, die mythischere bei den Persern und Indern und endlich die der aus diesen Quellen geflossenen französischen Romane und die deutschen Gedichte zu vergleichen. Nur Rudolf von Ems hat mich geärgert; er sagt, Lamprecht habe „nach den alten sitten stumpflich niht wol besnitten" gedichtet, und ist doch lange nicht so interessant und so poetisch wie Lamprecht, sondern oft ein langweiliger Patron.

Die Abhandlung über die Freiburger Verfassungsurkunde hat in meinem Kopf über einen mir vorher sehr dunklen Punkt, über die mittelalterlichen Stadtrechte, vieles Licht verbreitet. Die Urkunde selbst gibt ein treues Bild einer Stadt in jener Zeit. Interessant sind mir besonders auch die Schriftproben.

Möchte Ihnen diese Sendung besser genügen als die vorige. Es ist mir sehr leid, Ihnen nicht sogleich in allem dienen zu können, aber das Fehlende soll bald nachgesandt werden.

---

[1] Schreibers Abhandlungen: „Über die Entstehung und Ausbildung des ältesten deutschen Sagenkreises"; und „De Germanorum vetustissima, quam Lambertus Clericus scripsit, Alexandreide", beide 1828 erschienen; und „Die älteste Verfassungsurkunde der Stadt Freiburg i. Br. zum ersten Male in ihrer echten Gestalt herausgegeben" 1833. (Münzel)

AN HEINRICH SCHREIBER

Basel, den 15. Heumonat [Juli] 1836

Wie gerne würde ich selbst nach Freiburg kommen, um von Ew. Hochwürden und von dem herrlichen Münster für einige Zeit Abschied zu nehmen! Da dies aber nicht sein kann, so muß statt meiner dieser Brief Ihnen melden, daß ich anfangs des künftigen Monats nach Neuchâtel abgehen werde, um bis zum Mai 1837, so Gott will, mich zur Übung in dem Französischen dort aufzuhalten. Freilich wäre es meinen philologischen Studien besser, wenn ich hier bliebe, aber es ist einmal nötig, daß ich das Französische ganz inne habe, weil ich wohl weiß, daß zu Basel für mich wenig Aussichten sind. Ich hatte mich, sobald ich immatrikuliert war, einstweilen unter den ordo philosophorum einschreiben lassen und bis dahin einige Collegia gehört. – Wie sehr hätte ich gewünscht, Ew. Hochwürden hier zu sehen, besonders da jetzt noch die goldne Tafel Kaiser Heinrichs hier befindlich ist[1]. Dieses Kunstwerk gibt ungemein vielen Aufschluß über die Kunstgeschichte, ja wohl mehr als die jetzt verkaufte Alcuinsbibel des Herrn von Speyr. Lassen Sie mich das unglückliche Basel beklagen. Der vorvorige Besitzer der Bibel bot sie der Stadtbibliothek um 10 Louisdor zum Kaufe an, und Prof. Huber wollte sie nicht nehmen! – und jetzt liegt sie in einem Bücherschrank in England. – Die goldene Tafel, die von Gottes und Rechts wegen dem Münster gehört, müssen wir hier in den Händen eines Goldschmieds sehen, der sich jetzt natürlich alle Mühe gibt, sie recht berühmt zu machen. Eine schöne Lithographie, zu welcher Herr Dr. Baldamus einige Quartseiten Text geschrieben hat, ist nebst diesem Schriftchen um 40 Rappen zu haben (bei Schweighauser). Hier wird weder eine Behörde, noch eine Gesellschaft, noch ein Partikular die Tafel kaufen wollen. – Wenn der Besitzer, Herr Handmann, das Gold davon nimmt und auf einen Klumpen

---

[1] Es ist die goldene Tafel mit der Darstellung Christi, der Erzengel und des hl. Benedikt als Antependium für den Hochaltar des Basler Münsters von Kaiser Heinrich II. gestiftet. Dieses berühmte Meisterwerk der Goldschmiedekunst wurde verkauft und befindet sich heute im Museum Cluny in Paris. (Münzel)

Jacob Burckhardt als Kind
Pastell. Basler Privatbesitz

schmelzt, so hat er 2000 Franken mehr als er bezahlte, indem man das Gold gar nicht recht wägen konnte.
Als ich das erstemal in Freiburg war, zeigten Sie mir eine Lithographie des in der Gruft unseres Münsters befindlichen Basreliefs, 6 Apostel vorstellend, und äußerten die Ansicht, es sei dies ein Denkmal der frühsten christlichen Zeit. Nun ist zwar nicht zu leugnen, daß im südlichen Frankreich ganz ähnliche Basreliefs vorkommen, die dasselbe darstellen und wahrscheinlich aus dem 6. Jahrhundert herrühren (Mylius, malerische Fußreise); allein wenn Sie die Abbildung der goldenen Tafel betrachten, so wird Ihnen augenblicklich zur Evidenz werden, daß unser Basrelief aus der gleichen Zeit sei, besonders wenn Sie Christi Gewand und Hände mit dem Gewand und den Händen des Petrus auf dem Basrelief vergleichen. Gerne hätte ich Ihnen den Apostel Petrus abgeformt, als ich ihn aber zur Hälfte abgegossen hatte, fand ich, daß ich Ihnen den mißlungenen Guß nicht schicken dürfte. Von der gleichen Hand wie das Basrelief sind, so scheint es, die zwei höchst merkwürdigen Basreliefs an den beiden Chortreppen. Allein wie bei den sechs Aposteln der Verlust der übrigen sechs (und vielleicht auch noch eines Christusbildes?) zu bedauern ist, so ist hier beklagenswert die Barbarei, womit diese zwei andern Basreliefs verstümmelt worden sind, und zwar in neuester Zeit, teilweise seit zwei Jahren!!! –
Die Gewänder und Gesichter sind denen der sechs Apostel ganz ähnlich und weit besser als die Figuren an der schönen byzantinischen[1] St. Gallusporte, so daß diese letztern von Steinmetzen an Ort und Stelle gemacht zu sein scheinen, während die drei Basreliefs ehedem sicher an andern Orten, obschon wahrscheinlich auch im Münster, gestanden haben. Hätte man die sechs Apostel gemacht, um sie in der Gruft einzumauern? – Besonders sind die Augen an den Figuren der byzantinischen Porte glotzend und hoch, während die an den Basreliefs tief eingestochen sind. – Das eine der Basreliefs an den Chortreppen stellt die Marter des

[1] J. B. bezeichnet, wie damals noch üblich, den romanischen Stil mit dem Worte: byzantinisch.

heil. Laurentius vor, das andere die des heil. Vincentius (?).
Die Figuren sind etwa schuhhoch. Der Prätor sitzt auf
einer ganz regelrechten Sella Curulis samt Schemel, die
Gewänder sind antik; Anachronismen fast keine. Doch nur
eigne Anschauung hilft bei Kunstwerken. ...

Neuenburg, 31. Dez. 1836

Im neunzehnten Lebensjahre

Laß von deinem sanften, grünen Saum,
Erste Höh', mich niederschauen
In des durchgelebten Lebens Raum,
In die schönen, lichten Auen.

Himmelsblau, ist nicht dein heilig Licht
Um mich, in mich stets geflossen?
Als ich stieg, hat stets die Landschaft nicht
Prächtiger sich ausgegossen?

Droben bin ich, möchte gern mit dir,
Den ich warm umschlungen halte,
Ruhn und schaun; doch ist's, als ob in mir
Eine Stimme: Vorwärts! – schallte.

Keinen Augenblick will uns die Zeit
Hemmen ihres Rades Schwingen;
Auf dem Gipfel ist mein Grab bereit,
Dahin soll ich rastlos dringen.

Gott! um wieviel steiler wird die Bahn,
Laß den Ausblick sich erweitern!
Laß einst, lang' ich auf dem Gipfel an,
Lebensweisheit meinen Tod erheitern!

AN HEINRICH SCHREIBER

Basel, den 21. April 1837

Als ich vor einigen Tagen in meine Vaterstadt zurückkam,
fand ich zu meiner großen Freude die Schrift vor, die Sie
mir gütigst hatten übersenden lassen. Da meine Leistungen
viel zu gering gewesen sind, um neben Ihrer Güte in Anschlag gebracht werden zu können, so sind meine aufrichtige Verehrung für Sie und mein herzlichster Dank alles,
was ich Ihnen bieten kann. ...

Ich bin überaus froh, wieder in Basel zu sein, wäre es auch nur wegen der Nähe der herrlichen oberrheinischen Münster, nach welchen ich Heimweh empfinde, das nur durch eine baldige Wallfahrt zu heilen sein wird. – Zwar sind auch die Münster von Lausanne und Genf, die ich inzwischen besucht habe, wohl einer eigenen Reise wert, besonders das erstere, dessen Inneres in einem so reinen byzantinisch-gotischen Stile aufgeführt ist, daß man kaum anstehen kann, das Münster das schönste Gebäude der Schweiz zu nennen; aber andererseits ist an beiden Kathedralen das Äußere so vernachlässigt und verdorben, daß der Genuß um ein merkliches geschwächt wird, und dann sehe ich auch die Kirchen des Mittelalters gerne in ihrer alten Pracht und Herrlichkeit, und der Genuß ist mir noch nirgends in so vollem Maße zuteil geworden als im Münster zu Freiburg im Breisgau. –

Wie wenig Genuß hätte ich aber auch von diesem Kunstwerk gehabt, wenn nicht Ihre Güte, hochwürdiger Herr, mir in eigentlichem wie im figürlichen Sinne die Pforten dieses Münsters von neuem geöffnet hätte? – Wenn ich auch in bezug auf die altdeutsche Kunst weniger weiß als fühle, so verdanke ich doch Ihnen viele Belehrung und vielen Genuß. – Wie gerne möchte ich für dies und alles, was Sie sonst an mir getan haben, Ihnen meinen Dank tatkräftig erweisen....

AN HEINRICH SCHREIBER

Basel, 2. Januar 1838

... Wenn ich jetzt eine große Revue des verflossenen Jahres anstelle, so wird auch Ihrer mit dem wärmsten Danke gedacht, denn Ihnen verdanke ich einige der schönsten Augenblicke desselben. Überhaupt darf ich wohl nicht anstehen, das Jahr 1837 als das glücklichste meines Lebens anzuerkennen. – Zwei liebe Herzensfreunde (Biedermann und Riggenbach, die Sie beide kennen) haben sich in diesem Jahre inniger als je an mich angeschlossen, und mit noch zweien andern bilden wir eine Fünfzahl, wie sie wohl nicht oft gefunden wird – in Beziehung auf innige

Verbindung nämlich –, das darf ich ohne Stolz sagen. Seit
2½ Jahren sind wir jede Woche einen Abend bei Herrn
Prof. Wackernagel versammelt gewesen in einer Art von
poetischem Klub, von dem ich einmal mündlich mit Ihnen
sprechen muß. Besonders dadurch hat sich bei uns ein
Leben entwickelt, das bei aller einstweiligen Unklarheit
doch bald erhebend, bald belustigend, bald anregend, bald
mäßigend, immer aber beglückend auf uns wirkt und gewiß auch für die wirklichen Studien nicht von geringem
Nutzen ist. – Dazu kamen noch dieses Jahr mehrere Reisen und meine nähere Bekanntschaft mit Ew. Hochwürden, die ich um so höher schätze, je unverdienter sie ist. –
Da indes der Mensch dann am glücklichsten ist, wenn
er nicht ganz glücklich ist, so fehlte es auch bei mir nicht
an manchen Stunden, wo mich unbefriedigte Sehnsucht
in eine Art von seligem Unglück versenkte. Mein schon
zu sehr ausgespitztes Gefühl konnte dem nicht entgehn,
und oft erlaube ich mir das gefährliche Vergnügen, mich
in eine ideale Welt zu flüchten; komme ich dann aus dem
siebenten Himmel zurück, so bringe ich immer den Gedanken mit, die ideale Welt mit der wirklichen, oder vielmehr diese mit jener in Einklang zu bringen, und kann
ich's nicht wirklich, so tröstet mich die Poesie; sie kann,
was ich nicht kann. – Besonders hat uns alle eine mächtige Sehnsucht erfaßt, Italien zu sehen, und da wir uns
leider sagen müssen, daß für uns höchstens von Oberitalien
die Rede sein kann, der kurzen Ferien und besonders des
Nervus rerum gerendarum wegen, so steuern wir wenigstens auf dieses Ziel mit aller Macht los. Um uns nun die
nötigen Fonds zu verschaffen, haben wir uns nicht entblödet, mit dem Redaktor des „Wanderers in der Schweiz",
Dr. Seypel, in Verbindung zu treten und ihm einen Teil
der Beschreibung unserer Sommerreise und noch mehreres andere zu verhandeln. Ich schickte sogar eine Beschreibung des Doms von Genf und des Doms von Lausanne an
den Redaktor der schweizerischen Bauzeitung und erhielt
günstige Antwort[1]. Über diese Geldmacherei beschwichtigen wir unser böses Gewissen damit, daß ja der Zweck

[1] Vgl. S. 17 des ersten Teiles dieses Buches.

ein poetisch schöner sei, wenn es auch das Mittel nicht ist.
– Diese Bekenntnisse teile ich Ihnen mit, weil ich weiß, daß
Sie an allem teilnehmen, was mich angeht; mich selber
interessiert es, mich einmal außer mir zu betrachten. ...

AN HANS RIGGENBACH

Basel, den 26. Aug. 1838

... Es ist heute gerade vier Wochen, seit wir von Florenz
nach Bologna fuhren, und wenn ich schon sonst gerne die
Schatten dieser Sommerreise heraufbeschwöre, so tue ich
es doppelt gerne vor Dir. Das Schicksal hat die Sachen sonderbar gelenkt. – Vorerst ein kurzes Skelett: Gotthard –
Bellinzona – Lugano – Borromäische Inseln – Mailand –
Pavia – Tortona – Genua – Livorno – Pisa – Florenz –
Bologna – Modena – Mantua – Brescia – Bergamo – Splügen – Chur – Zürich – und das alles in Zeit von fünf
Wochen! – Das Camuph[1] war mein einziger Begleiter, ein
treues, trockenes Tier, das mir bisweilen Langeweile machte.
Ein andermal geh ich nur im Geleit eines kunstsinnigen
Freundes nach Italien. – Das Tessin fand ich von neuem
unbeschreiblich schön; am allerherrlichsten ist der Monte
Cenere mit einer köstlichen Aussicht, ferner das darauffolgende, geheimnisvoll liebliche Agnotal, und vor allem
Lugano, das nächst der Aussicht von der Domkuppel von
Florenz mir den größten Eindruck machte. Es ist hier
ganz unbeschreiblich und unglaublich schön. Da der Ort
ziemlich wohlfeil ist, bin ich fest entschlossen, hier einmal
einen Sommeraufenthalt zu machen. – In Luvino fanden
wir wieder [wie Anno 1837] den dicken Rudi und aßen an
demselben Tisch, wie vor einem Jahre, Polenta; welche
Erinnerung! – Es war ein himmlischer Nachmittag; ein
kleiner Gegenwind hielt uns auf dem See bis sieben Uhr,
wo wir auf der Isola Madre landeten. Man sollte sie als die
schönere Insel immer zuletzt sehen. Acht Uhr auf der Isola
bella; wir fuhren noch ein wenig hinaus an eine schöne
sandige Stelle und nahmen ein nächtliches Bad angesichts

[1] Spitzname für Joh. Jac. Oeri, J. B.s nachmaligen Schwager, der
ihn allein auf seiner zweiten Italienreise begleitete.

des borromäischen Palastes. Des andern Morgens besahen wir diesen und gelangten mit Dampfschiff und Eilwagen desselben Abends in das ungeheure Mailand. – Der Dom (dessen Inneres wir der Krönungsapparate wegen nur per fas et nefas zu sehen bekamen) ist ein höchst ehrwürdiges, prachtvolles Gebäude; schön ist es im ganzen nicht. Dieses Gotische ist so entsetzlich unrein und zum Teil selbst unschön, daß er als Kunstwerk nur sehr mittelmäßigen Wert hat. Keine von jenen wunderbaren Metamorphosen; statt Entwicklung, man kann sagen überall nichts als Auftürmung; die Fassade höchst schwach (auch wenn man sie sich im Sinn der alten Architekten ergänzt denkt) und die wahrhafte Großartigkeit der fünf inneren Schiffe durch die bedeutendsten Fehler von außen erkauft. – Der Eindruck freilich ist größer als der irgendeiner deutschen Kirche, nur abstrahiere man von der vorderen Fassade. Das herrliche Material (weißer Marmor von oben bis unten), die ungeheuren Dimensionen (der Querbau z. B. reicht kaum aus den Schiffen hervor und hat doch 270 Fuß Länge!) und die durchaus sorgfältige Ausführung tun, glaube ich, das beste dabei. – Fenster von 60 Fuß Höhe und 25 Fuß Breite, ganz gemalt! An Mailand werde ich stets mit einer Art von Rührung denken; ich war daselbst immerfort in einem fröhlichen Taumel, indem drei Neuenburger, die wir auf dem Dampfschiff angetroffen, lauter lustige Bursche, mit uns herumzogen, am Tage durch Mailands Kunsthallen, bei Nacht durch Theater und Kaffeehäuser. Es war das herrlichste, unschuldigste Lotterleben, das man sich nur denken kann. Die Brera (Gemäldegalerie) ist sehr reichhaltig an Gemälden einer sonst fast unbekannten Schule, der altmailändischen, deren Zentrum Bernhardin Luini bildet, ein Maler, in den ich mich völlig verliebt habe. – Der Triumphbogen wird wohl das Brandenburger Tor aufwägen; er hat u. a. 132 Fuß Höhe; die Basreliefs sind prachtvoll, und noch schöner sind die Erzstatuen oben. Mailands Sehenswürdigkeiten sind Legio.

Nach einem Aufenthalt von viereinhalb Tagen reisten wir nach Genua. Die Certosa bei Pavia ist ein ganzes Museum; so etwas gibt's in Deutschland gar nicht; fast nichts Mittel-

Florenz vom Kloster al Monte aus
Bleistiftzeichnung Burckhardts, 1838

mäßiges; Malereien, Skulpturen und besonders die göttliche
Architektur daran lauter Meisterstücke. „Und Marmorbilder stehn und schaun dich an – was hat man dir, du armes
Kind, getan?" Wie viel tausend Male habe ich an den Vers
gedacht, wenn ich mich in Italiens ungeheuren Kunstsälen
verwirrte und verirrte! Das arme Auge weiß nicht, wie ihm
geschieht; sehnsüchtig blickt es um nach einem Stücklein
blauen Himmels, und nur ein rascher Spaziergang kann
da helfen. – Der Apennin zwischen Novi und Genua ist
hübsch, aber nicht eben prachtvoll; von der Paßhöhe, wo
man das Meer sieht, steigt man fürchterlich hinab, in
manchem Zickzack. Es war ein schöner, warmer Abend,
als wir, längs dem Meer hinfahrend, endlich bei dem ungeheuren Leuchtturm umbogen und die Stadt und den
Hafen im Abendglanze vor uns sahen. – Die Bäder im Meere,
das Schiffleinfahren, endlich der Hafen, ein mir total neuer
Anblick, auch die drei Hauptstraßen, die aus etwa sechzig Palästen bestehen, und vor allem die herrliche Lage der
Stadt machen, neben der Enge und dem Schmutz und dem
fürchterlich zahlreichen Gesindel, ein Bild von dieser Stadt
aus, das in der Erinnerung bunter aussieht, als das von
Mailand und Florenz zusammen. Der Palast Sauli ist in
einem Zustand von Ruin, daß man blutige Tränen weinen
möchte; ein großer Misthaufen im Hof, ein Schneider und
ein Meublenhändler im Palast verteilt, alle Säulen vermauert, das Ganze dem Einsturz nahe und bei all dem vielleicht der schönste Palast, den wir gesehen haben (Palast
Strozzi ausgenommen). Da lernt man Sachen wegdenken!
Eines Abends halb sechs fuhren wir auf dem alten schmutzigen Dampfboot „Colombo" von dem prächtigen Genua ab;
es war ein Abend, wie ich noch keinen zweiten erlebt habe.
Ein starker Gegenwind verfolgte uns (nur von zehn Uhr bis
morgens sechs Uhr war der Wind günstig) und verursachte
allen Passagieren die abscheulichste Seekrankheit; die Wellen jagten uns so fürchterlich herum, daß wir bald auf einem
Hügel, bald in einem Loch zu sein glaubten; bisweilen
schlugen sie auch über das Verdeck. Dennoch genoß ich
die italische Nacht zur See, so gut ich konnte; die Sterne
glänzten herrlich und viel deutlicher als bei uns je; das

Leuchten des Meers ist eine herrliche Erscheinung und nirgends so stark als im Mittelmeer. Ich wünsche nur, daß Du sie auch genossen haben mögest.

Endlich mittags um zwölf Uhr betraten wir Dantes Vaterland, und zwar in dem Mastenwald der Reede und des Hafens von Livorno. Die Stadt ist hübsch; aber noch denselben Abend fuhren wir nach Pisa, und wer Pisa gesehen hat, dem gefällt keine Stadt mehr, es müßte denn Florenz sein. Diesen folgenden Tag, den wir in Pisa zubrachten, werde ich unter die schönsten meines Lebens zählen, besonders den Abend. Ich hätte nur noch Alois [Biedermann] und Dich gebraucht; auch ist Euer vielfach im stillen gedacht worden auf dem krummen Turm wie an den Stufen des Hochaltars im Dom. Den folgenden Morgen fuhren wir nach Florenz, siebzehn Stunden in acht Stunden, eine schwere Sünde; doch ich saß meist im Cabrioletto (Coupé; die Vetturins haben immer ein Coupé) und genoß das göttliche Toskana so gewissenhaft als möglich. Im Galopp ging's vorbei an den altetrurischen Burgen von Montelupo und Signa und an den Pinienhainen längs des Arno; von all dem ward mir ganz dummlich; ich schlief einen Augenblick ein, und als ich von einem plötzlichen Halt erwachte, „War's ein Tor der Stadt Florenz".

Was ich in den fünf Tagen in Florenz gesehen habe, darf ich nicht berühren, denn alles kann ich Dir ja doch nicht sagen. Bitterlich entbehrte ich Euer kunstsinniges, wenn auch nicht kunstverständiges Gespräch, obgleich das Camuph meinte, es wäre des Zankens kein Ende, wenn wir alle dabei wären. Ich habe mir in Florenz deshalb eine geistige Vollblütigkeit geholt; hätte ich mich immer einem andern mitteilen können, so wäre das nicht geschehen. Ich weiß eigentlich gar nicht, was das Camuph mit der Reise bezweckt hat, denn seine Augen sind zwar auf viele Gegenstände gerichtet, aber auf gar wenige eingerichtet gewesen. Hoc sub rosa. – Die Aussicht von Brunelleschis Domkuppel hat allem die Krone aufgesetzt. Das ist das schönste, was ich in meinem Leben gesehen habe. Dem Camuph hatte die Aussicht nicht Wasser genug, obschon der Arno sich aufs herrlichste durch den Garten Etruriens und durch Florenz, die schöne

Stadt vor allen, hindurchschlängelt. – Diese Gebirgsformen, dieses Blau der Berge, dieser neue Himmel und diese neue Erde werden mich durch ein ewiges Heimweh an sich ketten, und jetzt ginge ich wieder hinein, müßte ich auch mutterseelenallein reisen, obgleich das in Italien etwas heißen will. (Besonders hat sich Alois zu merken, daß in Italien sich gar nichts am Rande versteht, als daß man beständig in Spitzbubenhänden ist.) Das Camuph hat, glaub' ich, seine Lust gebüßt; ich kann ihn eigentlich nicht anders als loben, wenn ich bedenke, was er alles mir zuliebe gesehen hat, weshalb er sonst keinen Schritt getan haben würde. – Der Palast Pitti mit der Gemäldegalerie hat wirklich etwas Zauberhaftes, besonders der Garten dahinter; es ist wirklich ein anderer Zustand der Dinge, eine andere Lebenslust – selig preis' ich jeden, der, wie wir, von der großen marmornen Pomona auf der höchsten Terrasse aus Florenz überschaut hat, den ungeheuren Dom, Giottos Glockenturm, den alten Palast und Santa Croce, die Gräberkirche, wo Galilei, Alfieri, Machiavell und Michel Angelo nebeneinander schlafen; ferner Fiesole auf dem herrlichsten aller Felsen, Prato im Duft des Nachmittags verschwimmend und den heiligen Vater Apennino. – Hohe Pinien, Zypressen und Lorbeeren beschatten den Platz, dort mußt Du auch einmal hin! Wir gehen dann miteinander. – Neunzehn Raffaels habe ich in Florenz gesehen – ferner die Mediceische Venus – ja du lieber Himmel, wenn ich ins Katalogisieren verfallen sollte, wo wollte ich enden? – Eins wünschte ich Dir zur Erquickung im Sande: eine Viertelstunde auf den Domplatz von Florenz oder auf den Platz vor dem alten Palast Dich versetzen zu können. – Mit Schmerzen verließ ich Florenz und mit dem festesten aller Vorsätze, wiederzukommen.

Der Apennin ist ein Gebirge aus einem ganz andern Teige als Alpen und Jura; schroff und milde zugleich, die herbsten und die mildesten Formen, wobei man noch den Vorteil hat, daß die Straße meist auf Bergrücken hinläuft und also die Aussicht nach beiden Seiten hat. – In Bologna blieben wir nur fünf Stunden, so sehr hatte uns Florenz überschüttet mit Genüssen, daß wir fast nichts mehr zu sehen imstande waren. In Modena kamen wir erst spät in der Nacht an und reisten des Morgens frühe ab. Abends drei [?] Uhr endlich langten wir in Mantua an, dem widerlichsten und gefährlichsten Nest, das man sich denken kann. Das Camuph war hier so unwohl, daß ich befürchtete, wir müßten trotz der Fieberluft von den Sümpfen ringsum in der Stadt liegenbleiben. Die Stadt hat bei aller Widerlichkeit doch viele wunderschöne Gebäude. – Des andern Morgens vier Uhr fuhren wir ab und kamen abends elf Uhr nach Bergamo, eine Strecke von dreiundzwanzig Stunden! In diese Tagreise packten wir hinein: 1. einen hübschen Ausblick auf den Gardasee und die Lombardische Ebene bei Castiglione, 2. die Besichtigung von Brescia binnen drei Stunden, 3. die Aussicht von dem köstlich malerischen Flecken Palazzolo am Oglio. Leider ist die Gegend sehr unsicher, so daß wir froh waren, gegen elf Uhr das schöne, monderhellte Bergamo zu erreichen. Des andern Abends waren wir schon in Varenna am Comersee. (Ich ziehe ihn den Borromäischen Inseln vor, stelle ihn aber Lugano noch weit nach); des dritten Abends in Lirone, anderthalb Stunden oberhalb Chiavenna, den folgenden in Chur, den nachfolgenden in Zürich, wo wir zwei Tage blieben und dann getrost und fröhlich nach Basel hauderten, über die Birsbrücke, auf der ich nicht gar fünf Wochen vorher von Alois Abschied genommen hatte, mit dem glühenden Wunsche, nicht heimkehren zu müssen, ohne den Dom von Florenz gesehen zu haben.

Als nächster Nutzen der Reise stellt sich heraus, daß ich ganz geläufig Italienisch spreche und in Kunst und Natur einige Blicke mehr getan habe; als fernerer und höherer, daß ich von meinem Italienfieber geheilt bin durch die Erfahrung, daß auch in Italien nur der das Glück findet, der es mitbringt. Endlich kann ich noch anführen, daß ich mit meinen Reiseerfahrungen jetzt zu jeder Zeit und Stunde unbedenklich nach Italien gehen könnte, weil ich so ziemlich weiß, was man zu tun und zu lassen hat.

Ich dachte unterwegs daran, Dir von Florenz aus zu schreiben, aber an Ort und Stelle war es mir unmöglich; die Außenwelt bedrängte mich zu sehr. Du sollst einmal mein

Journal zu lesen bekommen; freilich hat dasselbe Löcher und Lücken die schwarze Menge. – Jetzt beneide ich Dich nicht mehr wegen München und Dresden; denn München ist die Kopie und Florenz das Original. Denke Dir den Genuß, die viel abgebildeten Gegenstände, die wir schon in den Bildern bewunderten, auf einmal unendlich schöner im Original zu sehen! Die Ebene der Lombardie ist langweilig wie alle Ebenen; aber die lombardischen Städte zeigen in ihren Gebäuden die allerherrlichsten Spuren altrepublikanischer Herrlichkeit. Um wieviel schöner muß es nicht notwendigerweise in Toskana sein, wo noch obendrauf die Gegenden prachtvoll und die Regierung viel mehr geliebt ist? (Dieses letztere gibt einer Stadt erst die wahre Weihe, und darum ist der reine Genuß z. B. einer sardinischen Stadt eine Unmöglichkeit.) Aber Du mußt das alles selber sehen, und ich glaube, eine Reise nach Italien liegt mit Notwendigkeit in Deiner Natur. Deshalb hoffe auch ich ganz bestimmt, einmal ein Jahr in Italien zuzubringen, weil ich einen solchen Aufenthalt als ein nötiges Supplement meines Wesens zu betrachten gezwungen bin. Ob wir Italien miteinander sehen sollen? Der Himmel weiß es. – Hier in Basel lege ich mir nun in aller Stille meine Erinnerungen zurecht....

28. August (1838) nachmittags

Am Jahrestag von Goethes Hinscheid[1] füge ich meinem Brief noch eine Komposition von des Wanderers Nachtlied für Dich bei. Alois [Biedermann] hat mir nämlich Deinen gestern angekommenen Brief vorgelesen, und bei Erwähnung dieses Gedichtes fiel es mir ein, Dir meine Komposition davon zu schicken. Schreibe mir einige Worte darüber (eine Kritik und keine Komplimente)!
Ich habe herzliches Mitleid mit Deiner verlassnen Lage. Du wirst aber auch sehen, daß man durch nichts so sehr an Selbständigkeit und Charakter gewinnt als durch Beschränkung auf sich selbst. Indes wer weiß, wie bald ich bei Dir sein werde! Dein Brief hat mich völlig beschämt; während ich mit dem höchsten aller konkreten Genüsse, mit

[1] Muß natürlich heißen „Geburt". (Riggenbach)

dem Genuß Italiens beschäftigt bin, littest und kämpftest Du mit Deiner eignen Überzeugung. Wahrhaftig, nichts auf der Welt muß der Faulheit mehr zusagen als Orthodoxie, und wer sich selber Maul und Ohren und Augen zu verstopfen weiß, der kann ruhig schlafen. Ich glaube auch, daß die orthodoxe Reaktion in der neueren Theologie zum Teil davon herkömmt, daß manchen zärtlichen Leuten der Mut entfiel, mit dem Riesengang der Theologie des vorigen und jetzigen Jahrhunderts gleichen Schritt zu halten. Mit meinen jetzigen Überzeugungen (wenn ich's so nennen darf) könnte ich nie mit gutem Gewissen eine Pfarrstelle annehmen, wenigstens beim jetzigen Stand der Meinungen über die Offenbarung – und der wird so bald sich nicht ändern. Deshalb meine beständige Versicherung, auf eine Gymnasialstelle hinzuarbeiten. Das kläglichste Justemilieu zwischen Supranaturalismus und Rationalismus, der Prophet[1], ist mir ein schauerliches Warnungsbeispiel, wo die Theologen bisweilen hingeraten, die gerne vornehm aufgeklärt und doch daneben orthodox sein möchten. ... Wenn ich eine Verantwortung haben soll, so will ich sie wenigstens für mich selbst allein und nicht für andere haben. Dewettes[2] System wird vor meinen Augen täglich kolossaler; man muß ihm folgen, es ist gar nicht anders möglich, aber es schwindet auch alle Tage ein Stück der gebräuchlichen Kirchenlehre unter seinen Händen. Heute bin ich endlich draufgekommen, daß er Christi Geburt durchaus für einen Mythus hält – und ich mit ihm. Ein Schauder überfiel mich heute, als mir eine Menge Gründe einfielen, weshalb es ja beinahe so sein müsse. Ja, Christi Gottheit besteht eben in seiner reinen Menschheit. Aber mit dem λόγος wird man nicht so leicht fertig, und Johannes spricht die Inkarnation so deutlich aus! – Ich muß bei all dem an den sardinischen

---

[1] Johann Jakob Stähelin, der Ordinarius für alttestamentliche Theologie a. d. Universität Basel, bei dem J. B. im S. S. 1838 „Einleitung ins Alte und Neue Testament" hörte. Vgl. O. Markwart, J. B. Persönlichkeit und Jugendjahre, S. 396.

[2] Wilhelm Martin Leberecht de Wette, Prof. der Theologie a. d. Univ. Basel, bei dem J. B. im W. S. 1837-38 „Apostelgeschichte", im S. S. 1838 „Römerbrief", „Sprüche Salomonis" und „Dogmatik" hörte. Vgl. O. Markwart, a. a. O. S. 396.

Pfaffen denken, der mich an einem herrlichen Abend auf den Schanzen von Novi katholisch machen wollte und bei meinen Bedenklichkeiten endlich sich umdrehte und mit scharfem Blick zu mir sagte: et si tu morereris in hoc statu animae tuae? – nur beziehe ich's auf etwas anderes.

Bei solchen Anfällen flüchte ich mich bisweilen in die Idee, daß ein reiner Lebenswandel die Zweifel gutmachen könne, und dehne dieselbe bis zum Pelagianismus aus. – Ein probateres Mittel ist die feste Fixierung der Gedanken auf die Vorsehung, denn diese steht einstweilen noch fest bei mir, weil ich mich weit weniger mit der Philosophie abgebe als Du. – Vielleicht gibt es ein Fach in der Theologie, wo man den Lehren über Glauben und Offenbarung ganz ausweichen kann, etwa Altertümer und Sprache, und da ich zu beiden Talent und Neigung besitze, suche ich mir wenigstens die Tür dazu offen zu halten. Ich darf einstweilen den Trümmern meiner bisherigen Überzeugungen gar nicht ins Auge sehen. Dewette hütet sich wohl, auf die Konsequenzen zu weit einzugehen, auch muß ich ihm nachreden, daß er nicht bloß einreißt, sondern auch wieder aufbaut, doch minder tröstlich als das Eingerissene. Alois wird Dir die Sache besser darlegen können; freilich hat er dieses Semester noch nicht Dogmatik gehört. Übrigens mag ich mit meinen Zweifeln niemanden behelligen, denn, da ich anerkannter Weise nicht zum Denken geboren, sondern ein unklarer Kopf bin, so würde ich den Leuten nur Langeweile machen. Auch sehe ich, daß es den klaren Köpfen nicht besser geht. Auch möchte ich meine Urteile über Dewette durchaus nicht jedem mitteilen, denn man hat mich meiner Unfähigkeit zu denken so oft versichert, daß ich es am Ende selber glaube und mich sogar zuweilen damit tröste, wenn es gleich für meine Eitelkeit eine harte Nuß ist, mich in irgendeiner Beziehung, und besonders in dieser, für a priori unfähig zu halten. Du hast mir aus der Seele gesprochen, man glaube oft, Pietist oder Narr werden zu müssen, und es ist ehrenvoller, ein Narr zu werden. – Desperationspietisten gibt es schon genug auf Kanzeln und Kathedern, und diese Leute sind oft darum sehr intolerant, weil sie beim Auftauchen einer neuen

religiösen Ansicht immer fürchten, es möchte irgendein Donnerwort ihr Gewissen aus dem Schlaf wecken.
Was sollen wir, mein Lieber, bei so bewandten Umständen tun? Noch steht mir das Gebet offen, aber es gibt keine Offenbarung, ich weiß es. Wenn ich auf irgend etwas Tröstliches komme, so will ich Dir's melden. Tue auch also! – Einstweilen ein enger Herzensverband zwischen uns beiden und Alois! – Ich muß jetzt mit ihm die Sache einmal gründlich durchsprechen, vielleicht hat er etwas Tröstliches. Die Orthodoxen haben's doch kommod, sie übertäuben sich selbst mit leichter Mühe und genießen dann neben ihrer innern Ruhe erst noch die allgemeinste Anerkennung. Gewiß, wer es sich einmal vorgesetzt hat, sich zu beruhigen, der hat wenig Mühe, es auszuführen; ich kann mich dazu nicht entschließen. Wir wollen ehrliche Ketzer bleiben. – Ich bedürfte Deiner jetzt mehr als je, aber das Schicksal hat uns getrennt. Wie wird es wohl mit uns stehen, wenn wir uns in Berlin das erstemal wieder umarmen? – Adieu, mein Lieber, gedenke in Deinen Anfechtungen eines fernen Mitkämpfers, der Dich liebt, Deines J. Bdt.

AN HEINRICH SCHREIBER

Basel, 6. Oktober 1838

... Das Befürchtete ist geschehn, mein Vater ist letztverwichnen Montag zum obersten Pfarrer gewählt worden; wir müssen vielleicht sehr bald unsern lieben Garten verlassen, und ob wir in den Bischofshof ziehen werden, ist die höchste Frage. –
Vor dem Kriege sind wir, wie ich überzeugt bin, ganz sicher, aber das Kriegsgeschrei ist unausstehlich, besonders bei Leuten, die im Fall der Not erst nichts leisten würden[1]. Niemand will einsehen, daß das liebe Vaterland im krassen Unrecht ist, als ein Teil Basler, und diese werden deshalb von den andern Kantonen verketzert etc., kurz, es ist ein ärgerlich-komisches Schauspiel wie selten. Ich halte mich

---

[1] Gemeint sind die mit dem Begehren nach Ausweisung des in der Schweiz befindlichen Prinzen Louis Napoleon zusammenhängenden Kriegsdrohungen Frankreichs im September 1838. (Münzel)

fern davon. – Beiliegend erhalten Sie die Lithographien. Sie sind freilich sehr ungenügend ausgefallen. – Die kleine Bleistiftzeichnung stellt den hintern Teil des hiesigen Münsterchores vor. Italien hat in mir geweckt, was ich von Formengeist besaß, und nur die Finger wollen nicht folgen. Statt nun einen derben Zeichnungskurs zu machen, kritzle ich in der Eile nach, was mir gefällt. Wenn ich künftiges Jahr nach Venedig gehe, wie ich hoffe zu tun, will ich mehr und wohl auch etwas besser zeichnen....

AN HANS RIGGENBACH

Basel, den 9. Oktober [1838]

Lies diesen Brief nach dem Biedermanns.
Geliebter.
Ich kann Dir nicht sagen, wie Dein Brief vom 11. September (ich erschrecke über das Datum!) auf mich gewirkt hat. Von konstanter Überzeugung ist zwar noch nicht die Rede, aber weit mehr guten, freudigen Mut habe ich, und den verdanke ich – freue dich! – Deinem Briefe. Auch war mein voriger Brief, wie Du wohl bemerkt haben wirst, in einem besonders unmutsvollen Moment geschrieben. Indes muß ich langsam kämpfend und ringend fortschreiten; ich habe mich endlich zum theologisch-philosophischen Disputieren bequemt und gewiß schon Nutzen davon verspürt. Allein die Übergangsperiode ist noch lange nicht vorbei, und wenn es bei mir der Religion besser geht, so gehts einstweilen manchem einzelnen, z. B. der Bibel, desto schlimmer. Deshalb kann ich Dich in diesem Augenblick unmöglich in meine theologische Rumpelkammer führen; aber ich denke mehr, und mein nächster Brief wird Dir wohl Umständliches hierüber bringen.
Du weißt, wenn Du Alois' Brief gelesen hast, was sich seitdem begeben hat; Du kennst meinen törichten, Gott sei Dank unglücklich ausgefallenen Versuch, dem Gemütsleben zu entsagen; ich habe ihn aufgegeben und fühle eine neue Freudigkeit in allen meinen Adern, ähnlich der des Wiedersehens, die Du freilich kaum kennen wirst. Wenn Du in mein Innerstes blicken könntest, so würdest Du auch

jenen Versuch wenigstens teilweise entschuldigen; es war gewiß keine bloße Grille. – Italien ist für mich, höre und staune, das Land der schmerzlichsten Augenblicke gewesen: von der gesamten Masse des Kunst- und Naturgenusses durfte ich so viel als nichts in die Seele dringen lassen, denn sowie ich dem göttlichen Südhauch etwas mehr als den Geist, das fühlende, noch immer tief fühlende Gemüt eröffnen wollte, so schlug er in ein Heimweh nach verschollener Freundschaft um, das ich nicht noch einmal auf Erden fühlen möchte. Ich glaube, Du verstehst mich; die Sehnsucht nach fernen Freunden, deren Schmerzen wir beide kennen, ist ein Kinderspiel gegen jene Empfindung. Der Schmerz, den ich an jenem göttlichen Abend in Pisa gefühlt, wird mir ewig im Andenken bleiben. Ich stand auf der schönen grünen Wiese, wo sich Dom, Battisterio, Campanile und Camposanto erheben, und zeichnete, an die Mauer des Seminariums gelehnt. Die byzantinischen Bogen am Dom betrachtend, mußte ich durch eine natürliche Ideenassoziation an Euch denken und war kaum mehr imstande, weiter zu zeichnen. Das Camuph schlief eben in einem Kaffeehaus. Ich ging schnell der alten Ringmauer nach und geriet zwischen Gärten und Weinbergen durch zur untersten Arnobrücke, von der aus ich einen Sonnenuntergang kostete, um den mich jeder Maler der ganzen Welt hätte beneiden dürfen. Der Himmel war ganz dunkelblau; der Apennin stand violett im Abendglanz; unter meinen Füßen rauschte der Arno, und ich hätte weinen mögen wie ein Kind. All mein Heroismus verschwand; wäre Alois gekommen, ich hätte ihm in die Arme stürzen müssen. Ebenso war's drei Tage später, als wir auf der Domkuppel von Florenz den Sonnenuntergang betrachteten. Es kam mir bisweilen vor, ich sei Faust, voll überquillender Sehnsucht, und das Camuph mir als Wagner beigegeben. (Nicht zu urgieren, noch zu Camuphes Nachteil auszulegen!) Vor mir lagen die Reichtümer der Kunst und Natur, als wäre die Gottheit wie ein Säemann über dies Land geschritten. „Und alle Näh' und [alle] Ferne befriedigt nicht die tiefbewegte Brust[1]."
– Pardon der Frechheit! – Wie oft habe ich das Camuph

[1] Vgl. „Faust", Prolog im Himmel, Zeile 66–67.

beneidet, das, sub rosa gesagt, von allen höhern und niedern Leidenschaften frei und ledig, dagegen mit praktischem Sinn und Klugheit versehen, seinen Weg ruhig durchs Leben trampelt!

Nun, jetzt ist es besser, du liesest die Schriftzüge eines Glückseligen, der weiß, was er mit seinem Leben anzufangen hat. Wie die katholische Kirche sich einen thesaurus perpetuus von guten Werken zuschreibt, so schreibe ich Dir, den ich so oft beleidigt, einen Schatz von Liebe zu, eine Liebe quand même, wie Laube sagt; und in diesem Sinn darf ich Dich wieder bitten: vergiß das Vergangne, ich habe auch vieles vergessen.

Der verödete Palast in Genua ist der Palazzo Sauli, das Leuchten des Meeres (il grasso del mare, Meerfett!) besteht aus helleuchtenden runden Flächen von einem Durchmesser von 4–8 Zoll, die sich in großer Menge auf dem Schaum des Meeres entwickeln (also besonders neben den Rädern des Dampfschiffs und hinten am Steuer). Mußt's selber sehen....

Addio, mein Vielgeliebter, ich sehe Dich in diesem Augenblicke ganz deutlich vor mir, und heiß wie noch niemals umarmt Dich Dein J. B.

AN HANS RIGGENBACH

Basel, 12. Dezember 1838

Lieber, viellieber Hans.

Ich schreibe Dir nach einer heiligen, mit Alois [Biedermann] durchplauderten Nacht. Unsere Haustür war zufällig geschlossen, als ich aus einer interessanten Zofingersitzung[1] heimkehrend, hineinwollte, und ich begab mich daher alsbald auf den Barfüßerplatz – es war schon nach Mitternacht. – Alois! rief ich hinauf und ward alsbald eingelassen. Von Schlafen ist nicht groß die Rede gewesen.

Noch einmal sprach ich mit ihm über mein selbstgezimmertes Systemlein, das ihm ganz und gar nicht behagen

---

[1] Der Basler Sektion des „Zofingervereins schweizerischer Studenten" gehörte J. B. vom 20.1.1838 bis 13.9.1839 an. Vgl. darüber Markwart, a. a. O., S. 225 ff.

will. Dir wohl auch nicht. – Höre: Der Zweck, den die Vorsehung den Menschen will erreichen lassen, ist Zernichtung der Selbstsucht und Aufopferung des Einzelnen für das Allgemeine. Daher ist die dem Menschen notwendigste Eigenschaft: Resignation; Entsagung predigt uns jede Stunde, und die schönsten unserer Wünsche bleiben unerfüllt. Wir müssen uns tausend Dinge zum Besten des Ganzen entziehen und tausend andern auch bloß äußerer Umstände wegen entsagen. Im Kampf mit seinen Wünschen wird nun der Mensch alt, und sein höchstes Ziel ist, liebend Verzicht zu leisten auf seine Wünsche, keinem menschenfeindlichen Augenblick Gehör zu geben und mit der Welt im Frieden zu sterben. Nie darf er der Menschheit grollen oder sich von ihr zurückziehen; er muß ausharren bis ans Ende. – Mein Leben ist nicht so wolkenlos gewesen, als es Euch geschienen, und jeden Augenblick würde ich mein Leben gegen ein Niegewesensein vertauschen und, wenn's möglich wäre, in den Mutterleib zurückkehren, obschon ich kein Verbrechen begangen habe und unter günstigen Verhältnissen aufwuchs. Aber ich sehe nur darin den Zweck meines Lebens, daß ich die Existenz trage, wie ich kann, und möglichst viel andern zu nützen suche. Für meine Person habe ich das Wirken aufs Große und Ganze, so wie jeden Ehrgeiz (glaub es oder nicht) aufgegeben. Die Poesie ist mir werter als je, und ihre heilende Kraft fühlte ich sonst nie so oft an meinem Innern. Aber auf Dichterruhm habe ich vollkommen verzichtet, aut Caesar aut nihil, und unter der Mehrzahl mag ich mich nicht verlieren. – Für mein eignes Durchkommen ist mir nicht bang; dazu besitze ich Gaben genug, aber ich will mich damit nicht begnügen. „Edel sei der Mensch, hilfreich und gut" – und was ich kann, will ich für andre tun.
Ach, ich bin noch so schläfrig und gar nicht imstande, meine Gedanken zusammenzufassen; aber in einer wahrhaft fröhlichen, wenn auch halbdumpfen Stimmung sind diese Zeilen doch geschrieben. Ein andermal, wenn ich besser bei Geisteskräften bin, schick' ich Dir die philosophische Begründung, deren mein System gewiß gar sehr bedarf. – Es ist auch kein System, sondern heißt nur in

Ermanglung eines bessern so. Ich behelfe mich seit langer Zeit damit, und ein falscher Auswuchs der Resignation war u. a. mein Entschluß, dem Gemütsleben zu entsagen; ein höllisches Konsilium! Hättest Du während der Zeit in mein stürmisch bewegtes, liebbedürftiges Gemüt blicken können!

13. Dezember

Gestern und heute sah ich das erste Eis; es erinnerte mich lebhaft an jene Zeit, da wir vor einem Jahr uns bemühten, eine Reise nach Mailand möglich zu machen. – Ach, du lieber Gott, hätte man mirs damals schwarz auf weiß gegeben, ich solle Mailand diesen Sommer sehen, ich wäre königlich zufrieden und vergnügt gewesen. – Jetzt habe ich weit mehr gesehen, als ich je hoffen durfte, aber auf wie mancher Stadt lastet in meinem Gedächtnis der düstere Gedanke: Du hast's als ein Einsiedler gesehen, und je Schöneres du sahst, desto bittrere Schmerzen empfandest du! – Aber wenn doch eine Reise mit Euch diesen düstern Flor von Genua, Pisa und Florenz wegnehmen könnte!...

Im Gesangverein singen wir Beethovens Christus am Ölberg, unsäglich schön wie alles, was ich von Beethoven gehört, – und die Macht des Gesanges. – Letzten Freitag war ich im Theater. Man verhunzte die Zauberflöte; Du weißt aber, daß ich von Gebäuden her das Talent habe, mir die Sachen zu denken, wie sie eigentlich sein sollten, und so hatte ich im Grund doch großen Genuß. Wenn Du sie noch nie gesehen hast, so geh einmal, es reut Dich gewiß nicht, und bei Euch wird dergleichen hoffentlich besser gegeben als bei uns. – Mit Ehrenbergs Baujournal[1] hab' ich nun abgeschlossen, der Kerl hat meine Anonymität nie respektiert, sondern zu jedem Wisch meinen Namen gesetzt. Übrigens hat er bezahlt. Zugleich ist auch mit dem Großmünster zu Zürich mein Stoff zu Ende gewesen. –

---

[1] „Zeitschrift für das gesamte Bauwesen." In den Jahrgängen 1837 und 1839 erschien J. B.s kunsthistorische Erstlingsarbeit „Bemerkungen über schweizerische Kathedralen": Genf, Lausanne, Basel, Zürich.

Seypel[1] ist mit einem Meitele oder Meedche erfreut worden, macht einen Punsch zur Feier und laßt Euch's schmecken!
Erst jetzt taucht die Erinnerung von meiner Reise ganz in ihrer Größe und halb als Ideal umgestaltet vor mir auf. Die Masse des Unangenehmen verschwindet im Gedächtnis, und nur die großen, himmlischen Bilder bleiben und werden mein allereigenstes Erbteil. Dann und wann träume ich des Nachts von dem Gesehenen und sehe es noch viel ungeheurer, noch viel wunderbarer. Unlängst sah ich im Traum den Dom von Mailand, aber gewiß sechsmal größer als in Natur; auch sah er ganz anders aus, und als ich erwachte, fand ich, daß meine Phantasie ein wunderschönes Gebäude geschaffen, das ich, wär' ich ein Zeichner, gleich beim Erwachen hätte zu Papier bringen können – ähnlich ist's mir schon mit Gemälden gegangen. Träumst Du auch von den Hamburger Kirchen? Die hätten doch das Idealisieren gewiß nötiger als der Dom von Mailand.
Es gibt in Italien wirklich hie und da einen Anblick, der mit mehr als natürlichem Nachdruck an den Fremden spricht. – Ich habe bei solchen Gelegenheiten ein starkes Herzklopfen empfunden. – War's Scheu und Überwältigung? Oder ahnte mein mehr als je sonst entwickelter Schönheitssinn seine Affinität mit dem Schönen in der Außenwelt? – Ein solcher Augenblick war das Herabsteigen vom Dorfe Vezzia gegen Lugano; der Einzug in Genua (wir fuhren langsam den Strandweg längs des Hafens hin); vor allem der Domplatz zu Pisa, der Signorenplatz von Florenz und der süßeste Ort auf Erden: Fiesole! Doch das alles wirst Du auch einmal sehen; ich glaube, es liegt mit Notwendigkeit in Deiner Natur, wie es in meiner liegt.
Noch ein Ort, wo ich eines liebenden Freundes bedurft hätte: es ist das Kloster Al Monte, südöstlich über Florenz. Schon den zweiten Tag unsers Aufenthaltes hatte ich diesen

---

[1] Herausgeber der Zeitschrift „Der Wanderer in der Schweiz". Der Satz bezieht sich wahrscheinlich auf die Beschreibung seiner 1838er Italienreise, die J. B. unter dem Titel „Bilder aus Italien" im Jahrgang 1839 der genannten Zeitschrift veröffentlichte. Vgl. jetzt B.G.A. I, S. 3 ff.

schönen Ort ausfindig gemacht, und am letzten prächtigen Nachmittag stieg ich den gähen Fels hinauf und zeichnete einen Teil der Stadt, die man von da aus ganz herrlich übersieht, nebst den Bergen und Ortschaften[1]. Da fühlte ich mich recht mutterseelenallein und merkte, wie wenig die Außenwelt gewährt, wenn die Innenwelt in Disharmonie geraten ist. Das ist der Punkt, wo die Resignation am qualvollsten ist, die Entbehrung eines uns liebenden Wesens. Wer nun nicht geliebt wird, der liebe wenigstens und hoffe auf Gegenliebe bis an seinen Tod!

Merkst Du nun, weshalb ich Platen immer so leidenschaftlich verteidigte? Ich fand in ihm meine noch unentwickelten dumpfen Gefühle klar ausgesprochen:

> Wo ist ein Herz, das keine Schmerzen spalten?
> Und wer ans Weltenende flüchten würde,
> Stets folgen ihm des Lebens Truggestalten.
> Ein Trost nur bleibt mir, daß ich jeder Bürde
> Vielleicht ein Gleichgewicht vermag zu halten
> Durch meiner Seele ganze Kraft und Würde.

Andere Male freilich hat er sich dem grenzenlosesten Menschenhaß überlassen, und aus dieser Stimmung sind leider die Mehrzahl seiner Gedichte hervorgegangen. – Hievon ein andermal mehr, und dann auch mehr Theologica.

Ich höre jetzt bei Beck[2] Epheserbrief; es ist außerordentlich, mit welcher Klarheit der Mann verfährt; Dinge, die bei Dewettes Manier in alle Ewigkeit stockdunkel bleiben, werden hier deutlich und tief dargelegt, wie vielleicht bei den wenigsten der Berliner Dozenten. Beck sucht bei jedem einzelnen ein Ganzes, Umfassendes zu geben, so daß wir aus Anlaß von Kap. 1, 1–10 (denn so weit sind wir erst) schon ein schönes Stück der Paulinischen Lehre zu hören bekamen. – Eins ist fatal: als Supranaturalist erkennt er im N. T. keine verschiedenen oder auch nur leise voneinander abweichenden Ansichten an; da wird Korinther, 1. Petri, Ebräer, Apokalypse untereinander zitiert und oft das Ungleichartige zu einem dogmatischen Teige verschmolzen.

---

[1] Vgl. Abbildung.
[2] Johannes Tobias Beck, Prof. der Theologie a. d. Univ. Basel, der 1836 dahin berufen wurde, um seine positive Richtung der kritischen Theologie De Wettes entgegenzusetzen.

Auch urgiert und premiert er oft einzelne Worte, daß einem angst und bange wird, und legt oft seinen Sinn erst hinein. Er verbindet oft Stellen zu einem Beweis, die einander eigentlich nichts weiter angehen; doch ist dies nicht so oft der Fall, daß nicht seine Art, einen Punkt aus allen Kräften zu beleuchten, weit überwiegende Vorteile hätte. Bisweilen wird mit Sarkasmen gefochten, besonders gegen – Harless[1]. – Dewettes Korintherbrief ist oft langweilig, unklar und weitläufig, seine christliche Glaubenslehre fast immer; freilich sind wir erst an den ersten Dogmen, Gott, Welt u.s.w. Da wird alter Quark vorgebracht, nur mit unverständlichen Worten, und sieht deshalb bisweilen noch wie neu aus. Dewettes eigentliche Force scheint doch die Kritik zu sein. – Hagenbachs[2] Dogmengeschichte ist oft höchst interessant. (Alois schwänzt wöchentlich wenigstens eine der vier Stunden und meint, es sei eigentlich nichts besonderes.) ...
Adieu, herzlieber Hans, tröste mich bald wieder mit einem Brief! Dein J. Bdt.

AN HEINRICH SCHREIBER

Basel, Palmsonntag 1839

Mehr als je fühle ich jetzt das Bedürfnis, über tausend Dinge mit einem wohlwollenden Freunde mich zu besprechen, oder wenigstens über manches auszureden, wofür ich hier kein Ohr finde – freilich auch keines suche. Schon den ganzen Winter hindurch drängte es mich nach Freiburg zu gehen, und jetzt habe ich beschlossen, womöglich Ihnen in der Osterwoche einen Besuch abzustatten. Ich bin die behagliche Treppe Ihres Hauses noch nie ohne innere Beruhigung und Ermutigung hinabgestiegen, und auch dieses Mal wird Ihre liebevolle Rede meine Studienbahn mir in rosigem Licht erscheinen lassen. Ich werde etwas weit ausholen müssen; doch Sie haben mich schon so oft gütig angehört, daß ich auch dieses Mal ohne Furcht bei Ihnen anklopfe.

[1] Adolf von Harless, streng lutherischer Professor der Theologie, seit 1833 a. d. Univ. Erlangen.
[2] Karl Rudolf Hagenbach, seit 1824 Prof. der Kirchengeschichte a. d. Univ. Basel.

Groß-St. Martin und Dom in Köln

Bleistiftskizze aus Burckhardts Skizzenbuch, 1841

AN HEINRICH SCHREIBER

Basel, Sonntags, den 8. Sept. 1839

Hochwürdiger Herr!
Nächsten Donnerstag über acht Tage reise ich in Begleit desselben Freundes, mit dem ich in Italien war, nach Berlin ab. Lassen Sie mich noch an Sie ein kurzes Wort des Dankes und der treuesten Anhänglichkeit richten.

Sollte ich einmal im historischen Fach irgend etwas Bedeutendes leisten, so gebührt Ihnen großenteils die Ehre davon; ohne Ihre Anregung – mochte dieselbe auch Ihnen selbst verborgen sein – und ohne Ihre Aufmunterung, als Sie meinen Entschluß erfuhren, endlich ohne Ihr leuchtendes Beispiel wäre ich wohl schwerlich auf den Gedanken gekommen, meine Lebensbestimmung in der Geschichtsforschung zu suchen, wenn ich gleich von Jugend auf willens war, die Geschichte mein Leben lang nicht aus den Augen zu verlieren. – Den Dank hierfür möchte ich Ihnen am liebsten später abstatten können [1]. –

Sollten Ihnen für irgendeine Forschung Auszüge, Kopien etc. aus den Berliner Schatzgruben wünschbar sein, so bitte ich Sie inständigst, sich doch an mich wenden zu wollen – (wenn Sie nicht schon einen besseren Agenten in Berlin haben); – dergleichen ist ja jetzt meines Amtes und nicht mehr Allotrium (Ihnen sei es gedankt!). –

Wie gerne würde ich Ihr gottgeliebtes Freiburg auf meiner Reise berühren! Allein um nur in München, Nürnberg und Prag das Notdürftigste zu sehen, sind unsere fünf Reisewochen eine viel zu kurze Zeit. Doch wenn ich Sie auch nicht mehr besuchen kann, so bleibt mir gleichwohl Ihr Bild immer gegenwärtig, und es soll mich in kleinlauten Augenblicken aufrechterhalten. –

Die vorgestrigen Züricher Ereignisse [2] haben von neuem mich darauf aufmerksam gemacht, wie gefährlich und sündhaft es sein würde, ohne den stärksten inneren Beruf, in kirchlich dermaßen aufgeregten Zeiten sich der Theologie

[1] J. B. widmete Heinrich Schreiber später sein erstes größeres historisches Werk „Die Zeit Konstantins des Großen".
[2] Gemeint ist der durch die Berufung des Theologieprofessors David Friedr. Strauß nach Zürich veranlaßte „Zürichputsch" vom 6. Sept. 1839. (Münzel)

zu widmen. Dr. Gelzer, den ich meiner Studien wegen unlängst beriet, hat mich übrigens darauf besonders aufmerksam gemacht, wie vorteilhaft es für mich zur Beurteilung von tausend geschichtlichen Zuständen sei, daß ich bisher Theologie studiert habe (ich meine, er ist selbst ein Überläufer ex theologorum castris, wenn ich nicht irre). – Vorgestern, zu derselben Stunde, als in Zürich die Kugeln um Post und Rathaus sausten, fand hier eine lateinische Doktoratsdisputation (philosophiae) statt, und zwar die meines Freundes cand. Streuber. (Er geht nun glücklicherweise auch nach Berlin, besonders um der historischen Fächer der Theologie willen.) – Nach der Anrede des Brabeuta (Gerlach) disputierte ich mit ihm etwas über eine halbe Stunde vom Schuß des Tellen, den ich leugnete. Es ging noch so ziemlich, wenigstens ohne Grammatikalien und grobe Schnitzer ab, doch war ich froh, als die beiden andern Opponenten an die Reihe kamen, die nun, der eine auch wie ich über eine der Thesen, der andere über des Kandidaten Dissertation (de Horatii arte poetica ad Pisones), mit demselben stritten. – Dieses mein öffentliches Auftreten hat meinem Vater meine Apostasie um vieles versüßt, und darauf hauptsächlich hatte ich es angelegt. Er hat doch nun einmal einigermaßen Ehre an mir erlebt, wenn's gleich im Grunde nicht viel besagen will....

Ich bin von unendlicher Sehnsucht und Ungeduld nach meinem neuen Arbeitskreise geplagt und kenne ihn doch noch so wenig! – Ich springe gewiß nicht leichtsinnig in meine neue Bahn hinein; ich weiß, was ich tue und warum ich es tue, und will alle meine Kräfte daransetzen. ...

AN HEINRICH SCHREIBER

Berlin, 15. Januar 1840
Hochverehrtester Freund!
Ich verdiene die Zuneigung, die Sie mir zuwenden, keineswegs, und ich fühle mich tief beschämt dadurch, daß mir meine Nachlässigkeit durch einen Dritten kundwerden mußte. Wenn irgendeinem Menschen in der Welt, so bin ich Ihnen Rechenschaft und zwar baldige Rechenschaft

über mein hiesiges Leben schuldig gewesen, und diese Schuld zu spät abtragend, bitte ich Sie um Verzeihung. Als ich die ersten Stunden bei Ranke, Droysen und Böckh gehört hatte, machte ich große Augen. Ich sah, es war mir bisher ergangen, wie jenen Rittern im Don Quichotte mit ihren Damen, ich hatte meine Wissenschaft auf Hörensagen hin geliebt, und nun trat sie plötzlich in gigantischer Größe vor mich, und ich mußte die Augen niederschlagen. Jetzt erst bin ich fest entschlossen, ihr mein Leben zu widmen, vielleicht mit Entbehrung des häuslichen Glückes; von nun an soll kein Zwitterzustand meine Seele ängstigen.

Ich habe den Mut gefaßt, mich für ein spezielles Feld der Geschichte zu entscheiden, und dazu habe ich – Vorderasien erwählt. Wie lange versuchte mich das deutsche und romanische Mittelalter! – Aber man muß bei der ungeheuren Ausdehnung der Wissenschaft sich auf etwas beschränken und dieses recht treiben, sonst zersplittert man sich. Ich weiß, es schmerzt Sie vielleicht, daß ich mich nicht dem Mittelalter zuwandte, und wenn man irgendeinem Menschen in solchen Dingen zu Gefallen leben dürfte, so würde ich es Ihnen getan haben. –

Ich treibe nun Arabisch, höre bei Ritter Erdkunde, bei Böckh griechische Altertümer, bei Droysen alte Geschichte, bei Kugler Geschichte der Baukunst, bei Panofka Einleitung in die Archäologie, bei Homeyer Geschichte der deutschen Landstände (um doch auch die Gegenwart ein wenig beurteilen zu lernen, bloß eine Stunde wöchentlich). Bei Ranke würde ich ohne anderes neue Geschichte hören, aber das Kollegium kollidiert dreimal mit Kugler, und so kann ich bloß dann und wann hospitieren; auch darüber bin ich schon froh. Leider liest Ranke nie alte Geschichte, dennoch werde ich inskünftig alles bei ihm hören, denn wenn man sonst nichts bei ihm lernen könnte, so könnte man wenigstens Darstellung lernen. Ich treibe Hebräisch fort – und habe nun die kleinen Propheten beendigt. Auch habe ich angefangen, die Alten, soviel sie vom Orient handeln, zu exzerpieren. Freilich bin ich noch nicht weiter als im dritten Buch des Herodot; den Berossus habe ich bereits beseitigt. Daneben lese ich griechische Dichter – kurz, es ist schon zuviel, um alles recht zu treiben. An Vorderasien freut mich besonders, daß es noch beinahe eine tabula rasa ist, was man dem hellenischen und römischen Altertum nicht nachrühmen kann. Ich habe nun zunächst ein summarisches Studium der griechischen Dialekte vor und eine Repetition der hebräischen Grammatik; im nächsten Semester will ich dann auch Griechisches hören, jetzt ist keine Zeit dazu. Das Arabische nimmt gar manche Stunden in Anspruch, – ach Gott, ich referiere einstweilen fast nur, was ich tun will! Wann wird die Zeit kommen, wo ich berichten kann, was ich getan habe? –

Übrigens wird die Kunstgeschichte immer ihr Recht auf mich behaupten, sowie auch die Kenntnis der Literaturen immer eine Hauptseite meiner philologisch-historischen Bestrebungen sein wird. Auf der Reise durch das liebe Deutschland habe ich allerhand Kunstdata gesammelt, aber auch eben dadurch allerlei Gährungsstoff in mich aufgenommen. Ich sehe, in manchen Stücken tappen selbst die Kenner im Dunkeln, so z. B. in der Beurteilung der byzantinischen Baukunst. Ich habe mit manchen Leuten darüber gesprochen, so mit Bildhauer Schäfer in Bamberg, mit einem Altertumsforscher in Regensburg usw., und mir einstweilen das gemerkt, daß man noch gar keine festen Kriterien dafür besitzt. Nun kommt vollends Prof. Kugler drein und behauptet mir: der Dom von Bamberg sei ums Jahr 1200 erbaut, ebenso das berühmte Portal von St. Jacob in Regensburg und fast alle jene zierlichen byzantinischen Bauten. Kugler geht übrigens am gewissenhaftesten zu Werke, insofern er die Gesimse, Pilaster und Bänder sorgfältig vergleicht und dann von ein paar urkundlich bezeugten Werken auf die andern hinüber schließt. Aber er setzt doch alles gar zu spät! –

Zwei volle Tage habe ich in dem göttlichen Regensburg mit Zeichnen zugebracht; leider nur einen in Bamberg. München interessiert nur durch seine Neubauten (die Frauenkirche ausgenommen). Der Turm von Landshut ist ein ganz spätes Scheusal mit jämmerlich genierter sogenannter Entwicklung, i. e. plumper Verjüngung der Stockwerke. Freiburg allein besitzt das Kleinod, und das soll nicht von ihm genommen werden. Der Dom von Prag ist spät, aber prächtig.

Hier wieder etwas von ihrem lieben Gmünd:

1381 erbaut Arrigo di Gamodia die Certosa von Pavia,
1385   –   –   –   – den Dom von Mailand,
1386 erbaut Peter Arler von Gmünd den Dom zu St. Veit in Prag,
138[?] erbaut Heinrich (?) Arler von Gmünd den St. Stephan in Wien.

Sie finden wohl Gelegenheit, der Sache mehr nachzugehen. Es findet sich daneben noch die Sage, der Dom von Prag oder Wien und der von Mailand seien von zwei Brüdern erbaut. Also eine Familie Arler von Gmünd erscheint als Träger des letzten großartigen, wenn auch unreinen Aufflackerns der gotischen Baukunst. – Ich zitiere übrigens Namen und Zahlen aus dem Gedächtnis, und sie bedürfen der Verifikation. Weit fehlgeschossen habe ich übrigens nicht. Die ungeheuren, wenn auch dem Laien kaum bemerklichen Divergenzen in der Bauart der genannten Monumente sind Ihnen freilich bekannt genug! ...

Weil wir doch bei Gmünd sind, so kann ich Ihnen noch etwas von Hans Baldung berichten. Ich habe in keiner deutschen Galerie etwas gefunden, was seines Freiburger Dombildes würdig wäre. Man sieht überhaupt wenig von ihm. ...

Jetzt bin ich frei und mutig, wieviel hievon ich Ihnen verdanke, werde ich nie vergessen; mein Bestreben soll sein und bleiben, Ihnen Freude, Ihrem Zutrauen Ehre zu machen. Ihre unverdiente Freundschaft soll mich in trüben Momenten aufrechterhalten helfen und in heitern mich spornen und aufmuntern. Mir fehlt hier nichts als ein Lehrer, der so wie Sie mich bald spornen, bald bändigen könnte. Bei Droysen bin ich, obschon nicht empfohlen, doch sehr gut aufgenommen worden und besuche und berate ihn nun öfters, aber der Einfluß geht ganz durch das Medium des Verstandes, und ein väterlicher Freund fehlt mir hier ganz. ...

AN THEODOR MEYER-MERIAN

Berlin, 11. März 1840

... Sage[1] Schreibern bei Gelegenheit, ich hätte unglaubliches Verlangen, ihn und sein Münster wiederzusehen. ... Sage ihm auch, die Grille, mich auf Vorderasien zu beschränken, sei mir hübsch vergangen! ...
Ich habe hier einen wahren Glücksschuß getan, indem ich mich (obwohl unempfohlen) an Kugler machte. Der gute Mann muß überflüssigen Fettes wegen täglich spazierengehen und hat mir nun erlaubt, ihn abholen zu dürfen, sooft es mir gelüste. Das habe ich denn schon öfter getan, und so zotteln wir zwei Stunden lang durch den schönsten Schreibsand; das Ding sieht hellgelb aus, es ist eine wahre Pracht. Über gefrorne Sümpfe lasse ich den fetten Herrn weislich voranmarschieren; trägt es ihn, so trägt es auch mich. – Die Windmühlen auf den soi-disant Hügeln um Berlin sind mir ein Greuel. Höhnt man die Berliner wegen ihrer Gegend aus, so erhält man die Antwort: Ja, Sie müssen die Jejend sehen, wenns jrüne is. – Schöne Lufteffekte gibt es bisweilen, und dann sehen die Fichtenwälder grandios aus. Das ist aber auch alles. ...

ANS DÖRLI

Berlin, Sonntags, den 22. März 1840

Liebes Dörli!
Zehn Jahre und vier Tage nach dem Tode meiner unvergeßlichen Mutter setze ich mich hin, um Dir endlich den lange versprochenen Brief zu schreiben. Du hättest glauben können, ich habe Dich vergessen, wenn Du nicht sonst wüßtest, daß dies nicht der Fall ist; ich wollte jedesmal, wenn ich an den Vater schrieb, für Dich etwas beilegen, aber da war ich meist sehr pressiert, weil ich es immer auf den Notknopf ankommen ließ; auch ist man nicht immer in der Stimmung, einen Brief zu schreiben, der den Empfänger freuen kann.
Ich lebe hier natürlich sehr eingezogen, und ich wünsche es nicht anders, ich habe einige gute Leute, an die ich

[1] Der Adressat ist ein „Zofinger", der J. B. in Berlin über Basler Ereignisse auf dem laufenden hielt.

empfohlen bin, sonst besuche ich außer meinen Landsleuten niemanden, da ich gar viel zu arbeiten habe. Auch ist Berlin ein ganz widerwärtiger Ort; eine langweilige, große Stadt in einer unabsehbaren, sandigen Ebene. Viele Stunden herum ist kein guter Acker; Obst wächst der Kälte wegen nicht mehr; nichts als Föhren und etwa Buchen, deshalb ist hier alles arm, selbst die vornehmen Leute haben lange nicht soviel als die Baslerherren, und Herr Christoph Merian hat ein viel größeres Einkommen als der Kronprinz von Preußen; denn dieser hat jährlich nur 270000 Franken und muß daraus eine Menge Leute erhalten, während Herr Merian vielleicht ebensoviel auf die Seite legt.

Die Stadt ist sehr groß, und man kann sich leicht verlaufen, so daß man weder Weg noch Steg weiß und fragen muß; denn in einer Zeit von vier Monaten kann man unmöglich alle Gassen kennenlernen. Ich wohne in dem neuern Teile der Stadt, welchen man die Friedrichsstadt nennt, weil ihn der Alte Fritz erbaut hat. In dieser Friedrichsstadt sind lauter gerade Straßen; die Straße, wo ich wohne, geht von einem schönen Tor bis zum königlichen Schloß und ist zwanzig Minuten lang; sie ist die breiteste und schönste Straße von Berlin und enthält vier Reihen von Linden, weshalb man es „Unter den Linden" nennt. Du wirst denken, ich mache mir es bequem, indem ich die schönste Straße auswähle, aber ich wohne eben nicht vorne heraus, sondern im zweiten Hofe, wo man die Zimmer nicht teurer bezahlt als in andern Gassen. Die vordern Zimmer haben zwei Grafen und eine Gräfin entlehnt, die jedes eine besondre Partei ausmachen; die Leute schränken sich sehr ein mit dem Platz, und deshalb kann man nicht wie bei uns eine Menge von alten Möbeln haben, sondern was man gerade nicht brauchen kann, das bekömmt der Jude. Die vornehmsten Leute, die drei oder vier Kinder haben, begnügen sich mit sechs oder acht Stuben, und es gibt Fürsten und Grafen hier, die nur über drei Zimmer gebieten.

Du kannst leicht denken, was hier für eine Armut herrschen muß; es ist ganz unglaublich, wie elend sich hier viele Leute durchhelfen müssen. Es gibt Zimmer, wo zwei, ja selbst vier Parteien wohnen, dann spannt man Seile übers

Kreuz, damit jeder weiß, in welchen Winkel er gehört. ... Dabei gibt es etwa 20000 Menschen hier, welche Diebe sind; darunter etwa 3000, die nur vom Diebstahl leben und von nichts anderem, so daß man in keinem Hause wohnen kann, wo nicht ein Dieb wäre. Auch in dem Hause, das ich bewohne, gerade neben meinem Zimmer, sind vor vierzehn Tagen fünf silberne Kaffeelöffel gestohlen worden; man weiß, wer die Diebin ist, sie wohnt noch dazu in unserm Hause, aber man kann ihr nichts zu leide tun, weil man ihr nichts beweisen kann. Es ist eine Person, die schon zweimal jahrelang im Gefängnis saß, die man aber gleichwohl im Losament dulden muß ... Kurz, es wäre hier sehr unheimelig zu leben, wenn man nicht Freunde und andere gute Leute hätte, die einem das Leben angenehm machen.

Das Essen ist sehr schlecht im Vergleich mit dem, was man in Basel hat; zum Glück hat man hier nicht halb soviel Appetit, und es gibt Tage, wo man wirklich nichts den Hals hinunterbringt. Beim Morgentrinken verzehre ich viel weniger als daheim, beim Mittagessen desgleichen, abends trinke ich Tee und esse ein paar kleine Brötchen dazu, und dann könnte ich durchaus nichts mehr essen. Im Sommer werde ich bloß morgens und mittags etwas genießen und den Tee Tee sein lassen. Wenn man sich hier nicht sehr in acht nähme, so würde man beständig unwohl sein; man muß hier leben wie in einem Karthäuserkloster, besonders die Fremden.

Dazu kommt noch, daß das Wetter abscheulich ist. Den Winter hindurch war es einmal 19 Grad kalt und drei Tage darauf sieben Grad Wärme, und so wechselte es immer ab; es sind auch viel mehr Leute, besonders alte Leute gestorben als sonst. Den ganzen März hindurch schneite es alle paar Tage und fror fast jeden Morgen; nachmittags aber ist immer ein Kot zum Umkommen. Fast den ganzen Monat war kein Stückchen blauen Himmels zu sehen. Auch jetzt liegt überall tiefer Schnee, und die Gassen sind so pflotzig, daß man ohne Überschuhe gewiß immer mit ganz durchnäßten Schuhen und Strümpfen nach Hause käme. Und gleichwohl läßt es sich hier recht angenehm leben, auch wenn man kein überflüssiges Geld hat. Fürs erste habe ich

wenigstens genug zu tun, und dann sind einige sehr schöne
Anstalten hier, die ich oft besuche, besonders das Museum,
wo über 900 der schönsten Gemälde, ferners über hundert
alte Bildsäulen und sonst noch ganz unendlich viele Merkwürdigkeiten zu sehen sind.

Dann ist das Theater, das ich bisweilen besuche, sehr
schön mit vortrefflichen Sängern und Schauspielern versehen. Du kannst Dir denken, was man daselbst für Wind
macht, wenn ich Dir sage, daß unlängst, als man ein altes
deutsches Fest vorstellte, vierhundert Wachskerzen auf der
Bühne brannten. Erinnerst Du Dich noch, wenn wir
meisterlosig waren, wie man uns immer sagte: wart nur,
bis Du unter fremden Leuten bist, da wird man Dir die
Zunge schaben. Diese Zeit ist nun eingetreten; die Zunge
wird mir geschabt wie einst zu Neuenburg, als ich im
Welschland war. Was man alles unter die Zähne bekommt,
mag ich gar nicht untersuchen; ich bin zufrieden, wenn
es nicht ungesund und dabei noch eßbar ist. Wenn der
Speisewirt einem Stück Fleisch nicht mehr recht traut,
so gießt er eine recht scharfe Brühe darüber, so daß man oft
nichts merkt. Die Milch ist ganz erbärmlich schlecht und
oft wirklich kaum trinkbar, dagegen ist mein Kaffee sowie
auch der Tee, welchen ich selber mache, sehr gut. Das Brot
ist völlig ungesalzen, man kann es am Anfang nicht essen;
nach und nach aber gewöhnt man sich daran, und jetzt
merke ich es kaum. Das Wasser ist lauter Sodbrunnenwasser;
in ganz Berlin ist nicht ein einziger laufender Brunnen, weil
die Stadt ganz in einer sandigen Ebene liegt. Dagegen hat
fast jedes Haus und jede Gasse ihren Zugbrunnen; glücklicherweise liefert der in unserm Haus ziemlich gutes
Wasser. In einigen Gegenden von Berlin hat das Wasser
einen Sumpfgeschmack.

Wenn man nun aus der Stadt hinaus bei trockenem
Wetter spazierengeht und nicht der Landstraße folgen will,
so gerät man auf Wege, wo einem der dürre gelbe Sand bis
über die Knödlein geht, so daß man gezwungen ist, in Stiefeln spazierenzugehen. Doch hat man einen großen Wald
gerade vor der Stadt, welcher der Tiergarten heißt, und
worin feste Wege sind. Da ich nur etwa 400 Schritte vom

Tor wohne, welches dahin führt, so gehe ich sehr oft dahin, es ist aber ein langweiliger Spaziergang. Wenn man sich etwas zu gute tun will, so sitzt man auf die Eisenbahn und rutscht in 33 oder 35 Minuten nach dem fünf gute Stunden entfernten Potsdam, wo die Gegend etwas besser und sonst noch vieles zu sehen ist. Das Fahren auf den **Eisenbahnen** ist sehr lustig; man fliegt eigentlich wie ein Vogel dahin. Die nächsten Gegenstände, Bäume, Hütten und dergleichen kann man gar nicht recht unterscheiden; sowie man sich danach umsehen will, sind sie schon lange vorbei. Nur sehr selten geschehen Unglücksfälle, gleichwohl gibt es hier viele Leute, die sich verschworen haben, nie auf eine Eisenbahn zu sitzen. Ich bin auf der Reise viermal auf Eisenbahnen gefahren.

Es heißt, der **König von Preußen** werde dieses Jahr sterben, und er selber glaubt es. Auch ist er schon ziemlich schwach und siebenzig Jahre alt. Ich habe ihn schon öfters gesehen. Es heißt, man sehe im hiesigen Palast bisweilen die weiße Frau, welche das Hausgespenst des preußischen Hofes ist und immer erscheint, wenn jemand von der königlichen Familie sterben soll. Es ist eigentlich eine Gräfin von Orlamünde, welche vor vielen hundert Jahren ihre Kinder ermordet haben soll. Es gibt hier Leute, die sonst sehr vernünftig sind und doch daran glauben. Es wäre merkwürdig, wenn ich hier noch das Begräbnis des Königs sehen könnte. Man spricht hier ganz ungescheut von dem nahen Tod des Königs.

Nun weißt Du so ziemlich, liebes Dörli, wie ich es hier habe, und wie es mir geht. Gott erhalte Dich und mich und die Unsrigen alle, bis wir uns in Basel wiedersehen....

Dein Köbi.

AN HEINRICH SCHREIBER

Berlin, 11. August 1840

Etwas klingt mir immer in den Ohren, und ich muß noch etwas darin leisten, und das ist die deutsche Kunstgeschichte, die noch so ziemlich im Argen liegt. Und nun hören Sie meinen Plan. Ich reise nächsten Freitag in den Harz und besuche von da aus Hildesheim, das an alten, bisher noch nicht untersuchten Kunstwerken, sehr reich sein soll. Hier werde ich die im verflossenen Winter gemachten architekturgeschichtlichen Studien in Anwendung zu bringen suchen und sehen, wie es damit geht. Den nächsten Sommer bringe ich in Bonn zu, um Welckers willen und wegen der Nähe des heiligen Köln. In den Ferien reise ich nach Belgien usw. ... Was sagen Sie hiezu?

Nächsten Winter höre ich bei Ranke Mittelalter, weiter weiß ich noch nichts; dieses Halbjahr nahm ich an seinen historischen Übungen teil. Obgleich nichts Rechtes dabei herauskam, so hatte man doch großen Vorteil davon; jetzt erst ahne ich etwas von historischer Methode.... Die eigentliche Schande für Berlin ist, daß sie Droysen haben nach Kiel gehen lassen. Nun ist auf der ersten Universität Europas, wie sich Berlin oft zu nennen beliebt, kein Mann von einigem Namen, der alte Geschichte liest. Bei Raumer, der noch dazu langweilig sein soll bis zur Plattheit, kam ich niemals auch nur zum Hospitieren, da Ranke und er einander zum Trotz immer zu derselben Stunde lesen.

In Freiburg haben Sie gewiß keinen Begriff von dem Neide und der Eitelkeit der größten hiesigen Gelehrten! Von Ranke ist es leider allzubekannt, daß er ein guter Gesellschafter ohne Charakter ist, und das können Sie auch in jeder Rezension seiner Schriften schwarz auf weiß lesen. Gegen uns ist er sehr artig. Lachmann wirft in jeder Stunde auf die gemeinste Weise mit Ochsen und Eseln um sich. Und nun vollends die Ärzte! Hier haßt sich alles auf den Tod, und ich möchte mit viertausend Talern jährlich hier nicht Dozent sein. Aber lernen kann man ein Stück.

Wie sehne ich mich nach dem Rhein! Er ist doch die Lebensader Deutschlands. Von der Erbärmlichkeit der Mark Brandenburg können Sie sich keinen Begriff machen, um so höher muß man ihre historischen Entwicklungen anschlagen.

AN DIE SCHWESTER LOUISE

Berlin, den 15. August 1840

Berlin wird ganz öde; in den wenigen Kollegien, die noch ausplampen, sind kaum noch ein Drittel der Zuhörer, und die Professoren fangen an, in jeder Stunde Excusen zu schneiden für die Mühe, die sie den geehrten Herren verursachen. Ranke schließt heute, und so komme ich gerade zu rechter Zeit weg. ...

Es ist schade um den Mann, daß er bei den allerungeheuersten Kenntnissen, dem durchdringendsten Geist, der größten Kunst im Umgang (er war auch mit mir sehr artig) so spottwenig Charakter besitzt. Eine schöne, ganz wahre Anekdote hierüber muß ich Dir doch erzählen. Ranke war einst allein bei Bettina; ihr Gespräch fiel auf die Unterjochung Polens, Bettina war natürlich voll der tiefsten Empörung gegen Rußland, und Ranke ging auf ihre Ideen mit völliger Beistimmung ein. – Einige Zeit darauf war er wieder bei Bettina in einer großen Gesellschaft; ein großer russischer Diplomat ließ sich mit ihm in ein Gespräch ein, in dessen Verlauf Ranke das Benehmen der Polen revolutionär und fluchwürdig nannte. In diesem Augenblick sah ihm Bettina mit rollenden Augen hinter der Schulter hervor und sagte nichts als: Pfui! Ranke aber strich sich baldmöglichst aus dem Hause und hat es nicht wieder betreten. Ein andermal handelte sich's um die Aufnahme Varnhagens in die Akademie der Wissenschaften. Ranke, der ihn nicht leiden mag, ihn aber doch gerne gewonnen hätte, hielt einen begeisterten Vortrag zu Varnhagens Gunsten. Darauf kam es zur Abstimmung, wobei aber keine Stimme für Varnhagen zum Vorschein kam. Ranke hatte für ihn gesprochen und gegen ihn gestimmt. – Man sah sich an, und jeder dachte sein Teil.

Daß eine so wenig solide Gesinnung, wie sie bei Ranke völlig sprichwörtlich in ganz Berlin geworden ist, auch auf die Darstellung der Geschichte Einfluß habe, kann man indes nicht gerade behaupten. Nie hat man aus Rankes Munde die geringste Frivolität gehört; er macht oft Witze, und zwar gute, aber wenn er von großen Momenten spricht, so lagert sich der historische Ernst deutlich, ja halb unheimlich in seine tiefgefurchten Züge.

Nietzsches Sämtliche Werke
einzeln in Kröners Taschenausgabe

Also sprach Zarathustra
Ein Buch für Alle und Keinen
Mit Nachwort von Prof. Alfred Baeumler. Mit Bildnis.
Kröners Taschenausgabe Bd. 75.

Kartoniert M 1.—, Leinen mit Goldaufdruck M 1.70, Ganzleder M 4.05
Das ewige Buch der „azurnen Einsamkeit", die Krone von Nietzsches Schaffen, eines der höchsten Werke der Weltliteratur. In seinem Mittelpunkt in heroischer Humanität der „Übermensch", das Gegenbild des christlich-demokratischen Europa, und der Gedanke der „Ewigen Wiederkunft" mit der Forderung, alles so zu tun, „daß ich es unzählige Male tun will". Prof. Alfred Baeumlers meisterhafte Einführung erhöht das Verständnis und den Genuß des einzigartigen Werkes wesentlich. Die wohlfeile Ausgabe wird es vielen neu erschließen.

Der Wille zur Macht
Versuch einer Umwertung aller Werte
Mit Nachwort von Prof. Alfred Baeumler. Mit Bildnis.
Kröners Taschenausgabe Bd. 78. M 4.—

Das Hauptwerk des Denkers Nietzsche, das kühnste und wichtigste philosophische Werk des 19. Jahrhunderts, zu dem „Also sprach Zarathustra" die „Vorhalle" bildet. In vier gewaltigen Teilen behandelt es alle großen Gebiete des Lebens: zeichnet im ersten den europäischen „Nihilismus": den Zustand der Ermüdung und Sinnlosigkeit, beschreibt als deren Ursache im zweiten die falschen höchsten Werte in Religion, Moral und Philosophie, stellt im dritten Teil die Grundlinien der neuen Wertsetzung auf und entwirft im vierten die Lehre von der Rangordnung mit der Verkündung des großen Menschen als des Gesetzgebers der Zukunft.

Unzeitgemäße Betrachtungen
Mit Nachwort von Prof. Alfred Baeumler. Mit Bildnis.
Kröners Taschenausgabe Bd. 71. M 2.70

Die „Unzeitgemäßen Betrachtungen" zeigen den Erzieher Nietzsche in großartigstem Licht, den Vorkämpfer einer deutschen Kultur. Er wendet sich gegen die falsche, von der Gelehrsamkeit bestimmte Bildung der Zeit, die aller menschlichen Größe im Wege steht und gegen den „Bildungsphilister", der sich durch solche „Bildung" „vor dem Enthusiasmus gerettet hat". Ihnen entgegen stellt Nietzsche die Gesichtspunkte, unter denen die Menschen der kommenden Kultur verbünden können: die Geschichte im Dienste des Lebens zu gebrauchen, eines Lebens freilich im Angesicht der höchsten Vorbilder. Die beigegebenen Schriften aus gleicher Zeit runden das Bild.

Die Geburt der Tragödie / Der griechische Staat

Mit Nachwort von Prof. Alfred Baeumler. Mit Bildnis.
Kröners Taschenausgabe Bd. 70. M 2.25.

Der geniale Erstling Nietzsches, "Die Geburt der Tragödie", erscheint in diesem Bande umgeben von den gleichgerichteten Schriften der Frühzeit: "Der griechische Staat", "Die Philosophie im tragischen Zeitalter der Griechen" und "Wissenschaft und Weisheit im Kampfe". Aus der farbenvollen, seelenspürerischen Betrachtung antiker Vergangenheit heben sich die Begriffe des Dionysischen und Tragischen heraus: der Gedanke heroischer Bejahung des Lebens gegen alle Verneinung, der als ein Leit-Thema von nun an Nietzsches Denken durchzieht. So ist dieser erste Band der Schlüssel zu Nietzsches Werk.

Menschliches, Allzumenschliches

Ein Buch für freie Geister

Mit Nachwort von Prof. Alfred Baeumler. Mit Bildnis.
Kröners Taschenausgabe Bd. 72. M 3.40.

Das Buch eindringender Seelenkennerschaft, das durch Demaskierung der geltenden Metaphysik, Religion und Kunst, indem es überall an die Stelle des "beruhigenden Glaubens" die helle Erkenntnis setzt, den Weg freimacht für die späteren Einsichten Nietzsches; das Buch der Goldschmiedekunst und zartesten Wägung des Wortes: das europäische Aphorismenbuch.

Morgenröte

Gedanken über die moralischen Vorurteile

Mit Nachwort von Prof. Alfred Baeumler. Mit Bildnis.
Kröners Taschenausgabe Bd. 73. M 2.25.

"Mit diesem Buche beginnt mein Feldzug gegen die Moral." Nietzsche, der im "Menschlichen, Allzumenschlichen" noch beweglich Umschau hielt, findet seinen Gegner in einer Moral, die die Naturtriebe des Menschen bekämpft und als Ziel die Entselbstung, das Leben für andere, aufstellt, ein Ideal, bei dem aller Glanz und alle Tiefe des Lebens verlorengehe. Der Forderung nach dieser "Humanität" stellt er den Trieb zum Wettkampf, zur Überwindung, zum Siege entgegen.

Die fröhliche Wissenschaft

Mit Nachwort von Prof. Alfred Baeumler. Mit Bildnis.
Kröners Taschenausgabe Bd. 74. M 2.25.

Stürmisch führt die "Fröhliche Wissenschaft" das Thema der "Morgenröte" fort: der Kampf gegen die lebensfeindlichen Vorurteile wird zum Kampfe gegen den schwächenden liberalen Kulturstaat. "Gefährlich leben!" ist die Losung dieses Buches, das den Troubadours huldigt, den Sängern, Rittern und Freigeistern in einem. Das Bild des "guten Europäers", des Wächters und Lenkers der Kultur, steigt auf, dessen Ziel die "Verstärkung und Erhöhung des Typus Mensch" ist. Zarathustras Landschaft erscheint am Horizont.

Jenseits von Gut und Böse
Zur Genealogie der Moral

Mit Nachwort von Prof. Alfred Baeumler. Mit Bildnis.
Kröners Taschenausgabe Bd. 76. M 2.25. Einzeln karton. M 1.– und M –.80

Nietzsche nannte auf die Frage, was man zuerst von ihm lesen solle, „Jenseits von Gut und Böse" und die „Genealogie der Moral" als die weitgreifendsten und wichtigsten seiner Schriften. Sie geben mit unerbittlicher Genauigkeit des Blickes für die moralischen Hintergründe der Kultur die vollständigste Kritik der Zeit, führen durch die hellsichtige Betrachtung der „Herrenmoral" und „Sklavenmoral" zur Frage der natürlichen Rangordnung der Menschen und einem neuen, grandiosen Blick auf Gesellschaft und Geschichte. Sie sind die Meisterwerke unter Nietzsches Prosa.

Götzendämmerung / Der Antichrist
Ecce homo / Gedichte

Mit Nachwort von Prof. Alfred Baeumler. Mit Bildnis.
Kröners Taschenausgabe Bd. 77. M 2.95.

In großartiger Vielseitigkeit nehmen diese Schriften verschärft noch einmal alle Themen Nietzsches auf: „Der Fall Wagner" mit dem Anhang „Nietzsche contra Wagner" und die „Götzendämmerung" den Kampf gegen seine Zeit, der „Antichrist" tief und ungestüm den Gedanken vom Kampfe des aufsteigenden Lebens gegen die Kräfte des absteigenden. Hinzu treten die grandiose Selbstbiographie des „Ecce homo" und die „Gedichte".

Die Unschuld des Werdens

Der Nachlaß ausgewählt und geordnet von Prof. Alfred Baeumler.
2 Bde. Kröners Taschenausgabe Bd. 82, 83. Jeder einzeln M 3.75.

Nietzsches Nachlaß, das große, bisher unerschlossene Neuland, von dem aus Nietzsches Werk in seiner überwältigenden Einheit und seinen Hintergründen erst voll verständlich wird, ist mit dieser Ausgabe jedermann geöffnet. Er ist kein „Nachlaß" im üblichen Sinne, sondern, geordnet, ein umfangreiches, unverhüllteres, vollgültiges Seitenstück zu den Werken.

Nietzsche in seinen Briefen
und Berichten der Zeitgenossen

Die Lebensgeschichte in Dokumenten.
Herausgegeben von Prof. Alfred Baeumler.
Mit 11 Abbildungen und 3 Handschriftproben.
Kröners Taschenausgabe Bd. 100. M 4.–.

Für jeden Nietzsche-Leser kommt einmal der Augenblick, in dem er sich brennend fragt: Wie sah der vieldeutige Mensch aus, den ich hier lese? Welches ist sein wahres Gesicht, durch Liebe oder Haß unentstellt? Auf diese Fragen antwortet der vorliegende Band. Er vereinigt, durch den verbindenden Text des Herausgebers zusammengehalten, alle irgend bedeutsamen Briefe Nietzsches und die Berichte der Zeitgenossen über ihn zu einem unsagbar erschütternden Denkmal seines geistigen Lebenskampfes.

Dünndruck-Ausgabe

In acht Bänden

Herausgegeben und mit einer Einleitung von Alfred Baeumler

Band 1-6: In braunem Leinen M 38.–; in Ganzleder M 65.–

Band 7: Die Unschuld des Werdens. Der Nachlaß.
In Leinen M 12.–; in Ganzleder M 18.–

Band 8: Nietzsche in seinen Briefen und Berichten der Zeitgenossen.
In Leinen M 8.–; in Ganzleder M 12.50

Diese neue Dünndruck-Ausgabe der Werke Nietzsches, nach einem Plane des Herausgebers, ist die vollständige schöne Leseausgabe. Die Einleitung von Professor Dr. Alfred Baeumler zeichnet die geistige Gestalt Nietzsches, die Nachworte, die jedem Bande beigegeben wurden, unterrichten über Wesen und Entstehung der Werke. Der siebente Band: „Die Unschuld des Werdens" enthält in neuem, systematischem Aufbau den Nachlaß und bildet die notwendige Ergänzung, in vielem den Schlüssel zu den Werken. Im achten Bande sind alle bedeutsamen Briefe Nietzsches und die Berichte von Zeitgenossen über ihn zu einem erschütternden Denkmal seines geistigen Lebenskampfes vereinigt.

Nietzsches Werke

In zwei Bänden

Ausgewählt und eingeleitet von Prof. August Messer

1234 Seiten Oktav. Fraktur. In Leinen M 5.70; in Leder M 11.50

Diese wohlfeile und mit Anmerkungen versehene Ausgabe für jedermann vereinigt in sorgfältiger Auswahl alles, was von Nietzsche in den Bestand der Bildung, der Weltliteratur und Weltanschauung überging. Sie enthält außer dem vollständigen „Zarathustra" sämtliche Werke in einer innerlich zusammenhängenden Folge ihrer Hauptpartien.

ALFRED KRÖNER VERLAG · LEIPZIG

AN DIE SCHWESTER LOUISE

Frankfurt a. M., 5. April 1841

Mein Kopf schwindelt mir, wenn ich all das überdenke, was mir in den letzten zehn Tagen Deutschland Ernstes und Freudiges geboten hat. Freitag, den 26. März, reiste ich von Berlin ab. Meine deutschen Freunde begleiteten mich zur Post. Der Abschied von Berlin tat mir schmerzlich weh, mir, der ich vor anderthalb Jahren beim Einzug die Stunde meiner Wegfahrt glücklich gepriesen hatte. Durch Siegfried Nagel war ich in der letzten Zeit in eine herrliche Gesellschaft von Westfalen gekommen, was mir um so lieber war, da die wenigen engern Bekannten im Sommer fortgegangen waren. Seit Silvester war die ganze Clique auf Du und Du, und selten ist wohl eine so trefflich passende beisammen gewesen. Nagel ist eine der edelsten Naturen, die ich kenne; er hat bei großen andern Gaben noch die einer wunderbar schönen Tenorstimme, und so sangen wir ein Quartett, wie es vielleicht auf keiner Universität gesungen wird. Kurz, es war ein himmlisches Leben und – hoffentlich wird es nächsten Winter nicht schlechter sein; die Leute finde ich fast alle wieder. Ich kann getrost sagen, daß ich meinen Entschluß, den Vater noch um ein halbes Jahr in Berlin zu bitten, schon vor diesen Bekanntschaften gefaßt hatte, um so wohler ist mir jetzt, wenn ich daran denke. Eduard Schauenburg war ein Hauptmitglied, ja das eigentliche Zentrum der Gesellschaft, er gab mir bei der Abreise einen Brief an seinen ältern Bruder in Leipzig mit und bat mich inständig, ihn persönlich abzugeben.

Ich erwartete von der Reise bis an den Rhein wenig, bei meinem Wegfahren war mir sehr trüb zumute, zumal ich Kugler leidend verlassen hatte. Als der Wagen nachts 9 Uhr durch das Potsdamer Tor rollte, tat ich ein heißes Gelübde für meine glückliche Wiederkehr. Historische und poetische Pläne im Kopf herumwälzend schlief ich ein.

[Über Wittenberg und Halle gelangte Jacob Burckhardt nach Leipzig. Noch am selben Abend begab er sich ins Theater, wo Emil Devrient den Egmont gab[1].]

---

[1] Die Regesten stammen von O. Markwart, dem (a. a. O., S. 339–344) der Brief nachgedruckt ist.

Den andern Morgen suchte ich die Adresse meines Briefes auf. Der Emfänger, Hermann Schauenburg, schien mir im ersten Augenblick nicht eben mein Mann zu sein. Eine stattliche Figur, ein interessantes Gesicht, zwei sehr bedeutende blaue Augen, ein blonder Schnurrbart; ein sehr ernster Ausdruck; – ich war höflich und zurückhaltend. Es war mir schon in Berlin bekannt, daß er schöne Gedichte mache, und wer schöne Gedichte macht, ist gegen außen nicht immer der angenehmste. Aber bald nahm er mich beim Arm, schleppte mich durch die schönen Promenaden und duzte mich. Ich entdeckte bald in ihm eine sehr eifrige deutsche Gesinnung und eine sehr strenge Ansicht von Leben und Poesie. Ich mußte versprechen, für heute hier zu bleiben und auf seinem Zimmer zu wohnen.
[Den ganzen Nachmittag zogen nun die beiden miteinander herum.]
Nach und nach nahm unser Gespräch unwillkürlich eine politische Wendung. Er war ultraliberal, ich konservativ. – Überall sprachen wir von nichts als deutschen Fürsten und Konstitutionen. Endlich abends auf seinem Zimmer sagte er: Wir haben nun schon so viel davon sprechen müssen, laß uns ganz aussprechen; es kann unsere gegenseitige Achtung nicht mehr stören. In diesem Augenblick, gewiß einem der edelsten meines Lebens, trat mir die Zukunft des herrlichen deutschen Vaterlandes lebhaft vor Augen; ich sah die künftigen konstitutionellen Kämpfe Preußens vor mir und dachte: Jetzt mußt Du das Deinige dazu beitragen, um auch nur einen bedeutenden nobeln Menschen über dies wilde, verwirrte Freiheitsdrängen aufzuklären, – und nun konnte ich von einem neuen höhern Gesichtspunkte aus anfangen; ich hatte den Mut, konservativ zu sein und nicht nachzugeben. (Liberal zu sein ist die leichteste Sache.) Wir sprachen heftig bewegt, und ich entsinne mich, in meinem Leben nicht so beredt gewesen zu sein. Er fiel mir um den Hals und küßte mich: ich sei der erste, den er aus Überzeugung in konservativem Sinn sprechen höre. Ich aber tat im stillen ein Gelübde, mich nie meiner Überzeugung zu schämen. Er gestand, ich hätte meines Studiums wegen diese Fragen viel mehr durchdacht

als er, aber ein dunkler Impuls von Jugend auf hätte ihn zu
dieser Freiheitsliebe begeistert und werde ihn nie verlassen. –
Ich hatte erreicht, was zu erreichen war; er versprach mir,
ins künftige die Royalisten und Konservativen nicht mehr
von vornherein zu verachten.
Der Abend floß jetzt in ruhigern Wogen dahin, und daß
ich auch Montags noch dableiben sollte, versteht sich. Er
las mir ohne Ziererei von seinen Gedichten vor; einige legte
er vor mich hin und sagte, ich solle sie selbst lesen, – Du
kannst erraten, was sie enthielten und welche Saite sie in
mir anschlugen. Es sind von den schönsten Sonetten, die
je in deutscher Zunge geschrieben wurden.
Liebe Schwester, was soll ich Dir von Deutschland
schreiben? – Ich bin wie Saul, der Sohn Kis', der ausging,
verlorne Esel zu suchen und eine Königskrone fand. Ich
möchte oft vor dieser heiligen deutschen Erde auf
die Knie sinken und Gott danken, daß ich deutsche
Sprache rede! Ich danke Deutschland alles! Meine besten
Lehrer sind Deutsche gewesen, an der Mutterbrust deutscher
Kultur und Wissenschaft bin ich aufgenährt; von diesem
Boden werde ich stets meine besten Kräfte ziehen – und nun
dieses Volk, diese herrliche deutsche Jugend, und dies Land,
dieser Garten Gottes! – Bin ich wert, diesen mit Märtyrer-
blut getränkten Boden zu betreten? Durch welches Opfer
werde ich auch nur ein wenig von dieser großen Schuld
abtragen, mit der ich Deutschland verpflichtet bin? – Und
mit welchem Hohn, mit welcher infamen Kälte pflegt der
Schweizer Student über Deutschland zu reden – doch davon
nichts mehr. – Wo wäre all unsere Freiheit, wenn nicht
Deutschland den Napoleon gestürzt hätte. – Meine Liebe
mein Leben lang – das ist alles, was ich diesem wunderbaren
Lande bieten kann, zu seinen Füßen leg' ich meinen Ehrgeiz nieder, und was ich dereinst leisten kann, werde ich
nicht im Hinblick auf mich, sondern auf dieses Volk tun!
Des Himmels Segen über Deutschland! –
Montag und Dienstag blieb ich noch in Leipzig. Wir zogen
bandenweise nach Gohlis, wo einst Schiller wohnte. Herum-
schlendern war die Hauptsache, und dabei das Gespräch.
Es gibt kein edleres Bildungsmittel als Unterredung mit

einem Gleichgesinnten von ungleichen Ansichten, und dies wurde mir hier auf das schönste zuteil. Dabei diese freie, fidele Luft, die in Leipzig weht, dieses absolute Sans-Gêne, wie es sonst nirgends existiert, diese große Stadt ohne die großstädtischen Nachteile und diese herrliche Clique, in die ich eingeführt war – alles wirkte zusammen; ebenso gern noch drei solche Tage als drei Tage in Neapel allein. Es waren auch Jenenser Studenten auf Besuch da.

Abends von acht bis neun Uhr an blieben wir beide allein und sprachen uns gegeneinander aus, so gut es Worte tun können. Er überreichte mir ein Stammbuchblatt, und ich schrieb darauf:

> Kein Wort soll unsern Bund entweih'n;
> Ich weiß, Du bleibest stets der Meine;
> Laß uns vergessen alles Kleine
> Und laß uns stets wir selber sein!

Darauf gab er mir seine Silhouette, sie ist sprechend ähnlich und begleitet mich nun immerfort. – Mittwochs fuhren wir beide nach Halle. Der Besuch dort wurde durch den Gedanken an den nahen Abschied nicht getrübt; ich hatte ja die Gewißheit, Hermann Schauenburg sowie seinen Bruder im Winter in Berlin zu treffen.

Um sechs Uhr ging ich mit zahlreichem Geleit auf die Post. Ich mußte Schauenburg versprechen, schon von der Reise aus zu schreiben, und ich tue es gern. – Es war ein düsterer, kalter Abend; ich war sehr traurig.

Nachts erwachte ich; wir waren in Eisleben, wo Luther geboren ist. Eben ging der Nachtwächter durch die Straßen und sang noch ein Lied Luthers. Ich empfand einen heiligen Schauer bei dem Gedanken, nach drei Jahrhunderten auf derselben Stelle ein factum noch wirkend zu finden.

[Über Erfurt und Gotha gelangte Jacob Burckhardt nach Eisenach, von wo aus er die Wartburg besuchte.]

In drei große Gruppen teilen sich die Erinnerungen dieses wunderbaren Schlosses – Minnegesang, Luther, Wartburgfest. Denke nun noch die einzig schöne Lage und Aussicht hinzu, die unendlich schöner ist, als die des Brockens, und Du wirst begreifen, daß mir wirr zu Mute wurde. ...

Welcher furchtbare Geisterdrang muß ihn hier umgeben, ihn, den armen Mönch, der Kaiser und Reich trotzte und beinah aus der menschlichen Gesellschaft ausgestoßen wurde! Der Tintenfleck an der Wand mag nachgemacht sein, aber Luther selbst sagt, er habe dem Teufel das Tintenfaß zugeschleudert, und ich glaube es.

Ein fideler Jenenser Mediziner, den ich hier traf, konnte sich von dem fossilen Knochenschemel nicht trennen und machte immerfort anatomische Glossen. Auf einmal sah er mich verwundert an: Gott, warum nehmen Sie in dieser kalten Luft die Mütze ab? – Ich habe es unwillkürlich getan, sagte ich, und nun nahm er die seinige auch vom Kopf. – Ach, liebe Schwester, könnte ich Dir nur eine Idee geben von dieser wundervollen Aussicht und von dem Entzücken, das ein eingewohnter Berliner wie ich empfinden mußte! Es war ein Labsal zur rechten Zeit!

Nach dem Abschied von dem Jenenser Studenten ging ich nun einsam durch die letzten Ausläufer des Thüringer Waldes ins Hessische hinein. Ich traf dann zwei Handwerksburschen (von uns Musensöhnen Knoten genannt), mit denen ich ging. Endlich zog ich in Fulda ein. Es erinnert mich in manchem an Einsiedeln, nur daß Abtspalast und Dom getrennt sind und nicht ein so ansehnliches Ganzes bilden. Schnell nahm ich in der kleinen uralten Michaeliskirche die nötigen Notizen und Details auf, die ich Kugler versprochen hatte, und ging dann in den modernen, aber solid gebauten Dom hinein. Das Gebäude ist abgeschmackt, ich durchlief es und stieg eilig in die noch helle Gruft vor den Altar, in welchem der heilige Bonifacius ruht. Fürchte keine katholische Regung, teure Louise; es war bloß historische Verehrung, was mich vor dem Altare festhielt. Ich habe mich mit diesem großen Mann so viel beschäftigt, daß ich an seiner Grabstätte nicht vorbeigehen durfte.

Von einem kleinen fränkischen Dörfchen aus ging ich mit zwei alten Damen dem wartenden Omnibus voran nach dem nahen Gelnhausen, wir kamen über einen Hügel, jenseits plötzlich eine wärmere Luft, Reben rechts und links – ich rief: das kömmt vom Rhein! – die Damen

erschraken ein wenig. – Und so gelangte ich denn glücklich gestern nachts über Hanau nach Frankfurt.
Heute morgen lief ich aufs Geratewohl hinaus bis an eine große Prachtstraße, es war die Zeil; da kaufte ich mir einen Plan und suchte nun Goethes Haus; ich fand es auch bald. Dort oben in der Mansarde rechts hat der kleine Junge sein Wesen getrieben. Es war mir merkwürdig zumute. Liebe deutsche Literatur, wo ständest du, wenn Er dich nicht auf seine Adlerschwingen genommen hätte?
Den Karfreitag bring ich in Mainz zu, und dann gehe ich den Rhein hinunter. O wenn ich an Koblenz denke! Dort wartet jemand auf mich, dessen Freundschaft ich auch nicht verdient habe und doch besitze.

AN EDUARD SCHAUENBURG

Sancta Colonia, Donnerstags, den 15. April 1841

Lieber Junge!
Der Teufel hole die einsamen Kunstreisen; ich mache keine mehr. Ich ennuyiere mich nicht, Gott bewahre! Aber melancholisch bin ich (alias: trauerblödig) bis zum Exzeß. Meine Reise bis und mit Leipzig, darüber frage Deinen fratello; Leipzig war für eine ziemliche Strecke meiner Reise der letzte gute Punkt. Bisweilen hob ich meine Hände gegen die Wolken und seufzte: O du lieber Himmel, schick mir doch auch nur ein Exemplar von unserer himmlischen Bande auf einer Wolke hernieder! – Aber durae coeli aures – ich blieb bis Mainz entweder ganz einsam oder in der veredelnden Gesellschaft von Viehhändlern, Schwüngen, die auf die Messe reisten, alten Jungfern, Knoten und anderm meist greulichem Philisterium. – Und gleichwohl ist mir diese Reise unendlich viel wert; sie wurde mir oft versüßt durch ein starkes, mich zuzeiten völlig von allem abziehendes Andenken an die schönen Tage in Berlin und in Leipzig und durch den Ausblick auf eine lachende rheinische Zukunft. Eines Mittags will ich nicht vergessen, wo ich der Nähe des Rheintales zum erstenmal wieder inne wurde: Zwischen Fulda und Gelnhausen ging ich mit zwei

alten Damen dem harrenden Omnibus etwas voran; es war düster und ziemlich kalt, bis wir um eine Ecke bogen und plötzlich Weinberge und ein großes Stück blauen Himmels vor uns sahen, während eine schöne warme Luft uns anwehte; ich schrie: Das kömmt vom Rhein! – die alten Schachteln erschraken schauerlich. – In Frankfurt vergaß ich komplett, Danneckers Ariadne zu sehen; das ist mir passiert! Stell' Dir meinen Ärger für, als ich auf dem Dämpfer dran erinnert ward! In Mainz blieb ich den Karmittwoch und Gründonnerstag; am Karfreitag konnte ich es nicht mehr aushalten; es war schönes Wetter, und nachdem mir morgens noch der Bischof von Mainz (als wirklichem ordentlichem Mitglied eines im Dom versammelten Volkshaufens) seinen Segen gegeben, fuhr ich in Gottes Namen nach Bingen. Den ganzen Nachmittag strich ich beim schönsten Wetter um das liebliche Nest herum, zeichnend und andächtig; ich fuhr nach Rüdesheim, trank Nektar (oder wie Du behauptest, Ambrosia, obwohl solches von βιβρώσκειν, essen, herkömmt) und ging dann über den Niederwald, – dort hatte ich eine Aussicht, die ich an poetischem wie an malerischem Wert dem Herrlichsten und Prachtvollsten gleichstellen muß, was ich je gesehen. Dann über Aßmannshausen und Rheinstein zurück, beim prachtvollsten Gewitterhimmel, – gerade in die Kirche hinein, wo unsers Herren Leichnam mit Illumination von hübschen Mädchen umsungen wurde. – Ein reicher, schöner, stilltrauriger Tag.
Sonnabends fuhr ich nach Bacharach, zeichnete da einige Stunden und nachmittags dann bei grellem Sonnenschein und prächtigem Sonnenregen an der Pfalz und der vergoldeten Loreley vorbei nach St. Goar. Hier und in der Umgegend streifte ich den ganzen Nachmittag herum, in St. Goarhausen, Patersberg, Rheinfels usw., und abends fuhr ich in einem Kahn noch einmal gegen die Loreley; ich nahm dem Schiffer das Ruder aus der Hand und fuhr in den Widerwassern sachte vorwärts; – o wäret ihr gottloses Volk dagewesen! – So einsam muß man sich leider alle dergleichen Herrlichkeiten als kalte Erfahrungssache hinter die Ohren schreiben, wie die Beefsteaks tun.

Bei Sturm und Kälte fuhr ich den Ostertag nach Koblenz. Um Stolzenfels und Lahnstein jagten Nebelwolken; es war herrlich anzusehen. Absichtlich suchte ich August Focke erst abends gegen fünf Uhr auf. Zwei Vettern, die eben bei ihm wohnten, sonst sehr artige Kerls, hinderten uns ein wenig, aber nachts kam er noch mit mir in den Riesen, und da kneipten und frohlockten wir. Es war, Gott verzeih mir's, der beste Ostertag in meinem Leben, obschon ich nicht zum Abendmahl ging. – Montags lagen wir, unser vier, den ganzen schönen lieben langen Tag im Moseltal herum und kamen doch nicht weiter als bis Kobern und retour. Es war herrlich. Auch Dienstag verstrich, man weiß nicht mehr genau, wie. Gesoffen wurde! – Gestern, Mittwochs, hatte ich keine Ruhe mehr; ich mußte versprechen, spätestens bis nächsten Montag wieder in Koblenz einzutreffen und fuhr bei idealisch schönem Wetter rheinabwärts.

O Gott, wie sind deutsche Lande so schön! – Andernach! Das Siebengebirge! – Und nun Bonn! – Sollte ich aussteigen? Nein, noch ist niemand da, mit dem ich sprechen könnte. Also ich sehe mir das Nest vom Dämpfer aus an, vigiliere nach meiner präsumtiven Wohnung in der Judengasse, freue mich tief in der Seele über die wundervolle Aussicht und fahre ruhig rheinabwärts. – Zuerst tauchte St. Martin, dann der Dom aus den Bäumen hervor; die Stadt entwickelte sich, alles so feierlich! – Schnell machte ich die Ankunft ab und lief dann ganz wütend in den Dom. Das Innere des Chores war schon ziemlich mit Gerüsten angefüllt, doch gottlob noch nicht so, daß man's nicht vollständig hätte überschauen können.

Lieber, teurer Junge; was soll ich Dir schreiben? Mich füllt ganz das eine Gefühl: Du bist nicht wert, diesen Boden zu betreten, denn es ist heiliges Land! – Drückender als je liegt auf meiner Seele die Schuld, in der ich gegen Deutschland stehe.

Du hast gar keine Idee von der sonderbaren Luft, die jetzt hier weht. Vorgestern wurde in feierlicher Sitzung beschlossen, man wolle es „in Gottes Namen" wagen, zum Ausbau des Domes zu schreiten; die ganze Stadt ist voll davon; selbst die geringen Bauleute sind davon ergriffen und beseelt. Ich fange selbst an, wenn nicht an Vollendung, doch an eine sehr bedeutende Förderung des Baues vom vorgestrigen Tage an zu glauben.

Es ist aber auch ein großes Gefühl, an der Vollendung solch eines Baues zu arbeiten. Ich wußte es schon, und doch ist es mir mit aller Wucht eines großen Eindrucks auf die Seele gefallen, daß diese Kirche kein Gebäude ist wie alle andern auf der Welt, sondern die unerklärliche Offenbarung eines himmlisch großen Genius ohnegleichen.

Nimm etwas Schwärmerei in den Kauf, mein Junge, ich kann diesmal nicht anders. Du verstehst dennoch

Deinen Κῆβι.

AN GOTTFRIED KINKEL

Berlin, 30. Dezember 1841

Lieber Freund!

So würde ich Sie nennen auch ohne Ihre Erlaubnis, denn Sie haben das beste Stück meines Lebens erhöht und verschönt, und das werde ich Ihnen nie vergessen. Ich staune und frage mich: Wie in aller Welt ist es denn Dir leichtsinnigem unbeständigem Menschenkinde zuteil geworden, an jenem lichten, duftigen Leben Dich zu erfrischen, die Güte einer hohen, mir unvergeßlichen Frau und die Freundschaft dreier[1] jugendlicher Gemüter zu genießen, mit welchen ich kein ordinäres Wort gewechselt – ein Glück, das mir zum erstenmal, vielleicht auch zum letztenmale zuteil wurde.

Ich weiß jetzt alles, wie es gekommen ist, dies und anderes Glück; ich erkenne die Mutterarme unseres großen, gemeinsamen deutschen Vaterlandes, das ich anfangs verspottete und zurückstieß, wie fast alle meine schweizerischen Landsleute zu tun pflegen. Deutschland läßt sie auch meist wieder laufen, ohne ihnen von seiner Eigentümlichkeit und seiner Erhabenheit etwas mitgeteilt zu haben; auf mich hat es seine Güter ausgeschüttet und mich an sein warmes Mutterherz gezogen. Und daran will ich

[1] J. B. zählte noch den in Bonn als Freund gewonnenen Andreas Simons hinzu.

mein Leben setzen, den Schweizern zu zeigen, daß sie Deutsche sind.
Bei Gott, es ist nicht dieser und jener Genuß, der mich an Deutschland fesselt, nicht diese und jene schöne Gegend, nein es ist die frohlockende Gewißheit, daß auch ich zu dem Stamme gehöre, in dessen Hände die Vorsehung die goldenste, reichste Zukunft, das Geschick und die Kultur einer Welt gelegt hat. Vor diesem Gedanken schwindet mir alles, auch meine arme Poesie, die diesen göttlichen Weltgeheimnissen folgen möchte, wenn sie nur könnte. Hinter einem Schleier von Waldesgrün und rosigen Wölkchen sitzt das ewig jugendliche, göttlich schöne Weib Germania und harrt der kommenden Geschlechter; sie singt alte und neue, gewaltige Lieder. Und was von ihren Tönen und von dem Sausen ihres diamantnen Webstuhls zu uns herüberdringt, das möchte man wohl in die Geschichte hinein verarbeiten, aber die Sprache ist noch nicht dafür erfunden. – Doch ist die deutsche Geschichte ein großes Ding, kann sie gleich vor der Hand nur gestammelt werden.
Nur wer selbst daran gestümpert hat, erhält einen Begriff von dem großen und himmlischen Volksgeist, der durch gute und schlechte Jahrhunderte, durch blühende Gärten und wilde Einöden wandelt, jugendlich, unvertilgbar, eine Ewigkeit und die Gewähr einer Zukunft im Busen. Es ist selbst mir ein herrliches, wenn auch geheimnisvolles Schauspiel gewesen, als ich bei meiner, jetzt beinah vollendeten Arbeit über den Erzbischof Konrad inne wurde, wie die Geschichte Deutschlands so schön und deutlich in die Gegenwart mündet.
Freilich das sind lauter Dinge, die Sie selbst schon schöner und klarer empfunden haben. Ich spreche auch nicht davon als von etwas Neuem, sondern als von etwas, das Sie in mir haben hervorrufen helfen. Ihnen verdanke ich es, daß es mir als ein Majestätsverbrechen erscheint, an Deutschland zu verzweifeln, wie es jetzt hie und da Mode ist. Wie gerne möchte ich meine Poesie auf diese Bahnen leiten, aber ich bin zu zerstreut und zu sehr im Sammeln begriffen, als daß ich ans Spenden denken könnte. Es werden schon noch die Zeiten kommen, wo mir diese reichen Jahre in Deutschland

als Mittelpunkt meiner Sehnsucht, als Kapitol aller schönen
Erinnerungen vorkommen werden; dann will ich es allen
sagen, was diese herrliche Zeit mir geworden ist.
Und so habe ich auch jetzt an eine poetische Bearbeitung
der Albertussagen nicht denken können. Wenn ich sein Bild
mir vor die Seele rief, so schloß sich alles Schöne und Große
an, was mir Köln geboten hat; von da irrte ich dann weiter
rheinaufwärts, rheinabwärts, über Bingen und St. Goar und
Rüdinghoven und Bonn und die stillen Buchten, bis ich in
Berlin wieder erwachte, mit dem ganz bestimmten Gefühl,
daß ich vor der Hand kein Rheinsänger werden kann, weil
ich ein Werk leisten müßte, welches alles enthielte, Albertus, Loreley[?] und Hatto, Schieferfelsen und Sonnenuntergang, den ... und den Guttenberg. Ich komme mir vor
wie ein Mensch von geizigem Gemüte, welcher eine große
Summe Geldes besitzt und dieselbe, weil es eine runde Zahl
ist, nicht stückweise vertrödeln, sondern nur im ganzen ausgeben möchte, und der drüberhin alt und grau werden kann,
ehe ihm eine Gelegenheit zusagt. Ein Liedchen habe ich
hier beigelegt, welches sich Andreas von diesem Briefe abschneiden darf, damit der gute Junge wenigstens ein geringes Andenken von mir hat; ich möchte ihm gerne mehr
und Besseres schicken.
Wenn ich noch recht lange hier bleiben könnte, so würde
ich hoffen, ein Ganzes zu schaffen – in welcher Form, weiß
Gott. Berlin wirkt poetisch durch den Gegensatz. Aber leider muß ich vielleicht schon Ostern nach der Schweiz,
jedenfalls Michaelis. Ich reise dann noch einmal über
Bonn....
Was in der Zukunft aus mir werden soll, weiß ich nicht,
aber die Gegenwart ist schön, und das verflossene Jahr
war schön von Anfang bis zu Ende. Ich fasse Zutrauen
zum Schicksal; möge es auch Ihnen günstig und freundlich sein. Unter welchen Auspizien werden wir uns wohl
wiedersehen?
Bis dahin ein feuriges Lebewohl an Sie, lieber Freund, und
meine unausgesetzte Huldigung an Frau Directrix. Andreas
soll doch auch etwas von sich hören lassen; ich weiß, er
hat mich gern. *Ihr getreuer Burckhardt.*

AN HEINRICH SCHREIBER

Berlin, den 4. März 1842

... Über meine Zukunft weiß ich weiter nichts, als daß ich mich in Basel mit ein paar Lehrstunden täglich honett werde durchschlagen können. Den Rest der Zeit fülle ich zum voraus mit historischen Plänen aller Art aus; ganz im stillen denke ich an eine Geschichte der Gegenreformation in der Schweiz. Meine Studien haben sich bleibend dem germanischen Mittelalter und der neueren Zeit zugewandt; das Herumtasten durfte natürlich auch mir nicht erspart werden.

Ich habe in den vier Semestern hier und besonders letzten Sommer in Bonn des Guten viel, sehr viel genossen und glaube, daß mein Aufenthalt in Deutschland bei weitem das glücklichste Stück meines Lebens bleiben wird. Gerne hätte ich mehr gearbeitet, aber es war mir gar zu wohl!

Ranke hier läßt sich fast mit keinem Menschen ein; doch ist es mir gelungen, sein Wohlwollen zu erwerben. Von diesem wunderlichen Kauz kann ich Ihnen einst manches erzählen.

Einen lieben Freund voll Geist, Güte und Geduld habe ich seit zwei Jahren an Prof. Kugler; die Kunstgeschichte habe ich bei ihm gelernt, und Sie werden seinen Namen vor einem: „Wegweiser durch die belgischen Kunstschätze" finden, den ich auf einer Herbstreise im vorigen Jahr schrieb, und von dem Ihnen mein Vater bald ein gedrucktes Exemplar übersenden wird.

Ach, das war eine schöne Zeit, als Kugler mich vorigen Sommer in Bonn abholte und wir acht Tage in Köln waren unter einer ganzen Clique von guten Leuten: Linzer, Niclas Becker, Schmidt von Trier u. a. m.; als man nachts dem Dom ein Ständchen brachte und andere Torheiten beging!

In Bonn und Köln ruhen die schönsten Erinnerungen meines Lebens. Ich hatte einerseits den fröhlichen Studentenumgang, andererseits einen kleinen poetischen Zirkel, dessen Mittelpunkt eine hohe grandiose Frau war. Diese Spaziergänge am rechten Ufer, auf den Vorbergen des Siebengebirges, kann ich nicht vergessen mein Leben lang.

Auch hier befinde ich mich wohl. Frau Bettina von Arnim tröstet mich über manche häßliche Seite Berlins, ich darf sie oft besuchen. Das beste tun aber meine deutschen Freunde. Bisweilen bin ich gleichwohl sehr melancholisch, wenn ich denke, wie bald ich dem wunderbaren Deutschland Lebewohl sagen muß.

Ich habe diesen und den vorigen Winter für Rankes Seminar Arbeiten geliefert, welche ich Ihnen gern vorlegen möchte. Die eine über Karl Martell, die andere, unter den Inspirationen des vorigen Sommers entstanden, über den bösen Erzbischof Konrad von Köln, den Lenker des deutschen Interregnums. Letztere hat 254 Pandektenseiten. Ranke sprach auch vom Druckenlassen; aber man weiß nie, wie man mit diesem Satyricus daran ist. ...

AN GOTTFRIED KINKEL

Berlin, 21. März 1842

... Ein guide von mir (über die Kunstwerke Belgiens) macht jetzt seine Wanderung bei den Buchhändlern und wird wahrscheinlich bald ungedruckt und unverlegt zurückkommen. Welch ein Stoff zu einem Weltschmerzgedicht, Ihr Otto Schütz und mein guide, vielleicht nebeneinander auf demselben Büro liegend! – Um meinen guide freilich ist es nicht schade, aber um den Schüm wäre es schade, das ist der Unterschied. – Meinen Hochstaden will ich gar nicht durch Herumschicken kompromittieren, obschon ich beim Schreiben immer das Publikum und nicht den kleinen Ranke vor Augen gehabt habe; er ist nichtsdestoweniger doch recht zufrieden gewesen und meinte, ich solle das Ding drucken lassen, aber er lachte dabei recht höhnisch, so daß ich doch irrewurde. Von poeticis habe ich wenig zu melden. Ich bin in der letzten Zeit dazu recht gut aufgelegt gewesen, aber die Zerstreuungen und Studien haben es zu nichts kommen lassen. Eine mutwillige Erzählung „Von drei armen Teufeln", die in Rüdesheim spielt und zirka zwei Druckbogen füllen würde, habe ich für meinen Freund Ed. Schauenburg geschrieben; ich kann sie aber niemand als meinen engsten Bekannten vorlesen, weil sie gar zu mutwillig ist. Vielleicht bringe ich Ihnen das Konzept nach Bonn mit. –

Sodann laborierte ich vor einiger Zeit an einer Tragödie: Johann Parricida, die ich auch zum Konkurs einzuschicken gedachte, – denn ich verkaufe immer schon die Haut, ehe der Bär geschossen ist. Diesmal soll der Bär (oder respektive der Bock) ungeschossen bleiben; ich habe meinen Plan wegen allzu großer Mängel liegenlassen.

Ein Operntext, von dem ich Ihnen, meine ich, schon schrieb, rückt langsam vorwärts und scheint mir a priori verpfuscht. Es ist die Sage vom Schwanenritter. Sonst sind noch ein paar kleine Liedchen entstanden, weil alte Liebe nicht rostet, und eine Ballade, die ich dem Sefren[1] zugeschickt habe. Dieselbe handelt in Kürze von zween Handwerksburschen und gehört in die moderne Zeit. – Was ich Ihnen für den Konkurs schicken werde, das weiß ich nicht, aber Sie sollen diesmal etwas von mir erhalten, ich verspreche es, um es halten zu müssen. Freilich, Episches gelingt mir schwer, und Sie haben den Nagel auf den Kopf getroffen mit Ihrer „Begeisterung aus bestimmtem lokalem Objekt hervorgehend". Meine Figuren sind wesentlich Staffage, und wenn sie auch nicht wie solche aussehen, so sind sie doch als solche empfunden. Mit meiner geschichtlichen Forschung steht es gerade ebenso, der Hintergrund ist mir die Hauptsache, und ihn bietet die Kulturgeschichte, der ich auch hauptsächlich meine Kräfte widmen will. Selbst in meiner stümperhaften Zeichnerei geht mir's ganz ähnlich; ich sudle Ansichten und Landschaften, selten Figuren. Das sind Einseitigkeiten, aus welchen herauszukommen nicht bei mir steht. –

Über meine Pläne von wegen der Zukunft will ich Sie einmal mündlich unterhalten; ein Jahr in Italien und einige Monate in Paris nehmen nicht die letzte Stelle ein. In Basel will ich Stunden geben, aber mich durchaus nicht an die Pennalia fesseln. Wer ein Hauptlehrer sein will, der soll nur sein geistiges Leben verloren geben. Man hat dann 800 Taler und von früh bis spät zu tun und einen wahren Höllenlebtag. Ich bin seinerzeit auch ein böser Junge gewesen und will nicht eine schauerliche Nemesis besehen. –

[1] Spitzname für Karl Fresenius.

Eine ganze Reihe von historischen Unternehmungen beschäftigen mein Gemüt; sie würden genügen, ein Leben von achtzig Jahren zu füllen, und so alt werde ich hoffentlich nicht. Ein Gelübde habe ich mir getan: mein Leben lang einen lesbaren Stil schreiben zu wollen und überhaupt mehr auf das Interessante als auf trockene faktische Vollständigkeit auszugehen. Es ist der Schande wert, daß die Werke der meisten deutschen Historiker nur von Gelehrten gelesen werden, und deshalb fand Ranke augenblicklich ein heißhungriges, großes Publikum, sowie er auftrat. Die Franzosen sind darin längst viel klüger gewesen, und bei ihnen hat auch Ranke gelernt, er mag es nur nicht Wort haben. Man spricht immer von einer Kunst der Geschichtsschreibung, und manche glauben genug getan zu haben, wenn sie an die Stelle der Schlosserschen Labyrinthperioden eine spröde Nebeneinanderstellung der Fakta setzen. Nein, ihr guten Leute, es handelt sich jetzt um Sichtung der Fakta, um Ausscheidung dessen, was den Menschen interessieren kann; tut ihr darin was Großes, so wird euch auch der Büchermensch danken müssen. – Ich bin mit meinem Studium in die günstigste Zeit gefallen; auch das Publikum wendet sich wieder mehr als je der Geschichte zu und würde sich ihr nie abgewandt haben, wenn nicht unsere Holzböcke von Historikern an ihrem eigenen Ziel irre geworden wären, und zwar die größten am meisten....
Morgen sind es zehn Jahre seit Goethe starb, da geh ich zu Bettina....

AN GOTTFRIED KINKEL

Berlin, 13. Juni 1842

Mitfolgend mein Erzbischof Konrad und ein sehr mißlungenes, hastig abgefaßtes Konkurrenzstück: St. Goar, welches mir die große Lehre beigebracht hat, daß man nicht zu früh sein Wort geben soll, etwas Poetisches zu bestimmter Zeit liefern zu wollen. Legen Sie es so bald als möglich ad acta. Hätte ich etwas Besseres, so würden Sie gewiß dies St. Goar nicht erhalten.

Auch den Erzbischof (einstweilen können Sie ihn ein halbes Jahr behalten) werden Sie für Ihren Zweck schwach gearbeitet finden. In die Kirchengeschichte greift er fast gar nicht ein, und ich will Hans heißen, wenn ihn das Dogma auch nur einmal in seinem Leben wirklich berührt hat. Die Provinzialsynode, die er 1260 abhielt, war bloße Redensart. Ich möchte Ihnen das Ding gleichwohl gern zum Präsent machen, wenn nur das Abschreiben keine so tödliche Arbeit wäre. Was Sie davon gebrauchen können, wird bald exzerpiert sein. In den Noten sind die Quellen gewissenhaft angegeben. – Vom Druckenlassen ist nicht die Rede. Dagegen wird wohl bald mein Belgien erscheinen, welches schon angekündigt und schon völlig gedruckt ist. ...

Wie beneide ich Sie um Ihre dramatischen Inspirationen! Dazu bin ich ein für allemal nichts nutz. Selbst wenn ich einen regelrechten Plan machen könnte, so würde sich mir, glaube ich, auch aus 1000 Situationen noch immer nicht ein Charakter ergeben. Es ist ein Elend. – Zwar flattert mir wohl bisweilen so etwas vor den Augen, aber ich weiß es nicht zu fassen. –

Sie beneiden mich um die Anschauung der neuen Tragödien, und Sie haben recht. Es ist ein Unglück für das moderne Drama, daß Gutzkows Feinde ihm seine Erfolge so ohne Not verbittert haben und ihn mit Gewalt in eine falsche Stellung hetzen. Er hat einen immensen Fortschritt gemacht, und seine Stücke sind alle wunderbar ergreifend, weil sie alle aus seinem Herzen gekommen sind. Dazu will ich stehen, weil ich sie gesehen habe. Der scheußliche gebildete Janhagel von Berlin hat mit frommer Miene darüber gesprochen, bloß weil Gutzkow, wie einst Mirabeau, aus seiner Jugend ein Stück schlimmen Rufes am Fuße nachschleppt, und weil es vornehm und courmäßig war, sich über Gutzkow zu indignieren. Es ist rein unmöglich, sich von der Erbärmlichkeit der hiesigen öffentlichen Meinung und ihrer Lenker einen Begriff zu machen. Der Fortschritt Gutzkows ist der: die ernste Behandlung sozialer Fragen der Poesie vindiziert zu haben. Es gibt einen Punkt, wo er mit Immermanns Romanen zusammentrifft. – Warum hat man hier seinen Werner nicht besuchen mögen? Bloß

weil das Geheimratspublikum nach jahrelanger Schamlosigkeit wieder hätte rot werden müssen. Ich hörte eine Dame von Stande sagen: „Das Stück sei durch und durch indiskret." Jawohl, Gott sei Lob und Dank!
Sie fragen mich aus über meine Ansichten der jetzigen politischen Philosophie und Ethik. Ich denke mir darüber folgendes: (NB. Dieses habe ich selbst ausgeheckt.)
Fast sämtlichen europäischen Völkern ist das, was man historischen Boden nennt, unter den Füßen weggezogen worden, auch den Preußen. Die völlige Negation, die zu Ende des vorigen Jahrhunderts in Staat, Kirche, Kunst und Leben eintrat, hat solch eine ungeheure Masse von objektivem Bewußtsein in alle einigermaßen regsamen Köpfe hineingeworfen (bei den besseren: entwickelt), daß an eine Herstellung der alten Unmündigkeit gar nicht mehr zu denken ist. Wie jetzt die Kunst ihre Naivität verloren hat und die Stile aller Zeiten objektiv vor sich nebeneinander liegen sieht, so ist es auch im Staat; das eigentümliche Interesse an den Besonderheiten seines Staates hat bei dem einzelnen einem wählerischen, bewußten Idealismus Platz machen müssen. Alle Restauration, so wohl gemeint und sosehr sie der einzige scheinbare Ausweg war, kann das Faktum nicht auslöschen, daß das 19. Jahrhundert mit einer tabula rasa aller Verhältnisse begonnen hat. Ich lobe es nicht, ich tadle es nicht, es ist eben eine Tatsache, und die Fürsten würden wohltun, wenn sie sich es klarmachen wollten, worin ihre jetzige Stellung von ihrer früheren sich unterscheidet. Die furchtbar gesteigerte Berechtigung des Individuums besteht darin: cogito (ob richtig oder falsch, gilt gleich) ergo regno. – Ich erwarte noch überaus schreckliche Krisen, aber die Menschheit wird sie überstehen und Deutschland gelangt vielleicht erst dann zu seinem wahrhaften goldenen Zeitalter. – Was soll inzwischen der einzelne tun? Ist er ein freier, tüchtiger Kopf, so wird sich ihm der Strom des Geistes, der in der Luft herrscht, zum philosophischen Postulat gestalten, und dem soll er nachleben. Eines kann ihm keine Revolution rauben: seine innere Wahrheit. Man wird immer offener, immer ehrlicher werden müssen, und auf den Trümmern der alten

Staaten wird die Liebe vielleicht ein neues Reich gründen. Was meine Wenigkeit betrifft, so werde ich nie Wühler und Umwälzer sein wollen; eine Revolution hat nur dann ein Recht, wenn sie unbewußt und unbeschworen aus der Erde steigt. Aber dem Fortschritt des deutschen Geistes werde ich mich ewig mit allen Kräften widmen und tun, was mir Recht scheint. ...

Nachzettel: Verzeihen Sie dies kleine Sudelblättchen, möge mir auch Frau Direktrix verzeihen; mein Postpapier ist zu Ende. – Schelling ist, wie es heißt, so gut als gescheitert mit seiner philosophia secunda. In den deutschen Jahrbüchern finden Sie wohl das Umständlichste über seine Lehre. – Ich habe ein paarmal hospitiert während der dicksten dogmatischen Auseinandersetzungen und mir die Sache etwa so zurechtgelegt: Schelling ist Gnostiker im eigentlichen Sinne des Wortes, so gut wie Basilides. Daher das Unheimliche, Monströse, Gestaltlose in diesen Teilen seiner Lehre. Ich dachte jeden Augenblick, es müsse irgendein Ungetüm von asiatischem Gott auf zwölf Beinen dahergewatschelt kommen und sich mit zwölf Armen sechs Hüte von sechs Köpfen nehmen. Es wird selbst den Berliner Studenten nach und nach unmöglich werden, diese furchtbare, halbsinnl. Anschauungs- und Ausdrucksweise auszuhalten. Es ist entsetzlich, eine lange geschichtliche Auseinandersetzung der Schicksale des Messias anzuhören, welche episch gedehnt und verwickelt und dennoch ohne alle Gestaltung ist. Wer Schellings Christum noch lieben kann, der muß ein weites Herz haben. – En attendant interessiert sich die hiesige große Welt für Schelling vom orthodox-pietistisch-aristokrat. Standpunkt aus, wie denn dies unglückliche Berlin immerfort Sympathien und Antipathien für dies und jenes mitmacht, ohne zu wissen warum, auf das einem Minister entfallene Wort hin. Einen so entsetzlichen Servilismus der Tat gibt es weder in Wien, noch in München, das ist meine Ansicht. – Vale.

AN WILLIBALD BEYSCHLAG

Berlin, 14. Juni 1842

... Überhaupt werdet Ihr längst den einseitigen Hang meiner Natur zur Anschauung erkannt haben. Ich habe mein Leben lang noch nie philosophisch gedacht, und überhaupt noch keinen einzigen Gedanken gehabt, der sich nicht an ein Äußeres angeschlossen hätte. Wo ich nicht von der Anschauung ausgehen kann, da leiste ich nichts. Ich rechne zur Anschauung natürlich auch die geistige, z. B. die historische, welche aus dem Eindruck der Quellen hervorgeht. – Was ich historisch aufbaue, ist nicht Resultat der Kritik und Spekulation, sondern der Phantasie, welche die Lücken der Anschauung ausfüllen will. Die Geschichte ist mir noch immer großenteils Poesie; sie ist mir eine Reihe der schönsten malerischen Kompositionen. – An einen Standpunkt a priori kann ich demnach gar nicht glauben; das ist die Sache des Weltgeistes, nicht des Geschichtsmenschen. – So wird es auch meiner Poesie wohl immer an der eigentlichen Tiefe fehlen, wenn auch nicht an Wärme und Begeisterung. –
Meine historische Darstellung kann vielleicht mit der Zeit lesbar, ja angenehm werden, aber wo nicht ein Bild aus meinem Innern auf das Papier zu bringen sein wird, muß sie insolvent dastehen.
Diesen Wink bin ich Euch schuldig, damit Ihr meinen Erzbischof billig beurteilt. – Mein ganzes Geschichtsstudium ist so gut wie meine Landschaftskleckserei und meine Beschäftigung mit der Kunst aus einem enormen Durst nach Anschauung hervorgegangen. – Doch hiemit genug von meiner Person. ...

AN KARL FRESENIUS

Berlin, 19. Juni 1842

... Lieber Junge, Du bist Philosoph geworden und wirst mir gleichwohl folgendes müssen gelten lassen: – Ein Mensch wie ich, der durchaus der Spekulation unfähig und zum abstrakten Denken auch keine Minute im Jahr aufgelegt ist, tut am besten, wenn er die höheren Fragen seines

Lebens und seines Studiums sich auf die Weise klarzumachen strebt, welche ihm am nächsten liegt. Mein Surrogat ist eine täglich mehr auf das Wesentliche gerichtete, täglich sich schärfende Anschauung. Ich klebe von Natur am Stoff, an der sichtbaren Natur und an der Geschichte. Aber es ist mir durch unablässiges Parallelisieren der Fakta (was in meiner Natur liegt) gelungen, mir manches Allgemeine zu abstrahieren. Über diesem mannigfaltigen Allgemeinen schwebt, ich weiß es, ein höheres Allgemeines, und auch diese Stufe werde ich vielleicht ersteigen können. Du kannst gar nicht glauben, wie durch dies vielleicht einseitige Streben nach und nach die Fakta der Geschichte, die Kunstwerke, die Monumente aller Zeiten als Zeugen eines vergangenen Entwicklungsstadiums des Geistes Bedeutung gewinnen. Glaube mir, es erregt mir oft einen ehrfurchtsvollen Schauer, wenn ich in der Vergangenheit die Gegenwart schon deutlich daliegen sehe. Die höchste Bestimmung der Geschichte der Menschheit: die Entwicklung des Geistes zur Freiheit, ist mir leitende Überzeugung geworden, und so kann mein Studium mir nicht untreu werden, kann mich nicht sinken lassen, muß mein guter Genius bleiben mein Leben lang. –

Die Spekulation eines andern würde mich, auch wenn ich mir sie aneignen könnte, nie trösten, noch weniger fördern. Ich werde von ihr berührt als von dem Geiste, der in der Luft des XIX. Jahrhunderts herrscht, ja ich werde vielleicht unbewußt von einzelnen Fäden der neuern Philosophie geleitet. Laß mich auf diesem niedrigen Standpunkt, laß mich die Geschichte empfinden, fühlen, statt sie von ihren ersten Prinzipien aus zu erkennen. Es muß auch solche Käuze geben wie ich bin. Der unendliche Reichtum, der mir durch diese niedrige Form des unmittelbaren Gefühls zuströmt, macht mich schon überglücklich und wird mich, wenn auch in unwissenschaftlicher Form, doch wohl einiges leisten lassen, was vielleicht selbst die Philosophen brauchen können.

Du wirst sagen: Die Spekulation gehöre zu diesem meinem Treiben als eine zweite, wichtigere Hälfte. – Vielleicht greift sie mir später einmal unter die Arme, wenn ich nicht mehr

Pont des Arches in Lüttich
Bleistiftzeichnung aus Burckhardts Skizzenbuch, 1841

mit dem bisherigen zufrieden bin und vom Himmel die
schönsten Sterne begehre. Mit Dir will ich gerne immer von
solchen Dingen sprechen, weil Du mich lieb hast und nicht
gleich mit stolzem philosophischem Naserümpfen von
dannen läufst, sobald einer sich nicht gut hegelisch auszudrücken weiß.[1] Du siehst, daß ich die Spekulation als
eine der höchsten Äußerungen des Geistes in jeder Epoche
verehre; ich suche nur, statt sie selbst, ihre Korrelate in der
Geschichte. Ich habe mir unlängst eine kurze Übersicht der
Philosophie der Geschichte für die sechs letzten Jahrhunderte angelegt und werde das auch für die älteren Zeiten
tun; dann erst (jedenfalls noch diesen Sommer) nehme ich
Hegels Geschichtsphilosophie vor; ich will sehen, ob ich
etwas davon verstehen kann, und ob es paßt. Es ist nur
schade, daß mein Geist bei aller Ungebundenheit nicht
größer, freier angelegt ist. –

Die Geschichte ist und bleibt mir Poesie im größten Maß-
stabe; wohl verstanden, ich betrachte sie nicht etwa ro-
mantisch-phantastisch, was zu nichts taugen würde, sondern
als einen wundersamen Prozeß von Verpuppungen und
neuen, ewig neuen Enthüllungen des Geistes. An diesem
Rande der Welt bleibe ich stehen und strecke meine Arme
aus nach dem Urgrund aller Dinge, und darum ist mir die
Geschichte lauter Poesie, die durch Anschauung bemeistert
werden kann. Ihr Philosophen dagegen geht weiter, euer
System dringt in die Tiefen der Weltgeheimnisse ein, und
die Geschichte ist euch eine Erkenntnisquelle, eine Wissenschaft, weil ihr das primum agens seht oder zu sehen glaubt,
wo für mich Geheimnis und Poesie ist. – Ich möchte es
gern deutlicher sagen können; Du merkst vielleicht, was
ich meine. – Du fragst mich in Deinem Briefe so liebevoll
aus über einen wehmütigen Trübsinn, der in meinem
Schreiben sichtbar sei. – Es war gewiß nichts Äußeres, was
mich verstimmt hatte, denn dergleichen stört meine Laune
nur selten. Aber betrachte mich als einen lernenden, strebenden Künstler – denn auch ich lebe ja von Bildern und

---

[1] J. B. spielt hier deutlich auf Alois Biedermann, seinen einstigen
Basler Freund an, unter dessen intellektueller Anmaßung und
Rechthaberei er vor dem Bruch so viel gelitten hatte.

Anschauungen –, und denke Dir die Melancholie, die bisweilen die Maler auf lange Zeit befällt, bloß weil sie dem, was in ihrem Innern erwacht, keine Gestalt geben können, – so wirst Du Dir erklären können, weshalb auch ich bisweilen traurig bin, so fröhlich sonst mein Gemüt ist. ...

Meine Hauptwünsche sind: Komm nach Berlin, nimm teil an meinem Geschichtsjubel, habe Geduld mit einem, der auf nicht philosophischen Bahnen wandelt, und laß uns fest zusammenhalten gegen alle frechen und feinen, äußern und innern Lügen. Ich habe eine frohe Ahnung, daß das beste Stück unsers Umganges noch bevorstehe. ...

AN HEINRICH SCHREIBER

Berlin, den 1. Juli 1842

Seit bald zwei Monaten bin ich bei dem ehemaligen holländischen Gesandten, Grafen Perponcher als Hauslehrer eingetreten, mit fünfzig Louisdor Gehalt und freier Kost und Wohnung. Morgens bis elf und abends von neun Uhr an bin ich völlig frei, und auch in der Zwischenzeit kann ich mir täglich noch zwei bis drei von den besten Stunden erübrigen. Dennoch weiß ich nicht, ob Sie mir nicht den Eintritt würden abgeraten haben. Meine Gönnerin, Frau Bettina, wollte mich durchaus nicht in diesem Haus haben; sie fürchtete, ich möchte meinen liberalen Grundsätzen untreu werden. Als ob ein Geschichtsmensch seine Grundsätze von einem Tag auf den andern wechseln könnte!

Sie werden wahrscheinlich von meinem Vater meine „Kunstwerke Belgiens" schon erhalten haben. Zu meiner Rechtfertigung dieser Schrift nur zwei Worte. Ich fand den rein sachlichen Gesichtspunkt der gewöhnlichen Reisehandbücher ungenügend und scheute mich deshalb nicht, einmal zur Probe die nötigste Subjektivität walten zu lassen.

Von hier aus wünschte ich in zwei Jahren nach Paris für einige Monate und dann womöglich auf ein Jahr nach Italien zu gehen, und allerorten die Bibliotheken und Museen so zu benutzen, daß ich:

1. eine Archäologie der Kunst von Konstantin bis auf die Ottonen, oder die Hohenstaufen und

2. eine Geschichte der schweizerischen Gegenreformation zu liefern in Stand gesetzt würde.
Was sagen Sie zu diesem allem?

AN WILLIBALD BEYSCHLAG

Berlin, 12. September 1842

Dir, mein Lieber, schreibe ich jetzt nur wenige Worte, da ich die bündigste Hoffnung habe, Dich bald von Angesicht zu Angesicht zu schauen. Um diese Deine Bonner Abschiedszeit beneide ich Dich gerade am meisten; ich kenne die majestätisch trübe Stimmung, die dem Abschied vom Rhein vorangeht. Als ich mich zur Abreise rüsten mußte, besuchte ich noch all die schönen lieben Orte und zeichnete so viel ich konnte. – Wenn ich doch noch einen Sommer in Bonn hätte! – Dieses traumhafte Sommersemester 1841 zwischen zwei Aufenthalte in dem odiosen Berlin hineingepfropft, kommt mir wirklich bisweilen wie eine Vision vor. –
Mit Euren schönen Liedern bringt Ihr mich noch zur Verzweiflung, da ich Euch nach diesem dürren schauerlichen Sommer gar nichts der Art entgegenbieten kann. In dieser ganzen Zeit ... war ich an Berlin gefesselt.... Und was das für eine Überwindung kostet! Dresden und der Harz sind in einem Tage zu erreichen! – Schätze Dich nur recht glücklich, daß Du eben jetzt nach Berlin kommst, wo ein Eisenbahnnetz das Nest von allen Seiten einfaßt; vor 1 ¹/₂ Jahren noch mußte man von hier nach Leipzig eine schmerzensreiche Nacht im Postwagen zubringen und gab ein Heidengeld aus, nur um aus dieser Sandwüste herauszukommen. ...
Wie sehr ich eingedorrt bin, wirst Du leicht aus meinem langweiligen Briefstil ersehen. Nun kommst Du mir noch gar mit der Frage, ob ich nicht in Berlin Philosoph geworden sei? – Resignation habe ich, wenn das zieht; – aber sonst muß ich froh sein, wenn ich meine Geisteskräfte nur auf einem erträglichen Friedensfuß halten kann. Es freut mich, daß Euch mein Erzbischof gefallen hat, aber drucken lassen? – nein, die Rezensenten würden mich mit ein paar vornehmen Worten totgemacht haben, weil z. B.

die Beschreibung der kölnischen Verfassung keineswegs auf der Höhe der Zeit steht. Die Arbeit sollte überhaupt nur ein Vorstudium zu einer Geschichte meiner werten Vaterstadt sein. Wenn Du da bist, werde ich hoffentlich wieder besser auf Strümpfen sein. Dein Brief hat mich ganz besonders erquickt und läßt mich einen schönen Winter hoffen. Dich küßt in froher Erinnerung Dein Burckhardt.

AN HEINRICH SCHREIBER

Berlin, 2. Oktober 1842

Ich habe wieder um meine Entlassung gebeten und verlasse das gräfliche Haus noch in diesem Monat. Die Widerwärtigkeit der Frau Patronin, die mir in Nichts freie Hand lassen wollte, ist daran schuld. Eine Sklaverei, wie sie in diesem Hause herrscht, hält ein Mann von Erziehung nicht aus. Ich bleibe noch den Winter über in Berlin und kehre im Sommer über Paris und Freiburg nach Hause zurück. Der bevorstehende Winter verspricht sehr viel. ...

Was das Taschenbuch[1] betrifft, so weiß ich gewiß, daß Ranke es hoch hält und Ihren Aufsatz über den Bauernkrieg sehr gut hat brauchen können. Es ist so eine eigene Sache mit einem historischen Taschenbuch. Wäre alles darin so geschrieben, daß das Publikum sich daran „amüsieren" könnte, so würde der Absatz viel größer sein; selbst Raumers Taschenbuch, das mit weit größeren Prätensionen auftritt, wird keineswegs stark gekauft.

Das Publikum möchte etwa folgendes: eine Reihe brillant geschriebener, pikanter Partien aus der Geschichte ohne Urkunden und Belege; Dinge von einem mehr novellistischen als wissenschaftlichen Interesse; und darin kann ihm kein ehrlicher Historiker willfahren. Das verwünschte Novellenjahrzehnt, welches auf Walter Scott folgte, hat unser Publikum gründlich verdorben, so daß ihm jetzt nur noch von einer Seite wissenschaftlich beizukommen ist, nämlich durch Hervorhebung der „kulturgeschichtlichen" Momente. Solange echte, wahre Geschichte und besonders

[1] Gemeint ist Schreibers Taschenbuch für Geschichte und Altertum in Süddeutschland, es erschien 1839–46 in fünf Bänden. (Münzel)

solange Untersuchungen mitgeteilt werden, ist das träge, überreizte Volk zu keiner Art von Aufmerksamkeit zu bringen.
Einen Fortschritt hat die Zeit wohl gemacht. Für die Geschichte beginnt sich die Kluft zwischen Wissenschaft und Leben langsam zu füllen, weil man inne geworden ist, daß die Geschichte in die Gegenwart einmünden sollte; denn sie tut es noch nicht in wahrem Sinne. Aber gerade darin liegt auch die Einseitigkeit der Gegenwart, daß sie nun eine Tendenzgeschichte haben will, wie sie eine Tendenzpoesie und eine Tendenzkunst hat. Man fordert jetzt vor allen Dingen in letzter Instanz ein politisches Interesse. Wer es mit der Geschichte ehrlich meint, wird zu einer Geschichte mit Tendenz nie unbedingt Ja sagen können. Summa summarum, der Historiker steht in diesem Augenblicke schief mit dem Publikum und muß es entweder mit demselben oder mit der Wahrheit verderben. In der letzteren Beziehung ist auch Ranke nicht ganz sauber; er hat seiner herrlichen Darstellung viel, sehr viel aufgeopfert; die Totalität der Anschauung, die seine Schriften bei dem ersten Anblick zu geben scheinen, ist illusorisch. Da er seine Leser nicht von seinen (konservativen) Ansichten aus gefangennehmen konnte, setzte er es mit blendender Darstellung durch. (Seine ungeheuren Verdienste in Ehren!) ...

3. Oktober

Ist es nicht ein Jammer, daß nach drei Jahrhunderten einer tyrannisch behaupteten klassischen Bildung doch noch immer keine vernünftige Geschichte Griechenlands existiert? Ich fragte einst einen namhaften Philologen hierüber und erhielt den Bescheid: Die Ansichten vom Mythos hätten sich noch lange nicht genug abgeklärt.
Diesen Sommer hörte ich bei Jacob Grimm Taciti Germania, das schönste und interessanteste Kollegium, welches ich je gehört. Neben der hohen wissenschaftlichen Bedeutsamkeit ist der bescheidene Mann und sein Vortrag so liebenswürdig....
Was meine historischen Projekte betrifft, so werden sie wohl so lange ruhen müssen, bis ich Italien besucht habe.

In Paris will ich mitnehmen, soviel ich kann; die königliche Bibliothek wird erst im September geschlossen.
Und nun nochmals meinen herzlichen Dank für Ihre Sendung. Ihre Teilnahme an mir und meinen Studien wird mich immer mehr begeistern. Wie gerne möchte ich in Ihrem schönen Freiburg, an Ihrer Seite, meine ersten Versuche im Dozieren machen. Überhaupt wird mir die Trennung vom deutschen Boden unendlich schwer. Wenn ich an einer rheinischen Universität irgend fortkommen könnte, so würde ich noch lange nicht heimkehren, abgesehen von der Pflicht, meinen guten Vater nicht allein zu lassen.

AN GOTTFRIED KINKEL

Berlin, 25. November 1842

Geliebter Freund!
Den gestrigen Tag hindurch bin ich vor lauter Aufregung über Ihre Briefe gar nicht zum Schreiben gekommen; unablässig steht Ihr Bild vor meinen Augen; ich möchte für Sie mein Bestes wagen und die unverdiente Liebe verdienen lernen. Mir ist zumut, als sollten wir nicht für immer getrennt bleiben, als sollte ich Ihnen dereinst etwas bieten können. Solange ich in Bonn war, durfte ich Ihnen nicht sagen, wie ich Sie liebte; jetzt trete ich Ihnen freier, im Innern vollständiger gegenüber und bringe mich Ihnen dar, wie ich bin, liebend und liebebedürftig. Lassen Sie nicht von mir! Ich will es Ihnen zu lohnen suchen. –
Sie fordern mich auf, Ihrem Hochzeitsfeste beizuwohnen als Brautführer. Ich kann es nicht versprechen. Nächsten 1. November muß ich in Basel schon dozieren. Gott weiß worüber! – Auch verlangen die Meinigen sehnlich nach mir und deuten mir es schon übel, daß ich noch 2 Monate für Paris zulege. Die Hauptsache ist, daß meine Schwester vielleicht um dieselbe Zeit ihre Hochzeit feiert, was auch meinen Pariser Plan vielleicht in der Art verschieben würde, daß ich erst von Basel aus im Sommer hinginge. Doch liegt das noch im weiten Felde. Ließe ich mein Herz offen reden, so würde ich lieber Ihrer Vermählung beiwohnen, denn meine Schwester und ihr Verlobter sind in glücklichen

Verhältnissen und haben der Freunde genug; es wäre ein Zeremoniendienst, den auch ein anderer leisten kann; aber bei Ihnen wäre es für mich ein Liebesdienst, der erste, den ich Ihnen gewähren könnte. – Nicht bei der Hochzeit möchte ich meiner Schwester dienen, sondern nachher, wenn sie allein ist und sich nach dem Bruder sehnt, um den sie soviel gelitten und gebetet hat, der imstande war, ihr Herz zu füllen, weil er sie verstand! –
Endlich weiß ich nicht, ob ich den Funktionen eines Brautführers genügen kann. Ich tanze nicht! Erwägen Sie es. –
Bis zum Stiftungsfest kann ich keinesfalls bleiben; ich gedachte Mitte April anzukommen und Mitte Mai abzureisen. Brüssel allein wird mich acht Tage aufhalten. –
Soweit die Sache von mir abhängt, sage ich zu; aber ich kann für die Umstände nicht stehen. Auf diese Weise könnte ich Mitte Juni in Paris sein, was noch immer früh genug ist. –
Daß Sie meinen Erzbischof bei Habicht[1] angebracht haben, erfreut mich in tiefster Seele; ich nehme alle Ihre Propositionen an und gebe Ihnen Vollmacht, nötigenfalls davon herunterzulassen, wenn Habicht je störrisch werden sollte. Inliegendes ostensible Billett enthält Ihre Vollmacht, soweit der Buchhändler sie kennen darf. Wenn ich auch keinen Heller besehen sollte, – ganz egal! wenn's nur gedruckt wird. –
Sie werden staunend fragen: Woher diese Sinnesänderung? Fürs erste haben Sie mir Mut gemacht; zweitens nehme ich das, was Sie hinter meinem Rücken getan, für einen Finger Gottes, drittens hatte zu meiner Weigerung die Furcht, an allen Enden abzufahren, nicht geringen Teil, viertens brauche ich es jetzt nicht für den grünen Tisch[2] in Basel nochmals abzuschreiben oder gar zu latinisieren und kann die Herren mit einem gedruckten Exemplar und einem schlechten Stück aus dem Karl Martell, welches schon zum Teil latinisiert ist, abfinden; fünftens werde ich Ihnen von heut in vierzehn Tagen die Exposition der kölnischen Verfassung umgearbeitet, doch nicht vermehrt zusenden und bitte Sie, mitfolgende Exzerpte gehörigen Ortes zu

[1] Kinkels Bonner Verleger.   [2] Zur Promotion.

zitieren, höchstens mit Anführung der wichtigsten Worte, und nötigenfalls auch den Text danach zu ändern; damit ich mich nicht feierlich beim ersten Debüt blamiere. – Bitte, lesen Sie auch inliegenden Brief an Habicht. Mein Hauptverlangen ist, daß der Druck nicht über drei Monate währe, weil ich sehr gern noch von hier aus in Basel doktorieren möchte. Ob die Noten alle, ob sie unter dem Text, oder, wie Frau Direktrix wünscht, hinten sollen abgedruckt werden – darüber verfügen Sie, wie Sie wollen. Wenn Sie bloß die Zitate beibehalten wollen, auch gut. – Es ist frech von mir, daß ich Sie, nach so vieler Mühe für Unterbringung der Schrift, noch mit solchen Dingen quäle, da ich doch weiß, wie Ihre Zeit besetzt ist. Aber briefliche Abreden und Änderungen zwischen mir und dem Verleger würden den Druck sehr verzögern, und wenn Sie es tun, will ich's Ihnen gedenken mein Leben lang.

Alles weitere werden die nächsten Briefe (über vierzehn Tage) melden, denen wir sonst allerlei beizulegen gedenken. Bringen wir Liederspiele zustande, so folgt dann noch eine Sendung außerdem, Ende Dezember.

Auch die Novelle sollen Sie in Gottes Namen bekommen und unter Ihrer Verantwortung vorlesen. Der Frau Direktrix möchte ich für Ihren herrlichen Brief fußfällig danken. Ich küsse Andreas. – Jetzt ist es gut leben in Berlin, von allen Seiten strömt mir Ermutigung zu; ich bin produktiver als je. Lieber, lieber Freund, es umarmt Sie

Ihr Burckhardt.

Über 14 Tage weitere Nachricht aller Art.
Von Lothar das nächste Mal. Er hat mich hingerissen. Auch Kugler ist entzückt davon.

AN GOTTFRIED KINKEL

Berlin, den 7. Dezember 1842

... Ich will die Zeit bis Neujahr ganz mit poeticis verdämmern und nur etwa 4 Stunden des Tages der Gelehrsamkeit widmen. Sonst habe ich nach Neujahr keine Ruhe. Das hat der scheußliche Sommer zu verantworten, ich muß mich jetzt schadlos halten. ...

... Ich kenne kein so anregendes Stück wie den Lothar[1]. Ich glaube, Ihre hegelingischen Freunde sind in ihrem Urteil über den Charakter der Hauptperson einseitig und in Doktrinen befangen. Mir kommt die Sache so vor:
Die bisherigen, von Lessing und Schiller abhängigen Dramatiker sind Idealisten; d. h. sie verlangen 1. strikte und klare ethische Gegensätze, 2. demgemäß auch eine moralische Gerechtigkeit des Poeten. Die Tugend muß auch im Untergehen noch geistig siegen, die Zuhörer müssen was man nennt: befriedigt werden.
Ihr Lothar aber ist eins von den Stücken, welche einen Übergang bezeichnen von der ethisch idealen Richtung zur realen fatalistischen im echten historischen Sinne. Hier sind die ethischen Konflikte Nebensache und bedingen mehr Schmuck und Haltung des Stückes als den eigentlichen Kern. Die Hauptsache aber sind historische, somit unlösbare Konflikte streitender Weltmächte, wo sich's erst zeigen muß, wer gewinnt, damit man wisse, wer recht hat. Ich halte diese Art für eine höhere, poetisch reichere, Ihren Schritt aber für einen Fortschritt. – Denn:
Es entsteht ein unendlicher, von Ihnen zuerst mit kecker Hand (und doch vielleicht unbewußt?) ausgebeuteter Reiz für den Zuschauer resp. Leser, dadurch, daß die Gegensätze der Weltmächte für die betreffenden Personen und Zeiten in ethischer Hülle erscheinen, während der Zuschauer in seinem modernen Bewußtsein sehr wohl weiß, daß dies nicht ihre Natur, daß ihr Konflikt ein nur durch die Zeit und ihre Entwicklungen lösbarer ist.
Damit erst ist die wahre Geschichte, die im großen kein Gut und Böse, sondern nur ein So oder Anders kennt, ins Drama ausgegossen. Damit erst eröffnet sich eine volle, unendliche Quelle der Individualistik, die dem bloß moralischen Dramatiker und seinen ethischen Gegensätzen verschlossen bleibt.
Mein Satz, den ich hieraus ziehe, ist somit folgender: Jeder durch seine Zeit berechtigte Charakter (wenn er anders ein poetischer ist) ist dramatisch darstellbar, und wir

[1] Lothar von Lotharingien, fünfaktiges Trauerspiel von Gottfried Kinkel, Bonn 1842.

müssen zu seinen Gunsten unsern alten moral-dramatischen
Maßstab aufgeben.

Sie werden vielleicht vor diesen Konsequenzen erschrecken
und mit gutem Gewissen beteuern können: es hätte Ihnen
ein Gegensatz von Gut und Böse vorgeschwebt. De facto
aber stirbt Ihr Lothar doch versöhnt gegen die gewöhnliche
poetische Gerechtigkeit, und ich finde darin einen großen
Fortschritt.

Ein Übelstand würde erst dann eintreten, wenn ein Dramatiker die Gesetze der ewigen Moral, die zu allen Zeiten
gilt, absichtlich übersehen wollte. Unsere bisherigen Dramatiker haben aber den entgegengesetzten Mangel, sie tragen
auch das, was an der Moral bloß ihrer Zeit angehört, auf
ihren Gegenstand über und erheben es sogar zum dramatischen Hauptmotiv. – Ich weiß wohl, mit alledem habe
ich doch den Nagel noch nicht auf den Kopf getroffen,
vielleicht bin ich später einmal klüger. ...

Wir alle leben in gespannter Erwartung in Betreff Ihrer
„Geschichte des Heidentumes." Werden Sie nicht endlich
inne, geliebter Freund, daß die Hauptseite Ihres Wesens
die gestaltende Kraft ist, daß somit die Theologie auf die
Länge nicht Ihre Sache sein kann? Und nun diese häßliche
Orthodoxie mit ihren Quälereien und Verfolgungen! – Ich
erachte es für den entscheidenden Schritt in Ihrem Leben,
daß Sie sich der Darstellung zuwenden – denn diese wird
Sie nicht mehr loslassen. Die Geschichte wird Ihnen treu
bleiben, und Sie werden von der Geschichte auch nicht
mehr wegkommen. Verzeihen Sie diesen meinen Vorwitz.
Renegaten müssen keilen.

8. Dez. 42

Fast hätte ich vergessen, Ihnen meine Erwartungen in Betreff des Bühnensukzesses Ihres Lothar mitzuteilen. Berlin
wird ihn zurückweisen; die Intendanz darf es nicht wagen,
ein Stück in Szene zu setzen, bei welchem der hiesige
feinere Pöbel gleich Tendenzen wittern und demgemäß
„freimütig" seine „Gesinnung" durch die altbekannten
Zeichen ausdrücken würde. – Erst wenn Lothar von andern
Bühnen aus nach Berlin kommt, dann sind die Berliner

mäuschenstill und werden ihn prächtig finden. – Von Köln hoffe ich wegen der kathol. Prüderie nichts, dito von München; aber auf Stuttgart, Frankfurt, Hamburg und Weimar wäre schon zu bauen.
Übrigens geben Sie nur acht! Die kathol. Blätter werden Ihnen bald Knixe schneiden, die Ihnen recht unbequem werden könnten! Es ist sehr gut getan, daß Sie in Ihre Gedichte einigen Liberalismus verwoben haben. Das wird wenigstens von dieser Seite dem Gehetz bald Einhalt tun. In Bonn werden die (p. p.) Madamen sagen, Frau Direktrix hätte Sie katholisch gemacht. Von dem, was geschichtliche Betrachtung ist, hat heutigestags selten ein Mensch einen Begriff. ...

AN GOTTFRIED KINKEL

Berlin, 7. Februar 1843

Dem Urmau.
Ihre Briefe haben mich eine Zeitlang in jenen kontemplativ-träumerischen Zustand versetzt, der bei mir die Erinnerung guter Tage zu begleiten pflegt. Vorgestern abends, als ich eben wieder einen Probebogen des Erzbischoffen nach der Post gebracht hatte, fiel mir ein: Du hast einen Reichstaler in der Tasche, und man gibt den „Feensee"! – Da konnte ich der Lust nach den schönen Dekorationen von Köln und der Umgebung nicht widerstehen – auch daran waren Ihre Briefe schuld. Als im dritten Akt der Zwischenvorhang aufflog und nun hoch im klaren Dufte der Dom schwebte, mußte ich weinen vor Freude. – Die Oper selbst, die ich schon längst kannte, hat mich trotz ihres oberflächlichen Glanzes doch hingerissen, wie es wahrhaft gute Musik nie tut. Wenn ich Gluck und Mozart höre, so bin ich viel zu aufmerksam und zu genußsüchtig, um mich der eigentlichen Gesamtwirkung der Töne so ganz hinzugeben, dagegen läßt sich bei Auberscher Musik, wo am einzelnen nicht viel zu genießen noch zu verlieren ist, so vortrefflich träumen und simulieren; da nimmt mich die Gesamtmacht der Töne als solcher ohne Rücksicht auf Kompositon auf ihren Flügeln mit sich fort, und das sind dann Augenblicke

voll Poesie und harmonischen Einklangs meines innern Menschen. – In dieser glückseligen Stimmung kam mir mein bevorstehender Weltgang als etwas so Schönes und Poetisches vor! Ich pries mich glücklich. –

Daß Ihnen mein Karl Martell behagt, freut mich außerordentlich, wie mir denn überhaupt viel mehr darum zu tun ist, ob jemand meinen Beruf zur Geschichte anerkennt, als um Anerkennung meiner Verse. Lassen Sie mich hierüber ausreden.

Ich weiß sehr wohl, daß ich mit meiner Landschafts-Miniaturmalerei und meiner Kleinlyrik mir einen gewissen Kreis von Lesern und Freunden günstig stimmen könnte, aber für solche Rühmchens danke ich; ein Zeitdichter kann ich doch nicht werden. Ich beschränke mich daher mit meinen Versen darauf, hie und da meinen Nächsten ein Vergnügen zu machen. – Aber ein Zeitgeschichtschreiber möchte ich gerne werden! –

Ich habe schon mehr als einmal an meinem Berufe zur Geschichte verzweifelt, und dazwischen kommt mir dann doch wieder vor, als sei es meine Bestimmung, besonders das Mittelalter auf eine neue Weise darzustellen, interessanter als es bisher geschehen. – Ich gäbe alle Anerkennung, die ich als Poet auch im allergünstigsten Falle finden könnte, herzlich gerne um die Gewißheit, in der Geschichte etwas wahrhaft Neues zu leisten.

Meine Novelle geht schief; ich kann sie nicht mehr fortsetzen. Dagegen hoffe ich von der nächsten Zeit einige Lyrik und eine Ballade. Lebte ich nur nicht in einer so unsäglichen Zerstreuung! –

Ich habe den Ammianum Marcellinum mit Andacht durchgelesen und auch für Ihr Heidentum manches Wichtige gefunden. Die betreffenden Nachweisungen bringe ich Ihnen an den Rhein mit, um Ihnen das Durchlesen des ganzen dicken Schmökers zu ersparen.

Ach was haben Sie mit dem Heidentum für einen glücklichen Wurf getan! – Das wird das erste lesbare Werk über alte Geschichte. Gibbon ist doch in der Anschauungsweise veraltet. – Die Philologie beweist ihren geistigen Bankerott immer mehr dadurch, daß sie noch nicht eine gute Darstellung des Altertums hervorgebracht hat. – Niebuhr ist bloß zum Studieren; – zum Lesen scheußlich. Über Griechenland existiert noch nichts; Ottfried Müller hatte bloß gelehrte Zwecke. Man wird noch den Triumph erleben, daß die erste lesbare alte Geschichte ohne Zutun der Philologen ans Tageslicht treten wird. – Die Philologie ist jetzt nur noch eine Wissenschaft zweiten Ranges, so große Airs sie sich auch gibt....

Abends 5 Uhr

Soeben komme ich von einem Besuche zurück; – raten Sie, bei wem ich war? – Bei Theodor Mundt. Ich war dem Mann nach Lesung seiner Schriften so gut geworden, daß ich dachte: den mußt du kennenlernen; er muß zugänglich sein, da die öffentliche Gunst sich von ihm abzuwenden beginnt. Und so nahm ich vor einer Stunde die Handschuh in die Tasche und den Weg unter die Füße und ließ mich melden. Ich fand ihn mit seiner Frau, Louise Mühlbach, und kundschaftete ihn aus über die Freiburger Jesuiten und über Paris usw. Er war äußerst gefällig und liebenswürdig, unsere Unterhaltung frei und leicht. Ich werde ihn noch öfter sehen. – Was mich bewog, ihn aufzusuchen, war das lebhafte Gefühl, daß Mundt ein Charakter sei und daß ihm Tausende Unrecht tun und getan haben, während er doch einer von denen ist, welche das moderne Leben am gründlichsten zu deuten wissen....

Noch ein Wort über Karl Martell. Ich lasse ihn nie drucken und betrachte ihn rein als Vorarbeit zu meinem Projekt: das alte Alemannien zu schildern. Unlängst machte ich Jacob Grimm meinen Besuch und suchte die wichtigsten Resultate über Alemannien von ihm herauszubringen. Aber Jacob Grimm gibt nur unendlichen Stoff zu Resultaten, nicht letztere selbst. Einiges Hochwichtige habe ich aus ihm doch herausgefragt, aber mit Mühe. Und doch ist er so gut und freundlich und hält mit Willen nichts zurück.

Von dem Erzbischoffen erwarte ich jetzt den vierten Bogen. Ich fürchte, es wird mit dem Ding dauern, bis ich in Bonn bin. Unlängst ist in Basel ein lithograph. Werk über unser

Münster herausgekommen, wozu ich schon 1839 einen schlechten Text geschrieben habe, der mich jetzt schändlich ärgert. Auch die Bilder sind sehr unvollkommen, und das Ganze sieht einer Pariser Spekulation ähnlich[1]. –
Ich besuche keine Gönner mehr, weil ich mich schlechterdings nicht mehr dazu entschließen kann, einen Schniepel anzuziehen. Nur zu Leuten, wo man in Rock erscheinen darf, gehe ich noch hin. Von Berlin nehme ich gar keine Notiz mehr und verhärte mich geflissentlich gegen alles, was zu dessen äußerer Erscheinung gehört. – Meine letzten unabhängigen Monate will ich mir nicht mit Gesellschaften verbittern. ...

AN GOTTFRIED KINKEL

Berlin, den 3. März 1843

... Ich reise zirka den 20. März von hier ab, vielleicht zuerst noch in den Harz, jedenfalls aber über Naumburg und Jena. Dann durch das Schwarzatal (auch wenn Schnee liegt) nach Koburg und Bamberg, für welches ich eine große alte Inklination habe. Dann (vielleicht noch bis Nürnberg und) nach Würzburg, von wo ich durch den Odenwald nach Heidelberg, Weinheim, Speyer ziehe. Dann über Worms, Oppenheim, Nierstein, Bodenheim, Laubenheim nach Mainz und Frankfurt, wo ich zirka vier Tage liegen muß wegen alter Schmöker. Dann langsam und mit Ausdruck den Rhein abwärts. Von Koblenz aus besuche ich u. a. Limburg. – So lange ich 20. bis 25. April in Bonn an und bleibe bis zu Ihrer Hochzeit dort. Auf diesem vollen Monat Aufenthalt ruhen jedoch folgende Servitute: zwei bis drei Besuche in Köln, eine Ahrtour, ein Besuch in Siegen bei meinem Freunde Schauenburg, der sich in diesem Monat dort als Lehrer am Gymnasium festsetzt. –
Unmittelbar nach Ihrer Hochzeit fahre ich den Rhein hinunter nach Cleve zu Siegfried Nagel und von da nach Holland, Belgien und Paris, wo ich zirka 20. Juni abzusteigen

---

[1] Es handelt sich um die „Beschreibung der Münsterkirche und ihrer Merkwürdigkeiten zu Basel", die 1842 zu Basel anonym erschien. Vgl. B.G.A. Bd. I, S. 415.

hoffe. Unterwegs hoffe ich viel zu zeichnen, zu dichten und zu trachten. (Unter letzterer Rubrik subsumiert sich bummeln, kneipen usw.) – Einen kleinen Koffer schicke ich nach Bonn voraus und reise mit einem Ranzen und Schlafrock. – Ein spezielles Augenmerk richte ich diesmal auf die sächsische und fränkische Byzantinik und die Mainweine, von welchen ich bisher nur den Bocksbeutel kenne. ...

AN GOTTFRIED KINKEL
Berlin, den 16. März 1845

... Gestern ist hier die Petition der Stände des Großherzogtums Posen und das königliche Responsum in den Zeitungen erschienen. Damit fällt ein grelles, schauerliches Schlaglicht auf die Abgründe, denen wir zueilen. Man sieht, die Majestät glaubt im Rechte zu sein, und in der Tat ist das jetzige Staatsrecht in dem Responsum buchstäblich vollkommen geschont. Aber schon die Billigkeit ist nicht mehr geschont, und noch weniger die öffentliche Meinung und die Sehnsucht der Nation. Wehe dem Ratgeber, der dem König diesen Schritt eingab; der König selbst wird ihm einst fluchen, aber wenn es zu spät ist. Man wagt es, einen durch Stimmenmehr bei den Ständen durchgegangenen Beschluß ein Parteiwerk zu nennen! – Man wagt es, den Ständen wegen dieses Beschlusses zu drohen, man werde sie nicht mehr zusammenberufen! – Mit diesem einzigen Wort ist Preußen dem Zustande von Hannover gleichgestellt. Um von der nochmaligen in recht übler Laune gegebenen Ablehnung der Gesamtstände zu schweigen, – wie muß der König berichtet sein, wenn er meint, seine Argumente gegen die Pressefreiheit machten noch Eindruck auf das Publikum! – Ich glaube in diesen Sachen jetzt klarer zu sehen als bisher, und so scheint mir: der König ist schon frühe durch seine Lehrer in das alte Staatsrecht (d. h. Absolutismus in juridischer Form) festgebannt worden und kann über gewisse Folgerungen und Fragen nicht hinauskommen, was vielleicht uns in seiner Lage auch passieren würde; ferner ist er von seiner Umgebung viel abhängiger, als man glaubt, und diese hüllt ihn täglich mehr in eine Anschauungsweise hinein, die über kurz oder lang zu einem Bruche führen muß. Mir ist recht weh zumute, wenn ich an diese Dinge denke; es ist, als läge das Schloß von Berlin unter einem düstern Zauberbann, und als sehnte sich die Majestät selbst nach Frieden, Ruhe und Verständigung, ohne doch je dahin gelangen zu können; denn durch die verzauberten Fenster des Schlosses erscheint die Gegend blühend, reich und friedlich, während doch von ferne Klagen und Stöhnen schallt, was der Minister für eine Parteistimmung einiger böswilliger Eichen und Tannen ausgibt, die mürrisch in der Ferne stehen. ...

AN WILLIBALD BEYSCHLAG

Bonn, den 20. Mai 1843

Ich danke Dir von Herzen für Deine rasche Antwort auf meine Anfragen, so traurig auch diese Nachrichten sind[1]. Bis auf weiteres glaube ich, Hengstenberg ist von irgendeinem Hunde oder Aufschmecker angelogen worden, denn dieses Benehmen im Verhör ist bei aller Reizbarkeit H.s[2] für mich undenkbar. Übrigens schreibt mir auch Ete, die Nachrichten von H. würden täglich schlimmer. Mir ist sehr weh zumute, wenn ich daran denke. ...

Gott gebe, daß Du Hermann noch inliegenden Brief und die 2 letzten Blätter der Novelle übergeben kannst! Sonst meint er, ich denke nicht an ihn; er wird leicht trübsinnig. Lies meinen Brief an ihn erst durch, und streiche, was den Kerkermeistern unlieb sein könnte, damit der Brief doch ja in seine Hände gelangt. ...

O lieber Balder, ich habe mich nicht immer so gegen Dich benommen, daß ich viel von Dir verlangen könnte, aber wenn Du mir was Liebes antun willst, so tue für Hermann, was Du kannst. ...

---

[1] J. B. hatte am 21. April sich bei Beyschlag nach dem Schicksal Hermann Schauenburgs erkundigt, der wegen seiner „Deutschen Lieder nebst ihren Melodien", welche er 1843 zusammen mit S. W. Lysa und Raczek herausbrachte, verhaftet worden war.
[2] H. = Hermann Schauenburg.

Bleistiftzeichnung aus dem Nachlaß Franz Kuglers, 8. Febr. 1843

Ich bin in der größten Unruhe; dabei dies ewig aufgeregte Leben hier, dies Kommen und Gehen, dies Mitmachen und der gänzliche Mangel an Sammlung! Laß mich's nicht entgelten, wenn auch dieser Brief nur ein ärmliches Billett wird! ...

Ich bin unlängst mit dem Doktor 4$^{1}/_{2}$ Tag im Ahrtal gewesen, bis weit in die Eifel. Wir waren beide sehr fidel und haben uns vortrefflich amüsiert. Es gibt aber auch auf der ganzen Welt keinen Reisegefährten, wie der ist. ... Einzelnes davon steht in den Maubriefen, welche an dem Abend vor Empfang Deiner Briefe geschrieben wurden.

Übermorgen ist Hochzeit. ...

Zirka Fronleichnam möchte ich gern in Paris sein, um für die Arbeiten auf der Bibliothèque royale ein gutes Stück Zeit übrig zu halten. ...

Lieber Junge, soeben kommen Andreas und Geibel zu mir. Alle Contenance ist hin; ich kann vor furchtbarer Zerstreutheit nicht mehr ... schreiben ... du mein Himmel! ...

AN GOTTFRIED KINKEL

Paris, den 16. Juni 1843

Vieltausendmalgeliebter Urmau!

Ich bin den 8. hujus hier angelangt und habe mir Paris acht Tage lang schmecken lassen; jeden Morgen im Louvre und in den Kirchen; jeden Abend auf den Boulevards und im Theater. Damit Du aber siehst, wie zuverlässig ich bin, so wisse, daß ich den 1. hujus von Rotterdam aus eine Rezension Deiner Gedichte an die Kölner Zeitung schickte, welche angekommen sein muß, da ich sie frankierte; aber die Schlingel haben sie noch nicht abgedruckt.

Ferner folgt anmit das Gedicht von Altenahr, welches mir jetzt sehr mißfällt. Es ist halb in Gent, halb in [?] gemacht, also in zwei berühmten Fabrikstädten. Sobald ich Briefe von Euch habe, schreibe ich Euch wieder, und dann mehr. Gestern bin ich zum erstenmal auf der Bibliothèque royale gewesen; mit dem was dort ist, kann ich schon fertig werden; für meinen Zweck brauche ich dort etwa 130–140 Stunden Arbeit, also 2 Monate. Am 15. August wird die Bibliothek

geschlossen, dann arbeite ich in den Bibliotheken vom
Arsenal und von Ste Geneviève bis gegen den Oktober hin.
Ich habe Hugos Burggrafen gesehen. Die Intentionen sind
hie und da höchst grandios, aber am Ende überwiegt doch
der Unsinn. Beauvallet in seinen guten Momenten erinnerte
an das, was ich von Ludwig Devrient habe erzählen hören.
Der Alexandriner ist aber ein unleidlicher Vers, selbst auf
dem Théâtre français. – Im Odéon hörte ich ein kleines
Ding von Molière, welches köstlich war; darauf begann
Racines Andromaque, wo ich denn freilich nach dem ersten
Akt auf und davon lief. Den Racine halt' ich nicht mehr
aus. – Was sagst du zu der Idee eines kleinen Stückes: la
fille de Figaro, welches im Théâtre du Palais royal gegeben
wird – es ist ein weiblicher Figaro, d. h. eine Gelegenheits-
macherin und Allerweltsmädchen, die zwei Liebende durch
alle mögl. Intrigen protegiert. Ist der Gedanke nicht glücklich? – Der Figaro des Beaumarchais ist doch am Ende ein
Halunke, und was er tut, tut er um des Geldes willen, während diese fille de Figaro (die weiter mit Figaro nichts zu
tun hat) aus Gutherzigkeit das Ihre tut. – Es ist übrigens
merkwürdig mit dem französischen Theater; selten trifft
man ein großes Talent, aber ein mittelmäßiger französ.
Schauspieler ist immer mittelgut, ein mittelmäß. deutscher Schauspieler aber in der Regel mittelschlecht. Daher ist auch in den kleinen Winkeltheatern von Paris immer
ein Ensemble, und der Dichter kann seine Freude daran
haben. Freilich kann sich's kein Mensch verhehlen, daß
das französische Drama, besonders das Trauerspiel, auf
gottlosen Abwegen ist.
Das nächste Mal mehr. Dieser Brief ist nur der erste Not-
schuß, welcher sagt: schreibt mir! – Ich wohne Rue Mar-
sollier Nr. 13. – Hier das Gedicht:

Altenahr

„Weil wir doch einmal so weit sind, – liebe Jungens, hört mich
an! –
Weil wir doch einmal so weit sind, wär' es besser nicht getan,
Wenn Caspari selbst uns wählte auf den Weg 'nen guten Wein?
Schreit nur nicht so durcheinander! Wird's nicht so am besten
sein? –"

„Ja!" „Ja!" „Ja!" – Caspari schreitet durch die Tür, der Flaschen sechs
Unterm Arm und in den Händen, eitel edles Ahrgewächs,
Und mit ew'gem Götterlächeln frägt er die verwirrte Schar:
„Jetzt, um Mitternacht? Wahrhaftig, mir wird dieser Spaß nicht klar! –"

„Nichts für ungut, Herr Caspari, aber das verstehn Sie nicht!
Hören Sie, wie's draußen poltert, wie's in allen Lüften ficht,
Wie der Wind pfeift in den Felsen, wie's in allen Wipfeln braust,
Grade so wie wenn der Satan seiner Mutter Mutter zaust?"

„S'ist heut abend Polterabend, denn der große Altenar
Hat ein Bräutchen aufgestöbert – ach das wird ein hübsches Paar!
Morgen heißt sie Altenärin, heut noch Fräulein Teufelslei;
Jetzo bringen wir ein Ständchen für die treuverliebten Zwei!"

„Aber wo denn?" fragt Caspari; – „Wo's am besten widerhallt,
Dort im düstern Felsendurchbruch, dran die Ahr vorüberwallt!
Fackeln her für unsre Füchse! nur den Wein trägt das Quartett!
Jetzo Marsch!" – Caspari lächelt: „Ich geh' auch noch nicht zu Bett!"

Draußen – wie zu einer Hochzeit hat die klare Frühlingsnacht
Rings umkränzt die Felsen alle hell mit ew'ger Sterne Pracht.
Seligfroh im Festessturmschritt eilt die Schar zum Felsengang;
Da bricht wie mit Donnertosen los der jubelnde Gesang.

Dann getrunken, dann gerufen: „Altenahr, hoch! dreimal hoch!
Teufelslei, sie möge leben hoch! und dreimal höher noch!" –
„Ja, die ganze Eifel lebe!" schreit ein guter Trierer drein –
„Und der Westerwald!" ein andrer, und ein dritter: „Hoch der Rhein!" –

„Und der Harz!" und „Hoch die Alpen!" – „und Thüringens Waldesnacht!" –
„Nein, der großen Mutter aller sei ein feurig Hoch gebracht!" –
Ha, wie dröhnt es durch die Nacht von Felsenwand zu Felsenwand! –
„Auf! die Fackeln hoch! stimmt an: Was ist des Deutschen Vaterland?" –

Wie sie aus den Felsen traten, – schöner glänzt der Sterne Chor,
Süßer duften alle Wiesen – „Schwebt um uns ein Zauberflor?"
Nein, es ist die Macht des Liedes, das vom Vaterlande singt
Und verborgne Lieb' im Busen still zu seligem Blühen bringt.

Werft die Fackeln hier zusammen, wo die duftigen Sträucher blüh'n!
So vergehn die Jugendtage, wie die Flammen hier verglühn –
Doch die Jugend, sie ist unser, und sie bleibt uns frisch und neu,
Unser sind die heiligen Sterne: Vaterland und Lieb' und Treu'.

... Nun Addio, herzlieber Urmau. Ich sehne mich bitterlich nach Euch und gehe alle zwei Tage auf die Post, um nach Briefen poste restante zu fragen, obschon ich zum voraus weiß, daß ich nichts vorfinde. Addio, Dich küßt Dein getreuer   Eminus[1].

AN WILLIBALD BEYSCHLAG

Paris, den 19. Juni 1843

... Soll ich Dir's gestehen oder nicht, daß man in Paris Heimweh nach Berlin haben kann? d. h. nach Berlin selbst nicht, aber nach dem, was darinnen ist, d. h. nach Euch. Du machst Dir gar keine Idee davon, wie einsam man hier leben kann mitten unter dem Mordslärm und ewigen Spektakel. Aber wart nur, ich will schon Bekanntschaften machen! – Freilich, einen Berliner Winter 1842/3 erlebe ich auch nicht wieder, das weiß ich schon. – Gestern war es in Paris furchtbar heiß und schwül; die Straßen wogten voll Menschen, weil es Sonntag war; da machte ich mich hinaus nach St. Denis, um eine historisch-elegische Erquickung von erster Sorte zu nehmen. Es war drei Uhr, als ich in die schöne, kühle alte Abteikirche trat, an die sich alle Erinnerungen des ehemaligen Frankreichs knüpfen. Eine Menge Menschen drängten sich nach der Königsgruft, während die Orgel sich in donnernden Akkorden erging. Die Särge sind jetzt freilich leer, aber die Knochen liegen allesamt in der großen Gruft in der Mitte, welche Napoleon für sich selbst hatte zurichten lassen. Da wird man nun binnen einer Viertelstunde durchgejagt, von Chlodwig und Karl Martell bis zu Ludwig XI. und den Überresten Marie-Antoinettens. An einer Wand sieht man die barbarische Mosaikgestalt Fredegundens von ihrem Grabe. Und wenn man dann wieder in die Kirche hinaufsteigt, so glänzen einem Napoleon und Louis-Philippe in großen Glasgemälden entgegen. Kurz, es ist zum Tollwerden. Über dem Hochaltar schwebt noch die alte Oriflamme, welche Philipp-August in Palästina mit sich führte. – Das

---
[1] = der in die Ferne Gerückte. Häufige Unterschrift J. B.s in den Briefen der nächsten Zeit.

weiß ich jetzt: wenn ich mich einmal erholen will, so fahre ich eines Morgens nach St. Denis, spendiere ein paar Franken dran und lasse mich in die Königsgruft einschließen.
Was Paris selbst betrifft, so macht es lange nicht den historischen Eindruck, den man davon erwartet. Trotz aller Affenliebe der Pariser Kunst und der Pariser Société für das Mittelalter und die Renaissance sucht doch ein jeder ganz ängstlich das Modernste, was er hat, herauszukehren, und an den klassischen Hauptstellen der Stadt überschreien hundert mannshohe Affichen jede Erinnerung. Von der ersten Revolution hat man im allgemeinen nur ganz mythische Begriffe; über der Stadt schwebt im ganzen vielmehr eine bange Sorge für die Zukunft als eine Erinnerung des Vergangenen, obwohl der speziellen Denkmäler eine Legion ist. Ich glaube, es kann nicht mehr sehr lange dauern bis zu einer neuen Explosion. Einstweilen lebt alles in den Tag hinein, das ist der vorherrschende Eindruck....
So ohne allen Umgang, Tag für Tag bald dies bald jenes mitzunehmen, verwirrt; ich habe mich schon mehr als einmal ganz dumm geloffen. Aber schön ist dies Paris doch; wenn ich jene Aussicht vom Berliner Marienturm auf trostlose Häuserreihen und trostlosere Heiden und Steppen mit der ganz majestätischen Aussicht vom Arc de l'Etoile vergleiche, so weiß ich, daß zu himmlischem Amüsement nur Ihr und die Bonner mir fehlt.
Jetzt vor allem eins. Ich harre mit Schmerzen auf Nachrichten von Hermann. Kann denn der Teufelskerl, wenn er je verbannt werden sollte, nicht nach Paris kommen? Ich ziehe dann ihm zu Liebe ins Quartier latin und bleibe ihm zu Liebe bis Ende November hier ... und schränke mich ein, so gut es geht. Die Geschichte mit Bettine war, wie ich fürchte, ein schiefer Schritt; sie vermag gar nicht so viel zu leisten, als man glaubt....

AN ALBRECHT WOLTERS
Paris, den 20. Juli 1843

... Apropos von Versailles. Vor bald drei Wochen, eines Sonntags, sprangen die sogenannten großen Wasser daselbst.

Ich fuhr hin.... Wie ich da ein paar wasserspeiende Götzenbilder betrachte, sehe ich mir gegenüber, hinter einer Glorie von blitzenden Wasserstrahlen – den kleinen Ranke. Ich mache mich an ihn – ich hätte ihn wahrhaftig lieber stehenlassen, aber er konnte mich schon bemerkt haben. Er lächelte sehr fein diplomatisch; ihn umhauchte wohl „in diesem Moment" ein verdorbenes Stückchen ehemaliger Versailler Hofluft. Ich forsche ihn aus, was er denn eigentlich in Paris wolle und gab ihm maliziöserweise zu merken, ich glaube an diplomatische Aufträge. Er ging auch richtig in die Schlinge und lächelte doppelt fein, indem er antwortete: „Ich finde treffliche Ausbeute in den Archiven!" – Ich wußte sehr wohl, daß es mit seinen diplomatischen Aufträgen nicht weit her ist, aber es schmeichelt ihm, wenn man daran zu glauben scheint. Ein paar Tage darauf war einer meiner Begleiter in Gesellschaft eines vornehmen Deutschen und sprach mit diesem von unserer Rencontre mit Prof. Ranke. – „Ach, der kleine Ranke!" hieß es, „das ist ja ein Schuft! Denken Sie sich (fuhr der Deutsche fort), unlängst traf ich ihn in einer Soirée bei Thiers, letzterer fing an, ganz unbarmherzig auf den seligen König von Preußen und auf die Königin Louise zu schimpfen, augenscheinlich um Rankes Widerspruch zu provozieren... aber Ranke schwieg ganz stille."... Ranke kannte jenen Deutschen nicht und glaubte sich unbeobachtet....

Diesen Winter werde ich in Basel furchtbar ochsen müssen, nämlich Kollegium vorbereiten, Bücher schreiben, Stunden geben etc. Wenn ich ein paar Jahre lang die Sachen so getrieben habe, so werden, so Gott will, ruhigere Zeiten und eine einigermaßen sichere, wenn auch ärmliche Stellung erfolgen. Ans Journalisieren denke ich immer weniger; ich glaube mich doch nicht recht dazu geeignet und fürchte die damit notwendig verbundene Zerstreuung. – Nun, das wird sich alles finden. Vorderhand bin ich viel in den Theatern (oft in zweien an einem Abend) und in den Galerien, sowie täglich auf der Bibliothèque royale, wo man äußerst liberal behandelt wird und das Seltenste ohne weiteres zu sehen bekömmt und kopieren kann nach Herzenslust und mit Tinte.

Es würde mir doch zu meinem Beruf viel fehlen, wenn ich Paris nicht kennte. Achtung hat es mir kaum abgezwungen, weil die Masse ebenso tendenzlos ist wie in Berlin, und einen historisch-sittlichen Eindruck macht die Stadt nicht, aber sie ist unsäglich reich im einzelnen.

AN GOTTFRIED KINKEL
Paris, den 20. August 1843

... Was soll ich Dir von Paris schreiben? Ich lebe nun seit dritthalb Monaten still in Gott vergnügt vor mich hin, d. h. bin zuweilen geplagt und müde wie ein Hund, vor lauter Skrupel die Zeit gut zu benutzen. Auf der Bibliothek großen Respeckt [!] gehabt vorm menschlichen Wissen – im Louvre rumgeloffen wie ein verlorner Mops – in Theatern wenig geklatscht, um nicht mit den Claqueurs verwechselt zu werden – auf dem Boulevard mich zuweilen interessant gemacht – überall nobbel und leider nicht viel auf das Geld gesehen. Ach Himmel, welch Heidengeld vertut man in Paris! Aber man amüsiert sich auch, wenigstens die ersten drei Wochen. –
Du fragst mich, ob ich über Bonn zurückkehre? – Es ist höchst unwahrscheinlich, weil mein Geld wohl kaum reichen würde, und noch mehr, weil ich nach einem Besuche bei Euch die Heimkehr doppelt scheue. Du verstehst mich wohl, ich kann nicht dafür, daß Gott Basel so und so geschaffen hat. Komme ich, so ist's doch nur für zwei bis drei Tage, da ich in diesem Fall den Eduard Schauenburg besuchen muß, während die Meinigen Tage und Stunden zählen. Der Verstand sagt: geh nicht nach Bonn, aber im geheimen reißt es mich doch zu Euch, das weiß der Himmel. Reims und Metz besuche ich jedenfalls, und wie nahe ist es von Metz nach Koblenz! Bloß drei Tage, wenn ich einen Tag auf Trier rechne. Richtet Euch um Gottes willen nicht nach mir, denn es ist nicht wahrscheinlich, daß ich komme. Gott weiß, ich käme gern! Andreas hat sich aufgegeben, wie er mir schreibt! Laß mich um Gottes willen wissen, was hieran ist! Der Junge macht sich oft Grillen, das weiß ich; aber diesmal erschreckt er mich! – Ich möchte ihn so

gerne sehen. – Ach, wir alle zusammen haben uns noch lange nicht ausgesprochen; es wäre noch so viel zu erörtern, daß ich am besten mein Leben lang in Bonn bleiben sollte oder mit Euch ziehen, wohin Ihr zöget. In Basel wartet meiner ein Leben voll Zurückhaltung und Höflichkeit; keinem Menschen darf ich völlig trauen; mit keinem ist geistiger Umgang ohne Rückhalt zu pflegen. Die paar Privatdozenten sind vornehme junge Herren aus der Stadt, denen ich im Leben nie die Avancen machen würde, denn wie lächerlich und ausgebreitet der Baseler Geldstolz ist, davon hast Du keinen Begriff, magst Du auch noch soviel erlebt und beobachtet haben. Einige Ordinarii sind mir wohlgesinnt, aber welche Kluft einen Ordinarius von einem Privatdozenten trennt, weißt Du am besten, und dann muß ich z. B. Wackernagel schonen wie ein Kind, weil er ein eigensinniger Pietist geworden ist, wie mir Hoffmann von Fallersleben sagte. Am Ende bleibt mir nur mein alter Freund Picchioni, ehemaliger Karbonaro und Ingenieur in der Lombardei; eine edle, bedeutende Persönlichkeit, jung und mutwillig bei sechzig Jahren, trotz der allerbittersten und furchtbarsten Schicksale. Der ist nun zwar kein Gelehrter, hat aber unser Jahrhundert mit vollen Zügen durchgelebt und weiß von der Eitelkeit menschlicher Dinge ein langes Lied zu singen. Er ist Professor extraord. und steht mit aller Welt gut [1].

Ein Germane, dessen Jugendtäuschungen zugrunde gegangen sind, wird leicht mürrisch und unleidlich; der Romane wird in solchem Fall erst recht liebenswürdig; letzteres habe ich hier zur Genüge beobachten können; die jungen Franzosen, welche an der jämmerlichen politischen Zersetzung und dem sozialen Wirrwarr Frankreichs so oder so teilnehmen, sind stürmisch, grob, schlimm gelaunt, während es nichts Angenehmeres gibt, als einen alten Franzosen, der sich vom Konvent, vom Direktorium, vom Konsulat, vom Kaiserreich, von der Restauration und von der Julirevolution hat satt täuschen und enttäuschen lassen. Da beginnt dann der schöne, liebreiche Allerweltshumor, der auch die Jungen hinreißt.

[1] J. B. hat ihm später seine „Kultur der Renaissance" gewidmet.

Auf den Schnaase[1] bin ich doch höchst begierig. Kugler ist froh wie ein Kind, daß das Werk ihm dediziert ist. Ach welch schönen Brief habe ich von Kugler bekommen! Er trägt mir Smollis an! – Das ist nun auch ein Verhältnis, wie es selten einem hergelaufenen Studenten zuteil wird. Er hat mich immer geschont und mir doch immer die Wahrheit gesagt (z. B. über meine Gedichte), und nun gibt er mir von freien Stücken ein Zeichen der Freundschaft, das bei seiner schweigsamen, scheinbar kalten Natur so unendlich viel sagen will! – Und was habe ich ihm bisher leisten können? –

Ach Gott, meine Poesie ist völlig eingetrocknet! – Die ewige Aufregung, die man in Paris fühlt, konsumiert tagtäglich das bißchen Sammlung, das man sich erübrigen könnte. Und Eure schönen Mawbriefe, wie soll ich die beantworten? So mutterseelenallein hat man gar keinen Humor, das weiß der Himmel. Denn daß ich unterweilen mitten auf der Straße über die 100 Milliarden Pariser Narrheiten laut auflachen muß, ist noch kein Humor, und daß ich bisweilen den Boden unter meinen Füßen zittern fühle, z. B. in Notre Dame oder in den Tuilerien, ist noch keine Poesie. Wie es mit der Konkurrenz wird, weiß ich nicht.

Ich wollte, ich hätt Deine Kunstgeschichte mit anhören können! Du schreibst mir ganz naiv: Du dächtest wohl auch einiges Neue gefunden zu haben. Teufel auch! Daran zweifle ich a priori nicht und glaube, ich hätte was Merkliches lernen können, denn meine kunsthistorischen Studien sind doch gar zu prinziplos und bequem vor sich gegangen.

Die spanische Geschichte[2] ist empörend und beweist, wie infernal die Politik des frommen Guizot ist und bleiben wird. Man muß freilich auch die berstende Fieberwut der Franzosen über die Nichtigkeit ihrer auswärtigen Politik kennen! Das Ministerium mußte, sagt man, eine glänzende

[1] Karl Schnaases (1798–1875), des großen kunsthistorischen Antipoden J. B.s, „Gesch. der bild. Künste" begann 1843 in Düsseldorf zu erscheinen.
[2] Der spanische General Baldomero Espartero, Regent des Landes, mußte unter dem Druck reaktionärer Kreise und – wie J. B. glaubt – infolge französischer Intrigen am 30. Juli 1843 Spanien verlassen.

Demonstration zugunsten des französischen Einflusses wagen. Lieber Freund, glaube nur in Deinem Leben nie an die Loyalität der auswärtigen Politik Frankreichs, denn gegen das Ausland hat dieselbe immer Recht, mag sie auch das Allerscheußlichste tun. Die Franzosen glauben nämlich noch immer ein Besitzrecht auf Europa und andere Länder zu haben und betrachten alle Infamien ihrer Ministerien gegen das Ausland als eine notwendige „Réparation d'honneur" von wegen 1815. Die Idee, daß das Rheinland von Gottes und Rechts wegen Frankreich gehöre, ist hier noch immer ganz allgemein; ich antworte darauf nur noch mit höflichem Hohn, weil jeder Vernunftgrund, den ich vorbrachte, an der Borniertheit dieses Volkes scheiterte. – Überhaupt geht der französische Hochmut auch über die überspannteste Möglichkeit des Nationalstolzes hinaus, und ich fange an, eine teilweise fieberhafte Verrücktheit dieser Nation zu statuieren, welche durch die furchtbare Aufregung der letzten fünfzig Jahre leicht zu erklären ist. Ich bin überzeugt, daß diese Zeit einen unheilbaren, zehrenden Schaden im Busen dieses edlen, großartig angelegten Volkes zurückgelassen hat. Man brandschatzt und verwüstet Europa nicht umsonst. Auch solltet Ihr diese politische Abspannung sehen, die mit all dem Zorn verbunden ist! man schäumt noch, aber man ist erschöpft, und die Regierung kann reineweg machen, was sie will. Die Kammersitzungen werden laut verhöhnt, auch in betreff der linken Seite; alles Vertrauen zu den republikanischen Formen der Julidynastie und zu den Konstitutionen ist verschwunden. Ich habe auf dem Theater folgendes laut applaudieren sehen: 1. eine bittere, höchst lebhafte und gute Satyre auf die Republik um das Jahr 1799; 2. einen unsäglichen Hohn ganz aristokratischer Art über die Epiciers und Epiciersweiber, die sich am jetzigen Hofe linkisch benehmen; 3. zahllose und fast in jedem Stück mit Haaren herbeigezogene Anspielungen auf die Nichtigkeit der konstitutionellen Formen. – So geht's.

Hingegen kannst Du endlich mit Recht fragen: Was tut denn der Schlingel eigentlich in Paris? – Antwort, der Schlingel ist jeden Werktag drei Stunden auf der Königlichen Bibliothek und exzerpiert alles mögliche; sechs Wochen lang hat der Schlingel italienische Handschriften über die Schweiz (des und andrer Schlingel Vaterland) vorgehabt; seit Ende Juli aber hat er begonnen, die Geschichte vom Zug der Armagnaken nach der Schweiz im Jahre 1444 zu erforschen. Nächstes Jahr nämlich gibt Basel ein großes Schützenfest; es sind dann grade 400 Jahre, seitdem die Armagnaken sich in der Nähe der Stadt bei St. Jacob geschlagen haben. Johann v. Müller hat das Ding zum letztenmal aus den Quellen erzählt, und zwar etwas bombastisch und mangelhaft. Der Schlingel aber nimmt jetzt in Paris die Urkunden und Handschriften durch und findet, daß die Sache ganz anders sich zugetragen hat, als der Müller meint; er bereitet sich nun vor zu einer Gelegenheitsschrift über diesen Gegenstand für das Fest. Das muß aber mit Handschuhen angefaßt werden, wenn der beleidigte Nationalstolz nicht sehr bösartig werden und dem Schlingel übel lohnen soll, besonders bei dessen Debüt in der Schweiz.

Sodann hat der Schlingel täglich 1½–2 Stunden Louvre und eine Stunde Lesekabinett. Der Rest geht drauf mit Briefschreiben, Herumlaufen, Kirchenbesehen, Kaffeehäusersitzen, Theatergehen, Lesen und dgl. Kurz, er hat genug zu tun, – zumal da die Herrlichkeit ihrem Ende entgegeneilt. Den 10. Sept. will ich abreisen, und von anfangs Oktober an ist meine Adresse: Basel, pr. Adr.: Antistes B.

AN JOHANNA KINKEL

Paris, 21. Aug. 1843

Liebe Direktrix!

Verzeihen Sie diesen mechanten Fetzen Papier, auf dem ich an Sie zu schreiben anfange; mein sonstiges Postpapier ist mir leider heute ausgegangen. Verzeihen Sie aber noch mehr den ungeweihten Augenblick! Nämlich soeben beginnt eine Chorprobe mir gegenüber in der italienischen Oper, von irgendeinem Donizettischen Schauersal, das auf nächsten 1. Oktober eingeübt wird. Ich lege als Gegengift einige Glucksche Arien, die ich jüngst ertrödelte, neben mich auf den Tisch. ...

Ach wenn Sie Paris sehen könnten! Ich glaube, diese Stadt ist für eine Dame noch interessanter als für einen Mann, weil so alles mit Mode und Eleganz durchdrungen ist, wofür ich sowenig Sinn habe. Ich roher Skythe streife an den schönsten Modeläden kalt vorüber, der schönste Kaschmirschal, das kokettste Häubchen, der zierlichste Schuh lassen mich ungerührt. Mein armer Kopf ist trotz aller Reflexion nicht imstande, nachmittags im Tuileriengarten die Toiletten mehr zu bewundern als in Deutschland, da ich nicht genug bedenke, daß von hier aus das Kostüm der Welt beherrscht wird. Mich Bücherwurm beseelt dabei immer nur der Gedanke: in einem Monat sind diese Moden alle historisch, d. h. vorüber, passiert, und ich brauche nur 1000 Schritte weiterzugehen, so bin ich im Louvre und sehe die unendlich schönren Moden der Damen van Dyck's! – (Lassen Sie mich in Gottes Namen fortplaudern, ich bin im Zug.) Aber im Theater, d. h. auf der Szene sieht man wirklich reizende Toiletten. Sie sollten sehen, mit welcher Koketterie ein Hirtenmädchen im Genre des vorigen Jahrhunderts ausstaffiert ist! – Unsere deutschen Theaterprinzessen sind meist furchtbar aufgetakelt im Vergleich. Man muß freilich auch wissen, daß Leute wie Dumas und Victor Hugo sich hier dazu verstehen, ihren Darstellern und Darstellerinnen auch die Farbe eines Schuhbandes oder die Zahl der Falten einer Schürze anzugeben. Und wie berechnen diese Französinnen! Ich glaube, dies Volk lebt von Leidenschaft und Intrigen. Ich habe unlängst bei einem ziemlich zweideutigen Ball in den Champs-Élysées einer Dame nachgezählt; sie ermutigte **sechs** Anbeter zugleich, sage **sechs**. NB. Es war eine scheinbar sehr anständige Dame. Auch ist hier **jedermann** unter dem Pantoffel; die Frau führt in wirklichem wie in figürlichem Sinne das Hauptbuch. Summa: Deutsche Frauen **begeistern**, Französinnen **fangen** die Männer. Doch genug davon; dies Kapitel ist zu lang und zu interessant.

23. August

... Gestern sah ich im Théâtre des Variétés u. a. eine Zauberposse, worin der Regierung folgendes aufgetischt wurde:

Der Teufel sitzt im Kreise „vieler kleiner Teufelein", deren einer sich erkühnt hat, zu widersprechen.
Teufel: Bref, je n'aime pas les raisonneurs, taisez-vous!
Unterteufel: Mais alors vous êtes un despote, un tyran! –
Teufel: O que non! je règne par les lois (laute Bravos und Gelächter). – Dergleichen hört man hier auf dem Theater sehr oft, und das Gouvernement hat das Unglück und die Klugheit, sich möglichst viel gefallen zu lassen. Ich habe von neuem dran denken müssen, was man für eine herrliche, politische Komödie mit solchem Zauberspuk und Verwandlungen zurechtmachen könnte! – O wenn die Theaterzensur auch nur eine Woche fort wäre! Denken Sie, der Eichkater[1] und die Frommen in Berlin! Der König von Bayern! Die Geschichte in Kurhessen! Der ver....te Darmstädter Hof! Was ließe sich da nicht für Ulk aufstellen! Die Theater sollten eine bessere Einnahme machen als mit der Medea von Euripides und Taubert[2]. A propos, das möchte ich doch auch gerne wissen, wie sich der elegante, moderne Taubert in den Chören der Medea geholfen hat, denselben Chören, die sich Felix Mendelssohn als ganz unkomponierbar verbeten hatte! –

Ich habe hier ein Lustspielchen angefangen und wieder liegengelassen. Gedichte schreibe ich hier nicht mehr; es fehlt doch gar zu sehr die Ruhe, und ich muß hier überhaupt mehr lernen als produzieren. Darin ist aber auch Paris einzig; man lernt hier mit jedem Atemzug wider Wissen und Willen. –

Ferner habe ich allerlei Pläne, wie immer. So denke ich z. B. an ein Drama: Salomo, wozu mir das bei Ihnen im blauen Stübchen geübte Oratorium die Idee gegeben hat. Das Hauptmotiv wäre die Königin von Saba, welche den Salomo wie ein glänzendes Irrlicht verlockt und dann plötzlich verläßt; mit wahnsinnigem Schmerz gibt sich dann der König den Göttern Syriens hin. – Doch es wird nichts daraus, ich weiß es wohl. In Basel habe ich entsetzlich zu arbeiten, und doch habe ich jetzt die Erfahrung gemacht, daß man auch beim emsigsten Arbeiten nicht so vom

---

[1] Der preußische Kultusminister Eichhorn.
[2] Hofkapellmeister in Berlin.

poetischen Produzieren abkömmt wie bei dieser heillosen Zerstreuung, deren Inbegriff man Paris nennt. Und doch kann ich nicht anders, wenn ich hier was lernen will. Man muß in einer und derselben Stunde einem Possenreißer und Wahrsager zusehen, die Asphaltpflasterung betrachten, hundert Laden aller Art angucken, zehn Journale durchfliegen, ein paar Gebäude betrachten und einen Gang im Louvre machen können, und zwar alles mit Andacht. Besonders die Wahrsager, diseurs de bonne fortune, die immer zwischen Louvre und Tuilerien stationieren, machen mir vielen Spaß, obwohl es eigentlich betrübt ist, daß diese geistreiche Nation in diesen Dingen dem dichtesten Aberglauben huldigt. Die Hauptsache ist mir auch nicht die Wahrsagung, sondern die Possen, die dazwischen erzählt werden, und die Gesichter der Umstehenden, wenn geweissagt wird.

Auf welchem Punkte die hiesige Musik angelangt ist, das sei Gott geklagt. Ich hörte unlängst die Dame blanche, was doch auch eigentlich nicht mehr dem strengen Stile angehört – das klang ganz altertümlich wie aus einer andern Welt. In den neusten Pariser Opern ist das aus den Italienern Gestohlene noch das beste! Alles übrige hat kaum mehr Sinn und Verstand; Harmonie und Satz sind meist zerhackt und verschränkt auf ganz unleidliche Manier – alles will neu sein, aber auch weiter nichts. Bellini und Donizetti haben wenigstens den gesunden Sinn, nicht pikant sein zu wollen bei innerer Ohnmacht, aber Balfe, Isouard, Halévy und Konsorten haben Meyerbeer seine kostspielige Instrumentation abgeguckt und bringen ihre nichtswürdigen Motive mit den anspruchsvollsten Künsteleien zutage. Sie sollten so eine Arie aus dem Puits d'amour[1] hören mit Oboen und zwei Harfen begleitet! Tant de bruit (mehr ist's auch nicht) pour une omelette! – Es ist auch hier eine ganz anerkannte Sache, daß das Schicksal der französischen Musik vorderhand von der nächsten Oper Meyerbeers abhängt. Sie denken gewiß: das ist ein saubrer Trost? –

[1] Oper des genannten Engländers Balfe, die am 20. April 1843 in Paris uraufgeführt wurde. (Meyer-Kraemer)

25. August

Ich glaube auch im allgemeinen sagen zu können, daß die Franzosen ein höchst unmusikalisches Volk sind. In Deutschland ist Klavierspiel bei den Damen wenigstens Regel, hier in Paris ist es Ausnahme. In Deutschland hat jedes passable Theater mindestens eine oder zwei gute Stimmen; hier in der Großen Oper ist außer Duprez und Barroilhet, welche beide in Deutschland mehrfach ihren Mann finden würden, keine außergewöhnliche Stimme. Massol ist ein sehr starker Bariton, singt aber etwa wie Formes in Köln. Überhaupt steht die Große Oper an mittelmäßigen Abenden etwa auf der Stufe der Kölner Oper – und das ist nun das Institut, welches mit dem weltberühmten Conservatoire de Paris seit einem Jahrhundert in Verbindung steht und alles an sich zieht, was in der Provinz irgend Glück macht! – Glauben Sie um Gottes willen an keine Pariser Renommeen, bevor Sie die Leute gehört und gesehen haben. Die berühmte Dorus-Gras singt etwa, wie die Fassmann in zwanzig Jahren singen wird. Es gibt in Frankreich ganz gewiß lange nicht so viele schöne Stimmen wie in Deutschland. – Darum machen deutsche Sänger und deutsche Musik hier ein solches Glück – wenn die Journalistik ihnen nicht ganz maliziös aufsitzt.

Die Journalistik und der unsägliche, furchtbare Druck, den sie hier auf Politik und Gesellschaft ausübt, gibt mir täglich zu denken. Sie glauben nicht, wie leichtsinnig und frivol hier diese entsetzliche Waffe gehandhabt wird! – Wenn ich nicht im Punkte der Preßfreiheit seit langer Zeit mit mir eins geworden wäre[1], so hätte Paris mich irremachen können. Der Mißbrauch der Presse ist ein viel größeres Übel, als man glaubt, und keine Tyrannei ist ärger als die der Zeitungsschreiber. Gesellschaftlich wirken sie hier besonders zerstörend, weil ihnen die schiefe französische Auffassung des künstlerischen, literarischen, politischen und militärischen Ruhmes so in die Hände arbeitet. Dies ewige Aus-der-Hand-in-den-Mund-leben der französischen Kunst und Literatur ist zum Teil eine Folge

[1] Vgl. den Brief vom 16. März 1843.

der Journalistik; es wird gar nichts Dauerndes mehr geschaffen.

Nun leben Sie wohl, liebe Direktrix: Ich denke Ihrer täglich und meine immer, ich würde mehr lernen, wenn ich jeden Abend nach Poppelsdorf kommen und Ihnen fleißig erzählen könnte! Inzwischen erzähle ich Ihnen und dem Urmau recht fleißig im Geiste und wünsche nur, Sie könnten die ferne Stimme hören Ihres in Treuen ergebenen

Burckhardt.

II.

BRIEFE AUS DEN JAHREN
1843–1846

AN HEINRICH SCHREIBER

Basel, den 27. Oktober 1843

Ich bin noch gar nicht im Arbeiten, fange aber dieser Tage an. Besuche haben mich seither dergestalt zerstreut, daß ich zu allem Guten untüchtig war. Die Fakultät ist sehr artig mit mir und will mich ohne Anstand lesen lassen. Mit Professor Brömmel[1] stehe ich vortrefflich und habe mit ihm persönlich abgemacht, was ich lesen soll, ein Fall, der auf norddeutschen Universitäten wohl selten vorkommen mag. Auch die Leute im allgemeinen sind freundlich mit mir, aber ich habe einmal das Gefühl, „du wirst hier keine bleibende Stätte finden".

Zunächst arbeite ich still für mich, besonders über die Alemannen bis auf Karl den Großen, was gleichsam ein Pendant zu Aschbachs Westgoten werden sollte[2]. ...

Nächsten Sommer beginne ich zu lesen: deutsche Geschichte und Kunstgeschichte. Nebstdem abenteuern noch allerlei Pläne in meinem Kopf herum.

AN GOTTFRIED KINKEL

Basel, den 24. November 1843

Herzlieber Doktor!

Ich hab' Euch lange warten lassen; Du weißt aber selber wohl, was ein Ankömmling in der sog. Vaterstadt alles tun und beobachten muß, ehe er ruhig an seinem Schreibtisch

[1] Der Ordinarius für Geschichte an der Universität Basel. (Münzel)
[2] Das Werk war 1827 in Frankfurt erschienen.

sitzt. Auch wollte ich den Eindruck erst unparteiisch abwarten, was nun auch geschehen ist, und jetzt sage ich aus voller Überzeugung: Basel wird mir ewig unleidlich bleiben. Ich bleibe hoffentlich kaum zwei Jahre hier – dies unter mir und Euch, denn meine sog. Landsleute finden, man müsse sich durchaus hier wohlfühlen, und ich würde Verdacht erwecken, ließe ich etwas andres verlauten. Kein Wort wird verziehen, eine Zwischenträgerei ohnegleichen vergiftet alles. Übrigens wisse, daß ich nächsten Sommer an derjenigen stillen Musick [!] teilnehme, die man Lektionskatalog und Universität nennt. Ich kündige sepl. Kunstgeschichte und deutsche Geschichte an. Ersteres hätte ich gerne noch bei Dir hören mögen! Ich sage: ich kündige an. Es sind nämlich hier nur noch achtundzwanzig, sage achtundzwanzig Studiosen und von solchen über die Hälfte Stipendiaten. Der Stähelin hat gewiß nicht mit der Sprache herauswollen de hoc, als er bei Dir war! – Nun heißt es natürlich immer lauter: Hebt den Luxus auf! Und wenn es einmal zirka zwanzig bis fünfzehn sein sollten, so wird gewiß die Aufhebung erfolgen, wenigstens de facto wird Kaliban einschlummern. Binnen zwei Jahren kratze ich sicher aus, nach Jena oder sonst wohin. Wenn nur in Bonn nicht jeder Gedanke, anzukommen, Unsinn wäre! Ihr seid jetzt zu übersetzt, ich würde ohne weiteres scheitern. –
Die Fakultät ist mir ziemlich gewogen, besonders mein guter alter Ordinarius Brömmel, von Goslar gebürtig. Mit den Deutschen komm ich noch am besten aus, halte mich aber überhaupt äußerst zurückgezogen, spreche wenig und sehr bedächtig (ausgenommen im Hause) und sehe fast keinen Menschen, – alles gegen meine Natur. Meine Politik ist, mit allen freundlich zu sein und mit **keinem** anzuknüpfen, **keinem** was zu verdanken. –
Wie so eine Stadt versumpft ohne anregende Lebenselemente von **außen**! Gelehrte Leute sind da, aber man hat sich recht gegen die Fremden versteinert. Es ist nicht gut in unsrer Zeit, wenn solch ein kleiner Winkel ganz seiner Individualität überlassen bleibt. – Sapienti sat, sonst hochverrate ich noch.

26. Nov.

O lieber Freund, könnt ich mit Euch leben! – Einstweilen lebe ich gar nicht, d. h. ich ochse bloß. Wenn die ehemaligen Zeitgenossen von mir wüßten, daß ich deshalb so artig und reserviert mit ihnen bin, weil sie mir allesamt zum Umgang zu langweilig und philiströs sind — so würde man mich lästern und anfeinden ohne Unterlaß. Ich lasse aber nichts merken. Ja, es ist wahr, Deutschland hat mich verzogen, indem es mir den Umgang mit den Besten darbot, und deshalb muß ich hier mich verlassen fühlen – aber ich will es gerne, denn ich habe Erinnerungen, die für alles Trost geben.

Wir haben hier eine Façon Opposition, aber es sind eben auch Philister, nur anders gefärbt als die andern, und hie und da maliziös, so daß ich mich mit diesen nicht einlassen mag. In bezug auf Politik muß ich vollends an mich halten, weil ich alle Parteien verachte, denn ich kenne sie alle und stecke in keiner. Einstweilen ochse ich für nächsten Sommer an einem Kolleg deutsche Geschichte und beginne daneben den Ulk über Altalemannien. Wovon ich leben soll, ist noch nicht klar; einstweilen hat mir Kugler die Neuredaktion der Kunstartikel fürs Brockhaus'sche Konversationslexikon 9. Auflage zugewandt, wobei sehr schön bezahlt wird. Litera E ist schon seit zehn Tagen umgearbeitet und nach Leipzig versandt. A–D hatte Kugler gearbeitet; es wurde ihm aber zu lästig, weil er sonst viel zu tun hat, und so wies er Brockhaus an mich. Würde ich nach und nach Korrespondent auch für anderes, etwa für die Leipziger Zeitung, so hätte ich sorgenfreie Existenz. Nun, wir wollen sehen. – Ich denke immerfort nur an Deutschland, besonders aber an Dich und an Hermann Schauenburg. Neben Euch ist mir alles, was mich hier umgibt, reiner Bettel. Ich arbeite um zu Euch zu kommen; all mein Sinnen und Denken geht auf Deutschland allein. – Denke, es spekuliert hier jemand drauf, ich solle jemandes Tochter heiraten. Wie ich aber diesem Volk im stillen lange Nasen drehe und mit welchem Vergnügen, ist unsagbar.

29. Nov.

Ihr habt doch das Geld richtig erhalten?
Ich arbeite jetzt „vielfach aufgefordert" daran, nach Neujahr vor einem gemischten Bupflikum über die Malerei seit Rafael zu lesen, nur zwölf Stunden. Hä? ...
Gott weiß, ich bin jetzt gut im Ochsen, und doch nicht genug, denn auf's eigentliche Ochsen kommen doch kaum acht Stunden des Tags. Man vertrödelt in der Familie und sonst viele Zeit. – Jetzt ist's wieder mildes Wetter und Mondschein, da habe ich allerlei Posthorn- und Reisephantasien, vielleicht hilft mir das zu einer poetischen Erzählung, obwohl ich's nicht glaube. – Hier sind übrigens zwei schöne Augen, die mir zu gefallen anfangen. Es wird aber auch nichts Rechtes daraus, denn man will von mir Unterhaltung und Anregung, nicht. ...
Beiliegend Dissertation von mir zu beliebigem Gebrauch. –
Addio, lieber Doktor, dich küßt in Treuen

Dein Eminus

P. S. Saltimbanque mag ich doch nicht mehr heißen! C'est un métier, ja aber was für eines!
Grüßt Balder herzlich von mir, wenn Ihr ihn seht.

AN EDUARD SCHAUENBURG

Basel, den 30. November 1843

Herzlieber Ete,
ich sitze hier in Basel und ochse und weiß nicht, wo es mit mir hinaus will. Ach Gott, wie sauer schmeckt das „zu Hause", wenn man vier Jahre so nach Gutbefinden gelebt hat. Und bei mir zu Hause, in der Familie selbst, ist es sehr angenehm – wie muß es erst einem armen Teufel zumute sein, der es zu Hause und außerhalb des Hauses schlecht trifft! –
Es tut mir kein Mensch bisher was zuleide, aber Basel ist so eng und klein; es fehlt die freie, tragende Anregung, die Bonn für mich zur großen Stadt machte. Und könnt' ich mich nur ganz in die Bücher vergraben! Aber man muß hier mit herzguten langweiligen Leuten umgehen, das ist es.

Ete, gelt, Du bist verlobt, ich wittere so was, als stieg' es wie Bratenduft aus dem Westerwald den Rhein herauf! – Grüß schön von mir! – Es ist gewiß so eine Prachtpartie. Ich meinesteils möchte mich am liebsten so einrichten, baldigst wieder in die weite Welt verschlagen werden zu können, das tät mir trotz Hunger und Kummer besser konvenieren. Einstweilen lechze ich nach Briefen aus Deutschland und denke viel und mit Schmerzen an Dich und Hermann und die Bonner, und jetzt gerade bin ich sehr betrübt, daß ich gerade Dir, herzliebster Junge, nichts zu schreiben weiß – mein Leben ist zu arm geworden. Ich will Dir aber doch schreiben, und wären es immer nur zwei Zeilen.

Auf nächsten Sommer rüste ich mich, deutsche Geschichte und Kunstgeschichte zu – annoncieren, denn ob's zum Lesen kommt, ist für einen Privatdozenten auf einer Hochschule von bloß achtundzwanzig Studenten sehr fraglich. Bitte, sage es nicht weiter, daß der Kommilitonen so wenige sind; es könnte der Hochschule noch mehr Eintrag tun. Nun siehst Du, was ich für ein Narr wäre, wenn ich meinen Lebensplan (ich hasse sonst dieses Wort gründlich) auf die hiesigen Verhältnisse baute. Meine ganze Perspektive besteht: in einer höchst problematischen Anwartschaft auf eine jetzt von einem Ordinarius in besten Jahren besetzte Professur von 100 Louisdor, welche noch dazu bei dem bevorstehenden Sturz der Hochschule eingehen würde. Doch kann ich allerdings hoffen, mit Vorträgen für einen gemischten Publicus einiges Geld zu verdienen.

Eine wichtige Sache ist besonders, daß ich jetzt für Brockhaus arbeite, nämlich die kunsthistorischen Artikel fürs Konversationslexikon, 9. Auflage, der einen Bogen ganz neu gelieferter Artikel mit zweiunddreißig Reichstalern, einen Bogen umgearbeiteter mit sechzehn, einen Bogen bloß vermehrter mit acht Reichstalern honoriert. Natürlich gibt es verhältnismäßig nicht viel neu- oder umzuarbeiten, aber zweihundert Reichstaler wird das Geschäftchen schon abwerfen, summa summarum. – Kann ich nach und nach auch anderes für Brockhaus arbeiten, so bin ich vorderhand geborgen.

Ich weiß nicht, woher es kommt, aber trotzdem daß mein Gemüt jetzt lauter stille Messen für vergangene Freuden feiert, bin ich doch innerlich glücklich und handhabe mit mir selbst einen guten Hausfrieden. Es ist jetzt Winter in mir, aber ich weiß, es werden nach einer dürren Bücherzeit auch wieder die Blütentage kommen, wenn auch nicht die alten von 1840-41! - Eins weiß ich, ich könnte jetzt ganz ruhig sterben, da ich das schönste Glück schon genossen habe. Wer einmal einen so recht innerlichen Frühling genossen hat, wie ich im Jahre 1841-43, der kann nie wieder ganz unglücklich werden; - Du aber hast das Beste in mir zum Blühen gebracht, Du und Hermann und Kinkel und Stift - das soll Euch unvergessen bleiben.

Lieber Ete, es geht mir unter dem Arbeiten viel Poesie durch den Kopf. Jetzt, da ich sie heimlich treiben muß, wird sie mir erst recht lieb. Selten gebe ich den Sachen Form, sie tummeln sich lieblich vor mir und verschwinden wieder. Ich fange wieder an, mir etwas darin zuzutrauen, denn wäre es gar nichts mit meiner Poesie, so könnte sie mich ja auch nicht trösten. Ich mache von neuem die Erfahrung; je besser ich ochse, um so poetischer wird mir zu Mut; ochse ich nicht, so bin ich zerstreut. Jetzt sammeln sich in mir die Anschauungen von den Reisen und den Menschen und strahlen und funkeln schön gegeneinander und assimilieren sich zu Bildern und Geschichten. - Gelt, ich bin ruhmredig - aber Du bist einer von denen, die sich gerne mit mir freuen, auch am Kleinen. Dem Hermann habe ich vor vier Wochen geschrieben und das Daguerreotyp geschickt. Gott gebe, daß es ganz ankam. Leider habe ich, ni fallor, vergessen, ihm meine Adresse zu melden, schreibe sie ihm gelegentlich!

Prosit Ete, schreib brav, Dich küßt in Treuen

Dein Schwyzer.

AN WILLIBALD BEYSCHLAG

Basel, 14. Januar 1844

Dein Brief vom 20. Dez. 1843 hat mich lebhaft angeregt, gewisse Fragen noch einmal zu durchdenken, was sonst

nicht meine Force ist, wie Du wohl weißt. Laß mich wieder einmal herzhaft mit Dir kohlen, wie einst auf meinem Sofa in Berlin. Denn im Grunde bist und bleibst Du doch einer von meinen Liebsten, und ich habe Dirs nicht gelohnt, daß Du mir so treu anhingest, darum schreibe ich Dir jetzt, damit Du weißt, wie Du mit mir dran bist.
Ja, ich glaube es fest, daß in Dir die kirchliche Gesinnung echt, treu und wahr ist. Ich weiß, daß es nicht nur ehrenwerte Leute gibt, die an der Kirche festhalten, sondern daß der kirchliche Standpunkt überhaupt noch jetzt ein tiefberechtigter ist und wohl noch eine Zeitlang bleiben wird. Nach und nach lehren mich meine Studien, daß auch die protestantische Kirche als Bewahrerin eines hohen Gemeingutes eine Kirche und nicht bloß ein fader äußerlicher Abklatsch des mittelalterlichen Kirchentumes ist. Und Dich achte ich jetzt um so mehr, da Du Dich ihr näherst, obwohl kein Spott und Hohn, den sie leiden muß, Dir unbekannt blieb, obwohl Du weißt, daß die Genien der Nation von ihr abgefallen sind. – Ich aber habe für ewig mit der Kirche gebrochen, aus ganz individuellem Antrieb, – weil ich nämlich buchstäblich nichts mehr damit anzufangen weiß. Meine Sittlichkeit, sit venia verbo, marschiert vorwärts ohne kirchliches Zutun und rückwärts ohne kirchliche Gewissensbisse. Die Kirche hat über mich jegliche Gewalt verloren, wie über so viele andere, und das ist in einer Auflösungsperiode nicht mehr als recht und billig. –
Doch das würde uns nicht mehr entzweien, da das Gebiet, auf welchem wir uns die Hände reichen, in Bezug auf Kirchentum neutraler Boden ist. – Aber nimm dich in acht, Balder, wenn's einmal in's praktische Leben geht! – Wirst Du dann geistig frei genug sein, um in jedem seine spontane, individuelle, vielleicht ganz unkirchliche Religiosität als berechtigt, als das Zeugnis einer zerspaltenen Zeit anzuerkennen und jeden demgemäß zu behandeln? –
Ich würde z. B. nicht von Dir verlangen, daß Du als Konsistorialrat für die Anstellung Bruno Bauers[1] stimmen

---

[1] Der bekannte Theologe (1809–1882), der in den 1840er Jahren Anhänger der Junghegelianer war und von deren negativ-kritischen Standpunkte aus eine „Kritik der evangelischen Geschichte

solltest, denn solche Leute sollten so ehrlich sein, der sancta
theologia vom Leibe zu bleiben. Aber wie stände es mit der
Anstellung z. B. eines ehrlichen und dabei völlig unkirchlichen Geschichtslehrers, Schullehrers? usw. Warum mußt
gerade Du es sein, Junge, der in dem bevorstehenden Krieg
zwischen der Kirche und den Gebildeten ins schwerste Gedränge kommen muß? Du glaubst es freilich nicht, daß die
jetzigen Restaurationen der kirchlichen Gemeinschaften
bloßer Gegenstoß gegen den Rationalismus und somit höchst
vergänglicher Natur sind; Du denkst, es gehe einer ernstlichen Herstellung entgegen. Wäre die möglich, sie würde
vielleicht auch mich mitreißen. –
Ich will es einmal heraussagen, was so viele [viri] doctissimi denken und nicht aussprechen mögen: das Christentum ist für unsern Standpunkt in die Reihe der rein menschlichen Geschichtsepochen eingetreten; es hat die Völker
sittlich groß gezogen und ihnen endlich die Kraft und Selbständigkeit verliehen, sich fortan nicht mehr mit Gott,
sondern mit dem eignen Innern versöhnen zu können.
In welchen Denkformen die germanischen und romanischen Völker sich vielleicht einst wieder einem persönlichen
Gott nähern werden, wird die Zeit lehren. Gott soll nur
wieder persönlich werden, so wird man wieder an seine
Persönlichkeit glauben. Ich meine, seine neuste Inkarnation
lebt in uns allen.
O hätte ich gelebt zur Zeit, als Jesus von Nazareth durch
die Gauen Judas wandelte, – ich wäre ihm gefolgt und
hätte allen Stolz und Übermut aufgehen lassen in der Liebe
zu ihm und hätte nach Selbständigkeit und eigener Geltung nicht weiter gefragt, – denn was hätte es geschadet,
als Einzelwesen verlorenzugehen neben ihm? Aber achtzehn Jahrhunderte trennen unsere Sehnsucht von ihm,
und nur wenn ich einsam in den Stunden trüber Sehnsucht
nach meinen Lieben seufze, tritt mir tröstend ein majestätisches Bild vor die Seele, ich glaube, es ist der Größte der
Menschen. – Als Gott ist mir Christus ganz gleichgültig –
was will man mit ihm in der Dreieinigkeit anfangen. Als

des Johannes" (1840) und eine „Kritik der evangelischen Synoptiker" (1840) schrieb.

Mensch geht er mir läuternd durch die Seele, weil er die schönste Erscheinung der Weltgeschichte ist. – Wer so was Religion heißen will, der mag es – ich weiß mit dem Begriff nichts aufzustellen. Du wirst denken, lieber Balder, das sei so ein letzter Nachklang eines übelberufenen ästhetischen Christentums. – Meinetwegen, ich mache das gar nicht als Religion geltend.

30. Januar

Nun zu Kinkel. Ich mache auch ihm schon lange kein Geheimnis mehr daraus, daß ich ihn lieber als Philosophen sähe, denn als Theologen, und glaube überhaupt, daß es mit der Lehrfreiheit immer knapper werden wird, seitdem man à tout prix die alte Orthodoxie aufrecht halten will. Wenn Du es noch nicht weißt, von wannen jetzt der Wind weht, so lies die achselzuckenden Artikel in der Literarischen Zeitung über Schleiermacher und seine Schule. Das ist jetzt, Gott sei's geklagt, die Meinung, die im Ministerio herrscht. – Übrigens mache ich mir auch darüber keine Illusionen, daß fortan auch der freisinnigste Kultusminister die **theologische Lehrfreiheit**, wie ich sie verstehe, doch nie wird dulden können, solange Staat und Kirche nicht getrennt sind. Jeder freiere Atemzug, den die Wissenschaft wagen würde, müßte die Zersetzung der Kirche als inneres Faktum **dartun**, als äußeres beschleunigen. Summa: bevor Kirche und Staat getrennt sind, kann ein negativer Theologe gar nichts Klügeres tun, als zu einer andern Fakultät übergehen. Jene Trennung wird übrigens noch gute Weile haben, und erst wenn sie geschehen ist, werden die rechten Kämpfe anfangen. Das alles ist mir schon klar gewesen, als ich für meine Person die Theologie aufgab. ...

Daß K[inkel] als **Mensch** verloren habe, ist eine melancholische Grille von Dir; – ich habe mich im vergangenen Herbst von neuem von seiner Urgesundheit und ewigen Jugendlichkeit überzeugt. Du bringst wohl nicht genug in Anschlag, wie vieles ihn täglich zum Ärger reizen muß, mit wie vielen Schmerzen ein Entschluß wie der, der ihm ... bevorsteht, geboren wird; ich meine den Wechsel der Lebensbestimmung. Ich bin überzeugt, daß man ihm gerne eine Brücke zur historischen Fakultät bauen wird, und er wird sich wohl zuletzt dazu verstehen. Dann sieh ihn wieder, und Du wirst ihn versöhnt, stark und freudig finden. Daß er sich jetzt den Freunden nicht mehr so hingibt, müßt Ihr einem jungen, glücklichen Ehemann zugute halten. Wär' ich jetzt in Bonn, ich würde auch nicht von ihm einen Umgang fordern wie vor der Hochzeit, zumal da ich weiß, wie unträtabel i c h in solchem Fall wäre. ...

AN KARL FRESENIUS

Basel, 21. Januar 1844

Herzlieber Junge!
Diesen Brief sende ich Dir in der eigennützigen Absicht, einen von Dir dagegen zu erhalten. Ich sitze hier seit vierthalb Monaten und ochse in der Stille für mich und blase Trübsal je nach Umständen. Nächsten Sommer beginne ich zu lesen „mit Macht, mit Macht" und arbeite jetzt so zirka in der Mitte eines Kollegienheftes über deutsche Geschichte herum. Gesellschaft sehe ich wenig, Umgang habe ich so viel als keinen, Seelenaustausch gibt es für mich hier niemals. Dafür schreibe ich fleißig Briefe und betrachte zuzeiten gewisse welke Efeublätter vom Jahre 1841, jener „unvordenklichen Zeit", da Fresen noch nichts von Philosophie wußte, sondern noch in der schlechten Wirklichkeit, sowie in Ahnungen und Gefühlen lebte und in Poppelsdorf Türme von Butterbröten errichtete und die Thomasiana schrieb. – Ich bin seit jener Zeit so ziemlich derselbe geblieben trotz der Gräfin Perponcher – Du aber hast einen ganz nagelneuen Menschen angetan, obwohl einige sagen, daß aus Ellbogen- und Knielöchern doch das „heilige Fleisch" des alten herausgucke. –
Doch zur Sache. Was meinst Du, treue Seele, wenn wir uns ein Stelldichein nach Straßburg gäben? – Mir ist, von jetzt ab bis Ende Aprils, soviel ich voraussehen kann, jeder Tag recht, Du brauchst mir bloß einen zu bestimmen, worauf ich Dir dann Ort und Stelle genauer bezeichnen würde, da ich schon dreimal dort war. Von Weinheim bis Karlsruhe ist der Eisenbahn wegen ein Katzensprung; von Karlsruhe

bis Kehl fährt die Post sechs Stunden. Ich brauche vollends nur vier Stunden, würde aber in Kolmar und sonstwo ein paar Stunden dransetzen. Am schönsten wäre es, wenn wir uns auf drei bis vier Tage in Straßburg einrichten könnten. Ich verspreche Dir 1. meine ganze antiquarisch-künstlerische Routine zur Erklärung der Stadt, 2. passabel viel historische Notizen, 3. eine wahrhaft himmlische Laune – ich spare jetzt schon draufhin, – was ich noch außerdem leisten werde, wird der Augenschein lehren. Ich muß wieder einmal einen Menschen haben, dem ich das Haupt an die Brust legen kann; ich habe viel mit Dir durchzusprechen und muß notwendigerweise wieder ein paar Tage leben. Denn mein Dasein in Basel kann ich nicht so nennen. – Also besinn Dich, Sefren, es soll nicht so teuer kommen, denk' ich – der Tag in Straßburg ohne Suite kostet etwa einen französischen Taler, da Straßburg doch ein teures Pflaster ist, man mag sich einrichten wie man will. – "Mein Gasthof" alldort ist sonst zum Raben, man könnte es wieder probieren? –

den 27. Januar

Jetzt habe ich einen Brief auf einem ganzen Blatt angefangen und weiß es in meiner Eile und Zeitbedrängnis nicht zu füllen. Denn gleichzeitig mit diesem Brief schreibe ich an sieben oder acht andere, die nach Bonn, an Verleger, an Schauenburg usw. abgehen sollen. –
Mir passiert hier gar nichts, und ich lerne mich selber auswendig. Gott weiß, ob ich im Sommer für meine deutsche Geschichte Zuhörer finden werde oder nicht. Ich bin gesonnen, sie auch einem zu lesen, denn Basel hat achtundzwanzig Studenten und einer hier ist so gut wie siebzig in Berlin. Überhaupt lernt man allgemach aus der Not eine Tugend machen. Was weiter aus mir werden soll, weiß Gott; einstweilen habe ich zu einer Buchhändlerunternehmung beizutragen, was auch nicht viel abwirft, aber auch nicht viel zu tun gibt. Mein Ochsen geht soso lala; alle Tage arbeite ich den Vormittag eine Vorlesung aus zur deutschen Geschichte; zuweilen nimmt mir's auch noch den Nachmittag. Daneben habe ich ein „gelehrtes" Werk

angefangen[1], was wochenlang völlig zu pausieren pflegt, die sog. freie Zeit lese ich alles mögliche – Summa summarum es ist ein Traumleben, durch Gedichte modifiziert, aber doch nur selten. – Den Bonnensern schreibe ich seit dem Oktober zum dritten Male. –

Was der Mensch alles möchte! – Ich altes Haus jage mich zuweilen in Träumen und Phantasien herum wie ein Kind; – „Was ich tät, wenn ich Professor wär!" oder „wenn ich Rothschild wär'", oder „wenn ich gute Tragödien schreiben könnt'" usw. – An allen Enden, im Studium, im Dichten und Trachten, bricht eben überall das Heimweh nach Deutschland, nach Euch allen hervor. Es ist mir bei Euch zu gut ergangen, und ich büße jetzt mit gerechter Strafe. – Vielleicht bricht alte, versunkene Liebe wieder hervor, und dann beginnt mir ein neues Leben; aber ich glaube noch nicht dran. Denn einmal, vor langen Jahren, ist durch mein Herz ein Riß gegangen, und seitdem fürchte ich mich vor den Weibern und habe auch in Deutschland kein ernstliches Verhältnis geknüpft. – Genug hievon.

30. Januar

Ich muß jetzt schließen; Gescheites produziere ich bei meiner furchtbaren Zerstreutheit jetzt doch nicht mehr. Also miß mich um Gottes willen nicht nach vorliegendem Wisch, herzlieber Junge, nimm ihn als einen Geschäftsbrief, und melde mir bald, ob und wann Du nach Straßburg kommen kannst? Ich schreibe Dir dann wieder und bestimme das Rendezvous noch genauer.

Lebe wohl, mein Junge, in Sehnen und Hoffen

Dein getreuer Burckhardt.

AN GOTTFRIED KINKEL

Basel, 18. Januar 1844

An Urmau.

Herzlieber Doktor!

... Weißt Du, was es heißt: rein in Sehnsucht und Erinnerung leben? – Ich habe hier keine Seele, mit der ich

[1] Es ist nicht genau zu sagen, worauf B. anspielt, ob auf eine der S. *43* (des 1. Teiles) erwähnten beiden Abhandlungen oder die

geistigen und gemütlichen Umgang pflegen könnte, denn wer ist hier geistig frei? Sie meinen's alle, aber ich weiß doch, daß auch das geringste Postulat der neuern Zeit hier lauter taube Ohren findet. Ich mag keinen halb angenehmen Umgang, seitdem ich in Berlin und bei Euch das Höchste in dieser Beziehung genossen habe. In Gottes Namen, einsame Sehnsucht ist besser als Vergeudung der guten Laune an dieses langweilige Volk. Ein Kästchen in meinem Schrank enthält die Briefe meiner Freunde, d. h. die vom Mau und seinen Angehörigen, von den Schauenburgs usw., und in meinem Zimmer hängen ein paar Porträts – das ist alles, was mir Freude macht. In der Familie lebe ich, soviel ich muß, um den guten Leuten keinen Anstoß zu geben; ich nehme auch an einigen Gesellschaften und Vereinen teil, knüpfe aber nirgends Verhältnisse an. Was an meinem Leben Gutes und Freudiges ist, das habe ich schon genossen. Aber

„Nur kühner schlägt in Einsamkeit die Brust – "

Ihr, meine deutschen Freunde, habt mich zu stolz gemacht – wer Dich und Fresen und Hermann und Eduard Schauenburg zu Freunden hat, der kann sich nicht von Herzen zu den hiesigen jungen Zeitgenossen herablasssen. Glücklicherweise sind die, mit welchen ich der Präzedentien wegen umgehen müßte, alle auswärts angestellt. – Ich wußte ja, daß es so kommen würde. Ewig bleibt mir mein Kapitol von Erinnerungen, in welches ich mich rette, und das soll mir genügen. Aber mein Inneres blutet bisweilen, – drum kann ich Euch nicht jedesmal lustige Briefe versprechen. Jetzt fühle ich's, was es für ein Glück sein müßte, ein großer dramatischer Dichter zu sein; eine Tragödie würde jetzt meine ganze Seele läutern und all dieses dumpfe Leiden in klare Schmerzen und Freuden auflösen. – Nicht wahr, Urmau, Du denkst schon lange: Wenn der törichte Burckhardt nur die dramatischen Flausen ließe und dafür Landschaftsbildchen schriebe! denn eine Tragödie bringt der im Leben nicht zustande! – Du magst wohl recht haben, Urmau. ...

schon in Berlin geplante „Geschichte im Zeitalter der Gegenreformation in der Schweiz", die nie zustande kam.

Den 21. Jan.

Ich habe den Lothar dreimal wieder durchgelesen und auch einer Dame vorgelesen. Letztere fand vieles, besonders in den letzten Akten, außerordentlich schön, verriet aber ihre Prüderie, von der sie sonst ziemlich frei ist, durch gänzliches Mißverständnis des verständlichsten Charakters: Waldrade. – „Ja, Waldrad hätte weichen sollen, wirklich weichen sollen und nicht bloß wollen sollen –" etc.
Ich habe mein Urteil über das Stück wenig modifiziert, aber erweitert. Es ist ein großes Glück für Dich, Urmau, wenn dasselbe nicht aufgeführt wird. Es liegen Verheißungen genug Deiner künftigen dramatischen Bedeutsamkeit drin, aber so wie es ist, würde es die Szene noch nicht ertragen. Gegen Lothars Immoralität wende ich gar nichts ein, er könnte viel unmoralischer sein und dennoch die Hauptfigur des Stückes bleiben, wenn er nur persönlich mächtig und wichtig genug bleibt, um der Gegenpol der römischen Kirche zu sein. Meine Einwendungen gehen nicht gegen die Charaktere, denn die jetzige Bühne hat sich welche gefallen lassen, die tief unter den Deinigen stehen. Aber die Ausführung! Mensch, schreib um Gottes willen inskünftig in Prosa und begreife, daß der verfluchte shakespearsche Jambus eine Scheidewand zwischen Dichter und Publikum ist, die z. B. Mosen[1] den Hals gebrochen hat und ihn auch Geibel brechen wird. Gerade wie das Publikum jetzt mit der großartigsten Freskomalerei kein Verhältnis mehr knüpft, sondern individuellstes Leben, Charakteristik und Kolorit verlangt, ebenso will es auch in der Tragödie Menschen, nicht solche, die wirklich seinesgleichen sind, wie Platen höhnte, sondern solche, die seinesgleichen sein können. Das Drama braucht deshalb noch keinen modernen Gegenstand de rigueur zu haben; man könnte auch Brunhild und Fredegund in Prosa schreiben. – Der Vers allein ist es nun freilich nicht, der Dichter und Hörer scheidet; sondern das ist es,

---

[1] Lebte von 1803–1867 und schrieb außer epischen Gedichten, Novellen u. Romanen auch eine Reihe Dramen. Vielleicht dachte J. B. an sein stofflich dem „Lothar" naheliegendes historisches Schauspiel „Heinrich der Finkler", das 1836 herauskam, oder an den später genannten „Bernhard von Weimar".

daß Leute wie Du, im Besitz einer reichen, prächtig wogenden Diktion, sich alle Augenblicke hinreißen lassen vom Klang des eigenen Verses und den sprechenden Menschen darüber vergessen. Lege Dir einmal die Rede des Nikolaus an Rodoald in Prosa auseinander und siehe dann zu, wie unendlich anders das alles zu stehen käme, wieviel bündiger sich charakterisieren ließe! – Du hast es einmal als Marotte verspottet, daß Goethe die Iphigenie zuerst in Prosa schrieb – Glaub' mir, es war nicht ohne, und ihm hat das ne quid nimis so nachdrücklich vorgeschwebt, daß er sich selber völlig mißtraute. – Dein Graf Hubert, der mit den ersten Worten des zweiten Aktes so majestätisch beginnt, geht in den übrigen Szenen ganz in den schönen, allgemeinen Jamben verloren, und doch ist ein Wendepunkt des Stückes sein Werk. Ferner, was für ein Prachtkerl wäre Konrad vom Elsaß in Prosa geworden! – Wie hätte Gunther von Köln gewonnen! Ganz besonders aber würde Waldrad in scharfer, kantiger Prosa ein feurig leuchtender Edelstein geworden sein. Ich glaube gern, daß Du dem Verse nicht gern entsagen wirst, aber ich weiß jetzt auch, warum mir Deine Stedinger immer besser gefallen haben als Lothar. – Rechne hinzu, daß die Schauspieler Prosa viel besser geben als Verse! In ganz Deutschland gibt es vielleicht ein Dutzend Schauspieler, die einen erträglichen Jambus sprechen. Wenn man Dir mit Tendenz der Charaktere den Kopf heiß machen will, so glaube das alles nicht; von der Seite würde das Stück Glück machen. – Neben dem Umstand wegen der Prosa ist vielleicht nur noch eine wesentliche Aussetzung zu machen: das Stück rückt in einigen Partien nicht genug vorwärts, doch dgl. weißt Du besser als ich. Aber ein Dramatiker bist und bleibst Du und wirst wachsen, Dixi. –

Doch nein, noch nicht Dixi. Ich werde mich von dem Lothar nie trennen können, weil's eben doch ein schönes Stück ist und mich jedesmal packt, wenn ich's lese. Gunther von Köln klingt besonders deutlich in mir selber wieder; ich kann sein Schicksal nicht vergessen. Und dann behält wohl Lothar am Ende Unrecht gegen die Kirche, aber das Verhältnis bleibt dann doch gar schön in der Schwebe, und man scheidet versöhnt. Mensch, fasse einen Entschluß und geh einmal in die moderne Zeit! Nimm einmal den Gebhard Truchseß mit seiner Gräfin von Mansfeld. Das Stück kann teilweise auf dem Drachenfels spielen. Es liegt da so um den Dreißigjährigen Krieg herum noch so mancher Stoff – tragisch und doch recht genrehaft, Du verstehst schon. Die Franzosen haben diese Renaissance-Epoche fast nur komisch ausgebeutet, weil ihre Quellen dabei Memoiren, der Grund und Boden aber die elende Fronde ist, d. h. der Vorabend des Glanzes unter Ludwig XIV. Bei uns dagegen ist der Hintergrund durchaus tragisch, ein Religionskrieg und Bürgerkrieg, der mit schauderhafter Verwüstung schließt. – Halbkomisch wird dann wieder das deutsche Hofleben von Leopold I. an, den ich gewissermaßen auf dem Korn habe. – Denke, wie wenig Schillers Wallenstein und Mosens Bernhard von Weimar die reiche Szenerie des Dreißigjährigen Krieges mit seinen Jesuiten, Salzböcken, Hexenprozessen, Intrigen u. s. w. erschöpft haben! Wo spricht im Wallenstein (mit Ausnahme der paar Zeilen im Lager) das furchtbar gequälte deutsche Volk? – Nicht wahr, es ist albern, daß ich Dir solche gütliche Vorschläge einrede, ich denk' nur immer: Was würde der Urmau da und da nicht leisten können, wenn er einmal hinter den und den Stoff käme.

27. Januar

... Apropos lieber Urmau, frag einmal bei Habicht nach, ob und wie der Erzbischof geht? Ich habe ihn nur im Kunstblatt, ohne Zweifel von Kuglers Hand, mit zwei Zeilen angezeigt gefunden, sonst schläft er noch vollständig als Embryo in der Literatur. Hat die Kölnische Zeitung, die ich hier nicht zu sehen bekomme, noch keine Anzeige gehabt?

1. Februar

Für das Ahrlied find' ich in Gottes Namen keinen rechten Schluß. Ach Urmau, mach Du das selber! – Oder etwa so:

„Und besucht in späten Jahren einer noch dies Felsental,
Feier' er mit glühendem Weine hier ein stumm Gedächtnismahl!"

Das taugt auch nichts. Mach's selber oder laß am liebsten das Gedicht weg, es mißfällt mir jetzt. Jedenfalls setz meinen Namen nicht dazu, ich bitte Dich....
Somit leb wohl Herzensfreund; Dich grüßt in Treuen
  Dein Eminus,
(ist besser als Saltimbanck, welcher Name hiermit feierlich aboliert wird, da er der Würde des akademischen Amtes schlecht zu Gesichte stehet. Addio.).

AN JOHANNA KINKEL

Basel, 29. Januar 1844
Liebe Direktrix!
... Nun les' ich Ihren Brief vom Dezember wieder durch und beschließe nach einiger Erwägung, daß ich darin doch gar schlecht wegkomme. Sie haben mir Unrecht getan, liebe Directrix, mit Ihrem Vorwurf der Feigheit. Feigheit würde mein Benehmen gegen die hiesigen Philister erst dann, wenn ich den Leuten schöntäte und mich um ihren Umgang bemühte. Das tu' ich aber nicht, sondern lebe so einsam wie möglich. Sollte es denn wirklich meine Pflicht sein, Leute, die mir nichts zuleide tun, so aus dem Stegreif vor den Kopf zu stoßen? Bessern würde ich damit die Leute nicht, sondern mir und andern das Spiel verderben. Steh ich einmal auf dem Katheder oder an der Spitze eines Journals (welches letztere noch gute Weile haben dürfte), dann ist es Zeit, die Stimme zu erheben gegen das Philistertum, aber jetzt könnte das zu nichts führen. Also warten Sie ab, was mir die Zeit bringt, und bedenken Sie, daß meine Briefe hie und da der Rettungsbalken aus desperater Laune sind, was sie freilich nicht sein sollten. Und sollten Sie mir wirklich nicht zutrauen, daß ich ein edles Naturell, wo es sich in meiner Nähe fände, herausfinden könnte? Legen Sie einmal, wenn Sie noch nicht von meiner Unschuld überzeugt sein sollten, dem billig denkenden Urmau Anklage und Antwort vor. – Sodann glauben Sie ja nicht, daß man in dem selbstgenügsamen Basel die Mitteilsamkeit eines Neuangekommenen immer gut aufnehme! – Es grämt sich kein Mensch darüber,

daß ich mich der Gesellschaft entziehe, man hat nicht auf
mich gewartet, und wenn ich schweige, bis ich grau bin, so
kümmert sich keine Seele drum. Und das ist recht und in
der Ordnung. Ich halte mich gar nicht für einen solchen
Phönix und finde hier gar viele Leute, die geistig über mir
stehen. Schade nur, daß die meisten davon greulichem Philistertum verfallen sind. Verderbe ich meine Sache nicht
voreilig, so kann sich doch vielleicht nach und nach ein angenehmes Verhältnis zu den gebildeten Kreisen gestalten. ...
Nun weiß ich sehr wohl, liebe Direktrix, daß Sie diesen
Brief schon lange von vorn und von allen Seiten ansehen,
ob denn nichts von meiner Liebschaft darinstehe? – Ich
kann Ihnen nur sagen, daß es bisher keine Liebschaft ist,
indem ich durch Erfahrung vorsichtig geworden bin und
mich hier auf keine Weise binden will. Diesem Mädchen
will ich keine unnötigen Schmerzen machen. Das tönt sehr
hochmütig, ist aber wahrhaftig ein der Lage der Dinge ganz
angemessenes Ultimatum. Die Zeit wird das fernere lehren.
Basel wird nie mein Himmel werden, auch mit ihr nicht.
Fort! Fort! Das ist das Losungswort und wird's wohl bleiben. –

1. Februar

Mein Brief ist dürftig, nicht wahr, liebe Direktrix! Ich
habe diesmal zu stark aufgeladen; es schreibt niemand
ungestraft an so vielen Briefen zugleich, es sei denn ein
Ingenium wie weiland Julius Cäsar.
Nun nochmals innigen Dank! In Treuen und Sehnsucht
Ihr Eminus.

AN EDUARD SCHAUENBURG

Basel, 28. Januar 1844

Herzlieber Ete! Sag mir, was soll ich Dir schreiben? Muß
Dir nicht jedes Wort, was Dir ein anderer zurufen kann,
jetzt ungeweiht erscheinen? Denn wenn Du diesen Brief
erhältst, so bist Du wohl ganz glücklich, glücklicher als
der, welcher ihn schreibt. Lieber Junge, ich bin hier ganz
als Einsiedler verpuppt, und die Liebe tönt mir nur noch
als eine Sage alter Zeiten zum Herzen. Was tut's? Im Innern

will's doch wieder anfangen zu grünen, glaub' ich. Mich necken hier zwei schöne Augen, aber ich traue nicht mehr. Du hast nun noch den Mut, wohl Dir.

Dein lieber, göttlicher Brief hat mir viel Freude gemacht; denn Du hast in Bedrängnis des Herzens an mich geschrieben, und das soll Dir unvergessen bleiben. Ich will dann auch bei Dir Trost und Fassung suchen, wenn Glück und Unglück mit einem Male kömmt.

Jetzt genieß das Glück; man findet es nur einmal so; und die ersten Stunden eingestandener Liebe eines geliebten Weibes sind doch das Höchste, was das Leben bietet. Ich bin froh, daß das Glück auch meine Schuld an Dich, geliebter Junge, abtragen hilft; ich armer Teufel könnte Dir doch Deine Liebe nicht vergelten, wie ich möchte.

Glaubst Du etwa, Du sehnest Dich nach mir, ohne daß ich mich nach Dir sehnte? O lieber Junge, könnt' ich jetzt um Dich gewesen sein, während Du nicht wußtest, wo aus wo ein, ich hätte Glück und guten Mut und ewige Poesie mit mir genommen für lange, lange Zeit. Du wärest mir heilig gewesen in den Augenblicken des Glückes wie der Verzweiflung.

Jetzt küsse ich Dich von Herzen und bitte vom Schicksal, daß es Dir gebe, was es mir versagt hat. Um Deines Glückes willen kann auch ich jetzt wieder frischer und kühner ins Leben schauen.

29. Januar

... Meine hiesigen Umstände verändern sich nicht. Es wird sich nun im Sommer zeigen, wo es mit mir hinaus will. Einstweilen viel Sehnsucht, viel Heimweh, viele poetische und historische Flirren und Flausen. Weißt Du, was mich nach Durchlesung Deines Briefes für ein Gedanke ankam? Der: wenn nur nicht etwa der gute Ete gerade jetzt vors Koblenzer Konsistorium gerufen wird, um sein theolog. Tentamen abzumachen! Das wäre doch schauderhaft! Die Herren könnten treffliche Antworten von Dir beziehen, z. B. in dem Kapitel von der Liebe und von den Engeln. ...

Heut abend ist Soirée bei Wackernagel. Dem haben die Liberalen viel schweres Unrecht getan, wie sie denn überhaupt die Kunst verstehen, die ihnen am nächsten Stehenden von sich abzustoßen. Ich überzeuge mich mehr und mehr, daß der Liberalismus der Jahre 1840-43 nur die erste, saure Blüte war, die die Frucht umschließt und abfallen muß. Um so siegreicher wird nun nachgerade ein neuer Liberalismus, eine allgemeine öffentliche Meinung erstehen, mehr und mehr geläutert von Extravaganzen jeder Richtung, und da muß der Sieg endlich kommen. Nur einem solchen vom Volke getragenen Liberalismus wird sich auch die Gewalt fügen und einen neuen Bund knüpfen.... In diesem Sinne kann man sagen, daß kein Wort der Rheinischen Zeitung verloren war, denn ohne Extreme entsteht keine Wahrheit.

Ich habe den neuen Band Herwegh gelesen[1]. Es ist doch noch viel Großes und Herrliches darin; das Lied an Prutz und: Die deutsche Flotte, sind Edelsteine. Aber schwach und gemein zugleich sind mehrere Xenien und das Duett zwischen Geibel und Freiligrath. Da ist Freiligraths Angriff nobel und würdig daneben. Geibel hatte es vollends nicht um Herwegh verdient, so in den Kot gezogen zu werden. Daneben muß ich Herweghs gänzliche Rücksichtslosigkeit bewundern; er konnte wissen, wie viele Leser ihm das sogenannte „Heidenlied" entfremden müsse, und er hat es dennoch abdrucken lassen. Im ganzen ist es wehtuend, diesen zweiten Band mit dem ersten zu vergleichen – die aufjubelnde Begeisterung und Hoffnung von 1841 mit der gänzlichen Depression von 1844! – Am Ende steht ein Gedicht: „Auch dies gehört dem König" in Terzinen, welches man lesen muß, um einen Begriff davon zu haben!

1. Februar

Jetzt lebe wohl, herzlieber Ete! Dein bleibt in Hoffen, Trauern, Sehnen und Harren Dein liebender

Eminus.

P.S. Keile den Hermann, daß er mir schreibt.

[1] Von den „Gedichten eines Lebendigen" erschien der 1. Band 1841, der 2. 1844.

AN GOTTFRIED KINKEL

Basel, 21. April 1844

... Zwei Hauptpunkte: a) Schicke mir sobald als möglich unfrankiert per Post ein Exemplar Deines lithographischen Werkes[1], samt dem kurzen Grundriß in §§, kann ich's brauchen, so nehme ich vielleicht eine ganze Partie zum Behuf meiner Vorlesungen. b) Vom 1. Juni an redigiere ich die hiesige „konservative" Basler Zeitung, welche ganz honett zu leben gibt, solang man's aushält. Ich habe sie hauptsächlich übernommen, um den hier regierenden schnöden Sympathien mit allem Absolutismus (z. B. dem russischen) nach und nach den Garaus zu machen und beinebens dem schweizerischen Brüllradikalismus entgegenzutreten, welcher letztere mir akkurat ebenso ekelhaft ist wie jener. Ich werde mir damit wie alle bisherigen Redaktoren der Basler Zeitung eine kontinuierliche Reihe persönlicher Angriffe der gemeinsten Art zuziehen; aber es gibt einen Trost, der mir völlige Kaltblütigkeit verleihen wird, und das ist der: Laß die Kerle sich den Hals ausschimpfen – auf der zweiten Poststation nördlich von Basel weiß man nichts mehr von ihrem Geschrei. – Die Redaktion nimmt mir, auch wenn ich ganz eingefädelt bin, doch gut den halben Tag, und das wöchentlich sechsmal.
„Was es dabei mit der Poesie wird, weiß der Deibel, aber die allererste Pflicht ist, sich zu soutenieren."

VRMAV.

Besonders anziehend wird die Sache dadurch, daß der Redakteur des hiesigen Oppositionsblattes als ehemaliger Heidelberger Korpsbursch sich bei den paar Studenten als einzige echte Quelle des sonst gänzlich unbekannten Komments in Gunst gesetzt hat, während ich bisher aus übertriebener Delikatesse noch mit keinem Studenten gesprochen habe, damit es nicht heiße, ich keile für meine Kollegien. (Letztere sind auf dem Sprung zu beginnen,

---

[1] 24 Tafeln architektonische Zeichnungen (zu Vorträgen über die Geschichte der bildenden Künste bei den christlichen Völkern). Auf Stein gezeichnet von Andreas Simons, zusammengestellt und kurz erläutert von Gottfried Kinkel. Bonn, 1844. (Meyer-Kraemer)

wenn sich Zuhörer finden.) O Krähwinkel, mein Vaterland! – Der Zug mit dem Korpsburschen, der beinebens ein tüchtiger Advokat ist, würde in jeder Lokalposse Glück machen. Summa, es gibt hier noch immer „Zustände und Verhältnisse", über welche ich mir den Buckel voll lachen kann. Aber leider Gott's, es lacht niemand mit mir. ...

26. April

Es ist mir aber ganz recht, wenn von dem unvollkommenen Ding[1] weiter nicht mehr die Rede ist; was es sollte, hat es mir geleistet. Es hat mir hier ein odiöses Examen erspart und den hiesigen Leutchen Sand in die Augen gestreut; denn zehn Bogen machen hier mehr Aufsehen als in Berlin zehn Bände. Ich möchte nur wissen, was der arme Häbbicht damit für Geschäfte macht! Wer hieß den Armen, das Manuskript übernehmen? – Ich habe zwei Abhandlungen geschrieben, die ich Euch vielleicht dermaleinst schicke; die eine las ich in der Historischen Gesellschaft, um mich zu introduzieren, und hatte damit ziemlichen Beifall; die zweite war meine Antrittsvorlesung, welche auch gut aufgenommen wurde[2]. Mit diesen beiden Dingen habe ich mich hier in einiges Ansehn vor der Welt gesetzt, dessen ich gar sehr bedarf. Wackernagel sagt, meine beiden Kollegien würden zustande kommen. Gott geb's! bin ich einmal lanciert, so kann ich wenigstens Kollegien ausarbeiten für alle künftigen Fälle. –

Ich sende schon jetzt ab, wegen der Lithographien, die ich wünsche. Die zwei Taler sollen gleich folgen und vielleicht noch mehr, sobald ich weiß, wo und wie und was. Ich denke recht ernstlich dran, wenn Du vernünftig gewählt hast, eine Partie zu übernehmen, was Dir nur ganz lieb sein könnte. Hättst Du mir vorher davon geschrieben, so hätt' ich vielleicht noch Dein guter Rat sein können. ...

Mit Balder hab' ich recht herzliches Mitleid, denn der wird in seinem Leben noch hübsch zwischen Tür und Angel geraten. Unsereiner ist doch wenigstens innerlich frei, mögen die Umstände sein, wie sie wollen, aber kläglich geht's am

[1] Gemeint ist der „Konrad von Hochstaden".
[2] Vgl. S. *43* (des 1. Teiles).

Ende denen, welche sich überreden, sie seien noch gläubig und es doch schon lange nicht mehr sind. Alle Pektoraltheologen sind mehr oder weniger in diesem Fall. – Geibel ist, wie mir Kugler schreibt, zu Berlin in dulci jubilo. Er hat einige Zeit unlängst in Weimar zugebracht und mit dem Erbgroßherzog Freundschaft (ich vermute sogar Schmollis) gemacht. Er wird in Weimar und Berlin furchtbar fetiert. Ich glaube nicht, daß es ihm schadet, gib acht, jetzt wird die Romantik in praxi erst recht anfangen. – Ein so guter Junge wie er, so wenig gesonnen, die poetischen Illusionen aufzugeben, verdient wohl ein reiches buntes Leben, in welchem er vielleicht untergehen kann – es schadet nichts, er hat dann doch gelebt nach seiner Manier. Dann heißt es: laßt ihn, er hat gedichtet! – denn einer der größten Lyriker unsrer Zeit ist er eben doch, und wenn ich mich an sein Wesen und Dichten erinnere, so wird mir so recht klar, mit welch leichtem Mute ein Kerl wie ich sein Talentchen schlafen legen kann. Ich glaube auch die letzte Spur von poetischem Ehrgeiz abgelegt zu haben, nachdem ich in Straßburg noch einmal mit Fresen in hohen Plänen geschwärmt. ...

AN GOTTFRIED KINKEL

Basel, 22. Mai 1844

Das Paket hat mich sehr erfreut und verdient sofortige Antwort. Inliegend folgen sechs Taler, wofür Du mir sechs Exemplare der Lithographien schicken sollst; ich hätte sie gerne bis zirka 20. Juni. Ich habe nämlich **sechs Zuhörer!** Bis dort bin ich an der christlichen Baukunst angelangt. Du hast für Deinen Zweck recht gut gewählt, und die Dinger sind, wenn auch nicht gründlich, so doch hübsch ausgefallen. Ich würde gleich mehr bestellen, wenn ich voraussähe, binnen dreier Jahre das Kollegium noch einmal lesen zu können; aber das geht nicht, und vor ein gemuschenes Bubflikum kann ich mich mit der Architektur noch lange nicht wagen; auch muß ich vorderhand noch meine Finanzen etwas zusammenhalten. Heut nachmittag gehe ich „über Feld" nach Dornach, wo meine Schuldner wohnen, die ich begrüßen muß; ich habe nämlich jetzt die eigene Verwaltung meiner Vermögenstrümmer übernommen, welche jährlich doch nur etwa 170 Reichstaler Renten abwerfen; darauf laure ich nun wie ein Luchs. Auch muß ich in Dornach den Kapuzinern guten Abend wünschen und mich auf das nächste Portiunkulafest zu Gaste bitten. – Gott gebe Dir guten Fortgang mit den öffentlichen Vorträgen! Weil es denn einmal sein muß, so laß die Theologie fahren, man kommt heuer damit auf keinen grünen Zweig mehr; der Boden ist schon allzusehr zerwühlt. Die historische Theologie, ja die Kirchengeschichte hat schon auf die meisten Fragen satis superque geantwortet, und die dogmatische Theologie ist jetzt im höchsten Grade unerfreulich und dégoûtant, weil alle Standpunkte durchgekostet sind. Wenn die deutsche Theologie ihren Vorteil verstünde, so schwiege sie einmal etwa dreißig Jahre lang und träte dann wieder auf. – Mein Rat wäre nun der, daß man Dir eine Brücke zu einer andern Fakultät bauen sollte. ... Ach Gott, ich denke für Dich alle Tage dran! Laß Dich nur nicht auf das bloße Literatenleben ein! Da wird man schrecklich schnell abgenützt! Behalte wenigstens immer einen Fuß im akademischen Bügel, wenn auch ohne Aussichten! Ich mach's auch so. ...

Was war doch heute vor einem Jahr?[1] – Um diese Stunde waren wir auf dem Bonner Rathaus und unterzeichneten ein gewisses Aktenstück – und um Mittag fuhr man zum Koblenzer Tor hinaus, und ich saß reisemutig auf dem Bock und griff nach den Baumzweigen über mir – Was ist doch das arme, vielgequälte Leben! – Jetzt sitze ich hier und versimple. Die Poesie ist eingetrocknet, vielleicht auf lange Zeit, vielleicht auf immer. Ich bin bei allem äußerlichen Wohlsein ein Schatten von dem, was ich war. Bisweilen ist mir zumute, als sollte ich eine Zirkularnote bei allen meinen Freunden in Deutschland herumgehen lassen: ich sei eingegangen, und man habe fortan nichts mehr an mir. Mein Aufenthalt in Deutschland, der doch fast vier Jahre dauerte, kommt mir immer mehr wie ein Traum vor; alles Häßliche, selbst die Perponcher, ist vergessen; alles Schöne ist mir

[1] Kinkels Hochzeit.

geblieben und tröstet und peinigt mich zugleich. Wahrscheinlich werde ich mich nach und nach in diesen Zustand finden und indolent und langweilig werden, denn ohne tägliche Anregung durch Freunde bin und werde ich nichts.
Mit den „blauen Augen" hat es gute Weile. Die Schicksale gehen weit auseinander. Um meinetwillen soll sie keine schlimme Viertelstunde haben, und an mir liegt mir selbst nichts mehr.
Ganz traurig sieht mich das Lustspielfragment an, das ich in einer heitren Stunde von Dir verlangte, um es zu vollenden. Mit der nächsten größeren Sendung sollt Ihr es wiederhaben, weil Euch dran zu liegen scheint. ...

23. Mai

Unter mancherlei Arbeiten habe ich auch meine Quellenstellen zur Kunstgeschichte des früheren Mittelalters vermehrt und im 6. Band von Pertz über 150 wichtigere und geringere Notizen gefunden. Witigowos Bauten auf Reichenau sind das Umständlichste; etwa 120 Verse über Schmuck und Einrichtung der Abtei im 10. Jahrhundert. Ich sammle nun immer weiter, bald werde ich bei 1000 Stellen haben; Anastasius ist noch gar nicht dabei. So etwas unternimmt nun kein anderer, weil die Mühe für die Kunstmenschen zu groß und für die Viri eruditissimi der Stoff zu unwichtig ist. Nach und nach will ich mich instand setzen, über die Jahrhunderte von Konstantin bis auf die Hohenstaufen eine Autorität zu werden. ...

AN HERMANN SCHAUENBURG

Basel, 10. Juni 1844

... Hier hast Du vorderhand zwei Napoleonsd'or, in zwanzig Jahren rückzahlbar ohne Zinsen. Wenn Du mehr brauchst, so kann ich mehr entbehren. Vorliegendes ist nur für den grellsten Heißhunger. Schreibe mir baldmöglichst und unfrankiert, ob Du dies richtig erhalten hast, und ob Du mehr brauchst. Gottes Donner, wäre ich Rothschild, Du solltest es gut haben! Und jetzt hat der arme Kerl noch

dazu die Gelbsucht und kann sich vielleicht nicht einmal die leichteste Erholung schaffen!...
Lieber Hermann, mir ist bisweilen, als stände ich schon tief im Abendrot, als sollte aus mir nicht mehr viel werden. Die Ideale haben nicht gelogen, sie bleiben treu, aber mehr und mehr weist mich das Schicksal auf weitablenkende Seitenwege. Ich habe mich unlängst ernstlich besonnen, ob ich dem Versemachen nicht auf ewig entsagen solle, aber ich fand, es gehe nicht; ist es doch mein letzter Trost, wenn alle Stränge reißen. Die Musik gewährt mir wenig mehr; meine übrigen Bestrebungen sind mir teilweise zu Wasser geworden. O hätt' ich Dich hier! wir wollten uns schon zusammen trösten. – Brieflich kann man über dergleichen gar nicht verkehren. – Ich glaube, daß selten ein Mensch in meinem Alter solch ein lebhaftes Gefühl hatte von der Geringfügigkeit und Hinfälligkeit der menschlichen Dinge, insofern sie sich bloß auf das Individuum beziehen. Meine Studien haben dazu etwas getan, aber lange nicht alles. Desto riesiger wächst der Respekt vor dem Allgemeinen, vor dem Atem der Völker und Jahrhunderte. – O Dein Lied mag ich gern mitsamt dem holprigen Laisser aller, das hie und da durchscheint. Schick mehr! Ich bin jetzt gerade zu zerstreut, auch hat mich die subjektive Lyrik völlig verlassen; – Bilder, Tableaux – das ist's, was ich möchte; und im Hintergrund lauert eine allmählich immer heftigere Sehnsucht nach dem Drama. – Gelt, ich bin ein Narr.
Ich schreib' Dir jetzt nur wenig. Mit den Sorgen für meine eben beginnende Redaktion trifft jetzt auch noch die hiesige Kunstausstellung zusammen, wobei ich am Aufstellen, Katalogisieren usw. helfen soll. Auch verlangt Brockhaus Konversationslexikons-Artikel über Kunst usw. von mir. Es ist zuzeiten recht lustig, mit all diesen Geschichten zu tun zu haben, aber auch oft mordlangweilig. – Focke hat mir aus Siegburg geschrieben, er ennuyiere sich, als ob sich das im Philisterio nicht am Rand verstände! – Ich komme soeben von einer Vorlesung zurück; ich habe sechs Zuhörer, still und andächtig, auch schwänzen sie nie – drei Stunden per Woche lese ich.

Nun rückt uns auch das Festgetümmel auf den Hals und verscheucht alle Ruhe und Stimmung. Wenn ich nur auch bei Festen und Zeremonien etwas zu fühlen wüßte! – Dazwischen läuft der Enthusiasmus fanatisch durch die Gassen und droht jeden zu fressen, der nicht mitschreit. Diese Leute haben alle noch keinen Thronwechsel von 1840 an Ort und Stelle erlebt, sonst müßten sie die großen Worte satt haben. Diese Festsucht ist mir in unserer Zeit ganz ekelhaft; sie setzt all den Halbheiten und Lügen die Krone auf. Gerade jetzt, nach dem Gemetzel im Wallis, ist es lächerlich und betrübt zugleich, ein solches Fest auszutrompeten. Die Zurüstungen dazu sind fabelhaft; man rechnet auf 30 000 Fremde. Ein Redakteur möchte vollends des Teufels werden.

So steht's. Flauer als mein jetziges Leben hab' ich es noch nie gefunden. Ich glaube mich oft von lauter Karikaturen umgeben, die wie ein Traum beim Erwachen verschwinden müssen.

Ich will aber den Kopf so lange oben halten, als es irgend geht, und Rippenstöße geben, bis das Schicksal artig wird. ...

AN EDUARD SCHAUENBURG

Basel, 31. Juli 1844

Ete!

... Heute erübrige ich mir eine Morgenstunde, rat' einmal wodurch? Dadurch, daß heute früh die Fr. Ob. Post. A. Ztg. einen langen Bericht gebracht hat, welchen ich tale quale in die Druckerei hinübertrug, nämlich den Bericht über das Attentat gegen Euren König[1]. Herr Gott, wie kam das aus der Luft! Wer hätte daran gedacht? – Die Arbeiterrevolten und jetzt ein Attentat – Deutschland hat sich verändert. Und wenn nun dieser Mordversuch wie bei Louis Philippe nicht der letzte wäre, sondern durch das böse Beispiel andere nach sich zöge? Es ist anders geworden in Deutschland.

[1] Der Mordversuch Tschechs gegen Friedrich Wilhelm IV. am 26. Juli 1844, ohne politische Motive. (Schwabe)

2. August

Sieh Ete, so wird mir meine Zeit zerhackt! Auf keine Stunde mehr kann ich fix zählen; immer nur Augenblicke sind's, die ich mir erübrigen kann. – Hermann hat mir von Würzburg aus dreimal geschrieben und mir sogar die frevelhafte Hoffnung gemacht, er wolle mich im Lauf dieses Monats besuchen! Denk nur! Wenn der Strick nur auch Wort hält! – O Du hast keinen Begriff davon, wie es tut, ein Jahr lang unter Leuten zu wohnen, deren keiner Dich versteht! Gute, treffliche, gescheite Menschen sind darunter, aber keiner, der gerade auf das eingehen möchte, was mich bewegt. Die journalistischen Anfechtungen berühren mich gar nicht, da ich die eigentlichen Schimpfblätter nicht lese. Sollte man es denken, daß dies meinen Bekannten ganz unglaublich vorkommt? Daß sie es gar nicht begreifen können, daß man so wenig neugierig sein könne? Das kann man freilich nicht wissen, wie innerlich unbeteiligt ich bei diesem Parteigezänk bin, wie fest ich wurzle in dem Goldwolkengebiet der Erinnerung, der Träumerei, der Poesie nach meiner Façon; wie mich das alles stählt gegen jede Gemeinheit. Sehr interessant und angenehm ist die Bearbeitung des Auslandes, wobei ich einigen wahren Muck[1] entwickele....

AN GOTTFRIED UND JOHANNA KINKEL

Basel, 2. Aug. 1844

Vor allem Vivat hoch der Mibes! – Jetzt aber bitte ich Dich, herzliebster Urmau, schreib' mir mit nächstem den eigentlichen Christennamen des Kindes, damit ich selbiges nicht fortwährend mit diesem entsetzlichen, halb rabbinisch klingenden Titel belegen muß! Wo Teufels hast Du das Wort Mibes her? –

Also Vivat hoch! – Was wollt Ihr mit dem Mibes anfangen? Soll er auch ein Pastor werden? Ich habe unlängst, als ich nicht einschlafen konnte, eine lange Geschichte ausgedacht, wie Mibes dermaleinst in Berlin studieren wird

[1] = Kühnheit.

und was dann für eine Philosophie in Berlin regieren mag. Das Absolute und der Lallenkönig tanzen ein Pas de deux auf den Gräbern Hegels, Schellings und Eichhorns. Der Mibes geht im Tiergarten spazieren und raucht; es kommt ein Gendarm, und da wird dem Mibes plötzlich der Gegensatz zwischen dem Absoluten und der Welt klar in Gestalt einer Buße von zwei Reichstalern. Etc. Unsinn. –
Daß Du endlich auf eine gewisse Veränderung[1] denkst, ist schön und brav, und ich glaube, es muß gehen. Wenn's geht, so ist alles gut. – Schreibe mir gleich, wenn die Sache rückt! –
Mit Deinem ewigen Zitieren meines Wisches[2] in der Allgemeinen Zeitung hast Du mir einen verruchten Streich gespielt! Ich bitte Dich hiemit kniefällig, erwähne dieses elende Ding nicht mehr, sonst kommt mir einer über die ganz groben Schnitzer, die der Dr. Förster nicht gefunden hat, weil er ein Esel ist! – Ich stehe jedesmal Höllenangst aus, wenn von diesem Belgien die Rede ist. ...

5. Aug.

Gestern Abend spazierte ich mutterseelenallein nach Deutschland, d. h. nach der badischen Grenze, wo nahe über dem Zollhaus einer der letzten Ausläufe des Schwarzwalds in Gestalt einer Felswand gegen den Rhein abstürzt. Unten ringsherum auf tausendjährigem Felsenschutt wuchern und wachsen die schönsten Reben, von steilen Pfaden durchkreuzt. Ach wie liebreich streckten die ihre Ranken nach mir aus! Ich war drauf und dran, Verse zu machen. – Wenn man hier wüßte, wie ich mich nach Deutschland sehne, so hätte die Nationalzeitung Donnerstags einen leitenden Artikel: Der Redaktor der Baseler Zeitung als Vaterlandsverräter. –
Unsere politischen Zustände werden in Betreff der Frage: Wer denn recht habe? immer unentwirrbarer. Tatsache ist, daß in mehreren Kantonen das Volk per majora, in offenem Aufstand, kraft seiner Souveränität die sogenannten Fortschrittsmänner zum Teufel gejagt hat und

---

[1] Übertritt zur philosophischen Fakultät.
[2] „Die Kunstwerke der belgischen Städte." – Vgl. S. *28* (des 1. Teiles)

noch jagen wird. Nun muß man wissen, daß diese Fortschrittsmänner in wüstem Wirrwarr Schlechtes und Gutes miteinander ausgerottet hatten und noch fürder ausrotten wollen, daß sich überhaupt ein so eminentes Rumor- und Spektakelwesen an die sogenannte Sache des Fortschrittes hängte, daß kein reputierlicher Mensch mehr so recht dabei sein will. Die Stellung unsrer Zeitung ist nun die, der falschen, unreinen Fortschrittspartei entgegenzutreten zugunsten der Antriebe, welche in den Bevölkerungen selbst liegen. Nun höre aber weiter. Wer steckte, wenn auch nur zu geringem Teil, hinter jenen antiradikalen Aufständen? Die patres soc. Jesu, und gegen jede Komplizität mit diesen müssen wir uns mit Händen und Füßen sperren. (Ich habe unlängst einen schönen Artikel darüber geschrieben, welcher „den besten meiner Stadt genug getan" und also lebt für alle Zeiten, d. h. so lang, bis alle Exemplare der Zeitung zum Hausgebrauch benutzt sein werden.) – Hier hast Du den Schlüssel zu vielem, worüber Euch die deutschen Zeitungen, zumal die Kölnische, nur anlügen.

6. Aug.

Siehe, Urmau, so muß ich ich meine Zeit zersplittern, um nur auch ein paar Zeilen an Euch schreiben zu können. Ich bitt' Euch alle, habt auch nur ein paar Monate Geduld mit mir! – Das Lustspiel werde ich wohl andere schreiben lassen, obwohl es an Laune im ganzen nicht fehlt, so bluteinsam ich mich auch fühle. – Ich hätte Dir gern über alles mögliche geschrieben, aber Zeit und Sammlung fehlen ganz. Addio herzlieber, glückseliger Urmau! Dich küßt von Herzen Saltimbanck.

Liebe Direktrix!
Alles was ich dem Urmau gemoldon und gewunschen habe, gilt auch Ihnen, da ich mich leider auch diesmal erbärmlich kurz fassen muß. Wenn ich etwas von meiner Sehnsucht nach Euch in ein Schächtelchen mit Baumwolle verpacken und Euch schicken könnte – Ihr würdet die Kürze meiner Briefe gern verzeihen. Dem Mibes wünsche ich alles Heil auf Erden, da sonst schon Leute genug da

sein werden, welche für sein ewiges Heil sorgen und wünschen. Mög' der Mibes sein Leben lang frank und frei durch all den irdischen Spektakel einhergehen, nicht kalt noch sentimental, kein Ultra noch Indifferentist; mög' er Glück haben bei Gott und den Menschen, zumal bei den Frauen. Was mag der Kerl dermaleinst denken, wenn er in zwanzig Jahren die sämtlichen Jahrgänge des Maw in einem Schranke finden und Mutter und Vater drüber quästionieren sollte! Vielleicht werden sie sich dann zur Abfassung eines fortlaufenden Kommentars entschließen müssen! – Denken Sie, liebe Direktrix, dem Zefren habe ich seit Straßburg noch immer nicht geschrieben, und jetzt weiß ich vollends nicht mehr, ob er in Weinheim oder sonst wo sitzt. Und doch bin ich entschlossen, in drei Jahren, wenn ich mir etwa 120 Louisdor verdient habe, mit ihm nach Italien zu reisen – dies sollen nur Sie und der Urmau wissen. Melden Sie mir doch im nächsten Brief, wo Fresen jetzt wohnt. Ein Brief an ihn ist vier Monate angefangen. Meine Adresse ist fortan: Dr. J. B., Red. der **Baseler Zeitung**. – Habt Geduld mit mir, ich will's Euch lohnen. Vergeßt nicht, daß ich an meine Zeitung angenagelt bin wie eine Nachteule an ein Scheunentor. Alle literarischen, studierlichen u. a. Interessen müssen jetzt für einige Zeit das Maul halten. ...
Ich verbleibe in unvergänglicher Treue

              Ihr Saltimbanck.

AN WILLIBALD BEYSCHLAG

             Basel, 3. Aug. 1844
Herzlieber Balder!
Ich denke seit acht Wochen jeden Tag mit Qual daran, wie viele Briefe ich schreiben sollte und nicht schreibe, weil Zeit und Laune komplett fehlen. O was war das für eine schöne Zeit in Bonn und Berlin, als ich noch Zeit hatte, für mich zu simulieren und Gedichte zu machen! Jetzt stehe ich jeden Tag mit der Gewißheit auf, dem Publikum eine vierseitige, achtseitige Zeitung in Quart auftischen zu müssen. Zu **müssen** – hörst Du's, Knabe? Und wenn dann nirgends etwas Interessantes steht, was ist das

für eine Not! – Ich, mutterseelenallein, muß für alles sorgen; die Korrespondenten schreiben, wenn sie der Teufel gerade des Weges führt. – Eigentliche Arbeit gibt es allerdings nie viel mehr als etwa 6 Stunden, aber diese 6 Stunden zerstreuen auch die übrige Zeit dergestalt, daß man kaum zu lesen, geschweige zu schreiben imstande ist. Anfangs nahm es mir geradezu den lieben langen Tag weg. – Aber Geduld! Ich will die Zeitung in kurzem binnen 4 Stunden liefern, und dann mach' ich auch wieder Gedichte, lese Kollegien und schreibe Briefe.

O wenn man es Euch allen nur in die Seele hineinschreien könnte: Genießt, solange Ihr genießen könnt! Es kommt die Zeit, da etc. Ich lebe hier trotz aller Gesellschaft recht innerlich einsam. Den, der sich mit allem, was auf Erden lebt, verwandt glaubte, sieht hier alles innerlich wildfremd an. Zu allen möglichen Dingen und Personen trete ich in sogenannte Verhältnisse – aber ich bleibe kalt dabei und füge mich eben nur mit fröhlichem Gesichte. Meine Stellung nötigt mich zu möglichst vorsichtigem Benehmen; wer weiß, ob es mir überhaupt noch einmal so gut wird, mich gehen lassen zu dürfen. Daß man im stillen manchmal heulen möchte, versteht sich von selbst. – Die Leute hier wundern sich, daß ich die journalistischen Angriffe auf mich so leicht hinnehme, daß mich zehn Schandartikel der Nationalzeitung noch lange nicht so aufbringen wie ein Flohstich – wenn sie nur wüßten, wie wenig mich alles das berührt, was hier um mich lebt, webt und tobt! – Ich bin nicht unglücklich, aber unbeglückt, bis wieder etwas goldene Muße und etwas Poesie zurückkehrt. Stoffe liegen in kreuz und quer in mir; habt nur Geduld. Ich traue mir wieder etwas zu und muß freiwillig oder unfreiwillig als einen Pfeiler meines Lebensglückes die Dichtung nennen. Es ist nicht Übermut, sondern Notwendigkeit. Ich zwinge mich nicht.

6. Aug

Und so hätte der hochmütige Mensch noch lange fortgeschwatzt, wenn ihn nicht die Ankunft der französischen Zeitungen abgerufen hätte. O Balder, Du kömmst mir vor

Kröners Taschenausgabe

Band 61

ERWIN ROHDE

Psyche

Seelenkult und Unsterblichkeitsglaube
der Griechen

Ausgewählt und eingeleitet von
Hans Eckstein

Kl. 8º. XXX und 332 Seiten
Mit einem Porträt
In Ganzleinen 4 Mark

Rohdes „Psyche", die wundervolle Darstellung griechischer Religion, gesellt sich, weit über den Kreis ihrer engeren Wissenschaft hinaus, durch Tiefe der Ahnungen und Zauber des Stils unmittelbar den Werken Burckhardts, Bachofens und Nietzsches. Nicht geneigt, der lichten Heiterkeit der olympischen Götter weiter nachzusinnen, in denen man einst Ausgang und Schwerpunkt der griechischen Religion sah, wandte sich der große Forscher und Seelenspürer vielmehr den Ursprüngen aller Religiosität: dem Seelen- und Unsterblichkeitsglauben angesichts des Todes zu. So griff er im Toten- und Heroenkult, im dionysischen Rausch, den Mysterien und Hoffnungen, wie sie aus der Volksreligion bis zu den sublimsten Geistern emporsteigen, die Seele der Frühzeit und die Frömmigkeit des einfachen Manns. Und indem er so den Grundantrieben der griechischen Religion nachspürte, gab er in staunenswert vielseitigen Exkursen so bedeutsame Blicke auf die Religionsgeschichte überhaupt, daß die „Psyche" längst auch als ein unerreichtes Hauptwerk der Religionswissenschaft gilt, an dem niemand vorübergehen kann, dem es um eine tiefere Auffassung der Religion zu tun ist.

Die vorliegende Ausgabe von Hans Eckstein schied mit großer Kenntnis und feinsinnig alles heute Unwesentliche oder nur Verbreiternde in Text und Anmerkungen aus. Eine ausführliche Einleitung über Rohde und die Religionswissenschaft geht ihr voraus; sie fügte in einer Reihe von Anmerkungen jeweils die Ansichten der heutigen Forschung hinzu und übertrug alles Fremdsprachliche, sodaß außer allen Freunden des Altertums und der Religionswissenschaft auch der weite Kreis aller nach Bildung Strebenden mit erhöhtem und sicherem Genuß zu dem prachtvollen Kunstwerke greifen kann.

Inhalt: Einleitung des Herausgebers / Vorrede / Seelenglaube und Seelenkult in den homerischen Gedichten / Entrückung. Inseln der Seligen / Höhlengötter. Bergentrückung / Die Heroen / Der Seelenkult: Kultus der chthonischen Götter; Pflege und Verehrung der Toten; Elemente des Seelenkultes in der Blutrache und Mordsühne / Die Mysterien von Eleusis / Vorstellungen von dem Leben im Jenseits / Ursprünge des Unsterblichkeitsglaubens. Der thrakische Dionysosdienst / Dionysische Religion in Griechenland. Ihre Einigung mit apollinischer Religion. Ekstatische Mantik. Kathartik und Geisterzwang. Askese / Die Orphiker / Pythagoras und Empedokles / Die Laien. Pindar / Die Spätzeit des Griechentums: Volksglaube; Das Ende / Zusätze und Anmerkungen.

Alfred Kröner Verlag / Leipzig C 1

20. XI. 35.

Kröners Taschenausgabe

Band 52

J. J. BACHOFEN

Mutterrecht und Urreligion

Eine Auswahl

Herausgegeben von
Rudolf Marx

Kl. 8°. XX u. 276 S.
Mit einem Porträt und 4 Abbildungen
In Ganzleinen M. 3,15

Bachofens Name, mit dem die Eingeweihten die Erschließung der urzeitlichen Seele, ihrer Erd= und Tiefen=Religion und das grandiose Bild des vorgeschichtlichen Kampfes der Urgegensätze: Muttertum—Vatertum, Weib—Mann verbinden, ist über Nacht mit heutigen Erkenntnissen zu höchstem Glanz emporgestiegen. Eine Zeit, die das Oberflächenbild vernunftstolzer Geschichtschreibung nicht mehr als vollgültige Erfassung der Vergangenheit anerkennen kann, beginnt in Bach= ofens Seelen= und Tiefen=Forschung ein ungeheures Vermächtnis zu ahnen, das, als allseitige Gesamtdar=

stellung, über Völkerkunde, Rechts- und Altertumsforschung hinaus vor allem die Religions- und Geschichtserkenntnis und die Seelenwissenschaft im weitesten Sinne entscheidend angeht.

Noch sind die Urschriften, schwer lesbar durch Fremdzitate, nicht neu aufgelegt, da erscheint in dieser Auswahl, allenthalben übersetzt und erklärt, der ewige Kern von Bachofens Werk für alle, die sich mit dem Wesentlichen dieses großen Geistes in der Erkenntniswende unserer Zeit auseinandersetzen müssen oder wollen.

Aus den Besprechungen

„Ich ging an die Lektüre mit all dem Mißtrauen, das einem literarischen Wiedererweckungsversuche gebührt, und wurde gefangen, bezaubert. Dieser J. J. Bachofen, ein Forscher von unheimlichem Instinkt, mit einem Ahnsinn, der an das Seherische grenzt, ist lebendiger als ein Dutzend noch lebender Fachgelehrter; und wohl niemals ist vor ihm mit mehr Wahrscheinlichkeit, so ans Letzte und Tiefste, Menschlichste rührend über antike abendländische Welt geschrieben worden. Erstaunlich, wieviel er von der modernen Seelenkunde vorausnimmt.. Der treue, sachliche und erfreulich wenig Spezialwissen voraussetzende Kommentar dieser außerordentlich klugen Auswahl sowie die Verdeutschung der lateinischen Zitate ermöglicht die Lektüre auch dem einfachen Leser, der hinter dem Titel nicht graue Theorie, sondern Leben finden wird, das zu seinem Leben spricht."
Berliner Tageblatt

„Bachofens Welt der Symbole und Mythen gehört neben den Faust. Dieser letzte große Romantiker geht den geheimnisvollen Zusammenhängen nach, die Geburt und Tod in ewigem Kreislauf verbinden.. Dank dieser vortrefflichen Auswahl, der eine sehr gute Einleitung vorausgeht, ist es nun allen möglich, das Wesentliche der Symbolwelt Bachofens sich zu eigen zu machen."
Blätter für Lebensgestaltung, Hamburg

Alfred Kröner Verlag / Leipzig C1

wie ein weiser Bramane, der nach eigener Wahl in süßer
Stille in die Tiefen aller Weisheit hineintaucht, während
an meinen Händen vom schmutzigen Tageswerk her
Druckerschwärze klebt. O was ist das für ein Leiden, von
Tag zu Tag aus der Hand in den Mund die intellektuellen,
politischen, konfessionellen usw. Interessen der Menschheit
zu verspeisen! Nichts hat seine Zeit, nichts kann reifen,
die ganze Existenz ist auf das „Neueste", d. h. auf das Roheste
der rohen Materie, auf die ersten immer unklaren Aus-
brüche jedes Phänomens gestellt. Aber lernen kann man
dabei, ja man lernt wider Willen; nur wäre diese Merkurial-
kur nicht für jeden zuträglich.
Nächsten Winter will ich ... für mein vierstündig zu lesen-
des Mittelalter ochsen, worauf ich mich recht freue ... Balder, sag', reisest Du denn nie? Ich kann prächtig logieren,
wer kommt! – Addio lieber Junge!...
Ich vergeß Euch alle nicht.   In Treue Dein Eminus.

AN GOTTFRIED KINKEL

Basel, 14. Sept. 1844
Herzlieber Urmau!
O, jetzt ist es bald ein Jahr, seit ich das letztemal bei Euch
in Bonn war – ich darf nicht daran denken, denn dieses
Jahr war ein verlornes. Gearbeitet habe ich wohl, geochst im
Schweiß meines Angesichts, bin auch zu einem ganz guten
Auskommen durchgedrungen – aber öde und leer ist es um
mich gewesen, und so wird's bleiben. Ich hätte unter Wilden
nicht isolierter dastehen können; die paar Tage mit Fresen
und der Abend mit Ackermann waren die einzigen Augenblicke, da ich meine Sprache reden konnte. Meine glückliche,
innerlich feste Natur hat mich allerdings vor der Melancholie bewahrt; unglücklich bin ich fast nie gewesen, aber
unbeglückt bin und bleibe ich; in diesem Boden werde ich
niemals festwurzeln können.
Ich dichte auch nicht mehr, nicht eben weil die Zeit dazu
völlig fehlte, sondern weil mich das Poetisieren à ma façon
in eine weichliche, elegische Stimmung bringt, indem es
mir Tage des Glücks vorzaubert, die niemals wiederkehren

werden. Und wenn ich auch die schönsten, göttlichsten
Eingebungen hätte, ich müßte sie ja doch still herunter-
schlucken, schon aus dem einfachen, obwohl hochmütigen
Grunde, daß mir niemand gut genug ist, um ihm dergleichen mitzuteilen. Es sind viele Philister und wissen's nicht,
und die sind gerade die fatalsten. Wenn das so fortgeht, so
kann ich ein nützlicher Bürger, vielleicht mit der Zeit
sogar ein passabler Professor werden, und doch ist am Ende
mein Leben für den, welchen es hauptsächlich angeht, nämlich für mich, ein verlornes – wie dieses letzte Jahr ein
verlornes gewesen ist.

8. Okt. 1844

Ich bin's ja nicht, der sie heraufbeschwört,
Vergangne Freuden, die mich einst betört,
   Verschwimmend blasse, süße Schatten!
Der Nebel ist es, der den Wald durchzieht,
Das fallende Laub, das vor dem Herbstwind flieht,
   Der Abendduft ist's auf den Matten!

Es ist das Flüstern in dem düstern Hain,
Es ist das Brausen ferneher vom Rhein,
   Es ist der Abenddämmrung Grauen –
S'ist die Natur, sie ist's, die grausam weckt,
Was in des Herzens Tiefen sich versteckt,
   Und die mich zwingt, es anzuschauen.

O seid gegrüßt, ihr teuren Schemen all,
Ihr naht, doch hör' ich nicht der Schritte Hall,
   Ich weiß, ich darf euch nicht umarmen –
Nur Nebelbilder sind's – und doch, sie sehn
Mich bittend an: „Laß uns nicht ferne stehn!
   O laß zum Leben uns erwarmen!

O zieh uns kühn an die gequälte Brust,
Dann werden wir lebendig – komm! Du mußt!
   Zu leben still in unsrer Mitte! –"
Und wie ich starrte, zog die Nacht heran,
Der Schemen Kreis mit leisem Hauch zerrann,
   Und schaudernd wandt' ich meine Schritte.

6. November

O Ihr Lieben! gebt mir ein Zeichen, ob Ihr mir nicht zürnt,
daß ich Woche um Woche vergehen ließ, ohne Euch zu
schreiben! Es schwebte mir immer das Ideal eines schönen,

einsamen, freien Abends vor, welchen ich einem langen, langen Briefe widmen wollte, aber der Abend ist nicht gekommen, und ich bin noch immer im Rückstand und schließe jetzt nur ganz dürftig und kurz. – Ich hätte Euch soviel zu schreiben, was interessieren könnte, wenn ich bei Euch wäre, aber geschrieben wären es doch nur Miseren, wie meine ganze hiesige Existenz. Letztere wird mir bloß durch die Zeitung erträglich, indem ich ohne dieses tüchtige Maß laufender Geschäfte entweder vor Ekel davonlaufen oder des Todes sterben müßte. Ihr macht Euch keinen Begriff von der tiefen und durchgehenden Isolierung, in welcher ich hier bei anscheinendem Umgang lebe. ...
Meine Lage muß ich Euch doch mit wenigem auseinandersetzen. Ich nehme von Zeitung und anderen Arbeiten und Rentchen so viel ein, daß ich jährlich etwa 300 Rthlr. zurücklegen kann, ja noch drüber. Dieses spare ich zusammen, um in zirka zwei oder drei Jahren etwas zu haben, wenn ich mit einem Satz aus allen hiesigen Verhältnissen herausspringe. (Dieses nur für Euch! hier darf man's nicht ahnen!) Daraufhin spare ich bereits nach Kräften und lasse mir dies hiesige Hundeleben in Gottes Namen gefallen. Jetzt wißt Ihr, was ich will.

7. November

Lieber Urmau, nimm Dir einmal eine halbe Stunde Zeit und schreibe mir die Liedchen von Paris und Rouen ab, ich möcht's gern zum Übrigen tun. Die schöne Zeit der Freiheit wird mir mehr und mehr objektiv und mythisch, und ich wünsche sosehr, die dahin einschlagenden Aktenstücke möglichst vollständig zu besitzen! Es ist ja doch das beste Stück von meinem Leben gewesen.
Urmau, was treibst diesen Winter? Ich lese vierstündig Mittelalter vor vier Zuhörern und einstündig Geschichte der Malerei vor gemuschenem Bupfliko. In zehn Tagen fang ich an mit letzterem und weiß noch keinen Buchstaben. Ich bin durch wunderliche Fügung dazu gekommen und glaube deshalb, es werde mir auch durch dämonische Fügung gelingen. Diesen Sommer habe ich vor sechs Zuhörern (am Ende, anfangs Oktober – denn so lange mußte

ich lesen, um fertig zu werden – hatte ich noch fünf) Geschichte der Baukunst vorgetragen, was ganz gut ablief und mir etliche Bekanntschaft mit denen Studiosis zuzog. Das Mittelalter fang ich nächsten Montag an.
Lebwohl, herzlieber Urmau, grüß alles Grüßbare!
In bittrer Sehnsucht   Euer Saltimbanck.

AN KARL FRESENIUS

Basel, 20. Dezember 1844
Herzjunge!
... Daß Du in Mailand einsam bist[1], glaub ich gern; besser aber eine solche Einsamkeit als eine nur halbe wie die, in welcher ich lebe, da man sich mit vielen Leuten abzugeben hat, die doch nur äußerlich wie Schemen an einem vorübergehen. Daß Mailand ganz besonders einen innerlich öden Eindruck macht, weiß ich; das kömmt von der totalen Tendenzlosigkeit des Lebens her, welches im Amüsement und in der Industrie aufgegangen ist. Aber tröstlich wirkt eben doch die Kunst, welche dort in einigen Rücksichten ihre höchsten Triumphe gefeiert hat. Sind diese Bauten, dieses Archiv, piazza de' mercanti, diese Madonna delle Grazie, diese Fronte des Hospitals nicht wahrhaftige Dekorationen für schöne dramatische Gestalten? Es weckt doch wenigstens etwas im Innern. Lies fleißig weiter in den promessi sposi; es ist viel Mangelhaftes und Gedehntes an dem Buche, aber es gibt doch eine fast historische Grundstimmung für die Betrachtung des ducato Milanese. Lies die Jugendgeschichte des padre Christoforo, und besieh dann palazzo Marino. – Drei Epochen solltest Du ein wenig studieren: den Städtebund gegen die Hohenstaufen, das Leben del gran San-Carlo und die Zeiten der Schlacht bei Marengo; als Nebensache auch die Visconti und Sforza – dann bist Du in Mailand recht zu Hause und lebst die verschiedenen Schichten seiner Existenz mit.
Ich habe gut reden; was hilft alles Genießen, wenn man sich nicht dazwischen an eine geliebte Brust lehnen kann!
Sage mir, ich entsinne mich einer trattoria gegenüber

[1] Fresenius war von 1844–46 Hauslehrer in Mailand.

S. Madonna delle Grazie; dort war vor sechs Jahren eine hübsche kleine schwarzäugige Ticineserin; sieht die wohl schon recht mager und ordinär mailändisch aus? Damals war sie frisch verheiratet.

Ferner geh einmal unter den Porticus der pensione swizzera unweit der Post; dort habe ich einen süßschmerzlichen Abschied genommen von jemand, den ich seitdem nie wiedersah. Der ist vielleicht seitdem auch schon ordinär geworden.

Ehmals war Vespern in San Celso berühmt, welches für die prunkvollste Kirche von Mailand gilt. Einen romanhaft einsamen Eindruck machte mir S. Madonna della Passione mit schönen Apostelbildern. – Sieh Dir die Inschriften überall an; die Mailänder sind immer große Epigrammatisten gewesen.

Ach, Junge, ich kann Dich wohl nie in Mailand besuchen. Wenn ich nächstes Jahr acht Tage frei werden kann, so will ich die Bonner überraschen. Sie haben mich auch schon eine Ewigkeit auf dem Trocknen gelassen; ich dorre gänzlich ein; von den Schauenburgs seit einem halben Jahre kein Wort.

Ackermann! Sie fürchten in Bonn, er habe sich das Leben genommen. Und wenn auch, so ist's die Tat seines Genius, der nicht diesen Verhältnissen angehörte und dessen Abendrot früh hereingebrochen ist. Laßt ihn! Und gedenkt seiner oft!

Addio, liebster Junge, Dich küßt in Treuen   Dein Eminus.

... Wenn etwa was Besonderes in Mailand vorfallen sollte und Du bist auf den Avisen, so melde mirs mit zwei Zeilen für die Zeitung; ich halte mir die Gazetta di Milano nicht, obschon ich eigentlich sollte.

AN GOTTFRIED KINKEL

Basel, 23. Dez. 1844

... A propos von Sukzess, die Vorlesungen über Geschichte der Malerei ziehen das ganze gebildete Basel zu meinen Füßen und tragen mir ungefähr 130 Rtlr. ein, wie ich glaube. Das darf das Publikum natürlich hier nicht wissen,

daß es mir dabei um nichts anderes zu tun ist als um ein
paar Monate der Freiheit mehr, die ich mir dereinst mit
diesem Gelde erkaufen kann. Man leiht mir hier bald diesen,
bald jenen ehrgeizigen Plan, sogar vornehme Heirat und dergleichen, und ich kann nichts Gescheiteres tun als die Leute
im Glauben lassen; denn wenn die Philister merken, daß man
gar nichts im Schilde führt, so beginnen sie alsbald, einem
insolent zu begegnen, weil sie einen für dumm halten. –
O Schilda, mein Vaterland! Hätte ich Zeit, Humor und
Mitlacher!

Ich schreibe allwöchentlich in die Kölner Zeitung unter
dem Zeichen ⊧; ihr werdet's wohl schon bemerkt haben.
Ich bin gerade jetzt durch meine rein staatsrechtliche Ansicht schweizerischer Zustände, welche sich durch Jesuito-
phobie und dergleichen nicht aus dem Konzepte bringen
läßt, für die vorsichtige, pfaffenschonende Kölnische Zeitung
ein ganz geeigneter Korrespondent. Ich habe nicht ohne
Absicht mit Dumont angeknüpft; es ist immer ein Zweig
mehr, woran man sich halten kann, wenns hier zu toll
wird. Auch zahlt er räsonnabel; per Spalte zu hundertzwanzig
Zeilen.... Wenn ich das Geheimnis, welches nur wenige der
hiesigen Bekannten, sonst durchaus gute diskrete Leute,
wissen, bewahren kann, so werde ich in der Kölnischen
immer ungenierter werden. In meiner Vorlesung über
Mittelalter an der Universität habe ich fünf Zuhörer. Rechnet dies zusammen: sechs mal wöchentlich die Zeitung, drei
Stunden Kolleg, einmal vor gemuschenem Bupfliko, und
Ihr werdet begreifen, daß mir für Nebensachen nicht viel
Zeit und Stimmung bleibt....

AN GOTTFRIED KINKEL

Basel, 7. Jan. 1845

... Was Du mir von der Politik unter den Studiosen schreibst,
hat mich außerordentlich überrascht, obschon grade ich es
hätte sollen kommen sehen. Ich hätte nie geglaubt, daß
die Aussaat von Berlin Anno 1842 – denn die ist es – so
rasch aufgegangen wäre. Ehrlich gestanden, ich erwarte
nicht viel davon, weil ich an mir selbst erfahren habe, was

Zeitungslesen für Konfusion stiftet. Für Preußen ist die Sache vollends ein Unglück, weil da der politisierende Student fast mit Notwendigkeit den Pli einer **besondren, bestimmten** Opposition annimmt, indem die Parteien, an welche man sich angruppieren könnte, noch gar nicht vorhanden sind. Alles bläst nun **mehr oder minder** nach **einer** Richtung hin, die mehr oder minder philosophisch aufgestutzt im ganzen das Richtige enthält, im einzelnen aber ein Holzweg ist. Was soll das werden, wenn man alle Mittelstufen und Konsequenzen überspringt und in Gedanken schon beim Sozialismus anlangt, während man faktisch noch nicht über den erleuchteten Absolutismus hinaus ist? wenn man jeglichen Maßstab der Wirklichkeit als etwas Unwesentliches, rationell Überwundenes beiseite legt und dafür in Gedanken die riesenhaftesten Fortschritte macht? Mir kommt die ganze Geschichte vor, als wollte man ein Haus bauen, stritte sich aber vorderhand gerichtlich herum, ob das obere Zimmer hinten hinaus gelbe oder rote Vorhänge erhalten solle. Dieses ist meine einfältige Meinung. Wir haben in der Schweiz auch solche „geistige, rationelle" Überwinder, das sind die Rohmerianer in Zürich, welche inzwischen doch den schändlichen Freibeuterzug nach Luzern unter ihrer Nase mußten geschehen lassen. Du glaubst gar nicht, wie sehr man in der Schweiz auf das **Tunliche**, auf die einfachen, handgreiflichen Mittel merken lernt. Ganz lächerlich ist mir z. B. unsere Kölnische Zeitung (welche mir beiläufig gesagt einiges Geld eintragen soll) mit ihrem Liberalismus gegen Berlin und ihrer erbärmlichen Knechtschaft unter den Pfaffen! Glaube mir, ich mäßige mich in meinen Korrespondenzen, aber Dumont streicht mir die harmlosesten Ausdrücke über die Jesuiten und dergleichen. Da soll mir noch einer mit Liberalismus kommen! ...

AN GOTTFRIED KINKEL

Basel, den 19. April 1845

Liebster Urmau!

Ich muß Euch doch auch schreiben, daß ich noch am Leben bin und überhaupt in diesem Monat kein Bulffer gerochen habe. Es ist noch ziemlich gut abgelaufen; die mobile Anarchie[1], deren Führer im Sinne hatten, von Kanton zu Kanton zu ziehen und daselbst alles über den Haufen zu werfen, hat einstweilen an den Torpfosten von Luzern sich den Kopf eingerannt; allein über kurz oder lang kömmt das Ding wieder und kann wohl auch einmal der jetzigen Existenz in Basel ein Ende machen. Mir ist durch diesen gräßlich brutalen Gemütszustand der Schweiz die ganze Geschichte furchtbar verleidet, und ich werde mich expatriieren, sobald es irgend angeht, so Gott will im Sommer 1846. Das Wort Freiheit klingt schön und rund, aber nur der sollte darüber mitreden, der die Sklaverei unter der Brüllmasse, Volk genannt, mit Augen angesehen und in bürgerlichen Unruhen duldend und zuschauend mitgelebt hat. Es gibt nichts Kläglicheres unter der Sonne, experto crede Ruperto, als eine Regierung, welcher jeder Intrigantenklub die exekutive Gewalt unterm Hintern wegstehlen kann und die dann vor dem „Liberalismus" der Schwünge, Knoten und Dorfmagnaten zittern muß. Ich weiß zuviel Geschichte, um von diesem Massendespotismus etwas andres zu erwarten als eine künftige Gewaltherrschaft, womit die Geschichte ein Ende haben wird. Es wird auch in Deutschland die Zeit kommen, da der vernünftige Fortschritt (dessen Ziel die Konstitution ist) sich sondern wird von der blinden und intriganten Agitation. Bis dahin seid ihr faktisch politische Kinder und solltet Gott danken, daß in Köln, Koblenz u. a. O. preußische Garnisonen liegen, so daß Euch nicht über Nacht jede beliebige Schar kommunistisierter Knoten über den Pelz kommen und Euch Eure Kisten und Kasten ausnehmen kann. Glaub mir, das politische Volk, an welches gewisse Leute prahlend appellieren, existiert, wenigstens in Deutschland und in der Schweiz, noch nicht; statt seiner ist eine Masse vorhanden, in der eine Menge herrlicher Keime und Charakteren schlummern, die aber als Masse in den Händen jedes Schuftes wäre und sich dann als Bestie gerieren würde.

Sapienti sat.

[1] Vgl. S. *42* des ersten Teiles dieses Buches.

Von der völligen Verwüstung jeglicher Laune, welche diese Geschichten mit sich führen, machst Du Dir gar keinen Begriff. Man kommt nicht einmal zum Arbeiten, geschweige denn zu etwas Besserem. Die letzten vier Wochen sind für mich eine total verlorene Zeit gewesen; die nötigsten Dinge blieben liegen; alles nahm die Zeitung und das Herumlaufen in Beschlag. Weshalb ich noch ein Jahr hier ausharre, das macht: ich bin willens, mir noch einiges Geld zu verdienen, und berechne meine Geduld zu diesem infamen Zeitungsmetier auf ungefähr noch vierzehn Monate; dann, weiß ich, kann ich nicht länger. Ich glaube Euch gemeldet zu haben, daß ich inzwischen zum Prof. extraord. ohne Gehalt ernannt worden bin; schreibe ich nun nicht länger die Zeitung, so verdiene ich hier auch nichts mehr und kann dann ebensogut anderswo leben als hier, da ich ja doch aus meinem Gelde leben muß. Daß ich aber an jedem andern Orte besser und an weit den meisten Orten auch wohlfeiler lebe, unterliegt keinem Zweifel; auch will ich mir dann schon was zu tun machen. Sieh, Urmau, arbeiten kann ich hier nicht (so plage- und qualvoll auch mein Tag ist) und deshalb muß ich fort. Zudem hängt mein Herz hier an nichts, ich mag mich prüfen, wie ich will. Das hiesige Treiben, das Geschäftigtun mit den vielen Ehrenausgaben usw., ist mir herzlich zuwider. Da ich mich doch einmal mit meiner Hände Arbeit ernähren muß, so will ich mir auch gerade einen bequemen Platz dazu aussuchen. Vielleicht würde ich mich dann, wenns irgend möglich ist, nach gewissen Leuten richten, nach welchen die Magnetnadel meiner Seele beharrlich hinweist. Schicksal und Aufenthaltsort dieser Leute sind bis dahin so Gott will entschieden. Möglicherweise gehe ich zuvor für einige Zeit nach Italien, doch ist es kaum wahrscheinlich, indem bis dahin meine kunstgeschichtlichen Quellenstudien nicht genugsam vorgerückt sein können, um durch die Anschauung ihren Beschluß zu gewinnen; ich hätte nachher noch jahrelang nachzuochsen.

Ich schreibe diesen Brief schnell hin, damit Ihr wieder Nachricht von mir habt. Zu allem Übrigen geht der geplagten und zerstreuten Seele die Fassung ab. Ihr habt jetzt wieder ein Bulletin von mir.

Die Sommerreise zu Euch soll, so Gott will, zustande kommen, Ende Juli. Könnt' ich zu einer andern Zeit kommen, ich tät's gewiß. Mein Stellvertreter über die betreffende Woche ist gewonnen und sagt: wenn's nit Judenjungen hagele, so wolle er für mich einstehen. Ich werde ihm für jeden Tag 2 Rthlr. geben, woraus Ihr sehen möget, daß ich mir es etwas kosten lasse. Die Sehnsucht steigt und steigt; Gott gebe, daß nicht etwa der politische Satan neues Unheil dazwischen sät....

Lieber Urmau, sei gegrüßt von Deinem sehnsüchtigen B.

AN EDUARD SCHAUENBURG

Basel, 4. Juni 1845

Herzliebster Ete!

Es ist ganz scheußlich von mir, daß ich auf Deinen Brief vom 15. Februar erst jetzt antworte. Ach Gott, ich denke so oft an Euch Racker, daß mir darauf vorkömmt, ich müßte Euch unlängst geschrieben haben! – Ete, was ist mir seitdem alles durch den Kopf gegangen! Ich kann Dir wohl sagen, daß der Gedanke an Dich, Hermann und die Bonnenser mein Haupttrost gewesen ist über diese ekelhafte Freischarenzeit, als ringsum alle Verhältnisse den Einsturz drohten. O, Ihr im Reich draußen habt die Agitation immer nur erst in abstracto, ich aber habe ihr in das wüste, versoffene Auge gesehen. Vierzehn Tage nach dem Zuge ging ich nach Luzern in Geschäften der Zeitung; ich sah dort die Gefangenen und schwöre Dir, es war zu drei Vierteilen ein Gesindel, dem man nicht abends einsam im Walde begegnen möchte. Jetzt ist's wieder ruhiger, Gott weiß, auf wie lange.

Ete, ich werde diesen Sommer drei Tage in Bonn und zwei in Köln sein, vom 20. bis 25. Juli. Dann muß ich wieder mit Extrapost, Tag und Nacht, heimeilen an den Zeitungstisch. Ich habe bereits Hermann beschworen, so lange in Bonn zu bleiben. Bist Du um diese Zeit in Kreuznach, so setze ich einen Tag dafür aus, aber nach Siegen kann ich nicht kommen, denn meine Stunden sind gezählt. Mein Ideal wäre: zwei Tage in Köln en bande, Stift dabei, – daß ich zugleich dem Prof. Wackernagel Köln explizieren muß, verschlägt nichts, er kneipt gut und ist sehr fidel und ist hier mein bester Freund. Daß ich diese Reise überhaupt machen kann, verdanke ich hauptsächlich ihm, indem ich ohne ihn nicht Extraordinarius geworden wäre und dann das Geld für diese Reise in einem Monat jammervollen Kasernendienstes unter wahrem Krähwinkler Volk ausgegeben hätte. Also siehst Du wohl usw.

Was mich im ganzen hier festzuhalten droht, ist das Amt an der Universität, obschon es unbesoldet ist. Basel ist die einzige Universität, wo die Professoren kollegialisch leben, wo nicht alles sich haßt wie Hund und Katz. Nun gehe ich hier fast bloß mit den Professoren um, welche fast alle Deutsche sind und einen feinen, gemütlichen Ton haben. Die Zeitung berührt mich innerlich immer weniger und ist mir mehr und mehr ein bloßes (allerdings sehr lästiges) Geschäft, das mir gewöhnlich über vier bis fünf Stunden der besten Zeit raubt. Daneben fünf Stunden wöchentliches Lesen, alles neu präparieren – ich kann Dich versichern, wenn ich alles gewissenhaft machen sollte, ich könnte das Schlafengehen an den Nagel hängen – und das Briefschreiben auch! Eine gute Eigenschaft hat aber diese Plackerei: ich kann bei vielen langweiligen und zeittötenden Dummheiten, welche andere mitmachen müssen, mich unter Vorwand allzu vieler Beschäftigung entschuldigen.

Was Politica betrifft, so entschlage ich mich allmählich aller fieberhaften Ungeduld und suche im stillen den eigentlichen Bedingungen der Größe eines Staates nachzugehen. Für Preußen wünsche ich sehnlichst und mit heißestem Verlangen eine Konstitution, damit der Staat nicht leide unter der Wucht von Unzufriedenheiten aller Art, die einstweilen noch unter einem Hute beisammen sind. Es gibt viele, die nur gegen allzu große Prärogative des Königstums zu kämpfen meinen und die doch zugleich den Staat schwächen durch die dumpfe Kraft des Widerstandes. Erst wenn eine Konstitution da ist, so werden sich die Parteien scheiden, und der Radikale, der Kommunist, der

Ultramontane, der Konstitutionelle, der mit Gott und Welt Zerfallene usw. werden nicht mehr an einem und demselben Seile der Unzufriedenheit ziehen. Nimm mir's nicht übel, Ete, aber bis sich die Parteien getrennt und durch den Gegensatz untereinander die Elastizität des Staatswesens hergestellt haben, seid Ihr politische Kinder. Werde nicht böse, sondern greif in Deinen sündigen Busen und sage, ob ich unrecht habe.

12. Juni

Ete, in höchster Pressur setze ich hier noch zwei Worte bei. Weißt Du, was es heißt: einem auf die Seele warten? Ich, dessen ganze Zeit von lauter einzelnen, zum Teil an die Minute gebundenen Geschäften zerstückelt ist, ich weiß es. Grüß Deine Braut herzlich von mir. Ach Gott, Ihr glücklichen Leute, die in einem Lande wohnen, wo nicht jeder Lump Volksversammlungen einberufen und Freischaren herumführen darf! Wie gerne möchte man sich einem Kampfe anschließen, wo das klare bündige Recht einen nötigte, wo es sich um große nationale Interessen handelte. Aber wir sind ein Sammelsurium von Fragmenten dreier Nationen; alles ist einander aufsätzig a priori, was soll einen da begeistern? Es ist scheußlich....

Leb wohl, liebster Junge, Dich küßt in Treuen

Dein Schw.

AN GOTTFRIED KINKEL

Basel, 28. Juni 1845

... Was die Orthodoxen betrifft, so sah ich das schon im Winter 1842/43 kommen.

29. Juni

Ein gewisses hohepriesterliches Wesen spukte schon damals in Balder und Wolters. Das aber kann ich nicht begreifen, daß Balder noch 1845 Euch zum Herrn bekehren will. Mein guter Rat wäre übrigens, Ihr ließet die dogmatische Korrespondenz, als mit welcher Ihr auf keinen grünen Zweig kommt. Wenn Du Dich, wie ich schließen muß, drauf einlässest, ihnen auf ihre Marotten zu antworten, so ist das, während Dein Rückzug aus der Theologie schon angetreten ist, allermindestens ein Luxus. Zudem haben sich die Leute ja einen Entschluß gefaßt, glauben zu wollen (ungefähr so, wie man sich zu einem Brechmittel entschließen muß), und da ist ja alles vergebens. Haben die Herren denn wirklich ihre Kirchengeschichte gänzlich vergessen? Wissen sie nicht mehr, daß jeder Glaube, solange er zur Weltherrschaft berechtigt war, als eine Gewalt über die Menschen kam? Wie ungeheuer positiv-religiös sind nicht selbst die Häretiker! Daß das Christentum seine großartigen Stadien hinter sich hat, ist mir so evident, als daß 2 mal 2 vier ist; wie sich sein ewiger Gehalt in neue Formen retten soll, das wird die Geschichte zu seiner Zeit schon lehren. Aber mit diesen jetzigen Restauratoren habe ich wahres Mitleid, und wenn sie den Arm des Staates für sich in Anspruch nehmen, so verachte ich sie. Wenn man sie machen ließe, man wäre mit ihnen in ein paar Jahren so schlimm daran als mit den Jesuiten, grade weil sie ehrlicher, d. h. innerlich verblendeter sind als diese.

Ich merke aus meiner Zeitungslektüre und aus dem, was Freiligrath mir sagte, daß am Rhein der Sozialismus stark im Wachsen ist, und bin nun begierig zu vernehmen, ob wirklich schon etwas davon unter die große Masse gekommen ist. Ich glaube, daß diese Geschichte vom Übel ist, ganz besonders, weil sie sich mit der politischen Unzufriedenheit kombiniert und schon förmlich als konsequente Fortsetzung der letzteren auftritt. Für meine werte Person habe ich hier jeglicher Teilnahme den Riegel gestoßen, und zwar deshalb, weil man sich bei einer Sache, deren Mittel, Ziel und Ausgang völlig unberechenbar sind, nur kompromittieren kann. Ich bin übrigens fest überzeugt, daß ohne das gewaltsame Zurückdrängen der politischen Wünsche die sozialistischen jetzt tief im Hintergrunde ständen....

AN GOTTFRIED KINKEL

Basel, 14. August 1845 spät, müde

Liebster Urmau!

Vor allem den schönsten Glückwunsch zur Geburt der Mibia! Möge es selbiger wohl gehen in ihrem Leben! Ich melde es morgen an Sefren.

Mein Urmau, die Dinge nehmen hierzulande eine häßliche Wendung. Hier in Basel fängt es nun auch an, und die Verhältnisse geraten in jenes angenehme Schwanken, welches mit der Stimmung des Magens unmittelbar vor Ausbruch der Seekrankheit zu vergleichen ist. In drei Monaten spätestens geht dann die Schweinerei in der westlichen Schweiz los, und Gott weiß, was alles noch kommen wird: man mag es gar nicht ausdenken. Wie es dabei mit dem wissenschaftlichen Arbeiten aussieht, das ist ein Jammer; ich laboriere an Deiner Rezension[1] (das Buch gefällt und behagt mir immer mehr) und werde wohl vor Samstag mit dem ganz kurzen Geschreibsel nicht fertig. Du weißt, wie es ist, wenn die Sorge hinten die Feder festhält. Ich werde Basel, so Gott will, im nächsten Jahre für einige Zeit verlassen.

Hiermit folgt nun ... ein Paket für Dich, welches die gewünschten Gegenstände enthält. Die Exzerpte[2] brauche ich vielleicht im Dezember wieder; bis dahin behältst Du sie jedenfalls. Bei einem Teil derselben liegt ein kleiner Realkatalog bei, Du wirst schon sehen. Es wäre am besten, Du nähmest die betreffenden Bände von Pertz nach Hause und suchtest die Stellen, obwohl ich sie genau abschrieb, selber nach, so hast Du auch den Zusammenhang. Ich fürchte, die Ausbeute wird sehr gering sein. NB. es ist lange nicht alles aus Pertz. – Das Ding vom Münster allhiero und von Ottmarsheim[3] lege ich anmit zu Deinen Füßen nieder und schickte Dir gern was Besseres, wenn ich's nur hätte....

---

[1] Es handelt sich um Kinkels „Geschichte der bildenden Künste bei den christlichen Völkern", deren erster Teil 1845 erschien, und mit dem er sich in seinem neuen Fach der Kunst- und Kulturgeschichte einführte.
[2] Es sind J. B.s Quellensammlung zur mittelalterlichen Kunstarchäologie.
[3] „Beschreibung der Münsterkirche und ihrer Merkwürdigkeiten zu Basel", in Basel 1842 anonym erschienen, und „Die Kirche zu Ottmarsheim im Elsaß" in den „Antiquarischen Mitteilungen der Gesellschaft für vaterländische Altertümer zu Basel", 1844 erschienen. Vgl. B.G.A. Bd. I, S. 415 u. XLIV.

AN KARL FRESENIUS

Basel, 16. Aug. 1845

... Wüßtest Du, wie sinnzerstörend und stimmungsraubend das Zeitungsschreiben in einer so verfluchten Zeit ist wie diese, zumal wenn man daneben noch Vorlesungen halten soll! (Ich bin nämlich Prof. extr. ohne Besoldung.) Ganz abscheulich ist zumal der jetzige Augenblick; der Teufel hat den Verstand verloren und rührt nun mit einem großen Besenstiel alle Verhältnisse durcheinander. Vielleicht haben wir in wenigen Monaten wieder so einen gottverfluchten Zug gegen Luzern, und dann rücken unabwendbar vom Osten die weißen Kamisole und vom Westen die roten Hosen herein. Man weiß es, man sieht es kommen und kann nichts dagegen tun.

Ich passe nicht in diese Ordnung der Dinge und will nicht meine besten Arbeitsjahre mitten in dieser politischen Aufregung verpuffen. Ich hoffe mich im nächsten Jahr zu expatriieren und dann ruhig zu arbeiten. Mein Vater, der meine (zur Hälfte schon, und zwar glücklich verheirateten) Geschwister um sich hat und behalten wird, hat nichts dagegen einzuwenden, und so bin ich durch keine Pietätspflicht gebunden. ...

Ich bin innerlich ganz verstimmt durch die verfluchten polit. Zu- und Umstände. Diesen Winter über muß ich nun schon aushalten, weil ich die Zeitung erst auf Neujahr künden konnte, sonst risse ich schon jetzt aus. ...

AN GOTTFRIED KINKEL

Basel, Allerheiligentag 1845

Liebster Urmau!

Ich schreibe diesmal nicht ganz ohne selbstsüchtigen Zweck, um nämlich zu wissen, ob das Paket mit den Kupferwerken und mit meinen Exzerpten, ... das ich Mitte August absandte, richtig in Eure Hände gelangt ist. Besonders wegen der Exzerpte bin ich nicht ohne Sorgen. Bitte, sende mir dieselben womöglich bis Ende dieses Monats zurück, und assekuriere sie auf der Post mit einem Werte von 30 Reichstalern. Sollte sie je der Teufel holen wollen, so hätte man doch dafür etwas zu verkneipen. Ich gedenke das nächste Jahr ganz auf diese Art von Forschung zu verwenden und daraus eine Kunstarchäologie von Konstantin bis auf den Übergangsstil ausschließlich aus den Autoren zusammenzustellen. Wo ich das Ding arbeiten werde, das weiß ich nicht. Hoffentlich nicht hier. Ich bin gesonnen, mich in der Stille von hier zu drücken, vielleicht nach Rom, vielleicht nach Göttingen, Gott weiß. Ob ich später noch einmal die akademische Laufbahn ergreife, weiß ich nicht; ich will weiter nichts, als mich durch die Welt bringen. Hier hätte ich im günstigsten Falle die Perspektive, zehn Jahre lang am obern Gymnasium Stunden geben zu müssen, mit 300 Reichstaler Gehalt, ohne daß mir Zeit zu irgend etwas Vernünftigem übrig bliebe; denn rechne ich auch nur vier Stunden wöchentliche Kollegien und die Abhaltungen aller Art, auch die in der Familie hinzu, so geht die Zeit grade auf, und ich schlage mein Geld umsonst tot. Lieber anderswo mit $^2/_3$ von dem leben, was ich hier brauche, und dabei tüchtig und fortwährend arbeiten. Mein von Gott erleuchteter Alter ist glücklicherweise hierin ganz kulant und verlangt nicht, daß ich beständig um ihn sei, wie die hiesigen Väter sonst tun. – „Frei von Mammon will ich schreiten" etc. Ich werde eben doch am Ende ein verlaufenes Subjekt. Schadt nischt.

Diesen Winter setze ich die malerischen Vorlesungen vor gemuschenem Bupfliko fort. Die Pietisten suchten mich indirekt daran zu verhindern; sie hätten gerne einen Erbaulicheren gehabt als mich Weltkind. Jetzt sollen sie es aber grade so weltlich als möglich haben, und das, was ich gegen Ende des Aufsatzes über Murillo[1] sagte, soll vor ihren Ohren entwickelt werden, daß ihnen die Haare zu Berge stehen. Damit, wenn ich auskratze, in Erfüllung gehe, was geschrieben stehet: Und er fuhr aus und hinterließ einen großen Stanck. [!]

O liebster Alter, mir ist bisweilen, als müßte, wenn ich wieder in die weite Welt gehe, eine neue Jugend und eine

---

[1] Ein von J. B. in Paris verfaßter Aufsatz, der in den Blättern des Maikäferbundes erschien, bisher aber der Wissenschaft noch nicht zugänglich geworden ist.

neue Poesie auf mich hernieder kommen. Der Welt kann es sehr gleichgültig sein, ob ich noch einmal anfange Versche zu machen oder nicht, aber mir selber nicht, denn mein Verlangen danach ist ein subjektives. Es ist nicht sowohl die prosaische Umgebung, welche mir jetzt die Poesie verleidet, als die Geschäftigkeit, welche man hier verlangt, die πολυπραγμοσύνη, in welche hier jeder hineingeritten wird, dazu noch der politische Satan, der in diesen engen Hexenkesseln helvetischer Kantonalität viel beengender wirkt. Mein liebster Umgang ist einer meiner frühern Freunde vom Jahre 38 und 39, etwas angesoffen von Heidelberg her, noch dazu ein Erzradikaler, und selbst etwas überworfen mit der Existenz im allgemeinen, aber der einzige spezifisch von dem hiesigen Philisterio verschiedene, und wirklich aus einem guten probehaltigen Stoff geschnitzt. Mit ihm und zwei bis drei andern sind insgeheim schon allerlei Suiten ausgeführt worden; der Ton, durch welchen ich seine Seele getroffen habe, ist die Sehnsucht „nach der alten, schönen Zeit", der Kultus der Jugend. Der Schlingel ist sonst trockener Natur, aber er versteht mich. Professor Jehring[1], der heiterste und drolligste aller Ostfriesen, ist verlobt und seitdem unbrauchbar; der gute Wackernagel ist durch seine Hausvaterschaft von einem enfant perdu, wie ich eigentlich im Innern eins bin, geschieden. Zum „Hausfreund" bin ich noch nicht alt und artig genug. – Übrigens stehe ich hier in ganz passabler Achtung, und die Leute meinen, ich warte auf nichts anderes als auf einen fixen Gehalt von 100 Louisdor, um dann ganz regelrecht zu heiraten und hier zu bleiben bis an mein selig End. Die guten Leute!...

Urmau, gib bald ein Lebenszeichen Deinem

vielgetreuwen Saltimbanck.

AN GOTTFRIED KINKEL

Basel, 11. Januar 1846

... Ich hätte von Gottes und Rechts wegen an Eurer Neujahrskonkurrenz teilnehmen sollen, aber den Dezember

---

[1] Rudolf v. Jehring (1818–1892), der 1845 zu Basel ord. Professor wurde, der spätere, berühmte Jurist. (Meyer-Kraemer)

über hatte ich den Redaktionswechsel einzuleiten (was noch ein ander Ding ist als der Semesterschluß) und war ganz ungenießbar. Erst am Silvester, mittags um 12 Uhr, als ich die letzte Korrektur meiner letzten Zeitung aus den Händen legte, schlug die Stunde meiner Befreiung, welche ich gleich nachmittags durch einen prächtigen Spaziergang nach Hüningen und alldortigen Genuß des Kaffees feierte. Seitdem ist die Welt für mich wieder anders angemalt; ich habe im strengsten Sinne des Wortes seitdem keine Zeitung mehr angesehen. Auch von Dumont[1], der mir auf das nobelste gleich den betrefflichen Wechsel schickte, habe ich Abschied genommen; die Politik soll mich so bald nicht wieder fangen. – Nun bin ich aber weit entfernt, freie Zeit zum Dichten u. dgl. zu haben. Ein dreistündig angefangenes Kollegium lese ich seit Neujahr fünfstündig; auch muß ich die Arbeit für das Konversationslexikon noch in möglichster Eile fertig machen, da ich sie nicht über die Alpen mitnehmen kann.

Denn Ende März gehe ich direkt nach Rom. Ich habe das sichere Gefühl, daß ich nie mehr hinkomme, wenn ich jetzt nicht dazu tue. Ich habe (obwohl ich als lediger Mensch bei einfachem Wandel hier nicht unter 100 Louisdor durchkam) doch ein schönes Geld erspart, welches im bessern Jenseits verklopft werden soll. Wat sagt Ihr dazu? Der poetische Mensch muß auch hie und da etwas zu „ässen" haben, wenn er nicht draufgehen soll. Übrigens habe ich mich bei Dumont gemeldet zu Korrespondenzen fürs Feuilleton, auch dem Schücking kann mich der Urmau beiläufig empfehlen, wenn er's für gut findet. ...

Wolters war vor einigen Wochen auf der Durchreise nach Neapel bei mir. O wie steht diesem feinen Schalk die Orthodoxie so übel zu Gesicht! Aber ich weissage ihm eine glänzende Zukunft; er hat das Naturell, womit man in Preußen am weitesten kömmt, so etwas à la Bunsen[2]. Balder ist ungleich wahrer, er ist seiner asketisch-kritischen Natur nachgegangen, und das ist sein Schicksal. Wolters dagegen – es

---

[1] Verleger der „Kölnischen Zeitung".
[2] Josias v. Bunsen, der bekannte preußische Diplomat und Theologe, Freund Friedrich Wilhelms IV.

ENDE DER REDAKTORTÄTIGKEIT

ist himmelschade, daß er nicht katholisch ist, das wäre ein Diplomat, Hierarch und Lebemann zugleich geworden. Er hat versprochen, im April nach Rom herüberzukommen; auch Ackermann wird dann noch dort sein. Gott weiß, was das wieder für eine Bande wird.

O der beneidenswerte Urmau, welcher für sein Gemuschenes 200 Reichstaler einnimmt! Ich nehme für ein Gemuschenes von 88 Zuhörern, Liebenden und Nichtliebenden, kaum 90 Taler rein ein, sintemal jeder nur einen Krontaler zahlt und die Saalmiete mich 150 Franken kostet für 16 Vorlesungen! – Wie der Preis allmählich auf einen Krontaler herabgedrückt worden, wie mir dann die übliche Unterstützung von etwa 70 Talern (welche sonst allen Vortragenden durch die hiesige akademische Gesellschaft verzapft wird) durch Bemühung der Pietisten entgangen, nachdem sie vergeblich mein Auftreten zu verhindern gesucht, das gehört der mündlichen Erzählung an; für solche Miseren ist vorliegendes Postpapier zu gut. Die Kinder Gottes sind hier eben grade so wie sonst überall.

Was die schöne Engländerin betrifft, so war sie zwar schön wie ein Engel, aber marmorkalt. Das kleine Ding kann sich eigentlich nicht einmal rühmen, mich an der Nase herumgeführt zu haben; ich wußte von Anfang an, wie ich dran war. Ich habe jetzt etwas anderes, Glühendes, Schwarzaugiges, „die bei mir hört". Überhaupt soll ich hie und da Eindruck gemacht haben, was meinem armen, mehrfach verschmähten Herzen so wohl tut wie der Duft von Apfeltorten vormittags. Ich sage nicht: wie die Apfeltorten selbst, denn das ist mir nur zu klar, daß es dabei bleibt, einem die Schätze des Lebens an der Nase vorüberzutragen. Ach Gott, ich **könnte** vielleicht reiche Partien machen, – aber so ohne rechte Liebe sich an die Geldsäcke eines **hiesigen** Schwiegervaters anlehnen – pfui Teufel! (Pardon!) – Italien ist mir jetzt, Gott verzeih mir, beim Lichte betrachtet noch lieber als selbst das glühende schwarzäugige Etwas. . . .

AN EDUARD SCHAUENBURG

Basel, 24. Januar 1846, abends

... Ete, in der letzten Märzwoche geht's nach Italien, jedenfalls für ein halbes Jahr, vielleicht für ein ganzes. Vielleicht stürzt inzwischen die gute alte Alma mater Basiliensis übern Haufen; sie hängt schon lange an einem Faden. Dann gehe ich jedenfalls nach Göttingen und ochse im stillen mit obligaten Ausflügen nach Schildesche, Essen, Bonn etc. Um Dir die Wahrheit zu gestehen, ich gehe zwar gern nach Rom, könnte ich aber, wie ich wollte, ich ginge gleich nach Westfalen. Steht die Universität noch, wenn ich wiederkomme, so weiß ich nicht – die Umstände können mich nötigen, in Basel zu bleiben; man will mir eine kleine Stelle (à 250 Reichstaler!) zurechtmachen, und dann könnte ich der Familie zu Gefallen kaum umhin zu bleiben.

Vorerst lockt mich Italien gewaltig an; aber ich werde einsam sein und vielleicht mürrisch vor mich hinstolpern. Eins steht fest: in vierzehn Tagen will ich von hier bis Rom. Item steht fest: ich will die Wundergegend von Genua nach Livorno diesmal nicht wieder über Nacht auf dem Dampfboot verschlafen, sondern zu Fuß über Sestri und Spezia gehen auf die Gefahr hin, den Spitzbuben in die Krallen zu geraten. Noch einmal Jugendtage! Mit Mütze, Waidtasche, Stock und – Mantel, ohne den man in Italien nicht reisen darf. Meinen noch immer schönen grauen schick ich im Koffer voraus, der, den ich mitnehme übern Arm, ist ein bescheidener grauer Schläfer. O Ete, es ist dort übermenschlich schön! Links hohe Apenninenfelsen, rechts tiefe Abstürze und das Meer; steil kleben an der Felswand die malerischen Nester, ein gesundes Fressen für mein Skizzenbuch. Dazwischen auf der Straße wandelt dann Dein Schwyzer wehmütig dahin und denkt bei der phantastischen Landschaft an die Fernen und an das verschwundene Paradies. Dann Lucca und Pisa in rascher Übersicht, und dann ist noch Zeit genug für das Dampfboot von Livorno nach Civitavecchia und Rom. Der teuern Karwoche in Rom weiche ich aus; für Zeremonien habe ich den Sinn so ziemlich eingebüßt. Dafür soll Euer Angedenken in bestem Montefiascone getrunken werden. In verstohlenen Augenblicken (denn ich habe trotz der Abdikation von der Zeitung – seit Neujahr – heillos zu tun) lese ich Dante und andere Heiden. Einen kleinen Virgil und Tacitus nehme ich mit. Was in Italien aus mir wird – das weiß Gott.

Wenn dann das ersparte Geld samt meinen kleinen Jahresrenten – zusammen etwas über sechshundert Reichstaler – und noch ein Stück von meinem Vermögen dazu verklopft ist, dann stehe ich etwa wieder auf dem Punkt wie 1843, als ich in traurigen Spätherbsttagen dieses öde Basel wieder betrat. Mir ahnt, ich werde noch einmal Redaktor werden und Geld verdienen wer weiß wo, und das Geld wieder verreisen et sic in infinitum, bis ich ein lebensmüder alter Tor bin. Einstweilen bin ich Extraordinarius ohne Gehalt, dessen Illusionen großenteils zum Teufel sind, der aber anfängt, Mut und Selbständigkeit dafür einzutauschen. Ete, ich hoffe, man wird keinen von uns runterkriegen. Glaube, ich bin in diesem Augenblick (Sonntag abends, es schlägt sieben Uhr) bei Dir und hänge meine Arme um Deinen Hals und wir tauschen Mut und Trost aus. Sei mir gegrüßt!

Montags, 26. Januar

... Weißt Du, was gegenwärtig mein Ideal wäre? Bei mäßigem, ja sogar kümmerlichem, aber sicherem Auskommen eine Stelle an einer Bibliothek oder einem Archiv mit täglicher und regelmäßiger Arbeit und möglichst geringer Berührung mit der großen Masse, sei es nun in Gestalt einer Schule, einer journalistischen Tätigkeit oder sonstwie. Die Berührung mit vielen, wie sie schon unsere republikanische Lebensweise oft genug mit sich bringt, turbiert und leert aus; der Mensch hat keinen Gewinn davon als von Seiten des Ehrgeizes, und Ehrgeiz ist bei mir nicht in Bänken. Immer lauter klingt mir's in den Ohren: ich sei nicht für die Wirksamkeit ins Weite und Große geschaffen, und bene vixit qui bene latuit. Das ist es, was mich auf die Länge aus der Schweiz vertreiben muß, dieser heillose Lärm, diese Öffentlichkeit am unrechten Orte, dieses verruchte Parteiwesen, welches den Menschen wider Willen in seine Kreise reißt, um seine Kräfte und seinen guten Mut aufzureiben und dann die ausgepreßte Zitrone in den Winkel zu werfen. Allerdings bin ich keiner von denen, mit welchen der welthistorische Fortschritt seine großen und kühnen Sprünge vollführt, aber wie viele gibt es deren überhaupt? Und wie unzählig sind die, welche es sich bloß einbilden? – Tadelt mich in Gottes Namen als einen schlechten Bürger, aber ich habe aller politischen Wirksamkeit auf ewig entsagt. Ich kann mich auch mit Anstand zurückziehen; ich habe nie einen speziellen, persönlichen Verdruß gehabt; das ganze Zeug ist mir zuwider. – Wie es jetzt in Preußen geht, sehe ich nicht ohne geheimes Grauen. Von oben lauter unrichtige Mittel, die der Opposition in die Hände arbeiten! und von unten heraufdrängend einige wenige reine Geister und daneben Millionen von unsaubern! Siehe einmal um Dich, liebster Ete, und erkenne die Advokateneitelkeit, die Rabulisterei, den Ultramontanismus, die kommunistische Raubsucht, den Pöbelgrimm u. a. Tendenzen, die sich zusammen im stillen oder schon halblaut gegen die Regierung rüsten! – Gewinne es über Dich, und tilge in Dir den letzten Funken von unnötiger Opposition; beschränke Dich rein, ja ängstlich auf den wirklichen Beschwerdepunkt. Denn furchtbar wird das Erwachen der ehrlichen Leute sein, welche in Erwägung einzelner wirklicher und großer Übelstände mit der Opposition in halb unbewußte Sympathie gerieten und dann plötzlich innewerden, wer ihre Komplizität in Anspruch nimmt. Das einzige Heilmittel, eine Konstitution, die noch Anno 42 Wunder getan hätte, will man nicht; eine Explosion der unsaubern Geister wird und muß erfolgen. Denke an das Jahr 1792 und an den Sturz der Girondins im Jahre 1793; es ist die lehrreichste Geschichte....

AN HERMANN SCHAUENBURG

Basel, 28. Februar 1846

Herzjunge!
In viertelhalb Wochen geh ich nach Rom, habe Dir seit ebensoviel Monaten nicht geantwortet, möchte gern noch ein gut Wort von Dir mit auf die Reise, darum ist es die höchste Zeit, ich schreibe Dir jetzt.

Ihr Wetterkerle wettet Euch immer tiefer in diese heillose Zeit hinein – ich dagegen bin ganz im stillen, aber komplett mit ihr überworfen und entweiche ihr deshalb in den schönen, faulen Süden, der der Geschichte abgestorben ist und als stilles, wunderbares Grabmonument mich Modernitätsmüden mit seinem altertümlichen Schauer erfrischen soll. Ja, ich will ihnen allen entweichen, den Radikalen, Kommunisten, Industriellen, Hochgebildeten, Anspruchsvollen, Reflektierenden, Abstrakten, Absoluten, Philosophen, Sophisten, Staatsfanatikern, Idealisten, anern und iten aller Art – bloß die Jesuiten werden mir wieder jenseits begegnen und von den uten bloß die Absoluten; Fremdlinge pflegen ihnen jedoch auszuweichen. Jenseits der Berge muß ich mit Leben und Poesie neue Beziehungen knüpfen, wenn aus mir fürderhin etwas werden soll; denn mit dem jetzigen Zustand aller Dinge bin ich innerlich brouilliert – ganz im stillen, ohne irgendeinen besonderen Verdruß, ganz allmählich hat der Tropfen den Stein ausgehöhlt, bis ich endlich inne wurde: es tut's nicht mehr. Ich bleibe wahrscheinlich ein Jahr im Süden, Du sollst Nachrichten von mir haben und was für! Vielleicht schickt mir unser Herrgott ein barmherziges Fieberchen, das dem unruhigen Kopf ein Ende macht – gut, ich habe auch nichts dagegen, vogue la galère! auch wenn es Charons Nachen ist. Das dunkle Schicksal meint es oft gut mit uns: „Duc me, parens, celsique dominator poli!"

Ich bin noch selten in so wundersamer Stimmung gewesen wie eben jetzt – es ist wiederum jener Traum von dem alten Schlosse, von wo aus man in die prächtige Abendlandschaft hinaussieht, eine geheimnisvolle Zukunft winkt – ach wär' es doch ein früher, lustiger Tod recht mitten aus dem Leben heraus und nicht das alltägliche sentimentale Verenden im Kreise von Kindern und Kindeskindern! Ich ahne so halb und halb, daß mein Geist in Italien wieder die rechte stählerne Spannkraft erhalten und etwas Rechtes produzieren wird – warum es Dir nicht sagen? Der Poet wird jetzt erst aufwachen.

Ach lieber Junge, Freiheit und Staat haben an mir nicht viel verloren. Mit Menschen, wie ich einer bin, baut man überhaupt keinen Staat; dafür will ich, solange ich lebe, gegen meine Umgebung gut und teilnehmend sein; ich will ein guter Privatmensch, ein liebreicher Kumpan, eine vortreffliche Seele sein, dafür habe ich ein Talent, und das will ich ausbilden. Mit der Gesellschaft im großen kann ich nichts mehr anfangen; ich verhalte mich gegen sie unwillkürlich ironisch; das Detail ist meine Sache. Bildung und Routine besitze ich nun genug, um mich im Notfall auch der höheren Politik gegenüber durchzubringen, nur mitmachen will ich nicht mehr, wenigstens in unserer hierländischen Konfusion nicht. Du kannst nun böse sein, solange Du willst, ich will Dich schon wieder einfangen und zu mir an mein Herz ziehen, glaub nur!

5. März

... Lieber Sohn, ich glaube in Euern Augen einen stillen Vorwurf zu lesen, weil ich so leichtfertig der südländischen Schwelgerei, als da sind Kunst und Altertum, nachgehe, während die Welt in Geburtswehen liegt, während es in Polen an allen Enden kracht und die Vorboten des sozialen Jüngsten Tages vor der Tür sind. In Gotts Namen! Ändern kann ichs doch nicht, und, ehe die allgemeine Barbarei (denn anderes sehe ich zunächst nicht vor) hereinbricht, will ich noch ein rechtes Auge voll aristokratischer Bildungsschwelgerei zu mir nehmen, um dereinst, wenn die soziale Revolution sich einen Augenblick ausgetobt hat, bei der unvermeidlichen Restauration tätig sein zu können – „so der Herr will und wir leben", versteht sich. Ihr werdet sehen, welche sauberen Geister in den nächsten zwanzig Jahren aus dem Boden steigen werden! Was jetzt vor dem Vorhang herumhüpft, die kommunistischen Dichter und Maler und dgl., sind bloß die Bajazzi, welche das Publikum vorläufig disponieren. Ihr alle wißt noch nicht, was Volk ist, und wie leicht das Volk in barbarischen Pöbel umschlägt. Ihr wißt nicht, welche Tyrannei über den Geist ausgeübt werden wird unter dem Vorwand, daß die Bildung eine geheime Verbündete des Kapitals sei, das man zernichten müsse. Ganz närrisch kommen mir diejenigen vor, welche verhoffen, durch ihre Philosopheme die Bewe-

gung leiten und im rechten Gleise erhalten zu können. Sie sind die feuillants[1] der bevorstehenden Bewegung; letztere aber wird sich so gut wie die Französische Revolution in Gestalt eines Naturereignisses entwickeln und alles an sich ziehen, was die menschliche Natur Höllisches in sich hat. Ich möchte diese Zeiten nicht mehr erleben, wenn ich nicht dazu verpflichtet wäre; denn ich will retten helfen, soviel meines schwachen Ortes ist. Für Dich ist mir gar nicht bange; ich weiß zu gut, auf welche Seite Dich die Ereignisse stellen werden. Untergehen können wir alle; ich aber will mir wenigstens das Interesse aussuchen, für welches ich untergehen soll, nämlich die Bildung Alteuropas. Mir ist, als würden wir uns, wenn die Tage kommen, in einer und derselbigen heiligen Schar wieder antreffen. Schüttle die Illusionen von Dir, mein Hermann! Gewiß wird aus den Stürmen ein neues Dasein auf ganz neuen, d. h. aus Altem und Neuem gemischten Grundlagen hervorgehen; dort wird Dein Platz sein, nicht im Vordergrunde des wüsten Treibens. Neugestalten helfen, wenn die Krisis vorüber ist, das ist wohl unser beider Bestimmung.
Von Rom aus schreib ich Dir wieder. Ich reise den 23. d. von hier ab; o gib mir vorher noch ein Zeichen alter Liebe!
Und nun laß meinen guten Genius walten. Ich weiß wohl, in aller Herrlichkeit Italiens wird mich stündlich das Heimweh nach Dir begleiten. Leb wohl. Dein Eminus.

AN GOTTFRIED UND JOHANNA KINKEL

Basel, 9. März 1846

Liebster Urmau!
Heute über zwei Wochen, so der Herr will, reise ich ab, den 23. hujus; also wenn Ihr mir noch einen schönen Reisesegen mitgeben wollt, sputet Euch. Bei Zefren in Mailand bleibe ich drei Tage, dann gehts über Genua und Livorno unaufhaltsam vorwärts nach dem ewigen, unparteiischen, unmodernen, tendenzlosen, großartig abgetanen Rom....

---

[1] Die Gemäßigten, Konstitutionellen in der französischen Revolution.

Ach Gott, wären doch die vierzehn Tage schon vorüber! Es fallen noch zwölf Vorlesungen hinein, worunter die zwei letzten gemuschenen. Dann Heil uns! Ich gehe von Como aus einen Tag in das Blütenmeer der Brianza und dann erst nach Mailand. Ende Juni gedenke ich nach Neapel zu gehen, Ende Juli nach Florenz, Anfangs September wieder nach Rom und dann dort zu bleiben, solange ich kann. Einstweilen müssen aber die drei Monate April, Mai und Juni in Rom das beste tun. Ich komme noch auf die Karwoche hin, wenn alles gut geht. Mit Zefren ist bereits unterhandelt, daß er mich im August zu Florenz treffen und dann für ein paar Wochen mit mir nach Rom kommen wird. Dieses ist aber noch ein Geheimnis.
Ich habe x poetische Gedanken, welche ich jenseits ausbrüten will. Ihr sollt Briefe haben; außerdem wird im lieben Feuilleton der Kölnischen Zeitung da und dort etwas erscheinen, Schücking hat gar artig und verbindlich auf meine Anfrage darob geantwortet. – Ich fürchte immer noch, es möchte mir etwas dazwischenkommen, der St. Gotthard möchte noch zuviel Schnee haben u. dgl. Durch! Ich für meine Person fürchte mich nicht; aber jeder hat „Seinige", welche jammern. . . .
Nun bedenket mich noch, lieber Alter, und gebt mir Ewern Glückwunsch auf die Reis' mit!
    Durch Dick und Dünn Dein Saltimbanck.

Liebste Direktrix!
. . . Was muß man von der Fräul. G. hören! Ich glaube, sie hat die Eigenschaft so vieler junger Damen unserer Zeit, welche viel zu ausschließlich gute Töchter sind. Ein grauer vierzigjähriger Millionär! und noch dazu aus Elberfeld, dem grauenvollen Fabrikland! Wissen Sie wohl, liebste Direktrix, daß ich hauptsächlich deshalb mich nach Italien sehne, weil dort soviel Bettelei und sowenig Industrie ist? Dieses räderschnurrende Elend macht mich mehr betrübt und konfus als irgendein Anblick oder Geräusch auf dem Erdboden. Und nun in eine Million hinein, während ringsum Jammer und rebellische Ideen sich laut machen – überall hin, nur nicht zwischen die Fabriken und Kapitalien.

ITALIEN! NORDEN UND SÜDEN

Konnte sie nicht einen abgelegenen fröhlichen Landökonom heiraten? Es wäre die reizendste Bauersfrau im großen Stil geworden. Doch es ist alleweil zu spat, sagt Urmau.

O hätte ich noch die Iphigenia mit anhören können! Hier in Basel waren den Winter über einige gute Sänger, aber ich wagte nur Schund bei ihnen zu hören, weil sie den besser sangen als den Don Juan. Und nun scheide ich für lange Zeit von allen vernünftigen Tönen! – Glücklicherweise kann ich genug auswendig, um den „guten Geschmack" in meinem Innern wachzuhalten.

Ganz der Ihrige S.

III.

BRIEFE AUS DEN JAHREN
1846–1858

AN KARL FRESENIUS

Rom, 21. April 1846
Adresse: Café del Greco, Via Condotti

Ich bin seit bald drei Wochen hier eingerückt, habe den ganzen heiligen Karneval mitgemacht, die ewige Stadt nach allen Enden durchloffen und mich endlich insoweit gefaßt, um vernünftige Briefe schreiben zu können.
Komm, Junge! Weiter sag ich nichts. ...
Mein Vierskudizimmer hat die schönste Lage mit der Aussicht über halb Rom; indem ich dieses schreibe, leuchtet Sankt Peter (eine halbe Stunde in gerader Linie von mir) in majestätischem Mittagslicht zu mir herein.
Der Genuß Roms ist ein beständiges Erraten und Kombinieren; die Trümmer der Zeiten liegen in gar rätselhaften Schichten übereinander. Zwar fehlt mir hier ein vollendet schöner Bau, zu dessen Türmen und Nischen die aufgeregte Seele flüchten könnte; „Plump und zu bunt ist Rom" sagt Platen mit Recht; aber alles zusammengenommen ist es eben doch noch die Königin der Welt und gibt einen aus Erinnerung und Genuß so wundersam zusammengesetzten Eindruck wie keine andere Stadt. Ich wüßte nur Köln damit zu vergleichen; in Paris sind der alten Monumente zu wenige, und die modernen Greuelerinnerungen absorbieren die älteren zu sehr. – Die Römer gefallen mir, d. h. das gemeine Volk, denn der Mittelstand ist so erbärmlich läppisch wie in Mailand. Der gemeine Römer hat nicht das tückisch Verkniffene des gemeinen Mailänders, er ist gentiler und in seinem Äußern malerischer. Er bettelt zwar, aber er sucht

nicht durch geringe Dienstleistung den Fremden zu pressen. Wer ihm nichts gibt, den läßt er ganz artig und ohne Flüche laufen. Man fühlt sich auch in den größten Volksmassen von sozusagen honetten Leuten umgeben, besonders in den armen und verfallenen Quartieren um das Kapitol und im römischen Sachsenhausen, welches man hierzulande Trastevere nennt. – Die Stadt, soweit sie jetzt von den Armen bewohnt ist, scheint mir ungleich ärmlicher und verkommener als irgendein lombardisches Landnest. Gegen die Arbeit hat man sich hier seit Jahrhunderten als gegen den ärgsten Feind gewaffnet; von der leichtesten Industrie ist kaum eine Spur; so fehlen z. B. die öffentlichen Stiefelwichser hier fast ganz; Droschken- und Omnibusdienst existiert kaum in den ersten Anfängen; ein Avisblatt mangelt gänzlich; kaum ein oder zwei Restaurants haben ihre römische Küche nach der französischen modifiziert usw. Ja in jedem Neste der Sächsischen Schweiz z. B. existiert mehr Fremdenindustrie als hier, wo 30000 Fremde (meist nur zu einem genießenden Dasein) wohnen. Ich halte dies für eine Wohltat Gottes, denn wenn man hier im Verhältnis etwa wie in Straßburg von Kommissionärs u. a. Lumpenpack dieser Art belagert würde, es wäre, um des Teufels zu werden. Der Römer wartet, bis man ihn fragt, und auch der ganz zerfetzte Gassenjunge ist für straßenlanges Mitlaufen mit einem Bajocco (= Sou) zufrieden. Das ist zum Teil, was den Fremden an dieses arme, in Luxussachen wahrhaft kümmerliche Rom kettet; der Müßiggang hat hier eine Kunst der Artigkeit zum Blühen gebracht, die dem Ausländer gar zu wohltut.

Komm, Junge, sag' ich. Du kannst von einem Monat schon so großen, dauernden Gewinn ernten, daß Dir Dein Leben um ein gut Stück mehr wert ist.

AN GOTTFRIED KINKEL

> Rom, von unsrer Residenz am Abhang
> des Quirinals, 18. Mai 1846

Herzlieber, schöner, prächtiger Urmau!
Sei mir nur nicht böse, daß ich Deinen Brief und den der viellieben Direktrix solange unbeantwortet ließ! Ich mußte

doch warten, bis daß ich etwas mitzuschicken hatte, und damit kann man selbst in Rom nicht so auf dem Fleck aufwarten! Zwar der „Genius" der guten Stunden war und ist oft da, aber der „Lump" ist auch da und zieht lieber auf Monte Pincio und Villa Borghese rum, statt sich irgendwo zu setzen und Versche zu schneiden. Jetzt ist der Bogen fertig (es ist Bonner Postpapier und gehört eigentlich in den Maw von 1844, Direktrix gab mir's einst mit, und ich hätt' es vor circa 1½ Jahren schon ausfüllen sollen). Gescheites steht nichts drin, die kleinen Reiseliedchen sind doch gar federleichte Ware, und das größere in einem viertel Hundert Strophen leidet auch ein wenig an innerer Nichtigkeit. Gaudiert Euch dran, so gut Ihr könnt.

Euren Brief bekam ich, Ihr wißt es schon von Fresen, in Mailand, und wir verspeisten ihn zwischen den Marmorzacken des Domdaches, mit welchem appetitverkündenden Zungenschnalzen! – Jetzt zu den Geschäften!

Für das Taschenbuch nimm von meinen Sachen, was Du glaubst brauchen zu können. Ich habe auch den letzten Gedanken an poetische Bedeutung aufgegeben, darum schalte und walte mit meinen Gedichten nach Gefallen. Was ich jetzt noch dichte, ist rein vor mein Bläsier, und wenn's Euch auch noch Spaß macht, so ist mir's desto lieber. Ich merke es den Dingen an, daß sie immer mehr persönlich werden, und am Ende wird sie außer Euch gar niemand mehr verstehen und genießen können, denn es bedarf dazu eines Interesses an meiner werten Person....

Ich habe letzten Freitag einen kleinen Quasiruf nach Berlin erhalten, nicht an die Universität, sondern – an die Kunstakademie, sobald sie reorganisiert wird – einstweilen 500 Reichstaler Wartegeld. Es ist ein schändliches Mißverhältnis zwischen diesem Salär und dem Deinigen, ich weiß es, aber vielleicht wird es mit Dir auch bald besser; auch kriege ich die 500 Reichstaler nicht gleich, sondern nach einiger Zeit – kurz, es ist eine Diskretionssache, aber Kugler hat den schriftlichen Entscheid E.'s[1] in Händen, worin dat Jelt verzeichnet steht. Ich muß im Herbst in Berlin sein und Italien vorher in aller Hatz abmachen, Neapel vierzehn

[1] Des preußischen Kultusministers Eichhorn.

Tage, Florenz vierzehn Tage, Venedig vierzehn Tage! Natürlich reise ich über Bonn, wenn Ihr mich zwei Tage verpflegen wollt, und von da über Herford, denn diesmal muß ich Hermann [Schauenburg] sehen.

Hienach ist leicht einzusehen, daß ich jetzt über Hals und Kopf zu tun habe mit Kirchen und Galerien. Die nächste Arbeit, die ich den Winter über in Berlin zu vollbringen habe, ist nämlich nichts Geringeres als die Bearbeitung der zweiten Auflagen von Kuglers 1. Kunstgeschichte 2. Geschichte der Malerei. Es ist beispiellos frech von mir, so etwas zu unternehmen, aber in Gottes Namen! – Durch!! sagte Urmau, als er seine Kunstgeschichte anfing. (Apropos, wann kommt der zweite Band? Es versteht sich, daß ich Dir behilflich bin und bleibe, wie und worin ich kann; ich hoffe, Dir regelmäßig Nachweisungen und Kollektaneen zusenden zu können, und will mir bei meinen Arbeiten ein besondres „Urmaumäppchen" anlegen, worein all dasjenige kommt, was in die Kuglerschen Sachen nicht zu verarbeiten ist.) Die „Malerei" wird wohl bis Ostern spätestens fertig sein müssen, so daß Du auch meine schon gedruckten Resultate wirst benutzen können. Geochst muß werden diesen Winter, daß die Schwarten krachen, wie mein erster und ältester Klippschullehrer sagte, wenn er mich durchwalkte wegen meiner Bosheiten.

Nun siehst Du selbst, daß ich nicht mehr viel dichten kann. Was ich noch zustande bringe, ist Dein wie alles übrige. Wenn mich nur das Reisen nicht so heillos zerstreute! und sieh, selbst hier, wenn ich auf meiner Stube hocke (ich wohne quattro fontane, hoch, hoch, prächtig über der halben Stadt), so rauscht unten auf Piazza Barberini mein Freund der Triton und lockt mich zu freundlicher Zwiesprach an das Balkonfenster, wo ich Rom vom Pantheon über St. Peter, Engelsburg, Trinità de' Monti, Villa Ludovisi bis zum Palast Barberini mit einem Blick überschaue, wie es in dem kleinen Eingangsgedicht „so schön gesagt wird". (Du mußt die Dingerchen vorher einüben, ehe Du sie vorliesest, sie sind meist nur Konzept, und das Papier hat durchgeschlagen.) Meine Aussicht allein schon, besonders die Sonnenuntergänge über Monte Mario –

es ist zum Verrücktwerden. Und nun noch dieses bunte, gewaltige Rom, das meine armen Gedanken, wo sie sich sehen lassen, wieder in ihre Nester zurückjagt! – Wenn ich poetisch irgend zu Kräften kommen kann, so habe ich vor, den alten Saturn zu schildern, wie er als Tabulettkrämer an die Tiber kommt und das „Geschäft" allmählich zu einem Kramladen ausdehnt und die Eingeborenen die Mandoline, den Saltarello und die Morra lehrt, wovon noch die Redensart herkommt: einen mores lehren. Überhaupt treibe ich mich, bei meiner Unwissenheit in der eigentlichen römischen Geschichte, nämlich der der Republik, am liebsten in ganz uralten Zeiten herum, wo man der Archäologia Rippstöße geben kann nach Belieben. Fragt mich dann einer, woher ich denn das Zeug wisse, so sage ich nur, es stünde auf einer altetruskischen Kruke im Vatikan, No. so und soviel abgemalt, ferner sei auf einer andern Scherbe ein Gegenstand mit Inschrift abgebildet, der notwendig Saturns Ladentisch darstellen müsse.

Insipienti sat.

19. Mai

Ein anderes schönes Sujet wäre – doch ich will mich nit ausgeben, sonst machen mir diese Gedanken keine Freude mehr. Genug, es ist ein schwarzwäldisches und ein mittelrheinisches Sujet in Bänken, aber Gott weiß, wie es damit gehen wird. Hätte ich auf der Reise am Rhein nur einen stillen Rasttag, ich wollte so ein Ding fertigbringen. Hier in Italien geht's nicht. Kann ich irgend noch, so sollst Du noch von hier aus etwas haben. Aber Du kennst das; entweder ist trübes Sciroccowetter oder Dreckwetter, oder es ist schön, unmenschlich schön, und da will man die besten Stimmungsstunden, nämlich die Abende, nicht auf dem Zimmer zubringen, sondern man preßt die Natur und die Architektur im Abendschein bis auf den letzten Tropfen aus – in freier Natur aber eine Brieftasche herausziehen und Gedichte schreiben, kann ich nicht recht. (NB. Das Sonett „Auf dem Aventin" ist doch an Ort und Stelle geschrieben, ist auch darnach.) – Zu einer geschichtlichen Arbeit in Prosa fehlt Zeit und Gelegenheit, überhaupt ist Rom

Jacob Burckhardt
Photographie, wahrscheinlich aus Paris, Sommer 1843

nach den ersten sechs Wochen noch nicht eine Stadt des Arbeitens. Mein Gott, mit welchem Vergnügen fing ich in Paris am zwölften Tage nach meiner Ankunft das regelmäßige Kopieren auf der Bibliothèque royale an! In Paris sehnt man sich nach irgendeiner Arbeit, nur um in dem furchtbaren Getreibe irgendeinen Anhaltspunkt, einen Prätext des Daseins zu haben. Gerade ebenso versteht sich in Rom das Nichtstun von selbst, und das hat jetzt für mich ohnedies ein Ende, da ich Notizen machen muß von früh bis spät. So wäre nun das Taschenbuch erörtert....
... Seid mir alle in treuer Liebe herzlich gegrüßt, besonders Du, Urmau, von Deinem Saltimbanck.

PS. Die Santa Maria Maggiore genieße ich mit Wonne und denke dort, wenn der Abend durch die roten Vorhänge leuchtet, an den fernen Urmau. NB. Dies ist keine Phrase, sondern ich kann wirklich diese Kirche nicht betreten, ohne an Dich zu denken, weil Du mir sie sosehr ans Herz gelegt hast. – St. Paul wird zwar schön, aber was ist so eine Basilika ohne Weihe des Alters und der Echtheit?
Ich bin auch in den Katakomben von San Sebastiano gewesen und bringe der Direktrix Erde mit vom Grab der heiligen Cäcilia. – Und sonst, wo wäre ich nicht gewesen? sagte der Freiherr[1].
Addio, Urmau! Glaubst Du mir, daß ich mich hier in Rom ganz unsinnig auf die Rheinreise und auf das grüne Westfalen freue?
Von ganzer Seele Dein S.

AN GOTTFRIED KINKEL

Florenz, 22. Juli 1846

Ach Gott, zwei Jahre sind's, seit Saltimbancks Schriften ... gesammelt erscheinen sollten, und kein Strich ist seitdem dran geschehen! Und jetzt, auf der Rückreise von dem seligen Rom, wo jeder Mißlaut in seinem Innern, also auch jede Ironie stille geschwiegen, soll Saltimbanck sein Werk

[1] In Immermanns „Münchhausen". (Meyer-Kraemer)

fortsetzen! Bei 28° Reaumur! In einer lärmenden Locanda, vielleicht derselben, in welcher Goldonis Locandiera spielt! Doch es sei.

Von dem ästhetischen Enthusiasmus

Saltimbanck, welcher auf Reisen wunderbarlich zunimmt an Weisheit und Vernunft, hat sich Italien insbesondre zunutze gemacht. Er ist zu Rom nicht nur im Café Ruspoli gelegen und abends auf dem Pincio spaziert, wie etliche Schwelger tun, sondern er hat die Menschheit ganz im allgemeinen beobachtet und zumal der fremden Menschheit in Rom zugesehen, wann sie Bauten, Bildsäulen und Malereien betrachtete, ja er hat, statt die Dinge selber genau anzuschauen, mehr als einmal den Führer gemacht, zumal wann hübsche Weibspersonen bei der Gesellschaft waren. Einige nahmen sein Geschwätz einfältiglich an und bewahrten es in ihren kleinen, netten, muntern Herzen wenigstens zwei Minuten lang. Andere dagegen waren denkende Frauenzimmer und verdrehten ihm, was er gesagt hatte, zu eigenen „originellen Anschauungen", indem sie nicht wußten, mit was für einem gottlosen Schalksnarren sie zu tun hatten. Sie seufzten vor Entzücken über irgendein archaistisches Scheusal von ephesinischer Diana oder über irgendein altneapolitanisches Muttergottesbild von derjenigen Sorte, über welche der weise Salomo sagt: Schwarz bin ich, doch lieblich, ihr Töchter Jerusalems! – Es gab Fälle, wo der Enthusiasmus bis ans Übelbefinden grenzte; auch ist man in Rom einstimmig der Meinung, daß es eine der segensreichsten Reformen Papst Pius IX. sein würde, wenn wenigstens vor dem Laokoon und vor dem Apoll gut gepolsterte Lehnstühle für unwohlbefindliche Damen aufgestellt würden. Dieser administrative Fortschritt wäre um so leichter, da die freisinnige, hochherzige Regierung Toskanas schon seit Jahren mit dem großen Exempel vorangegangen ist und vor der Mediceischen Venus, den Ringern, dem Schleifer, dem Apollino und dem Faun in der hiesigen Tribuna fünf Polsterstühle hat aufrichten lassen, zu Nutz und Frommen derjenigen Damen, welche dem Enthusiasmus unterworfen sind. Bei dem weisen, wenngleich lang-

samen Fortschritt der italienischen Angelegenheiten läßt sich hoffen, daß außer den Lehnstühlen mit der Zeit auch Matratzen werden hingelegt werden für Herren, die sich vor Begeisterung auf dem Bauche zu wälzen geneigt sind, so wie auch für emanzipierte Damen, insoweit solche Hosen tragen. ...
(Es ist vormittags elf Uhr; Szene: Das zweite Zimmer der Galerie Colonna; Saltimbanck in einer Ecke; der Kustode, eine große französische Dame herumführend.)
Kustode: – Und dieses ist das Bildnis Rafaels, von seinem Vater gemalt, als er noch ein Junge war.
Dame: Für einen jungen Menschen vortrefflich gemalt, besonders die Agraffe an der Mütze! Herrlich! Das ist übrigens noch nichts; ich komme soeben aus Barcelona, wo ein Bild von einem dreijährigen Kind in der Kathedrale hängt, ganz aus der puren Inspiration gemalt! Das sollten Sie sehen, Monsieur le concierge.
Der Kustode ist ganz konfus und sieht Saltimbanck mit erbarmungswürdigen Blicken an; Saltimbanck nähert sich der großen Dame und spricht: Das Bild in Barcelona muß himmlisch sein! so ganz unmittelbar aus der reinen Phantasie eines unmündigen Kindes! Indes bewundern Sie mit Recht auch dieses Bild von Rafaels Vater, als er noch ein Junge war!
Dame (nachsinnend): Aber wie alt war Rafael wohl selber in jenem schönen Moment?
Saltimbanck: Das weiß man nicht (gehen weiter).

Von Saltimbancks Garderobe, hauptsächlich von seinem Rock

Es ist ganz unglaublich, was ein Rock alles aushalten kann, ehe er so aussieht, daß man ihn absolut wegwerfen muß. Als Saltimbanck über die Alpen zog, nahm er das auch in Bonn bekannte eselsgraue Röcklein mit, um es in der Ewigen Stadt als ein Symbol der Vergänglichkeit alles Zeitlichen vor den Augen von ganz Rom aufzutragen. Das Röcklein aber hielt sich wacker, soweit die Sache von ihm abhing; Ärmel und Vorstöße wollten und wollten nicht reißen; selbst die Knöpfe hielten nur immer fester. Aber was nicht vom Röcklein abhing, damit war es schlecht bestellt; die Farbe verschoß unter dem Einfluß der südlichen Sonne zusehends, und was das schlimmste war, der Kragen nahm allgemach einen höchst verdächtigen, wohlbekannten Spiegelglanz an. Ein Freund Saltimbanckens, der ihm zuzeiten über sein Kostüm leise Vorwürfe zu machen pflegte, sah einmal auf dem Kragen Saltimbancks einen Floh herumspazieren, was in jenem Klima weder selten noch beschämend ist. Er wollte den Floh wegfangen, aber Saltimbanck sagte: Stör ihn nicht, er macht seine Morgenpromenade. – Oder, meinte der Freund, er will auf diesem Kragen lernen Schlittschuh laufen.

Gegen die Zeit des Konklaves hin wurde das Röcklein auch sonst gebrechlich. Derselbe Freund sagte zu Salt: Der Rock geht hinten auf! – Salt. erwiderte ganz kaltblütig: Das tun Sonne und Mond auch. Auf die Länge war indes mit Witzen nicht geholfen. In Neapel zeigten sich an den Ärmeln bedenkliche Blödigkeiten; eine durchgeriebene Stelle wurde von einem höchst lächerlichen Flickschneider in der Nähe des Toledo mittels einiger Gran insoweit zugepfuscht, daß nach einiger Zeit ein förmliches Loch an jener Stelle entstand. Indes, wenn Salt. die Arme nicht zu weit vom Leibe ausstreckte, so sah er noch halbwegs reputierlich aus. Den Genickfang gab dem Röcklein besonders die Reise von Neapel über Rom nach Florenz und der Aufenthalt in letzterer Stadt. Hier fanden sich nämlich bereits Leute vor, welche Saltimbancken um seines Röckleins willen kurios ansahen, was ihn bewog, z. B. das elegante Café Donny nur in jener Dämmerstunde zu besuchen, wann die Sonne unten, das Gas aber noch nicht angezündet war. – In Ravenna lag der Rock offenkundig in den letzten Zügen, und Salt. mußte besorgen, daß sich einmal ein Stück Ärmel rundum losrissse, auch pflegte es hie und da in den Rückennähten zu krachen und zu reißen. Da hält eines Morgens unweit von der Kolonade Theodorichs, beim Markt ein Herr den Salt. an mit der Frage: „Wo Teufels trifft man denn Ihren Direktor an? – Ach, verzeihen Sie, ich glaubte, Sie wären von der Truppe, die Donnerstags zum erstenmal spielt." – Ein paar Stunden später hält ihn der Cafetier vom Spiegelcafé an mit der Frage: „Haben Sie hübsche Damen bei Ihrer Gesellschaft?" – Es war klar, Salt. sah einem italienischen Provinzialschauspieler zum Verwechseln ähnlich; es war Zeit, das Röcklein abzudanken. In Venedig hat er sich ein neues machen lassen, was achtzehn Zwanziger gekostet hat, aber mindestens noch einmal so eselsgrau ist. –

AN EDUARD SCHAUENBURG

Venedig, 9. August 1846

Ja, Zyperwein und schöne Fraun
Und Sang und Klang bis Mitternacht,
In Gondeln liegend anzuschaun
Bei Mondschein der Paläste Pracht –
Und von Kanale zu Kanal
So still und pfeilschnell hinzugleiten –
Mein Ete, komm, probier's einmal!
Es sind der Erde Herrlichkeiten.

Und doch, es stillt dies Herze nicht,
Es gibt ihm nicht den süßen Frieden,
Der leis' aus Roms Ruinen spricht,
Wann rot die Sonne hingeschieden,
Wann Abendglut die Stadt umwallt
Und Tau sich mischt und Blütendüfte,
Und von den sieben Hügeln schallt
Der Glocken Laut in reine Lüfte.

Dort krönt des Cölius steiles Haupt
Der Passionisten Klostergarten,
Mit ewigen Eichen dicht belaubt,
Und wie von hoher Veste Warten
Schaust Du hinab und schaust ringsum –
Nur Trümmer aus Weltherrschaftstagen,
Ein weltgeschichtlich Heiligtum
Und in den Wipfeln um und um
Duftet's, und Nachtigallen schlagen!

Schwarz ragt ins goldne Abendrot
Des Kapitols geweihte Veste.
Drunten im Forum reihen sich
Der Tempel und der Bogen Reste.

Und in des Kolosseums Schlund
Siehst Du hinein – dann ohne Grenzen
In Vignen, Klöster, bis von fern
Des Lateranes Giebel glänzen.

Und ernst Dir gegenüber steht
Der Trümmerberg, der Palatin,
Dem einst verheißen vom Geschick
Die „Herrschaft ohne Ende" schien.
An grünbewachsne Bogen lehnt
Der Kapuziner Klosterhalle,
Und eine hohe Palme weht
Im Abendwind, am Mauerwalle.

Hier war's, mein Junge, wo mir einst
Im Herzen alle Wünsche schwiegen;
Mein Schicksal schwand, vertrauensvoll
Dem Weltgeschick sich anzuschmiegen,
Und freier schlug dies enge Herz
Vor der Geschichte Gegenwart –
Doch sieh, schon steigt der Vollmond auf;
Der Markusplatz, die Gondel harrt.

AN EDUARD SCHAUENBURG

Venedig, 13. August 1846

Mein herzliebster Ete, ich habe Eure Briefe richtig empfangen und gejubelt. Antworten kann man hier in Venedig nicht, weil man zuviel Tiziäne und Mosaiken auf Goldgrund zu inspizieren hat. Also nur das Nötigste:
Ich werde, so der Himmel nicht einstürzt, den 25. bis 28. September in Herford sein und den 1. Oktober in Berlin eintreffen, wo ich den Winter bleibe. Das Lieblichste, was mir geschehen kann, ist, daß ich Dich dort treffe. Himmel, Schatzkind, was werden wir dort alle auszutauschen haben! Wisse, Ete, daß man unter Leuten, die einen von Haut und Haar nichts angehen, sie mögen dann noch so artig sein, recht einsam lebt und sich nach den Freunden auf das heißeste sehnt. Ich habe hierzulande meine Pflicht getan und ganz in den Dingen und in den Menschen dieser Gegend gelebt, ich spreche italienisch bald wie ein Eingeborener – aber ich möchte doch in ganz Italien nirgends auch nur vier Monate bleiben, ausgenommen Rom, welches ich

vor allen Städten, die ich kenne, zu meinem Lebensaufenthalt machen möchte, und außer dessen Mauern ich nie mehr ganz glücklich sein werde. Aber was hat auch dazu gehört, um aus Rom das zu machen, was es ist! Neapel, Florenz und Venedig haben nicht wie Rom zweimal die οἰκουμένη zu ihren Füßen gesehen! –

Jetzt zwei inständige Bitten: 1. Wenn Euch etwas an meinem Fortkommen in Berlin liegt, so schweigt davon. Die Sache ist noch gar nicht so ausgemacht, und wenn Eichhorn etwa diesen Winter abdanken muß, so stehe ich am Berge. Eine Menge Leute passen auf und können durch frühzeitigen Höllenlärm in den Zeitungen die Sache vereiteln. Darum, liebe Kinder, tut mir den Gefallen und schweigt; und habt Ihr schon geplaudert, so streut jetzt aus, es sei ein Irrtum gewesen.

2. Ich habe unmöglich Zeit, in diesem Augenblick noch an Hermann zu schreiben; er soll übrigens nicht zu kurz kommen. Somit bitte ich, schick' ihm diesen Brief, wenn Du nicht mehr in Herford bist, oder wenigstens diese letzte Seite, und bitt' ihn, er soll sich's auch zu Herzen nehmen. Bald bin ich in Deutschland und bei Euch. O lieber Ete, sei gegrüßt! Addio.

AN GOTTFRIED KINKEL

Venedig, 15. August 1846

... Von meiner jetzt so sehr beschleunigten Reise will ich lieber mündlich einiges loslassen, wann ich bei Euch in Bonn bin, was, so der Herr will, den 22. und 23. Sept. der Fall sein wird. Neapel habe ich für immer gesehen, man kriegt mich ohne ganz besondere Gründe nicht mehr dorthin, obschon das Land ein Paradies ist. Wolters wollte mich auf das freundlichste in Beschlag nehmen, aber ich hatte noch anderes zu tun als mir in San Jorio wohl sein zu lassen. Er weiß viel von Neapel, treibt Geschichte und Kunst und ist ein geistvoller Mensch durch und durch. Woher kam es, daß ich trotzdem ein wenig auf dem Fuß der Vorsicht mit ihm stand? Zweierlei war's: er ist ehrgeizig (obwohl ganz im stillen), und er ist orthodox. Gott verzeih mir's, aber ich kann mit frommen Leuten nicht mehr recht umgehen, selbst wenn sie sich bemühen, ihre Frömmigkeit vor der Welt zu verbergen, was z. B. dann stattfindet, wenn es damit noch nicht recht brillant steht und sie besorgen müssen, man glaube ihnen nicht genug. Ich nenne das auf welsch une piété honteuse, verschämte Frömmigkeit. Der Ehrgeiz allein entfremdet mich keinem Menschen, zumal da ich selber nicht ehrgeizig bin und meiner Natur gemäß gerne einem Bedeutendern zur Folie diene; aber kombiniert mit der Orthodoxie verschüchtert mich der Ehrgeiz und benimmt mir meine Harmlosigkeit. Es war schade, daß ich den rechten Ton mit W. nicht mehr finden konnte. Denn er ist an Geist ungeheuer gewachsen, und ich hätte hübsch von ihm lernen können. Er hat eine prächtige Phantasie, reich und elastisch, wie ich kaum eine andere kenne, und dabei einen Weltverstand, mit dem er unsereinen zehnmal in den Sack steckt. ...

21. Aug. 1846

Potz Welt, ehe ich's vergesse. Ich weiß nicht, ob Dein Taschen- oder Jahr- oder Jahrtaschenbuch zustandekommt oder nicht. Geschieht's, so bitt ich inständig um eines: Gib meine Verse, wenn Du durchaus welche davon hineinhaben willst, **nicht mit meinem Namen**, sondern unter der Firma: Eminus. Du behauptest, die Dinge brauchen zu können, ich aber will nicht um eines andern willen Verse ausgehen lassen und dann doch Spott und Hohn auf mich laden, als hätte ich selber mich geflissentlich mit meinen Versen hervorgetan. Bitte, herzlieber Urmau, tu mir den Gefallen, wenn es noch Zeit ist, und mach jetzt keine Geniestreiche ohne Not. Sieh, es ist doch wahrhaftig das Recht eines jeden Menschen, selber drüber zu entscheiden, wieweit er sich mit der Publizität einlassen will, nicht wahr? Wenn Dir der Name Eminus nicht recht ist, so nenne mich sogar Saltimbanck, und ich will den Tort eher verschmerzen als jenen, mit eigenem Namen aufzutreten. Denke doch nur, daß Du mir keinen Ersatz dafür bieten kannst, wenn irgendeine Giftfeder unter unsern lieblichen Rezensenten meine Sachen noch schlechter

macht, als sie schon sind. Ich als Dr. Burckhardt will nun einmal keine belletristischen Ansprüche machen, weil ich glaube, daß selbst ein guter Poet, sobald er gedruckt ist, eine falsche Stellung zu unsrer jetzigen Welt hat. Dixi, sonst wirst Du bös.
Ich habe in Italien wenige Verse gemacht, weil ich meine Zeit besser brauchen konnte. Am Anfang meines Aufenthaltes in Rom hoffte ich etwas in Zug zu kommen, aber es gelang nicht und verleidete mir bald. Ich habe einige Landschaften gedichtet, bin aber darob ins Schmieren gekommen und in eine Manier, die niemandem unausstehlicher ist als mir selbst. Ich kann nun einmal mit unsern wenigen erlaubten Reimen nicht auskommen; zum Ausfeilen entschließe ich mich vollends nie. Das, was mir zuzeiten Spaß macht, ist gerade das rohe Hinschmeißen.

AN GOTTFRIED UND JOHANNA KINKEL

Basel, 11. Sept. 1846
Liebster Urmau! liebste Direktrix!
... Weshalb ich jetzt noch, elf Tage vor meiner Ankunft in Bonn, an Euch schreibe, erkläre folgender Grund: Primo müßt Ihr doch wissen, daß ich überhaupt noch vorhanden bin. Secundo, daß ich den 22. und 23. September in Bonn zu verweilen hoffe, diesmal übrigens nicht wiederum Eure Gastfreundschaft in Anspruch nehmen, sondern im Gasthof logieren werde. Tertio, daß ich von Rom aus (Ende Mai) ein bläuwliches Mawblatt an Euch abgesandt habe, mit lauter Versen von vorn bis hinten; darunter war ein Reisegedicht von etwa 200 Versen, Gott geb, daß Ihr's gekriegt habt, denn es war das Konzept, und ich habe keinen zweiten zu versenden. Wer weiß, vielleicht hat's auch die römische Postverwaltung so interessiert, daß sie es lieber gleich behalten hat. Auch gut. Quarto habe ich durch die Schauenburgs erfahren, daß der arme Urmau arg krank gewesen ist, und möchte ihn gerne ein wenig aufheitern. Quinto bitte ich, meinen vorgeblichen „Ruf" nach Berlin soviel als möglich geheimzuhalten, indem ich so nicht mehr recht dran glaube und hier überall ausbreite, ich

werde Ende April wieder in Basel sein. Mit dem, was Deinetwegen im Trieb ist, steht es schon anders, wegen Deiner Präzedentien und weil Du ein Landeskind bist. – Basel, das ich letzten Samstag wieder betreten, sieht mich übrigens so langweilig und philiströs an, daß ich meinem Herrgott selbst für einen Winter in Berlin sehr dankbar bin. Nein, unter diesen Geldprotzen hält es kein rechter Mensch aus! Rom! Rom! Rom! – capisce?

12. Sept.

O wie ist mir diesmal der Abschied von Italien schwer geworden! Ich weiß es jetzt, daß ich außerhalb Roms nie mehr recht glücklich sein werde und daß mein ganzes Streben sich törichterweise in dem Gedanken konzentrieren wird, wieder hinzukommen, und wäre es auch als Lakai eines Engländers. Ich könnte Dir in Rom verschiedene Stellen zeigen, auf der Straße, in Gärten usw., wo mich ohne besondern Anlaß das Gefühl überraschte, daß ich jetzt vollkommen glückselig sei; es war eine plötzliche, vom Genuß nicht abhängige, innere Freude. Eine dieser Stellen ist auf der Treppe des palazzo Farnese, beim ersten Absatz, also nicht einmal eine sonderliche Lokalität. Eine andere Stelle, wo ich in den ersten Tagen des Mai einmal dasselbe Gefühl hatte, ist rechts von der fontana Trevi. Ich fühlte mich zu Rom in einer Harmonie aller Kräfte, wie ich sie nie gekostet, einige gute Tage in Bonn ausgenommen. Denn verliebte Zeiten, wo man zwar bisweilen glückselig, aber dabei außer allem Gleichgewichte ist, rechne ich nicht in dieses Kapitel, weil es da gar keine Kunst ist, sich glücklich zu fühlen. – Als ich am 8. Juli Rom zum letztenmal verließ und der Wagen um der Pässe willen vor Porta del popolo stillehielt, stieg ich noch einmal aus und ging feierlich wieder drei Schritte weit zum Tor hinein, wodurch ich meine künftige Wiederkehr habe versinnbildlichen wollen. Am ponte Molle hat es doch einige Zähren gekostet. Florenz und Venedig haben mir auf Rom hin gar nicht mehr recht munden wollen; dagegen hatte ich in Ravenna einen wahren und echten Nachklang von Rom, besonders als ich die herrliche einsame Basilica in classe besuchte, die so schön und traurig am Rande des großen Pininenwaldes liegt. Mosaiken sieht man in Ravenna, lieber Urmau! Es sind die schönsten nächst jenen von St. Cosma e Damiano in Rom, und alles datiert! Ich kann Dir nur sagen, daß die Galla Placidia nahezu das Unbedeutendste darunter ist, so schön das Ding sein mag. Die zwölf Apostel im Baptisterium (d. h. im orthodoxen, nicht in dem der Arianer) sind noch von so außerordentlicher Schönheit, daß man sie dem 5. Jahrhundert kaum mehr zutrauen kann, so herrliche Sachen auch damals noch geschaffen wurden – doch von all diesem mündlich. Ich bin sehr begierig auf Deinen zweiten Band Kunstgeschichte, den ich gar gut brauchen könnte. In Eure Theorie der rheinischen Kirchen muß ich mich in Bonn des gründlichsten einweihen lassen, sonst sitzt Ihr mir auf, wenn ich bei der Bearbeitung von Kuglers Kunstgeschichte in diesem Punkte nicht nach Eurem Sinn rede.

Ich habe gestern das Programm Deines Jahrtaschen- oder Taschenjahrbuches „vom Rhein" gesehen und mit Freuden bemerkt, daß mein Name dabei nur in dritter Linie figuriert. O Du herzlieber Erzeulenspiegel und jugendlicher Faselant, der Du noch mit Herausgabe von Gedichten glaubst etwas wirken zu können! Grade als ob nicht eine Epoche vor der Tür wäre, die unsere ganze jetzige Literatur und noch viel mehr unter den Tisch wischen wird! Freilich, Ihr wollt's nicht glauben. Gedichte machen – ja! aber Gedichte herausgeben – ne!

In Berlin wird es ein sauberes Leben werden. Ich bin zum voraus entschlossen, mich gegen Berlin vollständig abzuschließen, über Hals und Kopf zu ochsen und außer Kugler so gut wie niemanden zu sehen. Sobald ich wieder Geld habe, kratz ich aus nach Rom und bleibe dort bis auf den letzten Pfennig. Dann laß ich wieder drucken, und so mag das fortgehen bis an mein selig Ende, das wohl binnen zwanzig bis fünfundzwanzig Jahren jedenfalls erfolgen wird. Immer in den Zwischenepochen schreib ich dann zwei bis drei Jahre an einem guten Buche, oder auch an einer Zeitung, um mich durchzubringen und neue Kräfte zu sammeln, d. h. Geldkräfte. Eine Familie will ich dieser infamen Zeit nicht in die Krallen liefern; es soll kein Proletarier

meine Kinder mores lehren wollen. Du glaubst nicht, wie
resoluiert ich in diesen Dingen bin. –
Addio Urmau! Addio liebe Direktrix!
Auf baldiges Wiedersehen hin zählt die Tage

        Der vielgetreue Eminus.

AN GOTTFRIED KINKEL

            Berlin, 6. Dez. 1846
Herzliebster Urmau!

Ich habe in den neun Wochen meines hiesigen Aufenthaltes
oft geschwankt: Soll ich nach Bonn schreiben – oder nicht?
Soll ich Winke geben oder abwarten? Kugler will Dir vollkommen wohl, aber sein Einfluß ist vielfach contrebalan-
ciert. Ich hüte mich, zuviel nachzuforschen, und begehre
nicht zu wissen, was geheim bleiben soll, weil ich Dir damit
eher schaden als nützen könnte. – Eins aber mußt Du
wissen – jemand, Du weißt schon wer, hat den Minister
auf Dein verfluchtes „Männerlied" am Schluß des Taschen-
buches aufmerksam gemacht, worüber K. in Verzweiflung
ist. So was zerstört wieder vieles, was gut angebahnt schien.
Sie suchen Dich nun aus der Patsche zu reißen; K. will beim
Minister das beste dazureden, und ein andrer Freund will
suchen, den Otto Schütz zur Vorlesung bei Hofe zu bringen.
Dies behalte aber bei Dir, kompromittiere mich nicht bei
Kugler, und hoffe nicht zuviel. Übrigens gehört es für mich
zu den Unbegreiflichkeiten, daß ein Mensch von Deinem
Alter, in einem Augenblick, der vielleicht sein Fortkommen
entscheidet, eine solche Unbesonnenheit begehen kann.
Du bist nicht mehr Theologe, kein Mensch auf Erden kann
Dir ein religiöses Votum abverlangen, warum schreibst Du
es also ganz unnützerweise in die Welt hinaus und noch
dazu in solcher Form? Es ist gar wenig Poesie, gar wenig
neu Gedachtes in dem Männerlied und viel Renommage.
Habe aber ich mir das Renommieren abgewöhnen können,
so kannst Du es auch. Wenigstens solltest Du auch an die
denken, welche Dich lieb haben, und ihnen nicht ohne Not
Schrecken einjagen. ...

7. Dez.

Mir geht es ganz gut; die Geschichte der Malerei rückt. Für mein weiteres Fortkommen scheinen gute Aspekten da zu sein; der Minister soll sich günstig über mich geäußert haben. Ist mir ganz recht, baue übrigens mehr auf die Buchhändler. Es stehen mir nach und neben den jetzigen Arbeiten andere bevor, von mühsamer – aber lukrativer Natur, d. h. so, daß unsereiner eben durchkommen kann, und mehr verlange ich ja nicht. Längst ist der Brust ehrgeiziger Trieb entflohn, sagt Platen; und das war für seine Person nicht einmal wahr, wohl aber für mich. Zum Arbeiten nach meinem Gusto, d. h. zum Strenghistorischen, komme ich vielleicht nie mehr, oder erst dann, wenn die besten Kräfte dahin sind. Nun, es ist schon ganz andern Leuten Ähnliches passiert.

Berlin tritt mir in gewohnter Scheußlichkeit entgegen, und die Sehnsucht nach Rom quält mich täglich mehr. Vielleicht reiße ich einmal all die Verhältnisse, die man mir in der edelsten Absicht vorbereitet, mittendurch und kratze aus. Das Subjekt Eminus würde sich dabei ganz wohl befinden. Dieses Subjekt will gar nicht bloßes Wohlleben und Bummelgenuß, es arbeitet gerne, aber al suo modo. Nur muß das Subjekt bekennen, daß ihm ein solches Durchbrennen um Kuglers willen leid täte, welcher alles für das Subjekt tut und viele Liebe und Geduld beweist.

Im Ernst, ich fühle für Kugler und seine wahrhaft großen Absichten ein inniges Mitleid. Er, für seine Person, steht jetzt wohl unverdrängbar fest, aber das, wofür er lebt, werden sie ihm doch vereiteln oder wenigstens partiell nach Kräften verhunzen, denn es gibt in unserer Zeit nichts Mächtigeres als eine Verschwörung kleiner Interessen gegen durchgreifende Verbesserungen. Ich sage ihm immer: Du siehst die Dinge viel zu jugendlich an, worauf er mich auszulachen pflegt und meint: Es ist so lange schlecht gegangen, ich sehe nicht ein, warum es nicht auch einmal besser gehen soll. – Geibel ist schon etwas elegischer gestimmt und natürlich mehr seinen persönlichen, poetischen Plänen hingegeben, welche Großes versprechen. Er mag mich ganz wohl leiden, weil ich so harmlos mitlaufe, ihm die Zeit vertreibe und auf seine Gedanken einzugehen suche. Ich bin ihm von Herzen zugetan, weil er der nobelste Mensch unter der Sonne ist, und halte ihm seine Einseitigkeiten zu gute, weil sie mit seinem Werte eng zusammenhängen. In poetischen Dingen ecrasiert er mich durch eine gänzliche Entmutigung; ich mag kaum mehr einen Vers schreiben, wenn ich denke, wen ich in meiner Nähe habe. Es ist auch ganz gut, wenn ich nicht mehr dichte, ich arbeite um so viel besser....

9. Dez.

... All mein Streben geht jetzt dahin, mir soviel zu ersparen, um wieder nach dem Süden gehen zu können, und dann, wenn ich einmal drinnen bin, holt man mich nicht so leicht wieder heraus. Ich hoffe es dahin zu bringen, all dem glänzenden Elend in Leben, Literatur und Politik feierlich den H...... zudrehen zu können. Schilt, wie Du willst, liebster Urmau, aber gestehe mir zu, daß in den jetzigen deutschen Zuständen keine Natur mehr sich harmonisch entwickeln kann. Das Kleinliche, Ängstigende, Zersplitternde ruiniert jetzt auch die Besten, während die Schlechtesten davon profitieren. Hier hilft nichts als eine Luftreinigung im großen Stil, und die wird kommen; was wir bis dahin schaffen, ist Zeitvertreib, sind Odeurs, womit wir uns auf Augenblicke den Duft der allgemeinen Fäulnis verhehlen. Warum nun nicht in einfachere, schönere Zustände flüchten, wenn sie noch irgendwo vorhanden sind? Ich wenigstens bin gesonnen, noch einmal, ehe die bösen Tage kommen, meine Art von Leben zu genießen....

10. Dez.

... In einer Beziehung, lieber Urmau, hast Du wohl durchgängig Unrecht: warum dies beständige Renommieren mit der rheinländischen Manneskraft? Wir Rheinländer stehen bei den Sachsen, Schwaben und Bayern gar nicht im Geruch besonderer Energie und ausgezeichneten Charakters! Laß Dir diese Marotten vergehen. Der Rhein beginnt mit der rohen Heftigkeit des Schweizers, dann folgt der kommune, verschlagene Elsässer, der renommistische Badenser, Rheinbayer und Rheinhesse, dann der Judd von Frankfort, dann

Koblenz mit einer Bevölkerung, die noch niemand ernstlich gerühmt hat – endlich der Gau von Bonn und der Kölngau – na, ich will lieber schweigen. Geibel ist auch meiner Meinung – der hat freilich wieder seinen aparten Hanseatenhochmut. Das laß ich gelten, daß wir alle tutti quanti zehntausendmal mehr wert sind als die Berliner; auch habe ich mich an der kleinen berlinischen Episode in der Margret aus der Maßen ergötzt. Übrigens ist das ganze Ding wunderbar schön und unterscheidet sich wesentlich von den ansonst in jetziger Zeit kurrenten Dorfgeschichten und vollends von der jetzt beliebten Proletarierpoesie, womit einige unsrer großen Geister hausieren gehen. Es ist schade, daß die Gattung der Mode anheimgefallen ist, wie seinerzeit die politische Poesie. – Die jetzige Literatur lebt fürchterlich schnell und konsumiert ein unglaubliches Kapital von Reiz und Abwechselung. Und doch! Wie Weniges schlägt so recht entschieden durch! –

Jetzt grüße von mir die edle Direktrix! Ich wünsche Euch ein Anno 1847, das Euch nach so langen Sorgen eine wohlige, gesicherte Stellung bringe! Ich wünsche dem Mibes Kraft und Gesundheit, den 2 Kleineren alles Gedeihen!

Und Du, herzlieber alter Urmau! bleibe mir treu! laß Dir sagen, daß ich nie ein Berliner werden will, daß ich Deine Interessen hier nach Kräften und mit Diskretion vertrete und daß keine Differenz der Ansichten mich von Dir trennen soll. Ich sehe ihnen hier genugsam in ihre Rat- und Prinziplosigkeit hinein, um innerlich frei zu bleiben. Dieses mußt Du mir auf mein Wort glauben. Die Politik ist für mich tot; was ich tue, das tue ich als Mensch, und als Mensch liebe ich Dich, und wenn Du noch zehnmal ärgere Tollheiten machst als das Männerlied.

Glöcksillig Neujohr! In alten Treuen

      Dein Eminus, genannt Jakeff.

AN HERMANN SCHAUENBURG

Mein Junge!   Berlin, 27. Februar 1847

Ich sehe schon, es ist die höchste Zeit, daß man Euch schreibt, sonst malt Ihr Euch vor, ich werde Euch im Früling besuchen und an den Rhein begleiten. Lieber Sohn, ich kann nicht, es ist ganz unmöglich. Ich muß dem Herrn danken, wenn ich mit Ach und Krach bis gegen den Herbst hin mit meinen Arbeiten fertig werde. Und Du? Was stellst Du Dich so disponibel, während Du schon in Gott weiß was für Banden steckst? Es geht durch Deinen letzten Brief eine gewisse Ahnung baldiger Schicksalsveränderung. Spar Dein Geld auf die Hochzeitsreise!

Übrigens bin ich vollkommen der Meinung, daß Du gar nichts Gescheiteres unter der Sonne tun kannst als freien. Ich tät's auch auf der Stelle. Wenn man so über die siebenundzwanzig, achtundzwanzig hinaus ist, wird's verflucht leer und trübe um einen herum, ich hätte es nicht geglaubt. Ich bin wohl in guter Leute Händen, aber sie ersetzen mir die Jugendfreunde und anderes mehr doch nicht, und wenn es mein Temperament mit sich brächte, so könnte ich recht von Grund der Seele melancholisch sein. Eins aber tröstet mich: wer einsam bleibt, der fällt nicht so leicht dieser miserabeln Welt in die Klauen, er kann ihr zu jeder Zeit einen Fußtritt geben und ins hohe Meer der Freiheit hinaussteuern. Hermann, ich werde allmählich kühner und trotziger, und Ihr werdet am Ende noch das Schauspiel erleben, daß einer, welcher furchtsamer geboren ist als Ihr alle, ganz frech mit dem Leben spielt. Die Lumperei ist nicht wert, daß man sich um ihretwillen allzusehr inkommodiert. Ob man am Ende mit unsäglicher Plackerei in seinem Fache etwas genützt hat, das trägt doch wenig aus; weit besser ist es, den Geliebten lieb gewesen zu sein und nach eigener Phantasie gelebt zu haben. Meine „Phantasie" aber ist die Schönheit, die mich in allen Gestalten mächtiger und mächtiger ergreift. Ich kann nichts dafür, Italien hat mir die Augen geöffnet, und seitdem ist mein ganzes Wesen lauter Sehnsucht nach dem goldenen Zeitalter, nach der Harmonie der Dinge, worüber mir die vorgeblichen „Kämpfe" der Gegenwart ziemlich Schnurtz geworden sind. Ich bitte Dich! Egoismus hie und Egoismus da und Wichtigtuerei und Renommieren und Sentimentalität auf beiden Seiten, und das alles auf Papier, auf Zeitungen reduziert, sintemal die Zeit oben mit einem bleiernen Deckel zugelötet

Jacob Burckhardt
Zeichnung von Franz Kugler, 1846 oder 1847

ist. Da lobe ich mir die Schweiz, wo man auch zuweilen
aufeinander loshaut, so daß wenigstens die Luft in Bewegung kömmt. Gott besser's, aber mir fällt immer der Nachtstuhl der Harmonia in Heines Wintermärchen ein.

Die Kölnische und andere Carrés de papier, wie Alphons
Karr zu sagen pflegt, deduzieren zwar, daß die Politik jetzt
erst großartig und eine Politik der Völker geworden sei etc.
etc., ich kann Dich aber als ehrlicher Historiker versichern,
daß es in der ganzen Weltgeschichte keine so kommune und
völlig reizlose Partie gibt als die Zeit von 1830 an. Ich fühle
in mir die Berechtigung, mich dahin zu wenden, wo meine
Seele Nahrung findet. Geibel sagte neulich: „Nicht das Zeitgemäße ist schön, sondern das Schöne ist ewig zeitgemäß."
Und mit diesem Spruch ende ich für heut Abend, da es
schon spät ist.

O Hermann, läg' ich jetzt auf Deiner Kneipe in Herford
wie in jenen glückseligen Septembertagen! – Schlaf wohl,
mein lieber wunderbarer Junge, und erscheine mir heut
Nacht im Traum!

28. Februar

Ach Gott, wie öd und fad liegt diese hiesige Welt um mich
her! Wie ganz anders war das in Rom, wo Erinnerungen,
Volksleben und Kunst jeden gemeinen Gedanken in nichts
auflösten und jede Stimmung auf den Adlerschwingen der
Poesie in den verklärten Äther trugen! ...

Das muß ich sagen, im hiesigen Sand möchte ich nicht
begraben liegen. Wenn es einmal glücklich zu Ende geht,
dann bringt mich nach Rom und logiert mich in einer der
Straßen am Abhang des Quirinals mit den Fenstern gegen
das Kapitol und den Janiculus; dort legt mich ans Fenster,
wenn es Ave Maria läutet und die Sonne hinter die Berge
geht; da will ich mit Vergnügen sterben. Oder auch irgendwo am schroffen Strande des Mittelmeeres in einem der
alten Sarazenentürme; dann werfe man mich ins Meer, wo
es am tiefsten ist:

> Versenkt mich ins Tyrrhenische Meer!
> Das ist die stillste Grabesgrotte!
> Dort liegt von alten Zeiten her
> Manche karthagische Silberflotte,

Von türkischem Erze mancher Schild,
Von Rom und Tyrus Schiffesschnäbel,
Und manch hellenisch Götterbild,
Und mancher Sarazenensäbel!

Bei diesen Altertümern mag
Eminus Konservator werden;
Dann freßt euch auf, ihr Lumpenpack,
Daß wieder Stille wird auf Erden!

Vielleicht in später, später Zeit,
Wann wieder jung die Welt geworden,
Tönt auf den Fluten weit und breit
Jubel von hohen Schiffesborden.

Auf goldnem Deck wird Helena
Von Paris Arm umschlungen thronen;
Ob ihrer Schönheit fern und nah
Jauchzen die Nymphen und Tritonen;

Bekränzte Purpursegel schwellt
Ein Balsamhauch, und Lieder tönen:
„Wandelt vorbei, Zeitalter der Welt!
Ewige Jugend verbleibt dem Schönen!"

1. März

Dieses Lied habe ich gestern Abend für Dich gemacht, Hermann, aber Du darfst es nicht in die Westfalia geben, Spitzbub!
Hiemit küßt Dich   Eminus.

AN HERMANN SCHAUENBURG

Berlin, 22. März 1847

Hermann!
Wir müssen einmal zusammen auskneifen. Wenn ich in den Dingen dieser Welt zu brauchen wäre, und wenn ich nicht des Schönen in Kunst und Natur unablässig bedürfte, so würde ich Dir sagen: wir gehen miteinander nach Amerika! Aber dort könnte ich nicht leben; ich bedarf eines historischen und dazu eines schönen Terrains, sonst sterbe ich, was im Grunde nicht das schlimmste wäre.
Ich gehe nächsten Winter, wenn nicht alles sich dagegen verschwört, wieder nach Rom. Ich will noch einen Trunk

tun aus diesem goldenen Zauberbecher; der Lenz, der in mir unterm Eise schlummert, soll noch einmal zur Blüte kommen. Dort, beim Tor des heiligen Paulus an der Via Ostiensis liegt eine gewisse Pyramide eines gewissen Cajus Cestius, wo man sehr sanft ausruht unter Platanen und Zypressen. – Ach, die Ironie ist, daß ich doch immer lebendig wiederkomme.

Bis 9. September müssen meine Arbeiten fertig sein; ich ochse jetzt wie ein Pferd, ich spare wie ein Harpax, ich gehe einher ohne alle Zierlichkeit, denn es gilt künftige Freiheit, es gilt, den Durst dieser Seele nach allem Schönen zu stillen, ehe ich von hinnen scheide.

Hermann, ich glaube, es geht uns beiden ungefähr gleich. Wir haben tausende gekannt, die in der Jugend auf deutschen Hochschulen wahre Vulkane von Unmittelbarkeit, selbst von Originalität und von Poesie zu bleiben oder zu werden versprachen und jetzt teils servile, teils liberale Philister sind. Wir dagegen werden der Welt und ihren Gleisen immer fremder und leben ein Privatleben, welches dem jetzigen Treiben (einstweilen im stillen) schnurstracks entgegenläuft.

Ist Dir's auch bisweilen so, daß Du meinst, es müsse Dir auf einsamem Waldpfade einmal der kleine braune Zwerg erscheinen, welcher Dir unter Moos und Steinen die Tür aufmacht, wo es in eine neue Welt von Dingen hineinführt? Ich glaube bisweilen an ein künftiges Wunder, welches mich aussöhnen soll mit dem, was um mich ist, an einen Talisman, welcher in dieser jämmerlichen Zeit Ruhe und Behagen geben kann; – und doch – es ist unmöglich, d. h. für mich. Denn die Leute können es gar wohl hienieden aushalten, welche entweder 1. durch die christliche Liebe oder 2. durch den Ehrgeiz mit dieser Welt verbunden bleiben. Das sind zwei Dinge, welche ich nicht besitze; wer aber eins von beiden hat und dabei ein starker Mensch ist, der überwindet die Welt. Laß doch Deine Feindschaft gegen das Mittelalter! Was uns etwa drückt, das sind die Affen des Mittelalters, nicht das echte und wahre Zeitalter Dantes und Konsorten, welches au contraire ganz famose Leute waren. Das klassische Altertum, wenn es par ordre de Mufti wieder eingeführt würde, wäre nicht viel weniger lästig. Ich habe die historischen Beweise in Händen, daß man im Mittelalter sich ganz göttlich amüsiert hat, und daß das Leben so farbig und reich war, wie man es sich jetzt gar nicht mehr vorstellen kann. Dieses nebenbei. Laß Dir nur von den Liberalen nichts mehr in historischen Dingen aufbinden, sie schwatzen im Grunde noch immer den französischen Enzyklopädisten nach. „Aber sän Se, des will ich Ihnen sagen, die Bildung, die mer jetzt haben..." ist keinen Schuß Baumwolle wert, und macht nur, daß das Pack alle über einen Leist geschlagen ist. Hermann, dieses ist ein langes Thema, die Ausbreitung der Bildung und die Abnahme des Eigenartigen, des Wollens und Könnens; worüber diese Welt noch einmal in dem höchsteigenen Mist ihres Philisteriums ersticken und verfaulen wird. Ich hab's gleich g'sagt.

> 23. März, am Jahrestage meines Einzuges
> in Italien, bei Como 1846
>
> Was soll mir fürder dieser Norden
> Mit seinen trivialen Horden?
> Was Schönes auch sein Schoß erzeugt,
> Es stirbt verbittert und gebeugt.
>
> Was will die Kunst mit ihrem Buhlen?
> Des Wissens eitler Zank in Schulen?
> Was soll die Habgier und die Not?
> Neun Zehnteil lägen besser tot!
>
> Und dieses Busens letztes Glühen
> Soll ich im stillen hier versprühen?
> Hervor mein Stab und Wanderhut!
> Es wird noch „alles, alles gut!"
>
> O nimm, du heißgeliebter Süden,
> Den Fremdling auf, den Wandermüden!
> Erfülle seine Seele ganz
> Mit deinem heitern Sonnenglanz!
>
> Laß rings um ihn den Wunderreigen
> Der alten Götter leuchtend steigen!
> Zeig' ihm aus alt und neuer Zeit
> Gestalten voll Unsterblichkeit!

> Laß ihn dein Volk, laß deine Frauen
> In abendlichem Tanze schauen!
> Mit aller Schönheit Zauberwein
> Schläfre die bange Seele ein!

25. März

Lieber Sohn, ich bitte Dich, laß mir nichts mehr vordrucken! Man kann nicht wissen, ob ich nicht doch einmal als Eminus der Zeit etwas Gedrucktes hinschmeiße. Und dann ist Deine anrüchige Westfalia doch ein gar zu schlechter Winkel, nichts vor ungut! Das Morgenblatt würde mir wenigstens die Sachen honorieren, die Du mir auf diese Manier unbrauchbar machst. – Und nun gar die Gedichte von Dir! Mensch, schäme Dich doch, Dein Bestes den Philistern loci so preiszugeben. Es ist grade, als wenn ich meine Sachen in den hiesigen Figaro gäbe. Spare diese Gedichte, nimm Dich in der Form etwas zusammen, feile etwas aus, und Du wirst durchschlagen. Das Gesinnungsvolk muß Dich schon wegen der Gesinnung loben und die vernünftigen Leute wegen des Gehaltes. – O die Hymne an Hermes hat einen so herrlichen Klang! Besonders der Schluß! Mehr! Mehr!

Und jetzt in allem Ernst: heirate! so reich und so schön wie möglich! Fort kannst Du doch nicht, und unverehelicht gehst Du zugrunde in Herford. Mit mir ist das ein ander Ding, ich muß mobil bleiben. Hörst Du, heirate! nur gleich auf'm Fleck und nicht zehn Jahre Brautstand, wie das in Norddeutschland Sitte ist, – es ist etwas weniges besser, als wenn sich einer aufhängt.

Von meinem Reiseprojekt soll niemand was wissen als Du. Hörst Du? – Nächsten Winter werde ich doch noch nicht angestellt, kann also fort. Von meinem bevorstehenden Wartegeld werde ich natürlich für diese Zeit großmütigst abstrahieren; ich will auf eigene Kosten in Italien leben, nicht aus fremder Leute Beutel.

26. März

... Addio, Herzjung!

Dein Eminus.

AN EDUARD SCHAUENBURG

Berlin, 25. März 1847

...Glaubst Du mir, daß ich am Sonntag nur schon deshalb ungern spazierengehe, um nicht Berlinern en masse zu begegnen? Drei Vierteile dieser Gesichter sind bittersauer und gedrückt, der letzte Vierteil philiströs gemästet. Rom ist doch auch arm, aber welche Schönheit, Klarheit und Charakterfülle in diesen Gesichtern! mager zum Teil, auch alt und verwittert hie und da, aber alles entschieden, ehern, nichts a priori Skrofulöses, Schwammiges, Formloses.

Übrigens gehen wir drei[1], oder wenigstens Kugler und ich, alle Nachmittage spazieren, oft bis Charlottenburg, Templow, Mariendorf etc., so daß wir mindestens zwei bis drei Stunden auf den Beinen sind. Ich mache es schon um der Gesundheit willen gerne mit, denn wer hier ins Sitzen kommt, der hat in Jahresfrist jene bekannte Unterleibskrankheit mit Hämorrhoiden, Kopfschmerzen usw., an welcher hier sämtliche Beamte und Gelehrte leiden. Jetzt ist meine Gesundheit noch gut, und ich will sie nicht an dieses erbärmliche Berlin wagen, will mich auch gar nicht überochsen, wie hier Hunderte tun. Es ist rectâ nicht der Mühe wert. Wenn ich mich hier ruiniere, mit welchen Organen soll ich denn die künftige Freiheit genießen, auf welche ich hinarbeite?

Ete, ich lese jetzt viel in den Alten und trödle Klassiker zusammen. Apuleius ist ganz wunderschön; Du würdest erstaunen. Auch Lucian, den ich jetzt ganz durchlese, um wieder ins Griechische zu kommen. Dann Scriptores historiae Augustae sind Eselsköpfe, aber interessant. Wenn ich einmal wieder im Zuge bin, so geht's an Homer und die Tragiker. Jetzt zum erstenmal geht es so recht con amore ins Altertum. Eine griechische Statue kann mich ganz wehmütig machen. Ich könnte Dir im Vatikan die Stelle zeigen, wo mir zum erstenmal die Augen etwas aufgingen über das Altertum. Es war bei der Statue des liegenden Nilgottes. – Italien hat mir für tausend Dinge einen ganz

[1] Kugler, Geibel und J. B.

neuen Maßstab gegeben. Für Vergnügungen u. dgl. bin ich sehr gleichgültig geworden; seit bald vier Monaten war ich nicht im Theater, welches auch eine bloße Vergnügungs- (oder auch Marter-) Anstalt geworden ist, so daß man auch das wenige Gute aus dieser Hand nicht mehr mag. ...

AN DAS KURATORIUM DER UNIVERSITÄT BASEL

Berlin, 28. März 1847

... Nach reiflicher Überlegung und nicht ohne tiefes Bedauern finde ich mich veranlaßt, die mir im März 1845 anvertraute außerordentliche Professur der Geschichte wiederum in Ihre Hände niederzulegen. Zeitliche Rücksichten, welche zu übersehen mir nicht gestattet ist, legen mir diese Notwendigkeit auf, nachdem ich mich lange gegen diesen Gedanken gesträubt. Die Zeit meiner Rückkehr nach Basel ist zu ungewiß, als daß ich um eine fernere Verlängerung meines mit so vieler Nachsicht bewilligten Urlaubs einkommen dürfte. Welches nun auch mein künftiges Schicksal sein wird, unvergeßlich bleibt mir das Vertrauen und die Humanität, womit Ihre hohe akademische Behörde sowohl als die hochverehrten Herren Kollegen dem Anfänger aufmunternd und fördernd entgegenkamen; und wenn ich irgendeinen heißen Wunsch hege, so ist es der, nach umfassenderen wissenschaftlichen Leistungen, als ich bis jetzt aufweisen kann, in diejenigen Verhältnisse zurückkehren zu dürfen, welche Ihre Güte mir einst eröffnete. Bis mich das Glück wiederum diese Pfade führt, soll mich immer der Gedanke begleiten, daß ich gegen die ehrwürdige Anstalt, welcher ich meine Bildung und meinen ersten Wirkungskreis verdanke, eine große Schuld abzutragen habe. Wenn mir in wissenschaftlichen Dingen irgendein Erfolg zuteil werden sollte, so seien Sie versichert, daß ich denselben im Geiste stets der Alma mater Basiliensis zu Füßen lege. ...

AN GOTTFRIED KINKEL

Berlin, 4. Mai 1847

Liebster Schatz, Seelenlappsal war Dein Brief. Ich antworte jetzt, damit nicht über dem Ausfeilen des Alchimisten[1] wieder viel Zeit, d. h. 3-4 Tage verstreichen, denn so bald soll er womöglich nachfolgen.

Vor allem, Schatz, komm zuerst nach Berlin, und geh dann nach Dresden. Warum? Kugler und Geibel treten am Tag vor Pfingsten eine 7-8 wöchentliche Fußwanderung nach Süddeutschland an, um ihre Abdomina wieder auf den Strumpf zu bringen; Du fändest sie also nicht mehr hier, wenn Du erst nach Dresden gingest.

Ferner: o Du unschuldiger Urmau, der Du meinest, es würde irgendeiner, wenn auch der größten, literarischen oder dramatischen Notabilität ein freier Theaterbesuch bewilligt! Glaubst Du etwa, Geibel hätte ihn? Gott bewahre. Das hiesige Theater ist ein reines Finanzinstitut und läßt sich auf Generosität nicht ein. Übrigens tröste Dich. Es ist meist hundeschlecht; die Besten spielen rein als Virtuosen, die andern als Affen. Ich bin seit 5 Monaten nicht mehr drin gewesen, teils aus Sparsamkeit, teils aus Fleiß, teils weil mir abends auf meiner Kneipe oder bei Kugler am wohlsten ist, teils weil ich das hiesige Judenpack nicht um mich haben mag, wenn ich genießen soll. Schon das Auditorium verleidet mir den Theaterbesuch.

Schatz, was wollen wir einen heitern Lebtag führen diese kurze Zeit über! Kugler und Geibel erwarten Dich mit Freuden, Geibel hat Verlangen nach Dir. Man hofft, sich über so vieles mit Dir auszusprechen zu beiderseitigem Contentement. Kannst Du aber erst nach Abreise der beiden hier eintreffen, so soll's wieder auf eine andere Manier gemütlich sein, kurz, es soll Dir gut gehen.

Was phantasierst Du, lieber Mauz, als hätte ich gemeint, Du wollest Dich über mich erheben? Kein Mensch hat von jeher Deine Superiorität williger anerkannt und verfochten als ich! Und glaube doch ja nicht, daß ich für mich große Erfolge erwarte. Wir armen Menschen des 19. Jahrhunderts (das gebildete, auch zersplitterte genannt) können uns ja so

[1] Eine Novelle von J. B., die in den „Maikäfer-Briefen" erschien.

wenig recht konzentrieren, so wenig vorausrechnen in Betreff künftiger Tätigkeit! – Mensch, komm, mir schwirrt der ganze Kopf von Reiseplänen und Bücherplänen. – Die schönen Sachen, die Du mir über die Geschichte der Malerei sagst, nehme ich, weil sie die ersten Laute der Anerkennung sind, mit dankbarem Gemüte als gutes Omen an, fürchte aber – nicht bösartige, sondern geringschätzige Rezensionen von E. F. u. a. m. Am Ende wird man freilich das Buch nicht wohl entbehren können, solange kein anderes dieser Gattung da ist, und man wird es kaufen, was mehr wert ist als alle günstigen Kritiken. Ich kann das wohl sagen, weil es nur zum geringsten Teile mein Verdienst ist. Als mein Verdienst nehme ich hauptsächlich nur die erste Lieferung in Anspruch. Den Mosaiken und dem Verhältnis der byzantinischen Kunst zur abendländischen habe ich zuerst einigermaßen auf die Beine geholfen, zum Teil durch Dich angeregt. Schnaase hat bei den Mosaiken nach Abbildungen geredet, Du nach Erinnerungen; ich fühlte, daß ich Euch hierin irgendwie überbieten müßte, und reise in Gottes Namen den Mosaiken nach. – Aber, o Gott: es bliebe noch genug zu tun übrig, und Du hast gerade die beneidenswerteste Aufgabe vor Dir, da Du nicht dieser Galeerenarbeit der sog. Vollständigkeit nachzugehen brauchst. Paß auf, Urmau! ich will Dir einen guten Rat geben. Laß Dich wenigstens im 15. Jahrhundert nicht auf dieses verrückte Charakterisieren der Schulen und der Malerei ein, wie wir haben tun müssen, sondern greife mit aller Frechheit die gegenständliche Betrachtungsweise auf und schreibe ein großes, allgemeines Kapitel über die nordische Malerei des 15. Jahrhunderts, welchem Du dann einen kurzen Abriß der Maler und Schulen auf drei Seiten höchstens magst folgen lassen. Euer kleines Kölner Museum würde schon hinlänglich ausreichen, um das Bezeichnende im Ganzen herauszukriegen. Bin ich halb verrückt geworden über der alljährlichen großen Wiedertaufe z. B. in der flandrischen Schule, so brauchst Du es nicht auch zu werden. Stelle Dir die Aufgabe so: Wie spricht sich der Geist des 15. Jahrh. in der Malerei aus? – dann vereinfacht sich alles. Die Höllenarbeit, welche ich eben durchgemacht habe, sollst Du nicht auch durchmachen. Du sollst nicht wie ich Dich martern über der Anschauungslosigkeit in den Mitteilungen Passavants[1], über der unsinnigen, innerlich unwahren Begeisterung Hothos[2]! Geh nach Köln, meinerwegen ein wenig nach Belgien oder auch nach Frankfurt a. M., und sieh Dich um, wenn du die Dinge nicht mehr im Gedächtnis hast, trinke dann auf dem Heimweg ein paar Flaschen Guten, und dann setze dich auf den Arsch und schreibe eine Gesamtcharakteristik. Hätt' ichs nur auch tun dürfen! Aber von uns verlangt man ein Nachschlagewerk. Hundsföttische Schmierer, die als Persönlichkeit gar kein Interesse, als Ausdruck der Zeit aber ein sehr großes haben, mußte ich in Gottes Namen mit aufnehmen, weil sie zufälligerweise ihren Namen auf Bildern haben....

O liebster Schatz, grüß Direktix herzlich und komm bald zu Deinem Salltimbanckk.

AN HERMANN SCHAUENBURG

Basel, 23. August 1848

O lieber Hermann, ich habe Dich wiederum warten lassen; sieh, ich bin ein armes geplagtes Tier, was den ganzen Tag zu tun hat und dann am Ende wohl über eine freie Stunde, nicht aber über eine freie Stimmung verfügen kann.

Also fort? – Es wird allgemach verflucht einsam um mich herum. Was wollen diese Schemen von mir, mit denen ich täglich lebe? Du hast doch wenigstens noch mitgemacht und Dich umgetan; ich verspinne mich in mir selber. Es ist eine ganz kuriose Empfindung, wenn man mit dieser Welt abgerechnet hat und gar nichts mehr verlangt als ein Plätzchen an der Sonne, um Dinge auszuhecken, wonach am Ende kein Mensch mehr fragt. Und doch, es ist kein

---

[1] Maler und Kunstgelehrter (1787–1861); im Jahre 1847 lagen von seinen kunsthistorischen Arbeiten seine „Kunstreise durch England und Belgien" (1833) und sein „Rafael v. Urbino u. sein Vater Giovanni Santi" (seit 1839 im Erscheinen) vor.

[2] Seit 1829 Prof. der Kunstwissenschaft an der Universität Berlin (1802–1873); Vertreter der Hegelschen Ästhetik. Seine „Geschichte der deutschen und niederländischen Malerei" erschien 1842/43.

bloßer eigensüchtiger Epikureismus von mir, daß ich so handle; jede Natur hat eben ihre Notwendigkeiten.
Ich wußte von Anfang an, daß Dich die Ereignisse mitreißen würden. Du hast wirken wollen und Dich deshalb mit dem Zerfallenen und Verworrenen abgeben müssen; ich will schauen und suche das Harmonische. Mit frevelhafter, alltäglicher Neugier habe ich den kühlen Götterhain (gelidum nemus) betreten, und mit Andacht bleibe ich darin. Man kann mir sagen: ich möchte mich leichtlich als Antike darin versteinern – damit hat es aber gute Wege.
Nun sieh, das ist alles, was ich von mir zu melden habe. Tag für Tag gehen so hin; ein eigentliches Verhältnis habe ich mit keinem Menschen; ich bin einsamer als je in meinem Leben, gelte übrigens für gutartig und genieße einer gewissen Achtung.
Daß Ihr alle nach Amerika wollt, kann Euch kein Mensch verargen. Ich bin auch der unmaßgeblichen Meinung, daß die Politik bei diesem Entschluß das Geringere getan hat, und daß Ihr hübsch bleiben würdet, wäre Euch nicht Europa sonst verleidet. Ich kann Dir aber das Gefühl nicht ausdrücken, womit ich der allgemeinen Desorganisation des deutschen Privatlebens zusehe. Alles ist aus den Fugen, alle Schranken ohnmächtig. Ihr seid von den Gescheitern. Aber was soll ich von Kinkel, von Stift u. m. a. noch erleben? Glaube mir, Kinkel wird auf das schändlichste zwischen zwei Stühlen auf die Erde zu sitzen kommen. Es fehlt ihm gänzlich an der edlen Besonnenheit, an dem innerlichen Maßhalten, welches man bekanntlich selbst als Republikaner nötig hat. Das wird noch ein rechtes Elend werden. Und Stift, ach Gott, am Ende wird man allerdings ebensogut Kesselflicker als Pennallehrer. Als Sänger wird er vielleicht sich in zehn Jahren zu Grunde richten, sintemal er nicht die Natur ist, die dem Komödiantenleben Widerstand leisten kann; aber er hat dann doch nach eigenem gusto gelebt und nicht vierzig Jahre mit Weib und Kind am Hals um der Nahrungssorgen willen nach der Pfeife eines hochlöblichen Provinzialschulkollegii getanzt. Und Ete, der goldene, heitere Ete! Soll dieses Unikum

der Natur auch in dieser verwünschten Krisis beengt und
verdüstert werden? Die Geschichte von der Kneiperei, die Du
mir gemeldet hast, ist Goldes wert. Daran erkennt man ihn.
Weißt Du, daß ich seine Adresse nicht habe? Von Siegen
ist er ja meines Wissens an den Rhein gekommen. Mit
Julius[1] habe ich Mitleid, wie mit allen Buchhändlern. Der
Name „Heuler", den Ihr da aufgebracht habt, ist ganz
maliziös erfunden; denn wenn ich mich prüfe, warum ich
kein Heuler bin, so ist es doch darum, weil ich weder Haus
und Hof, noch Weib und Kind habe. Denn die Zukunft
der Familie und des Vermögens mag, wenigstens für einige
Zeit, gar wohl heulenswert sein. Summa: Tut, was Ihr
wollt oder müßt, nur bildet Euch nicht ein, frei zu sein,
während die dunkelsten Elementargeister ihr Wesen mit
Euch treiben.

Und nun zürne mir nicht, liebster Junge, weil ich einen
andern Weg gehe. Du bleibst ja doch immer in meinem
Herzen als jugendlicher Heros verklärt. Mit Dir werde ich
im Geist allein mein Liebstes tauschen, da ich ja freiwillig
vereinsamt bin von allem. Wie Du über den Ozean willst,
so pilgere ich dereinst wieder über die Alpen; vielleicht
lebe ich dann als alter Bettler im Süden. Diese Jahre der
dumpfen Leidenschaft werden ja wohl auch vorübergehen.
Alles weichliche Gewimmer nach Trost haben wir uns ja
schon abgewöhnt; ich sehe von ferne ein Licht schimmern,
das nicht mehr erlöschen wird.

Im dunkeln Halbdämmerschein laß uns Abschied nehmen.
Lebwohl! Wenn Du kannst, so laß mir, wo du auch seiest,
ein Blättchen zukommen, auch nur einen Finger lang!
Lebwohl, liebster Hermann,   Dein Eminus.

AN HERMANN SCHAUENBURG

Basel, [vor dem 14.] September 1849

... Kinkels Schicksal habe ich seit 1847 so erwartet; es war
mit ihm nicht mehr zu reden; er wollte sich rächen und
mußte früher oder später den Kopf einrennen; war's nicht

---

[1] Julius Baedecker aus Essen.

an dieser Mauer, so war's an jener. Von politischen und ökonomischen Fragen hat er nie mehr verstanden als diejenige Seite, womit Aufsehen zu machen war. Sieh, seit langen Jahren wußte ich ganz gut, daß er sich immer zur Schau tragen mußte, und darin war ich von jeher das gerade Gegenteil von ihm. Diese Dinge klingen jetzt dem armen Gefangenen gegenüber sehr hart, ich schreibe sie auch nur Dir. Ach, Du lieber Himmel, was soll nun aus der Familie werden? Die Eltern der Frau haben zwar etwas Vermögen, aber es reicht nicht weit; ich fürchte, es wird ein rechtes Elend.

Wie furchtbar höhnisch heißt es nicht am Ende vom „Otto der Schütz":

„Sein Schicksal schafft sich selbst der Mann'.

... Von der Zukunft hoffe ich gar nichts; möglich, daß uns noch ein paar halb und halb erträgliche Jahrzehnte vergönnt sind, so ein Genre römischer Kaiserzeiten. Ich bin nämlich der Meinung, daß Demokraten und Proletariat, auch wenn sie noch die wütendsten Versuche machen, einem immer schroffer werdenden Despotismus definitiv werden weichen müssen, sintemal dieses liebenswürdige Jahrhundert zu allem eher angetan ist als zur wahren Demokratie. Nähere Ausführung hiervon möchte unliebsam klingen. Einen wahren gesellschaftlichen Organismus knüpft man in dieses alternde Europa nicht mehr hinein; desgleichen ist seit Anno 1789 verscherzt worden.

Nun sehe ich mit großem Vergnügen, daß Du eine beträchtliche Resignation gewonnen hast! So klug bin ich geworden, daß ich weiß, die Philister sind nicht die Schlimmsten; versetzte Genialität aber ist vom Teufel. Sowenig ich in dieser jetzigen Welt zu Hause bin, so will ich doch streben, ihr harmlos und liebreich begegnen zu lernen.

Einsamer als jetzt habe ich nie gelebt, es kommt mir aber doch so ein Hauch unbestimmten Glückes entgegen, das ist die (relative) Stille; ‚otium Divinum'....

AN PAUL HEYSE

Basel, in die omnium animarum [2. Nov.] 1849

Liebes Brüderlein in Apolline!
Hiemit schicke ich Ew. Wohlerzogenheit ein armes kleines Ding, so neulich hier das Licht der Welt erblickt hat[1], als geringe Gegengabe gegen den schönen, geldschweren Brief, so Ihr mir aus ländischem Mastort zugeschickt habt. Ich frankiere es absichtlich nicht, damit Euch das Geschenk um so teurer sei; das Porto, so Ihr auslegt, soll anstatt der Bezahlung im Buchladen dienen. Ich kann nichts beifügen als was Beckmann als „Vater der Debütantin" mit so rührendem Ausdruck herausstammelte: „Herr, es is mein Kind! Des Weitere wird des Worm selbst sagen!" — Euere Märchen schickt Ihr mir dereinst auch unfrankiert.

Also Ihr möchtet gern Tragödienstöffer? Ja, da wird eigentlich nichts geschnupft! Überhaupt, liebes Brüderlein, ist das eine recht üble Gourmandise in Eurer ganzen Clique, daß Ihr meint, man müßte für Euch an alle Stauden schlagen, die in der ganzen Geschichte herum verteilt stehen. Das ist ein unruhiges Besehen und Hin- und Herschmeißen, ein Nörgeln und Klagen – Ihr möchtet nur auch gar alles fertig haben, ehe Ihr an die Arbeit geht. Dieses sage ich absonderlich von Euch und Geibel; Kugler ist viel tranquiler, dem suche ich auch gerne was zusammen. Rechnet doch einmal nach, lieber Jung, was Shakespeare im König Johann, in Richard II., im Heinrich IV. für ein geringes Skelett vorgefunden hat, und wußte doch etwas draus zu machen. Explicit der Rüffel.

Nun kommt etwas Balsam auf die Wunde. Laßt Euch einen Dionem Cassium aus der Bonner Bücherei geben und leset das Buch LXXVI Ende. (Die letzten Tage des Septimius Severus.) Oder apud eundem leset das Ende der Kleopatra; mag zwar schon oft behandelt sein, schwebt mir aber doch von einer ganz neuen Seite vor; ich sehe sie als patriotische Königin von Ägypten, die ihre

---

[1] Es handelt sich um J. B.s Gedichtband „Ferien, eine Herbstgabe", der 1849 in Basel anonym erschien.

Ehre zehnmal verhandelt hat, nur um die Unabhängigkeit ihres Landes zu retten. Beim Dio rundet sich die Sache ganz schön; Ihr müßt aber von der Bataille bei Aktium an lesen. Das sind Geschichten, die mir grade einfallen; wenn Ihr den Aristomenes fertig habt, so kriegt Ihr mehr.

Euer Liedlein ist ganz hübsch und nächtlich. Schickt mehr davon! Überhaupt laßt mich nicht ganz allein und meldet mir immer auch, was Ihr von K(ugler) und G(eibel) wisset.
In Treue und Liebe   Euer Eminus.

AN HERMANN SCHAUENBURG

Basel, 20. [?] Dezember 1849
Lieber Hermann!
... Ich lebe in ziemlicher Stille mit vieler Arbeit meinen Stiefel weiter; sonderliche Hoffnungen auf die Zukunft habe ich nicht, doch bin ich im ganzen bei passabler und gleichmäßiger Stimmung. Mein kleines Einkommen genügt, um honett zu leben; zu placken im eigentlichen Sinne brauche ich mich nicht! Es ist eine Lage, die ich mir nicht besser wünsche, um die nächsten Zeiten über den Verlauf der Dinge abzuwarten. Neues von meiner Person kann ich Dir weiß Gott nicht melden, denn das interessiert Dich doch nicht zu wissen: ich lese jetzt das und das vor soundso viel Zuhörern, oder: ich gehe in diese und jene Gesellschaft und rede mit Frau soundso vom Wetter! Ich kann Dich nur wiederholt versichern, daß der phantastische Zukunftsplanmacher, als welchen Du mich gekannt hast, ausgestorben ist, und daß ich gar keine Art von Ambition mehr habe. Poesie tröstet mich noch zuweilen, aber Euch Druckenlassern schicke ich keine Zeile mehr, zumal jetzt, da ich Euch in der Eitelkeit der Welt so tief befangen sehe, daß Ihr wieder an einen Musenalmanach denkt. Was wird der Fernhintreffer Apollon dazu sagen? – Vergeßt Ihr denn, daß es kein Publikum mehr gibt?, daß selbst von den vielleicht sehr Vielen, die so etwas kaufen, vielleicht kein einziger aus Bedürfnis und in Erwartung echter Poesie das goldbeschnittene Buch in die Hand nimmt? Sag mir, wen

soll diesmal das Titelkupfer verherrlichen? Quem virum
aut heroa? Ich bin jetzt allerdings der Ansieht: ja, man
soll wieder Gedichte drucken lassen, aber nicht mehr auf
den Sukzeß hin, nicht mehr auf zu erhoffende Rezensionen hin, auf Cliquenverbindung hin, auf Tendenz hin –
und wie all die Kulturfäulnis heißt, die mit der wahren
Poesie gar nichts zu tun hat. – „Ohne dieses findet sich
kein Verleger", heißt es. – So lasse man die Sachen auf
eigene Kosten drucken und betrachte die Veröffentlichung
als eine Pflicht. Man kann ja den Namen, der nichts zur
Sache tut, füglich weglassen. Jetzt vor allem bedarf der
Poet einer spartanischen Entsagung, einer totalen Vergessenheit seiner Person. ...

21. Dezember

An die Kinkelsche Kasse kann ich gegenwärtig fünfzehn
Krontaler geben. Melde mir die von Euch festgesetzte
Adresse; ich sende es dann franko herunter. Ich würde es
gleich jetzt schicken, aber Du hast vergessen, mir Eduards
Adresse in Düsseldorf zu melden, so daß ich diesen Brief
aufs Geratewohl adressieren muß, ein Experiment, das ich
natürlich mit dem Gelde nicht machen möchte. Aus guten
Gründen wünsche ich mit dem geringen Bettel, den ich
beisteuern kann, gänzlich ungekannt zu bleiben. Verstehst
Du wohl? Ich will dann sehen, ob ich im Herbst etwas
nachsenden kann. Doch Du lachst vielleicht im stillen;
bis zum Herbst sind ja vielleicht allerlei Leute wieder obenauf und bedürfen unserer Gaben nicht mehr, können vielmehr uns protegieren, wenn wir demütig genug sind, uns
solcher Protektion zu fügen. – Ich danke zum voraus.
An Deinen Römerzug glaube ich zur Stunde noch nicht
recht. Wenn's aber sein sollte, so wollen wir hier ein paar
Abende fidel verkneipen. Mitkommen kann ich freilich
nicht mehr; die guten Zeiten sind vorüber. Du findest mich
aller Wahrscheinlichkeit nach unverheiratet, unverlobt,
vielleicht sogar unverliebt vor. Es wäre wohl am besten so,
denn wenn irgend jemand, so müßte unsereiner in dieser
Zeit persönlich frei sein nach allen Ecken hin, um aufprotzen zu können, sobald man ihn irgendwie unwürdig

behandeln will. Aber der Mensch ist schwach, und innerlich einsam zu leben, ist nicht jedermanns Sache. ...
Addio! In Treuen Dein   Köbi.

AN EMMA v. BAEYER

Basel, 24. Dez. 1849
Verehrte Emma!
In dem Augenblick, da ich die Feder mit erfrornen Fingern ergreife, werden sich wohl in einem gewissen Hause an der Friedrichstraße die Lichter am Weihnachtsbaum entzünden, wie vor drei Jahren, als ich so liebevoll von allen Seiten bedacht wurde[1]. Ich bin aber nicht bloß bei diesem Anlaß, sondern auch sonst das ganze Jahr über oft und viel im Geiste bei Ihnen und weiß erst jetzt, an den trüben, einsamen Abenden, wie gut ich damals aufgehoben war. Aus dem Briefe von Onkel Franz ersehe ich nun, daß ich auch bei Ihnen noch nicht ganz verschollen bin, und daß mein armes kleines Heftchen[2] Ihnen einige Freude zu machen das Glück gehabt hat; ich nehme Ihr vielwertes Schreiben vom 12. Juni wieder hervor und sehe mit Beschämung, wie Sie meine pflichtschuldige Gabe so unverdient wohlwollend aufgenommen haben. Wenn ich diese Zeilen früher las, als mir selber jene Verse noch besser gefielen, so war ich erfreut, jetzt bin ich beschämt.
Wie das Stübchen aussieht, aus welchem jene „Aussichten" aufgenommen sind[3], hat Ihnen vielleicht Heyse geschildert, der mich auf dem Hin- und Herweg bei seiner Schweizerreise besucht hat. Dieser gänzlich wohlerzogene Göttersohn vertraute mir an, daß er bisweilen an Sie, verehrte Emma, Briefe richte, und dieses erregte meinen Neid; um nicht in gar allem hinter dem lieben Kind zurückzubleiben, nehme ich mir jetzt heraus, Ihnen ebenfalls ein paar Zeilen zu senden. Er hat mir inzwischen sein Porträt geschickt, welches jetzt wohl schon lange in Onkel Franzens Prunk-

---

[1] Im Hause Franz Kuglers. Die Adressatin war dessen Nichte.
[2] J. B.s Gedichtband „Ferien. Eine Herbstgabe".
[3] Siehe den Zyklus „Aussichten aus einem Fenster" im genannten Gedichtband.

gemach prangen wird. Ich habe das mir übersandte noch immer nicht einrahmen lassen, weil er mir ein so schmeichelhaftes Motto darunter geschrieben hat, daß ich selbiges mit einer besonderen, schwierigen Vorrichtung muß verdecken lassen. Indem ich dieses schreibe, in Gesellschaft einer Zigarre, fällt es mir aufs Herz, daß dieser für Sie bestimmte Brief wohl unvermeidlich nach Tabak duften wird. Ach, ich verwildere ganz! ich wachse ohne alle Aufsicht heran; es ist ein Erbarmen. Die Leute verlangen nur, daß ich mich alle acht Tage, Freitags von 7 bis 8, auf einer Art von Schafott in ganzer Figur zeige und ihnen was vorschwatze; da sehen sie mich an und gehen wieder. Und das tut der feinste Flor der hiesigen Damen! Jeder Anwesende, auch der geringste, ist glücklicher als ich, denn mir bleibt nichts übrig, als während des Redens die Augen gen Himmel zu heben, wenn mich nicht der großartige Anblick von zirka 150 Damen außer Fassung bringen soll. Die Gatten sitzen so, daß sie die Damen im Profil sehen; freilich behalten die meisten Damen die Hüte auf. – Aber Sie werden finden, ich sei sehr eitel, daß ich zuerst Onkel Franz und nun noch Sie, schöne Emma, mit diesen Vorlesungen unterhalte, es ist aber das einzige, was jetzt regelmäßige Unruhe in mein Dasein bringt, denn die Poesie ist für eine gute Weile schlafen gegangen, und der Rest ist Arbeit und betrübte Einsamkeit. Zuzeiten tröstet mich mein altes Klavier, auf welchem ich bekannte Melodien spiele und unbekannte phantasiere. Aus Andacht für die guten und lieben Abende in Berlin habe ich Rossinis Soirées musicales gekauft, exekutiere aber die Accompagnements beträchtlich unvollkommener als Sie. Wie komme ich mir jetzt vor, daß ich damals Ihre himmlische Geduld so oft in Anspruch nahm! Am Darben lernt man den Überfluß kennen. – Sonst haben wir hier ziemlich brillante Abonnementskonzerte, für welche ich bloß aus liebreicher Gesinnung für meine Schwester und meine Nichten unterschrieben habe, welche ich hinführe. „Man muß sich beizeiten als Onkel beliebt machen", das hat mir einst ein kluger Mann gesagt. Bei Ihnen im Norden versteht sich dergleichen von selbst; hier nicht so durchaus. Sodann existiert hier alle Montage eine

Liedertafel, bei welcher ein guter und harmloser Geist herrscht. ... Aber nachhaltig ist dergleichen doch nicht. Summa summarum: ich weiß erst jetzt, wie gut ich es hatte in Berlin, als ich abends hinkommen durfte in das bekannte Heiligtum; ich weiß auch erst jetzt, wie sündlich ich handelte, als ich im Mai und Juni 1847 immer nur über meinen Büchern saß aus Heißhunger, bald nach Italien zu kommen. Sagen Sie das 1. sich selbst, 2. der verehrten Tante Clara; sagen Sie ihr aber auch, daß ich jetzt dafür mit Bewußtsein büße.
Ihrer Absolution, verehrte Emma, möchte ich gerne einigermaßen sicher sein! Indem ich Sie bitte, mich Ihrer werten Fräulein Schwester und Ihrem Herrn Vater bestens zu empfehlen, lege ich mich Ihnen zu Füßen   Eminus.

AN EDUARD SCHAUENBURG

Basel, Silvester 1849
Lieber Eduard!
Herzlichen Neujahrswunsch zuvor!
Lieber Ete, ich habe Dir lange nicht mehr geschrieben, weil ich nichts zu schreiben hatte und weil ich lange Zeit nichts als Klaglieder Jeremiä auf die Post zu werfen versucht war. Wie manchen Brief, der zu kläglich lautete, habe ich verbrannt und dafür einen andern aufgesetzt! Bloß weil die, an welche ich schrieb, entweder selber traurig genug oder aber zum Spotte über den traurigen Korrespondenten aufgelegt waren. Jetzt bin ich wieder bei besserer Laune, und siehe, so muß es sich schicken, daß ich Dir gerade zur Hochzeit Glück wünschen kann.
Wer hätte es gedacht, daß grade Dir eine so lange Prüfungszeit bevorstände! Ich glaube aber wohl, Dir ein Heil! darüber zurufen zu können. Vielleicht hat mir früher das Glück seine Gaben gar zu leicht auf dem Teller gebracht und tut es in einigen Beziehungen noch jetzt; mein Leben lang habe ich mich nur wenig, was man heißen kann, angestrengt – dafür bin ich aber auch weniger wert und fühle mich kaum mutig und würdig genug, meine Hand nach den höchsten Gütern des Lebens auszustrecken.

Es ist kein Kleines um den Kampf mit beschränkten Verhältnissen, den Du eingehst; aber daran erkennt man Dich, daß Du davor nicht zurückbebst und das Glück, das Dir bestimmt ist, von Gottes und Rechts wegen für Dich verlangst. Die kleine Spanne Zeit, die uns in diesem Erdendasein zugewiesen ist, muß doch ausgenossen sein, wenn wir nicht unharmonisch, unversöhnt einst zu den Schatten wandeln sollen. Die Dich kennen, wissen es, daß Du des Höchsten wert bist und höchstes Glück von Dir ausstrahlen kannst. Laß den Einsiedler, der einst so gute Zeiten mit Dir durchlebte, immerhin ein wenig zu Ehren Deines Festtages in die Posaune stoßen; es hört es ja weiter niemand.

Was Du hast, wollte schwer errungen sein, damit Du den ganzen Wert ermäßest. Daß die äußern Formen, unter welchen die Besitznahme geschieht, rauh und winterlich sind, wird das innere Glück wohl nur erhöhen können. Du bist ja weder leichtsinnig noch halsstarrig von Hause aus; was Du verlangst, ist Dein göttlich Recht. Bis zum letzen Atemzug kannst Du Dir nun sagen, daß Du mit aller Anstrengung danach gerungen hast, Dein Leben zu einem schönen, vollendeten Ganzen zu machen.

Meine ganze Bewunderung hat Deine liebe Braut um ihres Mutes und ihrer Beständigkeit willen. Ein ruhiges Gefühl muß in ihr leben, daß das Glück dieser treuen Liebe ein dauerndes sein müsse, das nicht von äußern Ereignissen abhängt. Lege ihr den Ausdruck meiner Ergebenheit pflichtschuldig zu Füßen.

Mich treibt vielleicht mein Schicksal noch wunderlich umher, nicht nach eignem Entschluß, denn wenn ich entschiede, so wäre ein stilles, heimisches Glück mein Höchstes und Liebstes. Nicht ohne Neid sehe ich Dich in den Hafen eingelaufen, der mir noch nicht offensteht; ferne her winken zwar Leuchttürme, aber ich bin meines Kompasses nicht sicher, und der scharfe Eurus jagt mich an Klippen vorbei.

Wirst Du meiner noch in diesem neuen Leben bisweilen mit Liebe eingedenk sein, nachdem ich Dich so lange ohne ein Signal meines Daseins gelassen? Ich glaube doch wohl.

Laß mich diese Hoffnung in das neue Jahr hinübernehmen, das ich mit einem aus Sorgen und Hoffen sonderbar gemischten Gefühl antrete.
Dich grüßt aus voller Seele

Dein getreuer J. Burckhardt.

AN BÜRGERMEISTER FELIX SARASIN

Basel, 28. Januar 1851

Hochgeehrter Herr Bürgermeister!
Um Ihnen den Entschluß über Ankauf oder Ablehnung meines Bildes[1] zu erleichtern, sehe ich mich veranlaßt, im Vertrauen auf Ihre vollkommene Diskretion, Ihnen einige Andeutungen zu geben.
Der Schein ist gegen mich; es sieht aus, als suchte ich auf Ihre Unkosten eine begangene Übereilung rückgängig zu machen.
Aber fürs erste wäre ich, selbst wenn ich mich übereilt hätte mit dem Ankauf, Mannes genug, dergleichen in der Stille zu ertragen und zu beißen.
Fürs zweite brauche ich das Geld nicht für mich. Es handelt sich um einen Künstler, der aus Mangel an Mitteln Italien im März verlassen müßte[2]. Ich bin gesonnen, ihm

[1] Dem Brief liegt folgender Sachverhalt zugrunde; am 27. Nov. 1850 hatte J. B. aus der Sammlung der Herren Merian-Koechlin und Bischoff-Kestner für 500 Schweizer Franken ein Bild „den St. Johannes darstellend, angeblich von L. da Vinci" gekauft. Er hielt es für einen echten Lionardo und bot, da er das Bild durch seinen Kauf nur für das Basler Museum sichern wollte, es zum selben Preis diesem an. Obwohl einer der ersten Kenner Lionardos in dieser Zeit, J. D. Passavant in Frankfurt a. M., es zwar nicht als einen echten Lionardo anerkannt, aber als „fast gleichzeitige" Kopie erklärt hatte, die durchaus 500 Fr. wert sei, wurde es vom Museum nicht angekauft. Darauf bot J. B. es dem Bürgermeister Felix Sarasin an, in dessen Besitz es am 1. Febr. 1851 zum angebotenen Preis überging. (Vgl. R. Oeri-Sarasin im Basler Jahrbuch 1917, S. 252 ff.)
[2] Es handelt sich um Arnold Böcklin, den J. B. wahrscheinlich im Jahre 1849 kennenlernte, wohl auch 1852 in Basel sah, mit dem er dann aber namentlich im Winter 1852-53 in Rom oft zusammentraf. Er stand damals in Böcklins höchstem Vertrauen, warb bei Angela Pascucci für den Freund und war bei der Hochzeit Trauzeuge. Die guten Beziehungen zwischen Böcklin und J. B. haben

durch eine Bestellung von 250 Fr. noch die paar Frühlingswochen zu leisten. Auch dafür würde ich das Bild nicht verkaufen, wäre ich nicht anderweitig in meinen kleinen Geldsachen auf lästige Weise im Stiche gelassen worden. Die übrigen 250 Fr. werden allmählich auch auf Kunstzwecke verwendet werden.

Fürs dritte ist zwar mein Zeugnis für den Wert des Bildes Null, weil es in eigener Sache gefällt ist; allein ich bin glücklicherweise imstande, Ihnen die schriftliche Aussage einer in dieser Sache ganz unwiderlegbaren Autorität vorzulegen, dahin lautend: 500 Fr. seien ein mäßiger Preis für dieses Werk.

Ich habe dieses Bild gekauft in der ersten Aufwallung des Enthusiasmus, den es wohl zu erregen imstande ist. Ich sah, daß es, wenn nicht von Lionardos Hand, jedenfalls unter seinen Augen gemalt sein mußte; ich rechnete nach und fand, daß das Museum noch keinen einzigen Idealkopf besitze, etwa Holbeins Laïs ausgenommen. Das Bild ist deshalb nicht weniger wert, weil das Museum den Kauf ablehnte.

Wenn Ihnen, hochgeehrtester Herr Bürgermeister, gleichwohl der Ankauf nicht konveniert, so nehme ich dies als ein Schicksal für jenen an, dem die Hälfte der Kaufsumme bestimmt ist. Er ist ein Maler, der jetzt nichts gilt, von dem aber in zehn Jahren jedermann etwas wird haben wollen.

Das unbedingte Zutrauen allein, das ich in Ihre Verschwiegenheit setze, gibt mir den Mut, Ihnen mit dieser Sache beschwerlich zu fallen. Dem Betreffenden selber kann ich nur durch eine anonyme Bestellung durch dritte Hand

---

bis zum leidigen Konflikt wegen der Fresken für das Basler Museum im Herbst 1869 fortgedauert, als Böcklin der fixen Idee unterlag, J. B. verhindere ihn, in Basel, seiner Vaterstadt, zu Ansehen und Ruhm zu gelangen. Aber wie J. B. 1851 materiell den unbekannten Künstler unterstützte und seinen späteren Ruhm voraussagte, so hat er immer nur mit größter Anerkennung von Böcklins Kunst gesprochen. (Vgl. darüber A. Oeri, Arnold Böcklin u. J. B., Süddeutsche Monatshefte 1911, 1, S. 371 ff. u. H. A. Schmid, A. Böcklin und J. B., Jahresbericht d. öffentl. Kunstsammlung zu Basel, 1927, S. 23 ff.)

nahekommen, jedes direkte Einschreiten würde seine Delikatesse verletzen.

Ich weiß, daß ich auf den Wegen der Pflicht wandle und mache mir aus dieser meiner scheinbaren Zudringlichkeit keinen Vorwurf, so schwer sie mich ankömmt, namentlich gegenüber einem verehrten Mann, auf dessen Achtung und Wohlwollen mir so viel ankommen muß.

In aufrichtigster Hochachtung Ew. Wohlgeboren ergebenster   J. Burckhardt, Professor.

AN BÜRGERMEISTER FELIX SARASIN

Basel, 17. Mai 1851

Hochgeehrter Herr Bürgermeister!

Entschuldigen Sie, wenn ich unter dem Siegel der Diskretion noch einmal an eine Sache zu erinnern wage, von welcher ich schon einmal Ew. Wohlgeboren zu unterrichten die Ehre hatte.

Es wird morgen eine Landschaft von Böcklin in Rom im Nebenzimmer der Lesegesellschaft ausgestellt sein (und mehr als acht Tage daselbst bleiben), welche nicht bloß **sehr bedeutende** technische Fortschritte, sondern auch den tiefen poetischen Fond des Künstlers deutlich an den Tag legt. Ich bin für meine Person überzeugt, daß derselbe unserer Vaterstadt nicht geringere Ehre machen wird als Frey, und ich habe deshalb für ihn getan, was in meinen schwachen Kräften stand. Es war notwendig, daß ich selber den Anfang machte, weil die früheren Arbeiten B.s nichts Bestechendes hatten und weil es unmöglich ist, dem Publikum künftige Vorzüge eines Malers aus unvollkommenen Bildern zu beweisen. Allein meine beschränkten Mittel gestatten mir nicht, über ein gewisses Maß hinauszugehen. Alles, um was es sich handelt, ist: dem Künstler noch den Aufenthalt in Rom für diesen Sommer zu ermöglichen vermittelst einer mäßigen Bestellung.

Ich weiß, daß die Güte Ew. Wohlgeboren beständig und von vielen Seiten in Anspruch genommen wird, auch würde ich **von dieser Seite** gar nicht an Sie zu appellieren wagen. Allein nach dem vorliegenden Bilde kann ich mich auf das sicherste dafür verbürgen, daß Sie für eine geringe Summe ein Kunstwerk von dauerndem Werte gewinnen würden. Es ist nicht zu besorgen, daß der Charakter desselben durchaus düster und melancholisch sein müßte, ein Wort des Bestellers würde genügen, damit das Freundliche und Heitere neben dem Großartigen vorherrscht.

Ew. Wohlgeboren könnten gegen dieses mein Anliegen ein gerechtes Mißtrauen fassen, wenn ich nur mit fremden Mitteln eine für mich wohlfeile Protektion ausüben wollte. Allein Sie wissen (und zwar nur Sie), daß mir auch ein großes Opfer für diesen Zweck nicht schwer geworden ist, weil ich mit der größten Sicherheit voraussagen kann, daß es sich hier um die Förderung eines geborenen echten Landschaftsmalers handelt, der nicht nur artige Veduten malen, sondern seinen ganzen Kunstzweig fördern wird, wenn ihm Leben und Freiheit gegönnt ist.

Ich schließe mit dem feierlichen Versprechen, Ihnen sonst mit Anliegen dieser Art möglichst selten beschwerlich zu fallen, wie denn dergleichen sonst meiner Art und meinem Geschmack gänzlich zuwider ist, und ich Anlässe dazu nach Kräften vermeide. Hier aber handelt es sich meinerseits um eine klar erkannte Pflicht.

Doch, wie auch Ihr Entschluß ausfalle[1], es ist nichts imstande, meine vollkommene Ergebenheit und Hochachtung zu erschüttern, womit verharrt

Ew. Wohlgeboren untertänigster J. Burckhardt, Prof.

AN EMMA BRENNER-KRON

Basel, 21. Mai 1852

Hochverehrte Dame[2]!

Einen höhern Beweis von Vertrauen als Ihre Zusendung, so anonym sie ist, könnte kein Mann von Ehre verlangen,

---

[1] Auf J. B.s Anraten hat sich Bürgermeister Sarasin zu einer Bestellung an Böcklin entschlossen.

[2] Es handelt sich um die am 18. August 1823 geborene Emma Kron, die 1845 den Basler Advokaten und Politiker Dr. Carl Brenner geheiratet hatte. Sie scheint J. B. – nicht persönlich – durch seine öffentlichen Vorlesungen kennengelernt zu haben. Über die Bedeutung ihres Briefwechsels mit J. B. vergl. S. *67 ff.* (des 1. Teiles).

oder anders als wiederum durch Zutrauen zu erwidern hoffen. Lassen Sie mich in dem schönen Glauben, daß aus der dumpfen, verpesteten Übelluft, in welcher wir einsam (wie es scheint) zu leben verurteilt sind, eine Hand sich mir wohlwollend entgegenstrecke. Die Welt sieht uns ja nicht, und das qu'en dira-t-on, welches die hiesigen Verhältnisse beherrscht, hat keine Macht über uns. Ich nehme es als eine Pflichtsache, nach meinen armen Kräften der Schönheit zu Hife zu kommen, wo sie irgend zutage treten und Gestalt annehmen will, und wenn ich dabei der Roheit der einen und der Heuchelei der andern über den Weg laufe, so ist mir dieses gleichgültig; ich habe nicht mehr viel zu berücksichtigen. Ihr Zutrauen zu meinem poetischen Geschmack nehme ich als ein unverdientes Geschenk hin, weil Sie es so haben wollen, und spreche mich nunmehr mit völligem Freimut aus. Ich sehe, daß ich es mit jemandem zu tun habe, der über die kleinlichen Eitelkeiten dieses Lebens hinaus ist und Wahrheit will, so gut ein erster bester Unbekannter sie aus dem Stegreif geben kann.

Ich glaube in Ihren Gedichten ein bedeutendes Talent vor mir zu sehen, das der Ausbildung wert ist – nicht um der andern willen, denn die Poesie hat in der äußern Welt nur noch eine sehr beschränkte Stelle – sondern zur innern Kräftigung Ihrer selbst. Aus dem Wogen der Gefühle müssen Sie sich hinausretten zur Kunst, zur Einfachheit, zur Wahrheit; es lohnt die Mühe. Selbst wenn Sie darob die eigene Produktion aufgäben, so könnten Sie in den festen Lebens- und Kunstansichten, welche ein solches Studium gibt, einen bedeutenden Ersatz finden. Denken Sie vollends, wie wunderbar das wäre, wenn Sie alles Leid, alle Aufregung in lauter Schönheit verwandeln lernten! Freilich, man muß seine besten Kräfte daran setzen.

Vor allem ist nicht jedes Gefühl, jede Stimmung geeignet, poetisch festgehalten und dargestellt zu werden; der unmittelbare Schmerz will ausgeduldet sein, ehe die wahre Höhe der Stimmung eintritt, welche die Mutter der Lieder wird. Die Poesie darf nicht der Ausdruck des innern Jammers sein; ein Goldglanz der Versöhnung muß schon über den Dingen liegen, ehe sie behandelt werden dürfen. Vor allem aber Zorn und Rache sind bedenkliche Führerinnen! Es ist nicht unmöglich, sie großartig auftreten zu lassen, allein dazu gehört ein sehr gewaltiges Naturell, wie in einigen Psalmen, oder eine hohe vollendete Meisterschaft des Stils, wie bei Dante.

Darf ich so frei sein, Ihre Blätter mit Seitenzahlen zu versehen? Wir orientieren uns leichter. Da ist Seite 33 das Gedicht: „Nach einem Besuch im Irrenhause"[1]. Ein oft behandelter und sehr schwieriger Gegenstand, wenn die Grenzen der Schönheit eingehalten werden sollen. Sie haben viel schönes Detail, viel Gewandtheit in der Behandlung an den Tag gelegt; das Gedicht würde sicher auch vielen gefallen, und doch halte ich es für verfehlt. Die Poesie muß etwas von hoher Gerechtigkeit an sich haben, was hier mangelt; es hätte gezeigt werden müssen, daß auch der ungetreue Geliebte seine liebenswerten Seiten hatte, daß es der Mühe wert war, um seinetwillen zu verzweifeln und den Verstand zu verlieren. Und dann genügt das Schlußereignis nicht; es erweckt Bilder, welche lächerlich wirken statt furchtbar. – Wenn Sie mir nicht einen so kurzen Termin der Zurückgabe gestellt hätten, so würde ich vielleicht versuchen, den Gegenstand selber zu behandeln, um Ihnen meine Gedanken darüber klar zu machen. – Beiläufig gesagt: Sie mischen auch zu viele fremdartige Anklänge ein; die Delphine und die Mandoline gehören nicht in diesen Rahmen und können nur irre machen.

Auch das Gedicht Seite 30 hat viel Schönes und Energisches und ist doch als Ganzes verwerflich. Der Schluß bleibt unklar; man weiß nicht, wer erstochen ist, und ob vorher das Zigeunermädchen gesprochen hat. Dann ist in der achten Strophe ein gefährliches Bild „daß über den Kelch" etc. Wenn Sie sich von der Zulässigkeit eines Bildes überzeugen wollen, so denken Sie sich dasselbe nur verwirklicht; das betreffende werden Sie unerträglich finden. Auch der „Kelch" taugt

---

[1] Emma Brenner-Kron hat später die meisten ihrer Gedichte vernichtet, so daß nur ganz wenige von denen, die J. B. kritisch besprach, heute noch vorhanden sind. Vgl. J. B.s Briefwechsel m. d. Basler Dichterin Emma Brenner-Kron, hrsg. von K. E. Hoffmann, S. 69 ff.

hier nicht; man erhält die unangenehme Anschauung eines weit und ganz rund geöffneten Mundes. Seien Sie überhaupt mit Bildern sparsam; das Wesentliche der Poesie liegt nicht darin, und nur wahrhaft Schönes und Sprechendes ist mehr wert als hundert leidliche und entlehnte [Bilder], der häßlichen nicht zu gedenken. Auch Strophe I gibt ein falsches Bild; das Erdreich sinkt nicht, wenigstens für das Auge nicht. – Hie und da nehmen Sie es mit dem Verse nicht genau genug, z. B.: Strophe VII „doch wisse"; und Ihre Entschuldigung darüber nehme ich nicht an; Sie zeigen sonst ein ganz feines rhythmisches Gehör; es ist nur Mangel an Beharrlichkeit und Widerwillen gegen das Nachbessern. Das Dichten aber ist eine Arbeit und soll es sein, so gut wie jede andere Kunst. – Seite 29 ist wohl geraten, ein rechtes Lied der Leidenschaft. Lassen Sie nur das fremde Kostüm weg! Statt der „Madonna": „Ihr heiligen Engel" etc. – Ferner „des Südens Glut" – die Südländerin weiß nicht, daß es bei ihr anders ist oder sein soll als bei der Nordländerin, und die Leidenschaft stellt über sich selber überhaupt keine Betrachtungen an. Die letzte Strophe muß verändert werden. Statt der Verse „doch mächtig" etc. ließe sich setzen: „In dessen Glut dies Leben enden muß, (Gibst du ihm nicht durch deine Liebe Wert)."
Seite 25 fängt gut an, verläuft sich aber und wäre etwa so zu bessern: Die Dame steht unbemerkt am Fenster und sieht dem Ungetreuen die ganze Straße lang nach, bis er (mit Handschuhen) von seiner Blume das letzte Blatt lächelnd weggezupft hat und um die Ecke biegt. Dann kein Wort mehr. Das weitere Schicksal der Blume, so hübsch Sie das geschildert haben, paßt nicht mehr hieher, weil der Leser längst an ein geknicktes Herz gedacht hat, dem ja weder Vöglein noch Morgenwind helfen können. Das Seemärchen Seite 21 übergehe ich wegen seiner Bitterkeit ganz. Lassen Sie auch die von den Romantikern erfundenen Gottheiten, wie den Seekönig, beiseite, und erfinden Sie neue, wo es der Gegenstand erfordert.

Die Lieder Seite 13 und folgende sind von ungleichem Wert. Das erste ist teilweise hübsch, der Gegenstand aber ganz anders ausgenützt. Das zweite ist unklar und unbedeu-

tend. Das dritte bedürfte eines Schlusses, eines frommen
Wunsches. Das vierte hat ein schiefes Bild zur Grundlage.
Das fünfte ließe sich besser arrangieren, ich weiß nur nicht
gleich wie.

Das sechste ist die Krone des Ganzen und überhaupt bei
weitem das schönste und tiefste von allem, was Sie mir
gesandt haben. Auch das siebente und achte sind schön
und klingen als wahre Lieder.

Von den Märzbildern Seite 9 bis 12 ist das erste ganz wunderschön; das Bild in Strophe III und seine Auflösung in
Strophe IV machen sich ganz prächtig. (Lassen Sie nur
Strophe II das „Kloster" weg, es ist ein unmotivierter Anklang.) – Das zweite ist zum Teil ja eigentlich ganz schön,
mit Ausnahme von Strophe II, wo der Rebe Menschentugenden zugemutet werden, während doch der Leser sie noch
für eine Rebe halten soll. Auch der letzte Vers „zu mir auf
sich schlagen" lautet nicht ganz gut. Dafür sind Strophe III
und folgende von der größten Lieblichkeit. – Das dritte steht
unter den beiden andern; der Wunsch am Schlusse, auf
Herbstnebel von dannen zu schweben, paßt etwa in ein
scherzhaftes Reiselied, aber nicht hieher.

Das „dürre Blatt" Seite 7 ist in der Redeweise etwas nachlässig, sonst aber gut unter der Bedingung, daß die dritte
und letzte Strophe gänzlich wegfallen. Die Silvesternacht
Seite 5 überschlüge ich am liebsten. Der Jammer an sich
ist nicht künstlerisch noch poetisch. Wo Armenkassen und
Versorgungshäuser ausreichen, da hat die Poesie nichts
zu suchen noch zu tun. Jenes Bild, dessen ich mich recht
wohl erinnere, hatte seine Verdienste, der Charakter der
jungen Frau war edel aufgefaßt, und doch möchte ich es
um keinen Preis im Zimmer haben. Seite 4. Der Mühlbach-
Nachklang nach Kerner, Uhland oder Wilhelm Müller!
Seite 3. Am Rhein – auch nur Nachklang. Seite 2. Sehr
schön, nur paßt die letzte Strophe nicht. Der gemeinsame
Gedanke ist die Flüchtigkeit des Glückes, nicht die Gegenliebe. Über Seite 1 will ich nichts sagen. Das Lied hat
seine Schwächen, aber es ist Ihnen gewiß persönlich teuer,
nicht wahr? Es kleben gewiß sehr liebe Erinnerungen
daran. Das fühlt der Leser.

So sind wir am Ende, oder eigentlich am Anfang. Sie suchen, hochverehrte Dame, in der Poesie einstweilen etwas anderes, als was dieselbe leisten kann, nämlich eine Form für übermächtige Gefühle. Die Poesie ist aber eine Kunst und hat die Pflichten einer solchen. Ich glaube, daß auch für Sie die Zeit kommen wird, da Sie dieses Glaubens leben werden; für jetzt wollen wir das wilde, grüne Rankenwerk in Gottes Namen wachsen lassen. Nur um eines möchte ich bitten: um lauter ganz ausgesuchte Lektüre. Nehmen Sie den deutschen Homer zur Hand, da Sie das griechische Original nicht lesen können, überhaupt von den Alten, soviel Sie in Übersetzungen bekommen können; es ist der einzige Weg, aus der lyrischen Anarchie herauszukommen; weil die Alten einzig gesund und beim tiefsten Gefühl gar nicht sentimental sind. Alle Lyriker unseres Jahrhunderts, Platen und Mörike ausgenommen, führen nur irre, am allermeisten Lenau, Victor Hugo und dergleichen originelle Geister, denen man das Geheimnis so leicht glaubt ablernen zn können. Sie sind selber schon manieriert und führen den Leser noch tiefer in die Manier hinein. Vor allem hüten Sie sich vor Heine; der sieht aus wie die liebe Natur und ist im Grunde ein Triple-Extrait von lauter ausgedachten Finessen.

Endlich: Studieren Sie die Form und suchen Sie darin strenge zu werden. Sie bedürfen keiner Handbücher der Metrik; Ihr Ohr sagt Ihnen recht gut, was reine Reime und reine Maße sind. Vermeiden Sie die hüpfenden Verse; sie führen zur Formlosigkeit. Versuchen Sie auch, reimlos zu dichten, etwa im Metrum:

$$- \smile - \smile - \smile - \smile - \smile$$

z. B.: „Wer erkennt dies tiefverhüllte Wesen" etc. etc. Was sich dann hält, was diese Probe besteht, das ist gut. Es gibt nämlich Sachen von sehr namhaften Dichtern, welche innerlich ganz nichtig und leer sind und nur an den Krücken der Reime weiterspazieren. Unsere Reime sind eigentlich zu Ende und schaden nur. Dies dürfen Sie aber nicht weitersagen; es könnte Befremden erregen.

Nun dürfte ich, indem ich das Paket schließe, Ihr wertes Schreiben billig zur Erinnerung für mich behalten. Ihre

Sendung war eine Botschaft wie aus bessern Zeiten und hat,
wie ich glaube versichern zu können, meinem Herzen mehr
wohl getan als meiner Eitelkeit; deshalb möchte ich gerne
ein Andenken davon behalten. Allein ich kenne die Lage
der hiesigen weiblichen Welt in diesen Dingen und lege
den lieben Brief wieder bei. Es lastet genug auf Ihnen, und
meinetwegen oder der unrechten Hände anderer wegen soll
kein Schatten von Kummer Ihr Leiden vermehren.
Leben Sie wohl! und verlieren Sie das Zutrauen nicht zu
demjenigen, der sich dessen stets würdig zeigen wird,
Ihrem hochachtungsvollst ergebenen
J. Burckhardt, Professor.

AN EMMA BRENNER-KRON

Basel, Freitag, 4. Juni 1852
Hochverehrte Dame!
Der Gärtner grüßt mit aufrichtigster Devotion das Heidenröslein, kann ihm aber nicht helfen, sondern bleibt bei den
Gesetzen und Prinzipien, die er ausgesprochen, und die
nicht die seinigen, sondern die der Kunst sind.
Das Heidenröslein ist aber gar kein solches Naturkind, wie
es den Gärtner will glauben machen. Es ist ganz voll von
angeflogenen, d. h. unbewußt angeeigneten Sachen. ... Sie
sehen, ich bleibe mitten im Bilde stecken und weiß nicht
mehr weiter. Im Ernste gesprochen: Sie müssen sich gerade
deshalb zur Kunst entschließen, weil die Naivität verloren
ist. Davon geht kein Buchstabe ab! – Schätzen Sie sich
glücklich, daß es bei Ihnen, wie ich glaube, der Mühe wert
ist. Die Leidenschaft, die Sie jetzt so hastig und formlos
hinkritzeln, müssen Sie in großen und wahren Linien
wiedergeben lernen, die Situationen und Accessoires, in
welchen Sie auf das Geratewohl herumgreifen, müssen
ruhig und schön werden. So wie die Dinge jetzt stehen,
gelingt Ihnen hin und wieder etwas Prachtvolles, dazwischen aber werfen Sie auch ganz geringe Einfälle in
der nonchalantesten Art auf das Papier.
Ich setze nun meinen Starrkopf darauf, diese Sache ernstlich zu nehmen, so deutlich ich auch aus Ihren verehrten

Zeilen hervorlese, daß Sie mich für einen Erzpedanten halten. Wohl mir! ich bin nicht jener stumme Bewunderer, von welchem Sie schreiben! ich bin außerhalb des Bereiches Ihrer Schönheit und Schalkheit, deren Anblick mich vielleicht wie jenen an aller Kunstlehrerschaft irremachen würde. Es schadet Ihnen auch gar nichts, schöne Maske! wenn jemand auf Erden ist, der Sie nicht anbetet, Ihnen aber dafür nützlich sein möchte.

Doch was hilft das alles. Sie lachen mich aus. Ich könnte Ihnen ein Thema zur Behandlung aufgeben – Sie würden es zurückweisen oder solche Stacheln darin anbringen, daß meine armen Hände blutig würden. Ich könnte zu Ihrer Belehrung das gleiche Thema auch behandeln, – sobald Sie es in Ihrer Gewalt hätten, würden Sie es auf alle Weise schlecht finden, und ich müßte schweigen oder ein halbes Buch zur Verteidigung meines Gedichtes schreiben, was für Sie wie für mich zu großen Weitläufigkeiten führen würde. Mit Gründen wirkt man überhaupt – verzeihen Sie meinen unartigen Freimut – auf Damen nicht besonders. Wenn man ausgeredet hat, so ist das zwar alles schön und gut, allein... und nun steht die Frage auf demselben Punkte wie vorher.

Soweit habe ich mich nun ereifert, hauptsächlich um meine schlimme Position – als Bekannter der Unbekannten gegenüber – einigermaßen zu verbessern. Denn, schöne Maske, so schwach bin ich, daß ein anonymes Kichern hinter den Jalousien mich noch aufzuregen imstande ist. – Doch bald wäre ich in „Bekenntnisse" hineingekommen, verzeihen Sie!

Was soll ich nun noch weiter sagen? Sie nehmen bis jetzt meine Kritiken wie persönliche Angriffe gegen das Heiligste auf; Sie verteidigen die Gedichte, die Sie aus „besonderen Gründen" lieben, während man nur das Werk lieben soll, welches neben dem besonderen Inhalt auch der Kunst einigermaßen genügt. Übrigens würde mich dergleichen nicht irremachen. Ich verlange nicht, daß Sie Ihren frühern ästhetischen Irrtum eingestehen, wenn Sie sich nur bessern! wenn Sie nur mit den Bildern behutsamer umgehen lernen! wenn Sie nur einsehen lernen, was ein für allemal häßlich

und manieriert ist! wenn Sie sich nur vor den Nachklängen
hüten! – Denn die kommen von selbst, die ganze Luft in
der heutigen Poesie ist voll davon, und man kann sie aus
dritter, vierter Hand empfangen, wenn man viel und ohne
Auswahl liest.

Nicht wahr, Sie halten mich für erstaunlich hochmütig?
ich muß es darauf ankommen lassen. Die Sache, die ich
zu vertreten die Ehre habe, war längst vor mir da; was ich
tue, ist so lange meines Amtes, bis Sie einen Bessern finden,
der sich Ihres schönen Talentes annimmt, und zu dessen
Füßen dann auch ich gerne sitzen werde.

Einstweilen schlage ich Ihnen vor, mir auch ferner recht
viel, ja alles zu schicken, was Sie produzieren; ich werde
damit durchaus nicht glimpflicher verfahren als mit der
ersten Sendung; aber das gerade kann allein zu Ihrem Heile
dienen.

Mit tiefster Hochachtung und Ergebenheit

Ihr J. Burckhardt.

PS. Das Heidenröslein nehme ich mit Freuden zum Andenken an, und auch Ihren Brief möchte ich gerne behalten,
wage es aber doch nicht. Bitte, behalten Sie mir ihn auf! –

AN PAUL HEYSE

Basel, 13. August 1852

... Ich merke, daß Du inzwischen in poeticis ein großes
Tier geworden bist und den Leuten schlaflose Nächte
machest. Siehe aber, wie ich in der Literatur zurück bin;
das Neueste, was ich von Dir kenne, sind die schönen
Sachen im Musenalmanach auf 1852. Inzwischen höre
ich von großen erzählenden Gedichten – eine Gattung,
woran ich armes Worm für meine Person schon so lange
verzweifelt habe. Und doch mache ich immer wieder Pläne
der Art und zerreiße sie pflichtschuldigst. Auch sonst bleibe
ich mannigfach im Probieren stecken, weil leider Gottes
meine (richtige oder unrichtige) ästhetische Einsicht die Begabung überwiegt. Man wird mit den Jahren unmäßig bedenklich und verschwendet keine Kraft mehr an Ausführung
von Plänen, in welchen man Grundfehler entdeckt.

Ich habe seit einiger Zeit in meinen Ansichten von der Kunst (en bloc gesprochen) eine langsame ganze Wendung gemacht, wovon viel zu reden sein wird, wenn Du bei mir bist. Ich hätte nicht geglaubt, daß ein so alter, verrotteter Kulturhistoriker wie ich, der sich einbildete, alle Standpunkte und Epochen in ihrem Werte gelten zu lassen, zuletzt noch so einseitig werden könnte, wie ich bin. Es fällt mir aber wie Schuppen von den Augen, und ich sage zu mir wie Sankt Remigius zu Chlodwig: incende quod adorasti, et adora quod incendisti. Im ganzen sind es die römischen Elegiker, die mir einen Hauptstoß gegeben haben, ich kann's nur nicht wiedergeben, und es bleibt beim guten Meinen und Wollen. Ich habe auch allerlei Griechisches gelesen und Italienisches del buon secolo. Zu der ganzen Operation gehört außerdem, daß man die Augen fest zumache gegen alle jetzt gepredigte Ästhetik, namentlich gegen Robert Prutz im Deutschen Museum, welcher ein Tendenzreiter bleiben wird bis an das Ende seiner Tage.
Doch von diesen Dingen ein mehreres mündlich. – Es ist für mich die höchste Zeit, von dem allgemeinen, falschobjektiven Geltenlassen von allem und jedem endlich frei und wieder recht intolerant zu werden. Für die Geschichte behalte ich mir doch immer ein Ventil offen. Es läßt sich aber auch über die Geschichtsforschung und die Art, wie sie jetzt betrieben wird, ein Wort reden, und ich habe allmählich ein Recht dazu. ...

AN EMMA BRENNER-KRON

Basel, Ende Oktober 1852
Verehrte Dame!
Mit großer Freude empfing und durchlas ich Ihre werte Sendung vom 19. d. M. Bereits fühlte ich die Besorgnis, Ihr Vertrauen durch den vielleicht etwas zu scharfen Ton meines zweiten Briefes verscherzt zu haben. Sie haben mir Zeit gelassen, den Vorsatz zur Besserung zu fassen, und nun kann ich Ihnen beteuern, daß ich fortan mein ganzes Verhältnis zu Ihren Sendungen rein als Pflichtsache auffassen werde. Durch allerlei, was in den letzten Monaten über mich

ergangen ist[1], hat der Rest von Mutwillen, der mich zuzeiten überfällt, ohnedies einige Einbuße erlitten.

In Ihren Gedichten bemerke ich mit Freuden die zunehmende Gewissenhaftigkeit in Konzeption und Ausführung. Wir wollen sie einzeln durchgehen. ...

Nun ein allgemeiner guter Rat: Die Naturbilder sind schon erstaunlich ausgebeutet, und es gehört sehr viel dazu, auf diesem Gebiet fein und neu zu sein. Sehen Sie zu, ob das gesellschaftliche Leben nicht allerlei poetische Momente darbietet, die man nur aus der Wirklichkeit aufzugreifen braucht. Sehen Sie z. B. die Brautschaften und Liebschaften um sich herum etwas an – und fragen Sie sich, was denselben abzugewinnen sei. Wenn Sie lauter wirkliche, einigermaßen bedeutende Situationen schildern, und das mit innigem Gefühl und feiner Auswahl in der Behandlung, so können Ihnen Sachen gelingen, die ein Mann vergebens zu schaffen suchen würde[2].

Was Ihre Lektüre betrifft, so setze ich voraus, daß Ihnen etwa die Lesegesellschaft offensteht. – Nehmen Sie Aeschylus, übersetzt von Droysen, und lesen Sie Agamemnon und die beiden folgenden Stücke, womöglich mit den Einleitungen. – Von Vossens Homer gibt es eine nette, wohlfeile Ausgabe in deutschen Lettern. – Par parenthèse: Homer wird ins IX. Jahrhundert v. Chr. versetzt, also etwa 300 Jahre nach dem Trojanischen Kriege und 400 Jahre vor der höchsten griechischen Blütezeit. – Leider sind Vossens Übersetzungen der lateinischen Dichter Werke seines Alters, kaum genießbar. – Ich würde Ihnen Propertius, übersetzt von Hertzberg, vorschlagen, wenn ich nicht fürchten müßte, daß die große Offenheit des Dichters Ihr Mißfallen erregen könnte. Es ist nicht meine Schuld, wenn die besten Sachen aller Jahrhunderte stellenweise „unschicklich" sind; es ist aber bös raten, wenn man eben nicht weiß, wem man rät. Ich wüßte so vieles und wage doch kaum einen Titel hinzuschreiben. Sie könnten z. B. ein Dutzend Gesänge aus

---

[1] Bezieht sich wohl auf den Verlust seiner Stelle an der Realabteilung des Pädagogiums.
[2] Diesen Rat scheint E. Br.-Kr. sehr spät noch mit ihrem Idyll „Bilder aus dem Basler Familienleben" (1867) befolgt zu haben.

Ariosto (übers. von Gries) durchlesen mit dem reinsten Genuß; vielleicht käme dann irgendwo etwas, woran Sie oder jemand aus Ihrer Umgebung Anstoß nehmen möchten, und dann trüge ich die Schuld.

Dies ist es, was mir den Mund schließt. Sie können es mir nicht verargen, wenn ich hier behutsam bin. Im übrigen wünsche ich recht sehr die Fortsetzung Ihres Zutrauens und die Zusendung von allem, was Sie schaffen.

Leben Sie wohl. Ihr stets ergebener J. Burckhardt.

AN EMMA BRENNER-KRON

Basel, 5. November 1852

Verehrte Dame!

Vor allem muß ich Sie beruhigen über das Schicksal Ihres letzten Briefes vom vergangenen Sommer, welcher seinerzeit richtig in meine Hände gelangt ist.

Sodann gebe ich Ihnen mein Wort darauf, daß ich auf der Lesegesellschaft niemals nach Ihrem Namen forschen werde. Wenn ich die Ehre hätte, näher von Ihnen gekannt zu sein, so würden Sie in diesem Punkte vollkommen beruhigt sein, indem mein Gedankenkreis von aller hiesigen Neugier sich mehr und mehr entfernt und sich neutralen Gebieten zuwendet. Es leben hier wenige Menschen so isoliert wie ich und so völlig außerhalb der hiesigen Welt.

Noch etwas, das Sie nicht verraten kann: nehmen Sie ein Siegel mit Kreuzstrichen oder mit einer gleichgültigen Devise. Zwar sind mir bis jetzt alle Ihre Sendungen unverletzt zugekommen, aber sicherer ist besser.

Und nun zu Ihrer Lektüre.

Erstens lesen Sie nicht viel Geibel. Er ist zwar ein großer Dichter und noch dazu ein Freund von mir, aber er reizt unwiderstehlich zur Nachahmung. Unter den deutschen Dichtern dient zur Bildung in der Poesie vor allem Platen, dessen Gedichte einzeln zu haben sind oder aber auch in der Gesamtausgabe seiner Werke in sieben Bändchen.

Platen ist fürs erste eine wahre hohe Schule der Metrik, in welcher ich Ihnen ja keine schriftliche Anweisung geben kann. Bauen Sie Ihre Verse so wie er die seinigen, und Sie werden nicht irregehen. Sodann ist er für den Gedanken-

gang, für das Verhältnis der Gegensätze und Auflösungen,
für die Steigerung des Sinnes am Schlusse wahrhaft mustergültig, wie Sie bei der Analyse eines beliebigen Sonettes
von ihm bemerken können. (Par paranthèse: machen Sie
keine Sonette, ich könnte sie nicht verbessern, weil ich selber keine machen kann.)

Von Redwitz und Konsorten wird Sie wahrscheinlich ein
gesunder Widerwille ferngehalten haben.

Aus dem Gebiete des Bunten und Dämonischen empfehle
ich Ihnen Lenau. Sehen Sie zu, was er den Sachen abgewinnt, legen Sie aber seine Bilder auf die früher empfohlene
Goldwaage und fragen Sie sich, womit er es verfehlt. Lesen
Sie seinen Faust nicht wegen des Ganzen, sondern wegen
der herrlichen einzelnen Tableaux.

Als versöhnenden Balsam lassen Sie darauf Eichendorffs
Novellen folgen, besonders den „Taugenichts" und „Dichter und ihre Gesellen".

Andere zum Teil sehr bedeutende Talente können Sie wegen
ihres maniriert brillanten Wesens und ihrer ungleichen,
nachlässigen Arbeit nur irreführen: so Moritz Hartmann,
Karl Beck, Max Waldau usw. Mit der „Tendenz", die bei
diesen Leuten zu herrschen pflegt, kann eine Dame vollends
nicht viel anfangen, wie mit politischen, kirchlichen u. a.
äußeren Lebensfragen überhaupt nicht.

Von den Franzosen weiß ich Victor Hugo (Chants du
crépuscule, Rayons et ombres usw.) und Alfred de Musset
zu empfehlen. Der letztere ist sehr frei, aber nicht anstößig,
weil er nicht lüstern ist. Hüten Sie sich vor Hugos Phrasen
und geschraubten Bildern (die Goldwaage!), erfreuen Sie
sich aber an dem reizenden poetischen Grund und Boden.
Musset ist schärfer, pointierter, ohne Phrasen, dabei höchst
elegant. – Von Hugos Dramen spreche ich nicht und empfehle Ihnen auch Mussets Proverbes um der Behandlung
im allgemeinen willen, nicht wegen des dünnen dramatischen Wertes. Lamartine lassen wir ganz beiseite; das ist
herzlose Sentimentalität. Béranger ist zum Teil vortrefflich;
aber Sie lernen nicht viel daraus.

Von neueren Engländern kenne ich gar nichts, und die
Übersetzungen nach Byron und seinen Genossen sind meist

martervoll zu lesen; die Originale mit ihrem Weltschmerz oft trostlos. Wenn Sie Englisch verstehen, so ist unter Byrons lyrischen Sachen vieles ganz göttlich schön.

Von den Italienern empfehle ich, wie gesagt, Ariost, übersetzt von Gries. Fangen Sie meinethalb mitten im Buche an und lesen Sie so viele Abenteuer, als Sie wollen. Es ist nicht viel Zusammenhang darin. Den Dante (übers. von Kopisch) lassen Sie noch liegen.

Von den Alten nehmen Sie außer Aeschylos auch Sophokles (übers. von Donner) und lesen Sie zunächst die Oedipusdramen.

Für Ihre eigene Tätigkeit muß ich Sie ganz Ihrem guten Genius überlassen, da es mir ganz unmöglich ist, Ihnen bestimmte Aufgaben zu stellen. Nehmen Sie aber immer Menschenleben zur Natur; das erst macht die letztere in der Regel interessant. Wo sie allein für sich in ihrem dämonischen Walten dargestellt wird, kann zwar wohl etwas Herrliches zustande kommen, aber der Poet verliert sich dabei erstaunlich leicht in ein gestaltloses Dämmern hinein. Victor Hugo hat dies bisweilen; sehen Sie aber auch, wie er die Natur mit den menschlichen Beziehungen zu beleben weiß.

Versöhnen Sie sich, als Poetin wenigstens, mit dem Menschenherzen und Menschenleben. Der Dichter soll in einem gewissen Sinn immer „das Beste zu den Sachen reden". Das Bittre ist an sich nichts weniger als ausgeschlossen, aber es darf nicht vorherrschen. Die Poesie soll ja andere trösten helfen!

Ich bitte ergebenst, mir bald wieder ein Lebenszeichen zukommen zu lassen! Vorliegenden Brief schreibe ich in einiger Eile, da Sie mir den Termin gar zu kurz gestellt hatten; ich kann dies aber nur dann vergüten, wenn Sie mir wieder eine Meldung zukommen lassen. Daß mir dieses Verhältnis von Werte ist, werden Sie mir ja doch allmählich glauben! Sie können nunmehr auch überzeugt sein, daß ich Ihr Geheimnis nicht durchdringen will. Der Esprit d'intrigue fehlt mir gänzlich.

Leben Sie wohl und bewahren Sie Ihr Zutrauen
Ihrem verehrungsvoll ergebenen   J. Burckhardt.

AN HEINRICH SCHREIBER

Basel, 18. Dezember 1852

... Ihre pia vota in betreff meiner Laufbahn haben für mich etwas Schmerzliches, da ich nicht bloß die vortreffliche Absicht, sondern auch das Richtige und Treffende fast durchgängig anerkennen muß; gleichwohl aber demselben nicht nachleben kann[1]. Glauben Sie mir, ich muß durchaus für einige Zeit zum Tempel hinaus! Hier gehe ich positiv zugrunde, wenn ich mich nicht von Zeit zu Zeit draußen erfrischen kann. Es ist die letzte Gelegenheit, vom Pflaster zu kommen; benütze ich diese nicht, so bin ich in die freudenloseste Existenz auf ewig hineingebannt. Auch bemerken Sie wohl: ich kehre in einem Jahre wieder zurück, hoffentlich mit einem wissenschaftlichen Material versehen, an dem ich lange spinnen kann. Für jetzt aber muß ich für einige Zeit fort. Es ist zuviel verlangt, wenn man frisch bleiben soll in einer Stadt ohne höhere Geselligkeit und fast ohne wissenschaftliche Anregung.

Bester Freund! Sie haben von dem hiesigen Geistesklima keinen genauen Begriff. Ich kann es mit Händen greifen, wie die besten Leute hier versauern. Sie nehmen mir es daher nicht übel, wenn ich Ihrem Rate nicht folge; der Boden brennt mir unter den Füßen. Wenn ich wieder einige Zeit auswärts war, so will ich mich gerne von neuem an Basel gewöhnen; nur jetzt fort.

Das neue Eisenbahn-Basel, welches sich scheint bilden zu wollen, wird hoffentlich neben einigen Übelständen auch den Vorzug haben, daß die kontrollierende Krähwinkelei gesprengt wird, welche hier Einheimischen und Fremden das Leben verbittert. Sie werden ja die Stimmung wohl auch kennen, in welcher man sich vor allem nach neutralen Gesichtern umsieht. Wäre ich nur schon jenseits der Alpen!

[1] Schreiber hatte in einem Brief vom 9. Dezember 1852, in dem er sich nochmals für die persönliche Überreichung des ihm gewidmeten Werkes über die „Zeit Konstantins des Großen" bedankte, J. B. dringend geraten, die von der Behörde gestellten Bedingungen für die Weiterführung seines Lehramtes an der Realabteilung des Pädagogiums (Korrektur der Hausarbeiten der Schüler) doch anzunehmen und Basel nicht den Rücken zu kehren.

Daß es dort nicht lauter Rosen gibt, weiß ich ja von einem früheren fünfzehnmonatlichen Aufenthalt her. Die Illusionen sind nicht mehr die des zwanzigjährigen Jungen, welcher im Süden ein Paradies erwartete. Aber meine arme Seele verlangt von Zeit zu Zeit ein Erfrischungsbad im Gebiete der schönen Formen, zumal der landschaftlichen. Ich bin vielleicht hierin noch ein wenig Phantast; aber was hilft alles Argumentieren, wenn man eben einmal den Durst nach den schönen Dingen empfindet? Ich entsage ja so vielem andern. Und dann will ich vor allem arbeiten. Von dem kostspieligen Herumziehen soll gar nicht die Rede sein; die florentinischen Bibliotheken sind das wesentlichste Ziel, dort, wo man im Winter in Mantel und Wollschuhen arbeiten muß. Sie sehen, ich kenne auch die Schattenseiten.
Ich glaube, daß mir hier noch immer ein Plätzchen offen bleibt, auf welchem ich später Posto fassen und mich einpuppen kann. Seien Sie nur außer Sorge um mich.

AN EMMA BRENNER-KRON

[Basel], Sonntag, den 16. Januar 1853
Verehrteste Dame!
Meine ergebensten Glückwünsche für Ihre dichterische Ausbildung im neuen Jahre zuvor! Wenn uns das bißchen Sonnenschein und Regen zuteil wird, das der arme Poetengeist notdürftig haben muß, um zu gedeihen, so wollen wir beide es wenigstens von unserer Seite nicht an Bemühung fehlen lassen.
Sie können sich denken, wie sehr ich mich darauf freue, endlich die Schülerin kennenzulernen, die mir soviel Zutrauen bewiesen hat! Ich bezwinge meine Neugier jetzt gerne, da ich weiß, daß dieselbe nicht mehr lange mich necken soll.
Sie fragen mich wegen Ossians. Ich kenne wenig davon und rate Ihnen nicht, sich darein zu vertiefen, weil es kein natürlicher, sondern ein angemachter Wein ist. Der Herausgeber Macpherson hat anerkanntermaßen auf ein sehr dünnes altes Kanevas eine prächtige Stickerei im sentimentalen Geschmack des vorigen Jahrhunderts gestickt. Lesen

Sie aber immerhin etwas davon, und halten Sie daneben die ewige Schönheit, nämlich den Homer. An diesem Probierstein kann man jederzeit sehen, was Wahrheit und was Manier ist.

Platen wird Ihnen immer größer erscheinen, je mehr Sie ihn kennen und mit Neuern vergleichen lernen. Was Sonette betrifft, so darf man jetzt – das ist klar! – keine schlechtern mehr machen, als er gemacht hat. Es wird ihn aber nicht leicht einer mehr erreichen. Denken Sie sich die vierzehn Reime weg, so bleibt noch immer ein wunderbar schön gebautes Gedicht übrig, während die meisten andern Sonettisten bei ihren Reimen betteln gehen um die betreffenden Gedanken. Sodann weiß man, daß Platen noch auf der Höhe seiner Ausbildung beständig an seinen Sonetten mit größter Anstrengung gefeilt und gearbeitet hat. So schwer ist diese Gattung! – Die Ghaselen sind meist oder fast sämtlich aus seiner frühern Zeit; er legte sich auf diese Form, weil sie damals die schwerste war und ihm bei seinen orientalischen Sprachstudien besonders nahelag. Nachdem er aber darin geleistet, was zu leisten war, legte er sie beiseite, weil sie eben doch dem Gedanken unleidliche Fesseln anlegt. In seinen letzten Jahren suchte er das Größte und Schwierigste in den Hymnen auf, deren Verständnis mir, Ihrem gütigst adoptierten Lehrer, erst zu dämmern beginnt. (Ich spreche von dem formellen Verständnis, denn das Sachliche ist ganz klar.) Sie fragen, ob ich auch Ghaselen mache? O ja, in meiner frühern unüberlegten Zeit schrieb ich einige, und es hat ein paar Jahre gedauert, bis ich merkte, daß meine Verse reines Geklingel waren. – Doch bleiben wir bei Platen! Was mich immer von neuem mit Staunen füllt, ist nicht sowohl die glänzend schöne äußere Form als der wahrhaft eherne Ausdruck der Gedanken. Wie dicht und fest steht das ineinander! Überall das Klarste und Packendste, keine Silbe zuviel noch zuwenig. Er stellt die Anschauungen und Gefühle nebeneinander und überläßt das Räsonnement dem angeregten Leser. Und welche Kraft hinreißender Schilderung! An den Gedichten: Die Fischer auf Capri, Bilder Neapels, Amalfi usw., wäre jeder andere gescheitert; der eine hätte es mit der Buntheit, der andere mit dem Räsonnieren, kurz jeder mit irgendeiner nutzlosen Pikanterie und mit dem Mangel an höherer Form verdorben. – Lesen Sie einmal die Oden (mit Muße, versteht sich!) hintereinander, und suchen Sie sich über das innere Gesetz dieser Gattung Rechenschaft zu geben, vermöge dessen sie sich von Liedern, Elegien usw. unterscheidet? – Es ist nicht leicht. Einstweilen wird es noch nicht ratsam sein, selber Oden zu dichten. Ich habe meine früheren Versuche dieser Art alle wegwerfen müssen und weiß auch jetzt noch nicht, wie ich mit der Ode dran bin, komme überhaupt seit bald einem halben Jahre nicht mehr dazu, einen Vers zu schreiben. Mein Trost ist, daß die Welt nicht viel daran verliert.

Von den Neuern werden Sie wohl die berühmten Leute des Tages Redwitz, Putlitz, Waldau u. a. wenigstens mit einem Blick betrachtet haben. Ich kenne sie nicht und will ihnen kein Unrecht tun. Wo ich dergleichen flüchtig aufschlage, treffe ich in der Regel auf nachlässige, flaue Stellen und mag dann nicht weiterlesen, zumal da es für mich sonst soviel zu lesen gibt. Ich geniere mich auch so wegen der goldflimmernden Einbände. Man sollte bald meinen, daß nur noch für Geschenke zum Neujahr gedichtet und gedruckt würde, lauter Nippsachen, nichts mehr für ernste, denkende Menschen, welche die Poesie anders als nur per Gelegenheit genießen wollen. Die nächste Folge ist, daß diese zum Neujahrskram herabgewürdigte Poesie mit der Mode vorbeigeht, und daß am nächsten Neujahr kein Mensch mehr davon spricht. Es sieht auch fast so aus, als würden diese niedlichen Bändchen mehr verschenkt als gelesen.

Ihre zuletzt ausgesprochenen Besorgnisse, als möchte ich Ihre bisherige Anonymität falsch auslegen, sind ganz unnötig. Ich kenne ja das hiesige Leben samt seinen Notwendigkeiten und habe vom ersten Briefe an Zutrauen zu der Schreibenden gehabt. Ich wußte: hier ist keine Mystifikation.

Seien Sie also, verehrte Dame, ganz außer Sorgen, und erhalten Sie Ihr Wohlwollen Ihrem

J. Burckhardt, Prof.

AN EMMA BRENNER-KRON

Basel, 21. März 1853

... Ich muß zur Erwiderung auf Ihr verehrtes Schreiben vom 9. d. mit einer Eröffnung beginnen, die ich Ihnen viel früher, wohl schon im Dezember gemacht hätte, wenn ich so glücklich wäre, Sie persönlich zu kennen. Ich reise nämlich nächster Tage nach dem Süden, wo ich wohl ein halbes Jahr, vielleicht noch länger zu bleiben gedenke. Verzeihen Sie, wenn ich nun im Strudel der Abreise Ihnen nur mit so kurzen Zeilen antworte. – Ich war einigermaßen unschlüssig, ob ich nicht vor meiner Abreise Sie noch bitten sollte, sich zu erkennen zu geben, glaube aber nun besser zu tun, wenn ich dies bis zur Rückkehr verschiebe. Für diesen Fall wollen wir folgendes verabreden: Sobald Sie erfahren, daß ich wieder hier bin, melden Sie mir in einem Billett, an welchem Tage ich Ihnen schreiben könne. – Ihre Briefe bleiben inzwischen wohlverwahrt in einem Paket versiegelt unter meinen Papieren, wo sie kein sterblich Auge finden wird.
Sie sind in Sorgen, ich möchte bei Ihrer näheren Bekanntschaft in irgendwelcher Beziehung mich „enttäuscht" finden. Ich glaube aber, der durchgängige Ernst, mit welchem ich unsere Korrespondenz behandelt habe, dürfte Ihnen dafür bürgen, daß ich eine wirkliche Teilnahme für Ihre Ausbildung empfinde, und daß mir somit auch Ihre jetzt noch unbekannte Persönlichkeit unmöglich gleichgültig sein kann. Ich habe mein Leben lang auf äußere Stellungen derjenigen, um welche mir zu tun war, gar keine Rücksicht genommen und mir damit vielfach geschadet, ohne daß mich dieses kränkte. Es ist nicht der Mühe wert, in diesem kurzen Erdenleben das Wesentliche herzugeben gegen den bloßen Schein. Seien Sie hierin nur ganz außer Sorgen! Ich bin über die gewöhnlichen Täuschungen des Lebens hinaus. ...

AN PAUL HEYSE

Basel, 2. Mai 1854

Liebster Junge!
Du kannst wohl denken, wie mich Dein Brief erfreut und erquickt hat, und wie hoch ich es Dir anrechne, daß Du im

gegenwärtigen Augenblick die Stimmung gefunden hast, an mich zu denken. Dein Glück macht Dich liebevoll auch gegen andere. Sei versichert, daß ich die Stimmung, die Dich in diesen goldenen Tagen beseelt, im Geist mit Dir zu durchleben suche. Es ist ein wonnevoller, feuchtwarmer Maiabend, und rotgoldene Regenwolken und hellgoldene Schönwetterwolken schieben sich gravitätisch durcheinander; da erwacht in mir allerlei Altes, und in diese Töne klingt nun Dein Brief hinein.

Ich muß Dir aber aus einem besonderen Grunde sogleich antworten. Schreibt um Gottes willen nichts öffentlich über das grüne Heftchen[1]. Ich darf mich mein Leben lang nicht dazu bekennen, wenn ich nicht mich und ... dem elendesten Lokalhohn aussetzen will. Ihr habt keinen Begriff von den Leuten, die sich hier in solche Dinge mischen. Hochdeutsche Gedichte gehen schon eher an; bei den im Dialekt geschriebenen dagegen fühlt sich jedermann zum Erraten von Persönlichkeiten aufgelegt. Es sind hier zu diesem Endzweck ganze Soireen beisammen gewesen und haben nichts herausgebracht. O Schilda! – Die Sache hat auch ihren Grund; ich glaube, daß im Dialekt nur das Allerindividuellste, nur ganz bestimmte Situationen sich behandeln lassen, welche zum Erraten auffordern. Daß man dergleichen ersinnen, aus den Fingern saugen könne, das fällt den Leuten nicht im Traum ein.

Zudem könnte ich nicht einmal ein Dutzend Exemplare nach Deutschland in Zirkulation senden, da die Auflage (200 Exemplare) nahezu vergriffen ist. Dabei soll es nun sein Bewenden haben. Ich mache in meinem Leben keinen solchen Streich mehr und danke dem Himmel, daß dieser schon so ziemlich vergessen ist. Außer dem Verleger weiß nur mein Vater und der Ratschreiber von Basel den Autor; wer mich sonst erriet, dem wurde es weggeleugnet.

An Dich hatte ich gar nicht gedacht; ich setzte a priori voraus, daß Du jetzt für dergleichen keine Muße hättest.

Wenn Ihr Geduld mit mir haben wollt, und wenn dieser Sommer nicht gar zu unruhig wird, so will ich sehen, ob

[1] Es handelt sich um J. B.s Gedichtband „E Hämpfeli Lieder", der 1853 anonym in Basel erschien.

nicht eine Anzahl von Motiven, die ich aus Italien im Kopf
mitgebracht habe, zu einiger Reife gedeihen. In drei, vier
Wochen beziehe ich wieder das Haus am Rhein, allerdings
nicht das obere, sondern das untere Zimmer, das aber nahezu
dieselbe Aussicht und ganz dieselbe Stille gewährt. Da ich
keinen Tag von Basel weg darf, wegen des Ciceronedruckes,
so muß ja doch etwas an Ort und Stelle wachsen.
Ach, was bin ich aber für ein Stümper neben Deinen Liedern aus Sorrent! Als meine guten Zeiten waren, da war
ich noch kein Künstler, und jetzt, da ich mit großer Anstrengung da und dort etwas Rundes zustande bringe, lebe
ich einsam in stiller Arbeit und bin herzlich zufrieden ubi
nemo turbaverit circulos meos. – Wo hast Du diese sonnenklare Schönheit der Empfindungen her? Es ist und bleibt
an dem, daß ich den wahren alten Goethe und seine Jugendlieder vor Augen zu haben glaube. Nun Gott befohlen! –
Dein wahrlich stets getreuer Einsiedler

J. Burckhardt.

AN EMMA BRENNER-KRON

Basel, Samstag 12. Aug. 1854

... Jetzt in aller Eile schreibe ich die Titel einiger Bücher auf
das Geratewohl [als zu empfehlende Lektüre] hin:
Immermann, Tristan und Isolde, en tout noch immer
das bedeutendste erzählende Gedicht der neuern Zeit, Umarbeitung eines schönen Gedichtes des 13. Jahrhunderts.
Achim von Arnim, derjenige Band seiner gesammelten
Schriften, welcher „Die Kronenwächter" enthält. Herr
Ming wird wohl die Güte haben, denselben herauszusuchen.
Überdies ist, wenn ich nicht irre, noch eine besondere alte
Ausgabe davon da. – Nehmen Sie einen Tag zu diesem Buch;
denn man liest es entweder in einem Strich oder gar nicht.
Es ist das größte Feuerwerk, welches die deutsche Phantasie
je abgebrannt hat.
Victor Hugo, chants du crépuscule. Seine beste Sammlung.
Aus dem Reich der Lüge rate ich zu lesen: Balzac, Oeuvres
dramatiques (ein Band; steht im Z), besonders „Vautrin",

wobei ich bitte, sich Rechenschaft zu geben über alles Verzwickte und auf dem Kopf Stehende.
Mörike, Gedichte, die ich Ihnen wohl schon früher nannte.
Ferner ist es unumgänglich notwendig, daß Sie wenigstens einmal den Wilhelm Meister, d. h. nur die Lehrjahre, lesen und sich eine Räson darüber machen. ...

AN EMMA BRENNER-KRON

Samstag, 2. Dez. 1854
Verehrteste!
Schon eine Woche habe ich verstreichen lassen seit der Ankunft Ihres werten Briefes. Halten Sie diese Zögerung meiner Nachlässigkeit und jetzigen Zerstreutheit zugute. Zudem bin ich aus den poetischen Interessen ziemlich weit hinausgedrängt und schwebe zwischen dem Entschluß einer größern wissenschaftlichen Unternehmung und dem Bewußtsein von der Unsicherheit aller Dinge in der Mitte[1]. Gleichwohl mögen Sie versichert sein, daß ich Ihrer Winke jederzeit gewärtig bin.
Es ist im Grunde jetzt ein recht poetischer Augenblick, nicht nur für Ihr heiteres Innenleben, Verehrteste, sondern in der großen weiten Welt die kolossalste Tapferkeit, so groß als in irgendeinem Kriege des Altertums, müht sich ab im Dienste der diplomatischen Pfuscher und Bankerottierer, welche man en bloc die großen Mächte nennt[2]. Wenn das keine Ironie erster Qualität ist, so weiß ich nicht mehr, was diesen Namen verdient. Wer weiß, ob nicht künftig ein Dichter diese Sache von dieser Seite auffaßt. Es ist das Große im Dienst des Kleinen; Herakles im Dienste des Eurystheus.

[1] Gemeint sind bestimmt das von J. B. ursprünglich geplante umfangreiche Werk über die Renaissance (vgl. S. 76 ff. des 1. Teiles dieses Buches) und die Möglichkeit seiner Übersiedlung nach Zürich.
[2] Anspielung auf den Krimkrieg, vielleicht auf die Schlacht bei Inkerman, wo 31000 Russen am 5. Nov. 1854 vergeblich gegen 8000 Engländer und 6000 Franzosen das belagerte Sebastopol zu entsetzen versuchten. (K. E. Hoffmann)

Bleiben Sie bei Ihrem Weihnachtsbaum; von allen Kreisen des Daseins ist der der Mutter doch immer der schönste. Bei allem Öffentlichen, so wie es jetzt in der Regel getrieben wird, ist es im besten Falle viel Aufopferung und wenig wahres Glück.

Ich bin nicht einmal imstande, Ihnen ein paar vernünftige Büchertitel für Ihre Lektüre hinzuschreiben. Im verflossenen Halbjahr lebte ich überhaupt nicht als Mensch, sondern als pressierter Autor und Korrektor[1]. Auch eine Plage, von welcher Sie nichts wissen: sein eigenes Werk Buchstaben für Buchstaben durchlesen zu müssen und darauf zu achten, wie oft die Setzer n statt u gesetzt haben, bei dieser Gelegenheit aber noch einmal mit Schrecken inne zu werden, was für gewagte Dinge man seinerzeit hingeschrieben hat. Den nötigen Mut und die Zeit zum Ändern hat man nicht mehr. Und so geht das Buch mit Gottes Hilfe, con Dio, in die Welt. Beiläufig gesagt, das Werk ist nicht für Sie, lauter Kunstgegenstände. Das kleine Ungeheuer ist zu meinem Schrecken erstaunlich angeschwollen; bei aller Dünne des Papiers paßt ein Band von 1100 Seiten schlecht zu einem kleinen Format. Ich fürchte, man wird das Buch nur das Bummerli oder Mopperli heißen. Einen Trost hat man aber heutigentages, man wird hübsch gedruckt, fast mit der koketten Ausstattung unserer Miniaturausgaben von Dichtern in Goldschnitt!

Ach! Diesen habe ich mich allmählich fast ganz entfremdet, so daß ich gar nicht mehr weiß, was auf dem deutschen Parnaß vorgeht.

Wenn Sie auf der Lesegesellschaft Heyses „Hermen" bekommen können, so werden Sie darin einige Kleinodien erzählender Poesie finden.

Nun entschuldigen Sie diesen unfrankierten Brief (ich sehe mit Schrecken, daß mir die Marken ausgegangen sind) und seien Sie versichert der beständigen Ergebenheit und Gewärtigkeit, Verehrteste! Ihres J. Burckhardt.

P. S. Ich habe die Ferni nicht gehört (ich Barbar!) und auch nicht über selbige geschrieben.

[1] Des „Cicerone".

AN PAUL HEYSE

Basel, 6. Mai 1855

... Diesen Sommer werde ich in zerstreuender Arbeit hinbringen. Mitte Juli geht's womöglich wieder über die Alpen in ein paar piemontesische Täler mit Kastanien und Wallfahrtskirchen, nur für zwei bis drei Wochen. Anfang Oktober siedle ich nach Zürich über. Im nächsten Jahre such' ich Euch dann einmal in München heim. Ich hoffe in Zürich etwas mehr Verse zu machen als hier, indem ich dort die Abende meist allein zubringen werde. Überhaupt ist es einer der entscheidenden Gründe für mich gewesen, gerne nach Zürich zu gehen, daß ich dort fast inkognito leben kann. Hier in Basel muß ich so halb und halb etwas vorstellen und mit andern Leuten allerlei Zeit verlieren. In Zürich rücke ich nicht als einzelner Berufener, sondern mit dreißig andern ein, welchen in der Regel viel daran gelegen sein wird, gesellschaftlich bekannt zu werden und viel unter den Leuten herumzukommen. Hinter dieser Schar kann man sich ganz unbemerkt verstecken. Dann komm, goldene Freiheit! Zweier, dreier sehr guten und stillen Leute bin ich versichert, und die Landschaft ist derart, daß ich nur fünf Minuten weit zu gehen brauche, um eine der allerschönsten Aussichten im großen Stil zu sehen.

7. Mai

... Wenn einmal die goldene Freiheit da ist, wenn außer meiner Professur niemand Anspruch auf mich hat, dann „streif' ich die Hemdsärmel zurück, spucke fröhlich in die Hände" und unternehme was Rechtes. ...

AN ALBERT BRENNER

Zürich, 17. Oktober 1855

Ihr[1] Brief hat mich in der Seele erfreut. – So flüchtig Ihr glückliches Alter in manchen Dingen sein mag, so glaube

---

[1] Der Adressat, Albert Brenner, mit der vorerwähnten Emma Brenner-Kron nur ganz entfernt verwandt, ist 1835 in Basel geboren und einer der frühesten Schüler J. B.s Er ist schon früh, im Alter von 26 Jahren, 1861 in Zürich als Lehrer an der dortigen Industrieschule gestorben.

ich doch, daß Sie die einmal erkannte Bestimmung festhalten werden: irgendeinen Zweig der höchsten Bildungsinteressen mit vorzüglicher Beziehung auf das Schöne. Sie werden noch jahrelang hasten und zappeln, so wie ein anderer keucht und ächzt, aber im ganzen, hoffe ich, sind Sie geborgen. Was noch unreif ist, wird ausgären. Bleiben Sie aber kein bloßer Kontemplator, sondern halten Sie der schaffenden Poesie das Wort, das Sie ihr im stillen gegeben haben. Möge sie all Ihrem geistigen Streben eine hellodernde Fackel vorantragen.

Wie viele Dinge sind es denn am Ende, die dem Leben eines modernen Menschen einen höheren Wert verleihen können? Wie ist uns in tausend Beziehungen das äußere Handeln abgeschnitten, das in andern Zeiten und unter andern Menschen die Nerven stärkt und die Organe frisch hält? Wie übel ist uns unter den großen Maschinenrädern der jetzigen Welt zumute, wenn wir nicht unserm persönlichsten Dasein eine eigentümliche, edlere Weihe geben? – Doch diese Dinge sind Ihnen wohl so klar als mir. Gegen jenen Geist des Hohns und des Widerspruchs, der bisweilen mit Ihnen sein Wesen treibt, gibt es vollends gar keine bessere Hilfe als die beständige, an keinen vergänglichen Herbst gebundene dionysische Traubenkur im Weinberge – ich will nicht weiter fortfahren. Die beständige Anschauung des Schönen und Großen soll unseren ganzen Geist liebevoll und glücklich machen. Auch unser Ehrgeiz soll sich dadurch vom Stadium der Eitelkeit zur Ruhmbegier erheben. Ob wir noch über jemand siegen, soll für uns keine Lebensfrage mehr sein, wohl aber, ob wir zu Ehren des Schönen über unsere eigenen Grillen gesiegt haben.

Was ich Ihnen gegeben haben mag, das kann Ihnen nun, da Sie vorbereitet sind, ein anderer besser und in einem höhern Sinne geben, und auch in Ihren Privatstudien müssen Sie sich nun den Weg durch das Dickicht brechen, da Sie – wahrhaftig geringstenteils durch mich – gehen gelernt haben und im ganzen die Richtung wissen.

Unsern poetischen Verkehr vermisse ich gerade so sehr wie Sie. Mit all den ausgezeichneten Leuten, deren Umgang sich hier für mich eröffnet, ist mir in diesem einen Punkt nicht geholfen – weil ihnen in der Regel durch Schicksale und Überanstrengungen die eigentliche Freude an diesen Dingen genommen ist und weil sie selber nicht produzieren (meines Wissens). Die poetischen Anregungen, die hier in der Luft liegen, sind groß und bedeutend; einstweilen aber habe ich noch zu wenig Boden unter den Füßen, um ruhig an die eigene Produktion denken zu können. Und dann ist ein wissenschaftlicher Quälgeist über mir, der vielleicht auf Jahre hinaus alle meine disponiblen Kräfte in Anspruch nehmen wird, der Keim einer größeren Forschung in der Geschichte des Schönen. Ich habe diesen ‚Bresten' voriges Jahr aus Italien mitgebracht und glaube nun, ich könnte nicht ruhig sterben, wenn ich nicht in dieser Sache mein Schicksal erfüllt habe.

Ich fasse dies recht wichtig und ziere mich nicht mit falscher Demut. Überhaupt, wenn wir einmal die Zusammenhänge mit dem Großen und Unendlichen [aufgeben], dann sind wir erst recht verloren und kommen zwischen die Räder der jetzigen Zeit. (Verzeihen Sie, daß ich wieder mit dem Bild von den Rädern komme, aber es ist einmal so; andere Jahrhunderte haben das Ansehen von Strömen, Stürmen, Feuerflammen; beim laufenden, das man das 19. nennt, fallen mir immer diese verwünschten Maschinen ein.) Aber von der Freiheit dieses 19. Jahrhunderts profitieren wir doch gerne und verdanken ihr unsere objektive Betrachtung aller Dinge von der Zeder bis zum Ysop – also gemach mit den Klagen. Sie haben auch in einer Sache auf mich gehört und mich erfreut: ich meine die leserliche Handschrift. Kann ich nun in gewissen größeren Dingen auch hoffen, daß Sie der praecepta magistri eingedenk seien? Sie wissen schon, daß ich auf die klassische Literatur hindeute. Es ist kein bloßer Aberglaube von mir. Nun Addio.

AN ALBERT BRENNER

Zürich, 11. November 1855

Ihr Brief vom 27. Oktober ist zu meiner großen Freude richtig an mich gelangt, obschon Sie das Wort: ‚Zürich' mit ganz kleinen Buchstaben auf der Adresse geschrieben

hatten. Lernen Sie Vorsicht in diesen Dingen; die Post spaßt nicht.
Hiemit ist mein Vorrat von Bemerkungen zu Ende, und nunmehr seien Sie mir herzlich willkommen. Ihr **Faustfieber** erinnert mich auf rührende Weise an eine ähnliche Epoche, weniger in meinem Leben als in dem meiner Kommilitonen vor sechzehn bis siebzehn Jahren. – Um es Ihnen geradeheraus zu sagen: ich habe mich nie nach der spekulativen Seite in den Faust hinein vertieft, wie meine Kameraden teilweise taten. Ich werde mich auch deshalb wohl hüten müssen, Ihnen irgendeine neue Seite oder Bedeutung an dem gewaltigen Gedichte eröffnen zu wollen. Nur soviel will ich Ihnen sagen: es ist ein festes, unabweisliches Schicksal der gebildeten deutschen Jugend, daß sie in einem bestimmten Lebensalter am Faust bohre und grüble, und dieses Schicksal sind Sie nun eben im Begriff zu erfüllen. Sie helfen eine Regel konstatieren. Goethe im Himmel (oder wo Sie wollen) freuet sich darüber, daß die deutsche Jugend wie im Leben, so auch in seinem Gedichte mehr **irrt und sucht**, als fertige Resultate gewinnt. Es würde den alten Herrn tief schmerzen, wenn man im Faust **feste Dogmen** fände. Also: irren Sie im Faust herum! die edelsten Geister haben alle diesen Weg gehen müssen, weil sie feste Wahrheiten suchten; das Gedicht neckte sie, zog sie dann tief in seine unter- und überirdischen Gänge hinein und hinterließ ihnen zuletzt gar keine **Wahrheiten**, aber einen geläuterten Trieb zur **Wahrheit**, wie die Beschäftigung mit hohen geistigen Dingen ihn überhaupt hervorrufen soll.
Für die Spezialerklärung des Faust habe ich in Kisten und Kasten gar nichts vorrätig. Auch sind Sie ja bestens versehen mit Kommentatoren aller Art. Hören Sie: Tragen Sie augenblicklich diesen ganzen Trödel wieder auf die Lesegesellschaft, von wannen er gekommen ist! (Vielleicht ist das inzwischen schon geschehen.) Was Ihnen im Faust zu finden bestimmt ist, das werden Sie von Ahnungs wegen finden müssen (NB. ich spreche bloß vom ersten Teil). Faust ist nämlich ein echter und gerechter Mythus, d. h. ein großes, urtümliches Bild, in welchem jeder **sein** Wesen und

Schicksal auf seine Weise wieder zu ahnen hat. Erlauben Sie mir eine Vergleichung: Was hätten wohl die alten Griechen gesagt, wenn zwischen sie und die Ödipussage sich ein Kommentator hingepflanzt hätte? – Zu der Ödipussage lag in jedem Griechen eine Ödipusfiber, welche unmittelbar berührt zu werden und auf ihre Weise nachzuzittern verlangte. Und so ist es mit der deutschen Nation und dem Faust. – Wenn nun von dem überreichen Werke auch ganze große Partien dem einzelnen verlorengehen, so ist dafür das wenige, was ihn wirklich und unmittelbar berührt, von soviel mächtigerem Eindruck und gehört dann wesentlich mit in sein Leben.

Der zweite Teil hat mich nie anders als angenehm-fabelhaft berührt. Der spekulative Gedanke ist mir dunkel geblieben. Das Mythische ist mit einer gewissen großartigen Anmut behandelt, als sähe man Rafael die Geschichten der Psyche malen. Was aber total über meinen Verstand geht, ist die sittliche Abrechnung, die zuletzt mit Faust gehalten wird. Wer so lange mit Allegorien verkehrt hat wie er, der wird am Ende notwendig selber allegorisch und kann nicht mehr als menschliches Individuum interessieren. In dem ganzen zweiten Teil sind aber eine Menge von sublimen Sachen zerstreut, und das Heraufbannen der Helena hat in der ganzen Poesie aller Zeiten wenig seinesgleichen.

Endlich ist es ganz in der Ordnung, daß Faust auch Sie zu irgendeiner Art Reproduktion zwingt. Auch zu unserer grünen Zeit kam dergleichen vor. Man pflegt solche Skripturen später im Hinblick auf den ungeheuren Abstand zwischen Wollen und Vollbringen zu verbrennen – mit Unrecht; denn auch in den Fehlern eines solchen symbolischen Gedichtes drückt sich die Signatur des Schreibenden merkwürdig aus, so daß man später dergleichen als Urkunde über das eigene Selbst schätzen lernt.

Schreiben Sie mir ein kurzes Kanevas; ich will es gewissenhaft durchgehen und Bedenken wie Aufmunterung nicht sparen; ich vermute etliches sehr Eigentümliches darin, was Ihnen allein angehört. – Lesen Sie Immermanns Merlin. Es ist die wichtigste und unabhängigste Parallele, um nicht zu sagen Ergänzung zum Faust.

AN ALBERT BRENNER

Zürich, 2. Dezember 1855

... Nun komme ich zu Ihrem ultrabyronesken Faustcharakter. Glauben Sie mir: ein solcher Kerl, wenn er wirklich existieren kann, ist trotz allem ‚göttlichen Funken‘, ‚höherm Trieb‘ usw. ein odiöses Subjekt. Wenn er sich auch mit ‚Politik, Philosophie und Wissenschaften beschäftigt‘, wie Sie annehmen, so literiert er doch nur dran herum, tut und ochst nichts Rechtes, weil ihm alle und jegliche Liebe zu den Dingen fehlt, weil er doch nur ein maliziöser Bummler ist. Mit dieser Gelegenheit möchte ich Sie gerne überzeugen, daß jene ungeheuer interessanten, schmerzlich-skeptischen, geheimnisvollen Wesen à la Byron reine Phantasiewesen sind und nie und nirgends existiert haben, also auch keine poetische Wahrheit besitzen. (Es ist die Sorte, zu welcher auch Heine eine Zeitlang gerne gehört hätte, bis er fand, das reine Schindluder stehe ihm besser zu Gesichte.) Blasierte, drei Viertel verkohlte Individuen von ursprünglich großer Anlage gibt es genug, aber sie sind nicht mehr interessant, wenigstens lange nicht in dem Grade, wie sie es selber meinen. Die paar genialen Rauchringelchen, die sie noch hie und da in die Luft blasen, sind nur der letzte Stank, den sie von sich geben, obschon man versucht wird zu glauben, es gäre im Innern ein Ätna von ungeheurer Genialität. Solche Individuen sind nämlich überdies eitel bis zur Jämmerlichkeit. Sie haben offenbar noch keinen von der Sorte gekannt, sonst würden Sie diesem ‚Charakter‘ nicht solche idealisierende Ehre antun. Übrigens hätte ich große Lust, Ihnen einmal ganz derb den Text zu lesen wegen dieses Antizipierens nach der bewußten Seite hin. Sie haben in Ihrem Leben noch wenig anderes als Liebes und Gutes erfahren; zugleich aber besitzen Sie eine jugendliche Phantasie mit dem ganz naturgemäßen Hang zum Außerordentlichen, welcher eine Vorbedingung aller Poesie ist. Nun müßten Sie eigentlich Götter, Helden, Glück, Liebe in großen Gestalten hervorbringen, in einfachen ergreifenden Gegensätzen. Statt dessen greifen Sie nach dem, was fault und phosphorisch

leuchtet, nach dem, was Sie nicht kennen und nicht erfahren haben. — Sie werden sagen: ‚Götter und Helden kenne ich auch nicht' — gut, aber Sie dürfen sie ahnen, Ihre Phantasie, in Ihrem glücklichen Alter, hat das Recht dazu — die Fäulnis zu ahnen haben Sie das Recht nicht. Ich möchte aber bald aus Neugier wünschen, Sie führten den Plan doch aus, nur um zu sehen, wie unschuldig Sie — trotz Mord, Dolch usw. — einen solchen Charakter verhältnismäßig geben würden. Ich würde Ihnen dann am Rand jedesmal bemerken, was für Tücken, Rücksichtslosigkeiten und Infamien des verkohlten Genies Sie aus Unschuld übergangen haben. Glauben Sie mir: interessant kann nur sein, wer noch irgend etwas liebt. Und dann Non fumum ex fulgore, sed ex fumo dare lucem etc. Übrigens haben Sie mir von Ihrem Plan doch nur zwei Szenen anvertraut: das Gespräch mit dem Freunde und die Beschwörungen. — Der Charakter dieses Freundes hat leider, wie ich sagen muß, in unserer Zeit sehr viel Wahres; solche, die auf ihrer ‚Reise durch alle Standpunkte' auch einmal ein paar Wochen im Gasthof ‚zur modernen Orthodoxie' liegenbleiben, bis ein anderer Wind weht, und zugleich immer ein Schlachtopfer haben müssen, das sie mit vampirischem Hohn verfolgen. Zu diesen Charakteren könnte ich Ihnen ein Individuum gerade hinzeichnen....
Die Beschwörungen sind einstweilen doch nur ein Schwank, keine Peripetie für ein Faustdrama. Daß Sie da allerlei Hiebe austeilen können, ist ganz richtig, und das Detail, das Sie mir angeben, ist recht ergötzlich. Aber muß denn immer so viele Zeit und guter Humor auf Hiebe und Ohrfeigen verwendet werden? Sie lesen mit Rührung die Lyriker wieder, die Ihnen in den guten blonden Jahren des erwachenden Bewußtseins gefielen. Sind Sie denn jetzt schon so gänzlich über jene Stimmungen hinweg? empfinden Sie jene Zeit schon als ein Plusquamperfektum? Übrigens waren Sie doch schon damals ein großer Satirikus, wenn ich nicht irre? — Wenn ich Ihnen nur diesen Teufel austreiben könnte! er bedroht mit der Zeit Ihr inneres und äußeres Glück. Sie sind dazu bestimmt, Schönes zu schaffen, die Dinge als Ganzes, in ihrer Harmonie zu schauen und

darzustellen, nicht als Zerrissenes und Zwiespältiges. Sie
kennen die Schründe und Spalten unseres Daseins nicht
und brauchen sie nicht zu kennen; in Ihrem glücklichen
Alter soll der Dichter mit gottbeseeltem Schritte drüber
hinschweben.

AN ALBERT BRENNER
Zürich, 21. Februar 1856

Ihr Brief vom 17. ds. hat mich primo bis zu einem gewissen
Grade höchlich erfreut und secundo gar nicht befremdet.
Wir wollen den Hauptgegenstand vorweg behandeln. Also
die Gedanken an Ihre zukünftige Lebensstellung fangen an zu wurmen. Wohl Ihnen; Sie träumen also nicht
mehr von einer poetischen Existenz, wo einem die gebratenen Eichendorffe ins Maul fliegen. (Wenn Sie so geträumt
haben, so macht es Ihnen weiter keine Schande.) Gerade
wer in seinem Leben einen großen und starken idealen
Gehalt braucht, muß in unserm Jahrhundert am allermeisten auf eigenen ökonomischen Füßen stehen. Bilden
Sie diesen Ehrgeiz, diesen Stolz im höchsten Grade aus!
Da die Welt wenig von uns will und wenig annimmt, so
dürfen wir auch von ihr wenig annehmen. Vor allem,
haben Sie die Muse zu lieb, als daß Sie von ihr, d. h. von
Honoraren leben möchten! Selbst die Größten, die um
des Erwerbs willen produzierten, haben dabei schwere innere
Einbuße erlitten. Nein, der Boden des Erwerbs sei recht
gründlich prosaisch; er kann einem doch sehr lieb werden,
die Pflicht kann bei saurer Mühe doch ihre angenehme
Seite haben.

Nun will ich Ihnen sogar einigen Heroismus predigen, dergleichen ich in Ihrem Alter freilich selbst nicht viel vorrätig hatte. Ich meine das Wegbleiben von kostspieligen
Vergnügungen und von denjenigen Gesellschaften, welche
wesentlich darauf eingerichtet sind. Unter uns Schweizern
ist man in diesem Punkt ganz vernünftig, und die Pflicht
wird einem nicht schwer gemacht. Anders ist es besonders
unter den deutschen Studenten, wo einer das Vermögen
eines ganzen Hauses samt Aussteuer seiner Schwestern

etc. nicht etwa bloß aufstudiert – denn wenn er ein braver Kerl ist, so kann er vielleicht das meiste ersetzen – sondern mit Suiten auflumpt und noch sonst eine Menge Schulden macht. Das Ende vom Lied ist: eine Lumpenexistenz zu Hause oder in Amerika – oder ein Unterkommen als Beamter, wo man sich von den liebenswürdigen Bürokraten zupfen, kneten, treten und schinden läßt, d. h. ein Dasein, welches mit dem vorhergegangenen Luxus im lächerlich-elendesten Gegensatze steht. Dixi et salvavi etc., man muß beizeiten lernen, auf eigenen Füßen stehen und mit Ehren arm sein. Dies ist die erste Vorbedingung aller Poesie, die Schutzwehr des Charakters, die einzige Garantie reiner und schöner Stimmungen. Einstweilen wird nun wohl noch ein paar Jahre für Sie gesorgt werden; es genügt, wenn Sie während dieser Studienjahre diesen Ihren künftigen Erwerb nie aus den Augen lassen und sich an diese Aussicht gewöhnen, nicht als eine lockende, aber doch als eine freundliche. Nehmen Sie die Perspektive tief: Stunden geben, Vikariat im Gymnasium, dann womöglich Anstellung daran. Lassen Sie sich nicht zu leicht von der akademischen Laufbahn anlocken; es ist ein Glücksspiel, schon weil unendlich weniger disponible Stellen für jedes einzelne Fach vakant zu werden pflegen, selbst wenn man alle deutschen Universitäten zusammenrechnet, und diese Stellen werden dann nach dem natürlichen Lauf der Dinge oft nach Zufall und Gunst, nicht nach Verdienst besetzt. Von der Gründung einer Familie ist nur dann die Rede, wenn man von dem Vermögen der Frau leben kann, während Sie alle unsere Gymnasiallehrer im 25. bis 28. Jahr heiraten sehen. – Ach, wenn Sie in deutsches akademisches Elend hineingeschaut hätten, wie ich! – Sodann das Allerletzte, an das Sie denken dürfen, ist die Tätigkeit als Journalist. Sie frißt den Poeten rein auf und trägt, Arbeit gegen Arbeit gehalten, ohnedies selten so viel ein als eine Lehrerstelle. – Alle diese Prosa trage ich Ihnen nur vor im Namen der Poesie, welche bei ihren Bekennern das Solide und Ruhige liebt.

Ferner: das Studentenleben befriedigt Sie nicht. O Blindheit! Sehen Sie, nun komme ich und steche Ihnen den

Star wie folgt: Der aktive Poet braucht ja das Studentenleben nicht, qui n'est qu'une espèce de poésie mise à la portée de tout le monde! – Er bewegt sich in einem ganz andern Reichtum von Bildern und Gefühlen, als ihm der Komment geben kann. Und welch ein dürftiges Exzerpt von Komment ist das, was man auf unsere schweizerischen Universitäten verpflanzt hat! – Ach, Leute, legt doch diese Feierlichkeiten ab, und behandelt alle eure Verhältnisse als Privatverhältnisse! Laßt eurem schönen, ehrwürdigen Zofingerverein sein einfaches schweizerisches Gewand – oder ist euch der Landesvater so ans Herz gewachsen?

Ferner, Sie sind unzufrieden mit X, mit Y, mit Z, – ich vermisse nur eins, was Sie wohl fühlen, aber mir nicht anvertraut haben: Sie sind unzufrieden mit sich selbst. Ach, Sie sind übel dran, wenn Sie die erhöhte Stimmung bei andern suchen, von andern abhängig machen und in der Sie umgebenden Welt eine ideale Welt verlangen. Ich mache Ihnen einen Vorschlag zur Güte: Werfen Sie die Superiorität des Witzes und der Satire in den s. v. Abtritt, bemühen Sie sich, alles das im Umgang hervorzukehren, was von wahrer Herzensgüte, Fidelität und Hingebung in Ihnen ist, und Sie werden sehen, daß man Ihnen ebenso antwortet. Stören Sie keine Gesellschaft mehr durch Bissiges und Geistreiches, zeigen Sie aber den wirklichen Geist, welcher eine natürliche Milde und Güte hat, und da werden Sie auch bei andern den wirklichen Geist entdecken, vielleicht zaghaft und unbeholfen, aber gut, willig und liebevoll. Dann wird Ihre Geselligkeit zwar keine ideale sein, aber in guter Stunde wird der Hauch des Idealen drüber schweben. Glauben Sie an das, was ich sage? Antworten Sie mir. Wenn Ihnen die Leute um Sie herum flau und lahm vorkommen, so tun Sie zuvörderst im stillen Kämmerlein einige Buße dafür, daß Sie diesen eingeschüchtert und jenen erbittert haben, sodann seien Sie der Lustigste und Aufgeweckteste von allen, und Sie werden sehen, was es hilft. Ein Witziger, der sich vollkommen bezähmt, ist eo ipso ein mächtiger Mensch. Schleiermacher war ein solcher. – Sie sehen, ich bleibe trotz Ihrer Warnung noch immer ein wenig bei den „äußeren Folgen" stehen.

Nun zu den Studien. Ich bin zu wenig vom Fache, um Ihnen direkt helfen zu können. Soviel aber ist gewiß: Wenn Sie nicht bis zu einem hohen Grade „Gedächtnismensch" werden, so bleiben Sie ein Dilettant. Ferner verlange ich allerdings, daß Sie diejenigen notwendigen Dinge in Folianten studieren, welche in 4to, 8vo, 12mo nicht zu haben sind. Was haben Sie gegen die armen Folianten? Es stehen tausend wunderschöne Dinge drin, selbst solche, die man mit Entzücken, rasend, unter Tränen lesen kann. Nur ein Beispiel: Ich weiß nicht, ob Sie anwesend waren, als ich letzten Winter das Leben des heil. Severin vortrug. Diese wunderbare Geschichte, die mich zwar weder rasen noch weinen macht, mein Gefühl aber von menschlicher wie von historischer Seite auf das stärkste aufregt, ist m. W. im Original nur zweimal ediert und jedesmal innerhalb eines Folianten. Übrigens gewöhnen Sie sich das Rasen und Weinen womöglich etwas ab; das ist gut für hysterische Frauenzimmer. Es ist immer nur eine Wirkung des Stoffes, nicht der Kunstform. Summa, wenn Sie was Rechtes wollen, so muß die Scheu vor den Büchern aufhören. Es versteht sich ganz von selbst, daß nur der tausendste Teil des Inhaltes für Sie Wert haben wird, aber eben die Arbeit, welche in dem Ausscheiden dieses Hundertstels besteht, ist das Bildende. Macht es denn der Grubenarbeiter anders? – Und schließlich noch einen Trost: Sie werden allmählich jenes Hundertstel rasch und präzis zutage fördern lernen.

Was das Studium vermöge Lebensbeobachtung anbelangt, so mißgönne ich Ihnen dasselbe nicht, solange das Bücherstudium nicht davon beeinträchtigt wird. Sie versichern mir ja, daß Sie dies Lebensstudium auch auf sich selbst anwenden in Gestalt von Selbstprüfung. Ich müßte aber lügen, wenn ich sagen wollte, daß mir dies alles Ihrem glücklichen Alter sehr gemäß erscheine. Ein Gott hat den Zwanzigjährigen sonst die Binde um die Augen gelegt, damit sie diese bunte Welt für harmonisch halten und in diesem Bewußtsein oder Wahn glücklich sein sollen. Wenn Sie nun durchaus kritisch anstatt genießend verfahren wollen, so ist das Ihre Sache. Übrigens freut mich doch das eine Resultat sehr, welches Sie mir mitteilen: „daß der

Wille in der Welt von größerer Wichtigkeit ist als der Verstand" – wenn Sie so philosophieren, dann fahren Sie nur fort. Ein wenig anders stilisiert lautet der Satz: der **Charakter** ist für den Menschen viel entscheidender als Reichtum des Geistes, welches eine meiner ältesten und stärksten Überzeugungen ist.

AN ALBERT BRENNER
Zürich, 16. März 1856

Ihr Brief vom 11. ds. hat mich sehr geschmerzt und mit Sorgen für Sie erfüllt. Ich will den zweiten Teil desselben zuerst beantworten. – Wenn Sie sich wirklich für eine **dämonische Natur** halten, so verlange ich nur eins: daß Sie sich in diesem Gedanken niemals, **keinen Augenblick** gefallen mögen. Bleiben Sie auf alle Gefahr hin gut, liebreich und wohlwollend, zwingen Sie sich, jedem das Beste zu gönnen, und zeigen Sie dieses im täglichen Gespräch und Umgang, damit sich doch möglicherweise jemand an Sie anschließen kann. Wenn Sie die fürchterlichen Spalten und Klüfte kennten, welche unser Leben unterirdisch durchziehen, Sie würden heut lieber als morgen alle Schätze der Liebe und Hingebung auftun. Denn nur auf diese Weise entwickelt sich etwas, das dem hohen und reinen Gefühl gleicht, welches über jene Abgründe kühn und ergeben hinwegschreitet. Sie wissen noch nicht, was wir Menschen für Bettler sind vor den Pforten des Glückes, wie weniges sich ertrotzen und erzwingen läßt, und wie die genialste Begabung vergebens an jene Pforten anprallt, um sie einzurennen. „Denn ach, die Menschen lieben lernen, es ist des einzige wahre Glück."

Es ist ein rechter Jammer, daß Sie die goldenen Studentenjahre in diesen traurigen Stimmungen verdämmern sollen. Nun sitzen Sie und brüten über Ihrem „konsequenten Indifferentismus", bis Ihnen über den Kategorien „Notwendig und Zufällig" das alltägliche, vortreffliche Hausbrot „Gut und Böse" ausgeht. Soll ich es an Ihnen noch einmal erleben, was ich vor sechzehn Jahren an andern erlebte, daß über vermeinten oder wahren weltgeschicht-

lichen „geschichts- oder naturphilosophischen" Axiomen das Bewußtsein dessen verlorenging, was allein die Existenz des Individuums hüten und beglücken kann? (Vor allem beiläufig eins: Diese geistigen Operationen ätzen und beizen die Poesie total weg; sie haben uns Lenau gekostet, der sich durch den hochpoetischen Schimmer der Notwendigkeitsphilosophie blenden ließ, bis es aus war.) Geben Sie, wenn es nun doch sein müßte, wenigstens acht auf sich selbst; der geistige Hochmut, der sich bei dieser Beschäftigung entwickelt, ist von so penetrantem, für uns Weltkinder unerträglichem Geruch, wie irgendein religiöser Hochmut.
Es ist die zwölfte Stunde; wenn Sie Poet bleiben wollen, so müssen Sie 1. die Menschen, 2. die einzelne Erscheinung in Natur, Leben und Geschichte ganz persönlich lieben können. Sollte es sich etwa gar um Hegelsche Philosophie handeln, so sage ich Ihnen: es ist ein Ladenhüter, lassen Sie ihn liegen, wo er liegt – Und nun denken Sie ein wenig an Ihre künftige Bestimmung, sei es als Autor oder als Lehrer: Sie sollen sich darauf einschulen, vielen und verschiedenartigen Menschen die geistigen Dinge lieb zu machen. Ist Ihr jetziges Grübeln irgendein Schritt dazu?
Doch ich rede wohl umsonst; ich kann Ihnen ja keine andere Stimmung in die Seele senken – denn vieles von dem, was Sie für Überzeugung halten, ist doch nur Stimmung, nehmen Sie es nicht für ungut.
Und weiter zu Ihren akademischen Klagen. Ich will meinen letzten Brief nicht wiederholen; ich glaube auch, daß in Ihrem Bilde von dem Studentenleben die einzelnen Züge wahr sind. Aber Sie verraten mir es, daß Sie selber als ein dissolvens, nicht als ein jungens wirken. Zu unseren Zeiten war ich weder das eine noch das andere, sondern lebte ein Phantasieleben im Verein wie außerhalb, will mich auch auf keine Weise rühmen. Aber ich habe jetzt ein sehr lebendiges und schmerzliches Gefühl von dem, was ich hätte tun sollen, nicht bloß dort, sondern noch in manchen andern Verhältnissen. Spätere Anknüpfungen in Basel wurden mir sehr schwer gemacht: in den meisten Kreisen sitzt einer oder zwei höhnische, rein negative Menschen, die von der großen, gutartigen und etwas versimpelten Majorität

geduldet werden und denen, die gerne Besseres brächten, die Kehle zuschnüren. Werden Sie kein solcher! Es ist sehr leicht: zerstören, und sehr schwer: ersetzen! Es gehört unendlich wenig Geist dazu, um an dem, was die andern treiben und reden, die mangelhaften und lächerlichen Seiten, oder in etwas noblerem Stil: das Bedingte und Befangene hervorzuheben, überhaupt an das Gesellige, an das Sichgehenlassen den schärfsten Maßstab zu legen. – Ich rede hievon, weil ich an eine überwiegend starke positive Seite Ihres Wesens glaube. Wäre ich hievon nicht versichert, so schriebe ich Ihnen nicht. – Denken Sie nur, wie gut Sie es haben! Es zwingt Sie z. B. kein Mensch, den heute früh geborenen französischen Thronerben zu besingen, während ein Dutzend unglückliche Franzosen schon seit Monaten an den Federn kauen mögen!

AN ALBERT BRENNER

Zürich, 24. Mai 1856

... Also zur Sache, Punkt für Punkt. An Ihrem Gemütsleben nehme ich den größten Anteil, da Sie mir sehr wert sind, wie Sie wohl wissen. Aber Ihr tagebuchartiges Schildern und Anatomieren der eigenen Anschauung und Empfindung – so gerne ich dergleichen lese – ist nicht, was ich begehre, sondern den poetischen Ausdruck hätte ich gerne, das Unbewußte, welches in künstlerisch bewußter Form hervorbricht. Fassen Sie doch einmal ganz einfach die Courage, die verschiedenen Strahlen der eigenen Empfindung in verschiedenen Gestalten zu verewigen und mit der Persönlichkeit derselben in einem künstlerisch-notwendigen Verhältnis zu mischen. Ihr wahres, höheres, dauerndes Tagebuch sind nur Gedichte. – Wenn Sie philosophieren, so höre ich zu, bis es vorüber ist, wie in einer Predigt, und sage nichts dazu. Ich habe überhaupt nichts mehr gegen diese Art von Zeitvertreib einzuwenden, wenn Sie nur eins versprechen wollen, nämlich in den Momenten philosophischen Hochgefühls (die nicht ausbleiben werden) jedesmal dreimal im stillen zu sagen: „Und ich bin doch nur ein armer Tropf gegenüber den Mächten der äußern Welt." „Und dieses alles wiegt doch keinen Gran realer Anschauung und Empfindung auf." „Und die Persönlichkeit ist doch das Höchste, was es gibt." Wenn Sie diese drei Sprüche hergemurmelt haben, dann philosophieren Sie im Frieden weiter.

In betreff der Satiren machen Sie, was Ihnen gefällt. Die wahren, stets genießbaren Satiren sind bekanntlich nur solche, bei welchen ein sehr glücklicher, innerlich sicherer und im Grunde guter Autor im Hintergrund steht. Überhaupt muß man viel erlebt haben, um das Komische in der richtigen Perspektive zu sehen. Was Sie jetzt in diesem Fache produzieren, das sind – gutmütigenfalls – heitere Possen (und ich gratuliere dazu) – bösartigenfalls aber sind es Pasquille, die möglicherweise ganz possierlich zu lesen sind, wenigstens für den Erdwinkel, wo man die Anzüglichkeiten versteht. Da ihr Wert aber nicht dem Gebiete der Kunst angehört, so können sie von dem ersten besten Giftmenschen stofflich überboten werden, sobald derselbe frecher und böser ist, als es Ihnen die Erziehung und das gute Herz erlaubt. Wetteifern (Wettgeifern) ist aber Ihre Sache nicht. – Das Drama lassen Sie liegen, bis eine absolut unwiderstehliche Lust dazu erwacht. Eine solche kann der Bote einer entschiedenen Bestimmung sein. Leider muß ich Sie in diesem Fall bedauern, da das Beste in diesem Fach ganz sicher keinen Sukzeß hat, d. h. daß es ungelesen und unaufgeführt bleibt. Ich kann beweisen, was ich sage. – Gegen Aufzeichnung von Stoffen habe ich nichts. Sie können einmal z. B. einem Freund einen Gefallen damit tun.

Novellen und Romanpartien – ja! aber sie müssen interessant sein. Der gute Vorsatz, wirkliche, lebendige Charaktere zu schildern, genügt nicht; die Charaktere müssen sich als das, was sie sind, durch ihre Handlungen ausweisen. Der Charakter muß sich an dem Hergang zeigen. Dies gilt hier wie beim Drama. Ich glaube, was von solchen Stoffen jetzt schon im Bereich Ihrer Erfahrung, Kombination und Gestaltungskraft liegt, das geben Sie am besten lyrisch, z. B. in Elegien. Ich möchte sehr gern eine Anzahl von jenen Situationen kennen, welche Sie aufnotiert haben. Es kann höchst Geeignetes darunter sein. Wo sind Sie auch mit jenen

Liebesliedern hingeraten, die Sie einst in einem Zug schrieben? Haben Sie mir in Basel welche davon gezeigt?
Mit denen, die Sie mir jetzt mitteilen, wollen wir nun ins Gericht gehen ...
Im ganzen bin ich mit Ihnen unzufrieden. Sie schmeißen die Sachen noch immer so hin und lassen sie liegen, wie es kommt. Mit Ausnahme des jugendlichen Goethe aber hat keiner ungestraft geschmissen. Er durfte es kraft seiner höchst außerordentlichen Persönlichkeit. Es läßt sich ein größerer Dichter als er denken, der es doch nicht gedurft hätte.
Auf Ihr Märchen wäre ich begierig. Ich bitte aber nur um eins: nicht anzufangen, bis der Plan im ganzen feststeht. Sonst gehen Sie wieder im Himmel, auf Erden und unter den Wassern spazieren und wissen das Schlüsselloch nicht mehr zu finden. ...

ANHANG: GEDICHTE

1. Aus den „Ferien" (1849)

Verklungene Töne (III)

Vielleicht in düstrer Regennacht
Bist Du allein bei Lampenlicht,
Und Dich durchzuckt ein rascher Schmerz,
    Weshalb? Du weißt es nicht.

Du weißt ja nicht, wem fern und nah
Sehnsucht nach Dir den Busen nagt,
Wenn Dir nicht dieses nächtige Wehn
    Leise den Namen sagt.

O zürne nicht! wer weiß wie bald
Dich glücklichere Liebe krönt;
Vergiß den Schmerz, der Name sei
    Verklungen und vertönt!

Dann horchst Du abends jenem Schritt,
Der Glück und Glut in Dir entfacht;
Zum Sonnenparadiese wird
    Die dunkle Regennacht.

Neu schaust Du in die Welt und nimmst
Nur frohe Segenswünsche wahr;
Doch fern bringt ein bekümmert Herz
   Dir seine Schmerzen dar.

Aussichten aus einem Fenster (VI)

Heitre Frühlingsabendsonne,
Die an jenen Bergen glüht,
Wo einst Elfer, Vierunddreißiger
Erster Güte aufgeblüht,

Laß auch heuer dich nicht irren
Durch dies hadernde Geschlecht,
Scheine golden unparteiisch
Auf gerecht und ungerecht!

Mag dein Posten Mühe kosten,
Fixstern du vom ersten Rang,
Mags verdienstlich sein und künstlich,
Regeln der Planeten Gang, –

Trauben rösten, Menschen trösten,
Bringt dir doch den besten Dank;
Gieß auch heuer mildes Feuer
Auf den lieben Rebenhang!

An Claude Lorrain

Geweihter Geist, den die Natur erkoren,
Als Hohepriester ihr mit reinen Händen
Des Abendopfers Weihrauchduft zu spenden,
Wann schon die Sonne naht des Westens Toren, –

Vielleicht hast du im Leben viel verloren,
Bis du, entrinnend vor des Schicksals Bränden,
Dein Bündnis schlossest an des Waldes Enden
Mit den Dryaden und den süßen Horen.

Drum will ein tiefes Sehnen uns beschleichen
Nach Glück und Ruh', wann du den Blick geleitest
Vorbei den hohen immergrünen Eichen.

Zu schattigen Hainen dann die Landschaft weitest,
Paläst und Tempel baust, und jenen weichen
Nachmittagsduft auf ferne Meere breitest.

Serenade

Klare Mondnacht, senke den stillsten Schlummer
Auf dies Haus! Traumgenius, schütte gaukelnd
Aus dein Füllhorn über der Allerschönsten
    Heimliches Lager.

Ungehört soll leisen Gesanges Klaglaut
Ihr vorbeiziehn; über die weiße Stirne
Gleite kein unwilliger Zug, da sie nicht
    Achtet des Sängers.

Aber horch, von Deiner geweihten Schönheit
Im Gebüsch fern singen die Nachtigallen,
Dir zum Ruhm rings duften die Rosenbeete,
    Flüstern die Pappeln.

Draußen geht, des Lied Du verschmähst, zur Fremde
Hingewandt. Fern unter entlegnen Zonen
Wird ein Gotte ihm geben Gesang, zu preisen,
    Hehre, Dein Antlitz.

---

2. Aus „E Hämpfeli Lieder" (1853)

Alles vergebeds

'S sind alli Gasse still und 's Morgeliecht
Stygt hübschli über Muur und Dächer;
Der Brunne ruuscht; de trinksch noch, eb de gohsch,
E Gsundheit us dym Lederbecher.

Jetz selbe Fenstre noch e Blick, sie sind
Mit grüene Jalousie bschlosse —
Und jetze renn! de wychsch dym eigene Herz
Nit us, und füehrsch mit zehe Rosse.

Wohl schön isch's Birstal, goldig glänze d'Flüeh
In herbstlig küehli Tiefe-n-yne;
Doch weisch, wer dir im Geist begegne wird
Uf Berge-n-und uf Burgruine?

Weisch, wem z'lieb, wenn de-n-ykehrsch um Mittag,
De bständig luege muesch uf d'Türe?
Und uf em Heimweg, wehles Bild erschynt
Us alle-n-Obewulke füre?

Wohl müed kunnsch wieder, aber ohni Rueh.
O flieh nur nimme! loß die Flamme
Nur ruehig brenne, wo dy armi Seel
Verzehrt! sie het e heilige Namme.

By Liecht

Do liege neui Büecher uf em Tisch,
Und d'Lampe brennt – i soll e wenig lese,
Händ d'Tante gseit, i heig e gueti Stimm, –
Und gegenüber sitzt das liebsti Wese!

Es strickt und strickt, ich aber lies und lies,
Und dusse schneit's; die beide Tante gähne,
Und schlofe-n-y, und wie-n-i übrelueg,
So gseh-n-i in de schöne-n-Auge Träne;

Nit vo der Gschicht, vo der i glese ha,
Es het e-n-andre Grund und tiefer lyt er.
Ganz still isch's gsi, nur's Tiktak vo der Uhr
Und's klopfed Herz – bis daß Es seit: lies wyter!

I stackle wyter – 'S het der Muet nit gha
Mi rede z'losse, i bi folgsam bliebe.
Bald druf schloht's langsam achti, und das het
Die Tante gweckt, sie händ sich d'Auge griebe.

Uf der Gaß

'S isch spoti Nacht, und d'Läde zue –
Me ghört doch Gsang und Saite,
Und s'Schubert's Lieder kennt me-n-au,
Und s'Gritli mueß bigleite.

I kenn Dy Herz, wie's Othem zieht,
Es wurd e mengi gryne.
Dir wird's scho nur vom Singe lycht
Und sunst verziehsch kei Miene.

Dä wo die Tön erfunde het
Ghört au scho zue de Stille,
I tät em sunst no Kräfte gern
E-n-Ehr um Dynetwille.

Die Lieder gehnd um d'Welt zringsum,
Schön sind sie ohni z'wähle. –
Doch weiß i's erst vo Dir: Sie sind
E Gsang für starki Seele!

Noch emol uf der Gaß

'S schloht halber Elfi. Nur e matte Schimmer
Dringt dur die bschlossne Jalousie dure.
Doch gseh-n-i, jetz nimmsch's Liecht und gohsch in d'Rueh,
Langsam verschwindet d'Helli, d'Stege-n-uf.
O nur das Händli möcht i seh das jetz
Dursichtig roserot die Flamme schützt!
Villicht luegsch mit de große-n-Auge drüber
Eweg und förchtsch Di — denn es isch nit ghür.
My Geist stoht uf em Stegenabsatz vor Der
Und luegt Di a, der gueti, armi Geist.

IV.

BRIEFE AUS DEN JAHREN
1858—1867

AN PAUL HEYSE

Basel, 3. April 1858

Liebster Paul!

Dein und Ebners Briefe haben mich in den größten Schrekken versetzt. Als ich vor etwa acht Tagen an Frau Clara schrieb, dachte ich nicht daran, daß solche Aufforderungen kommen könnten.

Alles erwogen, kann ich die Arbeiten ganz unmöglich übernehmen[1].

Ich trete nun nächstens hier ein überaus anstrengendes, rein historisches Amt an, wo man enorm viel von mir erwartet. Vielleicht muß ich meine eigene Arbeit, für die ich 2 Jahre gesammelt, auf lange Zeit hinausschieben[2].

Ferner habe ich von Kupferwerken so gut wie nichts um mich, und dies hast Du wohl nicht bedacht, als Du schriebest. Denke Dir, wie man über ein endlos ausgedehntes Detail schreiben sollte, wenn man nirgends nachschlagen kann. (Meine eigene projektierte Arbeit würde sich deshalb mit den Einzeldenkmälern nur äußerst wenig befaßt haben.) Ferner bin ich einer ganzen Anzahl von Kunstgattungen seit langer Zeit völlig entwöhnt. Studienreisen kann ich natürlich nicht mehr machen; für dieses Jahr hatte ich vor, Basel kaum auf Tage zu verlassen. – Von den Sachen außer-

---

[1] J. B. sollte aus Kuglers Nachlaß dessen „Geschichte der Baukunst" herausgeben, die fehlenden Teile selbst schreiben und außerdem die 3. Auflage des „Handbuchs der Kunstgeschichte" übernehmen, das im Verlag von Ebner erschienen war. Vgl. S. 75 (des 1. Teiles).

[2] Es handelt sich um sein Werk über die Renaissance. Vgl. S. 76 ff.

halb Italiens habe ich nur noch verblassende Erinnerungen.
Denke Dir nun, was das für eine Fortsetzung abgäbe für
Werke, die mit so unerhörter Detailkenntnis und Geistestiefe und Solidität begonnen sind. Von der Unmöglichkeit
der Besorgung der Illustrationen nicht zu reden. Denke nur
recht gründlich über die Pflicht nach, die Ihr selbst gegen
diese Werke habt.
Freilich, einen andern vorzuschlagen, weiß ich auch nicht,
wenn Lübke nicht will. Den Springer werdet Ihr nicht wollen. Andre kenne ich nicht. Wie ist es denn mit Eggers[1]?
Wenn sich gar niemand findet, so ist mein guter oder
schlechter Rat dieser: man läßt von der Geschichte der
Baukunst drucken, was da ist, und gibt Renaissance und
neuere Baukunst nur in einer gedrängten Übersicht dazu.
Diesen Anhang kann ich allenfalls besorgen, nur müßte
man dem Publikum sagen dürfen, es sei ein Notwerk ohne
Ansprüche. Auf diese Weise kann wenigstens dafür gesorgt
werden, daß keine spropositi vorkommen.
Vom Handbuch muß Lübke den fehlenden letzten Abschnitt des Gotischen nachliefern. Die moderne Kunst würde
ich geradezu aus der II. Auflage abdrucken lassen, etwas
revidiert. Findet sich dazu durchaus niemand, so will ich
diese Revision übernehmen. Für die Illustrationen müßte
aber ein anderer sorgen.
Wäre ich noch in Zürich, so könnte ich etwas mehr tun,
aber auch nicht viel. Es gibt eben Lücken, die nicht zu
füllen sind, und in die wir uns ergeben müssen.
Ich bin noch ganz erfüllt von dem schweren Schicksal Eurer
Familie[2]. Lebe wohl und behalte lieb
Deinen J. Burckhardt.

AN PAUL HEYSE

Basel, 9. April 1858

Liebster Paul!

... Mit allem Wünschen und Behaupten kann man das
Unmögliche nicht möglich machen. Ich kann nicht statt
8 Stunden per Tag 16 Stunden arbeiten, bin überhaupt nicht

[1] Vgl. Fußnote zum Brief vom 12. Febr. 1860.
[2] Franz Kugler starb am 18. März 1858.

gesonnen, aus irgendeinem Grunde der Welt meine bis jetzt noch leidliche Gesundheit am Schreibtisch zu opfern, wie der arme Kugler getan hat. Ich kann ferner nicht die ersten Semester eines Amtes, von welchem mein ganzes künftiges Leben abhängt, mit einer andern großen Hauptarbeit teilen. Man hat mich mit einer bedeutenden Besoldung hieher berufen, um mich ganz zu haben, und gerade jetzt, da ich in den größten Sorgen darob schwebe, wie ich diesen Intentionen irgend nachkommen soll, kommt Ihr und verlangt eine große pressante Arbeit von mir! (Denn pressant ist und bleibt sie.) Hast Du diese Geschichte der Baukunst z. B. ein wenig studiert? sieh Dir doch nur das Buch recht darauf an, nach welchen Prinzipien und Dimensionen es gearbeitet ist. Dergleichen „vollendet" überhaupt niemand, wenn der Autor gestorben ist.

Was die Kupferwerke betrifft, so mußt Du doch wohl einsehen, daß hier der dauernde Aufenthalt in der Nähe einer großen Bibliothek gar nicht zu entbehren noch zu ersetzen ist, und daß jeder mezzo termine eine Illusion sein muß.

Ich habe meiner neuen hiesigen Stellung bereits ein Opfer gebracht: mein Werk über die Renaissance bleibt ungeschrieben, oder es schrumpft doch zu ein paar Aufsätzen zusammen. Die Sammlungen haben mich 2 Jahre hindurch beschäftigt und mich mit den schönsten Illusionen erfüllt, welche nun dahin sind. Nicht als ob die Welt viel dabei verlöre; aber Du mußt wenigstens wissen, daß ich meiner Stellung auch noch andere Opfer bringe und Eure Aufforderungen nicht aus Bequemlichkeit und Eigensucht abweise.

Überhaupt bin ich kein Kind mehr und messe meine Kräfte. Es ist mir nun gar nicht leicht geworden, Dir dieses zu schreiben, aber Du solltest mir auch nicht mehr zusetzen.

Herr Ebner will mir die fertiggewordenen Manuskripte nach Basel bringen. Dies kann aber doch zu keiner Veränderung meiner Entschlüsse führen, und ich bitte dringend, es zu unterlassen.

Mit herzlichem Gruß und mit inständiger Bitte, mir die Angelegenheit nicht schwerer zu machen,

Dein J. Burckhardt.

(Obiges kannst Du Ebner mitteilen.)

(Unter uns:)
Es ist gar nicht ein dringendes Interesse der Familie dabei, die „Geschichte der Baukunst" durchaus fertig zu machen. Die kurze Skizze, das Notdach, bleibt am besten weg.
Ganz anders verhält es sich mit dem „Handbuch", für welches unbedingt Rat geschafft werden muß. Glaube mir doch nur, daß, wenn ich könnte, ich auch was Rechtes tun würde. So wie die Sachen liegen, bleibe ich aber bei meinem Satz: den letzten Abschnitt des Mittelalters muß Lübke machen, der ein spezieller Kenner des Gegenstandes ist, während ich wenig davon weiß und gar keine Abbildungen habe. Die moderne Kunst muß nach der II. Auflage revidiert werden, und diese Revision nebst der Umarbeitung eines Teils des Abschnittes über moderne Baukunst übernehme ich, so gut es geht, wenn Ihr nicht einen andern findet. Die Indizes muß aber irgendein Stuttgarter Literat machen.
Mein Name soll auf keinen Titel kommen. In einer kurzen Vorrede kann man der Sache Erwähnung tun. Im Sommer käme ich dann, aber nur auf einige Tage, nach München, um die Illustrationen auswählen zu helfen. – Eigentlich könntest Du, liebster Paul, Dich etwas in die Kunstgeschichte vertiefen und alles fertig machen, das wäre das beste. – Daß ich mein eigenes Werk hintansetze, wirst Du schon in meinen letzten Briefen an Kugler finden.
Was ich tue – es ist zwar wenig, aber bei meiner jetzigen Zeitbedrängnis soviel als ich kann –, tue ich ohne Vergütung, dem Abgeschiedenen zu Ehren. An Ebner werde ich (vorkommendenfalls) melden, daß ich diese Frage bereits mit der Familie erledigt habe.
Meine besten Grüße an Frau Clara.

In Treue Dein J. Burckhardt.

AN PAUL HEYSE

Basel, Pfingsttag 1858

Ich habe vor ca. acht Tagen den Pappkasten mit Inhalt richtig erhalten, hoffe auch binnen zehn Tagen einstweilen die „Skulptur und Malerei der letzten Zeit des Mittelalters" fertig an Ebner schicken zu können. Aber eins fällt mir

immer schwerer aufs Herz, nämlich der klaffende Abstand der Redaktion zwischen der II. und der III. Auflage und die gänzliche Unmöglichkeit, das Fehlende im Sinne der begonnenen III. Auflage umzuarbeiten. Kugler hatte einen ganz neuen Maßstab angenommen, kurz, alles umgedacht. Ferner gibt es mir dauernd zu denken, daß ich die neuern Forschungen aus Unkenntnis übergehen oder höchstens durch die im Pappkasten mitgekommenen Zitatzettel belegen muß, ohne etwas davon zu wissen....
Ach, was für ein mühseliges Semester! Freilich, ich habe das, was man hier ein volles Kollegium nennt und – habe ein Gelübde getan, nie mehr auch nur ein Blatt in die Vorlesung mitzubringen, sondern gut zu memorieren und frei vorzutragen. Es geht.
Ferner: heute empfange ich ein Schreiben, welches in einem quadratischen Kuvert mit großem schwarzem Siegel lag. Es enthält eine sehr freundliche Aufmunterung in betreff meines jetzt ad calendas graecas verschobenen und jedenfalls sehr reduzierten Unternehmens[1]. Ich erkenne darin Deine oder Geibels Instigation. Wer von Euch beiden es nun auch sei, den bitte ich inständig, mir umgehend zu wissen zu tun, wie man dergleichen geziemend zu beantworten hat, und mir für 1. Anrede, 2. Schluß ein wörtliches Muster zu schicken, auch über die Adresse und Art der Übersendung das Nötige zu bemerken. – Und wenn es keiner von Euch beiden ist und wenn etwa Bl(untschli) dahinter stäke, so schreibst Du mir das Nötige dennoch, nicht wahr, lieber Paul?...

AN KÖNIG MAXIMILIAN II. VON BAYERN

[Basel, Ende Mai 1858]

Die hohe Aufmerksamkeit, welche E. M. meinen wissenschaftlichen Bestrebungen haben widmen wollen, ist für mich äußerst ermutigend und demütigend zugleich.

[1] Dieser Satz bezieht sich auf den Brief König Maximilians II. von Bayern an J. B. vom 21. Mai 1858, abgedruckt in der B. G. A., Bd. V, S. XLV. – Als Antwort siehe den folgenden Brief, dessen Original nicht erhalten geblieben ist, der deshalb J. B.s Konzept nachgedruckt ist. Vgl. B. G. A., Bd. V, S. XLVI.

Durch Versetzung in einen neuen, lohnenden, aber mühevollen Wirkungskreis ist meine verfügbare freie Arbeitszeit so beengt worden, daß meine Aufgabe nur in beschränkten Umrissen und nur nach längerer Verzögerung zu lösen sein wird. Die Schönheit des Themas durfte den Unternehmenden wohl über seine Kräfte täuschen; die Renaissance sollte dargestellt werden, insoweit sie Mutter und Heimat des modernen Menschen geworden ist, im Denken und Empfinden sowohl als im Formenbild. Es erschien als möglich, diese beiden großen Richtungen in einer würdigen Parallele zu behandeln, Kunst- und Kulturgeschichte zu verschmelzen.

Wieviel oder wiewenig aber hievon zustande kommen mag, nie werde ich fortan vergessen, daß über diese Arbeit das Auge eines fürstlichen Denkers waltet, und daß diese hohe Ermutigung auch eine neue Verpflichtung enthält, dem Werke alle Kräfte zu widmen.

AN PAUL HEYSE

Basel, 4. Juli 1858

Liebster Paul!

Ich habe, noch ehe Dein Brief vom 27. Mai anlangte, das Herz gefaßt und auf eigene Faust geantwortet, weil mir der Gedanke kam, Du seiest etwa wegen der Pfingsten für acht bis zehn Tage abwesend. Es geschah einfach per Post; nur vergaß ich, daß in München zwei βασιλέε sind und schrieb auf die Adresse bloß: S. M. d. K. – München. Im Innern habe ich zwei Adjektive weggelassen; in Gottes Namen. Eins freut mich: da ich nicht zu ersterben für gut fand, zu sehen, daß Ihr auch nicht mehr ersterben wollt. Auch ist es für Dich armen Rekonvaleszenten speziell ein gutes Zeichen. Tausendmal bitte ich Dich nun um Entschuldigung, Dich in diesem Zustande bemüht zu haben.

Inzwischen sind auch die Sabinerinnen[1] da, welche ich dem Erfinder der Schießbaumwolle, meinem Freund und Kollegen Schönbein, zu lesen gegeben habe, der sich sehr daran

---

[1] Das Drama hat 1857 den vom König Maximilian II. von Bayern ausgesetzten dramatischen Preis erhalten.

erbaute. Soll ich Euch nun mein altes, seit zehn Jahren bekanntes Lied wiederholen, daß Ihr viel zu gut seid, wenn Ihr vom Theater noch irgend etwas hoffet? Daß Ihr es mit den allerbesten Stücken nie mehr zu einem guten Repertoire bringen werdet? Daß Verdauung die erste Bestimmung des heutigen Publici ist? Oktroyiert ihm nun, soviel Euch Spaß macht – doch ich habe ja ein Gelübde getan, niemanden mehr in seinem Optimismo zu stören, vielmehr selbigen als ein (leider nur nicht sehr dauerhaftes) Kapital der Glücklichen anzusehen.

Dieses vorausgeschickt, finde ich in den Sabinerinnen lauter Neues und Großes, eine Rechtfertigung vom Dasein Roms, ein unvergleichliches Ineinander von Haß und daraus entstehender Liebe, einen notwendigen Komplex von Fluch und Segen, kurz, das Drama ist wie die Entladung einer welthistorischen Batterie und läßt mir so zumute werden, daß ich anfange zu glauben, die römische Geschichte hätte ohne jenen ratto sich gar nicht weiter entwickeln können. Alle künftigen Züge der römischen Physiognomie (welche zugleich die der großen Menschlichkeit überhaupt sind) sahe ich hier vorgebildet in lauter lebendigem individuellem Treiben und Tun[1]. ...

Nun noch eine Bitte, die Du mir gewiß nicht abschlagen wirst. Bei gegenwärtigen höchst indiskreten Zeitläufen, die keine Persönlichkeit verschonen, wie obskur sie auch seien, würde ich sehr wünschen, Du möchtest alle meine Briefe an Kugler, so viele deren noch vorhanden sind, eigenhändig verbrennen. Nicht wahr, Du tust mir den Gefallen, lieber Paule?

Grüße bestens Frau Clara und die Gattin und Geibel. In beständiger Treue

Dein J. Burckhardt.

Ich habe hier wieder die alte Wohnung gegen den Rhein, es fehlt gegen 1850–1852 nichts als das Klavier, braunes Haar, ein Zahn und diverse Illusionen. Dagegen habe ich mehr Bücher und solidere Grundsätze.

---

[1] Vgl. damit den Brief an Kinkel vom 7. Dez. 1842 über dessen „Lothar von Lotharingien".

AN PAUL HEYSE

Basel, 14. August 1858

... Von einem Besuch in München kann für mich gar keine Rede sein; morgen endigen unsere vierwöchentlichen Hundstagsferien, und es folgen 7 Wochen Semester. Besagte Ferien habe ich hier mit lauter Arbeit zugebracht, und mit den Oktoberferien wird es wohl nicht anders sein. Nur unter solchen Bedingungen kann ich hoffen, während des Winters meine Arbeit als „Renaissance-Fragmente" nach einem sehr reduzierten Plan ausführen zu können. Es ist eine jener Aufgaben, die eigentlich nur von Kapitalisten mit gänzlich freier Zeit gelöst werden können. Aber die tun so was nicht. Aus Gründen. Gestern habe ich z. B. 700 kleine Zettel nur mit Zitaten aus Vasari, die ich in ein Buch zusammengeschrieben hatte, auseinandergeschnitten und sortiert zum neuen Aufkleben nach Sachen. Aus andern Autoren habe ich noch etwa 1000 Quartseiten Exzerpte über die Kunst und 2000 über die Kultur. Wieviel von all diesem werde ich wohl wirklich verarbeiten?

Deine Idee wegen des hiesigen Theaters hat mich höchlich ergötzt. Wenn Du nur auch einen Begriff hättest von diesem Zustande! Zumal vom ernsten Drama allhiero! Diesmal gebe ich Dir mein Wort, daß ich nicht aus Kunstpessimismus so rede. Ich muß laut lachen, wenn ich mir unser vortreffliches Publikum den Sabinerinnen gegenüber vormale, wie sie hier würden gegeben werden, und dazu unsere Rezensenten und wie sie den Populusque förmlich dumm reden würden. Eigentlich sind unsere guten Leute hier gegen all solche Allotria gleichgültig. Aufsehen macht nur der Skandal. Sie haben aber sonst vortreffliche Qualitäten; während kein Drama und kein Gemälde sie „packt" und auch die Musik nur scheinbar, sind sie den „ernsten Angelegenheiten" und auch dem heitern und gutartigen Spaß stets zugänglich und bringen mancherlei Opfer.

Soeben bekomme ich ein Billet von Lübke, der heute von Berlin abreist und (wie ich von Ebner erfahre) sich in Nürnberg und dann fünf bis sechs Tage (16.–20. Aug.?) in München aufhalten wird. Wenn Du ihn siehst, so grüße ihn schön von mir, und sage ihm, ich erteile ihm par distance meine große und kleine Benediktion. In Chur trifft er mit Schnaase zusammen, der ihn noch ein wenig nach der Lombardei hineinbegleiten wird. Schnaase war neulich hier und stellte mich auch seiner Gemahlin vor, welche mir eine ganz angenehme Dame zu sein scheint.

Von italienischen Volksliedern habe ich nichts als jene 30-35 neapolitanischen, die man an den Straßenecken um ein Gran per Stück kauft, mit der Melodie; ich glaube, Du sagtest einmal, Du hättest sie auch. Es sind nur geringsten Teiles eigentliche Volkslieder, aber doch die meisten recht hübsch. Was ich sonst einzelnes besitze, das sind ohne Ausnahme elende moderne Texte zu Melodien, welche man in Rom auf den Gassen sang zur Violine und zwei Guitarren und Triangel. Jene neapolitanischen stehen zu Diensten....

AN PAUL HEYSE

Basel, 16. Januar 1859

... Vorigen Monat ist auch mein guter Vater gestorben, auf glückliche und neidenswerte Weise, mitten aus voller Amtstätigkeit, ohne nennenswerten Spezialkummer, umgeben von den Seinigen, nach einer nur siebentägigen Krankheit. Ich bin auf alle Weise froh, nicht mehr Professor in Zürich zu sein.

Von Böcklins Krankheit hatte ich durch Stadler vernommen[1]. Nun suche einmal zu erkunden, ob jemand von seiner Familie etwas davon weiß. Sein Vater wohnt eine halbe Stunde von hier, und ich habe in diesen Tagen unmöglich Zeit hinaus zu gehen. Er ist ein hochbesoldeter Teilnehmer an einer unserer ersten Fabriken; nur stand der Sohn nicht sonderlich mit ihm und wollte ihm nichts mehr verdanken. Ich bin nun vollkommen unschlüssig darüber, ob ich dem Vater ein Billet schreiben soll – ach, was für dunkle Schicksale! Es wird allmählich gefährlich, etwas zu können und zu sein.

[1] Prof. der Philosophie am Polytechnikum in Zürich, Freund Gottfried Kellers und einer der wenigen Kollegen, mit denen J. B. in Zürich verkehrte und auch später in Verbindung blieb. (Petzet)

Bisher wußte ich kaum, daß B. von Hannover nach München gezogen war, und ob es mit irgendwelchen Aussichten geschah, weiß ich überhaupt nicht. Sein älterer Bruder glaubte, er wolle bald wieder nach Rom, woraus jetzt wohl nichts werden wird....

Meine große Arbeit zog ich in Gedanken zu immer kleinern und engern Entwürfen zusammen und habe sie nun endlich völlig beiseite gelegt, um dem Amte zu leben. Mein letzter Trost ist, daß ich doch nur den Buchmachern in die Hände arbeiten würde, welche jetzt den ungeheuren Strom der Literatur darstellen und das Bessere ausplündern und beschweigen. Auch große Randalierer kommen kaum mehr recht zu Worte.

Ich habe mich nun entschlossen, dem Vater Böcklins das Notwendigste zu melden, da die Wahrscheinlichkeit, daß er nichts weiß, überwiegt....

17. Januar

Auf meinen gestrigen Zettel hin kam Herr Böcklin heut zu mir. Er ist in der Tat ohne alle direkte Notiz von München. Willst Du Dir nun zu allem, was Du getan hast, noch den Gotteslohn verdienen, mir dann und wann, womöglich bald ein Bulletin von ein paar Zeilen über das Befinden des Kranken zu adressieren? Ich teile es dann immer sofort Herrn Böcklin mit. Verzeih, Liebster, diese neue Mühe; es ist besonders um der Mutter des Kranken willen....

AN PAUL HEYSE

Basel, 23. Januar 1859

Dein gestern angelangter Brief war für Herrn B. ein großer Trost, und Du kannst denken, welche Danksagung an Dich mir ist aufgetragen worden[1].

[1] Heyse hatte unter dem 20. Jan. 1859 an Burckhardt geschrieben, daß Arnold Böcklin „von der Bestie, Typhus geheißen, viele Wochen (seit dem 10. Dezember!) kläglich geschüttelt worden ist, seit acht Tagen endlich fieberfrei und entschieden aus der Gefahr ist. Ich sah ihn vor einigen Tagen zum erstenmal wieder, er war natürlich der Schatten seiner selbst, aber einiges Licht glänzte

Vor allem nun was Wesentliches: Holzach schreibt regelmäßig an den Bruder des B. (Herrn Werner Böcklin in Basel, Am Blumenrain). Letzterer ist so gut als der Vater imstande, den Kranken zu unterstützen, und wird es nötigenfalls gewiß tun. Lege Dir also ja keine unnützen Opfer auf! Es ist im übrigen nötig zu wissen, daß der Vater auch mit diesem älteren Sohn nicht zum besten steht, und daß Holzachs Nachrichten daher nur auf Umwegen zu Herrn B. Vater gelangen. Wenn Du in einigen Tagen wieder ein paar Zeilen an mich richten willst, so tust Du daher ein sehr gutes Werk. Der Alte kann mit dem besten Willen doch nicht direkt mit B. verkehren, weil dieser im Verdruß und ohne Abschied von ihm weggegangen ist. Ich glaube, die Schuld ist ungefähr auf allen Seiten gleich. . . .

Noch ein alter Wunsch von mir: willst Du nicht einmal dran gehen, meine Briefe an Kugler zu verbrennen? Du kannst sie vorher alle lesen, wenn es Dir Vergnügen macht, aber ich hätte gern, sie kämen dann aus der Welt. Heutzutag ist keine Obskurität so groß, daß sie einen vor Indiskretion schützte, sobald einmal die Sachen in entfernten Händen sind. Wir sind hier eben im Begriff, für die Briefe meines seligen Vaters einen Ofen zu rüsten[1]. Glücklicherweise ist mein Bruder als Fabrikant und Geschäftsmann ebenfalls ein großer Gegner alles unnützen Aufsparens von Paperassen, und er unterstützt mich eifrig hierin. . . .

AN PAUL HEYSE

Basel, 26. November 1859

. . . Wie hast Du auch das Schillerfest überstanden? Im Trubel jener Tage bemerkte ich aus München nur, daß Geibel einen Prolog gedichtet hat; es prologte eben alle Welt. Ich habe in meiner Nähe es schaudernd wieder mit ansehen müssen, was ein aufgeregtes, als Komitee organi-

---

wieder auf. Vor Schwäche – und weil er die phantasievolle Natur hat – deliriert er noch stark. Aber der Doktor findet keine Ursache zur Besorgnis darin."

[1] Darnach scheinen die Briefe J. B.s an seinen Vater von dem Sohn vernichtet worden zu sein.

siertes Philisterium zu tun imstande ist. Eine Hatz war das! um Verdruß zu vermeiden, NB. nicht für meine Person, sondern für die arme Universität, habe ich eine Festrede halten müssen, es war gräßlich! – Und nun läuft das Volk wieder herum, als wäre nichts geschehen. Eine architektonische Folge des Festes hier und anderswo wird sein, daß für den Bau von Festhallen agitiert wird. Mir ist, als hörte ich in hundert deutschen Städten das Durcheinanderreden: „man muß ein allgemeines Lokal haben". D. h. einen Festherbeileiter, der die Aufregung von zwanzig Meilen in die Runde an sich zieht. Die Pfarrer, katholische und protestantische, werden jedes Jahr diffiziler mit dem Hergeben von Kirchen.

Sonst geht es mir gut; als Dozent habe ich für hier wahrhaft brillante Zeiten, nur daß die innere Satisfaktion dabei gar gering ist. Wenn es einst nicht mehr so groß hergeht, werde ich mich in Geduld zu fassen wissen. ...

AN PAUL HEYSE

Basel, 12. Februar 1860

... Der Schulratspräsident in Zürch hat noch immer für meine Stelle keinen passenden Mann, seit Lübke nicht hat kommen mögen. Ab und zu werde ich immer wieder konsultiert de successore faciendo. Nun könntest Du die Liebe und Güte haben, mir folgende zwei Fragen zu beantworten:

1) Fällt Dir jemand ein, der paßlich wäre und den man mit einiger Hoffnung auf Erfolg proponieren könnte?

2) Was denkst Du von Dr. Eggers?[1] Für sein Wissen könnte ich schon garantieren, denn er hat Kenntnisse und obendrein alle mögliche Routine im Fach. Es handelt sich aber darum zu wissen, ob er schon doziert hat, und was er nach seiner Fähigkeit, sich wissenschaftlich zu äußern, als Lehrer für das Polytechnikum sein kann? Hierüber wird erstaun-

[1] Friedrich Eggers (1819–1872) hat nie eine größere kunsthistorische Arbeit durchgeführt, sondern seine Kräfte der Herausgabe des Deutschen Kunstblattes und seit 1862 seinem Lehramt an der Berliner Akademie der Künste gewidmet. (Petzet)

lich eindringende Nachfrage gehalten. Ich soll sagen können, ob er anregend, anziehend, fesselnd etc. ist oder nicht. Gegen die gelehrtesten Gelehrten und literierendsten Schriftsteller, wenn sie nichts als das sind, hat man eine wohlgegründete Aversion in Zürich, und wenn ich in specie bedenke, was es heißt, die von mathematischen Arbeiten und vom Zeichnen ermüdeten Schüler in einem solchen Nebenfach wach zu halten, so muß ich jene Bedenken billigen. Wenn Du nun über E.s Qualifikation in dieser Beziehung etwas weißt, so melde mir es auf sechs Zeilen in Bälde. Ich habe dem Präsidenten Dich absichtlich nicht genannt, sondern nur geschrieben: ich könne ihm Auskunft von einem unparteiischen nnd unabhängigen Manne schaffen. Wenn es Dir nichts macht, so möchte ich Dich schon nennen, obwohl es bei anbetracht etc. besser ist, ich tue es nicht. Dem E. selbst darf man um keinen Preis was sagen. Es sind außer ihm noch mindestens zwei andere auf dem Tapet. Du wirst wohl denken, lieber Paul, ich brauche Dich wie ein Adreßbüro. Aber rechne mir einmal in der ganzen Welt die Leute zusammen, an welche man in solchen Dingen eine vertraute Frage tun kann. Ihr seid verwünscht rar, darum belästigt man Euch. ...

AN HEINRICH SCHREIBER

Basel, 1. August 1860

... Meine Ferien, von welchen nun schon drei Fünfteile verlaufen sind, gehören der Ausfeilung und Korrektur meines Werkes an, wovon bereits 21 Bogen gedruckt sind und etwa 14 noch ausstehen. Die Sorge steigt, je mehr gedruckt, d. h. unwiderruflich herausgeschwatzt ist. Der Titel wird lauten: Die Kultur der Renaissance in Italien.

Sobald der Druck fertig sein wird, werde ich Ihnen ein Exemplar zusenden. Mein lieber alter Freund wird vielleicht über den Dilettantismus der Arbeit mit einigem Lächeln den Kopf schütteln, aber doch gewiß zugeben, daß Autor es an Mühe und Schweiß nicht hat fehlen lassen. Es ist eine durchaus wildgewachsene Pflanze, die sich an gar nichts schon Vorhandenes anlehnt. Einen Lobspruch vernähme ich auch noch gern aus Ihrem Munde, daß nämlich Autor vielen Gelegenheiten, die Phantasie spazieren zu lassen, kräftiglich widerstanden und sich hübsch an die Quellenaussagen gehalten habe. Auch das ist, wie ich meine, zu loben, daß ich das Buch nicht dreimal so dick gemacht habe, als es ist. Es wäre die leichteste Sache von der Welt gewesen und hätte mir vielleicht bei vielen Leuten mehr Respekt verschafft; ich hätte mich nur meiner natürlichen Gesprächigkeit zu überlassen brauchen, so wären es statt 35 Bogen deren 100 geworden. ...

AN PAUL HEYSE

Basel, 16. Sept. 1860

Liebster Paul!

Hiemit sende ich Dir mein neustes Opus, um Dir für Deine viele treue Freundschaft wenigstens ein kleines Sinnbild meiner Dankbarkeit zu stiften.

Excipe pacato, Caesar Germanice, vultu

Hoc opus etc., d. h. ärgert Euch nicht, ihr Deutschen, wenn ich den Welschen einige Prioritäten vindiziere, die ihnen gehören. Ich bin noch ziemlich vorsichtig gewesen und habe einiges weggelassen, was geschrieben stand, und anderes in Baumwolle gehüllt, doch immer nur, was den Ausdruck belangte, denn die Sachwahrheit habe ich weder verhüllt noch weggestrichen.

Derjenige, welchen ich mit der Widmung heimsuchte, ist Ofionide, mein alter Lehrer, Kollege und Freund[1]. Wir haben uns inzwischen, wie viele vernünftige Leute, mit dem Hause Sardinien ralliiert und fürchten nur, unsere guten Gesinnungen möchten par distance nicht viel helfen. Wir konnten uns mit Ehren ralliieren, da besagtes Haus nach Kräften seine eigenen Wege geht.

Wird nun nicht ein gewisser Jemand doch allgemach für Euch Poeten reif? „Herr, er stinket schon." Im übrigen

---

[1] Luigi Picchioni (1783–1869), ein italienischer Emigrant, der an der Universität Basel ein Unterkommen gefunden, und mit dem J. B. ähnlich wie mit Heinrich Schreiber eine lange, ungetrübte Freundschaft bis zu dessen Tode verband. – Der „gewisse Jemand" im nächsten Abschnitt ist Napoleon III.

wird die Welt jetzt sehr unterhaltend, sodaß man mein Buch vielleicht wenig lesen wird. Dies ist mir aber, nun es einmal lanciert ist, gleichgültig. Das Fertigmachen und Herausgeben hat eine solche dumpfe Mattigkeit bei mir hinterlassen, daß ich an das Schicksal des Buches gar nicht denke. Mein Verleger hat freilich das Recht, anderer Meinung zu sein. Er hat das Ding nobel ausgestattet, so daß ihn das Papier allein per Exemplar über einen Gulden kostet.

Den 27. d. gedenke ich nach Paris abzureisen und Ende Oktober wiederzukommen. Ich verspüre einen heftigen Durst nach (ältern) Kunstsachen und bedarf noch eines rechten Schluckes fremder Luft, ehe ich mich in das Wintersemester stürze. Die Abende sitze ich diesmal nicht in den Theatern, sondern im Kaffeehaus. Erstens spare ich Geld, zweitens erkälte ich mich nicht beim Heimgehen aus jenen Glutöfen. Louvre und Kaffeehäuser sind mein ganzes bis jetzt bekanntes Programm, außerdem viel Spazierengehen.

Grüße schön Frau Clara und die ganze werte Familie. Wenn Geibel irgend Lust verspüren sollte nach meinem Buche, so schicke ich ihm auch ein Exemplar.

Auch noch eins: auf pag. 2 verspreche ich „in einiger Zeit" ein zweites Werk über Kunst der Renaissance. Damit hat es gute Weile, ich habe das Schreiben völlig satt und bereue jenes Versprechen schmerzlich.

Nun lebewohl, liebster Paul, in Treuen Dein

J. Burckhardt.

AN HEINRICH SCHREIBER

Basel, 19. Sept. 1860

... Hier kommt das allzu ruhmredig versprochene Buch. Sie werden nun gewiß im stillen denken: der B. fängt an, flüchtig und dilettantisch zu arbeiten. Nichtsdestoweniger baue ich auf Ihr alterprobtes Wohlwollen, indem ich Ihnen dieses Kindlein ans Herz lege. Es ist am Ende eben doch ein Schmerzenskind[1]. ...

---

[1] Vgl. Goethe, Italiänische Reise. Notiz vom 10. Jan. 1787: „Hier folgt dann also das Schmerzenskind; denn dieses Beiwort verdient Iphigenia aus mehr als einem Sinne."

AN PAUL HEYSE

Basel, Freitag 16. Nov. 1860

O lieber Paul, wie grenzenlos hast Du mich überrascht, daß ich heute den ganzen Tag präokkupiert bin und mir es erst mit Mühe zurechtlegen muß, wie und wasmaßen Du mir dieses Meisterwerk dediziert hast[1]! Ich glaube, Du würdest hell auflachen, wenn Du sähest, wie dies mit meinem ganzen hiesigen Dasein kontrastiert; ich bin sosehr Philister als möglich, spiele mit Philistern Domino, gehe mit Philistern (und Kollegen, die sich ebenfalls bemühen, Philister zu sein) spazieren, trinke meine Schoppen sans prétention, kannegießere und bin Sonntagabends ohne Ausnahme bei meinen Verwandten, halte meine Vorlesungen und Stunden schlecht und recht – und siehe, da fliegt mir die liebenswürdige Bombe ins Haus! Ach Paul, welchem Spott setzest du mich aus mit dem Mythus von meinem Gesang! bei unsern mokanten Leuten, die mich nie haben singen hören ausgenommen, wenn alle Welt singt, d. h. im fünften Akt unserer Zunftmähler u. a. Festessen; – es ist aber für mich noch etwas Bitteres dabei, indem ich mich ernstlich habe erinnern müssen, wie egoistisch und ungenießbar ich Anno 1847 gewesen sein muß. Freilich die Vergeltung ist nicht ausgeblieben, und ich bin jetzt so weit, daß bei jedem freundlichen Begegnen mein Herz sehr zur Dankbarkeit gestimmt ist. Es hat mir seit jenen Tagen gar zu oft auf den Hut geschneit. Irgendein apartes Glück begehre ich nicht mehr; wenn nur alles bleibt, wie es ist.

Das Büchlein habe ich heut in meinem erschütterten Gemüt an manchen Stellen angelesen und bin einstweilen schon deshalb betroffen, weil ich sehe, wieviel mir noch fehlt, um die wahre Signatur des italienischen Geistes zu kennen. Mir ist, ich müßte jetzt viele Stellen meines Buches ausmerzen und umschreiben; ich muß blind gewesen sein,

---

[1] Das „Italienische Liederbuch". In dem Widmungsbrief hatte Heyse die Abende des Winters 1846/47 in Berlin in die Erinnerungen zurückgerufen, da J. B. und Franz Kugler in des letzteren Hause abwechselnd und der eine den anderen am Klavier begleitend italienische und deutsche Lieder gesungen hatten.

um die ganz spezielle Verschmelzung von Geist und Leidenschaft nirgends in meinen bisherigen Studien so zu erkennen, wie diese Liedersammlung sie handgreiflich offenbart. – Aber da schreibe einmal einer Kulturgeschichte, wenn man keinen Menschen um sich hat, der einen aufrüttelt und in die Ohren kneipt. Ofionide hat mir zwar unbewußt viel geholfen, weil er mir das Maß eines steinalten, kerngesunden, liebenswürdigen Lombarden von großen literarischen Kenntnissen gab, allein auf unsere filtrierten Gesichtspunkte ist er eben deshalb nicht eingeschult, weil er naiv vor sich hin lebt. Was ich Gutes habe, das habe ich doch am ehesten von Kugler, der auch in den vielen Gebieten, wo er nur Dilettant war, die Ahnung aller wesentlichen Interessen hatte und zu wecken verstand. Mein Gott, wie genügsam und wie dünkelhaft sind selbst die meisten großen Spezialgelehrten im Vergleich mit ihm! Ein panoramatischer Blick, wie der seinige war, würde sie freilich nur stören und ihnen ihre Sorte von Arbeit verleiden. Und was er für ein Spezialgelehrter in seinen eigentlichen Fächern war, das beliebten sie zu ignorieren. Genug von Sollichen! Sie werden es meinem Buch ebenso machen, und ich und mein Verleger sind darauf gerüstet. Billige Leute von einigem „Grütz" werden vielleicht dafür zugeben, daß dieses Buch aus innerer Notwendigkeit geschrieben werden mußte, auch wenn die Welt keine Notiz davon nimmt[1].

---

[1] Heyse hatte in seinem Brief vom 12. Nov. 1860 dazu geschrieben: „Im Innersten hat mich die Weite des Blicks, die einzige Frische und Unverfrorenheit des Urteils und – was bei meiner Wenigkeit immer stark mitspricht – die Anmut Deines Stils – leichtschenklich, rasch, mit Lichtern sparsam und an der rechten Stelle mit allen Kunstmitteln zu plastischen Bildern freigebig – vor allem die hohe Ironie, die wie ein ätherisches Salz alle Poren durchwittert, wahrhaft bezaubert. Dieses ist eines von jenen Büchern, die eben nur Ew. Liebden zustande zu bringen vermögen, und deren Substanz ebensowenig veralten und jemals nach dem Schrank schmecken wird wie die Bücher eines gewissen Gibbon und Konsorten, und wenn auch ganze Bibliotheken von alten Kodizes neu entdeckt würden. ... An Spruner, dem Geographen, hast Du einen sehr hitzigen Bewunderer gefunden. Das ist ein schweres Buch! rief er einmal übers andere. Sybel habe ich einstweilen nur davon zu naschen gegeben und ihm die Zähne lang gemacht."

17. Nov.

Die Lieder sind über alle Maßen merkwürdig, ja in ihrer Gesamtheit eine Haupturkunde. Ich müßte freilich lange sinnen und studieren, bis ich den Nationalkontur, der sich daraus ergibt, in wenige Worte fassen könnte. Bei Deiner Einleitung wird mir jedesmal schwarz vor den Augen, weil sie zugleich an meine Wenigkeit ganz speziell adressiert ist. Es ist nicht recht, einen so urplötzlich zu verblüffen! und was werde ich erst noch leiden müssen. Du kennst die kleinen Städte nicht.

Ich bin neulich vierzehn Tage in London und elf Tage in Paris gewesen, hauptsächlich um ein großes neutrales Wellenbad zn nehmen, unter lauter fremden Leuten Englisch zu radebrechen und Französisch zu schwatzen, denn letzteres kann ich wie eine Atzel. Aber das bißchen Objektivität, das ich mit nach Hause gebracht, ist schon nahezu wieder verduftet, und die Pappenheimer, die ich kenne und die mich kennen, haben mich wieder in ihrer Gewalt.

Apropos von London: gehe nicht hin, wenn Du nicht Geld genug hast, um beständig Kabriolett zu fahren. Acht Stunden Fußreise per Tag, wie ich, hältst du nicht aus. Die Omnibusse helfen nicht so, wie man denkt. Summa, ich bin ungeheuer froh, dort gewesen zu sein, aber zu bloßem Besuch gehe ich nicht mehr hin. Etwas anderes wäre es, einmal ein halbes Jahr dort zuzubringen; die Leute haben mir viel besser gefallen, als wenn man sie auf dem Kontinent sieht. — Paris ist geistlos geworden und fürchtet sich vor seinem eigenen Schatten. Der Rest ist Schweigen, Kartenspiel und Billard. In den Theatern prädominiert die féerie mit ihrem künstlichen Unsinn. Mich wundert, was Du dazu sagen würdest, u. a. zu Orphée aux enfers[1].

Einstweilen möchte ich nur auch eine Idee haben, wie es Dir mit der Bühne geht. Aus den vereinzelten Zeitungsnotizen erfährt man so gut als nichts. Gegenüber vom Deutschen Theater war ich, wie Du weißt, immer ein Zweifler, weil ich das Publikum noch nie etwas anderes als Zerstreuung habe suchen sehen. Wenn ich Deinen admirablen lyrischen Geist in Betracht ziehe, so fürchte ich, Du vertrauest demselben

[1] „Orpheus in der Unterwelt" von J. Offenbach.

zuwenig und hoffst von den Brettern zuviel. Wer diese italienischen Volkslieder so verdeutschen kann, für den ist es schade, wenn er das Theaterpublikum berücksichtigt.

An Herrn v. Spruner meine ehrerbietige Empfehlung; ich bin seit zwanzig Jahren für seinen Atlas täglich dankbar. – An Sybel will ich durch den Verleger ein Exemplar meines Buches schicken lassen, damit es in seiner Zeitschrift sub. tit. Literatur seinerzeit rezensiert werde.

Meine besten Grüße an die Frauen und an Geibel, namentlich auch an Fräulein Louise, zu deren Übersiedelung ich bestens Glück wünsche.

Nochmals tausend Dank von Deinem getreuen und verblüfften
J. Burckhardt.

AN OTTO RIBBECK

Basel, 3. Febr. 1861

Endlich, verehrtester Herr, kann ich Sie entschieden als unsern Kollegen begrüßen[1], nachdem ich während der Unterhandlung unserer Behörde mit Ihnen eine nicht geringe Spannung ausgestanden. Ich hoffe, Sie sollen Ihren Entschluß nie bereuen, denn ohne unsere Dinge einseitig rühmen zu wollen, darf ich doch sagen: es ist hier vieles, was Ihnen wert sein kann. Unser Pädagogium hat doch immer einen Flug Leute gezogen, denen es in philologicis Ernst war, sobald man sich ihrer annahm; in kollegialischer Beziehung lebt sichs hier harmloser als leichtlich anderswo, in geselliger Beziehung jedenfalls viel angenehmer als zu Bern, und in amtlicher so sort wie sonst auf der Welt nirgends. Auch werden Sie es mit der Zeit zu schätzen wissen, daß wir hier an einer großen Weltstraße, im Rheintal und

---

[1] Otto Ribbeck (1827–1898) war geborener Erfurter, als a. o. Professor der klassischen Philologie 1856 nach Bern berufen und dort 1859 zum o. Professor ernannt worden. 1861 im Herbst siedelte er nach Basel über, um jedoch nur ein Jahr, bis Herbst 1862, an dieser Universität zu bleiben. Bis 1872 wirkte er dann in Kiel, bis 1877 in Heidelberg und von diesem Zeitpunkt bis zu seinem Tode in Leipzig. Er war der Gatte jener Emma v. Baeyer, die J. B. seinerzeit in Franz Kuglers Haus kennengelernt hatte. Vgl. den Brief an sie vom 24. Dez. 1849.

in der Nähe beträchtlicher Weinberge wohnen. Das Laub wird hier vierzehn Tage früher grün als in Bern, und im Winter haben wir weniger Kälte und bedeutend weniger Schnee, anderer Vorteile zu geschweigen.

Für Erkundigungen und Besorgungen mögen Sie nun über mich verfügen. Es wäre mir eine rechte Freude, wenn Ihnen der Einzug in Basel auf jede Weise leicht und erfreulich würde. Ihrer werten Frau Gemahlin, welcher ich mich insbesondere empfehle, kann hier ein angenehmer Aufenthalt mit Sicherheit versprochen werden. Wenn sich meine Wenigkeit ebenfalls bestreben darf, hiezu das mögliche beizutragen, so wird mich dieses sehr glücklich machen.

An der Universität, wie sie ist, werden Sie manches auszusetzen haben, allein Sie werden auch manches bessern können, und gerade deshalb ist uns Ihre Hieherkunft so wertvoll. Was das Pädagogium betrifft, so werden Sie hoffentlich erstaunt und erfreut sein über den verhältnismäßig trefflichen Durchschnitt. Die Disziplin ist dabei so leicht zu handhaben, daß sie beinahe gar nicht zur Sprache kömmt.

Die Mittel der öffentlichen Bibliothek sind zwar nicht groß, doch wohl für Ihr Fach nicht geringer als in Zürich und Bern, und überdies wird Ihren Wünschen alle mögliche Rechnung getragen werden. Mit dem Herrn Oberbibliothekar (Gerlach) wird es Ihnen leicht sein, sich auf den allerbesten Fuß zu stellen, so übel derselbe es auch aufnahm, daß man ihn bei Ihrer Berufung nicht konsultierte. Dies sind Stimmungen, welche vorübergehen.

Vielleicht werden Sie in einiger Zeit vorläufig hieher kommen, um sich die Dinge in der Nähe zu besehen. Es sollte mir eine große Freude sein, wenn ich Sie hier sehen und Ihnen dabei nützlich werden könnte. ...

AN CHARLOTTE KESTNER

Basel, 29. Juni 1861

Der Brief von Lotsch[1], welchen Sie mir mitteilen, schneidet durchs Herz, aber was hilft es, wenn wir hier klagen, ohne

[1] Ein aus Karlsruhe stammender Bildhauer, ein Freund von Ch. Kestners Bruder August. Sie selbst wurde als eine Tochter des

im mindesten helfen zu können? Ich will nicht behaupten, daß Bildhauer von L.s Wert zahlreich seien, aber es gibt hundert, die ihm wenigstens nahekommen und großenteils am Hungertuche nagen: „C'est le plus cruel des métiers" sagte einst jemand in Rom von der Bildhauerei. Hier in Basel ist für Lotsch ganz unmöglich etwas in den Gang zu bringen. Man setzt ja für unsere hiesigen Leute dergleichen nur mit größter Mühe durch. Die fürstlichen Herrschaften, welche allein noch Raum für Skulpturen haben und nicht zur Miete und nicht in verkäuflichen Häusern wohnen, müßten hier das Beste tun; wenn diese nicht einsehen, daß Nischen und Gärten mit Statuen mehr wert sind als eine Jagd mehr oder ein Zug Pferde mehr, so ist wenig Aussicht, daß es mit der Skulptur besser werde.

In den Photographien, welche ich hiermit dankbar zurücksende, erkennt man ein durchgehendes Gepräge, einen bestimmten Stil. Zwar wird der heutige Geschmack, der wesentlich das Schlanke und Dünne liebt, die Formen durchgängig etwas schwer finden, aber ich stehe hier völlig auf Seiten des Künstlers und zugleich auf Seiten der Alten, welche ja auch eher derb als zierlich gewesen sind. Doch lassen wir das den speziellen Kennern und halten uns an die naive Herzlichkeit der Auffassung. Ganz wundervoll ist in diesem Betracht die Eva, welche man gar nicht einfacher und sprechender denken könnte. Den Hirten würde man geradezu für eine antike Statue von guter römischer Arbeit nehmen, und doch ist das Motiv, wie ich bei genauer Prüfung sehe, wesentlich neu und durchaus Lotschens Eigentum. Den vier Jahreszeiten schadet es, daß sie nach zu flüchtigen Skizzen photographiert sind, und ich hoffe, der Freund L.s, welcher sie dem Großherzog zu zeigen hat, werde darauf aufmerksam machen, damit man sie nicht als fertige Arbeiten beurteile. In der Frühlingsgöttin z. B. wird erst bei der Ausführung der Blick der Wehmut auf die gebrochenen

---

Hofrats Joh. Christ. Kestner, Goethes Jugendfreundes, und der im „Werther" verewigten Charlotte Buff 1788 geboren und starb unvermählt 1877. Zu J. B. trat sie in nähere Beziehung, als er ihr auf ihrer Italienreise im Winter 1853/54 in Florenz zum „lebenden Cicerone" wurde.

Blumen zu seinem Rechte kommen. Die Venus endlich ist eine bedeutende Schöpfung, deren stille, um den Beschauer unbekümmerte Schönheit (ohne alle Süßigkeit à l'anglaise) jedem imponieren muß, der Augen hat. Das Fassen des Haares mit beiden Händen ist nach einer antiken Brosche, aber mit völlig veränderter Haltung der Arme, des Kopfes und des ganzen Körpers gegeben.

Indem ich ergebenst ersuche, von meinen Urteilen keinen weiteren Gebrauch zu machen, kann ich nur die frommen Wünsche wiederholen, daß der gnädige Landesvater des Künstlers ein Einsehen haben und der wahrscheinlich größten bildhauerischen Kapazität Badens unter die Arme greifen möchte, ehe es zu spät ist. ...

AN WILHELM BAUMGARTNER

Basel, 29. Dez. 1861

Liebster Baumgartner!

Herzlichen Neujahrsgruß zuvor und dito Dank für das schöne Präsent [1]. Ich bin zwar ganz aus dem hiesigen Musiktreiben heraus und darf z. B. in Gegenwart eines Mitgliedes des höheren Klerus unserer Konzerte, Liedertafel usw. kein Urteil laut zu äußern wagen, gehe auch Sonntags lieber spazieren und trinke in Lörrach, Wiehlen, Wyl, Haltingen, Eimeldingen usw. bis auf zwei Schöppen und gehe im Finstern wieder heim, laufe zur Seltenheit in die Oper, und zwar z. B. in Trovatore u. dgl., um mir von Zeit zu Zeit die Ohren und das Gemüt mit Melodien vollpumpen zu lassen, die gar nicht klassisch sind, nehme mit der Exekution so ziemlich vorlieb und verstehe nichts von höherem Gesang und dürfte vor allem nicht mehr wagen, auch nur eine Zeile in musikalischen Dingen drucken zu lassen,

---

[1] „Liedersammlung für Schweizerische Männerchöre." Der Komponist, Gottfried Kellers „lieber Spielmann", war 1857 Leiter des Stadtsängervereins und 1859 Musikdirektor der Züricher Universität geworden. J. B. verfuhr mit seinen Liedern wie mit Emma Brenner-Krons Gedichten. Aber er gab hier seine Abänderungsvorschläge in Noten, die im Text fehlen. Sie konnten schon deshalb praktisch nicht berücksichtigt werden, weil die Liedersammlung keine zweite Auflage erlebte.

indem unsere hiesige Journalistik in dieser Beziehung einen Aufschwung genommen hat, wie selbiger sich nur noch höchstens in dem beglückten Leipzig oder Berlin wieder findet. Weilen Ihr aber mein Urteil wollt, so habe ich soeben alle Euere Melodien durchgepfiffen, d. h. in Ermangelung eines Klaviers pfeifen müssen, nicht etwa aus Spott.

60. Sängergruß. („Im Liede grüßen wir die Brüder." Von Grunholzer.) Ist an sich sehr schön und steigert sich superb; ich habe die einzige Einwendung, daß ein paar Wendungen zu nahe an „Im Schweizerlande rauscht" (ein Quell usw. Von C. Morel) erinnern. Doch das schadet im Grunde nichts.

63. Wer ist frei? („Der ist allein ein freier Mann." Von G. Herwegh.) Reißt sich von selber durch alle Gesangvereine durch und wird unvermeidlich bald zum allgemeinen Repertoire gehören.

65. Frühlingsgruß. („Wenn die Frühlingslüfte glänzen". Von Gottfr. Keller.) Kann ich nicht billigen. Ist für Euch zu unbedeutend. Die Worte verlangten ein reiches, üppiges Soloquartett, will mir scheinen. O Bom, wie habt Ihr den „Gott des Frühlings" nicht farbenreicher feiern mögen.

68. Lied. Von Heine. („Die Rose, die Lilie, die Taube.") Sehr schön und lieblich. Ich glaube, wenn Ihr bei der neuen Auflage etwa den ersten Baß in Achtel umarbeiten tätet und die andern Stimmen piano halten ließet, so wäre vielleicht der Effekt noch zu steigern.

73. Gesellschaftslied. (Wie uns hier zu guter Stunde hält ein guter Geist gebannt." Von C. Morel.) Ist hübsch und recht sangbar, aber nicht bedeutend.

76. Abschied. („Geh' ich einsam durch die schwarzen Gassen." Von Justinus Kerner.) Hat ein schönes und glückliches Motiv. Aber ich glaube, es ließe sich noch steigern, etwa so, daß Ihr die punktierten Noten am Anfang Eurer Takte mobil machtet (folgen vier Takte). Denkt Euch, wie das piano parlando beim Übergang in Moll gewinnen könnte. Es wird ja in dem Lied immer gegangen, und Ihr dürft daher ein delikates Marschlied daraus machen.

81. Gute Nacht. („Schläfrig senkt die Lilie hier ermattend ihre Krone." Von Matzerath.) Hat einen herrlichen Gesang,

eine wahre Violoncellseele. Ich habe mirs aber doch unwillkürlich in $^6/_8$-Takt übersetzen müssen. Es ist im Takt zuviel Wiegen und Wogen für $^4/_4$.

88. Nachts. („Durch die stille, weite Welt zieht ein Engel." Von Th. Heß.) Hier habe ich großen Ärger über Euch empfunden. Ja, es ist ein ganz hübsches Quartett, „leichteren Vereinen" sehr anzuempfehlen. Aber in diesen Text hättet Ihr Euch doch ganz anders betten sollen. Es ist ja gemacht zum Durchkomponieren! Höret, wie ich mir die letzte Strophe denke (folgen 19 Takte). Gott verzeih mir, daß ich zuzeiten das Pfuschen nicht lassen kann.

80. Mein Vaterland. („Treue Liebe bis zum Grabe schwör' ich dir mit Herz und Hand." Von Hoffmann v. Fallersleben.) Gefällt mir sehr und müßte als Schlußlied einer großen Feierlichkeit vortrefflich wirken. Mein einziges Bedenken ist das harte Dur in den Takten 5 bis 7; ich glaube, man könnte bereits hier nach Moll überleiten.

91. Maientau. („Auf den Wald und auf die Wiese mit dem ersten Morgengraun, träuft ein Quell vom Paradiese." Von Uhland.) Vortrefflich, wenn das Lied als Quartett komponiert werden sollte. Ihr solltet es aber noch einmal als Arie vornehmen, und der Text würde noch mehr mit sich machen lassen.

95. Im Sommer. („Such' ein Liebchen dir." Von Uhland.) Muß zauberhaft klingen, wenn es flott und graziös gesungen wird. Hat mehrere lebhafte Dacapos im Leib. Die Achillesferse sind: die letzte Zeile auf p. 264 und die erste von p. 265; Ihr solltet aber leicht ein anderes Motiv finden.

97. Lied eines fahrenden Schülers. („Kein Tröpflein mehr im Becher, kein Geld im Säckel mehr." Von Geibel.) Sehr hübsch, aber ich entsinne mich, daß Geibel eine Mollmelodie hatte und große Stücke darauf hielt. Ihr wisset, daß z. B. die napolitanischen Mollmelodien mit einem Übergang in Dur und Schlußübergang in Moll ganz mächtige Geschäfte machen. Ferner lasset Ihr das Lied „heiter und unbesorgt" anstimmen, ich glaube aber, das Drollige kommt am besten zum Vorschein, wenn man mit trübem Sentiment beginnt.

99. **Warnung vor dem Wasser.** („Guckt nicht in Wasserquellen, ihr lustigen Gesellen." Von Wilh. Müller.) Sehr gut und der komische Schlußeffekt vorzüglich.

100. **Mein ganzer Reichtum** („ist mein Lied: Ich bin ein freier Mann und singe mich wohl in keine Fürstengruft." Von G. Herwegh.) Der Text ist gar zu unharmonisch und jetzt, nach zwanzig Jahren, gar nicht mehr zu ertragen. Der Hieb auf Schiller und Goethe, die sich in eine Fürstengruft gesungen haben, der goldzapfende Lord, der Dichter, der seine Münzen selber prägt, das ungeheure mérite, in keine Paläste gegangen zu sein usw. usw. – das ist alles Zopf von Anno 41. Die Strafe dafür ist, daß man die schöne Schlußzeile nicht nach ihrem Wert komponieren kann. Der ganze übrige Text schwankt so zwischen Genre und Pathos, daß man am Ende zu keinem höheren und reichern Gefühlsausdruck mehr gelangt. Euer Schluß ist so gut, als er unter solchen Umständen sein konnte.

30. Dezember

Summa summarum gehet nun meine Meinung dahin: Ihr sollet bei der nächsten Auflage noch strenger sein gegen Euch selber und ganz neue Nummern 65, 73, 88 statt der bisherigen einschalten. Von Euch sollten in diese Sammlung nur Perlen kommen. Es kommt ja gar nicht darauf an, daß Ihr viel komponiert; Ihr könnet lange und bequem unter den Texten wählen und dürft lange über Melodien brüten. Es ist eben kein Kleines um ein gutes Quartett, und die größten Meister haben ihrer ja nur wenige hinterlassen. „Vereinsfutter" zu liefern, dafür seid Ihr zu gut, das können andere.

An Geibel und Heyse Exemplare zu schicken, hilft gar nichts, indem die beiden den musikalischen Kreisen ziemlich ferne stehen. Wenn Ihr Euch aber einmal selber auf die Strümpfe machet nach München, dann stehen Euch Einführungsbriefe für Eure liebenswerte Person von Herzen gern zu Gebote. Heyse ist mit seiner von der Phthisis bedrohten Frau diesen Winter über in Meran.

Sehr gerne sähe ich, ob M. Hochgeachteter Herr Staatsschreiber Keller eine Nuance von offizieller Miene angenommen hat[1]. Das müßtet nicht Ihr beurteilen, sondern jemand, der ihn lange nicht mehr gesehen hat. Ich lasse ihn von Herzen grüßen.

Von Stadler hatte ich vor einiger Zeit einen Brief, der mir aber von seinen Richtungen und Absichten kein sonderlich klares Bild gab. Ich werde einmal kommen und alle die werten Freunde überraschen müssen.

Ich meinerseits habe einen sehr mühsamen Winter und will dem Himmel danken, wenn wenigstens der Zyklus besagter Vorlesungen[2] – so der Herrgott will am 15. Febr. – zu Ende sein wird, ohne daß mir dabei eine Widerwärtigkeit begegnet ist. Wir sind eben nicht mehr jung und verlassen uns nicht mehr so ohne weiteres auf das Glück. La fortuna è una...che corre dietro a' giovani e lascia i vecchi, sagt man jenseits der Berge.

Nun laßt Euch bald wieder einmal hier sehen und richtet es so ein, daß ein paar gute Leute ohne Musik Euch wenigstens einen Abend haben. Dann läuft meinethalb der musikalischen Elite nach, wenn es nicht anders sein kann. Über das wahre Verhältnis von Musik und der davon abhängenden Geselligkeit denkt man im 44. Altersjahr nicht mehr ganz wie früher. Sagt es aber um's Himmels willen nicht weiter, daß ich dieses denke.

Nun einen fröhlichen Bächtelitag!

Und herzlichen Gruß von Eurem alten J. B.

AN PAUL HEYSE

Basel, 1. Januar 1862

... Meiner werten Person geht es insoweit gut. Wenn ich über das Jahr 62 so gut hinüberkomme wie über 61, so will ich gänzlich zufrieden sein. Ich habe doch im Sommer einen Ausflug in das Kastanien- und Freskenland machen können und bin keine Stunde krank gewesen. Jetzt habe ich

---

[1] Gottfried Keller war im September 1861 zum Staatsschreiber in Zürich gewählt worden.
[2] J. B. hielt im Winter 1861/62 fünfzehn öffentliche Vorträge über „Kunst und Altertum", die in Basel großen Beifall fanden. Vgl. auch den nächsten und den Brief vom 6. Jan. 1862.

sehr viel zu tun und muß selbst diesen Neujahrsmorgen der
Arbeit abstehlen, aber ich sehe doch ein Ende der Überladung vor, nämlich den 15. Februar, an welchem Tage
ein sehr mühsamer Extrakurs erlischt.

Ribbeck hat mir Deinen Rafael zu lesen gegeben[1]. Das
Thema ist ungemein schön, die Künstlerin, welche noch
vor dem Beginn ihres letzten Schicksals ihren Leitstern
kennenlernen will – aber ich habe sonst einige Bedenken. Nach der orthodoxen Rechnung der Leidenschaft
können die Dinge nicht so enden. Rafael darf nicht entsagen, weil der Schwager ein desperater Satan ist; er ist zu
weit in seinen Liebesausbrüchen vorgegangen, als daß die
Sache mit Sonetten abgetan sein könnte. Außerdem bleibt
nun noch immer für ihn die Pflicht bestehen, bei Julio II.
ein sachtes Donnerwetter zu provozieren, der Papst muß die
schon ins Kloster Aufgenommene (laut der poetisch-moralischen Gerechtigkeit) gerade so gut von ihrem Gelübde
entbinden können als am Tag vor der Aufnahme. – Zweites Bedenken: Jetzt wär's genug mit Künstlergeschichten!
Über diesen Rafael und die feine Verschlingung des Schicksals von Künstler und Künstlerin bringst Du es doch nicht
mehr hinaus: für das, was Du in historisch berühmte
Meister hineinlegst, zerstört der übel wuchernde sog.
historische Roman allmählich den feinern Sinn der Nation,
und man dankt Dir's nicht mehr; – und was die unberühmten betrifft, so glaube ich, Ihr Dichter laboriert da an einem
πρῶτον ψεῦδος; nicht nur sind die Künstler im ganzen
prosaischere Leute, als Ihr annehmt, sondern auch die sehr
ausgezeichneten empfinden ihr Schicksal und ihre Leidenschaft etc. weniger schön, naiv und jugendlich als mancher
sog. Philister. Ich glaube, die Künstler fragen sich bisweilen
selber mit Verwunderung: woher es doch wohl komme,
daß die Dichter sich so viel mit ihnen abgeben mögen. –
Natürlich lassen sie sich's gefallen und helfen sich selber
weiter poetisieren. – Drittes Bedenken: wenn Du nicht
Quellen hast, von denen Quatremère und Passavant nichts

[1] Heyse hatte diesem eine Abschrift des Manuskripts dieser seiner
Novelle in Versen geschickt, die dann 1862 in dem von Geibel hrsg.
„Münchener Dichterbuch" erschien.

wissen, so darfst Du dem Rafael nicht eigenmächtig auf zwei Sonette hin eine solche Geschichte wie diese oktroyieren. Mit Michelangelo war es ein ganz anderer Fall. – Überlege nur die Konsequenzen: wohin geriete der arme Rafael, der schon mit der urkundlichen Fornarina bisweilen seine liebe Not gehabt haben mag, wenn ihn alle Dichter des Abendlandes Jahr um Jahr mit neuen Liebschaften beladen dürften? oder wenigstens mit Aventuren? wo behielte er Zeit und Kraft zur Arbeit? (Ich glaube, er war un cuore d'angelo und fand wenig Widerstand, namentlich bei herzguten Frauen von 20 bis 30 Jahr.)
Die Arbeit aber an dem Gedichte ist sehr schön und streng, und um des Stiles willen würde ich sie tale quale vom Stapel laufen lassen, da doch nicht mehr geändert werden kann, ohne das Ganze wesentlich zu stören. ...

AN OTTO MÜNDLER

Basel, 5. Januar 1862

... Mit meinem eigenen Buch[1] verhält es sich leider nicht so, wie Freund Lübke glaubt. Es ist eine traurige Tatsache, daß wir in summa keine 200 Ex. abgesetzt haben. Man kauft in Deutschland so was nicht mehr. Ich hatte den mir eng befreundeten Verleger, der vom (reichhonorierten) Cicerone her noch nicht auf seinen Kosten ist, umsonst gewarnt, nicht über 500 drucken zu lassen, er hat 750 gedruckt und behält nun das Surplus in Ballen im Magazin. Auf diese Erfahrung hin habe ich mich entschlossen, von der „Kunst der Renaissance" nur ein Geripp auszuarbeiten, etwa 20 Bogen, und bei diesem Anlaß nur diejenigen Resultate mitzuteilen, die mir neu scheinen. Natürlich gibt dies kein lesbares Buch mehr, aber mit aller Lesbarkeit dringt man ja in Deutschland doch nicht durch. Auch mit dieser kürzeren Redaktion hat es noch gute Weile, ich muß warten, bis mein sehr mühsames Amt sich einigermaßen vereinfacht haben wird.

[1] Die „Kultur der Renaissance in Italien". – Über den Adressaten vgl. Fußnote zum Brief vom 15. Febr. 1870.

Zu der Übersetzung des Cicerone kann ich nur segnend Ja und Amen sagen und Sie ersuchen, mich Mrs. Perkins und ihrer Mitarbeiterin bestens zu empfehlen, ich fürchte aber, die Arbeit wird bei jetzigen Umständen auf immer liegen bleiben[1]. Mit Ihren Verbesserungen versehen würde das auch freilich eine andere Figur machen! Ich schäme mich nun bisweilen recht sehr, wenn ich in den Artikel „Malerei" hineinblicke und mir dabei sage, auf welche schwache Autoritäten hin ich getauft und danach kommentiert habe. Allein es ist nun einmal nicht anders; jeder von uns deutschen Grüblern rafft aus seiner Nähe zusammen, was er bekommen kann, und schreibt dann in der Verborgenheit, ohne einen Menschen zu Rate ziehen zu können. Deshalb riecht es immer nach der Provinz, selbst das Berliner Produkt hat keinen deutschen, sondern nur wieder einen besonderen provinzialen Geruch.

Ich wünsche außerordentlich, Ihre werte persönliche Bekanntschaft zu machen, und werde an dem Tage, da Sie herkommen sollten, alle Geschäfte liegen lassen. Es wäre mir namentlich wichtig, Ihre Ansicht über ein bestimmtes Bild der mailändischen Schule zu wissen, das einem hiesigen Fabrikanten gehört[2]. Würden Sie vielleicht die Güte haben, mir womöglich Ihren Besuch durch zwei Zeilen anzuzeigen? Es versteht sich, daß Sie mir auch unangemeldet zu jeder Zeit höchst willkommen sind. ...

AN EMMA BRENNER-KRON

Basel, Montag 6. Jan. 1862

Verehrteste!

Ihr Billet vom Samstag verdient den herzlichsten Dank von meiner Seite.

Mit all dem vielen und unverdienten Beifall, den ich mit diesen Vorlesungen finde, fühle ich mich doch einsam wie

---

[1] Diese geplante englische Übersetzung ist auch nicht zustande gekommen. Eine solche erschien erst 1873 von A. H. Clough. Vgl. B. G. A., Bd. III, S. XX.

[2] Vermutlich handelt es sich um dasselbe Bild, das J. B. im Jahre 1851 gekauft und dann an F. Sarasin wieder verkauft hatte. Vgl. die Briefe vom 28. Jan. und 17. Mai 1851.

ein Nachtwandler auf steilem Pfade und habe keinen andern
Trost als den: daß ich ja nicht in meinem Namen dastehe,
sondern im Namen einer Korporation, die 400 Jahre älter
ist als dieser Kurs[1]. In solcher Stimmung ist man für ein
freundliches Wort, das kein bloßes Kompliment ist, recht
von Herzen dankbar. Begleiten Sie auch ferner meinen Kurs
mit guten Wünschen, namentlich mit dem, daß ich nichts
Ungeschicktes, Taktloses, nutzlos Verletzendes vorbringen
möge! Denn ich werde älter und habe jene kecke Zuversicht,
die sich aus allem nichts macht, nicht mehr vorrätig.

In betreff der Poesie muß auch ich gestehen, daß ich selbiger
seit sehr langer Zeit Valet gesagt habe und mich sogar nur
mit Mühe in die Schöpfungen meiner Zeitgenossen hinein-
finden kann. Sobald etwas Gelehrtes, Vergangenes oder
Längstvergangenes dabei ist, verstehe und genieße ich es
weit leichter. Übrigens höre ich von Leuten, die es wissen
können, es sei gegenwärtig auch unter der Jugend wenig
poetisches Treiben. Vielleicht wird einst Ihr kleines „Epos",
wenn es sich weiter entwickelt, in eine Zeit fallen, da wieder
die Poesie mehr zur täglichen Nahrung gehören wird[2].

Indem ich Ihnen von Herzen ein glückliches Jahr wünsche
und bitte, den werten Herrn Gemahl zu grüßen, verharre
ich hochachtungsvollst   Ihr stets ergebener J. Burckhardt.

AN FRIEDRICH SALOMON VÖGELIN

Basel, 22. April 1862

Wertester Herr und Freund!
Auf Ihre[3] Anfrage will ich sofort damit antworten, daß Sie
im ganzen das Richtige schon getroffen haben. Nur würde
ich dies noch weiter auf folgende Weise schärfen:

---

[1] d. h. die 1460 gegründete Universität Basel.
[2] Vermutlich die „Bilder aus dem Basler Familienleben", die
E. Brenner-Kron 1867 herausgab.
[3] Der Adressat ist der 1837 in Zürich geborene Friedrich Salomon
Vögelin, der seit 1857 in Basel Theologie, daneben aber auch
Kunstgeschichte studierte, wobei er J. B. hörte. Diesen ging er
dann auch um Rat für seine Italienreise an, welche er nach Abschluß seiner Studien i. J. 1862 unternahm, und auf der es ihm
vor allem auf das Studium der altchristlichen Kunst ankam.

1. Unter allen Bedingungen und sobald als möglich nach Rom;
   a) nicht nur wegen der natürlichen Ungeduld, die unterwegs kaum einen ruhigen Genuß aufkommen läßt,
   b) sondern auch und wesentlich wegen des Klimas. Packen Sie jetzt zusammen und reisen Sie in höchstens zehn bis zwölf Tagen nach Rom, so bleiben Ihnen 1½ Monate sicher. Dagegen garantiere ich Ihnen etwa vom 10. Juli an in Rom Stimmung und Gesundheit nicht mehr. Es kann's einer aushalten, wenn er ruhig zu Hause im Schatten sitzt, aber das Herumgehen in Rom wird von da an bedenklich.
2. Nun, gegen Mitte Juli, wenn die Mittel reichen, ein Ausflug nach Neapel, wo die Hitze zwar nicht viel geringer, aber bei einiger Vorsicht ganz gefahrlos ist, und wo man im Meer immer frische Nervenkraft holt.
   Geht dies nicht, dann entweder gleich die langsame Rückkehr nach Norden oder ein Aufenthalt im römischen Gebirge, wo es gar nicht teuer zu leben ist. – Rom selber wird erst etwa 10. Sept., überhaupt erst nach dem ersten großen Regen wieder gefahrlos.
3. Was ich oben vergaß, die zehn- bis zwölftägige Reise von Zürich nach Rom:
   a) in Erwägung, daß Sie die Sprache noch nicht genug können, um jetzt gleich in einzelnen Etappen mit Genuß zu reisen,
   b) daß Ihnen Mailand, sei es auf dem Heimweg, sei es bei einem spätern Anlaß doch nicht entgeht, würde ich raten:

1864 wurde er zum Pfarrer in Uster bei Zürich gewählt und trat in dieser Eigenschaft bald in die vordersten Reihen der Schweizer freisinnigen Geistlichkeit. Daneben widmete er sich fortlaufend historischen und kunsthistorischen Studien, die es ihm ermöglichten, im Jahre 1870 sein Pfarramt mit dem eines Professors für Geschichte und Kulturgeschichte am Polytechnikum in Zürich und eines Lehrers am kantonalen Lehrerseminar in Küßnacht zu vertauschen. Wissenschaftlich blieb er in Berührung mit J. B. durch seine Renaissance-, namentlich seine Holbein-Studien. Aber die politische Divergenz – er unterstützte die Forderungen der aufstrebenden Arbeiterpartei – hat die beiden Männer gegen Ende der 1870er Jahre doch getrennt. (Vgl. Basler Jb. 1914, S. 43 ff.)

Unmittelbar über den Gotthard und Arona nach Genua zu reisen. Wollen Sie unterwegs eine Station machen, um die aufgeregten Nerven (mit denen in Italien nicht zu spaßen ist) zu besänftigen, so rate ich einen Tag ruhig still zu liegen und zu promenieren in dem reizend schönen Pallanza. Ferner des folgenden Tages einen kurzen Aufenthalt in Novara, nur zum Ausruhen zwischen zwei Eisenbahnzügen. Dagegen ist Alessandria Null. Die Apennineisenbahn womöglich bei Tage, und wäre es auch nur, um nicht in tiefer Nacht in Genua anzulangen.

Es ist wahr, daß Sie so auch Pavia und die Certosa einbüßen, aber letztere zu besuchen macht große Umstände, wenn man Zeit sparen soll und einen Koffer bei sich hat. – Wenn Sie den Mut haben, nur mit einem Nachtsack zu reisen und nötige Effekten sich unterweges poco a poco zu kaufen, so sind Sie ohnehin unendlich ungenierter und reisen beträchtlich wohlfeiler.

In Genua ad libitum, dann die gewöhnliche Dampfschiffahrt, zuerst nur bis Livorno, damit Sie Pisa bequem mitnehmen können, ja vielleicht auch Lucca. (Die Dampfschiffahrt hat sich seit 1859 sehr vervollkommnet, und man kann jeden Tag von den großen Stationen abreisen hin und her.) Dann wieder aufgestiegen und nach Civitavecchia und von da per Eisenbahn nach Rom.

4. Die Rückkehr, etwa 1. Aug. – 31. Okt., wenn es bequem mit den Geldmitteln geht, sonst schneller. – Ich nehme nun Ihren eigenen Reiseplan, nur in umgekehrter Richtung.

Für Ihre Zwecke um jeden Preis der Weg durch Umbrien: Narni, Terni, Spoleto, Assisi, Perugia, Arezzo, Florenz. Hier Aufenthalt ad libitum und als Seitentouren: Siena, Prato, Pistoja.

Dann Bologna, und wenn es in der Romagna nicht gar zu unsicher ist: die Seitentour nach Ravenna. (Ich bin einmal vier Tage in Ravenna gewesen; wenn es für Sie nicht eine förmliche Gewissenssache ist, dort gewesen zu sein, so können Sie den höchst trostlosen Ort wohl

liegen lassen; doch nein – gehen Sie hin, Ravenna kommt
in der altchristlichen Kunst und Archäologie doch zu viel
vor, und bei späteren Reisen hat man den Mut nicht
mehr hinzugehen.)

Dann Ferrara, Rovigo, Padua, Venedig, Verona, Mailand.
Alles ad libitum und je nach Geld und Laune; man
kommt immer wieder hin.

Ganz kapital und um jeden Preis in einem Zusammenhang von womöglich zwei Monaten im Minimum zu studieren, ist immer nur Rom.

Sie sehen, ich schlage Ihnen nur das ordinärste der großen
Route vor; aber dabei finden sich auch die leichtesten und
wohlfeilsten Reisegelegenheiten. Witte mit seinem romantischen Zickzack durch die Tiroler Alpen und Oberitalien
mag für einen andern Reisenden recht haben, aber nicht
für Sie.

Rom ist so sehr die Hauptsache, daß sich für Sie auch
folgendes hören ließe (ein Plan, der auf Ravenna, Venedig,
Neapel verzichtet und doch etwa 400 Fr. mehr kostet, aber
für Ihre Zwecke ganz geeignet wäre):

Von Rom 10. Juli über Viterbo, Orvieto, Siena nach Florenz,
und von da über Arezzo, Perugia, Assisi nach zwei Monaten,
10. Sept., wieder nach Rom mit zweitem Aufenthalt bis
Mitte Oktober, und dann Heimkehr wieder per Dampfer
über Genua und Mailand.

Jedenfalls nehmen Sie meine besten Glückwünsche mit
auf den Weg! – Eine Kleinigkeit, die ich den Leuten mitzugeben pflege, ist der Rat: vorsichtig zu sein mit Saucen und
allem, was in kupfernen Kasserolen bereitet wird! Es sterben
in Italien jährlich Tausende an Kupfervergiftung.

Schreiben Sie mir wieder, ich gebe gern Rat, so gut ich
kann. Für jetzt in Eile ganz   Ihr J. B.

AN PAUL HEYSE

Basel, 30. November 1862

... Wir haben also hier Ribbecks verloren. Ich muß mir
nun hinterdrein sagen, daß ich mich ihnen auch mehr
hätte widmen sollen usw., unnütze Klagen, da sie nun fort

sind. Eine Kleinigkeit, gegen welche ich anfangs nicht lebhaft genug protestierte, war das Wohnen außerhalb der Stadt, welches eben doch sehr dazu beitrug, sie zu isolieren, zumal als Frau Emma krank wurde. Das reut mich nun, daß ich nicht stärker für eine sonnige Wohnung in der Stadt, nicht weit von der Universität plaidierte, als ich mit Ribbeck Logis besah. Dagegen lasse ich nichts auf unser Klima kommen, bei welchem wir alle gesund und alt werden; die guten Leutchen sind eben beide von Haus aus schwacher Gesundheit. – Für unsere Universität und Schule ist Ribbecks Abgang ein sehr schwerer Verlust. In die Ernennung des Ersatzmannes habe ich glücklicherweise nicht zu reden und bin froh, daß ich nichts weiß. Ich hörte schon Namen nennen, da klappte ich hübsch die Ohren zu. Mit zunehmendem Alter habe ich eine wahrhaft sonderbare Scheu davor, irgendwie in jemandes Schicksal einzugreifen.

Ich arbeite nun an der „Kunst der Renaissance", die eigentlich ein Werk von zwei oder drei Bänden werden sollte, nun aber nur als einbändiger „Grundriß" von höchstens 500 Seiten ans Licht treten soll. Ich mag nicht die doppelte Zeit mit Schreiben und Korrigieren verderben und dem Verleger doppelte Kosten machen. Auch hätte ich die Arbeit wohl überhaupt liegenlassen, wenn nicht die Vorarbeiten in sauberer Vollständigkeit in meinem Schubfach gelegen und mich täglich gemahnt hätten. So entschloß ich mich denn, diesen Winter daran zu wenden, und alle irgend entbehrlichen Stunden dafür zusammenzusparen. In einer solchen Zeit pflege ich eigentlich nicht zu leben und schlage alles sonstige Dasein in die Schanze, um nur fertig zu werden. Auch tue ich hohe und heilige Gelübde, nie mehr eine Arbeit, welche Jahre verlangt, zu unternehmen. Das ist gut für unabhängige Leute, aber nicht für unsereinen. Dagegen freue ich mich töricht lebhaft auf die Zeit, da ich die Lektüre eines Jahres für ein Programm oder einen Aufsatz von zwei bis drei Bogen mit Bequemlichkeit und Nachdenken werde vernutzen können. Ich habe so ein paar Themata vor Augen, die mich wahrhaft bezaubern. Das warnende Beispiel von Onkel Franz, der eben doch an kolossalem systematischem Arbeiten gestorben ist, blieb für mich nicht verloren. Ich habe jetzt zwei volle Jahre, seit Sommer 60, nur das Laufende gearbeitet und (außer den Vorlesungen des letzten Winters, der noch außerdem ein mühsames Semester war) keine große Anstrengung gehabt; deshalb will ich nun den „Grundriß" machen, solange ich aufgesparte Kräfte habe – hernach aber nichts mehr von der Art. ...

P. S. Dem Bernhard[1] habe ich noch immer nicht für seine Abhandlung über die Fürsten von Antiochien gedankt, da ich seinen Aufenthalt nicht wußte. Das ist eine bedeutende kritische Forschung, die sehr viel Zukünftiges verspricht. Für mich Erzdilettanten war einige Demütigung dabei, indem ich sah, welche Methode Sybel in seinen eigenen Studien hat und seiner Schule beibringt. Ich werde nie eine Schule gründen!

AN FRIEDRICH SALOMON VÖGELIN

Basel, 15. Februar 1863

Verehrter Herr und Freund!

Leider bin ich nicht imstande, Ihnen irgendein Organ anzugeben, wo Sie für Ihre archäologischen Resultate eine Stelle fänden. Ich selber bin so außer aller Verbindung mit Zeitschriften, daß ich für mich vorkommendenfalls auch kein Unterkommen wüßte. Dagegen weiß Prof. Lübke in Zürich das Wißbare in Sachen; wenn Sie ihm einen schönen Gruß von mir bringen, so sagt er Ihnen alles. Mit S. Francesco in Assisi machen Sie ihn gewiß begierig, Ihnen behülflich zu sein.

Ihre Fata sind mir durch Ihren Herrn Vater gemeldet worden, nur war bei seiner Anwesenheit hier der Nachtsack noch in Livorno; nun wünsche ich Ihnen von ganzem Herzen Glück zu dessen Wiedererlangung. Ich bin einer von den wenigen, die in solchen Dingen Furcht und Hoffnung ganz mitempfinden können, weil ich 1854 vier Wochen in Oberitalien unter der beständigen Sorge gelebt habe, daß mir die östreichische Polizei meine Notizen wegnehmen möchte, weil die Schweizer damals wegen der Tessinerblockade in

[1] Kugler, Sohn von Franz Kugler.

genere kujoniert wurden, und weil mein Paß seit kurzer Zeit abgelaufen war.

Ich würde Ihnen, wenn Lübke nicht Genügendes vorzuschlagen weiß, ohne weiteres raten, aus Ihren Forschungen ein einstweiliges Buch zu machen unter dem Titel: Bilder christlicher Kunst – oder: Fragmente – oder: Mosaiken und dergleichen. Sie erhalten zwar wenig oder kein Honorar, kommen aber weiter herum per ora hominum. Es ist ganz leicht, der Forschung eine solche Haltung zu geben, daß Sie sich damit habilitieren können, wo Sie wollen.

Ihre theologische Richtung beklage ich von ganzem Herzen. Ich sah für mich Ähnliches voraus und bog zu rechter Zeit um die Ecke, indem ich zur Geschichte überging.

Ich habe in den letzten Jahren viel über das Schicksal der protestantischen Kirche nachdenken müssen. Der Mensch sucht gar nicht die Freiheit auf diesem Gebiete, sondern die Abhängigkeit, welche ihm bekanntlich die katholische Kirche satis superque gewährt. Seine Ausmalung des persönlichen Gottes wächst und bildet sich aus je nach dem Grad seines Kummers und seiner Leiden, und da gewinnt dann auch das übrige, Biblische Geschichte und Lehre, einen immer neuen Halt. Wenn ich das Glück oder Schicksal gehabt hätte, in Ihrer Nähe zu sein, so würde ich, vermutlich ohne Erfolg, Ihnen einiges zu Gemüte geführt haben. Brieflich läßt sich darüber nicht reden. Ich weiß ganz wohl, daß in den nächsten Jahrzehnten der große Riß in der protestantischen Kirche einmal offiziell werden muß, aber ich kenne auch den modernen Staat, dessen rücksichtslose Allmacht sich dabei auf ganz rohe, praktische Weise zeigen wird. Er wird einfach die ungefähre Majorität in der Stimmung der Massen zum Maßstab nehmen und danach die übrigen maßregeln. Für Frankreich sehe ich nichts anderes aus der jetzigen Zersetzung der Hugenotten voraus als ein neues Anwachsen des Katholizismus. Die volle Applikation des Massentums auf die Religion haben wir eben noch nicht erlebt, es kann aber noch kommen.

Ich schreibe gegenwärtig an einer möglichst kurz gefaßten „Kunst der Renaissance" in §§ und kleiner zu druckenden Ausführungen und wünsche sehnlich, bis Ende April damit fertig zu sein und 500 Druckseiten nicht zu überschreiten. Es wird alles nach Sachen, nicht nach Zeiten und Künstlern eingeteilt, was rasend schwer, aber nützlich ist. Wenn ich fertig bin, so schenke ich Ihnen ein Exemplar und bitte mich zu erinnern, wenn ich vergeßlich sein sollte.

In Freundschaft der Ihrige J. Burckhardt.

AN PAUL HEYSE

Basel, 3. April 1863

... Ich meinesteils lebe hier als arbeitsamer Geschichtsprofessor und bin zufrieden, wenn alles bleibt, wie es ist, nicht weil alles perfekt wäre, sondern weil man bei vorrückenden Jahren von den Veränderungen keinen sonderlichen Gewinn mehr erwartet. Ich habe auch einige schwerere Sorgen gehabt, von der Sorte, welche den Menschen nicht jung machen. – Meine „Kunst der Renaissance" habe ich im Winter 1862/3 zu $^7/_8$ ausgearbeitet, dann aber in Prinzip und Ausführung ungenügend befunden und wieder in den Pult getan, wahrscheinlich für immer, da ich nicht hoffen kann, mit $^1/_2$ Jahr Italien das Fehlende nachholen zu können. Wir haben hier nie mehr als vier, höchstens fünf Wochen Ferien an einem Stück, und das gibt keine Reise, wie ich sie brauchte. Mein Trost ist, daß ich mich wenigstens vor der großen Arbeit nicht gefürchtet habe.

Nun halte ich meine geringe literarische Laufbahn überhaupt für abgeschlossen und befinde mich jetzt beim Quellenlesen sehr viel wohler und zufriedener, da ich nur noch für den Unterricht und nicht mehr für mögliche Bücherschreiberei studiere und exzerpiere. Der historische Markt ist ohnehin stark überführt und wird es, wenn Frieden bleibt, noch mehr werden. – Zudem ist vor zehn Tagen mein guter braver Verleger gestorben, und nun kommen meine opera omnia, davon noch Bergeslasten vorhanden sind, in eine Masse, d. h. sie werden vielleicht von irgendeinem Abyssus in Leipzig verschlungen, eine Weile zu herabgesetztem, ja sehr herabgesetztem Preis ausgeboten und dann

vermakuliert, worauf ich mit stoischer Ruhe und einer wahren geheimen Freude hernniederschaue.
Meine Erholung ist: Abends nach acht Uhr im Kaffeehaus (scil. Weinhaus) oder in Gesellschaft zu schwatzen, Samstagabend auf ein nahes Dorf und Sonntagnachmittag auch wohl etwas weiter zu wandern. Der Musik gehe ich seit Jahren aus dem Wege, der vielen Knechtschaft halber, die sich daran hängt, dafür habe ich mir aber wieder ein Pianino zugetan und musiziere für mich. ...
Vor Jahren einst bat ich Dich, meine Briefe an Kugler herauszusuchen und, nachdem Du sie nach Wunsch gelesen, zu zernichten. Es wäre mir lieb, wenn dies geschähe, denn es stehen so manche Sachen darin, die nicht für Uneingeweihte sind. Laß mich ein Wort hierüber hören! ...

AN OTTO RIBBECK

Basel, 27. Juni 1863
Verehrtester Herr und Freund,
ich dachte immer, es würde irgendeine Zeile von Ihnen hieher dringen, sehe nun aber wohl, daß ich die Korrespondenz eröffnen muß. Dieses geschieht bei Anlaß der Dankespflicht wegen der Vorlesung über Catull, welche ich mit dem höchsten Interesse gelesen habe. Ich beneide Sie um die Freiheit, mit welcher Sie zu dem Kieler Publikum reden dürfen! Viele Töne und Übergänge, die Sie brauchen, würde man hier schwer passieren lassen, und doch kann man dieselben so schwer entbehren, weil das damalige Rom so modern und modisch war. Im übrigen steckt mir Ihre Arbeit gar manches Licht auf, das mir sonst nie geleuchtet hätte, und ich habe allerlei Gelübde getan, dies und jenes zu lesen oder wieder zu lesen. Herzlichen Dank! ...
Ich für meine Person hatte im letzten Herbst einen Anlauf genommen und die „Kunst der Renaissance" geschrieben; $7/8$ der Arbeit waren druckfertig, etwa 550 Druckseiten an Valor — da wurde ich über gewisse Prinzipien der Einteilung und sonstigen Behandlung zweifelhaft und kassierte die Arbeit. Was mich dazu getrieben hatte, dieselbe zu unternehmen, war der innere Vorwurf beim Anblick meiner

wohlgesammelten Vorarbeit; ich sagte mir, es sehe aus, als fürchtete ich Mühe und Anstrengung – nunmehr habe ich bewiesen, daß dies nicht der Fall ist, und habe recht vieles im Lauf dieses Winters gelernt, erlaube mir aber, auf die gräßliche Funktion des Korrigierens und Edierens zu verzichten. Vielleicht werde ich die Hauptresultate einmal fragmentarisch in zehn bis zwanzig Bogen veröffentlichen; daran stirbt man nicht.

Aber einen Winter wie den letzten will ich auch nicht mehr erleben, wenn es anders zu machen ist. Ich war nur noch halb Mensch.

In der Politik ist es ungefähr so gekommen, wie ich es Ihnen und Ihrer allerwertesten Frau Gemahlin auf einer Bank links von der Grenzacherstraße weissagte, wenn Sie sich noch erinnern mögen. Das Preußische Ministerium hat wirklich so gerechnet: „Lassen wir den Dingen ihren Gang, so werden wir weggespült und vielleicht die Monarchie mit – also: es wird oktroyiert werden" – denn was gegenwärtig mit Presse etc. geschieht, ist bereits ein wahres Oktroyieren. Der letzte Faktor, die Revolution, ist oder scheint noch nicht in der Nähe zu sein. Jene werden dann sagen: „sie wäre doch gekommen"....

Sonntag

Nachdem ich gestern soweit geschrieben, war es rite Zeit, Schönbein aus dem Laboratorium zum Gang nach Kleinhüningen abzuholen, allwo man zahlreich und recht vergnügt war. Den Abschluß bildet mehr und mehr leo ruber, das Haus zum roten Löwen.

Und so bleiben wir gesund. Es liegt mir noch auf dem Herzen, daß Sie, Verehrtester, mit einem sanitarischen Vorurteil von hier geschieden sind, ja ich habe mich schon auf dem sträflichen Gedanken ertappt, es wäre eigentlich billig, daß Sie durch etliches Unwohlsein in Kiel genötigt würden, uns eine Ehrenerklärung auszustellen. Doch wird die allerwerteste Frau Gattin finden, ich sei schon vor Zeiten nicht mit Unrecht als „reene Bosheit" charakterisiert worden. Ich möchte übrigens gerne wissen, wie es der Allerwertesten geht und ob sie wohlauf und zufrieden ist. Bitte daher, meine besten Grüße ihr zu Füßen zu legen.

Ich meinesteils arbeite sehr bequem und ruhe etwas von der Überanstrengung des Winters aus, bin auch gesonnen, die Sommerferien rein nach den Gesetzen der höhern Bequemlichkeit an irgendeinem See zu verdämmern. Von Paul weiß ich kein Wort; seit meinem Kondolenzbrief[1] habe ich keine Antwort. Wie geht es auch den guten Leuten? Hierauf grüßt Sie von Herzen stets der Ihrige

J. Burckhardt.

AN EMANUEL GEIBEL

Basel, 10. Okt. 1863

Lieber Freund!

Schon für die Zusendung der fünf Bücher französischer Lyrik hätte ich Dir[2] danken sollen, würde Dir auch gerne mein Buch „Kultur der Renaissance" geschickt haben, wenn nicht alle meine Freiexemplare längst wären verschossen gewesen; nun erhalte ich Dein „Münchner Liederbuch" und habe wieder Freiexemplare meines Buches, mag aber keines mehr abschicken, dieweil ich das Buch gänzlich überlebt habe und mich seiner Unzulänglichkeit auf alle Weise schäme. Wenn Du aber partout eins willst, so melde Dich.

Fürs erste mache ich mein Kompliment zur dritten Auflage einer solchen Sammlung, dieweil der Fall doch selten ist. Ich hatte mir seinerzeit die erste angeschafft und sie mit großer Erbauung genossen. Über die „Erinnerungen aus

---

[1] Zum Tod von Heyses Gattin.

[2] J. B. hat Geibel wie Paul Heyse während seiner deutschen Studienzeit kennengelernt (gemeinsame Brautführerschaft bei Kinkels Hochzeit). Winter 1846/47 trat er dann zu ihm und Heyse in ein besonders freundschaftliches Verhältnis. Während sich aber in den folgenden Jahren zwischen J. B. und Heyse ein laufender Briefwechsel entwickelte, sind von Briefen an Geibel nur ganz wenige bekanntgeworden, von wesentlichem Inhalt eigentlich nur der oben abgedruckte. Dabei hat J. B. Geibel sehr geschätzt und ihn dauernd durch Heyse grüßen lassen. Charakteristischerweise brechen die Beziehungen zu Geibel wie die zu Heyse während der Krisis der mittleren 1860er Jahre ab. Sie sind später nicht wie die zu Heyse wenigstens äußerlich wieder aufgenommen worden. Vgl. Basler Nationalzeitung, Sonntagsbeilagen vom 6., 13. und 20. Dezember 1931. (Heinrich Schneider)

Griechenland" machte ich mir am Anfang die Raison, die Sachen seien so frisch, daß sie bald nach der Heimkehr, in der ersten Rücksehnsucht nach dem Süden gedichtet sein möchten; bald aber wurde ich inne, daß diese vollkommene Reife und Süßigkeit doch wohl erst aus Deinen letzten Jahren stammen könnten. Jedenfalls macht es Dir keiner nach. Von den übrigen ist admirabel: Julie. (Per parenthesin: es ist doch für Euereinen ein Glück, wenn man nicht als großstädtischer Range, sondern in einer Atmosphäre der Beschaulichkeit ausgewachsen ist.) Was „Geschichte und Gegenwart" betrifft, so fürchte ich, daß Du von dem, was die Geschichte gewährt, zuviel Gutes denkest. Ich werde allgemach gar prosaisch bei der Erforschung der vergangenen Zeit, und wenn ich mich an etwas erlabe, so ist es an dem beharrlichen Optimismus, welchen das Menschenkind dem unaufhörlichen Wirrsal entgegenhält. – Das Gedicht auf Uhland wird bleiben, nur solltest Du die 1. Hälfte der 1. Strophe ändern, aus zwei Gründen: man wird an Rükkerts Sonett auf Goethes Tod erinnert (Um Frühlingsanfang ist ein Baum gefallen usw.), und: in Uhlands eigenem Gedicht: Singe wem Gesang usw. sind die Dichter die Vögel und nicht die Bäume. Es soll sich leicht ein anderer Introitus finden. Die Dauerhaftigkeit des Ganzen liegt in der schönen Charakteristik und in der Abwesenheit aller bloßen Posaunenstöße.

Ich meinerseits habe seit acht Jahren stricto sensu keinen Vers gemacht, habe weiße Haare, die ich ganz kurz als Bürste trage, und bin ganz verträglichen Gemütes. Es ist mir ganz recht, wenn alles bleibt, wie es ist. Meine Stellung ist gut und ehrenvoll, mehr als ich (ungelogen) verdiene; ich habe einen angenehmen Schuldienst (bloß sieben Stunden die Woche Geschichte) und als Professor das, was man in unserem Erdwinkel volle Kollegien nennt (25–30 Zuhörer); außerdem lese ich alle paar Winter vor gemischtem Publico. Auch auf solche Zeiten suche ich mich zu fassen, da ich außer Mode kommen und in den Schatten gestellt sein werde. Solange ich gut zu Fuß bin und meine vortrefflichen Augen behalte, werde ich mich mit Lektüre und mit Wanderungen durch unsere bescheiden schöne, mir stets neue Gegend

leidlich durch das Leben bringen. (Wir haben jetzt in Vorder-
Alamannien ganz paradiesisch schöne Tage mit warmen
Regennächten dazwischen; der Wein gerät höchst massenhaft und auch in der Qualität gut.) Bücher lasse ich keine
mehr drucken, da ich die Zeit für die Vorlesungen besser
angewandt glaube, d. h. ich rede von mir und meinen Verhältnissen und nicht von andern Leuten. Was mir fehlt,
wäre etwa der Umgang mit einem Menschen von Phantasie,
der dabei doch kein unbequemer Hansnarr wäre. Leute von
Geist, mit welchen man ein vernünftiges Wort reden kann,
gibt es Gott sei Dank schon, aber so wenige, die die Welt zugleich als äußeres Bild fassen; ich glaube, sie sind in allen
Zonen rar. – An die Gefahren, welche unser Leben von
allen Seiten umgeben, denke ich möglichst wenig, gemäß
unserem Prinzip von Anno damals, Du entsinnst Dich schon.
Ich glaube nicht, daß man durch beharrliches Starren ins
Chaos weiser und besser wird. Die fünf Bretter, welche
meinen Katheder ausmachen, haben wenigstens das für
sich, daß ich weder großdeutsch noch kleindeutsch, weder
etc. noch etc. zu predigen brauche, sondern auf alle Ma-
nieren m e i n e Meinung sagen kann.

Von Heyse weiß ich seit langer Zeit gar nichts, als was
ich durch einen Brief Ribbecks im Juli erfuhr; wenn
Du ihn siehst, so grüße ihn bestens. – Reisest Du gar nicht
mehr? Es sollte Dir hierzulande schon gefallen, und mein
Semester beginnt erst im November! Denn brieflich kann
und mag ich mich gar nicht mehr mitteilen, so gerne
ich auch Lebenszeichen von andern in Empfang nehme.
Schwatzen aber möchte ich für mein Leben gern, wie 1856
in München.

Nun meinen herzlichen Dank für den tatsächlichen Beweis,
daß Du meiner noch eingedenk bist, und Lebewohl von
Deinem alten J. Burckhardt.

AN OTTO RIBBECK

Basel, 10. Juli 1864

... Inzwischen bin ich Ihnen unter allen Umständen ein
Wort des Dankes schuldig für Ihren damaligen schönen

Brief und für das, was darin lag. Mein eigenes Angesicht kann und kann ich nicht photographieren lassen! Der Widerwille ist gar zu groß, ich weiß nicht warum!...
Hier geht alles, wie es gehen mag. Als wahrer Weltweiser begehre ich in academicis nicht mitzuregieren, behalte viele Desideria in stillem Busen und bin froh, wenn das, was schief geht, nicht durch meine Mitschuld schief geht. Ich habe diesen Winter wieder vor gemischtem Publikum gelesen über „Das Zeitalter der Gegenreformation", mit ebensolchem äußern Erfolg wie vor zwei Jahren, diesmal aber einen hohen und teuern Eid getan, nicht mehr einen ganzen Winter hindurch diese Last auf mich zu nehmen....
Sie können denken, wie oft ich über die Zeit des beginnenden Krieges an Sie und die werte Frau Emma gedacht habe. Eine Zeitlang stellten wir uns die Universität Kiel als eingestellt und Sie als geflüchtet vor, bis man, ich weiß nicht durch wen, erfuhr, Sie seien geblieben. Inzwischen muß ja wohl auch das Schmerzenskind Vergilius endlich vollständig zustande gekommen sein? Es ist eine wahre Wahrheit: in unserer Zeit leidet der Autor eines auf langjährige Arbeit angelegten Werkes unverhältnismäßig. Vor hundert Jahren waren alle sonstigen Lebensverhältnisse viel stetiger und einfacher; man wußte: in diesem Hause, das Dein gehört und das Du nach Belieben mit Büchern und Sammlungen anfüllen kannst, wirst du, wenn nichts Absonderliches eintritt, in dreißig bis vierzig Jahren sterben, nun nimm einen vernünftigen Anlauf. Wer kann das jetzt noch sagen? Der Ortswechsel, das enge Wohnen, die Excitantia aller Art, womit unser liebenswürdiges Säkulum so reichlich gepfeffert ist, die Hatz und Eile und wer kann sagen, was noch alles – von diesen Geschichten aus muß auch das Arbeiten sich amerikanisieren....
Ich hatte diesmal den ernsthaften Vorsatz, die Ferien auf lauter Galerien (Frankfurt, Kassel, Gotha, Dresden, Nürnberg) zu wenden, fand dann aber doch, daß dergleichen mitten im Sommer eine wahre Hatz sein würde, und beschloß, mich an irgendeinen See, vielleicht un lago qualunque zu legen, in Gesellschaft einiger nützlicher Bücher,

mit Minimum fünf Stunden eigentlicher Arbeit per Tag.
Jetzt oder nie will ich Aristoteles' Politica durchlesen, mit
der Feder in der Hand; außerdem will ich von Heiden den
Catull samt Ihrer Abhandlung in meinen Schnappsack
stecken. Ich bin doch einigermaßen infiziert von jener Idee,
welche einst beim Bier in der Wirtschaft gegenüber vom
badischen Bahnhof zur Sprache kam: einmal auf meine
kuriose und wildgewachsene Manier das Hellenentum zu
durchstreifen und zu sehen, was da herauskommt, freilich
gewiß nicht für ein Buch, sondern für einen akademischen
Kurs „Vom Geist der Griechen". Ich male mir wie Lafon-
taines Milchmagd aus, wie ich denselben zuerst ganz zaghaft zweistündig, dann bei weitern Studien drei- und vierstündig vor Wenigen, aber Emsigen lesen würde. Es gehören
Vergleichs wegen ziemlich viele Orientalia dazu, A. T. und
Zendsachen und Röth (obwohl man von diesem, seit er tot
ist, merkwürdig wenig mehr redet). Sie müssen mich aber
nicht verraten, sonst geniere ich mich. ...

AN FRIEDRICH v. PREEN

Basel, 11. September 1864
Verehrter Herr Oberamtmann[1]
Auf den Wunsch des Herrn Dr. Schwarzkopf werde ich
demselben übermorgen die Kiesselbachschen Schriften[2]
übersenden, da er zu deren Empfang von Ihnen ermächtigt
ist. Der „Federalist" war mir für meine jetzige Arbeitszeit
zu umständlich; aus dem „Gang des Welthandels" habe
ich manches notiert, weit am meisten aber zogen mich die
„Sozialpolitischen Studien" an, welche ich mir bestellt habe
und welche eines meiner Haus- und Handbücher werden
sollen.
In vollkommenster Hochachtung
                Ihr ergebenster J. Burckhardt, Prof.

---

[1] Über die Persönlichkeit des Empfängers dieses und vieler folgender Briefe vgl. S. *115* des 1. Teiles dieses Buches.
[2] Wilhelm Kiesselbach war ein Freund F. v. Preens; die beiden
von J. B. bevorzugten Schriften sind 1860 bzw. 1862 erschienen.

AN PAUL HEYSE

Basel, 6. Dez. 1864

... In aller Eile und nur um nicht warten zu lassen, antwortete ich kurz: ich kann wahrhaftig nicht[1].

Aus Büchern zusammenschildern, was ich nicht selbst gesehen habe, wird mir mehr und mehr unerträglich; reisen kann ich nicht mehr wegen der ungeschickten Verteilung unserer Ferien; mein Amt in der Art, wie ich es seit 1858 auffasse, absorbiert mich ganz, und zwar von Jahr zu Jahr mehr, mein Widerwille gegen das Druckenlassen nimmt auch zu.

Den stärksten Beweis aber, was ich gegenwärtig für eine Art von Autor bin, habe ich letzten Freitag abgelegt, indem ich dem eigens hierhergekommenen Lübke mein zu $7/8$ vollendetes Manuskript „Kunst der Renaissance" zu freier Verfügung übergeben habe, damit er dieses Material wenigstens teilweise vernütze zu einem „IV. Band von Kuglers Geschichte der Baukunst". Die Arbeit genügte mir nicht, reisen und nachstudieren konnte ich nicht, und so gab ich es weg, mit Bedingung, daß mein Name auf dem Titel nur als zweiter genannt werde. (Am liebsten nennte ich mich gar nicht.) Ebner hofft, daß das Werk, wenn es vollendet sein wird, stärker gehen werde.

Du siehst nun, wie ich mit Kindern umgehe, die ganz von mir sind. Von der „Geschichte der Malerei" hatte ich ein durchschossenes Exemplar, schrieb aber nichts hinein und ließ nach einigen Jahren den Durchschuß wieder herausnehmen und das Buch neu binden. ...

AN FRIEDRICH SALOMON VÖGELIN

Basel, 24. April 1865

Hochverehrter Herr Pfarrer!

Vorgestern von einer Ferientour nach Montpellier und Marseille heimgekehrt, fand ich Ihren werten Brief vor,

---

[1] Heyse hatte J. B. am 23. Nov. durch Duncker u. Humblot und am 4. Dez. nochmals persönlich gebeten, die notwendig gewordene 3. Auflage von Kuglers „Geschichte der Malerei" ebenso wie s. Zt. (1846/47) die 2. Auflage zu besorgen.

welcher mich nicht nur Ihre fortdauernde wohlwollende Gesinnung gegen mich erkennen ließ, sondern auch das Bild einer Stimmung, mit welcher die meinige oft viele Ähnlichkeit hat. Man denkt in einer bestimmten Konversation das meiste geistige Genügen zu finden, aber es ist auch dieses nur eine der tausend Täuschungen, welche unser Leben umringen; das Bestmögliche, bei einiger Genügsamkeit auch in der Regel Erreichbare besteht wohl darin, daß wir aus dem Verkehr mit den nicht wenigen, die uns freundlich gesinnt sind, den nötigen geistigen Austausch stückweise herstellen. Den andern geht es vermutlich in Beziehung auf uns gerade so. Immerhin wäre es mir äußerst erwünscht, wieder einmal, und zwar gründlicher als bisher, mit Ihnen zu sprechen. Mein Reisen für dieses Jahr habe ich nun freilich vorweg gegessen, und die Sommerferien über finden Sie mich hier, wenige Tage abgerechnet.

Der Midi gibt viel zu denken. Vergoldete Riesenmadonnen auf allen Felsgräten und ein oft sehr ungeniertes Raisonnement in den Waggons dritter Klasse. Pressierte Bevölkerungen, wie die von Lyon, mit Comptoirarbeit rite bis neun Uhr, so daß das Theater nicht gedeihen kann – und drüber die Wallfahrtskirche von Fourvières.

Weiter, in den Städten von Languedoc und Provence große Kirchen mit Gas beleuchtet und nächtliche Predigten, wo auch eine Menge Männer zugegen sind – alles gedrängt voll. Ich mußte viel an Quinets Schrift „La question religieuse au XIXme siècle" denken. Renan scheint viel mehr auf die Hugenotten als auf die Katholiken gewirkt zu haben.

Die Bildung, statt ein geistiges Medium zu sein, ist bei der großen mittlern Leuteschicht ein Vehikel des Fortkommens und nicht mehr. Die Furcht vor allem Auffallenden und Abweichenden enorm groß und ein stärkerer Hüter des bestehenden Zustandes als alle Polizei, von der man gar nichts bemerkt.

Daneben aber doch das Gefühl, daß die Nation unberechenbar ist und facit saltus. – Dunkler, großer, mythischer Respekt vor dem jetzigen Herrn, von dem sich die Nation erraten sieht, und der fester steht als je.

Ich weiß nicht, ob Sie die letzte große Rede von Thiers gelesen haben mit der Polemik gegen die Italia unita und mit der Verteidigung der weltlichen Herrschaft des Papsttums. Ich habe mir mehrmals wie im Spaß die Bemerkung erlaubt: il s'apprête à devenir ministre de Napoléon IV – was gut aufgenommen wurde, weil ich es mit Lachen sagte.

Das geistige und physische Kapital von Frankreich ist furchtbar groß; ersteres darf man ja nicht bloß nach der jetzigen Literatur beurteilen. Ich habe durch Zufall einen Einblick in eine vorwärtsstrebende, ambitiose, verschiedentlich begabte Familie tun können – man gab mir vier Briefe zu lesen, und ich wußte bald, daß nur ein Franzose vier solche Briefe besitzen könne.

Kommen Sie bald nach Basel, es darf Sie niemand plagen; ich erzähle Ihnen dann noch mehr und frage Sie ein noch mehreres. Empfehlen Sie mich bestens Ihrer werten Frau Gemahlin.   Ihr Ergebener J. Burckhardt.

AN OTTO RIBBECK

Basel, 17. Okt. 1865

... Ich meinerseits bin im Arbeiten bis über die Ohren und zwar nur für meine akademische Pflicht, denn das Verfassen und Drucklassen von Büchern habe ich gänzlich aufgegeben. Von der „Kunst der Renaissance", welche April 1863 zu $^7/_8$ fertig war, mir aber gar nicht und in keinem Sinne genügte, habe ich die Abteilung „Architektur und Dekoration" im letzten Winter an Lübke übergeben, welcher alles vermehrt, umarbeitet und illustriert, und Ebner wendet wirklich ein gutes Stück Geld an die schönen Holzschnitte. – Ist mir alles recht, wenn ich nur nicht mit der Sache geschoren bin und alle Verantwortung auf andere Schultern abladen kann.

Vom „Geist der Hellenen" kann ich nur folgendes melden: pro 1. war es eine Idee inter pocula, von so was zu sprechen! pro 2. in neuern Zeiten dachte ich: du sammelst wenigstens aus möglichst fleißiger griechischer Nebenlektüre so viel, daß sich daraus in etwa zwei Jahren ein Nebenkollegium analogen Inhalts, etwa „Kultur der Griechen" etc. kombinieren

läßt; pro 3. auch diese Rechnung der Milchfrau ist in die
Brüche gegangen, seitdem ich wirklich wieder ein paar
Bände ad hoc durchgelesen und beinebens aus Pauly und
Handbüchern mich überzeugt habe, wie rasend viel schon
geleistet ist, und wie ich unvermeidlich in die Strömungen
der Ideen anderer Leute hineingeraten würde. Man kann
diese Alten nicht mehr recht mit eigenen Augen lesen! Denn
zu ihrer Lektüre gehört so viel Nebenwissen, daß man eben
diesen Nebenwissern anheimfällt, wenn man wie ich nicht
Philolog vom Fache ist.

Zu den Abmachungen über Ihr Land wird man, alles in
allem genommen, Glück wünschen müssen, obschon es
vor der Hand wieder nur ein Provisorium ist. – Sie haben
keinen Begriff davon, wie die Sache in süddeutschen Ein-
geweiden wirkt! Die Bismarckophobie ist überall ausge-
brochen. Dem badischen Ministerium soll mitten in seiner
vollen Popularität das Regieren förmlich verleidet sein, und
Frhr. von Roggenbach – wird vielleicht in preußischen
Staatsdienst übergehen!! –

Übrigens ist's im badischen Ländle schön! Gestern, als ich
diesen Brief liegenließ, fuhr ich nach Freiburg und ging
den ganzen Nachmittag bis Sonnenuntergang in der Umgegend herum und weidete mich an den durch den Herbst-
duft fern scheinenden Bergen und der Sonnenglut in den
Weinblättern, Platanen, Gartenhecken etc. Der Münster-
turm im Sonnenuntergang, feurigrot und dunkelviolett,
machte mir wieder einen mythischen Eindruck wie vor
dreißig Jahren, da ich ihn zuerst sah.

AN FRIEDRICH SALOMON VÖGELIN

Basel, den 14. Jan. 1866

Schönen Dank für Ihre Zusendung[1]! Welcher Geist wird
noch in Ihnen Meister werden? Die Forschung oder die
Neuerung?... Ich glaube überhaupt, daß Sie mit mächti-
geren Kräften ausgerüstet sind, als daß Ihre besten Jahre

---

[1] „Die alte Kirche zu Uster und die Geschichte der Kirchgemeinde
bis zur Reformationszeit." Vgl. S. 268, Anm. 3.

mit literargeschichtlicher Küstenforschung dahinzugehen brauchten – und wäre dieselbe noch so erfreulich. – Sie können ganz wohl eine ganze Zeitepoche wieder erwecken; und sich so recht aufs hohe Meer der Forschung hinauszuwagen, das stärkt. ...

Das wahre Thema scheint mir: auf hundert Seiten das Universalhistorische und Deutschhistorische zu schildern, soweit es sich in der Existenz des damaligen Zürich ausdrückt. Sie müssen dafür die volle Urkundionenarbeit durchmachen, aber nicht selber Urkundion werden. Zu tausend Totengebeinen im Koppschen Ossuarium müssen Sie das Auferstehungswort rufen. Denken Sie sich, zu einer 300 bändigen Kulturgeschichte des 13. Jahrhunderts müßten Sie das Bändchen Zürich schreiben, ganz klar und kristallhell, ohne allen Schutt und Staub. Das bloß Örtliche wäre nicht ausgeschlossen, würde aber in sein wahres Verhältnis rücken.

Und nicht über 100, meinethalb 150 Seiten! Ein solches Werk geht auf viel leichtern Füßen durch die Sphären der Menschen hindurch als eins von 2–3 dicken Bänden.

Und kommen Sie doch einmal auf Besuch! Es frißt Sie hier niemand. Ich darf öffentlich gehen, mit wem ich will, „man" hat mich längst aufgegeben, ohne daß ich es deshalb schlechter hätte.

AN HEINRICH SCHREIBER

Basel, 21. Januar 1866

Mit herzlichem Dank empfange ich Ihre schöne Gabe[1]. Wie freundlich haben Sie meiner gedacht bei einem Anlaß, wo mein Verdienst Null war. Übrigens muß Ihr jetzt in seiner Vollendung vorliegender Bauernkrieg eine der allerwichtigsten Bereicherungen zur Literatur dieses Gegenstandes werden. Ich habe einstweilen nur die Übersicht

---

[1] 3.(Schluß-)Band von Schreibers Urkundenbuch: Der deutsche Bauernkrieg, Freiburg 1866. In der Einleitung (S. XXXIII) spricht Schreiber von seinem Freunde Burckhardt, durch dessen Bemühungen sich die Basler Archive ihm für diese Arbeit erschlossen hätten. (Münzel)

dieses Teiles durchflogen und doch schon des höchst Bedeutenden nicht weniges gefunden. Der gute Wille und das sonst nicht selten mit Glück bewährte Vermittlertalent unserer Basler Vorfahren, im Konflikt mit der Rachsucht der Sieger, interessiert mich außerordentlich. Gerade durch so unmittelbar sprechende Bearbeitungen wie die Ihrige kommt man der tieferen Natur von Volksbewegungen und der Möglichkeitsrechnung ihres Erfolges oder Unterganges so viel näher als durch einseitige Parteidarstellungen, an welchen es ja von beiden Seiten nicht gefehlt hat! Da ich in diesem Semester „Revolutionszeitalter" lese, so gibt mir nun Ihr Werk eine höchst erwünschte Parallellektüre. Wie bedeutende Analogien! und welche Verschiedenheiten! und eine Frage wäre immer die wichtigste: Inwieweit eine solche Krisis den Charakter einer Nation verändert. – Für mich sieht Deutschland bis 1525 ganz wesentlich anders aus als nachher.

Außerdem haben Sie mir noch die wichtige Abhandlung beigelegt, die wir im letzten Sommer durchlasen[1]. Wir wollen jetzt sehen, was die Kunstschmecker zu Lapo als Freiburger und zur wahren Geschichte Niesenbergers sagen! Für den eigentlichen Forscher das Willkommenste möchten aber die ökonomischen Nachweise über einen bedeutenden gotischen Kirchenbau sein; es ist vielleicht noch für keine einzige Kirche so wie durch Sie für den Freiburger Chor nachgewiesen, wie man während einer langen Zeit durch Konsequenz und Geduld sich dem Ziele näherte und es endlich erreichte.

Was Baldung betrifft, so kann ich wohl mit beschreibenden Mitteilungen der Gemälde und Zeichnungen aushelfen, die wir hier im Museum besitzen, aber in allem Urkundlichen bin ich ein elendiglicher Ignorant. Eine Literatur gibt es über Baldung meines Wissens nicht, indem das, was Sie, wertester Freund, über ihn veröffentlicht haben, seither kaum irgendeine weitere Ergänzung möchte erfahren

---

[1] „Baukunst und Baumeister in Freiburg." Sie enthält außer den Angaben über Lapo und Niesenberger genaueren Bericht über die Arbeitsordnung am Münsterbau und über die Aufbringung der Mittel dazu. (Münzel)

haben. Ich weiß nur, daß in Karlsruhe (Museum?) eine
Anzahl wichtiger Zeichnungen von ihm vorhanden sein
sollen. Er gehört von Anfang an gewiß zur schwäbischen
oder Ulmerschule, welcher er in gewissen Äußerlichkeiten
immer treu geblieben ist, aber (schreibt Waagen): „Kein
anderer Meister derselben zeigt, sowohl in der Auffassung
als in Art der Zeichnung und Behandlung, einen so großen
Einfluß des Albrecht Dürer. Es ist daher sehr wahrscheinlich, daß er sich eine Zeitlang in Nürnberg in dessen Schule
befunden hat." An einen irgendwie maßgebenden Aufenthalt in Italien möchte ich doch nicht leicht glauben....

AN FRIEDRICH SALOMON VÖGELIN

Basel, 6. März 1866

... Ihr Aufsatz: Eine Parallele, den Sie mir übersandt haben,
ergötzt mich höchlich[1]. Ich habe über den tiefern Grund
des Phänomens in beiden Fällen mir ungefähr folgenden
Vers gemacht:
Der Hindu spricht zum Okzidentalen: O wie närrisch seid
Ihr Europäer in unsern Augen! Wir wenigstens brauchen
nicht in Sorge zu sein, daß uns unsere Ayatare abhanden
kommen möchten, denn unsere Götter werden stets wieder
jung, und auch um Helden wären wir nicht in Kummer.
In Euerem feuchten, rheumatischen Westenwinkel dagegen
habt Ihr prosaischerweise immer alles an ein Faktum ge-
hängt, und wenn es damit kracht, so glaubt Ihr, die Welt
müsse untergehen. Und bevor Euch der Antichrist frißt,
schickt Ihr dann noch Leute zu uns, um uns zu Euern
Meinungen zu bringen! Habt Ihr denn keine Ahnung davon, wie uns das vorkommen muß? etc.
Überhaupt, lieber Herr und Freund, ließe sich von irgendeiner außereuropäischen (und Nb. auch außeramerikani-
schen) Warte aus fingierterweise allerhand Lehrreiches an
die Adresse des Abendlandes richten. Neue Lettres persanes!

[1] In den „Zeitstimmen", Jhg. 8 (1866), S. 61 ff. hatte Vögelin einen
im Sinne der liberalen Theologie abgefaßten Vergleich zwischen
der Evangelien-Kritik und der ältesten Schweizer Geschichte sowie
der Befreiungssage veröffentlicht. (Barth)

Denken Sie nur an die Kritik unserer Industrie im Munde eines gravitätischen Türken, u. dgl.

AN FRIEDRICH SALOMON VÖGELIN

Basel, Montag nach Bettag 1866

... Über das sonstige Neue, was seit unsern letzten Gesprächen vorgekommen ist, läßt sich nur mündlich verkehren, und auch das lohnt kaum, da alles einen so provisorischen Charakter hat. Mich beschäftigt u. a. der Gedanke an so viele Professores historiarum in Deutschland, welche jetzt ihre Hefte umschreiben müssen, und an so viele öffentliche Charaktere, welche fortan gänzliche Privatcharaktere bleiben. Ernster als dieses ist das völlige Verzweifeln an allem Kleinen, welches um sich greift; wer nicht zu einem Dreißigmillionenreich gehört, der schreit: Hilf Herr, wir versinken! – Der Philister will mit Teufels Gewalt an einem großen Kessel essen, sonst schmeckt es ihm nicht mehr. – Auf eines warte ich noch mit Neugier: ob und wie bald in Süddeutschland ein tiefer und grimmiger Preußenhaß wieder an die Oberfläche kommen wird. Bis jetzt macht man noch immer, selbst von der Münchner Kammer aus, Kußhändchen gegen dasselbe Preußen, welches einem die Absätze und Sporen ins Gesicht hineintreibt.
Wir Schweizer treiben, scheint mir, ganz unbefangen und unwiderstehlich der französischen Allianz zu. In Voraussicht dessen habe ich bereits für meine Person alles Schimpfen und Spotten über Ihn[1] eingestellt. Mir graut aber etwas vor dieser Zukunft. ...

AN EMMA BRENNER-KRON

[Basel], Freitag, 9. Nov. 1866

... Von meinen Vorlesungen wird nie etwas gedruckt, weil sie nur durch den Vortrag entstehen und sich gedruckt ganz „letz", wie Teppiche von der Kehrseite, ausnehmen müßten. Ich bin jedesmal froh, wenn nicht mehr davon die Rede ist. ...

[1] Napoleon III.

AN DEN RATSHERRN KARL VISCHER

Basel, 10. April 1867

... Nachdem mir schon seit einer Reihe von Jahren von Seiten verschiedener hoher Lehranstalten entferntere, bisweilen auch sehr nahe Aussichten auf Berufung eröffnet, auch unmittelbar Anträge gemacht worden, und nachdem ich alle diese Gelegenheiten zurückgewiesen, wurde mir vorgestern durch einen Vertrauensmann des Württembergischen Unterrichtsministeriums der Lehrstuhl der Geschichte in Tübingen unter den günstigsten Bedingungen direkt angetragen. Ich wies auch dieses Anerbieten ab. Daß ich gerade bei diesem Anlaß mich schriftlich an die Hohe Behörde wende, statt wie bisher nur mit einzelnen Mitgliedern derselben über solche Dinge zu sprechen, hängt an zwei Beweggründen: weder ein öffentliches Bekanntwerden der Tatsache noch eine Erhöhung meiner Besoldung ist für mich irgendwie wünschbar, und letztere würde ich sogar unbedingt ausschlagen; wohl aber darf es mir erwünscht sein, daß die Behörde als solche, und zwar auch in ihrem Protokoll, Notiz nehmen mag von dem redlichen Willen für unsere Anstalt, welcher mich zu meiner Handlungsweise bewogen hat. Das zweite ist der Wunsch, einmal im Jahr oder doch alle zwei Jahre am Pädagogium von dem Examen, es sei des Frühlings oder des Herbstes, dispensiert zu werden, und zwar zum Behuf wissenschaftlicher Reisen, ohne welche mir namentlich die Kenntnis der Kunstdenkmäler allmählich verlorengeht. In der Zeit der Sommerferien sind nämlich die größeren Städte, um die es sich handelt, äußerst ungesund und das Studium daselbst beschwerlich. Gerne bin ich erbötig, so oft ich anwesend bin, die beiden Klassen, wo ich Unterricht gebe, zu examinieren, statt bloß eine. Auch die Woche Pädagogiumsunterricht, welche in den April oder den Oktober verlegt zu werden pflegt, wäre kein Hindernis, da ich die mich betreffenden Stunden in den beiden Fällen, da ich auf Reisen abwesend war (Oktober 1860 und April 1865), mit befreundeten Kollegen abtauschen konnte und es auch ferner können würde, so daß niemand um meinetwillen zu leiden hätte. Ich weiß nun wohl, daß mir zur Not auch ohne eine besondere Vollmacht von Ihrer Hohen Behörde hie und da eine solche Dispensation zuteil würde, allein ich wünsche gegenüber von allfallsigen Unzufriedenheiten mich auf ein Recht und nicht bloß auf eine Gunst berufen zu können. ...

AN HEINRICH v. GEYMÜLLER

Basel, 14. Mai 1867

Am Anfang eines mühsamen Semesters und sonst noch von einigen Übelständen heimgesucht, antworte ich auf Ihren werten Brief nur lässig und flüchtig. Daß ich eine Publikation, wie die Ihrige wäre[1], im höchsten Grade wünschbar fände, versteht sich von selbst; daß ich aber auch gar kein Recht habe, irgend jemand bei solchen Sachen auf- oder abzumuntern, während ich selber mich mit Händen und Füßen gegen jede Verbindung mit Verlegern, Druckern usw. sperre, das liegt auch auf der Hand. Und daß der Verleger bei solchen Anlässen zwar den Stecher, Litho- und sonstigen -Graphen, Drucker etc. zahlt, denjenigen aber, der die Sache liefert, schlecht oder nie, das ist bekannt und möge Gott geklagt sein. Und daß trotz Londoner Konferenz die Zeiten noch eine Weile schlecht bleiben werden, weiß man in Paris gewiß so gut wie hier. – Nun habe ich doch einiges Bedenken, Ihnen zur Flucht aus einer möglicherweise doch für Ihr Leben entscheidenden Praxis zu raten zugunsten eines Unternehmens, welches zwar herrlich an sich, aber zu Ihrer weiteren Stellung in dieser unerbittlichen Welt kaum in wünschenswertem Verhältnis wäre[2]. Denn Sie würden, einmal angebissen, Jahr um Jahr darauf wenden

---

[1] Es handelt sich um des Adressaten Plan einer „Monographie der Werke Bramantes", zu der seine Erstlingsarbeit „Notizen über die Entwürfe zu St. Peter in Rom" 1868, in der er über seinen Fund der großen Rotstiftstudie für St. Peter von Bramantes Hand berichtete, den ersten Beitrag darstellt. Vgl. J. B.s Briefwechsel mit H. v. Geymüller, hrsg. von C. Neumann, S. 170. Über v. Geymüller und seine Stellung zu J. B. vgl. S. *115f.* des 1. Teiles dieses Buches.
[2] v. Geymüller, der damals praktische Architektenarbeit in Paris leistete, hat sie trotz J. B.s Warnung aufgegeben, um sich fortan architekturgeschichtlichen Studien zu widmen.

wollen und zuletzt alle Seitennester von Lombardie und Romagna um und um kehren, bis Sie sicher wären, den geistigen Bramante in seine fernsten Ursprünge verfolgt zu haben. – Das Literarische an der Sache wäre das wenigste; dafür müßte der Verleger unter Ihrer Aufsicht und nach Ihren données sorgen....

AN HEINRICH v. GEYMÜLLER

Basel, Sonntag 19. Mai 1867

... Die jetzigen Menschen, wenn sie reich sind, haben fadenscheinige Ideen, gemischt aus einem résidu von sogenanntem englischem Garten und allen möglichen Chinoiserien, welche dann wechseln müssen wie Krinolinen etc. Dies abgeschmackte Volk will Surprisen und Attrappen anstatt des ewig Schönen. Wenn man sie machen ließe und sie Geld hätten bis ins Unendliche, so würden sie irgendeine Feerie à changements, wie man sie Porte St. Martin gibt, in den Garten verpflanzen. Es würde ihnen freilich wenig helfen, denn die Langeweile und Leerheit, welcher sie entgehen wollen, haben sie tief in sich, und auch nach den pikantesten Aspekten würde es bald wieder heißen, tenez, ça m'ennuye! –
Sie sind nun in Paris; bezwingen Sie Ihren Gram, werden Sie Praktiker, um irgendwie dieser jetzigen Welt auf deren eigenem Terrain begegnen und mit ihr verhandeln zu können, und helfen Sie in Gottes Namen am Verfall der jetzigen Kunst mitarbeiten! Übrigens sieht und lernt man dort viel, und die vermaledeite Kunstausstellung fängt an, trotz alles Widerstrebens, par distance auch auf mein Gemüt zu wirken. Statt einer tugendhaften Bildungsreise nach Dresden, Nürnberg etc., die ich im Oktober vorhabe, schiebt sich mehr und mehr ein Stereoskop von Paris vor meine Nase: Aber nein, es soll nicht sein....

AN HEINRICH SCHREIBER

Basel, 2. Juni 1867

... Das Semester, in welchem ich stecke, ist für mich ein äußerst mühsames, indem ich alte Geschichte lese – ich darf wohl sagen: zum erstenmal, denn das frühere Mal darf ich gar nicht rechnen. Überhaupt wird das Leben mit zunehmenden Jahren (und ich nähere mich stark dem halben saeculo) immer arbeitsamer, was ich früher nicht wußte. Ich bin im ganzen vorigen Jahr kaum acht Tage aus Basel entfernt gewesen und werde auch dieses Jahr kaum einen oder den andern Ausflug machen, vielleicht aber, wenn es irgend geht, den Oktober in Paris zubringen, nicht um der Ausstellung willen, sondern um mich wieder einmal gründlich in den großen Sammlungen umzusehen. Nach Freiburg komme ich aber doch auch einmal.

Ich bin sogar vor zwei Monaten in Freiburg gewesen, und zwar ohne Sie aufzusuchen – weil ich völlig durch Freund Lübke in Anspruch genommen war, welcher von Stuttgart her erschien. Er hat mich zwei Tage lang kräftig, aber umsonst im Namen der württembergischen Unterrichtsbehörde bearbeitet, die Geschichtsprofessur in Tübingen anzunehmen. Ich bin aber viel zu stark an Basel verpfändet und ohnehin allgemach zu weise, um einen mangelhaften, aber leidlichen Zustand dranzugeben für einen ungewissen Glanz. Soviel ich höre soll wahrscheinlich Weizsäcker hinkommen. Das Politische, so widrig es für manchen Professor historiarum auf deutschen Universitäten sich gestalten mag, hätte m i c h nicht abgehalten, die Stelle anzunehmen, indem ich mich als Fremder dazu verhalten haben würde. Ohnehin lebe ich des Glaubens, daß die viri doctissimi die Politik sollen beiseite liegenlassen, sie stiften nie was Gescheites darin.

Hiermit übersende ich Ihnen auch als herzlichen Gruß meinen Anteil am vierten Band von Kuglers Baukunst[1]. Er ist nicht zum lesen; ich hatte es eigentlich nur als Notizensammlung redigiert, und Freund Lübke, der es hätte umarbeiten und beleben sollen, hat es dann tale quale abdrucken lassen. Aber die Illustrationen, an welchen ich freilich nicht das geringste Verdienst habe, sind zum Teil sehr schön. ...

---

[1] Die „Kunst der Renaissance".

AN OTTO RIBBECK

Basel, 28. Okt. 1867

... Ich bitte Sie, uns Dilthey noch zu lassen! er ist noch jung und jugendlich und kann gerade in Basel sich so vortrefflich auf eine Laufbahn in Deutschland vorbereiten. Ich glaube, er hat jetzt in Basel solche Zeiten, die er in Zukunft als die glücklichern seines Lebens betrachten wird. Sodann würden Sie ihn in Kiel vielleicht auch nicht lange behalten, wer weiß! denn das Zeug an ihm ist **sehr bedeutend**, das muß ich zur Ehre der Wahrheit bekennen. Ich bin ganz bekümmert wegen Ihrer Anfrage und hege nur die eine schwache Hoffnung, daß vielleicht die Verspätung dieser Antwort mit für sein Hierbleiben entscheide. – Sie wissen vielleicht, daß Steffensen bei seiner Kränklichkeit ihn selber als Stütze aussuchte, und siehe da! es gelang, und die Studenten faßten Feuer für Dilthey, und wir hatten nun schon das tröstliche Gefühl einer vortrefflichen Akquisition für unser botteghino. Soll nun das so bald wieder zunichte werden?

Ich schreibe gar nichts weiter hierüber, da ich doch nicht Spezialia genug von seinen Büchern weiß. Seine Bildung ist, nach seinem Gespräche und seiner Antrittsvorlesung zu urteilen, höchst solid, und dabei hat er eine superbe literarhistorische Ader.

Aber Sie müssen ihn uns noch lassen, es hilft nichts[1]!

Wir sind jetzt auf 120 Studenten und blähen uns **doch nicht auf**! sondern erwarten in Ergebenheit weitere günstige Wendungen unseres akademischen Schicksals.

Das ist schön, daß es der werten Frau Gemahlin besser geht, es wäre ihr aber gewiß in Basel auch besser gegangen, und ich lasse ein für allemal keinen Schatten auf der Salubrität des hiesigen Ortes haften, schon aus akademischen Gründen nicht. Es ist in ganzen zehn Jahren hier nur ein einziger Student am Typhus gestorben, und der war gerade dran, Kandidat zu werden. Ein paar Wochen Unterschied, und unser akademisches Fell wäre völlig sauber.

[1] Das ist nicht geschehen, sondern Wilhelm Dilthey verließ wie Ribbeck nach ganz kurzem Wirken 1868 die Basler Universität, um – wie J. B. richtig voraussagte – auch in Kiel nur ein paar Jahre, bis 1871 zu bleiben.

So bequem wie in Kiel wohnt man freilich hier nicht, wenn
man nicht außerhalb Asphaltpflaster, Gasflammen und
aller sonstigen menschlichen Komforts logieren will. Aber
in Paris ist's noch viel enger.

Ich möchte wirklich Ihr Klein-Madeira einmal besuchen;
Ihre Frau Gemahlin wird sich dort aus Blumen und Schling-
pflanzen eine wundervolle Residenz erbaut haben. Allein
ich kann jetzt lange nicht mehr reisen; nicht sowohl mein
Geld (denn das dauert mich nicht) als meine Zeit ist verreist auf mehrere Semester, und ich sehe jetzt auf zwei
Jahre eine Zeit voraus, da ich die Ferien wieder am Schreibtisch zubringe, wie dies seit fünf Semestern bis auf diesen
Herbst geschehen war.

Schönen Dank wegen ὕβρεως[1]. Leider wird sich ὕβρις
immer von neuem gebären. Denn wie es bei Geibel heißt:

> Wer Gewalt hat, braucht Gewalt.

Ich habe noch letzten Mittwoch in Paris den Franz Joseph
mit Napoleon einfahren sehen und mir allerlei Gedanken
gemacht....

AN HEINRICH SCHREIBER

Basel, 24. November 1867

... Wissen Sie aber, daß der Genuß Ihres Büchleins[2] für
mich auch etwas Wehmütiges hat? Es ist noch eine Gabe
aus dem alten Süddeutschland und hat noch nichts Ver-
preußtes an sich; ich aber muß immer dazwischen an das
denken, was seit anderthalb Jahren geschehen ist.

Indessen, das sind Sachen, die nicht mehr zu ändern sind,
wenn's die Leute einmal partout haben wollen.

Im Oktober war ich über drei Wochen in Paris und kam
vor lauter enormer Zerstreuung zu keiner Art von Studium.
Ergötzlich war es schon, und ich bin froh, wenigstens die

---

[1] Rede Ribbecks über das griechische Wort Hybris, den frevlen,
den Göttern verhaßten Übermut.
[2] „Die Volkssagen der Stadt Freiburg i. Br. und ihrer Umgebung",
deren wertvollste Stücke J. B. im vorausgehenden Briefabsatz als
„echteste Eingebung des Volksgeistes" bezeichnet.

alten Bekannten im Louvre und in Versailles sowie die Gebäude wiedergesehen zu haben, auch ist es gut, sich von einem Monstrum wie die Ausstellung wenigstens einen Begriff machen zu können. Ich habe bisweilen mitten im Gewühl der Industriewelt, zumal in der riesigen Maschinenhalle, laut für mich lachen müssen, aus philosophischen Gründen, die ich Ihnen einmal mündlich entwickeln will.

Auf die Reise hin (Dijon, Sens, Fontainebleau) und zurück (Reims, Châlons s. M., Bar le Duc, Toul, Nancy, Straßburg) wandte ich jedesmal vier bis fünf Tage und sah etwas Rechtes. Das Wiedersehen des Domes von Reims war allein schon eine Reise wert, ebenso das Museum von Dijon.

Aber jetzt ist für zwei Jahre oder mehr dem Reisen ein Ziel gesteckt, und kleine Ausflüge von drei bis vier Tagen müssen's auch tun. Ich habe mir neue Kollegien aufgeladen und sitze bis über die Ohren in Arbeiten....

V.

BRIEFE AUS DEN JAHREN
1868—1886

AN ALBERT v. ZAHN

Basel, 22. Okt. [1868]

Seit ich Ihnen so zudringlich den Cicerone übergeben hatte, waren mir in der Tat oft Bedenken über meine Indiskretion aufgestiegen[1]. Dieselben sind nun durch Ihre und Herrn Seemanns freundliche Eröffnungen auf das erfreulichste gehoben. Eine Angelegenheit, für welche ich voraussah, in meinem Leben nichts mehr tun zu können, ruht nun in den allerbesten Händen. In dem autographierten Prospektus an die HH. Mitarbeiter ist nur mit viel zu großer Pietät von meinem Text die Rede. Ich bitte doch ja keine Rücksicht auf das von mir Geschriebene zu nehmen, sondern zu ändern nicht bloß an den zahllosen Stellen, wo ich geirrt haben mag, sondern auch überall da, wo irgend etwas besser gesagt, besser arrangiert oder besser umgestellt werden kann. Es liegt mir gar nichts daran, daß auch nur eine Zeile meines Textes aufrecht bleibe, wenn nur die Sache gewinnt. Beiläufig: im Ebnerschen „Deutschen Kunstblatt", Jahrgang 1855, ist eine sehr einläßliche Rezension von Waagen; ist Ihnen der Jahrgang nicht zur Hand, so stehen Ihnen die betreffenden Nummern zu Diensten.

---

[1] A. v. Zahn, geboren 1836, seit 1868 Direktor des Museums zu Weimar, hatte für den Verlag Seemann, an den von dem Basler Verlag Schweighäuser der „Cicerone" übergegangen war, die Herausgabe der 2. Aufl. übernommen, dazu aber noch eine Reihe anderer Mitarbeiter herangezogen. – Für den Anfang vgl. den Brief vom 15. Febr. 1870.

Außerordentlich wünschbar ist der „Wegweiser" samt den übrigen Zugaben. Mein seliger Verleger und ich hätten uns vor 14 Jahren auf einiges dieser Art schon gerne eingelassen, allein wir mußten froh sein, mit denjenigen Opfern, die wir brachten, nur soviel zu erreichen, als wir erreicht haben. Wenn ich einst die Ehre haben sollte, Sie, hochgeehrtester Herr, mit mehr Muße zu sehen als voriges Jahr, so kann ich Ihnen dieses und jenes aus der Leidensgeschichte des „Cicerone" erzählen.

P. S. Wenn ich noch einen Wunsch auszudrücken hätte, so wäre es der, daß man kein Übersetzungsrecht vorbehielte, sondern dergleichen frei gäbe. Es trägt nicht viel ein und schreckt doch zuweilen einen Übersetzer ab.

AN HEINRICH SCHREIBER

Basel, 13. Febr. 1869
Liebster Herr und Freund!
Mit großer Erbauung und Dankgefühl habe ich Ihr „Bürgerleben[1]" in mich aufgenommen und Sie von Herzen um die Freiheit der Studien beneidet, welche zu diesen Resultaten geführt hat. Zugleich wurde ich von neuem in so vielen Stellen der kleinen Schrift inne, wie oberflächlich es mit meiner Kenntnis des deutschen Altertums beschaffen ist; so manches, was Ihnen selbstverständlich erscheint, ist mir noch dunkel, oder ich erfahre es zum erstenmal aus diesem Aufsatz.

Für den Moment wird in Ihrem schönen badischen Land die Auskunft über die „Meistersinger" ganz besonders denjenigen Leuten erwünscht gewesen sein, welche nach Karlsruhe reisen, um dort Wagners gleichnamige Oper zu hören. Im ganzen nehmen ja die Leute nur dann von etwas

---

[1] „Bürgerleben zu Freiburg im Mittelalter", eine Beilage zum Freiburger Adreß-Kalender für das Jahr 1869. Schreiber behandelt in dieser Studie auch die Meistersinger (S. IX ff.), auf die Burckhardt in seinem Briefe hinzielt. In der Beilage bespricht Schreiber ausführlich einen Tanz, den er in dem südlich von Freiburg gelegenen Bergdorf Langackern gesehen, und der, mimisch Liebeswerben ausdrückend, sich in den mannigfaltigsten Figuren entwickelte. (Münzel)

Historischem aufmerksam Notiz, wenn es sich mit irgendeinem romantischen Schwindel berührt, der ihnen zufällig über den Weg gelaufen ist!

Die Beilage über den Tanz, welchem Sie einst in Langackern zugesehen, hat mich sehr interessiert, weil auch in Italien, zumal im römischen Gebirg, der Saltarello auf dieselbe Weise zu einer langen, dramatisch abwechselnden Szene ausgedehnt wird, wenn die Leute in der Laune sind; auch dort ist es der Bursche, welcher die Änderung angibt, und das Mädchen folgt ihm.

Ich meinerseits bin in sehr knechtischen Arbeiten gefangen; da ich diesen Sommer über das 17. und 18. Jahrhundert lese und in jenen Gegenden noch gar kein ordentliches Heft habe, muß ich, hauptsächlich mit Hilfe des alten Schlosser, einen neuen Grund legen, was jederzeit eine widrige Arbeit ist. So gerne ich Quellen exzerpiere, so ungern Bearbeitungen. Was mich tröstet, ist, daß ich mit diesem Kolleg dann wenigstens durch den ganzen Berg der Geschichte hindurch bin und Hefte besitzen werde von Adam bis zur Schlacht von Waterloo. Bis in die letzten beiden Jahre hatte ich einige heillose Lücken, z. B.: eine nur ganz oberflächliche alte Geschichte und gar keine römische Geschichte; mit nächsten Sommer bin ich dann nirgends mehr ohne Text und Hülfe. – Das Mittelalter habe ich dafür gänzlich meinen Kollegen, einem Extraordinarius und einem Privatdozenten, überlassen.

Nun nochmals besten Dank und herzlichen Gruß von Ihrem getreuen J. Burckhardt.

AN ALBERT v. ZAHN

Basel, 28. Febr. 1869

Auf Ihre freundliche Zuschrift vom Anfang dieses Monats erwidere ich mit vielem Dank, daß ich die Bogen erhalten und mich an der hübschen Ausstattung [der 2. Auflage des „Cicerone"] erfreut habe und nur bedaure, daß man nicht mehr von meinem Text über Bord geworfen hat. Ich selber bin leider durch mein akademisches Amt derart in Anspruch genommen, daß ich nicht nur meine Opera, sondern die Kunstgeschichte überhaupt fast völlig muß beiseite liegen lassen. Die Ergänzungen billige ich durchaus und wünschte nur, daß ihrer noch viel mehr wären.

An meiner Behandlung der antiken Skulptur ist die Anordnung, ich will nicht sagen gut, aber die einzig zweckmäßige; doch wäre sehr zu wünschen, daß wenigstens für alle wichtigeren Bildwerke etwa Professor Brunn in München oder sonst ein Mann vom Fach zu einer neuen Redaktion oder doch zur Verbesserung meiner Irrtümer (über Zeit, Originalitätsgrad, Erhaltung etc.) zugezogen werden könnte. An die Malerei denke ich ganz getrost, weil Herr Mündler sich der Sache annehmen will. Aus meiner „Architektur der Renaissance" mag hereingenommen werden, was nach Ihrem Ermessen in den Cicerone paßt; mir liegt alles schon so ferne, daß ich kaum mehr ein Urteil darüber habe. ...

AN FRIEDRICH SALOMON VÖGELIN

Basel, 15. April 1869

Das ist ja sehr schön, daß Sie sich mit dem trostvollsten aller Objekte, mit Rafael, eingelassen haben.

Aber meine Hülfe in Sachen der Bücher nehmen Sie ganz überflüssigerweise in Anspruch. Sie sind ja damit auf der Wasserkirche[1] durch systematische Ankäufe des alten Orelli ungleich viel besser versehen als wir, und es war einst einer meiner Gründe der Übersiedlung nach Zürich, obschon man Anstalt machte, mich hier zu halten, daß ich für meine damaligen Arbeiten bei Ihnen ein viel größeres Material vorhanden wußte. ... Andere Bücher, von welchen Sie etwas zu erfahren wünschen, finden Sie am sichersten, wenn Sie es machen wie einst meine Wenigkeit; ich wandte zwei Vormittage darauf, in Begleitung des Subkustoden die Italica der Wasserkirche Brett für Brett zu durchgehen. Probatum est.

Von Ausflügen ist keine Rede mehr; ich bin zwei Tage an der freien Luft gewesen und muß nun rastlos ochsen.

---

[1] Spätgotische Kirche, in der die reichhaltige Züricher Stadtbibliothek untergebracht war.

AN ALBERT v. ZAHN

Basel, 16. April 1869

Sämtliche Zusendungen von Herrn Seemann [zur 2. Aufl. des „Cicerone"] sind mir richtig zugegangen, und ich habe nun den ersten Band vollständig. Wenn nur mehr daran geändert und umgearbeitet wäre! Aber überall sieht mich mein alter Text so wohlbekannt an. Ich bitte noch einmal, mit demselben ja keine Umstände zu machen, sondern recht massenhaft hineinzuschneiden und hinauszuwerfen. Hoffentlich werden die Herren Conze und Benndorf die antike Skulptur Zeile um Zeile revidieren, denn sie hat es nötig. Für die Malerei verlasse ich mich darauf, daß Sie, verehrtester Herr, den Herrn Dr. Mündler fest beim Worte nehmen.

Mein Manuskript der Skulptur[1] kann ich mich nicht überwinden, nach Weimar zu schicken. Glauben Sie mir, daß ich Ihnen dasselbe gerne anvertrauen würde, soweit es sich irgend um Vertrauen handelt, allein: 1. dasselbe beruht auf keiner späteren Wiederbetrachtung der betreffenden Kunstwerke; es liegt keine neue Reise zwischen ihm und der Reise von 1853/54, höchstens einen Aufenthalt in Mailand ausgenommen; 2. es ist in der Anlage sehr mangelhaft, und hauptsächlich deshalb ist es mir so leicht geworden, von der Veröffentlichung zu abstrahieren. Der Cicerone würde nicht viel daraus gewinnen.

AN ALBERT v. ZAHN

Basel, 28. Okt. 1869

Ihr wertes Schreiben vom 10. d., welches ich vorgestern bei meiner Heimkehr [aus Frankreich] vorfand, bringt vor allem die erwünschte Kunde Ihres Arrangements mit Herrn Mündler, wodurch für das Buch sowohl als für die allgemeine wissenschaftliche Kunde auf das beste gesorgt ist. Nur macht mich das Lob des vortrefflichen Mannes etwas schamrot. Was das Übersetzungsverbot betrifft, so mag es denn in Gottes Namen dabei sein Bewenden haben, da eine späte und partielle

---

[1] der Renaissance, das J. B. im Winter 1862/63 ausgearbeitet hatte.

Zurücknahme doch nicht mehr tunlich wäre. Auch liegt die Schuld nicht an Ihnen, sondern, wenn ich mich recht entsinne, an dem Herrn Verleger, dem ich den Wunsch direkt geäußert zu haben glaubte? Die deutschen Verleger huius saeculi haben's nun einmal in den Nerven, und wenn sie das Verbot nicht auf die Kehrseite des Titels setzen, so setzt es, glaube ich, ein richtiger deutscher Faktor von sich aus darauf.

Zu der bevorstehenden Veränderung Ihrer Lebensstellung[1] sende ich meinen besten Glückwunsch. Für diejenigen Forschungen zunächst, von welchen Sie mir hier sprachen, gewährt Dresden, wenn auch nicht durch die Galerie, so doch durch die übrigen Sammlungen, gewiß ein unvergleichlich viel reicheres Material als Weimar. Schon die herrliche Sammlung von Handzeichnungen der deutschen Schule, die ich stückweise aus Photographien kenne, gibt eine erwünschte Grundlage.

Mag es Ihnen vielleicht zudringlich erscheinen, so wiederhole ich doch meinen Wunsch: wie schön es wäre, wenn Sie die Kunstgeschichte der deutschen Blütezeit, abgelöst von der Künstlergeschichte und -biographie, bloß nach den Sachen, den bewegenden Kräften und Gesamtgraden des Könnens darstellen wollten! Ich bin überzeugt, daß die Zukunft der ganzen Kunstforschung wesentlich nach dieser Seite hin liegt. Die künstlerbiographische Vollständigkeit braucht ja darunter nicht zu leiden; man wird bei dieser Art der Forschung, von welcher ich mich erkühne zu reden, gerade über das Verhältnis des einzelnen Meisters zur ganzen Zeit auf manche ganz neue Wahrnehmung kommen, abgesehen von der Menge neuen biographischen Details, die Ihnen ohnehin nicht entgehen wird und die für besondere Sammelpublikationen mag aufgehoben werden. Dergleichen kann aber auch ein anderer, während zu der großen Gesamtdarstellung nur Sie, verehrtester Herr, die Anlage

---

[1] v. Zahn übernahm 1870 das Amt eines vortragenden Rates bei der Generaldirektion der Sammlungen f. Kunst nnd Wissenschaft in Dresden und hat in dieser Stellung noch die 3. Aufl. des „Cicerone" besorgt, bevor er schon 1873 starb. Nach ihm ging die Redaktion auf Wilhelm v. Bode über.

und Befähigung und durch Ihre Schrift über Dürer die nötigen wissenschaftlichen Präzedenzien haben. Denken Sie sich die Größe des Verhöres, wo nebeneinander ein Miniaturstich von Martin Schön, ein Außenflügel von Wohlgemuth, ein Glasgemälde einer sächsischen Kirche usw. zum Bekenntnis eines allgemeinen Faktums vorgerufen werden! ...

AN FRIEDRICH v. PREEN

Basel, 6. November 1869

Mit großem Leidwesen habe ich gehört, daß Sie uns geraubt werden sollen; freilich ein Fall, auf welchen ich schon lange gefaßt war, und ich sage mit dem Chor in Heyses „Meleager":

> Klaget nicht die Götter an,
> daß sie uns bis heut so wohl getan!
> Noch in Tränen wollen wir uns freuen.

Es ist aber recht schön, daß Sie uns einstweilen noch Ihren Filius in der Schule lassen, durch welchen man periodisch Nachrichten von Ihnen wird haben können.
Ich schreibe Ihnen eigentlich nur, weil bei jetzigem Zustand des Wetters eine Expedition nach Lörrach morgen untunlich sein möchte. Meine feste Hoffnung geht dahin, daß Sie sich nun noch einige gute Tage im Oberland machen werden – denn Reste haben Sie gewiß nicht aufzuarbeiten – und daß ein Abend im „Roten Löwen" mit einbedungener freier Zeit per Eliaswagen – Ihrem Begriff eines guten Tages nicht widersprechen möge.
In Frankreich bin ich wieder allerlei Dinge innegeworden neben meinen kunsthistorischen Wahrnehmungen. Vorerst nur eine komische Szene aus dem Theater zu Blois, wo man Aubers „Krondiamanten" gab: ein Herr aus der Stadt in der Avantszeneloge rechts ist etwas angetrunken und peroriert fröhlich und laut; da tönt's von hinten aus dem Parterre aus dem Mund handfester Pompiers: „à la porte, avantscène à droite! à la porte!" Endlich begibt sich ein Munizipal in die Loge und bedeutet dem Herrn, sich lieber zu entfernen, worauf man laut die Antwort hörte: „Ce n'est

pas moi qui fais du bruit, c'est le peuple qui murmure!" –
Er ging dann aber doch geduldig mit dem Munizipal fort.
Beiläufig: besagtes Blois ist ein Juwel unter den französischen Städten und lädt unsereinen zu sofortigem Einmieten ein.

In Paris war ich siebzehn Tage, welche nur schon gar zu lange Abende hatten für einen Menschen, der beinahe gar nicht mehr ins Theater geht, d. h. in Paris nicht, in Basel schon. –

Odiös war diesmal die permanente Begleitung durch die Affäre Troppmann, welche einem beständig um die Ohren schwirrte[1]; das fing gleich mit Dijon und Autun an, wo sämtliche Äduer schwarze Finger hatten von der Lektüre des „Petit Journal", welches sich der schlechtesten Druckerschwärze von Frankreich rühmen kann und täglich massenhafte Berichte über das Scheusal brachte.

Politisiert habe ich beinahe gar nicht, weil ich die Überzeugung aller derer, welche einen heilen Rock am Leibe haben, zum voraus kenne. Man hätte gern, daß der jetzige Herr ewig lebte, und daß Friede bliebe und die Geschäfte gingen. – Durch die schrankenlose Preßfreiheit der letzten Monate sind die Extremen stark diskreditiert worden. Ils sont coulés, ceux-là! An der Spitze Victor Hugo.

Wovon nebst vielem anderen recht bald einmal mündlich.

Auf fröhliches Wiedersehen!

AN ALBERT v. ZAHN

Basel, 19. Nov. 1869

Verzeihen Sie die Verspätung dieser Antwort, ich war in diesen Tagen mit Extravorlesungen u. dgl. mehr beladen[2]. Was zunächst den Florentiner Holbein betrifft[3], so entsinne ich mich wohl, nachher selber Bedenken gehabt zu haben wegen meiner eigenmächtigen Taufe, und meine nun, es

---

[1] Achtfacher Mörder, dessen Prozeß damals die große Sensation in Frankreich war. (Strauß)
[2] J. B. hielt am 11. und 18. Nov. 1869 zwei öffentliche Vorträge über „Gotische Kirchen".
[3] Vgl. S. 808 des „Cicerone", Alfred Kröner Verlag.

sei am besten, den ganzen Passus über den ignoto Tedesco einfach zu streichen. Die Autorität, von welcher Ihr Brief meldet, würde mich, für sich allein genommen, noch zu keiner Änderung bestimmen, da sie sich schon zu stark, und auch in meiner Gegenwart, trompiert hat.

Aufs allerhöchste hat mich der Plan Ihres Werkes erfreut, so wie er in Ihrem Briefe entwickelt ist. Etwas der Art schwebte mir für die italienische Kunst vor, ich sehe jetzt aber, wie wohl ich getan habe, die Skulptur und Malerei unfertig liegenzulassen, beim Ungenügen meines technischen Wissens und dem Erblassen meiner Erinnerungen. Es ist doch ein ewiges und ganz wunderbares Verdienst von Winckelmann, daß er die Kunstgeschichte nach ihrem historischen und ihrem systematischen Bestandteil geschieden hat! Den historischen Teil Ihres Themas, der deutschen Malerei der Renaissance, besitzen wir nun in Gestalt von Kunstgeschichten, die nach Künstlern angeordnet sind, und von Monographien; aber den systematischen Teil können nur Sie schreiben. Ein ganz superbes Kapitel wird namentlich dasjenige, welches bei Ihnen lautet: „Gefühl des Konfliktes: Verlust der architektonischen Haltung der Frühgotik und Drang nach einer neuen Schönheit der idealen Aufgaben." Hier sind Sie wahrhaft zu beneiden um den Nachweis, wie die perspektivischen und Naturstudien der wüsten Erzählungsweise der Meister vor 1500 total den Boden unter den Füßen wegzogen, und wie z. B. Dürer eine Zeitlang über dem Nichts schwebte, bis ihm das höhere Neue aufging. – Bei dem Kapitel „Die religiösen und literarischen Zustände" bin ich besonders begierig auf den negativen Bestandteil: das damalige Nichtvorhandensein so vieler Dinge, welche jetzt den Künstler in Anspruch nehmen: gedichtete Romantik, liberales Geschichtspathos u. dgl. Einige lebhafte Zwicker würden hier nicht schaden, denke ich. Ganz besonders schön wird es sich darstellen lassen, wie naiv und unantiquarisch auch das verehrte Altertum in damaliges Leben durfte übersetzt werden. Da käme dann auch der selbständige, anmutig fabelhafte Zug der damaligen Malerei zur Sprache, welcher gegenwärtig nicht mehr selbständig existiert.

Eines aber wäre sehr zu erwägen, verehrtester Herr und Freund: ob nämlich nicht die Skulptur müßte mitgenommen werden? Die Studien sind ihr ja mit der Malerei großenteils gemeinsam, und die in ihr vorgehenden äußern Veränderungen (neue Anlage der Gräber, Altäre usw.) machen einen so wesentlichen Zug im Kunstcharakter jener Zeit aus! Zu einem Paragraphen „Architektonisches und Dekoratives" bei Anlaß der „Berührung mit den Italienern" wollen Sie sich ja ohnedies bequemen. Mögen Sie versichert sein, daß ich Ihrem Streben mit der vollsten Teilnahme folge und mich höchlich auf das Besprechen der Werke freue. ...

AN EDUARD SCHAUENBURG

Basel, 3. Dez. 1869

Lieber Alter!
Mit der Einladung zu einem Vortrag in Krefeld geschieht mir viel Ehre! ich glaubte nicht, daß man bis dorthin so viel von mir wisse – wahrscheinlich ist es am ehesten „ein Witz von Dir", wie der Zeitgeist bei Raupach sagt.
An und für sich zeigt es die Höhe der Bildung einer Fabrikstadt, wie Euer mächtig aufblühendes Krefeld ist, wenn man sich mit solchen Opfern, wie die von Dir angedeuteten sind, einen Zyklus von Abenden für geistige Erbauung schafft. Aber, lieber Junge, ich bin trotz mehrmaligen Einladungen nach andern Städten niemals mit meinen Vorträgen über die Torschwelle von Basel hinausgegangen und will fest dabei bleiben. Ja ehrlich gesagt, ich würde es für einen Raub an Basel halten, wenn ich anders handelte. Meine ganze Nervenkraft gehört einzig diesem Grund und Boden, und Nervenkraft gibt man an Vorträgen aus, wenn sie sind, wie sie sein sollen.
Ich gönne den Zelebritäten von Bonn und Heidelberg ihr Auftreten in Euern und anderen Mauern, aber mithalten könnte ich nicht. Ohnehin habe ich für nächstes Sommersemester (wieder einmal „Alte Geschichte mit Ausschluß der römischen"!) jeden Tag der Vorbereitung dringend nötig. Demnach bitte ich Dich: Deinen verehrten Herren

Kommittenten meinen besten Dank für das mir geschenkte Zutrauen auszusprechen, mich aber mit dem zuletzt genannten Grunde – gänzlichem Mangel an Zeit – ehrerbietig zu entschuldigen.

Ich habe hier schon zwei Abende coram publico diesen Winter gesprochen, und noch stehen mir drei Samstage bevor, den 4., 11. und 18.[1] Es ist hier eine Art von Ehrenpflicht für uns in Basel geborne Dozenten, vor großen gemischten Auditorien zu predigen; wer von den auswärts gebornen mithält, ist vollends ein edler Engel. Wir garantieren jeden Winter dem Publikum einen großen Zyklus von 38–40 „populären Vorträgen" und einen von vierzehn etwas höher gestimmten für das noch feinere Publikum. Und daneben gedeiht noch eine Anzahl von ganzen Kursen, weltlich und religiös etc. – kurz, nach meiner Überzeugung könnte hier jeden Abend im Winter eine Vorlesung sein und würde reichlich Zuhörer finden. Der Verein der jungen Kaufleute allein (wo ich ebenfalls für zwei Abende verpflichtet und Ehrenmitglied bin) hat ein Unterrichtswesen wie eine ansehnliche Anstalt. Du siehst, daß hier jeder Atemzug seine Verwendung finden kann.

Mein Neffe Oeri[2] war diesen Sommer hier; er hat sich sehr kräftig ausgewachsen und trägt aufs heiterste sein Schicksal, bei den Hyperboräern zu Kreuzburg in Schlesien Kultur verbreiten zu müssen. Diesen Winter geht's an die Ausarbeitung seiner Propertiana. Aber eine Versetzung in ein edleres Klima, wie z. B. das Eure, wäre dem guten Burschen sehr zu gönnen. ...

Wie gerne sähe ich Dich, Dein Haus, den Julius und den Stift zusammen! aber die Woge treibt mich im Strudel dahin, und ich habe nur den Trost, daß es ja lauter tägliche Amtspflichten sind.

Addio! herzlichen Gruß und Dank
von Deinem J. Burckhardt.

---

[1] J. B. sprach an diesen Abenden über das „Schloß von Blois", den „Kupferstecher Matthäus Merian" und den „Münsterkreuzgang".
[2] der nachmalige Herausgeber der „Griechischen Kulturgeschichte" und der „Weltgeschichtlichen Betrachtungen".

AN ALBERT v. ZAHN

Basel, 13. Dezember 1869

Somit geht es also dem Ende der Arbeit zu: auch von Herrn Seemann erhalte ich periodisch die Aushängebogen. Mir ist, wenn ich mich von einer ganzen jüngeren Generation ergänzt sehe, wie einem steinalten Mann zumute. Diesmal geht also der Cicerone ohne Dedikation in die Welt. Ferner: von meiner alten Vorrede hätten Sie wohl noch mehr streichen können. ... Sodann habe ich an Ihrer zweiten Vorrede eine kleine Zensur geübt und einige für mich gar zu pompös lautende Ausdrücke gestrichen oder gemildert, was Sie sich mögen in Güte gefallen lassen.

Um nun wieder auf Ihre eigene Unternehmung zu kommen, deren Schönheit mir immer mehr einleuchtet, so möchte ich Ihnen eins ans Herz legen: Zögern Sie nicht zu lange mit einer wenn auch unvollkommenen ersten Auflage, welche gleichsam eine geistige und geschäftliche Besitznahme des betreffenden Terrains ist. Ohnehin gibt man im ersten Wurf doch immer manches so gut, wie man es später bei wachsenden Bedenklichkeiten nicht mehr gibt.

In Frankreich ist mir (trotz der hochachtbaren Skulptorenschulen jener Zeit) doch eingefallen, daß Deutschland seine unbedingte damalige Superiorität schon in der größeren Frische und Süße seines spätgotischen Dekorationsstiles an den Tag legt. Ich kenne doch manches vom Prächtigsten in Frankreich (Chorstühle von Amiens, Chorschranken von Chartres usw.), aber das reicht doch alles nicht an die Deutschen, und auch die Niederländer nicht, deren spätgotische Hauptleistung (die der niederländischen Dekoratoren der Erzherzogin Margaretha in der Eglise du Brou zu Bourg en Bresse) sonst an überwundener Schwierigkeit alles erreicht oder übertrifft. Und was die deutsche Frührenaissancedekoration betrifft, so überholt ja Holbein in unsern Tuschzeichnungen und schon in mehreren Titeleinfassungen alles, was sonst diesseits der Alpen damals kroch und flog. A propos: Kennen Sie den sogenannten

Grünewald[1] in Kolmar? wo nicht, so ist er aus verschiedenen Gründen einer Reise wert, und wäre es nur wegen der Dekoration des Baldachins mit dem Engelkonzert, welcher eine ganz unerhörte Fülle spielender Phantasie verrät.

Die Franzosen sind in der Dekoration den Deutschen nur im Laubwerk, zumal im unterhöhlten, gewachsen, sonst nicht. Von England (Kapelle Henry VII.!) nicht zu reden – unabhängig neben allen sind, laut Photographie, nur die Portugiesen[2].

AN FRIEDRICH v. PREEN

Basel, 8. Januar 1870

Ihre Neujahrsepistel hat mich wahrhaftig beschämt. Also mitten im Trouble der neuen Einrichtung und des Jahreswechsels haben Sie die Zeit gefunden, meiner zu gedenken? Nehmen Sie dafür meinen herzlichen Dank.

Von Ihrer Schilderung Bruchsals bewegt mich ein Zug, Sie wahrhaft zu beklagen, das sind die Steinkohlen. In einer solchen Stadt könnte ich schon nicht mehr mit Genuß leben, und wenn ich auch stetsfließendes Grellinger Wasser zum Händewaschen in meiner Stube hätte. In London empörte mich das Zeug beständig, nicht sosehr wegen der Schmiererei, als weil es ein wahres Symbol alles widerlich modernen Lebensbetriebes ist und einen dabei auf Schritt und Tritt verfolgt. Die Steinkohle ist das Moderne in seiner Zudringlichkeit. Und wenn es dann einmal heiß wird und der Straßenstaub mit der schwarzen Mixtur gesättigt erscheint, so macht es mich desperat.

[1] J. B. kannte den Isenheimer Altar schon von seiner Jugend her, und es ist einer seiner Beiträge zur zweiten Auflage der Kuglerschen „Gesch. d. Malerei", daß er ihn, der vorher gar nicht erwähnt war, allerdings in der Autorschaft zwischen Baldung und Grünewald schwankend, notiert.

[2] J. B. dachte auch sonst sehr hoch von dem kleinen Volk auf der Iberischen Halbinsel. Den „Lusiadas" des Camões hat er einen bewundernden Vortrag gewidmet, und den „Geist" ihrer kolonisatorischen Unternehmungen hebt er sehr scharf und vorteilhaft von dem der Spanier ab. Vgl. B. G. A., Bd. VII: Hist. Fragmente S. 312, 345 f.

An den Zeitungen haben Sie inzwischen nicht viel verloren mit Ausnahme Frankreichs, und was dort vorgeht, werden Sie inzwischen wohl „nachgeritten" haben.

Wie sich der dortige Herr zu helfen weiß, das gehört doch zum Ergötzlichsten, was in unseren flauen Tagen vorkommt. L'ingratitude est l'indépendance du cœur; die Präfekten, welche bei allem Wahldruck so viele Jahre für ihn durch dick und dünn gegangen sind, läßt er einfach fallen, den Haußmann an der Spitze. Und nun steht er in verjüngter Engelsgestalt als korrekter monarque constitutionnel vor der Nation da, und ist ihm gar nichts anzuhaben; die Orleans aber sind geflemmt. Ich bin nur froh, daß Charras diese Metamorphose nicht mehr hat erleben müssen. Ändern könnte er nichts und mithalten auch nicht. „Les 3% n'iront jamais à 75 sous ce gouvernement!" hieß es früher, und jetzt kann's doch jeden Tag geschehen. Gar merkwürdig wieder nun, wenn das corps législatif die römische Frage vornimmt und dem Konzil nach Herzenslust bange macht, worauf vielleicht der Herr „in edelster Weise" seine Vermittlung anbietet.

Ihre architektonische Schilderung Ihres Quartiers in Bruchsal hat doch eigentlich etwas Lockendes. Man müßte eben den allmählichen Entschlüssen einer Reihe von alten Bischöfen von Speyer nachspüren, wovon wahrscheinlich jeder, wie das in Wahlmonarchien nie anders war, die Entreprisen und Bauten seines Vorgängers perhorreszierte und seine speziellen Ideen und Protégés hatte. Ein Bischof war vielleicht mehr fürs Reiten, der andere fürs Fahren. Sind denn aber gar keine Reste von Luxusräumen da? Schön stuckierte oder noch geschnitzte Decken? Boiserien? Kamine? Majestätstreppen? Und ich habe eine närrische Lust an solchen Sachen aus den letzten Jahrhunderten, überhaupt werde ich allgemach mir einer wahrhaft reaktionären Denkweise bewußt. Und da ich gegenwärtig viel Griechisch lese, komme ich leicht in einen wahren Hohn gegen unser Säkulum und dessen Prätensionen. Aber ich will mich bessern.

Durch Wackernagels[1] Tod haben wir einen großen (nicht sosehr persönlichen als akademischen) Verlust erlitten, über

---

[1] Wilhelm Wackernagel (1806–69), ein geborener Berliner, der 1835 Professor, 1854 Mitglied des Großen Rates und 1856 sogar

dessen Tragweite wir uns nicht täuschen. Er war eine in
ihrer Art gewaltige Figur, deren Konturen wir nun vermissen.

Einstweilen freue ich mich darüber, daß der infamen Kälte,
welche gegen Silvester hin sich einzunisten begann, das
Genick eingetreten ist; sie mag auf Tage wiederkommen,
aber sie kann sich nicht mehr zusammenaddieren. Und ein
Wort in Ihrem Brief lautet ganz besonders tröstlich: Der
Frühling ist nur drei Monate von uns entfernt!...

AN MAX ALIOTH

Basel, 1. Febr. 1870

Verehrter Herr und Freund!

Es freut mich vor allem, daß Sie das Gefühl haben, daß es
wohlgetan gewesen, mit Rom zu beginnen[1]. In einem
gewissen Sinne wird Ihnen allerdings nachher „nichts
mehr großartig genug sein", wie Sie es zum voraus ahnen.
Es gibt an andern Orten ebenso große Bauten, aber nirgends mehr diese sich bis ins geringste hinein verratende,
sich von selbst verstehende Größe des Maßstabes, und
nirgends mehr vollends so viele originelle Einzelerfindungen und Ideen.

Vor dem Fundament in Via Giulia[2] möchte man wirklich
weinen; im Hinblick aber auf das viele Unvollendete, Vereitelte und Verpfuschte, was der Passionsweg durch die
Geschichte der Architektur Ihnen noch zeigen wird, rate
ich, einstweilen mit den Klagen noch sparsam zu sein.
Übrigens glaube ich einmal von Geymüller gehört zu
haben, daß noch eine Skizze eines Stückes der Fassade

Stadtrat in Basel wurde. J. B., der seinen Unterricht schon am Pädagogium genoß, verdankte ihm namentlich seine Einführung in
die deutsche Dichtung. Über den von Wackernagel patronisierten
„Literarischen Klub" vgl. den Brief. J. B.s vom 2. Jan. 1838.

[1] Über den Empfänger dieses und vieler folgender Briefe vgl.
S. *115f.* des 1. Teiles dieses Buches. Wie bei F. S. Vögelin setzt der
Briefwechsel zwischen ihm und J. B. anläßlich einer Italienreise
des jüngeren Freundes ein.

[2] Gemeint sind die Mauern des Erdgeschosses des von Bramante
für Julius II. begonnenen, aber nicht zur Vollendung gelangten
Tribunal- und Verwaltungsgebäudes in Rom. (Trog)

erhalten sei, ich bin nur leider so aus allen italienischen Sachen heraus, daß nichts mehr, was ich nachträglich erfahre, recht haften will.

Um das Höfchen bei Palazzo Altemps sind Sie sehr zu beneiden. Wie Zahlloses der Art habe ich übersehen, schon deshalb, weil ich vor meiner letzten Reise 1853/54 keinen Letarouilly und überhaupt auch sonst fast kein Sammelwerk zur Präparation benützen konnte.

E. E. Publikum weiß überhaupt nicht, unter was für kümmerlichen Umständen der Cicerone auf die Welt gekommen ist. Nun, er hat mir hernach die Professur am Polytechnikum verschafft, und daraufhin hat sich mein Schicksal überhaupt wieder etwas erholen können.

Sie werden in Italien noch so manches sehen, wovon Sie nicht begreifen, wie ich es habe übergehen können – denken Sie nur immer, ich hätte es nicht gesehen oder bei meiner damals erst allmählich erfolgenden Augenöffnung nicht erkannt. Ach, was sind Sie glücklich, Sie sehen jetzt jede Stunde etwas, das durch Formenbildung, Proportion und Lichtwirkung schön ist. Sie leben in einer Stadt, wo der mäßigste Korridor, die bescheidenste Treppenrampe die Nähe der Größten irgendwie verraten. Wir hier sind recht brave Leute, aber zuzeiten erstaunliche Knorzer, und wenn man aus Italien wieder nach Basel kommt, fallen einem die Häuser über dem Kopf zusammen.

Ganz begierig wäre ich, von Ihnen zu vernehmen, wie Sie jetzt Paris und Rom gegeneinander verrechnen, und was Sie jetzt von dem künstlerischen Gewissen einiger berühmter Pariser Architekten denken. Denn bloße Geschmackssache sind Nouveau Louvre, Opéra usw. nicht mehr, wenn man seine Schule in Italien gemacht hat oder gar Grand prix de Rome gewesen ist; man muß etwas von seiner Moralität aufopfern, um solchergestalt der Mode gefällig zu sein. Wie völlig ohne Größe sind diese einzigen neuen Pariser Bauten! Von den speziellen Gründen der Häßlichkeit zu schweigen. Wer Millionen wegwerfen könnte, um Zeitgenossen zu blamieren, der müßte einmal an irgendeinem Boulevard mit einem Stück echten, derben Italiens aufrücken. Vielleicht gingen den Parisern dabei die Augen

auf. Und zwar müßte es nicht eine römische Fassade, sondern
eine im Stil des Sanmicheli sein, damit sie einmal sähen,
wie Monsieur Garnier[1] seine Aufgabe hätte fassen können,
und wie Pracht und Würde sich nicht ausschließen.
Ich denke nun, wie Sie mit Ihrem Skizzenbuch herumwandern und stenographisch bald da, bald dort Grundrisse,
Profile, Verhältnisse und – rasch à l'estompe – die Beleuchtung irgendeines architektonischen Anblicks fixieren und
daneben irgendeine fleißige Detailaquarelle ausarbeiten.
Der Himmel gebe Ihnen mildes Winterwetter.
Crostate und süßen Wein möchte ich auch gern wieder in
Rom genießen, wäre auch für beides noch empfänglich.
Grüßen Sie von mir unbekanntermaßen den weißen Pfau
im Pal. Altemps.
Noch eines: für alles, was ins Gebiet der Notizen, Namen,
Straßennachweisungen, Jahrzahlen usw. gehört, verlassen
Sie sich nicht auf Ihr Gedächtnis, sondern wenden Sie
jedesmal eine Zeile und ein paar Sekunden dran.
Seien Sie bestens gegrüßt von Ihrem ergebenen
J. Burckhardt.

AN ALBERT v. ZAHN

Basel, 15. Febr. 1870

Verzeihen Sie, daß drei volle Wochen ins Land gegangen
sind, seitdem ich Ihre werte Sendung empfangen, ohne daß
ich Ihnen geantwortet. Nunmehr, da das Werk[2] vollendet
ist, empfangen Sie nochmals meinen herzlichen Dank! Ich
kann von mir wenigstens sagen, daß ich dringend gewünscht
habe, das Buch für die 2. Auflage in fähigere Hände als die
meinigen zu legen, und das Geschick hat mir so wohlgewollt, daß ich Sie, verehrtester Herr und Freund, auf dem
Wege finden konnte. Freilich gleich bei unserm ersten Begegnen mochten Sie innewerden, wie unvorsichtig ich mit
dem äußern Schicksal des Buches mochte umgegangen
sein! Ich wollte Ihnen gleich übergeben, was ich zu besitzen

---

[1] Der Erbauer der Großen Oper.
[2] 2. Aufl. des „Cicerone", die nunmehr in 3 Bänden, statt in einem
Bande erschien.

glaubte (auf mündliche Äußerungen der damaligen Verlagsinhaber hin), aber tatsächlich nicht mehr besaß.... Nun, das ist jetzt alles glücklich vorüber, und darob ist mir Ihre werte Freundschaft zuteil geworden. Wie wollen wir uns wieder ergötzen, wenn Sie hier vorsprechen werden!
Ihre gegenwärtige Lage und Stimmung kann ich mir nach eigener Erfahrung ganz wohl vorstellen; alles Abwickeln von Geschäften mit dem Blick auf eine baldige Übersiedelung gibt ein Gefühl, als ob man zur See wäre.
Gestern langten Mündlers Beiträge an! Mein Dankschreiben an ihn, welches Sie lesen dürfen, bitte ich nach Paris zu befördern, da ich seine Adresse nicht weiß. Mir wurde übel und wehe, als ich inne wurde, wie ich u. a. mit der venezianischen Schule umgegangen war! Und nun muß ich denken, daß es mit Skulptur und Architektur sich ungefähr ebenso verhalte, und daß es noch viele Mündler geben könnte, die mir überall meine Blindheit und Leichtfertigkeit nachweisen dürften. Ich bin nur froh, daß ich jetzt Professor der Geschichte bin, wo man doch eher verantworten kann, was man sagt....

AN OTTO MÜNDLER

Basel, 15. Febr. 1870
Hochverehrter Herr!
Da ich Ihre Adresse[1] in Paris nicht mehr weiß, so muß ich die Güte des Herrn v. Zahn in Anspruch nehmen, um Ihnen diese Zeilen des anhänglichsten Dankes zukommen zu lassen.

---

[1] Otto Mündler, geb. 1811, ein in Paris lebender deutscher Kunstwissenschaftler, war bereits Anfang der 1860er Jahre durch seine Arbeiten zur Renaissance J. B. bekanntgeworden (vgl. dessen Brief vom 5. Jan. 1862). Zur 2. Aufl. des „Cicerone" lieferte er – wie der Herausgeber A. v. Zahn im Vorwort bemerkt – „für die Abteilung Malerei (vom 15. Jahrh. an) eine vollständige Ausarbeitung von kritischen Berichtigungen und Zusätzen", ohne die „die Durchführung der neuen Bearbeitung überhaupt in einer dem Stande der neueren Kunstforschung entsprechenden Weise nicht möglich gewesen sein würde". Sie wurden im eigentlichen Text nur z. T. verwertet, erschienen aber vollständig in den von v. Zahn hrsg. „Jbb. f. Kunstwissenschaft" Jg. 1869, Heft 3–4 abgedruckt.

Gestern erhielt ich nämlich die „Beiträge zum Cicerone".
Das Vorwort, worin Sie meiner Arbeit (viel zu sehr in
Gutem) gedenken, hat mich gerührt und beschämt, und als
ich mich nun in das Heft hineinlas und der enormen, von
mir einst in Verwegenheit geschossenen Böcke inne wurde,
fand ich, es sei eine wahre Pflicht, mich darob gegen Sie
bestmöglich zu entschuldigen.

Der Cicerone wurde nämlich unternommen nicht nur von
einer äußerst ungenügenden ästhetischen Basis aus, sondern
auch unter sehr zweifelhaften Umständen und mit geringen
Mitteln in einem Augenblicke, da ich meine hiesige Anstellung verloren hatte und nicht recht wußte, was aus mir
werden sollte. Er hat mir denn allerdings treulich geholfen
und mir die Professur am eidg. Polytechnikum zu Zürich
eingetragen, so daß ich ihm immer ein ehrendes Andenken
schuldig bin.

Aber eine Arbeit, welche mindestens drei Jahre Muße und
Verbindungen und lokale Förderungen aller Art verlangt
haben würde, ist in dreizehn Monaten Reise und vier
Monaten Nacharbeit und Druckfehlerbesorgung (wovon
drei Wochen meines Erdenlebens auf das Verzeichnis
kamen) schnell fertig gemacht worden, ganz in der Art
unseres eilfertigen XIX. Jahrhunderts. Vom Detail nur eine
Kleinigkeit: Da die Schweiz damals in offiziellem Verdruß
mit Österreich lebte, wurde ich auf dem Heimweg von
Ponte Lagoscuro aus, wo ich die K. K. Staaten betrat, in
beständiger Bedrohung gehalten, bekam in Venedig nur mit
Mühe die Aufenthaltskarte und durfte auf der Reise nach
der Schweiz wohl noch in den Städten der direkten Route
verweilen, Mantua aber nicht mehr besuchen. Und dabei
waren es Fasten und die Bilder verhängt! und zu allem
andern war ich noch auf strikte Sparsamkeit verwiesen.

Dieses sind die kleinen irdischen Übelstände meiner damaligen Autorschaft. Dazu nun aber das Willkürlich-Dilettantische, welches ich in meiner ganzen Kunstanschauung gar
nicht loswerden konnte, – ferner der Mangel fast aller und
jeglicher technischer Kenntnis – und die permanente Gefahr, Sekundäres und Entlehntes für Primäres und Schulgut
für Originalität zu nehmen! – Ich entsinne mich noch ganz

wohl, was es zu Rom im April 1853 für ein Entschluß der Verzweiflung war, die antike Skulptur nach Typen und Sachen zu behandeln. Sie kennen gewiß noch manche Stellen des Buches, wo ich auf irgendeine Art de nécessité vertu gemacht habe.

Endlich ist doch auch zu meinen Gunsten zu sagen, daß die italienische Lokalforschung vor lauter Vorurteilen und falschem Fleiß den Beschauer häufig auf unrichtige Bahnen leitet. Aber was ich für greuliche Irrtümer zumal in der venezianischen Schule habe stiften und perpetuieren helfen, das kann ich mir jetzt doch nicht mehr verzeihen. Und über Venedig hinaus keinen Schritt nach Norden getan zu haben, war auch stark! Ich sehe nun, außer Ihren „Beiträgen" auch bei Max Lohde u. a., daß jene ganze große Provinz in jedem Zweige der Kunst eine Welt von wichtigen Sachen birgt.

Wenn man mir aber 1853/54 gesagt hätte, daß ich später als ehrsamer Ordinarius der Geschichte dem Himmel danken werde, wenn ich mein Tagespensum in Büchern absolviere, und daß ich die Kunstforschung völlig werde beiseite lassen müssen, ich hätte es doch nicht geglaubt; es ist aber also gekommen.

Alles erwogen, möchte ich wohl wünschen, daß ein Besserer als ich einen Cicerone (nach dem Programm, welches mir vorschwebte) geschrieben hätte – allein, was existierte Anno 1853 außer Murray von Kunstführern, welche einigermaßen ganz Italien und alle Kunstgattungen umfaßt hätten?

Indem ich mich also nochmals Ihrer gütigen Indulgenz und Freundschaft anempfehle und auch den Wunsch beifüge, mich auch einmal ungestört mit Ihnen unterhalten zu können,

verharre ich in aufrichtiger Dankbarkeit der Ihrige

J. Burckhardt.

AN BERNHARD KUGLER

Basel, 30. März 1870

Verehrter Herr und Freund.

... Das große Thema, über welches Sie[1] mich befragen, ist von mir schon mehr als einmal mit andern jüngern Gelehrten besprochen worden. Raten läßt sich wenig, da ein großer historischer Gegenstand, dessen Darstellung ein Hauptmoment des ganzen Forscherlebens werden soll, sympathisch und geheim mit dem Innersten des Autors zusammenhängen muß. Und in einer Sache differieren wir ohnehin: Sie suchen womöglich ein Thema, welches die Gunst der Zeit, den Schwung der Tagesstimmung für sich hätte. So dachte ich in Ihrem Alter auch, aber später nicht mehr, zu meinem Heil. Nach Themen dieser Art sind fürs erste immer eine Anzahl mittelmäßiger und leichtfertiger Leute unterweges, sie langen früher an als wir, beuten den Augenblick aus und verstellen unserer Ware Luft und Licht; oder wir kommen überhaupt zu spät, wenn Gunst und Tagesstimmung einer andern Sache zugewandt sind. Dagegen kann man unerwartet Beifall finden mit einem Thema, an welches kein Mensch gedacht hat und welches den Leser in eine andere Gegend als die von ihm bereits bekannte oder durch seine Wünsche und Leidenschaften und Einbildungen antezipierte führen wird.

In concreto gesprochen: nach meiner vielleicht hier etwas zudringlich lautenden Ansicht würden Sie sich bei der Wahl des Themas völlig loszumachen haben von allem, was mit der preußischen Monarchie und deren mehr oder weniger providentiellem Lebensgang, mit den Vorbereitungen von 1815 bis 1866, mit konstitutionellem Haarspalten, mit deutschem Konfessionshader und dergleichen zusammenhängt. Ihr Thema, von welchem eine Reihe von Jahren Ihr stilles Studienglück und Ihr innerliches Wachstum bedingt sein kann, müßte wie Noahs Arche durch seine Leichtigkeit über allen Fluten schwebend bleiben können.

---

[1] Bernhard Kugler, der am 14. Juni 1837 geborene Sohn Franz Kuglers, studierte bei Sybel Geschichte und habilitierte sich 1861 in Tübingen, wo er 1867 a. o. und 1874 o. Professor wurde. Er starb daselbst am 7. April 1898.

Nun wird es vielleicht heißen: das sei eben jene Gelehrtenkontemplation, welche schlechte Bürger erziehe.
Darauf wäre zu antworten: Wohin soll es noch kommen mit der Neigung der jetzigen Geschichte, in Publizistik (oder Material dazu) umzuschlagen?
Sollten denn nicht Geschichte und Philosophie und einige andere schöne Sachen sich im Gegenteil um jeden Preis behaupten als die sehr wenigen trockenen Felsen, zu welchen die Flut der Zeitlichkeit nicht steigen darf, weil sie der Erkenntnis als solcher zur Zuflucht dienen?
Sodann haben gerade diejenigen Leser, welche ernstlich die Fortune eines Buches zu entscheiden imstande sind, an den Zeitfragen schon genug und übergenug und sehnen sich nach etwas Erfrischendem aus äußeren Landen.
Ferner schreibt man und forscht man anders, wenn der Schwung des Augenblicks das Thema nicht trägt. Man weiß, daß man seines Schicksals Schmied ist und nur durch das innere Interesse, welches rege zu machen ist, sich retten kann. Dafür ist man auch bewahrt vor jenem publizistischen Weiterschreiben, corrente calamo, vor jenem beständigen Parieren und Stechen, jenem anspielungsvollen Stil, welcher ein Buch binnen weniger Jahre ganz unverständlich zu machen pflegt.
Bei alledem gebe ich aber eine Rücksicht auf das Publikum bei der Wahl des Gegenstandes zu: ich rate zur Wahl einer welthistorisch bedeutenden Episode, eines Sujets, welches möglichst viele Leute schon durch seinen Namen interessiert. Zweimal bin ich selber damit unverhältnismäßig gut gefahren.
Ich rate ferner zum einfachen Weglassen des bloßen Tatsachenschuttes – nicht aus dem Studium – wohl aber aus der Darstellung. Von äußeren Tatsachen braucht man schlechterdings nur diejenigen zu melden, welche der kenntliche und charakteristische Ausdruck einer Idee, eines Allgemeinen, eines lebendigen Zuges der betreffenden Zeit sind.
Unsere Nervenkraft, unser Augenlicht sind zu gut dazu, um nur zur Erkundung äußerer vergangener Fakta zu dienen, es sei denn, daß wir als Archivar, Landeshistoriographus und dergleichen expreß dafür angestellt seien. Es bleibt

noch immer genug des Unvermeidlichen in dieser Gattung, das man mitnehmen muß.

Endlich schreiben Sie einbändig, und erinnern Sie sich der stillen Verzweiflung, womit Sie wie ich auf irgendeine neue, etwa dreibändige Mono- oder Biographie hinzublicken pflegen, deren geistig wichtiger Neugehalt auf vier bis fünf Seiten abzutun gewesen wäre. Die Konzision, zu welcher ich rate, braucht nicht im Ausdruck zu liegen, welcher im Gegenteil bequem und ruhig sein muß; besser erspart man den Raum, indem man den oben berührten Schutt auf das notwendigste beschränkt.

Als ich gestern Ihren Brief erhielt, sprach ich mit meinem Kollegen Wilhelm Vischer und fragte aus ihm heraus, daß er ein Thema, welches ich ihm früher auf seinen Wunsch vorgeschlagen, gänzlich zugunsten eines andern aufgegeben habe, welches er mir nannte. Ich hatte ihm „Die Zeit Karls des Kühnen" angeraten, welches Sujet also hiermit wieder frei wäre.

Einem andern, der aber auch unterweges innezuhalten scheint, riet ich einst: „Die Zeit des Konzils von Konstanz", als große bunte Landkarte der damaligen Länder und Geister.

Sie sehen, ich liebe die Themata, die rittlings auf der Grenzscheide zwischen Mittelalter und neuerer Zeit schweben. Das vielgestaltige Leben solcher Zeiten um seiner Vielgestaltigkeit und Lebendigkeit willen zu schildern, ist wahrhaft erfrischend. Lange bevor die Schuttschlepper nur von ihrem Karren aufgestanden sind, um uns Unangenehmes nachzurufen, sind wir schon über alle Berge.

Meine Wenigkeit betreffend, so arbeite ich nur noch für mich, d. h. für mein Amt. In Ihrem Alter dagegen muß man allerdings Bücher schreiben, damit man selber und damit andere den Umfang unserer Kräfte kennenlernen. Ich sammle jetzt hauptsächlich für ein Kollegium, welches ich im besten Falle doch erst über zwei Jahre werde lesen können, und das mich nun präokkupiert, wie nur jemals die Vorbereitung zu einem Buche. Wenn Sie hieherkommen, so will ich Ihnen sagen, was es ist[1].

[1] Die „Griechische Kulturgeschichte".

Ich habe länger und unvorsichtiger geschrieben, als ich hätte tun sollen. Mir war aber, als spräche ich mit Ihrem lieben Vater.
Tun Sie den Brief beiseite, und kommen Sie recht bald nach Basel zu demjenigen, der Sie seit Ihrem zwölften Jahr nicht mehr gesehen hat,

Ihrem getreu ergebenen J. Burckhardt.

AN BERNHARD KUGLER

Basel 11. April 1870

... Es wundert mich nicht[1], daß Sie auf einen rasch hingeworfenen Brief hin viele Gegenfragen haben. Was Karl den Kühnen betrifft, so fühle ich nun wohl, daß ich zu einer Art Programm verpflichtet erscheine. Weil aber meine frechen Reden über den geschichtlichen „Schutt" ohnehin einer kleinen Rechtfertigung bedürfen, so will ich sehen, ob es nicht in einem hin geht.
Ich riet Ihnen zu einem Thema wie dieses, schon weil es eine Vorbedingung erfüllen würde, die für Sie wichtig sein kann: der Gegenstand ist europäisch, ökumenisch und kann vielerlei Leser interessieren.
Er liegt vor der Reformation, vor dem Gegensatz zwischen Habsburg und Hohenzollern, er kann also nicht nur völlig objektiv behandelt werden, sondern er lädt förmlich ein zu einer kristallklaren Darstellung der lebendigen Kräfte und Mächte jener Zeit. Denken Sie einmal an Rankes frühestes Buch: Geschichten der romanischen und germanischen Völker, und stellen Sie sich etwa die Aufgabe, die diesem wunderlichen und wundervollen Werk zunächst vorhergegangene Periode zu schildern! mit demselben permanenten Bezug auf das wirklich Lebendige!
Das Studium des Schuttes will ich Ihnen ja nicht ersparen, nur dessen Verwendung zur Darstellung. Das einbändige Buch soll und wird schwerer zu schreiben sein, als wenn

---

[1] Dieses Brieffragment blieb Konzept, vgl. dazu S. *93* des 1. Teiles dieses Buches und für den Inhalt die „Historischen Fragmente" B.G.A., VII, S. 293 ff. Kap. 33-40.

es dreibändig wäre, aber ich glaube nicht, daß man von Ihnen verlangen kann, in vollständiger Erzählung die Regesten Karls, die Rechtsgeschichte seiner zahlreichen Territorien, die Kriegsgeschichte seiner Zeit und die diplomatischen Unterhandlungen zu diluieren. Aber was Sie zu verschweigen und wegzulassen hätten, davon würde der Kenner sogleich wissen, daß Sie es ebenfalls studiert haben müßten. – Versuchen wir's einmal.

I. Buch

In später, abgeleiteter Zeit, da das Lehnswesen in allen Fugen kracht, bildet sich ein eigentümlicher neuer Staat, der noch überall die Formen respektiert, aber doch zu einer völlig selbständigen Ausbildung hinstrebt.
Letzte Jahrzehnte Philipps des Guten, zunächst bloß in Beziehung auf das Innere; hieher die Skizze seiner Lande, nur das Lebendige. Als Schluß: Der Hof und die Kunst. (Les cent nouvelles nouvelles etc. Laborde, Les ducs de Bourgogne etc. Dann die Beziehung auf Europa, Jerusalem, Türken etc.
Die Nachbarn: Königtum, Königsrecht etc. in den englischen Rosenkriegen; England als der gerade, vollkommene Gegensatz der burgundischen Monarchie, ein hin und her gerissenes Ganzes, während letztere ein ruhiges Vieles und Verschiedenartiges ist.
Das französische Königtum bis 1461; inwiefern es in sich das Dissolvens für alles Umliegende enthält.
Fridericus III. Imp. Aug. und sein Elend; Deutschland als wahrscheinliches Objekt burgundischer Vergrößerungen etc. (Hieher, obschon scheinbar ohne Berührung mit Burgund, ein Bild des Schwankens aller deutschen Verhältnisse; Podiebrad, der Pfälzer Fritz, Albrecht Achilles und zum Schluß antecipando: ein Blick auf die Gärung Deutschlands in der letzten Zeit Karls d. K.)
Italien nur um des allgemeinen politischen Frevels und um der späteren Pläne Karls auf Mailand willen zu erwähnen; hier auch: Burgund und die Päpste.

II. Buch

Vater und Sohn, besonders nach Chastellain. Der Dauphin und seit 1461 König Ludwig XI. und der Comte de Charolais; die Croy.
Diese ganze Partie, welche schon lange nicht mehr (auch bei Henri Martin nicht) umständlich dargestellt worden und viel zu sehr von Dichtern und Novellisten verwüstet worden ist, müßte mit größter psychologischer Umständlichkeit, soweit nur irgend Quellen fließen, gegeben werden. Nach dem Gegensatz Ludwigs und Karls als Menschen kämen dann ihre beiden allmählich sich völlig auswachsenden politischen Systeme, d. h. Verzeichnis alles dessen, was man sich eventuell gegeneinander zu erlauben gedenkt. – Alles bis 1473.

III. Buch

Die Schweizer und die Katastrophe.
Die Schweiz als kriegerisch und eroberungslustig gewordener Bundesstaat oder eher Staatenbund, und darin Burgund ähnlich.
Die niedere Vereinigung (d. h. das oberrheinische Bündnis).
Kritik von Karls Torheiten, neben diesen Dingen noch an einem dritten Ort, in Kurköln, die Leute aufzustören.
Und am vierten: die Eroberung von Lothringen.
Hieher dann nochmals Ludwig XI. Das Jahr 1475 und sein damaliges europäisches Tun im Zusammenhang. Hier endlich ist es Comines' Louis XI. Ein ganz deliziöses Kapitel wäre auch die hypothetische Erörterung dessen, was er im Fall von Karls Siege zu tun gedachte.
Der Schweizer Krieg bis zu Karls Tode.
Die Lücke, welche der burgundische Hof und Staat als solcher ließ.

AN FRIEDRICH v. PREEN

Basel, 27. April 1870

Zunächst meinen herzlichen Dank für die schönen Photographien![1] Dieses Treppenhaus muß ja in der Tat von ganz

[1] Vom Bruchsaler Schloß.

geheimnisvoller Wirkung sein, dieser untere bedeckte (sonst bei Doppelrampen offene) Raum, welcher dann oben dem prächtigen runden Vorsaal entspricht, in welchen die Rampen einmünden, ist einzig in seiner Art; dann ist die Dekoration vom Gediegensten des Rokoko und die Gewölbemalerei von derjenigen Art, wie ich sie in süddeutschen geistlichen Residenzen ganz absonderlich liebe, offenbar von einer ähnlichen Hand wie diejenige im Treppenhaus von Meersburg. Ich muß einmal diese Sache in der Nähe sehen, da werden wir die klerikalische Symbolik und symbolisierten Diözesanklerus gemeinsam studieren, denn allein hat man den wahren Spaß nicht davon.

Da sie noch immer nicht Lörrach und Umgebung vergessen können, so möchte ich wohl gerne einmal in Bruchsal vorsprechen, zunächst um Ihnen von Angesicht zu danken, sodann um Ihnen einigen Schwatz vom Oberland mitzubringen, aber mein einziger Ausflug in diesen sonst der Arbeit und Sorge geweihten Ferien ist schon gemacht; es war ein Tag in Thann, das ich seit mehr als zwanzig Jahren nicht mehr besucht hatte und dessen Münster ich mit Staunen wiedersah. Mehr und mehr gehen mir über die sogenannte Ausartung des spätgotischen Stiles (wie anderer Stile in ihrer Spätzeit) höchst ketzerische Lichter auf; die vorgebliche Ausartung bestand meist in genialen letzten Konsequenzen und Fortschritten, und die Stile starben in der Regel, wenn sie in der Höhe waren, sonst hätte nicht gleich wieder ein kräftiger Stil auf den gestorbenen folgen können. Ich selber bringe meine Häresie nicht mehr unter die Leute; aber wenn Freund Lübke da ist, freue ich mich jedesmal sehr, wenn ich innewerde, daß er ähnliche Ansichten hat.

Da fällt mir aber (unbeschrieenerweise) ein anderer Freund ein, der vor zwölf Tagen in Paris gestorben ist: das ist der vortreffliche Mündler[1]. Gott verzeihe mir die Ideenassoziation, aber es ist nicht ganz unsere Schuld, wenn der Blick auf unsern wenigen noch vorhandenen Besitz uns gleich die erlittenen Verluste in Erinnerung bringt. – Außer dem, was von M. in den „Cicerone" gelangt ist (weil Sie sich nun

[1] Vgl. den Brief an Mündler vom 15. Febr. 1870.

einmal zu dieser Lektüre verurteilt haben, muß ich davon reden), haben Zahn und Mündler noch ein besonderes Nachträgeheft herausgegeben, in dessen Vorwort Mündler meiner mit einer Herzlichkeit gedenkt, die mich auf das tiefste gerührt hat. Und das sollte nun seine letzte Publikation sein! — Wenn Naturforscher aus großen Untersuchungen wegsterben, so tröstet man sich, weil die Mutter Natur ihre Formen und Probleme identisch einem Nachfolger und einer folgenden Generation zum Erforschen darbieten wird; aber wer ersetzt den, welcher aus den über ganz Europa zerstreuten, nur einmal vorhandenen Werken der Kunst einen so gewaltigen Gesamtüberblick gewonnen hatte? und zugleich die hohe Bildung besaß, etwas daraus zu machen? Mit Mündler, wie vor zwei Jahren mit Waagen[1], ist ein Stück unwiederbringliche Erkenntnis dahingestorben und unvererblich.

Und er war ein Süddeutscher, aus Kempten in Bayrisch-Schwaben, so wie an Waagen die beste Vorbedingung war, daß er ein Hanseat und kein Berliner sein durfte. Der gute alte Freund aus Lörrach, der Sie neulich besuchte, zwingt sich seit seiner Reise nach Berlin, den dortigen Volkscharakter angenehm zu finden, während man doch in Berlin selbst sich mit der politischen Sympathie zufrieden gäbe. Denn der Bruder Berliner weiß im stillen Gemüt, daß er ein ganz unerträgliches Individuum ist. Ich, der vier Jahre dort wohnte, höre zu und denke mein Teil.

Mündler war als Kunstforscher, sage ich, ein Süddeutscher, d. h. die Dinge ergriffen ihn, wenn sie dazu angetan waren, und an Loslassen von eigenem Geist dachte er nicht; wenn er sich aber äußerte, so wußte man, was man hatte!

Sie fragen mich nach Lektüre! Ach, ich bin allmählich im Wust meiner eigenen Bibliothek (von öffentlichen Bücherschätzen nicht zu reden) ein homo paucorum librorum geworden. Gerne hätte ich mir Flauberts „Education

---

[1] Gustav Waagen (1794–1868), einer der „Kenner" unter den Kunstwissenschaftlern, wurde 1832 Direktor der Berliner Gemäldegalerie, die ihm viele glückliche Ankäufe verdankt. Seit 1844 als Professor der Kunstgeschichte an der Universität ist er einer der ersten Kunstarchäologen seiner Zeit gewesen und in dieser Eigenschaft von J. B. immer besonders geschätzt worden.

sentimentale" angeschafft, aber das Ding ist mir noch zu teuer, und ich warte eine etwas wohlfeilere Ausgabe ab, denn zur ganz wohlfeilen à 1 fr. le volume mag ich mich doch nicht gedulden. Die neuliche Rezension in der „Augsburger Allgemeinen Zeitung" war jedenfalls von einem Meister geschrieben, und ich möchte sehr gerne wissen, von wem. Einleitungsweise bekommen einige deutsche Romanschriftsteller in hochachtungsvoller Form einiges zu hören. Ich kann nicht helfen, bei mir sind Roman und Poesie noch zwei völlig geschiedene Gattungen; im Roman, wenn ich zur Seltenheit mich damit einlassen soll, verlange ich Realismus und zwar unerbittlichen, kann ihn aber auch vertragen, da ich wenig davon zu mir nehme. In der Poesie dagegen verlange ich die ideale Ergänzung, und in den ersten anmutigen Tagen dieses Monats habe ich mir ein Geschenk gemacht mit Mörikes Gedichten (vierte Auflage), die ich schon längst gerne gehabt hätte. Dieser wundersame Mensch gehört doch zu den tröstlichsten Erscheinungen; man sieht, wie eine für das Schöne geborene Natur auch in den mäßigsten Umgebungen und Umständen sich auf das schönste und glücklichste entfalten kann. ...

Vorgestern sang ... die dicke alte Alboni hier in einem Theaterkonzert. Es war eine sehr ausgezeichnete Gesellschaft, die sie mit sich führte; ein Tenor (Hohler) hors ligne, eine Pianistin Careño von sublimer Schönheit, so daß Leute von dem nackten Arm allein schon zu Narren wurden, die Sopranistin Battu von der Großen Oper usw. Außer einem Allerlei sangen sie eine Auswahl aus Rossinis Missa posthuma, und nur hier trat die Alboni selber mit auf. Verehrtester Herr und Freund, wo immer diese Frau Ihnen über den Weg läuft, hören Sie selbige um jeden Preis! Sie hat seit zehn Jahren, da ich sie aux Italiens in Paris hörte, für meine Organe noch nicht im mindesten abgenommen, es sind dieselben majestätischen Orgeltöne in Höhe und Tiefe, diese nämliche Ruhe und vollendete Kunst! Die Schlußkadenz des Agnus Dei gab sie so, daß die Luft bebte und unser schnödes Theater erzitterte. Aber vielleicht haben Sie in Karlsruhe oder in Baden in der letzten Zeit denselben Genuß gehabt, wenigstens in Baden hat sie gesungen. ...

AN FRIEDRICH v. PREEN

Basel, 3. Juli 1870

An Ihren Episteln hat man etwas! Glauben Sie ja nicht, daß ich mit irgendeinem Verkehr, wie der Ihrige ist, noch sonst versehen sei; Korrespondenzen habe ich sonst keine, außer mit Professor Lübke[1], und meine Konversation bettle ich mir abends an den Bierbänken zusammen. Es ist freilich größtenteils meine Schuld, indem ich in Bekanntschaften mit geistreichen Leuten so kuriose Haare gefunden, daß ich gerne freundlich par distance mit solchen lebe, wenn ich nicht der wirklichen Güte gewiß bin. Es mag sein, daß ich diesem oder jenem mehr trauen sollte, als ich tue; aber das Leben ist kurz, und zu Proben habe ich kaum mehr Zeit....

Wie verschoben in Alteuropa heuer alles aussieht, das beurteilen Sie wie ich und mit einer noch ganz anderen Kenntnis des Lebensdetails, als die meinige ist. Ich weiß wirklich auch nicht mehr, welchen Wert auf die Länge das deutsche Kulturleben für die innere Beglückung des einzelnen haben kann; alle kleinen Kreise, worin der deutsche Geist neben dem deutschen Philisterium warm saß, werden mit Eklat gesprengt, und das Große, was durch Konzentration entsteht, ist dann doch geistig mediokar und wird einem durch die steigende Plackerei der „ernsten Arbeit" verbittert. Letztere, auf ihren einfachsten Ausdruck zurückgeführt, lautet meines Erachtens folgendermaßen: wer nicht Geld genug hat oder verdient, um in einer großen Stadt Figur zu machen, der sei so gut, nicht mehr „existieren" zu wollen.

Wenn der deutsche Geist noch einmal aus seinen innersten und eigensten Kräften gegen diese große Vergewaltigung reagiert, wenn er ihr eine neue Kunst, Poesie und Religion entgegenzustellen imstande ist, dann sind wir gerettet, wo nicht, nicht. – Ich sage: Religion, denn ohne ein überweltliches Wollen, das den ganzen Macht- und Geldrummel aufwiegt, geht es nicht.

---

[1] Die Briefe J. B.s an Lübke sind ebenso wie die an Franz Kugler auf Wunsch des Absenders vernichtet worden.

Dieser Tage nahm ich die früheren zwei Bände von Vischers „Kritischen Gängen" zur Hand, welche die ganze malkontente Begeisterung der Jahre 1840 bis 1844 in Quintextrakt enthalten. Jene Zeit schien doch mehr zu versprechen, als seitdem ist gehalten worden. Aber wie gings auch? Nachdem zwei Dezennien hindurch die Leute des Teufels gemacht und zu einem beständigen Wollen waren aufgestachelt worden, kam mit Sadowa plötzlich ein Vor-Woller, und seitdem sinken sie, von der früheren Willensanstrengung ermüdet, zu seinen Füßen und wollen ihm jetzt nach und danken Gott, daß nur irgendeine Richtung da ist.

A propos von Sadowa: haben Sie gesehen, wie keck Ollivier das gelungene Plebiszit als französisches Sadowa geltend macht?

Wenn übrigens die Herbstmanöver Sie in unsere Nähe bringen, so soll der Lauf der Dinge doch wenigstens in etwas gepriesen sein. Neulich war ich am Tag vor dem Sängerfest in Freiburg, welches natürlich schon vollständig „in seinem Flaggenschmuck prangte"; da sah ich auf einer Hängetafel an einer Girlande unter anderem folgende Verse: „Der Fürst, der mit dem Sänger geht, kann nur ein edler sein; der Sänger für den Fürsten steht auch seinerseits dann ein." Wobei mir ein ganzes Regiment von Nebengedanken einfiel. ...

Daß man übrigens mit einer von den Geschäften unabhängigen Lektüre und Geistesexistenz auch für die Geschäfte ein anderer ist, und daß die Leute hinter dem Herrn Oberamtmann noch ganz wohl einen anderen vermuten, dem sie mit ihrer Profanität nicht beikommen können, das hat doch etwas wahrhaft Tröstliches. Hier scheiden sich auch scharf Amtsgeschäfte und Erwerbsgeschäfte, letztere konsumieren den Menschen völlig und verhärten ihn gegen alles übrige. Wir haben hier noch wahrlich einen Kaufmannsstand, der durch seine Teilnahme für das Außergeschäftliche eine gloriose Ausnahme macht, und doch sehe ich so viele einzelne, die gegen jede Lektüre förmlich verschworen sind. Sie sagen „mit Bedauern", sie hätten keine Zeit, haben aber eigentlich keine Stimmung, und beim jetzigen Betrieb der Geschäfte kann man es ihnen nicht einmal verargen. Ich sehe hier und da in das Leben einiger größerer Geschäftsleute hinein, in diese ewige Hatz, dieses beständige Paratstehen zum Telegraphieren, diese Unmöglichkeit, auch nur abends die Bude zu schließen, oder – könnte man das – sich von der geschäftlichen Kombination wirklich frei zu machen. Hier und da sagt mir einer: ihr Lehrer habt's gut, ihr habt Ferien. – Worauf ich erwidere: ihr drei bis vier Associés in eurem Hause könntet euch durch Abwechslung auch Ferien machen, aber drinnen in eurer Seele gibts keine Ferien.

Bei Ihrer Lektüre haben Sie nur in einem unrecht: daß Sie den Cicerone wirklich lesen! Als ich in meiner damaligen Unvorsichtigkeit das Buch schrieb, dachte ich nicht, daß man mich so ernstlich nehmen würde, wie das seither von so manchen trefflichen Leuten geschehen ist. Neulich stieg mir ein Amerikaner aufs Zimmer, um mir eine ganze Theorie zu entwickeln, die er an eine Stelle des Cicerone (über die Unsymmetrie in den romanischen Bauten) anknüpfte. Ich hatte alle Mühe, ihm begreiflich zu machen, wie weit ich aus Kunst und Kunstliteratur draußen sei.

Es freut mich, daß Ihnen Cortigiano und Galateo so einleuchten, es ist eine alte vergangene Welt der Courtoisie und doch kein Mittelalter mehr, sondern für uns verständlich. Den Decamerone kann auch ich nur noch goutieren, wenn ich durch lautes Lesen die Schönheit und Limpidität der Sprache mir bewußt mache; denn die Historien als solche sind entweder etwas zu weitläufig erzählt (gegenüber der jetzigen Gewohnheit: alte Sagen, wie deren ja so viele drunter sind, in Kürze zu erzählen, gleichsam nur zu referieren) oder, was das gepfefferte Genre betrifft, so sind sie durch neueren Pfeffer überboten. Wenn Sie aber noch etwas recht Erquickendes wollen, so lassen Sie sich die Bände des Vasari geben, welche die Biographien des Brunellesco, Signorelli, Leonardo, Raffael, Michelangelo usw. enthalten; was Ihnen Technisches usw. unverständlich bleibt, das mögen Sie einfach übergehen; als Lektüre ist Vasari höchst erfrischend, weil man das Gefühl eines evidenten Wachstums der Leute hat, die er schildert.

Wenn Sie aber von meiner Lektüre wissen wollen, so schreibe ich diesen Brief zwischen zwei olympischen Oden des Pindar, den ich von Amts wegen jetzt durchnehmen muß. Zwischen aller Bewunderung gerate ich da auf die respektlosesten Gedanken und sehe zeitweise in ein feierliches Philisterium hinein, welchem Pindar mit dem größten Pathos nachlaufen muß. Offenbar hat er bisweilen mit wahren Rüpeln sich abgeben müssen. Aber es steckt nach allen Seiten ganz enorm viel in diesen Gedichten, was ich kennen muß. Es könnten von meinen vier Ferienwochen wohl drei damit draufgehen, denn stückweise lesen hilft nichts, man muß des ganzen Pindarischen Mantelwurfs mit einem Male Meister werden. Vorher gedenke ich eine Woche Schwarzwald zu kosten. ...

AN MAX ALIOTH

Basel, 7. Juli 1870

... Rechnen Sie den relativ langen Aufenthalt in Pompeji geradezu zum dauerndsten Glück Ihrer Laufbahn; so weniges von dem dortigen auch bei uns direkt anwendbar sein mag, so lernt man doch enorm beim Studium der unglaublichen Sicherheit des Dekorierens und Arrangierens, welches den alten Pompejanern eigen gewesen sein muß. Man macht dort Bekanntschaft mit einem ganz absonderlichen Stück des großen antiken Kunstkapitals. – Auch die Erfahrung kenne ich, daß die Antike ein stets größeres Vorrecht über alles übrige in Anspruch nimmt, und daß man sich auf Impietäten gegen die Renaissance ertappt; haben Sie aber Geduld: in Basel, in der verklärenden Erinnerung wird sich alles wieder in die völligste Harmonie setzen. – Von Aquila weiß ich schlechterdings nur, daß S. Bernardino eine prächtige Fassade der Frührenaissance haben soll; wo aber so was ist, da ist in Italien immer noch mehr, und Sie haben gewiß recht, dort noch Paläste u. dgl. zu vermuten. Und wo täte man in Italien eine völlige Fehlreise? Sicheres weiß ich allerdings nichts; Sie machen sich keine Vorstellung davon, wie schwer zur Zeit meiner Reisen etwas über eine entlegenere Stadt zu erfahren war; Renais-

sance sehen viele ohnehin nicht an, als ob es eine Schande
wäre. Unter allen Bedingungen haben Sie sehr recht, auf
die Route zwischen Rom und Florenz zwei Monate zu rechnen – denn das tun Sie nur in Ihrem jetzigen Alter, während
Sie immer wieder einmal nach Florenz und Oberitalien
kommen können. Lassen Sie sich nur nicht von den Briganten aufheben.
Skizzieren Sie Anordnungen, lieber Freund, Anordnungen!
Sobald das bescheidenste Motiv eines Treppenansatzes, Lichteinfalles, Korridors, Einteilungsmotivs u. dgl. Sie trifft
als etwas Geniales, so skizzieren Sie gleich und verlassen
Sie sich nie auf Ihr Gedächtnis. – Dann wäre es mir erwünscht zu wissen, woran Sie jetzt am meisten herumsinnen; in den ruhigern Stunden der Reise, zumal wenn
die Abende länger werden, knuspern Sie ohne Zweifel an
einer Aufgabe. Vergessen Sie nicht, daß wir hier eine permanente Ausstellung haben, und daß z. B. ein nobles kleines Landhaus in Ansichten, Durchschnitten und Plänen
den Blick auf Sie ziehen müßte, oder eine schön aquarellierte Fassade eines eleganten Stadthauses von drei Fenstern
Breite. Dies sind solche Gedanken, die leichter zu sagen als
auszuführen sind, ich bin aber in solchen Dingen ohne
Rückhalt und meine, ich dürfe schwatzen.

AN FRIEDRICH v. PREEN

Basel, 20. Juli 1870

Auf Ihren herzlichen Gruß noch eine ebenso herzlich gemeinte Antwort, bevor die Grenze gesperrt wird! – unter
welchen Auspizien werden wir uns dereinst wieder begrüßen? – für unsere Erkenntnis soll, was irgend kommt, inzwischen nicht verloren sein: es ist gut, daß Du Erdenkind,
selbst bei leidlicher Gesundheit und guter Situation in der
Welt, wissest, auf welchen Abgründen Du wandelst usw. –
so predige ich mir selber vor. Und dann will mir scheinen,
daß dieser Krieg, weit entfernt einzelnen Verdrüssen zu
entstammen, recht eigentlich in den Tiefen der Völkernaturen (welche nur eine höhere Potenz der Menschennaturen sind) seine Wurzel, Berechtigung und Unvermeid-

lichkeit hat. Die letzten Szenen deuten auf ein langes Vorspiel hin.

Zuletzt erfuhr L. N., was zwischen A. und W.[1] in Ems vorgegangen war, und die Russen sind mir nicht zu gut dazu, es ihm selber geoffenbart zu haben. Dann ging der Ballon d'essai Gotthardfrage in die Höhe, und hier spielten die französischen Minister noch ganz meisterlich die Ignoranten, doux comme les agneaux. Darauf dachten die anderen: aha! er wagt nichts, und lancierten die spanische Thronkandidatur. Und als sie draußen auf dem Glacis waren, ließ Er das Fallgatter herunter und war gar nicht mehr zu bewegen, es wieder heraufzuziehen. Den Rest werden wir nun durchzuleben haben. Ich sage wir, denn ich glaube wenig an die dauernde Neutralität von Österreich, und mit dieser sinkt unfehlbar auch die unsrige. – Werte Landsleute von Ihnen flüchten ihre Habe hierher – ich frage leise: wozu?

Es gibt einen leichten geschichtsphilosophischen Trost: wasmaßen ein großer Krieg für lange Zeit Frieden, d. h. die deutliche Proklamation der wahren, dauernden Hauptkräfte mit sich bringe. Ich will nicht geltend machen, daß es gerade bei den letzten Kriegen hieran fehlte, sondern wirklich einen großen Krieg mit folgendem dauerndem Frieden voraussetzen. Aber um welchen horrenden Preis muß man das kaufen! Denn nur ein langer und zerstörender und das Innerste der Nationen (das jetzt trotz aller Entrüstung noch lange nicht an den Tag getreten ist!) aufrührender Krieg schafft jenes Resultat.

Das letzte Ende könnte doch wieder (freilich erst, wenn wir tot sind) ein Imperium romanum sein, nachdem es zuerst mehrere Assur, Medien, Persien gewesen sein werden. Eine Dynastie hat ein solches Imperium, wie wir wissen, nicht mehr, sondern nur noch eine Zentralverwaltung und (vermöge der Soldaten) eine beata tranquillitas. Die heutigen Menschen haben allmählich in großen gesellschaftlichen Schichten schon unbewußt der Nationalität entsagt und hassen eigentlich jede Diversität. Sie opfern, wenn es sein

[1] Die Abkürzungen: L. N. = Louis Napoleon; A. = Alexander II. von Rußland, W. = Wilhelm I. von Preußen.

muß, alle ihre speziellen Literaturen und Kulturen gegen „durchgehende Nachtzüge" auf.
Was ich hier schreibe, klingt jetzt wohl wunderlich, und ist doch gründlich wahr.
Ach! wenn mit Seufzen und Sehnen das Unabwendbare abgewandt werden könnte! Aber wir selber sind jeder ein Stück des allgemeinen Schicksals. O was für gewaltige Lichter strahlt jetzt der Philisoph[1] aus!
Nun leben Sie wohl! Ich nehme Ihre Andeutung wegen des künftigen Wiedersehens als gutes Augurium auf. Wenn man ein Recht behält im allgemeinen Durcheinander, so ist es dasjenige eines tröstlichen Aberglaubens. Eine in ihrer Art tröstliche Lektüre kann jetzt der Simplizissimus werden, in welchem das Fortleben der edlen Menschennatur unter den greulichsten Umständen das eigentliche Thema ist. – Wie wehmütig sehen uns jetzt in den Zeitungen die aufgesparten Artikel aus den letzten Tagen vor der Kriegsgefahr an! So gestern und vorgestern in einem hiesigen Blatt ein Aufruf zur Gründung eines Vereins für Kanarienvögelzucht!...

AN FRIEDRICH SALOMON VÖGELIN

Basel, 22. August 1870

Sie vergessen, daß wir hier von Mitte August an wieder Semester haben und daß ich festgenagelt bin, auch gibt mir mein gegenwärtiger Kurs[2] dergestalt zu tun, daß ich nicht wohl einen Samstagnachmittag samt Sonntag aufwenden könnte. Wenn Sie durchaus eine Beratung in Sachen der Kulturgeschichte wünschen[3], so bleibt nur übrig, daß Sie hieherkommen. Ohnehin werden Sie an den Sonntagen jetzt noch nicht abkommen können. In einem Abend allhier soll sich, was zu erledigen wäre, doch wohl erledigen lassen.

---

[1] Schopenhauer.
[2] Über „Alte Geschichte (mit Ausschluß der römischen)"; vgl. den Brief vom 3. Dez. 1869.
[3] Vgl. die Anmerkung zum Brief vom 22. April 1862.

Doch muß ich gestehen, daß ich überhaupt nicht weiß, wie ich Ihnen förderlich sein könnte. Glauben Sie mir, Sie tun besser, auf eigene Faust zu tappen. Eigene Erfahrung über den Bau eines Kollegs habe ich nur für das Mittelalter und über die Renaissance und auch hier nicht für die des Nordens, nur für Italien! Für eine Kulturgeschichte der Griechen habe ich nur erst die Rudimente eines Planes, und neuere Kulturgeschichte wüßte ich noch gar nicht wie anfassen. Wagen Sie es, und springen Sie mit geschlossenen Füßen in die Sache hinein, ohne blutige Anstrengung geht es jedenfalls nicht ab....

AN FRIEDRICH v. PREEN

Basel, 27. September 1870

Ihren Brief vom 21. August bewahre ich Ihnen recht sorgfältig auf, als Tagebuchblatt aus Ihrem Leben, dergleichen man in späteren Zeiten gerne wieder ansieht, um sich die Stimmung unvergeßlicher Tage wieder zu vergegenwärtigen. Seit Empfang des Briefes wartete und wartete ich, ob nicht eine Pause, ein Waffenstillstand mir Zeit lassen würde, über Vor und Nach irgendeine Raison zustande zu bringen. Aber es geht nur immer vorwärts. Frankreich soll die Hefe des Elends und der Zerrüttung kosten, bevor man ihm nur ernstlich das Wort gönnt. Oh, mein lieber Freund, wo soll das hinaus? Besorgt man denn gar nicht, daß die Pestilenz, an welcher der Besiegte laboriert, auch den Sieger anstecken möchte? Diese furchtbare Vollständigkeit der Rache hätte doch ihre (relative) Berechtigung nur, wenn Deutschland wirklich der so völlig unschuldige und rein angegriffene Teil wäre, wie man vorgibt. Will man mit der Landwehr noch bis Bordeaux und Bayonne? denn logisch fortfahrend muß man ganz Frankreich, vielleicht viele Jahre lang, mit einer Million Deutscher besetzt halten. Ich weiß recht wohl, daß dies nicht geschehen wird, allein es wäre die Folgerung aus dem Bisherigen. Sie wissen, ich hatte immer die Torheit des Weissagens und bin schon erstaunlich damit angelaufen; aber ich muß mir diesmal doch ein Bild machen von dem, was man vorzuhaben scheint. Also wie wäre es, wenn nach Besetzung von Paris und allenfalls Lyon die deutsche Heerführung die Franzosen abstimmen ließe über die Regierung, die sie wollen. Es käme sehr darauf an, wie man dies in Szene setzen würde; Bauern und ein Teil der Arbeiter würden ganz gewiß den Louis Napoleon wieder wählen.

Es ist ein neues Element in der Politik vorhanden, eine Vertiefung, von welcher frühere Sieger noch nichts gewußt, wenigstens keinen bewußten Gebrauch gemacht haben. Man sucht den Besiegten möglichst tief vor sich selbst zu erniedrigen, damit er sich künftig nicht einmal mehr etwas Rechtes zutraue. Es kann sein, daß man dies Ziel erreicht; ob man dabei besser und glücklicher wird, ist eine andere Frage.

O, wie wird sich die arme deutsche Nation irren, wenn sie daheim das Gewehr in den Winkel stellen und den Künsten und dem Glück des Friedens obliegen will! Da wird es heißen: vor allem weiterexerziert! und nach einiger Zeit wird niemand mehr sagen können, wozu eigentlich das Leben noch vorhanden ist. Denn nun kommt der deutsch-russische Krieg in den Mittelgrund und dann allmählich in den Vordergrund des Bildes zu stehen.

Einstweilen wollen wir beide dem Himmel dafür danken, daß wenigstens Elsaß und Baden nicht in eins zusammengeschweißt werden, es hätte eine unselige Assemblage gegeben. Gründlich ist für die Unmöglichkeit gesorgt, indem man den Badensern so wesentlich die Belagerung von Straßburg zuwies. Ich bin nämlich so frei anzunehmen, daß dies nicht bloß aus Versehen so angeordnet worden sei. Von zwei Dingen bleibt jetzt eins: Elsaß wird entweder direkt preußisch, oder es bleibt bei Frankreich. Gerade weil die deutsche Herrschaft in diesen neuen Ländern so schwierig ist, kann sie nur durch Preußen unmittelbar gehandhabt werden, und alle Zwischenformen wie Kuratel und Tutel des Deutschen Reiches usw. wären unhaltbar.

Noch an einen wunderlichen Anblick wird sich die Welt gewöhnen müssen: das protestantische Haus H[ohenzollern] als einzige effektive Schutzmacht des nunmehr zum italienischen Reichsuntertan gewordenen Papstes.

Doch nun wäre genug politisiert! gebe es der Himmel, daß wir uns in leidlich beruhigten Zwischenzeiten wieder einmal sehen. Der Philosoph ist auch in diesen letzten Wochen von neuem im Kredit gestiegen. Es lebt hier einer seiner Gläubigen, mit welchem ich bisweilen konversiere, so gut ich mich in seiner Sprache ausdrücken kann[1]. ...

Und nun herzlichen Gruß! Wir werden uns geistig in mehr als einer Beziehung neu orientieren müssen. Ein Europa ohne amüsantes, dekorierendes Frankreich! Huh! und sonst noch einiges, was Europa einbüßt und was in Renans Schreiben sehr schön betont wird.

AN FRIEDRICH v. PREEN
Basel, Silvester 1870

... Wie ist das alles seit drei Monaten geworden! wer hätte damals geglaubt, daß der Kampf tief in einen gräßlichen Winter hinein dauern und noch am letzten Tage des Jahres ohne Aussicht auf nahe Beendigung sein würde.

An diesen Jahresschluß werde ich mein Leben lang denken! und wahrlich am wenigsten um meines individuellen äußeren Schicksals willen. Die zwei großen Geistesvölker des jetzigen Kontinents sind in einer vollständigen Häutung ihrer ganzen Kultur begriffen, und was den Menschen vor Juli 1870 erfreute und interessierte, davon wird ihn 1871 ganz unendlich vieles nicht mehr berühren – aber ein sehr großes Schauspiel kann es abgeben, wenn dann unter vielen Schmerzen das Neue geboren wird.

Die Änderung im deutschen Geist wird so groß sein als die im französischen; zunächst wird überall der Klerus beider Konfessionen sich als den nächsten Erben der erschütterten Gemüter betrachten, allein es wird daneben bald ganz anderes laut werden. Auch die Aktien des „Philosophen" steigen bald stark, während Hegel mit den diesjährigen Jubiläumsschriften als echter Jubilar seine definitive Retraite nehmen könnte.

Das Bedenklichste ist aber nicht der jetzige Krieg, sondern die Ära von Kriegen, in welche wir eingetreten sind, und auf diese muß sich der neue Geist einrichten. O wie vieles,

[1] Es kann sich wohl nur um Friedrich Nietzsche handeln.

das den Gebildeten lieb gewesen, werden sie als geistigen „Luxus" über Bord werfen müssen! und wie eigentümlich anders, als wir sind, wird das neue Geschlecht emporwachsen. Es kann geschehen, daß wir den Jüngeren vorkommen, wie die auf lauter Wohlleben eingerichteten französischen Emigrés den Leuten erschienen, zu welchen sie geflüchtet waren.

Denken Sie nur, was an bisheriger Literatur krepieren wird! wie viele Romane und Dramen wird man noch ansehen mögen? wie viele Autoren den Verlegern und dem Publico lieb gewesen sind, weil sie dem Jahrzehnt, ja dem Jahr und dem Monat entsprachen und schmeichelten! was weiterlebt, muß eine schöne Portion ewigen Gehaltes in sich haben. Und was Dauerndes neu geschaffen werden soll, das kann nur entstehen durch eine ganz übermächtige Anstrengung der wahren Poesie.

Mir als Geschichtsdozenten ist ein ganz merkwürdiges Phänomen klar geworden: die plötzliche Entwertung aller bloßen „Ereignisse" der Vergangenheit. Meine Kurse heben fortan nur noch das Kulturgeschichtliche hervor und behalten von dem äußeren Gerüste nur das Unentbehrlichste bei. Denken Sie nur all die krepierten Batailles in den Heften so vieler V.V.E.E.[1] auf deutschen Kathedern! ich meinesteils habe glücklicherweise niemals große Geschäfte in dieser Richtung gemacht. Aber ich sehe, ich rede wieder einmal von mir, während die Zeiten all unseres persönlichen Tuns und Hoffens spotten könnten.

Stündlich dürfen wir ja einer Schlacht in der Gegend zwischen Besançon und Belfort entgegensehen[2], stündlich einer großen Entscheidung wer weiß noch sonstwo in Frankreich. Die Stellung der Schweiz, so festen Willen der wirklichen Neutralität wir auch haben, bleibt nicht, wie sie war, und wenn auch heute ein Friede geschlossen würde. Weiteres Gott anheimstellend.

---

[1] Viri eruditissimi, wie J. B. seine Fachgenossen gern ironisch nannte.
[2] Schlacht an der Lisaine (15.–17. Jan. 1871), die mit dem Rückzug der Franzosen unter Bourbaki und dem Übertritt seiner Armee auf Schweizer Gebiet endete. Für die starke Nachwirkung dieser Ereignisse in J. B.s Erinnerung vgl. den Brief vom 30./31. Dez. 1874.

„Bestelle Dein Haus" usw., das ist das weiseste, was wir alle tun können, in ganz Mitteleuropa. Es wird anders, als es gewesen ist.

Und bei alledem träume ich von einer kleinen Sommertour nach dem südlichen Deutschland, wobei ich auch bei Ihnen in Bruchsal vorsprechen könnte. So unheilbar ist unser Optimismus. ...

AN FRIEDRICH v. PREEN

Basel, 6. März 1871

... Mein ganzes und einziges Sehnen geht nach den großen Reaktionen in Geist und Gemüt der beiden Völker. Ich weiß, das Wünschen wird uns mehr als einmal zum Narren halten, und wir werden Licht zu sehen glauben, wo uns nur die Augen flimmern, aber kommen muß es doch. Und zwar um so gewisser und kräftiger, je weniger der Mensch in den beiden Staatstümern seine Heimat finden wird. Der große Haufen wird natürlich mit den bloßen Genüssen der Abspannung sich zufrieden geben, aber eine große Schar wird eben doch Besseres und Neues verlangen.

Einstweilen wollen wir sehen, wie die viri eruditi auf deutschen Geschichtskathedern, vielleicht nicht ohne Winke von oben, ihre Gesichter in andere Falten legen als in den letzten vier bis fünf Jahren. Wenn man es wieder einmal einzig mit Talent und Fleiß, und nicht mehr mit der Begeisterung zwingen muß. Denn die Zuhörer, seien sie mit im Felde gewesen oder nicht, werden inzwischen einen starken Gärungsprozeß durchgemacht haben, und was Zukunft war, ist jetzt Vergangenheit. Alle Taufscheine lauten anders als vor acht Monaten.

Auch andere törichte Ideen kommen mir bisweilen; unter anderem: wie wäre es, wenn eine illustrierte Zeitung die Probe machte, schon von heute an gar nichts mehr von Krieg, Sieg, Militär usw. vorzubringen? Ich dächte, die Spekulation wäre keine von den schlechten.

Auch träumte mir neulich, der König von Bayern könne wegen Verringerung seiner Zivilliste den Richard Wagner nicht mehr honorieren, und dieser ziehe schmerzlich von dannen ... nach Berlin....

Was denken Sie von dem alten Juden Crémieux, der sich mit 100000 Franken an die Spitze einer Subskription stellt, um die 5000 Millionen sogleich abzubezahlen? Wenn 50000 Menschen von seiner Fortune (und diese mögen in Frankreich vorhanden sein) ähnlich dächten, so wäre die Sache möglich. Mir machte die Sache einen ganz großartigen Eindruck, und vielleicht zieht es. Der Bürgerkrieg ist vielleicht den Franzosen doch gänzlich erspart worden durch das Gambettaregiment, während sie mit irgendeinem Frieden von Sedan jetzt im tiefsten Dunkelrot sitzen würden. Die heimkehrenden Armeen werden jedenfalls kein Element der Unruhe sein, und auch ihre Offiziere nicht, da sie die opinion publique gegen sich haben und nicht wie nach Anno 15 der Bonapartistische „Offizier auf Halbsold" elegisch wirken können.

Ach, ich hätte so vieles zu sagen, was nicht ins Archiv des Oberamtes von Bruchsal kommen darf! Wenn ich einmal bei Ihnen vorspreche und Ihnen etwas zu französisch scheine, so waschen Sie mir den Kopf, von Ihnen will ich es annehmen.

AN FRIEDRICH v. PREEN

Basel, 2. Juli 1871

Nachdem die entsetzlichen Tage[1], unter deren Eindrücken Ihr werter letzter Brief abgefaßt ist, nun einen Monat von uns entfernt liegen, gibt mir, was Sie sagen, sehr von neuem

---

[1] Elisabeth Förster-Nietzsche berichtet (Nietzsches Ges. Briefe III, I, S. 167) den niederschmetternden Eindruck, den die Falschmeldung vom Brand des Louvre während des Pariser Kommuneaufstandes auf J. B. und Nietzsche machte. „Von leidenschaftlichem Schmerz erfüllt, eilten sie auf die erste Nachricht dieses schauerlichen Ereignisses zueinander, jeder offenbar von dem Gedanken bewegt, daß der andere seinen eignen Schmerz am besten mitempfinden könnte. Sie verfehlten sich und fanden sich endlich vor dem Hause, in dem mein Bruder wohnte, gingen schweigend Hand in Hand die Treppe hinauf, um in dem dämmernden Zimmer in heiße Tränen auszubrechen, unfähig, einander ein Wort des Trostes zu sagen."

zu denken. Ja, das Petroleum in den Kellern des Louvre und die Flammen in den übrigen Palästen sind auch eine Äußerung dessen, was der Philosoph „Willen zum Leben" heißt; es ist der letzte Wille verrückter Teufel, einen großen Eindruck auf die Welt zu machen; nach allem, was man seither in aufgefangenen Papieren usw. liest, war das Herostratische im Grunde die Haupttriebfeder. Und nun bauen Sie Schulhäuser. Die, welche jene Geschichten in Szene setzten, konnten alle lesen, schreiben, sogar Zeitungsartikel und sonstige Literatur verfassen. Und die, welche in Deutschland ähnliches vorhaben mögen, sind gewiß nicht weniger „gebildet". – Ach, sehen Sie nur England, welches vor Reichtum birst und dabei von analogen Elementen in heimlichem Belagerungszustand gehalten wird! Bis jetzt, zweihundert Jahre lang, glaubte man in England, alles mit der Freiheit überwinden zu können und immer die Gegensätze sich durch ihr freies Gegeneinanderspiel korrigieren zu lassen. Aber nun?

Das große Unheil ist im vorigen Jahrhundert angezettelt worden, hauptsächlich durch Rousseau mit seiner Lehre von der Güte der menschlichen Natur. Plebs und Gebildete destillierten hieraus die Doktrin eines goldenen Zeitalters, welches ganz unfehlbar kommen müßte, wenn man das edle Menschentum nur gewähren ließe. Die Folge war, wie jedes Kind weiß, die völlige Auflösung des Begriffes Autorität in den Köpfen der Sterblichen, worauf man freilich periodisch der bloßen Gewalt anheimfiel. In den intelligenten Schichten der abendländischen Nationen war inzwischen die Idee von der Naturgüte umgeschlagen in die des Fortschritts, das heißt des unbedingten Geldverdienens und Komforts mit Gewissensbeschwichtigung durch Philanthropie. – Vorgestern aber hat das siegreiche Preußen in Königshütte Belagerungszustand zu verhängen nötig befunden.

Die einzige denkbare Heilung wäre: daß endlich der verrückte Optimismus bei groß und klein wieder aus den Gehirnen verschwände. Auch unser jetziges Christentum genügt hiezu nicht, da es sich seit hundert Jahren viel zu stark mit diesem Optimismus eingelassen und verquickt hat. Kommen wird und muß die Veränderung, aber nach Gott weiß wie viel Leiden.

Einstweilen bauen Sie Schulhäuser – es ist doch etwas, das man vor Gott verantworten kann, und ich instruiere meine Schüler und Zuhörer. Vor den Studenten mache ich aus meiner Weltanschauung kein sonderliches Geheimnis; die Gescheiten verstehen mich, und da ich zugleich das positive Glück – so wenig es an sich sein mag –, das die Betrachtung und die Erkenntnis gewährt, auf alle Weise zu Ehren zu bringen suche, so kann ich auch jedem etwas Tröstliches mitgeben....

AN BERNHARD KUGLER

Basel, 2. Juli 1871

... Ich fürchte, wir gehen in unsern Grundanschauungen über das Wünschenswerte in unserer Wissenschaft zu weit auseinander.

Zunächst und vor allem wünsche ich Ihnen von Herzen Glück zur Ablehnung des Antrages wegen einer „neuesten deutschen Geschichte". Nichts ist der höhern Erkenntnis weniger förderlich, nichts wirkt zerstörender auf das wissenschaftliche Leben als die ausschließliche Beschäftigung mit gleichzeitigen Ereignissen. Wir leben in einer ganz andern Zeit als Thukydides, der die Lage und die Gegensätze vollkommen übersah und in alles eingeweiht war, während ein jetziger Zeitgeschichtsdarsteller riskiert, durch ein paar später geoffenbarte Hauptgeheimnisse überflüssig gemacht zu werden; und außerdem muß er mit einem Haufen von Fabrikanten konkurrieren, welche mit ihrem Feuilletonstil ihm in der öffentlichen Beachtung hundertmal den Rang ablaufen.

Nun möchte ich aber überhaupt, daß Sie sich allmählich darauf einübten, die Verleger geradezu abzuweisen. Und so wage ich es nun, Ihnen auch von der Elisabeth Charlotte[1] entschieden abzuraten; das kann auch ein viel Geringerer schildern, als Sie sind, und was wir von dieser wundervollen und kuriosen Frau zu wünschen hätten, wäre viel weniger

[1] Liselotte von der Pfalz.

ein „Lebensbild" als eine vollständige Herausgabe ihrer sämtlichen Skripturen, selbst mit allen Wiederholungen in ihren verschiedenen Korrespondenzen mit der Tante, Halbschwester etc. Das aber ist Archivarsarbeit; Ranke (Französische Geschichte V) weist sehr nachdrücklich auf eine noch sehr große Ausbeute in den Briefen zu Hannover hin, aus welchen er nur genommen, was ihm zu seinen Zwecken paßte.

Nach meiner Ansicht, weil Sie nun einmal auf mich hören wollen, gehören Ihre Kräfte ... durchaus einer Arbeit von universalhistorischem, ökumenischem Interesse, aus den beiden Gründen, die ich Ihnen schon früher auseinandergesetzt zu haben glaube: Die betreffenden Studien führen den Autor in einem großen Kreise der Welt herum, und das Werk kommt in vieler Leser Hände. Alle weiteren Monographien, auch wenn sie nur je ein paar Monate in Anspruch nehmen, sind Verlust in einem so kräftigen Alter und bei so glänzender Arbeitskraft wie die Ihrige. Ich verspreche Ihnen, daß, wenn Sie einmal auf dem hohen Meer der universalhistorischen Forschung und Darstellung gefahren sind, Sie sich gar nicht mehr nach den monographischen Arbeiten sehnen werden. In vorgerücktem Alter mag man dann dergleichen wieder vornehmen, dann wird man aber auch die Aufgabe einer Monographie anders fassen.

Nun aber sind Sie scheu geworden vor dem dilettantischen Programm, welches ich für Karl den Kühnen entwarf. Es leben nämlich unstreitig in Deutschland ein Dutzend Menschen, welche überhaupt nur archivalisches Aufhäufen von Einzelfakten als wissenschaftlichen Fortschritt gelten lassen. Auch ist denkbar, daß dieses Dutzend Menschen uns in unserer Erdenlaufbahn einmal schaden oder auch fördern können. Wer aber Leben darstellt und Ideen hat, geht diesen Herrn gelegentlich zu ihrem großen Erstaunen über ihre Köpfe weg. ...

AN FRIEDRICH v. PREEN

Basel, 12. Oktober 1871

Beinahe wäre ich vor etwa zehn Tagen über Sie gekommen; ich reiste einstweilen nach Freiburg und wollte Karlsruhe,

Baden-Baden, Favorite und auch Bruchsal besuchen, da wurde das Wetter so scheußlich, daß ich in Freiburg sitzen blieb und eine glücklicherweise mitgenommene Arbeit vornahm. Von Italien her bin ich gewöhnt, in Gasthöfen zu arbeiten wie daheim, ja noch ungestörter. ...
In Freiburg sah ich auch die Hoheiten, unter anderem den Kronprinzen[1], den ich seit seinem sechzehnten Jahre zum erstenmal wieder erblickte. Er hat etwas brillant Freundliches, was für ihn von immensem Werte sein muß. In meinem Innersten fühlte ich tiefes Mitleid mit ihm. „Er wird's ausessen!" Und doch wieder: ohne die drei Kriege wäre er und sein Haus bereits in größerer Gefahr, als er jetzt ist. Man wird überhaupt mit der Zeit darüber klar werden, bis zu welchem Grade die drei Kriege aus Gründen der inneren Politik sind unternommen worden. Man genoß und benutzte sieben Jahre lang die große Avantage, daß alle Welt glaubte, nur Louis Napoleon führe Kriege aus inneren Gründen. Rein vom Gesichtspunkt der Selbsterhaltung aus war es die höchste Zeit, daß man die drei Kriege führte. Aber freilich über die weiteren inneren Entwicklungen, die das alles noch mit sich führen wird, dürften uns noch öfter die Augen übergehen.
Ja, verehrter Freund, Kunst und Wissenschaft werden den Schwachen und Kranken bleiben. Wir wollen nun sehen, was Hartmanns „Philosophie des Unbewußten" bringt, welche ich bestellt habe und mit Schmerzen erwarte. Und doch würde unser früherer Philosoph eigentlich genügen. Denken Sie, was der über die letzten Zeiten für ein Nachtragskapitel in betreff des „Willens zum Leben" hätte schreiben können!
„Wer seid ihr eigentlich, daß ihr begehrt, glücklich zu sein? Laßt einmal sehen!"
In vier Wochen halte ich hier eine Vorlesung in der Aula „Über Glück und Unglück in der Weltgeschichte"[2] – worin ich mit so gelinder Manier als möglich die Unschicklichkeit des Terminus „Glück" bei großer Proportion erörtern

---

[1] den späteren Kaiser Friedrich.
[2] B. G. A., VII, S. 192 ff. – Kröners Taschenausgabe Bd. 55 (Weltgeschichtliche Betrachtungen), S. 249 ff.

und so versöhnlich und tröstlich schließen werde, als ich kann. Wenn man die Leute in Schrecken setzt, so gewinnt man sie nicht, und die Frecheren und Gescheiteren lachen einen aus....

AN FRIEDRICH v. PREEN

Basel, 23. Dezember 1871

... Ich fürchte, daß die dreißiger und vierziger Jahre dieses Säkuli nicht nur uns angenehmer vorkommen als die „Jetztzeit", weil wir damals jung waren, sondern daß es wirklich ohne allen Vergleich genußvollere Zeiten gewesen sind. Vergessen wir nicht das Wort Renans über die Zeit der Julidynastie: ces dixhuit années, les meilleures qu'aît passées la France et peut-être l'humanité! Daß wir gegenwärtig nichts anderes mehr als einen sehr unsicheren Waffenstillstand genießen, sagt so laut als möglich Bismarcks vorgestriger Erlaß an Arnim....

Glücklicherweise habe ich alle Hände voll zu tun, wenn ich mit meinem neuen Kolleg für den nächsten Sommer (griechische Kulturgeschichte) nur auf das dürftigste bis Anfang Mai fertig werden soll. Zu irgendeiner unabhängigen Lektüre komme ich nicht mehr – selbst zum Kaffee nach Tisch und zum nachherigen kurzen Schlummer (der meine Kräfte herrlich zu restaurieren pflegt) lese ich, auf dem Sofa liegend, Tragiker usw., nur um vollständig jeden Augenblick für die möglichste Routine im Griechischen auszunutzen. Was mich tröstet, ist die Gewißheit, daß ich allgemach eine schöne Portion unabhängiger Wahrnehmungen über das Altertum rein aus den Quellen gewonnen habe, und daß ich weit das meiste, was ich zu geben habe, als mein Eigenes werde geben können. Wenn ich diesen Hochmut nicht hätte, so könnte ich überhaupt nichts anderes mehr tun als dem Katheder Valet sagen.

Das Bonbon, womit ich mir Courage mache, ist ein sechswöchentlicher Aufenthalt in Italien, von Ende September bis Anfang November 1872. Ich male mir diesen Gotteslohn auf Erden einstweilen so reizend aus – daß ich am

Ende die Verwirklichung entbehren kann. Bisweilen ratschlage ich ganz ernstlich, ob es besser getan sei, einfach an der Riviera, etwa in Spezia, vier Wochen an der Sonne zu liegen oder mich etwa im alten Siena einzuquartieren – wozwischen dann plötzlich einmal der Gedanke an Palermo aufblitzt. Und am Ende begnüge ich mich um dieselbe Zeit mit einigen Expeditionen nach Rheinfelden und Lörrach und spare damit ein Heidengeld....

AN FRIEDRICH v. PREEN

Basel, 17. März 1872

... Zunächst meinen besten Dank dafür, daß Sie mich auf das bedeutende Buch von K. Frantz hingewiesen haben, welches ich nunmehr lese. Der hat den Kopf über dem Nebel[1]. Freilich die schwersten Folgerungen muß er dem Leser zu ziehen überlassen, und da fürchte ich, sie lauten so: Wenn die Sache wegen der mehr und mehr bewußtwerdenden Mißproportionen aus dem Leim geht, dann hilft nur ein neuer Krieg nach außen. Freilich, ich bin ja, wie Sie wissen, in Sachen unbekehrbar und unbelehrbar und leite alle drei letzten Kriege aus dem Wunsch ab, inneren Verlegenheiten zu begegnen....

Von gelehrten Sachen weiß ich wenig zu melden. Ich stecke bis über die Ohren in meinem Kolleg für nächsten Sommer, aus welchem ich mich wohl hüten werde, ein Buch zu machen (d. h. ich meine das Kolleg und nicht den Sommer). Zuallererst müßte noch alle disponible Muße der nächsten zwei Jahre darauf gewandt, dann das Ding im Sommer 1874, wenn ich so lange lebe und gesund bin, zum zweitenmal vorgetragen werden, und dann erst würde es leidlich reif sein für eine definitive Um- und Ausarbeitung. Luther würde sagen: Bis dahin steht die Welt gar nicht mehr!...

---

[1] Konstantin Frantz vertrat in seiner 1871 erschienenen Schrift „Das neue Deutschland" einen Föderalismus, wie er J. B. sehr sympathisch sein mußte. In der Bismarckischen Reichsgründung sah er nur ein Provisorium, das mit einem großen mitteleuropäischen Staatenbund abschließen müsse.

Das Bild von Gérôme[1], dessen Sie gedenken, habe ich gesehen, wenn ich nicht irre, in einer Radierung in Tondruck; G. hat in solchen Gegenständen bisweilen etwas merkwürdig Ergreifendes; sieht man näher zu, so beruht es auf einer versteckten Einwirkung auf die Phantasie durch eine Nebensache; in dem Bildchen von der Hinrichtung des Marschalls Ney war es eigentlich die schmutzige Mauer, neben welcher sich die Soldaten tanquam re male gesta davon machten. Gérôme sucht diese Elemente (glaube ich) nicht, sondern sie bieten sich seinem Schauen des Hergangs von selber.

Freilich, ich sehe nichts mehr, höre nichts mehr und habe noch selten so einseitig gelebt wie jetzt, und das wird so dauern bis Ende September; auch die Sommerferien werden voraussichtlich fast ganz auf das Kolleg draufgehen. Hernach will ich mich bessern.

Eins muß man diesem Jahre 1872 bis jetzt nachreden; ein unverhofft schönes Klima und eine Menge von guten Spaziersonntagen. Heute muß ich es auch wieder profitieren; die Berge sind nahe, die Landschaft ungemein farbig, und morgen wird es regnen. Aus meinem Fenster kann ich die Stettener Kirche mit der Hand greifen. Um Basel herum werden wir mit Eisenbahnbauten umgarnt, daß einem öde und weh wird; Dämme, Durchstiche und ein ewiges Pfeifen und Heulen, das ist unsere nahe Zukunft. Schon die Gegenwart bietet dann in unseren Blättern einstweilen Debatten über die Tracés mit unsäglichen Schmähungen aus der Rüstkammer des angeblichen Patriotismus. ...

AN ARNOLD v. SALIS

Basel, 21. April 1872

... Den Calderon hätten Sie[2] einfach behalten können; überhaupt brauche ich diesen ganzen Sommer über weder den Band Schlegel noch die vier Bände Gries, und es bedarf

---

[1] Léon Gérôme (1824–1904), französischer Maler, Radierer und Bildhauer. Schüler von Delaroche und Gleyre, die in den Briefen an Alioth öfter zitiert werden.
[2] Über den Adressaten vgl. S. *116* des 1. Teiles dieses Buches.

nur einer Zeile von Ihnen, so sende ich alle fünf. Ich habe ganz andere Sorgen, wie die Franzosen sagen: „J'ai d'autres chiens à fouetter." Unglücklicherweise erwartet man von meinem neuen Kolleg[1] mehr, als ich werde leisten können, und mein ganzer Trost ist der: es wird auch Anno 1872 einmal Ende September werden. Mit Ausnahme der allernotwendigsten Erholungsstunden sitze ich emsig am Amboß und sehe nur immer eins: wie unförmlich dilettantisch der ganze Kurs sich anläßt, während ich doch alle mögliche gelehrte Mühe darauf wende. ...

Über Nietzsches Vorträge[2] (betr. das Studium an unseren Universitäten) wird Ihnen Herr B. das Genauste mitteilen; den letzten, von welchem wir einige Lösung der so keck und groß aufgeworfenen Fragen und Klagen erwarten, ist er uns noch schuldig, hat sich aber einstweilen zur Erholung auf zehn Tage ins Waadtland begeben. Sie hätten die Sachen hören sollen! Es war stellenweise ganz entzückend, aber dann hörte man wieder eine tiefe Trauer heraus, und wie sich die auditores humanissimi die Sache eigentlich tröstlich zurechte legen sollen, sehe ich nocht nicht. Eins hatte man sicher: den Menschen von hoher Anlage, der alles aus erster Hand hat und weitergibt.

Was Sie von der Übergangsperiode sagen, empfinden alle Denkenden und nach allen Richtungen. Auf etwas Spezielles will ich Sie aber hinweisen: auf die Mühe und Klemme, in welche das Geistige überhaupt binnen weniger Jahre geraten wird durch das in heftiger Progression zunehmende materielle Treiben, durch die allgemeine irdische Veränderung, welche mit der bevorstehenden Verteuerung des Lebens auf das Eineinhalbfache eintreten muß, durch die Reihe von Kriegen, an deren Anfang wir stehen usw. Es ist schon jetzt an dem, daß Intelligenzen von Rang, welche noch vor zehn Jahren dem gelehrten, dem geistlichen, dem Beamtenstande usw. zugefallen wären, sichtbarlich zur

[1] Über „Griechische Kulturgeschichte".
[2] „Über die Zukunft unserer Bildungsanstalten". Nietzsche hielt die unter diesem Titel zusammengefaßten Vorträge am 16. Jan., 6. Febr., 27. Febr., 5. März und 23. März 1872. Der von J. B mit besonderem Interesse erwartete 6. Vortrag hat nie stattgefunden. (Vgl. Kröners Taschenausgabe Bd. 71, S. 391 ff., S. 515 f.)

Partei der Geschäfte übergegangen sind. Wie und bis zu welchem Grade den größten Universitäten, wenn sie Lücken ersetzen sollen, jetzt schon das Holz fehlt (nämlich die genugsam geachteten jungen Gelehrten, die nicht in irgendeiner Spezialforschung sich blind und taub gelesen haben), davon habe ich ganz unglaubliche Geständnisse von eingeweihter Seite gehört.

Wenn ich nicht irre, so habe ich Ihnen schon während des letzten Krieges meine Grundansicht mitgeteilt: das Neue, Große, Befreiende muß kommen aus dem deutschen Geist, und zwar im Gegensatz zu Macht, Reichtum und Geschäften; es wird seine Märtyrer haben müssen; seiner Natur nach muß es ein Etwas sein, das bei allen politischen, ökonomischen und andern Katastrophen über dem Wasser schwimmt. Aber was? Da überfragen Sie mich. Es könnte sein, daß auch wir es verkennten, wenn es in die Welt tritt.

Einstweilen wollen wir fleißig aufhorchen und für uns lernen und lernen, was das Zeug hält. ...

AN FRIEDRICH v. PREEN

Basel, 26. April 1872

... Ich bin nicht unbillig. Bismarck hat nur in eigene Hand genommen, was mit der Zeit doch geschehen wäre, aber ohne ihn und gegen ihn. Er sah, daß die wachsende demokratisch-soziale Woge irgendwie einen unbedingten Gewaltzustand hervorrufen würde, sei es durch die Demokraten selbst, sei es durch die Regierungen, und sprach: „Ipse faciam", und führte die drei Kriege 1864, 1866, 1870.

Aber nun sind wir erst am Anfang. Nicht wahr, all unser Tun ist jetzt als beliebig, dilettantisch, launenhaft in einen zunehmend lächerlichen Kontrast geraten zu der hohen und bis in alles Detail durchgebildeten Zweckmäßigkeit des Militärwesens? Letzteres muß nun das Muster alles Daseins werden. Für Sie, verehrter Herr und Freund, ist es nun am interessantesten zu beobachten, wie die Staats- und Verwaltungsmaschine militärisch umgestaltet werden wird; für mich: wie man das Schul- und Bildungswesen in die

Kur nehmen wird usw. Am merkwürdigsten wird es den Arbeitern gehen; ich habe eine Ahnung, die vorderhand noch völlig wie Torheit lautet und die mich doch durchaus nicht loslassen will: der Militärstaat muß Großfabrikant werden. Jene Menschenanhäufungen in den großen Werkstätten dürfen nicht in Ewigkeit ihrer Not und ihrer Gier überlassen bleiben; ein bestimmtes und überwachtes Maß von Misere mit Avancement und in Uniform, täglich unter Trommelwirbel begonnen und beschlossen, das ist's, was logisch kommen müßte. (Freilich kenne ich Geschichte genug, um zu wissen, daß sich die Dinge nicht immer logisch vollziehen.) Es versteht sich, daß was man tut, ganz getan werden muß, und dann ohne Erbarmen nach oben und nach unten. In der gestrigen oder vorgestrigen „A. A. Z." war aus Berlin vom (–) Strichkorrespondenten das Programm der dortigen Zimmerleute mitgeteilt, welches Sie wohl auch in den Berliner Blättern leicht finden werden. Lisez et réfléchissez!

Die Entwicklung einer intelligenten Herrschergewalt für die Dauer steckt noch in ihren Kinderschuhen; in Deutschland zuerst wird sie vielleicht ihre Toga virilis anziehen. Es gibt hierin noch große unbekannte Länder zu entdecken. Die preußische Dynastie ist jetzt so gestellt, daß sie und ihr Stab überhaupt gar nie mehr mächtig genug sein können. Vom Innehalten auf dieser Bahn ist keine Rede mehr; das Heil Deutschlands selber drängt vorwärts. ...

AN FRIEDRICH v. PREEN

Basel, Freitag, 28. Juni 1872

... Was Ihnen Dr. Kaiser[1] schrieb, ist Wahrheit. Ich hätte es um Curtii[2] willen mit tiefem Schweigen bedeckt, aber

---

[1] Eduard Kaiser, Arzt in Lörrach, gemeinsamer Freund von J. B. und v. Preen.
[2] Ernst Curtius (1814–96), seit 1868 o. Professor der klassischen Philologie an der Universität Berlin, fragte im Auftrag des Preuß. Kultusministeriums bei J. B. vertraulich an, ob er zur Übernahme der Lehrkanzel Leopold v. Rankes bereit sei, wurde aber sofort abschlägig beschieden.

die Sache ist nach vier Wochen von Berlin und Leipzig her ausgeschwatzt und hierher gebracht worden. Den Studenten habe ich es zu dreiviertel abgeleugnet, um nicht sichtbare Ehren in Empfang nehmen zu müssen. Ich hätte um keinen Preis nach Berlin gehen dürfen, es wäre eine Malediktion auf mich gekommen, wenn ich Basel verlassen hätte. Überdies aber ist mein Verdienst nicht groß bei der Sache; wer vierundfünfzig Jahre alt ist und noch nicht weiß, welches die Bedingungen des bißchen relativen Glückes sind, das er genießt, dem wäre unter keinen Umständen zu helfen.

Hätte ich akzeptiert, so wäre ich jetzt in einer Laune zum Aufhenken, während man mir nun hier wirklich Dank weiß und dieser und jener brave Mann mir im stillen die Hand drückt. Offiziell ist die Sache hier nicht bekannt, da ich allen Lärm vermeiden wollte. Für Treitschke ist es dagegen ein großer Lebenstriumph – Heil ihm.

Weshalb ich nun so höllisch in Pressur bin mit meinem Kolleg? Das kommt daher, daß ich die Sommerferien (Mitte Juli – Mitte August) nicht an meinem Schreibtisch, sondern in Wien zubringen werde. Freund Lübke, der neulich fast direkt von Wien hierherkam, warnte mich: Wien noch ja vor der Ausstellung zu sehen, denn bald werde es dort vor Teuerung usw. nicht mehr zu prästieren sein. Ich gehe nun in den Wochen hin, da Wien sonst gemieden ist, um Belvedere usw. gründlich anzusehen – alles nur Mühe und Arbeit; ich ginge wahrhaftig lieber irgendwo in die Berge: – Nun muß ich für die klaffenden Lücken in den späteren Teilen des Kollegs in aller Eile sorgen; was ich nicht heilen kann, das verbinde ich, und was ich nicht verbinden kann, das stopfe ich mit Moos. Bitte nur, es meinen Studenten nicht zu verraten. Bis jetzt sind mir meine sechzig (!) eingeschriebenen Zuhörer ganz treu geblieben.

Im Spätjahr finden Sie mich dann sicher hier, denn die goldene Phantasmagorie von Riviera oder gar von Palermo ist mit dem Wiener Projekt natürlich unverträglich geworden. ...

AN FRIEDRICH v. PREEN

Basel, 3. Oktober 1872

... Ich mußte vor allem mit dem Kolleg fertig sein, welches mich auf eine heillose Weise präokkupierte; nun wäre, gottlob! dieses vorüber und für immer; es hat sich ein Retter aufgetan, ein trefflicher neuer Privatdozent, der mir die ganze alte Geschichte abnimmt, welche ich doch nur auf mich geladen hatte, weil sie niemand las[1]. Gewonnen habe ich die Studien, welche ich für das letzte Kolleg machte und die mich nie reuen werden; auch kann ich jetzt ruhig sterben, was ich nicht gekonnt hätte, wenn ich nicht wenigstens einmal „Griechische Kulturgeschichte" gelesen hätte.

Wien, das Sie ja meines Wissens kennen, war ganz herrlich; zwanzig Tage ungetrübten Genusses und die freundlichsten Begegnungen mit lauter unbekannten Leuten; auch machte ich wieder, wie einst in Neapel, die Erfahrung, daß mir die größte Hitze, wenn Luft und Wasser gut sind, nicht nur nichts schadet, sondern mich erheitert. – Näheres zu erzählen habe ich freilich nicht; ein Tag ging wie der andere hin mit mehr oder weniger fleißigem Einheimsen von Beobachtungen und Notizen über Kunst und Altertum und mit gutem und angenehmem Leben. Politisiert wurde fast gar nicht; wo zufällig die Rede diese Richtung nahm, kam ich auf eine ganz wunderbare Zerfahrenheit. Nur eines wurde mir sehr deutlich: der wachsende Widerwillen gegen die allmächtigen Juden und deren durch und durch käufliche Presse. – Die ganze Linzer Affäre Gabriel[2] war eine bloße Machenschaft der Wiener Zeitungsjuden, deren Patrone schon um ihrer Sicherheit willen solche Geschichten nicht mehr entbehren können. Es ist schon ein wahres Duell zwischen Israel und den sogenannten Ultramontanen

---

[1] In Wirklichkeit hat J. B. das Kolleg über „Griechische Kulturgeschichte" noch sechsmal gelesen: S. S. 1874, 1876, 1878, 1880, W. S. 1883/84 und 1885/86 als überhaupt letztes seiner historischen Kollegs. Vgl. B. G. A., Bd. VIII, S. XXIX.

[2] Die Wiener Presse hatte einen Karmeliterpater Gabriel beschuldigt, eine 21jährige Näherin durch unzüchtige Reden und Berührung in der Beichte irrsinnig gemacht zu haben. (Strauß)

vorhanden. Wer von draußen sekundiert, ist ziemlich augenfällig.

Die Politik kann einem überhaupt verleiden, nur hat sie die Macht, uns ans Fenster zu klopfen, auch wenn wir nicht hören wollen. Das Neueste, womit man uns in Sorgen versetzt, ist ein mögliches neues Aufkommen der Kommune in Frankreich, „vorhergesehen" von Bismarck, der sich bei der Dreikaiserzusammenkunft carte blanche geholt haben soll, mit Frankreich weiter zu „verfahren". – Hiermit stelle ich folgende sichere Tatsache zusammen: In einem größeren hiesigen mechanischen Atelier melden sich in ziemlicher Zahl Arbeiter aus Frankreich (Franzosen notabene) von der besseren, ruhigen Kategorie, welche ausdrücklich erklären, sie sähen die Kommune wiederkommen und wollten dies nicht zum zweitenmal durchmachen.

Und nun der furchtbare Exodus aus dem Elsaß! Viele Leute sagen: wenn Preußen das gewußt hätte, so würde es nicht usw. usw. – Preußen hätte aber nur irgendeinen alten Basler Bürger, der Elsaß kennt, zu fragen brauchen, so hätte es zum voraus erfahren, wie die Dinge gehen würden, zum Beispiel schon im Jahre 1867 (als ich einen preußischen „Stimmungsreporter", eine nicht eben angenehme Individualität, zu Straßburg im Rebstock antraf. Was der mag nach Berlin getragen haben!)

Aber man hat ein Polen gewollt und nun hat man eines; ohne diese offene Wunde wäre eben Süddeutschland nie in der nötigen Ordnung zu halten.

Eduard v. Hartmann, welcher „für einen Philosophen" ein wenig viel in Zeitschriften arbeitet, hat neulich in Lindaus „Gegenwart" einen merkwürdig pessimistischen Aufsatz über die allgemeine politische Lage Deutschlands gehabt. – Und nun kommt noch ibidem der alte Rosenkranz mit einer Betrachtung über die zunehmende Einförmigkeit unserer Zivilisation. Es wird einem zumute, als ob man an einem Regensonntag in den Nachmittagsgottesdienst müßte – es wird aber wohl das klügste sein, wir bleiben einstweilen so munter als möglich und tun gar nicht dergleichen, als ob böse Zeichen am Himmel wären. Trifft dann das Übel nicht ein, so ist unsere Handlungsweise reiner Profit.

Ferner habe ich provisorisch geschworen: mit Willen wenigstens keine große pressante Arbeit mehr zu übernehmen, wie das letzte Kolleg war, sondern nur noch recht fleißig am Laufenden, an den gewohnten Kursen usw. weiterzuarbeiten. – Ferner, wie übel wäre mir jetzt zumute, wenn ich mit meinen Habseligkeiten auf der Reise nach Berlin wäre? Während ich jetzt die regenfreien Nachmittage zu stillen und beschaulichen Ausflügen nach verschiedenen guten Wirtshäusern Oberalemanniens benutze. Vorgestern war ich ad cervum, wo Kaiser viel von einem Brief von Ihnen sprach. Die Frau Posthalterin verjüngt sich jetzt förmlich, da in vierzehn Tagen ihre Mühe und Arbeit aufhören soll. – Freilich, mit den Jahren werden am Ende auch wir ausbleiben, und: isch's Gottswill, so sterbe mer alli! sagt Hebel. ...

AN BERNHARD KUGLER

Basel, Mittwoch, 20. Nov. 1872

... Zu dem, was Sie über Ihre eigene Stellung in Tübingen sagen, gebe ich meinen herzlichen Glückwunsch. Wer frei vorträgt, vor 100 Leuten liest und ökonomisch geborgen ist wie Sie, liebster Herr und Freund, der mag zu allem lachen. Es ist ganz einerlei, ob Sie jetzt Ordinarius werden oder nicht, ob eine Anzahl von Stellenjägern im Norden über Ihre Tendenz dies oder jenes meint oder zu meinen vorgibt, man wird Sie bald irgendwo holen und haben müssen; tun Sie nur gar keine Schritte mehr, und zeigen Sie gegenüber von gewissen Leuten einen leisen Anflug von Verachtung; da werden dieselben artig.

Es ist höchst ergötzlich, das Kliquen- und Klaquenwesen gänzlich draußenstehend und dessen nicht bedürfend mit anzusehen und den Leuten bei Anlaß zu verstehen zu geben: „Mich könnt ihr weder sieden noch braten, und eines schönen Tages werde ich über all eure Köpfe weg berufen werden." Dergleichen passiert nämlich ganz unversehens, während die vivi eruditissimi alle in ihrem Mushake lesen und nachforschen, ob nicht jemand 75 Jahre alt oder sonst etwa pensionsfähig sei.

Also Courage! Wenden Sie täglich mehr Zeit auf den freien Vortrag und lassen Sie denselben noch in diesem Semester zu einem gänzlich freien werden! Es kommen einem ganz andere Ideen als beim Ablesen, und man ist ein ganz anderer Herr! Man gibt ganz andere Sachen und liest die Quellen ganz anders....

AN BERNHARD KUGLER

Basel, 11. Dezember 1872

Liebster Herr und Freund!

Ihr Vorschlag[1] gereicht mir zu großer Freude, und ich nehme es als ein Omen bester Qualität, daß die Namen Kugler und Burckhardt wieder auf einem und demselben Titel erscheinen[2].

Ich erteile Ihnen souveräne Macht über Erweiterung und Änderung des Textes. Über diesen Punkt kann in einem kurzen Vorwort etwa folgendes bemerkt werden:

„Der ursprüngliche Verfasser, durch anderweitige Aufgaben dem Gegenstande einigermaßen fremd geworden, hat dem Bearbeiter freie Hand gelassen, nicht nur in Beziehung auf den Stoff, sondern auch auf die Anschauung und Beurteilung der Dinge. Letztere wird durch die Erweiterung der Studien seit 13 (oder 14) Jahren und durch die seitherigen großen Weltveränderungen im Süden und Norden mannigfach eine andere geworden sein, ohne daß ihr dies zum Tadel gereicht."

Was meinen Sie, wenn es durch Erweiterungen geradezu zwei Bände würden, etwa „Bändchen"? Hiezu freilich würde Seemann ein entscheidendes Wort reden.

A propos von ihm: er ist alleiniger Besitzer des Buches, und ich habe keinen Schatten von Eigentumsrecht. Dies schreibe ich Ihnen, damit Sie ihn tüchtig brandschatzen, wie er es durch die liederliche, inkorrekte Ausstattung der 2. Auf-

---

[1] Kugler hatte, vom Verleger Seemann angeregt, J. B. angeboten, die notwendig werdende 3. Aufl. der „Kultur der Renaissance" zu übernehmen.

[2] Wie bei der 2. Auflage von Franz Kuglers „Handbuch der Kunstgeschichte" und „Geschichte der Malerei".

lage verdient hat[1]. Also noch einmal: nur keine égards um meinetwillen, denn mich geht das Buch pekuniär gar nichts mehr an.

Die Idee, mein Buch in Ihre Hände zu geben, ist für Seemann zu gut; der Tausendkerl Lübke hat das ausgesonnen.

Mir ist nur eins leid: daß nämlich Sie wieder um so viel länger von demjenigen originalen Opus vitae abgehalten werden, mit welchem Sie entscheidend Posto fassen müssen unter den Universalhistorikern. Sie wissen, ich rate noch immer auf irgendeine Partie aus dem 15. Jahrhundert.

Mein korrigiertes Exemplar will ich Ihnen nach Neujahr zusenden.

Es versteht sich, daß ich Ihnen auch völlig neue Anordnung des Stoffes, Umstellung der Hauptsachen etc. völlig überlasse.

Man muß nicht bloß die Hände, sondern auch die Ellbogen und die ganze Person frei haben.

Nun in aller Eile mein herzliches Glück auf!

      In Treuen der Ihrige J. Burckhardt.

AN FRIEDRICH v. PREEN

      Basel, Silvester 1872

... Danken Sie Gott, wenn Sie übersehen werden, d. h. wenn die Menschheit Ihnen zu verstehen gibt, daß andere Leute Mode geworden sind, und legen Sie sich auf die Kontemplation, notabene auf das Sammeln von Beobachtungen aus Welt und Zeit, und zwar von schriftlichen Beobachtungen. Ihre Laufbahn ist gerade bewegt und vielseitig genug gewesen, um Ihnen unzählige Sphären des Daseins bekanntzumachen, und doch haben Sie nicht so aufs hohe Meer hinaus müssen, daß die Lust zur Betrachtung dabei hätte untergehen müssen. – Ich habe mir den ganzen Grillparzer angeschafft und bin aus Dramen, Selbstbiographie und Aufzeichnungen aller Art, die dieser Weltflüchtling hinterlassen, mit Staunen inne geworden, wie nützlich und fruchtbar eine solche Zurückgezogenheit für die Nachwelt werden kann. ...

[1] Diese war 1868 erschienen und von J. B. noch selbst besorgt worden.

Was die Abnahme der geistigen Spontaneität in Deutschland betrifft, so wird sich wohl in irgendeinem meiner Briefe von vor zwei Jahren, wenn Sie dieselben unglücklicherweise sollten aufbewahrt haben, eine Weissagung dieses Inhaltes vorfinden. Die Sache wird einzig nur durch aszetische Menschen anders werden, welche unabhängig von den enorm verteuerten großen Städten, fern von allem Gründertum und von dem horrenden Luxus, dem die offizielle Literatur und Kunst verfällt, dem nationalen Geist und der wahren Volksseele wieder zum Ausdruck verhelfen werden. Einstweilen hat Richard Wagner den Vordergrund der Szene völlig inne. Ein Narr, wozu man ihn hat avancieren wollen, ist er nicht, sondern ein rücksichtsloser und kühner Mensch, der den Augenblick meisterlich am Schopfe faßt. Die sind Narren, welche er mit Füßen getreten und damit zur rückhaltlosen Huldigung bewogen hat. Entsinnen wir uns doch ein wenig, ob Bismarck nicht auch ein Narr hieß. Im übrigen wird mir eine hochwichtige Seite der Musik erst in neuerer Zeit recht klar: man kann nämlich ihr und einer großen Menge nervöser Leute, die ihr anhängen, völlig aus dem Wege gehen. Dafür spiele ich in meiner Stube sehr schöne Sachen sehr schlecht und brauche dafür keinem Menschen Rechenschaft zu geben.

Weshalb Filius nicht zum Militär genommen wurde, ist mir völlig dunkel; wohl aber beglückwünsche ich Vater und Sohn ob dieser Befreiung, welche für die höhere Ausbildung eine wahre und große Wohltat ist.

Werke über neuere Geschichte (worunter doch wesentlich unser liebenswürdiges Jahrhundert gemeint sein wird) lese und kenne ich nicht; seit Gervinus habe ich einen Abschmack an solchen Büchern, und was die Sache selbst, nämlich besagtes Jahrhundert, betrifft, so habe ich meine einseitige Brille, durch welche ich es betrachte. Übrigens nähme ich an Ihrer Stelle das erste beste kurze Buch, welches die Tatsachen in irgend einem oberflächlichen Zusammenhang behandelt, denn die Darstellung ist ja in einer großen allgemeinen Mauserung begriffen, und man wird einige Jahre warten müssen mit Anschaffungen, bis die ganze Weltgeschichte von Adam an siegesdeutsch angestrichen und auf

1870 bis 1871 orientiert sein wird. Den nächsten Krieg gewinnt man ohnehin gewiß auch noch, nur die nationalliberale Grundlage der Anschauung möchte inzwischen etliche bedenkliche Risse bekommen haben.
Gäbe uns, Ihnen, wertester Herr und Freund, wie mir, das Jahr 1873 Ruhe, Stille, Ergebenheit ins Schicksal und einen hellen Kopf zur Weltbetrachtung!

AN FRIEDRICH v. PREEN
Basel, 29. Dezember 1873

... Was war das für ein geschwindes Jahr! So schnell ist mir selbst unter den furchtbar rennenden letzten Jahren keines vorübergegangen; lauter Arbeit und sonst nichts mehr. Im Januar der Tod meiner trefflichen Schwester und seither nur die Erinnerung, daß ich im Sommer in Holland gewesen sei und Sie auf dem Heimweg in Bruchsal besucht habe; von den Herbstferien entsinne ich mich nur noch eines göttlichen Abends in der Umgegend von Säckingen. Und nun vollends das neue Jahr, welches, wenn ich die Gesundheit behalte, noch in schnellerem Strudel dahingehen wird. Ich sagte Ihnen in Bruchsal, ich würde das Pädagogium aufgeben und dafür neben der Geschichte regelmäßig auch Kunstgeschichte lesen; dies ist nun in der Tat beschlossen, aber nur halb; ich behalte die oberste Klasse des Pädagogiums und lese die Kunstgeschichte nur dreistündig statt fünfstündig. Es ist besser so, indem ich zu den Spezialstudien einer ernsten kunstgeschichtlichen Professur weder Zeit noch Kräfte mehr hätte. Ich habe mein Anerbieten (welches dringend gewünscht worden war) so unabhängig gestellt als möglich: „Es wäre mir lieber, alles bliebe, wie es ist; die Behörde soll so gut sein, in meiner Offerte ein wahres Opfer zu erkennen; sobald die Behörde irgendeinen geeigneten Kunsthistoriker gewinnen kann, trete ich je eher je lieber von dem kunstgeschichtlichen Dozieren wieder zurück und übernehme statt dessen geschichtliche kleinere Nebenkurse zu meinen Hauptkursen." – Dies alles habe ich so deutlich wie möglich hingeschrieben, damit gar niemand im Zweifel bleiben könne! Eins habe ich aber leider nicht einmal betonen dürfen: nämlich, daß ich mein eigener Konkurrent werde und in den geschichtlichen und kunstgeschichtlichen Kursen zusammen kaum mehr Zuhörer haben werde als bisher in den geschichtlichen allein; und für den freien Vortrag (unter uns gesagt) macht es etwas aus, daß das Auditorium nicht zu leer sei.

Nun aber genug von mir; ich bin nur noch Beamter, lese kein neues Buch mehr und von den Zeitungen so wenig als möglich. Die Welt erscheint mir mehr und mehr des Teufels zu sein, wie schon im Neuen Testament deutlich zu lesen. Bei uns in der Schweiz eine ewige erbarmungslose Revisionshetzerei, deren tiefster Kern darin liegt, daß etwa zweitausend Leute keinen Frieden geben werden, bis etliche hundert Schul-, Verwaltungs und Militärämter mit den betreffenden Besoldungen für sie und ihre Brut kreiert sein werden. Dazu die allerlächerlichsten Armeereformprojekte, ganz als ob wir in den Waffen je etwas bedeuten würden gegenüber der geschwinden Politik eines gewissen Großstaates und der übrigen. Wenn man uns ja haben will, wickelt man uns rasch in eine Sympathiefrage oder Allianz hinein, und dann Ade Unabhängigkeit. ...

AN FRIEDRICH NIETZSCHE

Basel, 25. Febr. 1874

Verehrtester Herr Collega!
Indem ich Ihnen für die Zusendung des neuen Stückes der „Unzeitgemäßen Betrachtungen"[1] meinen besten Dank sage, kann ich nach raschem Durchfliegen der gewaltig inhaltsreichen Schrift nur einstweilen zwei Worte erwidern. Ich hätte eigentlich hierzu das Recht noch nicht, da das Werk sehr reiflich und allmählich genossen sein will, allein die Sache geht unsereinem so nahe, daß man in die Versuchung kommt, sogleich etwas zu sagen.

Vor allem ist mein armer Kopf gar nie imstande gewesen, über die letzten Gründe, Ziele und Wünschbarkeiten der geschichtlichen Wissenschaft auch nur von ferne so gut zu reflektieren, wie Sie dieses vermögen. Als Lehrer und

[1] „Vom Nutzen und Nachteil der Historie für das Leben."

Dozent aber darf ich wohl sagen: ich habe die Geschichte nie um dessentwillen gelehrt, was man pathetisch unter Weltgeschichte versteht, sondern wesentlich als propädeutisches Fach: ich mußte den Leuten dasjenige Gerüste beibringen, das sie für ihre weiteren Studien jeder Art nicht entbehren können, wenn nicht alles in der Luft hängen soll. Ich habe das mir mögliche getan, um sie zur eigenen Aneignung des Vergangenen – irgendeiner Art – anzuleiten und ihnen dieselbe wenigstens nicht zu verleiden; ich wünschte, daß sie aus eigener Kraft möchten die Früchte pflücken können; auch dachte ich gar nie daran, Gelehrte und Schüler im engeren Sinne großzuziehen, sondern wollte nur, daß jeder Zuhörer sich die Überzeugung und den Wunsch bilde: man könne und dürfe sich dasjenige Vergangene, welches jedem individuell zusagt, selbständig zu eigen machen, und es könne hierin etwas Beglückendes liegen. Ich weiß auch recht wohl, daß man ein solches Streben, als zum Dilettantismus führend, tadeln mag, und tröste mich hierüber. In meinen vorgerückten Jahren ist dem Himmel zu danken, wenn man nur für diejenige Anstalt, welcher man in concreto angehört, ungefähr eine Richtschnur des Unterrichts gefunden hat.

Dies soll nicht eine Rechtfertigung sein, welche Sie, hochverehrter Herr Collega, ja nicht von mir erwarten, sondern nur ein rasches Besinnen auf das, was man bisher gewollt und erstrebt hat. Ihr freundliches Zitat S. 29 macht mir einige Sorge[1]; wie ich es lese, dämmert mir auf, das Bild sei am Ende nicht ganz von mir, und Schnaase könnte einmal sich ähnlich ausgedrückt haben. Nun, ich hoffe, es rückt mir's niemand auf.

Diesmal werden Sie zahlreiche Leser ergreifen, indem Sie ein wahrhaft tragisches Mißverhältnis in harte Sehnähe gerückt haben: den Antagonismus zwischen dem historischen Wissen und dem Können, resp. Sein, und wiederum

---

[1] S. 120 von Bd. 71 der Krönerschen Taschenausgabe heißt es: „Ein solcher [antiquarischer Geschichts-] Sinn und Zug führte die Italiener der Renaissance und erweckte in ihren Dichtern den antiken italischen Genius von neuem zu einem ‚wundersamen Weiterklingen des uralten Saitenspiels', wie J. B. sagt."

denjenigen zwischen der enormen Anhäufung des sammelnden Wissens überhaupt und den materiellen Antrieben der Zeit.

Mit nochmaligem bestem Danke verharrt hochachtungsvoll Ihr ergebenster J. Burckhardt.

AN FRIEDRICH v. PREEN

Basel, 31. Mai 1874

Meinen herzlichen Glückwunsch zu Ihrer Erlösung aus dem zwar ganz merkwürdigen, aber für Sie und Ihre werte Familie wirklich nicht geeigneten Bruchsal[1].... In Karlsruhe bin ich voriges Jahr, als ich von Ihnen kam, wieder zwei Stunden herumgestrichen; was in einer Ebene geschehen kann, ist doch geschehen, und manches, wie zum Beispiel der neue Badbau, ist wirklich sehr schön. Und in sozialer Beziehung werden Sie dort gewiß haben, was Ihre Wünsche verlangen. – Wissen Sie, daß es vor einigen Jahren ganz leicht möglich gewesen wäre, daß ich statt Woltmanns an die polytechnische Schule kam? Da wären wir jetzt Landsleute und Kollegen im Staatsdienst geworden. Item, ich habe seither noch mehr als einmal denselben Bescheid geben müssen: daß ich nicht von hier weggehe. Ich habe die hiesige Entwicklung, die gerade nicht angenehm zu werden verspricht, seit langen Jahren vorausgesehen und weiß, daß es für mich kein „ruhiges Alter" und dergleichen geben wird, aber ich habe nie das Signal zum Ausreißen geben wollen. Es mag in Basel gehen, wie es will, ich will dabei sein.

Im April war ich sechzehn Tage in Paris, um Stiche, Lithographien, Photographien zu kaufen für mein neues kunsthistorisches Amt, das ich seither angetreten habe. Politisches habe ich nicht erfahren, da ich bloß mit Geschäftsleuten zu sprechen kam. Man hätte gerne la république des honnêtes gens und spricht löblich von Thiers, aber nebenbei wird geseufzt: ce qu'il nous faudrait, ce serait un gouvernement fort, und das kommt in jenen geschäftlichen Sphären von Herzen. Gegenwärtig lese ich fünf Stunden Geschichte,

[1] v. Preen war Stadtdirektor von Karlsruhe geworden.

drei Stunden Kunstgeschichte und habe außerdem die dritte Klasse des Pädagogiums beibehalten, vier Stunden. Jetzt wird wenigstens niemand sagen können, ich esse mein Brot in Sünden. – Für die Kunstgeschichte, obgleich ich ja nur flüchtige, dreistündige Kurse lese, muß ich doch ganz anders nacharbeiten, als ich dachte; meine Hefte von Zürich (1855/58) genügen mir für mein nunmehriges Auditorium (und vielleicht für meine seither erreichte größere Reife, wie ich mir etwan schmeichle) auf keine Weise mehr; ich muß sehr übersichtlich verfahren und in Kürze klar sein. Und wenn unsere hiesigen Verhältnisse nicht gar zu bedenklich werden, steht es mir doch noch bevor, daß ich ein halbes Jahr Urlaub nehmen muß für Italien und eine Spritztour nach Athen, wobei ein bedeutendes Geld draufgehen wird[1].

Es ist schön und edel von Ihnen, daß Sie meinen alten vergessenen „Konstantin" mit Ihrer Teilnahme beehren. Wenn ich nicht 1852 bald nach Vollendung des Buches meine hiesige Stelle verloren hätte (wobei ich mit Gewalt auf die Kunstgeschichte gewiesen wurde), so würde ich eine Reihe solcher kulturgeschichtlichen Schilderungen aus dem Mittelalter geschrieben haben, wovon die Kultur der Renaissance das Schlußbild gewesen wäre. Nun bin ich auch ohnedies mit anderen Tätigkeiten alt geworden und habe doch immer zu leben gehabt. ...

AN BERNHARD KUGLER

Basel, 14. Juni 1874

... Die Übernahme der Spanischen Geschichte bei Heeren und Ukert ... wäre eine gewaltige Spezialarbeit für eine Reihe von Jahren, verbunden mit einer nicht unbedeutenden Knechtschaft, wobei das Lehramt leicht Schaden leiden könnte. Ich weiß nun nicht, wie Sie dergleichen ansehen; wer das Lehramt so sehr überschätzt wie ich, hat vielleicht nicht mitzureden. Ließe einem der Verleger Zeit, daß man das Opus vitae daraus machen und alles hübsch ausreifen könnte, so gäbe es nichts Besseres; allein man gehört in eine

[1] Dazu ist es nie gekommen!

Reihe, und Perthes jun. oder wer jetzt Verleger ist, will
jährlich wohl soundsoviel Bände liefern. Ferner und hauptsächlichstens: man ist an einen bestimmten Stil, an einen
bestimmten Grad der sachlichen Vollständigkeit gebunden
und soll der deutschen Gelehrsamkeit ein Bestimmtes von
Erudition in rebus Hispanicis sauber gearbeitet ins Haus
liefern. Dies wäre nun für meine Eigenwilligkeit durchaus
inakzeptabel; ich spreche in Büchern absolut nur von dem,
was mich interessiert, und behandle die Sachen nur danach,
ob sie mir und nicht ob sie dem Gelehrten Kunz oder dem
Professor Benz wichtig scheinen.

Ich will mich nun einmal auf Ihren Standpunkt zu versetzen suchen und in Ihrer Maske sprechen: „Da kommt
nun der Verleger und trägt mir eine Arbeit an, die mir
6–8 Jahre keinen ruhigen Augenblick läßt, wenn ich sie
so absolvieren soll, wie in den betreffenden Spezialeruditionskreisen verlangt wird. Aber das Thema ist schön und
tentiert mich. Blitz! da kommt mir eine Idee! ich bin ja
in Erdendingen so gestellt, daß ich mich nicht zu schinden
brauche; ich lasse die schweinslederne Geschichte von
Spanien für Perthes einem andern und reise auf eigene
Faust nach Spanien sobald es wieder sicher wird, und
studiere über Spanien und schreibe über Spanien, was mir
gefällt – 2 Bände statt 5 oder 6, wie ich will."

Jetzt bitte ich aber recht um Entschuldigung wegen meiner
Keckheit; ich kann nur sagen, daß ich es gut mit Ihnen
meine. Es ist gar nicht die geistige Anstrengung, die ich
Ihnen ersparen möchte, sondern nur die Knechtschaft unter
Normen, die ohne unser Zutun von andern festgesetzt
werden.

Und das arme „Konzil von Konstanz?" Nun, wenn Sie es
nicht wollen, so rate ich es einem andern an und schreibe
dies wunderschöne Thema am Ende selbst, wenn es niemand will.

Meinen besten Glückwunsch dazu, daß Sie die Tübinger
Jubiläumsschrift losgeworden sind. Dergleichen ist überhaupt eine Arbeit für bemooste Häupter, für alte Kracher
und nicht für Leute, die noch aufs hohe Meer hinaus
müssen. ...

AN BERNHARD KUGLER

Basel, 5. Oktober 1874

... Ich meinerseits, der ich meine Werke auf andere Schultern abgeladen und keine Bücher mehr schreibe, erfreue mich einer Gesundheit, wie ich sie eigentlich gar nicht mehr haben sollte, bin auch jeden Tag bereit, deren allmähliche Abnahme zu erleben, und will mich dann in Geduld fügen. Einstweilen aber geht meine Erfahrung dahin, daß gelehrte Autorschaft eins der ungesundesten und bloßes Dozieren (so beschwerlich es sei und so umständlich die dazugehörenden Studien und Vorbereitungen) eines der gesundesten Metiers auf der Welt ist. Alles nur Stehen, Gehen und Sprechen, dazwischen alle acht Tage ein tüchtiger Bummel bei irgendwelchem Wetter, und hie und da eine Flasche vom Besseren, ferner keine überheizten Zimmer im Winter, und den Hals frei tragen, das tut gut. Das einzige, was ich sehr vermeide, sind nasse Füße. – Sehen Sie jetzt meinen Cicerone! bald nach seiner Mitarbeit an der 2. Auflage starb der herrliche Mündler; gegen Ende der 3. Auflage nahm sich Zahn das Leben[1]; die 4. wird hoffentlich der feine, geistvolle, gentile Bode übernehmen, aber er kränkelt, und ich, der Urheber von allem, bin noch immer wohlauf.

Aber einen beschwerlichen Winter mit acht Stunden Kollegien (darunter Neues), vier Stunden Schule und sechs Extraabenden vor gemischtem Publikum habe ich vor mir[2]. Es muß aber sein....

AN HEINRICH v. GEYMÜLLER

Basel, 27. Dezember 1874

... In unseren heutigen Zeiten mag man bisweilen über die Fülle herrlicher kunstgeschichtlicher Sammelwerke in

[1] Mündler starb am 14. April 1870, v. Zahn 1873.
[2] J. B. sprach an je 3 Abenden über „Leben und Sitten des Adels um 1500" und „Über die niederländische Genremalerei". Zu letzteren vgl. J. B., Vorträge, hrsg. v. E. Dürr, S. 60ff.; Kröners Taschenausgabe Bd. 56, S. 41 ff.

ein embarras de richesse geraten, ich glaube aber, es ist ein wahrhaft providentieller Zug darin.

Es läßt sich denken, daß der an sich ziemlich prosaische Geschäftsmann Braun in Dornach einer höheren Macht diene, daß der Vatikan hat noch müssen photographiert werden, bevor etwa ein schauderhaftes Schicksal über seine Fresken geht.

Seit der Pariser Kommune ist überall in Europa alles möglich, hauptsächlich deshalb, weil überall gute, vortreffliche, liberale Leute vorhanden sind, welche nicht genau wissen, wo Recht und Unrecht sich abgrenzen und wo die Pflicht von Widerstand und Gegenwehr beginnt. Diese sind's, welche überall den entsetzlichen Massen die Türen aufmachen und die Pfade ebnen. Gott besser's. ...

AN FRIEDRICH v. PREEN

Basel, 30. Dezember 1874

... Um eines sind Sie zu beneiden: daß Sie erst jetzt in aller Reife der Erfahrung Rankes „Päpste" lesen, welche ich schon in meinen Studentenjahren verschlang und stellenweise auswendig wußte, nunmehr aber nicht mehr mit dem vollen alten Zauber genießen kann. Dies und der erste Band seiner Deutschen Geschichte im Zeitalter der Reformation sind nach meiner Ansicht seine eigentlichen Meisterwerke, während mir in der Französischen Geschichte manches fehlt und in der Englischen Geschichte sogar eine gewisse Langweiligkeit entgegentritt, weil ihm hier der universalhistorische Atem und Maßstab ausgeht. Dagegen halte ich viel von der geschmähten Preußischen Geschichte. Die neuesten Sachen seit dem Wallenstein sind zwar für sein hohes Alter höchst erstaunliche Leistungen, ich habe ihn aber auf gewissen Parteilichkeiten gegen das Haus Österreich ertappt und traue ihm in gewissen Fragen nicht mehr. Im Gespräch soll er noch von unglaublichem Feuer sein; er hat jemanden, der es mir erzählt hat, diesen Sommer auf die Stunden zehn bis zwölf Uhr nachts bestellt und denselben durch seine Konversation ins alte bare Erstaunen versetzt.

Mein Jahr 1874 hat mir allerlei Gutes gebracht, zunächst, daß ich habe meine kunstgeschichtliche Karriere glatt antreten und ohne große Störung mich hineingewöhnen können, daß ich meine Gesundheit behauptet und einige starke Fußtouren erprobt habe, daß ich leidlich viel in heiterer Gesellschaft gewesen bin, daß ich mich an die bedenkliche Zukunft, die uns hier bevorsteht, in Gedanken gewöhnt habe und nicht daran verzweifle, auch fernerhin auf Menschen zu wirken. Daß das alles hinfällige Sachen sind, das weiß ich, und nötigenfalls denke ich mit dem Chor in Heyses „Meleager":

> „Klaget nicht die Götter an,
> Daß sie uns bis heut so wohlgetan;
> Noch in Tränen wollen wir uns freuen."

Heute erhielt ich die Todesanzeige eines alten Freundes aus meiner Berliner Studienzeit und habe große Revue alter schöner Erinnerungen gehalten. Es ist gut, daß die Seele in jungen Jahren noch nicht weiß, was später für Jahrzehnte des Darbens kommen können, bis man endlich irgendwie an die Einsamkeit gewöhnt ist. ...

31. Dezember

Heute früh ist 8° minus, indes habe ich mich zu erinnern, daß mindestens zwei- bis dreimal in der Silvesternacht die Kälte gelinder wurde und das Wetter brach. Wissen Sie, daß seit der Bourbaki-Weihnacht schon fünf Jahre verstrichen sind? Ganz unbillig lange Friedenszeit seither! Wir werden wohl bald wieder Abwechslung erleben. Die große Depesche[1] hat manche Leute stutzig gemacht, die sonst nicht leicht stutzig zu machen sind; es ist nur auf einer anderen Seite die Politik Philipps II., der nicht bestehen zu können glaubte, wenn um ihn herum nicht alles todschwach war. Ich habe nichts dagegen, daß die Presse in unerhörtem Umfang gekauft, expreß gegründet, oder doch

---

[1] Vermutlich die Ende 1874 im Arnimprozeß bekanntgewordene Zirkular-Depesche Bismarcks vom 14. Mai 1872, in der die Großmächte zu einem Einvernehmen angeregt wurden, bei der kommenden Papstwahl einen genehmen Papst durchzusetzen. (Strauß)

wenigstens durch Gratisartikel, (welche auch aus Rom, London, Paris usw. datiert sein mögen) obligiert wird; die Macht im 19. Jahrhundert verfährt nun einmal so, aber unleidlich ist mir in gewissen Blättern der ungeheißene und übereifrige Büttelton, womit sie für den Herrn und Meister Polizei machen. Surtout pas de zèle! warnte schon ein Minister des alten Napoleon. ...

AN ROBERT GRÜNINGER

Rom, 1. April 1875

Lieber Herr und Freund.
Nachdem ich gestern abend hier angelangt und heute einstweilen durch die Rafaelischen Fresken, die Pinacoteca und Sistina gelaufen bin, will ich nur gleich schreiben, bevor ich den Abendgang nach dem Kolosseum etc. antrete, denn in den nächsten Tagen möchte die Zeit, mein Versprechen zu lösen, rar sein. So elegant das Albergo Centrale ist, habe ich doch einen wackligen Tisch, so daß Sie mit meiner Handschrift vorliebnehmen müssen.
Auf der Fahrt am vorletzten Dienstag hörte ich kein gescheites Wort mehr als eins, in einem Diskurs zweier Leute über die Vorzüge von Belfort und Rastatt; einer sagte: Ja, Belfort isch woll schöön, weder (= aber) Rastatt isch schööner vo wege der Underminierig, wyl alles underminiert isch! – Ein wahrhaft symbolisches Wort für unsere Zeit, da die Schönheit für viele Leute in der Unterminiertheit der Dinge besteht! – Nach dem Tunnel von Palézieux lag der Genfer-See im reinsten Vollmondglanz in der Tiefe, und in den Lüften glaubte ich deutlich die Dent du Midi zu erkennen. Aber in Lausanne wehte des Nachts eine jener heulenden Bisen, die einem die ganze welsche Schweiz verleiden können; es war kaum möglich, sich auf den Beinen zu halten. Mittwochs über Genf nach Savoyen, welches ich sehr viel schöner fand, als ich geglaubt hatte, zumal die Fahrt längs dem Lac du Bourget. In Chambéry, welches von einer Berglandschaft der reichsten und tollsten Art umgeben ist, sah ich die erste größere Pflanze mit frischem Grün; es war eine mächtige Trauerweide vor einer

Villa. Die Nachtfahrt durch den Mont Cenis, mit guten Chaufferetten und bei hellem Vollmond, war ganz leidlich; ³/₄ auf 5 erwachte ich von einem erquickenden Morgenschlummer in Turin, und bin also, wie einst der von Scheria kommende Odysseus auf Ithaka, im Schlaf in Italien gelandet. (Prosaisch gesagt: ich habe es eben verschlafen.) In Turin hatte ich 2 ½ Stunden frei und lief in der Stadt herum, während die letzten Gasflammen, der Vollmond und das Tagesgrauen ineinander überspielten wie die drei Orchester im Don Juan. Den Sonnenaufgang erwartete ich auf der hohen Terrasse der Cappucini; über den Po und die ganze prächtige Stadt hinweg sieht man die Alpenkette; ich hatte gerade Zeit, bis die ganze Reihe rot zu schimmern anfing. Aber Eis und Schnee waren überall; an den beschatteten Stellen lag der Schnee bis Alessandria; fabelhaft schön aber war es dann, in die volle warme Frühlingsluft von Genua hineinzudampfen, welches durch das Vorherrschen der immergrünen Vegetation auch den Schein des wirklichen Frühlings hervorbrachte, während man recht wohl sah, daß das eigentliche frische Grün auch hier noch spärlich war. In Genua hab' ich vierundzwanzig Stunden fast rein verbummelt und fast alle meine Pflichten hintangesetzt, auch nicht viele Photographien gekauft, Pal. rosso nicht wiedergesehen und Camposanto auch diesmal nicht und überhaupt gar nie gesehen; dafür lungerte ich stundenlang auf der Villa di Negro über der Aquasola, sintemal das feste Land lauter Gold und das Meer lauter Azur war.

In den Kirchen war massenhaftes Gedräng, le donne per divozione e gli uomini per veder le donne, und es waren dabei sehr schöne Weibsleute, die man sonst das ganze Jahr kaum sieht. Leider jetzt fast alles alla francese, die Nationaltracht, die ich einst hier noch beim ganzen Mittelstand gesehen, ist nur noch bei den Armen daheim. – Der Weg von Genua nach Spezia mehr Tunnel als freie Landschaft, aber stellenweise wundervoll, Verheißungen von Sorrent und Amalfi. Dagegen hat Spezia meinen Erinnerungen und Erwartungen nicht recht entsprechen wollen, obgleich ich daselbst einen sehr vergnügten Abend in einem politischen

Gespräch mit drei Italienern zubrachte; überhaupt muß ich diesmal mein Reiseglück insofern rühmen, als ich keinen Abend verlassen und ohne Schwatz habe zubringen müssen. Außerdem sah ich in Spezia mit Ergötzen die wogende Masse von Leuten der Kriegsmarine, in deren Physiognomien Kraft und Intelligenz wunderbar reichlich vereinigt erschienen. – Nun kam das Prachtstück; eine Morgenfahrt von Spezia nach Pisa mit dem gewaltigen Hintergrund der Alpe Apuane, ein Anblick, wie er in dieser Art in ganz Italien nicht mehr vorkömmt, zumal die Lage von Avenza, Massa, Pietrasanta; wenn das Meer bis an diese Orte reichte, so würden sie ein Aufenthalt sein, so überlaufen wie kein anderer; alle Bildungen hochromantisch, mit Klöstern und Kirchen und Kastellen in wahrhaft unglaublichen Lagen. – In Pisa (Samstags) war ich fleißig und frischte das Alte, was ich noch wußte, nach Kräften auf; das ganze Camposanto zweimal mit dem Lorgnon durchgangen etc. etc.; eine Anzahl neuer Denkmäler vorgefunden, besonders von der Universität; ich sagte zum Kustoden, der ein ganz heiterer Kerl ist: vi mettete troppi professori, mi pare! – worauf selbiger: diversi signori che sono venuti quì negli ultimi tempi hanno detto la medesima cosa! – Das Gezücht, wozu ich gehöre, macht sich auch im Süden zu breit, und Matteucci hätte an der Basis seiner Büste nicht gerade vier dicke Lorbeerkränze nötig. – Montag und Dienstag in Siena, zwar nicht mehr bei Nordwind, aber einem bisweilen kalten Nordwest, aber bei sehr guter Laune und wohlfeiler Veröstigung; überhaupt habe ich bisher nie mehr als zwei Fr. für das Zimmer bezahlt und doch nie akkordiert. (Hier in Rom ist's freilich schon in allen Dingen anders.) Von der Freskenwelt von Siena habe ich das meiste wiedergesehen und tüchtig Photographien gekauft, an welchen ich bis jetzt schon über 120 Fr. (ohne Rom) ausgegeben habe. In Siena will ich vielleicht einmal ausleben; es ist noch ganz das alte Italien; kein halb Dutzend neue Häuser seit 1853, da ich das letztemal dort war. Dienstags bei sehr kaltem NW nach Orvieto, wo ich im Albergo delle belle arti ganz vortrefflich und wohlfeil logierte. – Redlich studiert und Photographien gekauft. Gestern nach-

mittag nach Rom gefahren; als der Soracte auftauchte und der erste Campagnol im Schafpelz trotzig auf seinen Stab gelehnt dastand, wurde mir's einen Moment etwas wehmütig ums Herz, sonst aber nehme ich Rom jetzt wie eine andere Stadt und wie eine andere Arbeitspflicht. Es ist göttliches Frühlingswetter.
Wenn die Herren Von der Müll, Alioth, Stehelin und F. Bischoff sich dafür interessieren sollten, wie es mir geht, so zeigen Sie denselben diesen Brief, aber nicht weiter.
Warten Sie nur, bis ich wieder in Basel bin, da werde ich Ihnen noch weiteres zu erzählen haben. Einige Zeilen von Ihrer Hand würden mich sehr erfreuen. An Alioth schreibe ich einmal. Grüßen Sie bestens Herrn Dr. Speiser.
Mit herzlichem Gruß der Ihrige J. Burckhardt.

AN MAX ALIOTH

Rom, 5. April 1875

Nachdem Sie vermutlich meinen Brief an Herrn G.[1] gelesen, will ich einen neuen an Sie wenigstens anfangen, da es ein schwüler Sonntagabend ist und begonnen hat zu regnen, ich auch zum Laufen zu müde bin, sintemal ich heut fast das ganze kapitolinische Museum rasch durchnotiert und nachmittags die ganzen Kaiserpaläste durchirrt habe.
Mein Respekt vor dem Barocco nimmt stündlich zu, und ich bin bald geneigt, ihn für das eigentliche Ende und Hauptresultat der lebendigen Architektur zu halten. Er hat nicht nur Mittel für alles, was zum Zweck dient, sondern auch für den schönen Schein. Worüber einst mündlich mehreres.
Einstweilen befinde ich mich trotz aller Jagd und Hatz vortrefflich und genieße u. a. das Glück, nicht mehr ex officio wissen zu müssen, von wem das Altarblatt in der xten Kapelle rechts in San Dings herrührt. Nächstens werde ich nun Pal. Altemps aufsuchen und den weißen Pfau von Ihnen grüßen, wenn er noch lebt. Ich habe die Schneigge[2]

---

[1] Vgl. den vorigen Brief.
[2] Nase. (Trog)

überall und empfinde namentlich, wie sehr doch Rom etwas anderes ist als z. B. Genua, wo es aussieht, als hätten Kinder Theaterdekorationen vierten Ranges schräg und quer auf Felsen herumgestellt. Was ich unterwegs von Frührenaissance gesehen, das sah ich mit tiefer Rührung. namentlich in Siena S. Caterina mit Fassade, Treppchen, Höfchen, Hällchen und Zubehör. Dagegen hat mich der Palazzo del Magnifico daselbst zum Narren gehabt; ich hatte ihn früher nur von außen gesehen und glaubte nun wegen der bronzenen Fackelhalter, das Innere müßte doch noch etwas aus der Tyrannenzeit enthalten, fand aber nichts als in einem stinkenden Höfchen einen vorgewölbten Gang, auf welchem vermutlich einst der selige Tyrann auf den Abtritt ging. In Genua wird jetzt im Pal. Doria nur noch die untere Halle, der obere Hauptsaal, ein Zimmer und die Galerie gezeigt, letztere das Reichste, was von Dekoration unmittelbar rafaelischer Schule außerhalb Roms vorkommt; vor einundzwanzig Jahren sah ich noch neun Räume.

Rom ist enorm verändert, der Corso abends und nachts ein Stück Paris; die Invasion der Italiener und aller ihrer Dialekte fällt bei Schritt und Tritt auf; ich höre Milanese und Napolitanisch usw. Manches ist teurer, doch nicht so sehr, wie ich fürchtete. Manches ist entschieden bequemer als früher, und Essen und Trinken so gut als je. Der rote Wein vom letzten Jahr ist selbst in Kneipen wie Tre Ladroni und Archetto feurig und herrlich wie ein Burgunder, und wenn ich des Alleintrinkens in höherem Grade fähig wäre, so würde ich ein Trunkenbold. Die Kaffeewirte geben zu fünfzehn Cents einen Kaffee, der unsere jämmerlichen Basler Cafetiers mit ihrem Geschmier zu dreißig bis vierzig Cents jämmerlich zuschanden macht. Und NB., der Kaffee wächst ja auch in Italien nicht und zahlt hier ohne Zweifel einen höheren Zoll als in der Schweiz. In den kleineren Cafés achte ich jetzt immer darauf, was sich in der Mitte über dem Büfett befindet; bisweilen ist es noch die Madonna mit dem Lämpchen davor; irgendwo war es noch die Madonna, aber statt des Lämpchens war eine Zahl auserwählter alter Schnäpse in Flaschen davor aufgestellt; in den aufgeklärten Cafés sieht man statt der Madonna die Büste Vittorio

Emanueles, meist tief verstaubt, so daß sich ihm der Staub auf die Stirn, die Augenhöhlen, den gewaltigen Schnauz und das Oberteil des Knebelbartes gesetzt hat, was ganz abenteuerlich aussieht. Übrigens bin ich in Italien und bis zu meiner Rückkehr völlig ministeriell und governativ gesinnt.

Was Rom für mich momentan besonders kennzeichnet, das ist die große Menge von Deutschen; heute in den Kaiserpalästen waren sie die beträchtliche Mehrzahl. Dieser Tage im Vatikan ging ich einer Partie Deutschen nach, welche einen alten ausrangierten Österreicher zum Cicerone hatten; Sie hätten hören sollen, was der ihnen erzählte! – Ganz rührend war's heute im großen Saal des Museo capitolino, wo die Zentauren stehen; es war Öffnungstag, und auch armes Volk von Rom lief herum; eine gute alte Frau mit einem Kinde fragte mich ganz erschrocken, wo solche Kreaturen vorkämen, und ich mußte sie beruhigen, daß dies nur immaginazioni de' scultori seien, perchè, fügte ich weise hinzu, sarebbe di troppo l'intelligenza dell' uomo insieme colla forza del cavallo. Aber ist es nicht eine herrliche Sache, für ein Volk zu meißeln, das auch das Kühnste für wirklich hält? das vielleicht noch die allegorischen weiblichen Figuren für Sante persone hält? während ja im Norden jedes Kind a priori weiß, daß die Kunst nur Spaß sei.

Eines gibt mir hier noch immer auf die Ohren: ich kann die freche Diagonale nicht ausstehen, in welcher die Bettler auf den Fremden als auf eine sichere Beute zugeschritten kommen. Übrigens noch lieber Bettler als Räuber; vorgestern sind nicht weit von der Caecilia Metella vier Engländerinnen in einem Wagen von Strolchen überfallen und völlig geplündert, eine sogar in den Hals verwundet worden.

Ich lebe bereits in einem Morast von Photographien und bin doch erst am Anfang. Allgemach kommen mir aber, nicht für mich, sondern für die, welche nach uns kommen, gewisse Bedenken: das alles wird verbleichen, während die geringste lithographische Ansicht dauerte; nun hat sich alles auf die Photographie geworfen, und man wird sagen: wenn eine verbleicht, so macht man tausend neue – allein die Objekte selbst sind nicht ewig! und ich habe im Camposanto zu Pisa manches viel zerstörter angetroffen als früher, auch im Palazzo pubblico zu Siena....

AN ROBERT GRÜNINGER

Rom, Dienstag 13. April 1875

Sie können denken, mit welcher Freude ich Ihren Brief empfing! Gestern kam dann noch die Nummer der Allgemeinen Schweizer Zeitung nach, und jetzt gerade, wie ich von langer Fahrt heimkomme, fliegt mir ein Brief von Alioth zu, dem ich auch noch antworten werde, und dem ich einstweilen bestens danken lasse.

Ach, wie ideal schauen Sie noch Ihr Italien an, während ich Rom so geschäftlich und gesetzlich traktiere und noch nicht einmal auf S. Pietro in Montorio gewesen bin, ja noch nicht auf dem Pincio. Das einzige, was ich mir erlaubte, war S. Paolo; vorgestern lockte mich der Sonntagmorgen nach einigen entlegenern Kirchen, u. a. nach S. Sabina; ich ging dann auf dem Aventin noch etwas zwischen den Gartenmauern weiter und sah plötzlich ein großes Stück Campagna nach Westen vor mir, bis zum Meere wie mir schien, und S. Paul lag wie zu meinen Füßen, worauf ich hinauszottelte und die Riesenhaftigkeit des Innern zum erstenmal recht inne wurde, auch sonst über bauliche Kolossalrechnung etliche Bemerkungen machen mußte, die mir von Nutzen sind, denn, sehen Sie, so prosaisch wird man.

Der eigentliche Schmerz bei dem allem ist, daß für die wahre Meditation, wie ich sie im Winter 1847/48 hier genoß, die edle Muße völlig fehlt, daß meine Wahrnehmungen so rips raps schnell erraubt werden müssen. Auf dem Heimweg von S. Paul sah ich unter der Tür einer Osteria ein etwa 17jähriges Campagnolenmädchen voll Elend und Schmutz, aber von der allergrößten und seelenvollsten Schönheit. Überhaupt hat die Rasse seit neunundzwanzig Jahren, da ich zum erstenmal hieherkam, auf keine Weise abgenommen, wenngleich die Volkstrachten seltener werden. Dagegen ist mir das Fremdentum jetzt viel wider-

wärtiger als früher, und der Anblick der Piazza di Spagna, wie sie jetzt ist, bringt mich in eine Art Verzweiflung. Die Engländer kann ich aushalten, aber eine gewisse andere Nation weniger. –
Bode ist hier, und nun treffen wir bald da, bald dort zusammen und gehen ganze Galerien durch, wie z. B. die vatikanische Pinacoteca und die Galerie Borghese, und zwar kritisch, auf Echtheit, Erhaltung etc. hin. Es ist ganz erstaunlich, was der für ein Auge hat, und wenn ich daran denke, daß er an der 4. Auflage des Tschitsch[1] sterben könnte, so zupft es mich wohl, ihm zu sagen: Lieber Bode, an der zweiten starb Mündler, an der dritten Zahn, schonen Sie sich! – aber ein so aufgeklärter Norddeutscher würde mir ja doch ins Gesicht lachen. Es wäre übrigens nicht bloß um sein Wissen schade, sondern auch um den gentilen Menschen. Er stammt wie schon mehrere gute Leute, die ich kennen gelernt, aus Braunschweig. – Sonst kenne ich keine Deutschen, sehe sie aber massenhaft in allen Galerien etc. Die meisten davon gehören zu jenen modernen Bußpilgern, die nicht mehr mit Steinen in den Schuhen und Geißelstriemen auf dem Rücken den römischen Ablaßkirchen nachziehen, sondern ihre Buße durch mörderliche Langeweile vor Kunstwerken, an denen sie nichts haben, abmachen müssen. Die Italiener machen mir in den Galerien nie diesen Effekt; entweder sie laufen fort, oder sie sehen die Sachen recht an. Ich selber glaube von mir rühmen zu müssen, daß ich an den Kunstwerken sehr vieles inne werde, das mir früher verborgen blieb, und daß mein Wahrnehmungsvermögen erklecklich gewachsen ist; es wäre auch betrübt, wenn es nicht so wäre. Wenn ich nur auch drei Monate Zeit hätte! aber statt den Dingen nachsinnen zu können, muß ich von einer bottega di fotografo zur andern ziehen und märten[2], was mir vollkommen gegen den Strich ist, auch erreiche ich damit wohl etwas, aber nicht viel. – Und nun mögen die lieben Leute daheim nur nicht erwarten, daß ich mit ausgesuchten Prachtblättern aufrücken werde; ich muß endlos viele kunsthistorische Belegstücke mitbringen und oft ganz lahme und

---

[1] Der „Cicerone".   [2] handeln. (Trog)

versengte Abdrücke zusammenraffen, nur damit ich dem betreffenden Blatt nicht noch einmal extra nachlaufen muß. Oft kaufe ich den Gegenstand rasch im kleinen, weil ich nicht weiß, ob ich ihn noch einmal in einem anständigen Blatt antreffen werde. Mein Motto ist: Helf', was helfen mag.

Die Abende bin ich entweder im Teatro Quirino bei Pulcinell oder meist im Teatro Rossini bei der Minerva, wo ich besonders in Petrellas „Precauzioni", in Fioravantis „Don Procopio" und in Rossis „Falsi monetari" geschwelgt habe. In dieser letztern Aufführung wurde der jetzt in Rom anwesende Komponist gerufen, und das Publikum der Platea glaubte ihn nicht auf der Szene, sondern in der mittlern Loge I. Ranges erwarten zu müssen und sah massenhaft dorthin ... da saßen zwei große geschminkte Buhlerinnen und nahmen die Honneurs unter allgemeinem Gelächter für ihn in Empfang. Er erschien dann doch auf der Szene. – Aida wurde zweimal gegeben, aber mit schon vorher ausverkauftem Hause, so daß ich verzichten mußte; es wird hier absichtlich mit dieser Oper rar getan; der Eigentümer der Partitur und Oper (Ricordi) duldet nicht, daß ein anderer als ein gewisser Nicolini die Tenorpartie singe etc. – ich aber muß zum Theaterbesuch Laune des Augenblicks haben und mich noch eine halbe Stunde vor Anfang entschließen können, ob ich gehen will oder nicht; dann lasse ich mir aber auch dreistündiges Stehen und dergleichen gefallen.

In Kneipen bin ich des Abends nur ein- bis zweimal gewesen, so vorgestern im Facchino. – Nachmittags war ich in Vigna di Papa Giulio gewesen und hatte mir dann auch in der Osteria ebendesselbigen Papa Giulio gütlich getan, nicht nur meinen eigenen alten Erinnerungen an die steinernen Tische, sondern auch Alioth zu Ehren; es war ein heißer sonniger Nachmittag zwischen den Schirokkoregen hinein, der uns seit acht Tagen heimsucht und mir auch die Spaziergänge beschränkt. Glücklicherweise ist es beständig warm, wobei ich auch die Nässe nicht fürchte.

Und nun rückt das Ende meines Aufenthaltes heran; heut über acht Tage nachts denke ich mit dem Schnellzug (an Terni, Perugia etc. vorüber!) nach Norden zu sausen und

werde vermutlich nicht einmal Albano gesehen haben, denn einen bloßen Regenabend mag ich daran nicht wenden. Im übrigen ist mir ganz zumute, als müßte ich ja doch bald wiederkommen, und nach Neapel müßte ich durchaus im nächsten Jahre, wenn alles daheim in den Fugen bliebe; wer weiß, ob wir nicht wirklich einmal zusammen den Toledo niederschlendern? – Italien aber ist ja Italia aeterna, und heut wie vor neunundzwanzig Jahren jagen sie auf ungesattelten Pferden dahin, nicht nur weil sie Gleichgewicht und Schluß haben, sondern auch weil sie mit Schmutz an das Tier festgebacken sind, und so ist es in allen Dingen; Verkehr und Gespräch mit den Leuten sind unendlich amüsant, und Menschen sind und bleiben sie und werden es auch nächstes Jahr noch sein. Einstweilen grüße ich Rom ernstlich von Ihnen, indem ich mich aus meinem Balkonfenster gegen Villa Medici und Trinità de' monti wende.
Und nun grüße ich herzlich Sie und Herrn v. d. Mühll und die übrigen Eingeweihten, welchen Sie den Brief zeigen mögen, wenn es sie interessiert. ...

AN MAX ALIOTH

Rom, 16. April 1875

... Der Schirokko, dessen Regengüsse zuletzt Tag und Nacht fortdauerten, hat endlich vorgestern um Mittag plötzlich einem scharfen Nordwest mit klarem Himmel Platz gemacht; es war Zeit, denn allgemach hatte man jenes Gefühl, an den Beinen schimmlig zu werden. Ich kam eben aus dem Vatikan; während des Essens heiterte es sich auf, und ich beging das Ereignis festlich, indem ich ins Kasino Rospigliosi eilte und die Aurora sah. Abends ging ich nach S. Pietro in Montorio und dann in eine Kneipe vor Porta S. Pancrazio und trank einen halben Liter, und als ich wieder nach S. Pietro in Montorio hinging, war es gegen Sonnenuntergang und die nähern Teile der Stadt schon im Dunkel, alles übrige aber, vom Pincio bis zum Lateran, in feuriger Sonnenglut, und in Frascati funkelten alle Fenster! Da habe ich doch heulen müssen. Es ist aber etwas Eigenes mit dieser römischen Landschaft; man sollte einmal mit dieser uralten Person ein ernsthaftes Wort darüber reden, was sie eigentlich für ein Privilegium hat, den Menschen zeitweise auf das höchste aufzuregen und dann in Wehmut und Einsamkeit stehen zu lassen. – Auf dem Heimweg, nachdem ich im Falcone, im untern Römerstübchen links zu Nacht gegessen, wollte ich, weil der Halbmond fast senkrecht über die Welt dahinging, mir wieder wie vor Zeiten bei solchen Umständen das Pantheon aufschließen lassen, erfuhr aber offiziell, daß man es nachts nicht mehr öffne, was ein positiver Rückschritt ist.

Im übrigen ist Rom noch in all seinen wesentlichen Teilen, ausgenommen die Gegend um S. Maria Maggiore, leidlich intakt und hat noch jene ganze Fülle vornehmer architektonischer Anblicke wie keine andere Stadt auf Erden; es ist gar nicht immer die klassische Schönheit des einzelnen Gebäudes, welche entscheidet, sondern ganze Gruppen sind wie selbstverständlich in verschiedenen Zeiten nach einem gleichartigen großen Modell zusammengestellt worden. Freilich, wenn in einer Stadt der Weltherrschaft fünfundzwanzig Jahrhunderte in die Hände speien, kann schon was Stattliches herauskommen. (Hier fällt mir ein, daß fünfundzwanzig Jahrhunderte, welche in die Hände speien, kein schönes Gesamtbild abgeben, doch wenigstens ein kurzweiligeres als les quarante siècles censés de contempler l'armée française le jour de la bataille des pyramides.) Und auch das Neueste ist wenigstens so gut oder noch besser als anderswo. Der Bahnhof gefällt mir weiß Gott besser als in Paris die Gare du Nord mit ihrem Néogrec; Podestis Fresken im Vatikan sind besser als der meiste Kaulbach, und selbst das Denkmal der Immacolata auf Piazza di Spagna dürfte sich, abgesehen von seiner Bedeutung, künstlerisch noch immer sehen lassen, denn die Propheten sind gar nicht schlecht. Das lächerlichste Denkmal, das ich auf dieser Reise gesehen, ist unstreitig der Brunnen in Chambéry, wo aus einem Obelisken vier mächtige Elefanten hervorschreiten, die also innerlich im Obelisken zusammenhängen. Und nun denken Sie sich diesen gemeinsamen Stuhlgang! Es wird einem übel. Dafür wurde ich in Turin erquickt

durch die herrlichste aller Reiterstatuen, den Emmanuele Filiberto.
Den Deutschen, mit Ausnahme des mir werten Bode, habe ich mich bisher völlig entziehen können; es wimmelt noch jetzt davon, nachdem der Abmarsch nach Neapel bereits begonnen hat und die Photographen Tag und Nacht kaum genug Ware für Souvenirs haben schaffen können. Freilich sagt mein Hauptlieferant Crippa, ein drolliger Milanese, „la fotografia sinora non è che una fanciulla", es muß noch ganz anders kommen. Was ich meinerseits gegen diese Kunst auf dem Herzen habe, deutete ich Ihnen schon neulich an und bin seither sehr darin bestärkt worden. Ich weiß, wo sie die Kunstgeschichte fördert, aber auch, wo und in welchen schreienden Fällen sie dieselbe plötzlich im Stiche läßt. – Heute gegen Mittag, als ich aus dem Vatikan kam und im Pal. Farnese stand, schritten vier Deutschinnen mit vier Baedekern in den Händen ganz militärisch gegen den Palast, und keine war auch nur leidlich, obwohl sie jung waren. Und überall dies laute jebildete Reden! – „Es wäre köstlich jewesen, bei Papstens zu Tee zu jehen, allein Sie bejreifen wohl, bei die jetzigen Verhältnisse..."...

AN ROBERT GRÜNINGER

> Rom, Dienstagnachmittag, ich
> glaube, es ist der 20. April [1875]

Es sind meine letzten Stunden in Rom, und davon sollen Sie eine haben, sintemal ich soeben Ihren herzlichen Brief erhalte. Heute morgen war ich noch einmal gründlich im ganzen Lateran-Museum, sagte dem Sophokles adieu und wanderte dann nachmittags noch einmal auf den Aventin und übersah Rom. Jetzt, da ich doch einen Moment ausruhen muß, will ich in Gegenwart Ihres Briefes verschnaufen und mit Ihnen konversieren.
Und ich bin doch nicht nach Frascati und Albano gekommen! Lange Zeit war es zu regnerisch, und als es dann seit letztem Mittwoch schön und zuletzt ganz wundersam schön wurde, getraute ich mich nicht mehr hinaus, weil

ich fürchtete, so ganz allein jene herrlichen Landschaften in wahrer Trauer zu durchstreifen. Endlich beruhigte ich mich damit, daß Rütimeyer[1], der die Tour Freitags gemacht hat, mir sagte, das Zurückbleiben des frischen Grüns mache sich noch sehr empfindlich geltend. Mit dieser Räson vertröstet, verlasse ich nun Rom, und zwar heut abend 1/2 10 per Schnellzug, um womöglich erst in Florenz zu erwachen.

Was das wissenschaftliche Resultat der Reise betrifft, so bin ich in großen Sorgen, denn gerade für das, was ich törichterweise hoffte, hat die Zeit auf keine Weise reichen wollen: ich wollte diejenigen Studien machen, durch welche ich imstande wäre, das Dozieren der Kunstgeschichte zu einer reinen Geschichte der Stile und der Formen umzubilden; einstweilen bleibe ich statt dessen im alten Käse der Künstlergeschichte, wenigstens teilweise, stecken. Wenn ich aber auch nur noch drei Jahre habe wie dieses und jedes Jahr nach Italien kann, soll es schon bessern. – Die Kiste ist Samstags expediert worden, und die 70 Fr. Porto sollen mich nicht reuen, wenn ich sie bei der Ankunft vorfinde. Alles geschah höchst liederlich: die mir vom Packer der Agenzia geschaffte Kiste, das Verpacken selbst mit viel zuwenig Heu, endlich das Rezepisse der Assekuranz mit einer bloßen Ordnungsnummer ohne Signatur und mit kaum zu lesender Unterschrift – aber die Kiste wird doch heil und ganz anlangen, wenn es mir bestimmt ist, sie zu meinen Studien zu brauchen.

Warum friert Ihr in Basel? Ich trage schon die Halbsommerhosen. Die Luft ist ganz himmlisch und die Vollmondnächte fabelhaft. Gestern nachts mondete ich mich auf der Piazza del popolo, wie man sich sonst im Winter sonnt. Der Obelisk fing zuletzt an zu mir zu reden über die nicht ganz zweckgemäße Art, wie ich hier meine Zeit angewandt, ich machte ihm aber ein paar hieroglyphische Zeichen, welche besagen sollten: in Sachen der Ewigkeit wolle ich ihn schon anhören, mit Bemerkungen über das Vergängliche aber solle er mich verschonen. ...

[1] Professor der Zoologie und J. B.s Kollege an der Basler Universität.

Diesmal scheide ich von Rom leichtern Herzens als je; ich verlasse mich ganz einfach aufs Wiederkommen. Dann sind Sie vielleicht mit dabei, wer weiß? – Dann müssen Sie mir bei den Photographen märten helfen. Heut nachmittag bin ich noch auf das angenehmste durch die Quartiere von der Minerva bis zum Aventin im Zickzack gebummelt und habe die Wirkung der von der Sonne beschienenen Hofdurchblicke etc. in zwanzig Gebäuden recht in mich hineingeschnüffelt; da hätte Alioth dabei sein müssen; auch Fontana delle tartarughe sah ich noch einmal und wurde dabei zum erstenmal des zugrunde liegenden ästhetischen Kniffs inne, der das Ding so zauberhaft bewegt und doch so ruhig erscheinen läßt; je zwei von den Kerlen sind nämlich fast absolut symmetrisch gebildet. Und nun reise ich fort mit dem verdrießlichen Bewußtsein, daß mir mit weitern drei Wochen Aufenthaltes vielleicht noch bei hundert andern Kunstwerken solche Lichter aufgegangen wären. Auf Tschitsch sehe ich bisweilen mit mitleidigem Bedauern nieder.

Nun kommen, meiner Ansicht nach, fünf Tage Florenz, $1^1/_2$ Tage Bologna, $1^1/_2$Tage Parma – und dann (ohne Mailand) direkt nach Turin. In Basel gedenke ich etwa Samstag über acht Tage einzutreffen – und unterweges Galerien durchlaufen und märten – märten und Galerien durchlaufen! Ich gedenke noch um etwa 300 Fr. zu bluten, soviel Photographien mein Köfferchen faßt.

Aber ein strenges, mühsames Sommersemester wird das werden! bis ich nur meine Sammlungen und Notizen in Ordnung habe.

Im Friedenstempel haben heut mächtig Soldaten exerziert, wo früher nur Ball gespielt wurde. Indes zu M. Tullius Ciceros Zeiten war es ja noch viel unruhiger. Die Via nazionale ist in der sanften schleidern geraden Richtung abwärts jetzt glücklich bis zum Fuß des Quirinals (hinter der Consulta) hingeführt, aber keine zwei Menschen sind darüber einig, wie man nun weiterbauen soll, ob etwa mit einem Tunnel unter dem Quirinal hindurch? Gottloserweise finde ich hierin etwas Symbolisches für das ganze regno, aber ich will unserm lieben Herrn Stehelin nicht wehe tun.

Es ist sechs Uhr; Villa Medici und Trinità de'monti glänzen golden in mein Fenster herein, und ich sage tröstlich: a rividere, habt ihr mir zweiundzwanzig Jahre gewartet, ohne von der Stelle zu rücken, so tut es auch noch ein Jahr oder zwei.

Und nun grüßen Sie herzlich die vier Eingeweihten; wenn ich einmal da bin, habe ich noch viel zu erzählen, in Ermanglung eleganter Photographien, auf welche man ja nicht gespannt sein möge! –

AN MAX ALIOTH
Dresden, Samstag, 24. Juli 1875
Hotel Stadt Wien

Von meinen Bemühungen und Anstrengungen erhole ich mich, indem ich zu Ihnen hinschwatze und erzähle, wie es mir bisher gegangen ist. Auch habe ich das Glück, einen Tisch in meinem Zimmer zu besitzen, welcher im Verhältnis zum Sitz genau richtig hoch genug ist, während ich in Rom an einem Katzentischlein schreiben mußte, welches kümmerlich und dabei um zwei Zoll zu hoch war. Aber Rom war eben doch Rom, und Dresden ist herrlich, aber nur Dresden.

Samstagfrüh nach leidlich durchschlafener Schnellzugnacht in Frankfurt. Heftiges Palastbauen von Juden und andern Gründern, jetzt auch in deutscher Renaissance, die unser Freund Lübke zu Ehren gebracht hat. Es versteht sich, daß man unter diesem Prätext allerlei plumpes Zeug einschmuggelt; wer überhaupt nichts Schönes kann, kann es in keinem Stil, und wer keine echte Phantasie hat, dem helfen alle „Motivchen" nichts. Aber auch was in italienischer Renaissance gebaut wird, ist bei allem Reichtum zum Teil gräßlich, z. B. große, mit vortretenden Halbsäulen und Giebeln eingefaßte Fenster ohne allen und jeglichen Sockel. Und vollends das Klassische!

> Denn die reichen Jüden
> Baun mit Karyatiden,

was sich dann gar schön ausnehmen muß, wenn auf dem Balkon zwischen die entlehnten Pandroseionsfrauen die

Kalle und das Schickselchen und der Papa mit ihren bekannten Nasen vortreten. Dann gibt es Fassaden, die wie eine Szene bei Richard Wagner in verschiedene grell abwechselnde kleinere Stücke zerfallen. Wäre es nur herrenlose, aber doch wirkliche Phantasie! Statt dessen findet man viele Geschicklichkeit. Hie und da kommt auch wohl etwas wirklich Geniales vor, aber das Herrschende ist, wie ich oben sagte. – Nachmittags nach Marburg, drei Stunden gebummelt und St. Elisabeth gesehen und mich in meinem alten Respekt bestärkt vor Leuten des 13. Jahrhunderts, deren Bauten wie lebendige Pflanzen aus dem Boden hervorgewachsen scheinen. Abends spät nach Kassel, wo ich dann fünf Tage, bis vorgestern abend, blieb und die Galerie studierte. Da ich auf dieser Reise meine Bleistiftnotizen jetzt immer sogleich auf eine Menge einzelner Blätter umschreibe, sobald ich im Gasthof bin, so geht der Tag auf das arbeitsamste dahin: ich muß es so machen, weil ich nach der Rückkehr in Basel materiell die Zeit nicht mehr hätte, die Notizen umzuschreiben. Von den erstaunlichen Schätzen der Galerie ein andermal; aber ich glaube, Sie kennen Kassel überhaupt nicht, und diese Lage sollten Sie sehen: Der eine Rand der Stadt läuft über einer hohen Terrasse hin, von welcher man über die Bäume eines stundenlangen Parkes hinweg die entferntern Höhen und Bergzüge sieht; man ist himmelhoch über einem endlosen Abgrund von Grün. Die Abende sitzt man im sog. Felsenkeller, d. h. ein Teil der Terrasse ist ein mächtiges Bierlokal, wo auch ehrbares weibliches Kassel mit Strickstrumpf in Masse erscheint; alldort erwartete ich zwei Abende das Aufgehen des Vollmondes hoch über der gewaltigen nebligen Waldnacht. Und außer dieser Herrlichkeit, die schon Kassel für Waldfreunde zum Aufenthalt der Wonne macht, dann erst noch die Wilhelmshöhe, auf welche ich einen Abend wandte. Dagegen hat das Bauwesen der landgräflichen Zeit etwas sehr Mäßiges. Die Gebäude an dem dafür viel zu großen Friedrichsplatz sind alle zu niedrig und könnten einen großen Sockel mehr brauchen; man möchte ihnen zurufen: alleh hopp! macht euch aus dem Boden hervor! In der Mitte des Platzes steht groß von Marmor ein alter

Landgraf, der einst 12000 Hessen an die Engländer in den amerikanischen Krieg verkauft hat, wo sie dem König von England Nordamerika verlieren halfen; der Schädelbau und der gebietende Ausdruck und die ursprüngliche klassische Form des Kopfes herrschen noch mächtig vor über etliche Verquollenheit und ein zweites Kinn, dagegen reicht es nicht mehr gegenüber einem Schmerbauch in römischer Tunika und einem einwärtstretenden Knie von der lächerlichsten Wirkung.

Von den bescheidenen landgräflichen Parkbauten würde die Orangerie Sie doch entzücken; sie ist für die aufgewandten Mittel doch ein malerisch treffliches Gebäude. – Das moderne reiche Kassel hat einige gute Sachen in derbem und schönem Backstein, dann etliche horribel riskierte Balkonfassaden neueren Berliner Stiles usw.; viel mehr Üppiges en somme als in Basel jemals wird erlaubt werden. – Bei der gräßlichen Gasthofteuerung in Norddeutschland drängt sich in Kassel alles in das Hotel zum Ritter, wo die Handlungsreisenden hingehen und wo man noch erträglich geschunden wird; da habe ich aber fünfmal Table d'hôte ausstehen und dabei Ihrer gerechten Antipathie gedenken müssen! Es kam vor, daß ich mich hernach in den Park hinunterstürzen mußte, um wenigstens keine dieser Menschen mehr zu sehen, um zwischen den Marmorstatuen der Barockzeit zu verkehren, wo die geraubte Proserpina alle fünf Finger in die Luft streckt und ruft: wo seid ihr denn, all ihr übrigen Götter? – Einen weisen Ausdruck hörte ich doch an der Table d'hôte; ein Commis voyageur von Jahren pflegte von seiner Lebensweise zu erzählen: „Ich tue das und das und gehe dahin und dahin, es ist so mein Gewohnheitsprinzip." Diesen wunderschönen Wortzentauren habe ich mir gemerkt.

Das im Bau fertige, innen noch unvollendete neue Museum in Kassel ist endlich ein wirklich schönes und edles Gebäude – nur leider an der Tür hat der Architekt die gottverdammten Karyatiden wieder nicht verheben können. Vorgestern abend bei prächtigem Wetter fuhr ich nach Leipzig; es lag wieder Staub auf den Straßen. Etwas Ostwind war in der Luft, man hoffte auf gute Erntetage (was jetzt alles wieder zunichte geworden; die Flutregen haben von neuem angefangen). Auf der Fahrt, bei Roßla, zeigte man mir den Kyffhäuser, wo Kaiser Barbarossa schlafen soll, wenn es ihm nicht 1870/71 verleidet ist; davon wurden Erinnerungen, muffig verschimmelte Erinnerungen an meine romantische Zeit wach, daß ich lachen mußte. – In Leipzig gestern früh etwas gebummelt; das Theater ist auf eine wirklich ganz wundervolle Weise in ein Stückchen Stadtpark hineingelehnt, und zwar unmittelbar über einem tief gelegenen Laghetto, mitten in Leipzig einer der stärkstphantastischen Bauaspekte von ganz Deutschland.

Gestern mittag im Regen hier angelangt – von zwei bis vier in der Galerie. O du gütiger Gott, wie soll ich's hier nur anfangen? Ich wollte auch wieder, wie ich es in Kassel und sonst anderswo getan, die Galerie rasch durchlaufen, was ich für eine treffliche Übung in meinem Fache halte – aber die Namen stehen doch über den Bildern, und ich wurde ob der Masse des Herrlichen so konfus, daß ich es bleiben ließ. Aber die Sache sieht sich sehr ernst an; ich werde Nürnberg und überhaupt jede Erholung auf der Rückreise sakrifizieren müssen, ja sogar die übrigen hiesigen Sammlungen vernachlässigen, nur um in den Gemälden sattelfest zu werden.

Heut abend ist Postillon de Longjumeau, wo ich um jeden Preis hinzugehen entschlossen bin. Aber freilich das Interimstheater ist klein, und an dem nun fast vollendeten Außenbau des großen Sempertheaters bin ich hie und da etwas irre und fürchte, es wird trotz größeren Umfangs und Reichtums das frühere nicht ersetzen.

AN FRIEDRICH v. PREEN

Basel, 19. September 1875

... Überhaupt werden nun meine alten Tage mit Unruhe angefüllt durch diese kunstgeschichtliche Professur neben der geschichtlichen, auch ist ein enormer Zeitverlust bei einigen ganz mechanischen Obliegenheiten, zum Beispiel dem Aussuchen der Abbildungen für jede Stunde. Aber das Schicksal hat es nun so haben wollen. Zu irgendwelcher Lektüre außer dem, was die Kurse dringend verlangen, komme ich nicht mehr, und über acht Uhr des Abends will ich nicht arbeiten, da ich die Bewahrung der Gesundheit über alles schätze. Den Nachtarbeitern lasse ich ihren Ruhm und ihre ruinierten Nerven und schlechte Verdauung; bei mir ist alles noch in Ordnung. Auch kommt mir bisweilen vor, als seien für die speziell germanische Welt noch solche Krisen im Anzug, daß auch die berühmtesten viri doctissini darob mit all ihren Büchern obskur werden könnten. Freilich, ich bin in Sachsen gewesen, wo man auf einem vollen Pulverfaß zu sitzen glaubt; und wenn nur der Aufenthalt auf diesem Pulverfaß nicht so teuer wäre, Wohnen, Leben, Photographien usw.; man hat das permanente Gefühl der Überteuerung; überhaupt glaube ich dies Jahr die größte Redlichkeit in Italien angetroffen zu haben, wo zum Beispiel die Aquila nera in Siena noch völlig die Preise und die Aufwartung von 1853 hatte, was mich auf das tiefste rührte. ...

Die Universität nimmt zu und wird hoffentlich im Wintersemester nicht weit unter zweihundert Studenten sein. Unter allen Umständen tun wir am besten, wenn wir uns die möglichste Heidenmühe geben und Gott walten lassen. Im Oktober wird trotz der schlechten Zeiten (welche indessen für die Fabrikation der glatten Unibänder wieder sich sehr gebessert haben) das neue Theater mit „Don Juan" eröffnet. Ob ich hineingehen werde, hängt einzig einfach davon ab, ob es Stehplätze geben wird, denn als einzelner Mensch zwischen Halbbekannte oder widerwärtige Ganzbekannte mich ins Parkett pfropfen zu lassen, das lasse ich mir nicht mehr gefallen; ich will möglicherweise den Ort wechseln können, wenn ich an der Vorstellung Vergnügen haben soll. Ein anderes ist es: a) für Familien, welche in Gesamtheit kommen, b) für jüngere Leute, welche sich als Horde zusammentun können. In die Eröffnungsvorstellung gehe ich per se nicht, wegen Gedränges und wegen eines zu erwartenden Prologes von Herrn X, wovon ich beim bloßen Gedanken Gänsehaut kriege. – Um Ihr Karlsruher Theater beneide ich Sie von ganzem Herzen; ich habe in Dresden, wenn schon nur in der Interimsbude, herrliche Vorstellungen gesehen. (Das neue Theater, im Bau fertig, kommt bei aller Pracht dem edeln geschlossenen Anblick des alten bei weitem nicht gleich, obwohl es ebenfalls von Semper ist).

Kaiser sagt mir, Sie hätten in Österreich bei gebildeten Leuten den „Philosophen" so verbreitet gefunden, wie er nun fast überall zu sein scheint. Mir kommt immer mehr vor, er habe für unsere Zeit eine wahre spezielle Sendung gehabt. Je mehr die Illusionen des seit 1830 dominierenden „Fortschrittes" schwinden, desto wohltätiger ist es, daß einer uns im Zusammenhang sagt, was überhaupt alles zum Reich der Täuschungen gehört, und wie man den eiteln Hoffnungen zur rechten Zeit entsagen könne. Ihm gegenüber nun das furchtbare Reich dieser Welt, der sich allerwärts aufbäumende, erbarmungslose Optimismus bis auf die Arbeiter herab, welche im Wahn stehen, sich ein Wohlleben erzwingen zu können, das in keinem Verhältnis mehr zum allgemeinen Zustand der Gesellschaft stände. Am Ende wird die Weltschlacht zwischen Optimismus und – nicht Pessimismus, sondern nur Malismus (verzeihen Sie das fade Wort) geschlagen werden.

Das sind alles keine bloßen Träume; es hat im vierten und fünften Jahrhundert Zeiten gegeben, da noch ohne alle Einwirkung der Völkerwanderung der Pessimismus eine fast allgemein wenigstens theoretisch zugegebene Gesinnung war. Was wird vielleicht einst der 1830er „Fortschritt" für Augen machen, wenn er inne werden sollte, daß er nur: 1. als Menschheitsnäherer, Menschheitsmischer (durch Eisenbahn usw.), 2. als Demolisseur hat dienen müssen, damit ein ganz anderer auf dem reingefegten Boden baue? Aber davon erlebe ich höchstens noch die Anfänge und begehre überhaupt nicht eben brünstig, dabei zu sein. ...

AN BERNHARD KUGLER

Basel, 30. Oktober 1875

... Zu Ihrer Zession der „Kultur der Renaissance" an Herrn Dr. L. Geiger gebe ich meine volle und freie Zustimmung, obgleich eine solche nicht nötig wäre, indem das Werk Ihr vollkommenes Eigentum ist[1]. Ich begreife, daß Sie sich jetzt nicht mehr mit dem Werk beladen können, und Herr Geiger hat mir bei einem Besuch persönlich und seither durch die Lektüre seines Petrarca sehr zugesagt.

Einen kleinen Wunsch indes können mir die beiden verehrten Herren noch gewähren: es möge auf dem Titel des Buches kein Vorbehalt gegen die Übersetzung in fremde Sprachen gemacht werden, und dies sei Herrn Seemann ausdrücklich anzuzeigen. Der mögliche pekuniäre Vorteil eines solchen Vorbehaltes ist ungemein gering und kommt neben der Abschreckung eines möglicherweise sonst entschlossenen Übersetzers kaum in Betracht.

Kann man bei Herrn Seemann auch noch eine bessere Ausstattung und Korrektur des Buches einbedingen, als die 2. Auflage war – desto besser; vorzüglich möchte ich wünschen, daß nicht mehr irgendein Leipziger Setzer über unsere Orthographie verfüge.

Über den Modus der Überarbeitung, der Veränderungen und der Zutaten wird es am besten sein, Herrn Geiger walten zu lassen. Ich weiß selber nicht genug, welches der jetzige Status der Forschungen und herrschenden Ideen in jenem Gebiete ist; Tendenzen habe ich keine gehabt, und das Sujet lädt auch nicht zu deren Entwicklung ein. Volle Freiheit ist hier das einzige, gerade wie ich dieselbe Ihnen gewähren wollte. Und meine Irrtümer möge Herr Geiger je nach Umständen, was Kleinigkeiten sind, stillschweigend beseitigen, was unrichtige Anschauungen sind, ausdrücklich widerlegen. Ich weiß ja schon, daß er dies nicht auf unfreundliche Weise tun wird. Also senden Sie ihm in Gottes Namen das Handexemplar und was Sie von Ihren eigenen Vorarbeiten angemessen finden. ...

---

[1] Bernhard Kugler war kurz nach seinem Angebot, die 3. Aufl. der „Kultur der Renaissance" zu besorgen, (vgl. Brief 11. Dez. 1872) so erkrankt, daß er auf Jahre hinaus sich schonen mußte und an keine größeren wissenschaftlichen Unternehmungen denken konnte. Deshalb trat er die Neuauflage des J. B.schen Werkes auch an Geiger ab. Als dann seine Nerven und Geisteskräfte sich restituiert hatten, ging er doch die Wege, von denen ihm J. B. so dringend abgeraten hatte, und schrieb „Die Hohenzollern und das deutsche Vaterland" (1881/82) und „Kaiser Wilhelm und seine Zeit" (1888).

AN PAUL HEYSE

Basel, 12. Nov. 1875

Liebster Paul!
Indem ich die Schriftzüge wiedererkenne, deren Empfang mich einst so oft glücklich gemacht, fällt es mir zunächst aufs Herz, daß ich Dir sagen muß, weshalb ich einst unsern Verkehr habe eingehen lassen. Es geschah, als ich erfuhr, daß ein gewisser Jemand in München sei[1]. Gegenüber von seiner scheinbar objektiven Art, die Leute von oben herunter zu definieren, hatte ich von jeher einige Unabhängigkeit an den Tag gelegt, und das Individuum war mir nie angenehm und ich ihm auch nicht; ich mußte aber fürchten, daß er nun in München die Gegenwart vor mir voraus habe und Eindruck auf Dich mache. Basta, verzeih mir. Ich habe seither unablässig bei allen Leuten, die von Dir wissen konnten, Nachfrage gehalten, bei Bernhard[2], auch bei Lübke und andern, und habe erfahren, wieviel Du inzwischen auch hast leiden müssen, und daß Du auch in diesem Sommer kränklich gewesen seiest[3]. Auch glaube ich, daß, wenn ich in München wäre, ich wohl noch einer von denjenigen sein würde, die regelmäßig bei Dir anklopfen dürften. Ich weiß, wie man leise und kurze Geselligkeit übt bei lieben Menschen, die sich schonen müssen. Und hoffentlich wird es doch bald wieder besser kommen.
Beifolgend findest Du ein im Notfall ostensibles Billett wegen des Max-Ordens[4]. Ich darf es in der Tat nicht wagen

---

[1] Es ist nicht möglich festzustellen, an wen J. B. dabei gedacht hat.
[2] Bernhard Kugler, der Heyses Schwager war.
[3] Am 9. Nov. 1875 hatte Heyse an J. B. geschrieben: „Seit 8 Monaten bin ich genötigt, alle schriftlichen Geschäfte abzutun. Mit meinen Nerven steht es noch immer so mißlich, daß ich den Winter in strengster Entsagung und Enthaltung von Arbeit und Menschenverkehr mich hinfristen muß. Es war ein bißchen grob, was die letzten Jahre mir zugemutet. Nun muß ich's eben leiden." Mit 45 Jahren! Lebensmitte!
[4] Zu Beginn des soeben zitierten Briefes von Paul Heyse an J. B. heißt es: „Das Kapitel des Maximilians-Ordens hat heute einstimmig beschlossen, Dich dem König als Nachfolger Schnaases vorzuschlagen. Die Zahl der Mitglieder ist eine begrenzte (nicht über hundert), und seit einigen Jahren gilt die Regel, daß zu neuen Vorschlägen eine inzwischen eingetretene Vakanz abgewartet wird."

anzunehmen. Wackernagel war, wenn auch Bürger von Basel, doch geborner Deutscher, und die Zeiten waren anders. Es bläst seit 1½ Jahren bei uns ein sehr viel schärferer demokratischer Wind, und wenn ich auch noch darauf rechnen könnte, daß die Erlaubnis zur Annahme eines Ordens für Kunst und Wissenschaft mir speziell nicht versagt werden würde, so gäbe es doch ein nicht eben wünschbares Gerede. Geheimhalten aber und Vermeidung der Anfrage um Erlaubnis ist unmöglich, weil die A. A. Z. die Ernennungen unvermeidlich bringt. Machet nun einen andern glücklich! ich für meine Person hätte quamvis indignus angenommen, aber es geht nicht. Du kannst auch beiläufig, wenn wieder Kapitel ist, sagen: meine Ablehnung sei eine individuelle und lokale und beziehe sich durchaus nicht auf Leute in Zürich, Bern, Genf etc. – Meine Pflicht gegen die Universität Basel lautet einfach: auf dem Posten aushalten, solange man mich duldet. Wir haben seit einigen Wochen einen sog. demokratischen Chef, und nun kann die Desorganisation bald auf diesem, bald auf jenem Punkt in Szene gehen. Und wir waren in einem so guten Zuge und hatten seit 45 Jahren zum erstenmal wieder 200 Studenten. Freilich fahre ich fort zu hoffen; mitten in meiner sonst sehr zweifelhaft gewordenen Taxation des Erdenglückes statuiere ich nämlich eine große Lücke und Ausnahme, indem ich das Dasein der Universität Basel nicht nur für irdisch wünschbar, sondern für metaphysisch notwendig erkläre.

Auch bin ich gegenwärtig in geheimer Unterhandlung wegen Ankaufes eines Hauses mit noch schönerer Lage gegen den Rhein, als das frühere Häuschen hatte, wo Du mich zu finden pflegtest. Freilich ist es, von außen anzusehen, eine Spelunke und gewiß auch im Innern eben nur so beschaffen, daß es etwa mich noch aushält, aber ich kann hoffen, es relativ um einen Apfelputz zu bekommen, dann suche ich eine zuverlässige bejahrte Person als Haushälterin usw., wie die Milchfrau des Lafontaine rechnet. Ich bin doch wirklich neugierig, ob mir das Schicksal den Übergang vom Chambregarnisten zum Hausbesitzer noch gestattet. Wenn Du mich dann einmal aufsuchen solltest, so wisse, daß die Pasteten hier noch immer so gut gemacht werden wie vormals, und daß ich neuerlich einen Rhonewein eingetan habe, der an Unschädlichkeit und Trinkbarkeit im Verhältnis zu seinem Preise seinesgleichen sucht. Auch habe ich ein altes Pianino und musiziere jeden Abend eine Stunde.

Nun lebe wohl, liebster Paul, in alter Treue

Dein J. Burckhardt, genannt Eminus.

AN FRIEDRICH v. PREEN

Basel, 30. Dezember 1875

... Und nun geht das Leben so im Sturmschritt dahin, und wenn man einander wiedersieht, ist man ein Vierteljahr, ein Halbjahr oder ein Jahr älter geworden, und vom Jahre 1875 insbesondere weiß ich gar nicht mehr, wo es hingekommen ist; es kommt mir vor, als hätte die Ewigkeit dasselbe an einem Stück verschluckt. Und doch enthielt es für mich zwei Reisen (nach Rom und nach Dresden) und allerlei Erlebnisse, unter welchen die guten das entschiedene Übergewicht hatten. Zuletzt langten noch vor ein paar Tagen vom Stuttgarter Verleger fünfzig Flaschen „Remstaler" an, aus seinem eigenen Weinberg, ein Schieler, der beim ersten Schluck wenig verspricht, dann aber köstlich schmeckt (crescit eundo), ziemlich stark ist und im Glase einen köstlichen Blumenduft zurückläßt. Freilich opfere ich dafür meine vorliegenden Weihnachtsferien fast ganz den Nachträgen und Umarbeitungen meiner „Architektur der Renaissance" auf[1].

Zu irgendeiner freien Lektüre komme ich nicht mehr. Außer nachmittags auf dem Sofa vor meiner Siesta und nachts im Bette vor Einschlafen; was dabei herauskommt, wenn man zum Beispiel ein Drama auf diese Manier in zwanzig Pausen liest, das können Sie sich denken. Von abends acht Uhr an, da ich meine Feder auswische, lese ich nämlich nicht mehr, sondern musiziere, was für mich ein ganz unbedingtes Lebensbedürfnis geworden ist; in die

[1] Die 2. Aufl. der „Kunst der Renaissance" erschien, von J. B. selbst besorgt, 1878.

Kneipe gehe ich erst um neun Uhr und nur etwa drei Abende in der Woche, sonst bleibe ich an meinem Klavier. Zur Seltenheit gehe ich in Gesellschaft. ...

AN FRIEDRICH v. PREEN

Basel, 27. Februar 1876

... In den (diesmal kurzen) Frühlingsferien bleibe ich zu Hause; höchstens zwei Tage Freiburg kann ich mir gönnen. In den großen Ferien (die wir fortan wie an den deutschen Universitäten haben werden) reise ich, wenn die Welt inzwischen nicht gar zu bunt und kraus wird, sechs Wochen in Oberitalien herum und kaufe Photographien usw. für meine Kurse. Man lebt ja einstweilen weiter, als müsse es wohl so fortgehen. Ich kenne hier schon Leute, die nach der wirklichen Lage der Dinge zu leben angefangen haben; sie existieren wie Belagerte.

In meinen Arbeiten geht es wie bisher; die Sorge um das kommende Semester beginnt stets in der Mitte des laufenden; da müssen schreiende Mängel in den Heften beseitigt und klaffende Lücken ausgefüllt werden; Summa, ich lebe nur noch für meine Kurse, und darob darf mir niemand Vorwürfe machen; solange ich meine Kenntnisse und (wie ich mir einbilde) auch meine Erkenntnis vermehre, so bin ich auf dem rechten Wege. Und wie bald vielleicht Bücherschreiber und Verleger auf ihrem bisherigen Wege werden innehalten müssen, wird die Zeit lehren.

Von Musik höre ich nicht viel mehr, als was ich selber auf meinem Pianino in meinem Gott vergnügt hervorbringe. Ihren Geschmack für vortreffliche Tanzmusik teile ich vollkommen und werde von gewissen, besonders Wiener Sachen völlig hingerissen, während mir anderes Wiener Fabrikat recht deutlich die bloße Durchzeichnung von schon Dagewesenem verrät. Und was Offenbach betrifft, so sage auch ich: à tout pécheur miséricorde; es gibt von ihm köstliche und geistreiche Sachen. – Nur von einem, dem Mörder der jetzigen Oper, Sie denken schon, von wem[1], will ich nichts wissen. ...

[1] Richard Wagner.

AN MAX ALIOTH

Verona, Sonntag, 6. Aug. 1876

... Heute muß der 6. August sein. Wir müssen dies mühsam ausrechnen, sintemal wir[1] völlig nach dem Zufall leben. Aber herrlich leben wir. Innsbruck auch für Sie ein wundervoller Ort, Verpflegung vom besten, der 1875er Rote so gut, daß laut Aussage eines weisen alten Mannes zehn Jahre lang kein solcher zu trinken gewesen. Man trinkt nämlich in ganz Nordtirol einen Südtiroler von fast überall gleichmäßiger Güte, der aber im jedesmal laufenden Jahr muß ausgetrunken werden. Hiezu haben wir kräftigst beigetragen, das weiß Gott. Innsbruck: letzter Barock vom Reichsten und Schönsten vorherrschend, daneben Schönes und Älteres; ferner eine Galerie mit einigen Perlen. Wenn Sie einmal dort wären, man brächte Sie schwer wieder fort. Unten Prachtrokoko und oben ewiger Schnee, und zu jeder Stunde der köstliche Wein.

Am Donnerstag, nach vollständig eineinhalb Tagen Aufenthalt, fuhren wir an einem Strich über den Brenner nach Bozen, in den vollen heißen Süden, wo nächtlich auf dem großen Platz geknipt wurde; am Morgen die heiße, strahlende Prachtwelt von vier zusammenlaufenden Alpentälern mit lauter Schlössern und Klöstern bis in alle Höhe, sonst alles Reben, Feigen usw. Und auf diesem letzten Vorposten eine deutsche gotische Hallenkirche mit einem reichen Prachtturm von sechseckigem durchbrochenen Oberbau, voll der schönsten Sophistik! Vormittags noch fuhren wir nach Trient, und merkwürdigerweise bin zuletzt ich noch mehr der nach Italien Vorwärtstreibende geworden als G. Es ist eben ein Götterland um dieses Etschland.

Beim Einzug in Trient die volle Renaissance, bemalte Fassaden, gruppierte Fenster alla Veneziana mit balconcini, oben herrliche Sparrendächer, ja ein reicher Quaderpalast Tabarelli mit gewaltigem steinernen Prachtgesimse. Auf dem Domplatz eine Mordsfontäne mit Skulpturen in drei Stockwerken; durch die ganze Stadt dann noch Barock, so schön man will. Alles schon ganz tiefsüdlich. Abends in

[1] J. B. reiste in Begleitung eines jüngeren Basler Freundes. (Trog)

der Dämmerung führte ich G. nach dem von mir zuvor
ausgekundschafteten Orto degli ulivi, wo wir zwischen Öl-
bäumen, Lorbeeren und Oleandern (bis 24′ Höhe!) etwas
kneipten. Dazu sangue bellissimo. – Gestern wollten wir
eigentlich vorerst nur bis Rovereto, aber dies und Gardasee
sanken in den Schlund der Nichtberücksichtigung, weil
der gewaltige Magnet Verona schon auf uns zu stark wirkte.
Also langten wir in Gottes Namen gestern mittag hier an,
wo es nicht heißer ist als in Trient, aber doch sehr heiß,
wenn auch sehr viel erträglicher als zu Mailand im Juli.
Es läßt sich ganz gut aushalten.

Leider war gestern nachmittag die seit kurzem sehr ver-
mehrte Galeria pubblica unsere Hauptaufgabe, und hier
geriet G. in stillsichtbare Verzweiflung über die unerhörte
Masse Schund, welche in etwa zwölf großen Sälen zu-
sammengetan ist. Ich hielt stand, so gut es ging. Hernach
tröstete uns ein frisches Bad, und wir waren wieder voller
Wißbegier und sind es bis zu dieser Stunde, nachdem wir
heut morgen 1½ Dutzend Kirchen durchgejagt. Gestern
nachts im hellen Vollmond demonstrierte ich G. an der
Porta Nuova den Festungsprachtstil des Sanmicheli; es
war so deutlich wie am Tage. Mit den bösen Stechfliegen
ist es uns bis jetzt ganz leidlich gegangen, und ich weiß
jetzt wieder für ein andermal, wie sich der August hierzulande ausnimmt. Es ist eine bis jetzt wundervolle Tour
voll des angenehmsten und lehrreichsten Bummelns gewesen. ...

AN MAX ALIOTH

Mailand, den 23. August 1876

... Einstweilen bin ich mit G.s Hilfe in Venedig und weiteres sehr vergnügt gewesen und habe ihm Padua, Vicenza,
Mantua, Brescia und Bergamo expliziert, und seit vorgestern
abend stehlen wir dem Herrgott die Zeit hier in Mailand.
G. ist geduldig und von großer Güte, verlangt aber von
Zeit zu Zeit lauter primäre Kunstleistungen und will sich
mit dem Sekundären nicht immer zufrieden geben. Ein
paarmal, z. B. in S. Giustina zu Padua, hat es ihm doch den

Atem gestellt. In Mantua war er ebenfalls recht zufrieden, und ich meinerseits besuchte meinen Übersetzer Valbusa[1]. – Die letzten Tage in Venedig, da wir die Höhle Xaxa mit Asti bianco entdeckt hatten, waren sehr vergnügt. Denken Sie, jedesmal nach dem herrlichen Seebad am Lido den Asti bianco!

Es graust mir vor der Zeit, da ich werde allein reisen müssen und die Septemberabende beginnen, aber ich habe nun so viel Gutes auf mein Konto zu schreiben, daß ich nicht klagen darf. Einstweilen verklopfen wir diese Woche noch in Mailand.

Von Zeit zu Zeit spreche ich einige Sehnsucht nach Grenzach[2] aus, davon aber will G. wenig mehr hören. Der Undankbare. ... Gestern hat es tüchtig geregnet und auch noch heut früh, und die Luft ist deliziös, aber in Kirchen und Galerien ist es noch die bleiern schreckliche, welche den Pilger bis zur Schlafsucht betäuben kann, die seit Juli aufgesparte! Gestern schliefen wir in der Brera beide, in der Nähe schlief auch eine junge Dame, man geniert sich nicht. Dagegen ist in Mailand eine große Verschlimmerung eingetreten, man hat nämlich die schönen langen Bänke aus dem Dom entfernt, auf welchen man sonst in heißen Zeiten des sog. Domschlafes pflog. Man sieht jetzt über das ganze Marmorpflaster des Domes wie über einen stillen See hin.

Gestern abend hörte ich zum ersten Male (und zwar ziemlich gut) die Traviata und war erstaunt über die Fülle von Schönem. Dazwischen lesen wir in den Wiener Blättern und im Feuilleton der Perseveranza die Berichte aus Bayreuth, wo es en somme mit einem entschiedenen Fiasko scheint abgegangen zu sein. Während die Traviata seit bald zwanzig Jahren fest auf ihren eigenen Beinen herumspaziert.

In Sachen des Barock werde ich immer ketzerischer. Schon ganz am Anfang unsrer Reise erquickte mich in der Kirche zu Feldkirch der genialste Barock-Beichtstuhl, den ich je gesehen. ... Hier in Mailand kann man in Barock schwelgen.

[1] Der Übersetzer der „Kultur der Renaissance", die italienisch 1876 erschien.
[2] Bad. Ortschaft bei Basel, das Ziel häufiger Spaziergänge J. B.s.

Und inzwischen sieht man doch immer Sachen der goldensten Zeit, und heut morgen haben wir den Vorhof vom S. Celso besucht, wo G. sofort entschied, „dies müsse von Bramante sein!"

AN FRIEDRICH v. PREEN

Basel, 17. November 1876

... Es genügt heutigentags, daß irgendein Gedanke, ein Vorschlag im Sinne der Konservativen gemeint sei, so ist es praktisch nichts damit; nur das Auflösende und Nivellierende hat jetzt wirkliche Kraft. Und so werden Sie auch in unserer „Allgemeinen Schweizer Zeitung" zwar ebenfalls den Punkt beleuchtet finden, wo wir angelangt sind, aber Heilmittel gibt es keine. Unser eidgenössisches und kantonales Referendum macht zwar bisweilen den M. M. Homais und Konsorten eine ihrer Ideen zunichte, so daß sie eine Weile perplex sind, aber an und für sich gehört es ebenfalls dem Reich des Auflösenden an. Alles Unbehagen von der Welt ist nicht mehr imstande, die Quelle des Unheils zu verstopfen, und diese ist die Herrschaft der so leicht zu führenden Massen und der gänzliche Mangel an Respekt, welchen der Radikalismus – nicht gegenüber von älteren konservativen politischen Formen (denn für diese erwarte ich von ihm keine Pietät), sondern gegenüber den von ihm selbstgeschaffenen Gesetzen und Einrichtungen an den Tag legt. Das ist's, was die Lage so bodenlos macht. ...

Einstweilen ist es ja Pflicht und Politik, daß wir zu allem wenn nicht heitere, doch allermindestens keine sauren Gesichter machen. Ich für meine Person habe mir meinen ganzen Gesichtskreis längst dadurch vereinfacht, daß ich jede Frage schlechterdings mit der Universität Basel in Verbindung bringe und immer nur sage: Dient ihr dieses und jenes? Oder dient es ihr nicht? Wenn ich nie Schuld oder Mitschuld an etwas habe, das ihr zum Schaden gereicht, so will ich mit meinem äußeren Lebenslauf in globo zufrieden sein.

Einstweilen ist das Semester seit vier Wochen im Gang, und auch die Extravorlesungen haben begonnen, wovon ich zwei hinter mir und noch zwei vor mir habe[1]. Ferner bin ich schon sechsmal in der Oper gewesen, welche für hiesige Umstände sehr gut ist. – Am 2. Dezember wird unser einfach schöner Musiksaal mit der Neunten Symphonie usw. eingeweiht, wobei ich sehen will, daß ich einen Platz bekomme, denn die betreffenden Vereine mit ihrem Anhang werden nahezu die 1500 Plätze füllen. Wer fühlt freilich jetzt die „Freude, schöner Götterfunken"? Es müssen noch recht junge Leute sein, die das vermögen. Immerhin ist unser Musiksaal ein erfreulicherer Bau, als Ihre Festhalle samt deren vermutlichem Programm werden mag....

AN FRIEDRICH v. PREEN

Basel, 13. April 1877

... Ihr ganzer Brief hatte sonst noch etwas, um dessentwillen Sie beneidenswert erscheinen, nämlich eine Stimmung des Ruhigseins, wie wir es hier nicht mehr haben. Ich für meine Person will vorderhand nicht klagen, solange ich noch Zufriedenheit im Studium finde, Ausflüge mache und meine Gesundheit behalte; aber man hat doch bei unserer politisch sozialen Treiberei das Gefühl, daß allgemach unser ganzes Dasein ins Oszillieren geraten ist. Daneben fehlt es gar nicht an Vergnügungen, und ich bin zum Beispiel wieder ins Theaterlaufen hineingeraten, und eine Anzahl ganz bedeutender musikalischer Extraaufführungen (zweimal die Neunte Symphonie und dergleichen) gehen in diesem Winter mit; – aber! aber! man fühlt schon so halb, daß man „für diesmal noch mitmacht bis auf weiteres".

Das Abdizieren und Wiederkommen des großen Mannes[2] macht mir den Eindruck, als wüßte er einfach nicht mehr weiter; er hat sich in allen großen Fragen des Inneren ziemlich vergaloppiert und dazu noch, wie man ihm wohl glauben darf, eine erschütterte Gesundheit. Erbitten konnte man ihn wohl wiederzukommen, aber helfen kann er doch

---

[1] J. B. sprach am 7. Nov. über „die Kochkunst der späteren Griechen" und am 14. Nov. über „das Phäakenland Homers"; am 23. und 30. Nov. über „Szenen aus den Mailänder Kriegen seit 1521".
[2] Bismarck.

nicht mehr. Es ist möglich, daß er etwa in einer großen europäischen Krisis, wenn sich eine solche an den bevorstehenden Türkenkrieg hängen sollte, noch einmal den Ton angibt, aber das Innere des Reiches kann er nicht mehr heilen. ...

Unter neuerer Lektüre unbedingt empfehlenswert, ja besitzenswert, obwohl etwas umfangreich angelegt: Taine, Les origines de la France contemporaine. Tome I: L'ancien régime (Paris, Hachette, dieser Band 550 Seiten). Autor hat zwei große Eigenschaften: er sieht die geistigen Konturen und Farben überaus deutlich und schreibt merkwürdig einfach schön. Vermutlich (nach einer Äußerung der Vorrede, pag. V) werden es drei Bände: Ancien régime, révolution, régime nouveau. ...

AN FRIEDRICH v. PREEN

Basel, 30. Mai 1877

... Ich bin seither noch fleißig an Sonn- und Festtagen im Oberland herumgezogen, aber das Mitleben, welches bei Ihnen aus Genuß der Landschaft und Mitwissen ihrer Detailgeschichte besteht, habe ich nicht aufzuweisen. Mein Sinn hat in der Jugend immer nach der Ferne, selbst nach der weiten Ferne gestanden, und erst in den letzten Jahren werde ich hier recht heimisch. Dann aber fehlt mir leider alle und jede Botanik; ich kann an jedem sauberen Pflänzchen Freude haben, aber kennengelernt habe ich nichts und muß daher die Natur so ziemlich en bloc nehmen. Selbst von der edelsten Pflanze des Oberlandes habe ich nur ungenaue Kunde und griff daher letzten Sonntag im „Hirschen" zu Haltingen in ein gewaltiges Wespennest, indem ich gegenüber von Beck den unschuldigen Irrtum aussprach, daß der Isteiner Wein der beste oberhalb vom Schlingener Berg sei. Ich mußte hören, der Isteiner sei nur e ganz e klains Wynli und verdanke seine Überschätzung in Basel nur gewissen alten Herren, welche dabei von denselben Gründen ausgingen, aus welchen andere alte Herren in Italien den sogenanten Pisiatello wertschätzen. – Auch an Liel bin ich seither wieder vorüber; der Inhaber der dortigen alten Bibliothek interessiert mich doch, selbst das Bild der Angelika Kaufmann könnte immer noch eines von denjenigen sein, in welchen sie die genießbarste von all der Künstlergeneration des schwächlichen Antikisierens ist. Allein ich ahne, daß mir eine dortige Bekanntschaft wieder einen Teil meiner Freiheit kosten könnte, und ich eile künftig noch schneller vorüber. – Daß Ihnen das Straßburger Münster nicht mehr den alten Eindruck gemacht hat, mag wohl an der Absperrung des (an sich nicht schönen) Chores liegen; ich weiß, wie erkältend die damals in ähnlichem Falle befindliche Kathedrale von Troyes (1860) auf mich wirkte, während ich später nach vollendeter Herstellung und Eröffnung des Chores entzückt war. – Im August laufe ich Ihnen möglicherweise zu München über den Weg, was doch recht schön wäre, wenigstens für mich!

Abends

Der graue Totalregen hat wieder aufgehört; die Sonne scheint schwül, und bald fängt's wohl von neuem an, aber man nimmt ja heute jede helle Stunde mit Dank an. – Unsere hiesige allgemeine Stimmung ist wohl kaum eine andere als bei Ihnen und sonst im Okzident. Zwar kracht es mit Bankrotten noch nicht wie in Zürich, wo eine wahre Panik herrscht, aber gut schaut es auch bei uns nicht aus. Und dazu das leichtsinnige Ausgabendekretieren unserer jetzigen Majoritäten und dies Ausnutzen der Stimmung der „arbeitenden" Klassen. (Würde man nur einmal diesen infamen ungerechten Terminus los, es wäre schon viel gewonnen.) Natürlich sind auch bei uns Feste im Anzug. ...

AN FRIEDRICH v. PREEN
Basel, 13. Juli 1877

... Die Preissteigerung aller Dinge spüren wir hier auch; sie fing an, als dies Frühjahr alles zu mißraten drohte, und fährt nun fort, weil alles gerät. Ich habe meinen Lebensunterhalt um dreißig Centimes per Tag steigern lassen, bin und bleibe indes für meine eigene Person ein Knicker, ausgenommen wenn ich Sonntags über Land gehe und auf Reisen, wo man schon ein ganz schönes Geld ausgeben kann,

bloß um sich gesund (und noch gar nicht superfein) zu nähren....
Nun folgen noch vierzehn Tage Semester mit allgemeinen Klagen über wachsende Zerfaserung des Zuhörertums. Und so wird's nun Jahr um Jahr gehen wie überall, wo man nicht ans Ende des Sommersemesters einen Cherub mit dem Flammenschwert in Gestalt von allgemeinen Schlußprüfungen hinpflanzen kann. So war's, als ich in Zürich am Polytechnikum dozierte: weder Schüler noch Professor hätten sich vor dem vorgeschriebenen Tage von der Stelle gewagt. Überhaupt habe ich seither oft denken müssen: etwas von der Disziplin solcher Anstalten täte auch manchen Universitäten gut, wo Willkür von oben und von unten nunmehr das Gesetz behandelt, wie es ihr gefällt....

AN MAX ALIOTH

München, 30. Juli [1877], vormittags

... Gestern abend im Schnellzug hieher, glücklicherweise recht gute Gesellschaft. – In der Dämmerung sah ich noch Glyptothek und Propyläen usw. und lief dann noch in die innere Stadt, um mich in Kneipen usw. zu orientieren. Heut morgen aber, als ich Einkäufe usw. machen mußte, wagte ich mich bis in die Maximilianstraße. Da kann man froh sein, wenn man ohne Schlagfluß (worauf ich glücklicherweise nicht genaturt bin) wegkommt. So unter allem Knaster hatte ich mir die Sache doch nicht vorgestellt. Aber im Erdgeschoß winken überall verheißungsvoll Restaurationen und Photographieläden! auch wachsen jetzt glücklicherweise die Bäume bereits so heran, daß man die Gebäude nicht mehr überall zu sehen braucht. Irgendeine Wunderbutike kündigt in allen Ecken auf heut abend an: Auftreten des großen Jongleurs Mr. Detloff mit seinen Wunderspielen! Da gehe ich hin.

AN MAX ALIOTH

München, 7. August 1877 nachts

... Das alte München König Ludwigs I. ist auch sehr abgestanden. Wenn man, wie ich, bei Antiquaren die

Publikationen von damals, die frommzarten Konturstiche, die romantischen Künstlerporträts und die ganze damalige knotige Romantik in Bau-, Bildnerei und Malerei an den Augen vorübergehen sieht – wie gänzlich ist das alles vorbei! – Dieser Tage war ich abends in der Ludwigskirche; Cornelius imponierte mir in gewissen Sachen noch immer, aber das Gebäude ist von einer jammervollen Miserabilität, so daß man nur streiten kann, ob das Äußere oder das Innere schlechter sei. Wie herrlich dagegen die majestätische Theatinerkirche und St. Michael! Neben diesen beiden ist alle moderne Bauerei hier so matt und schwach, daß einem „relativ übel" wird. Doch nehme ich Triumphbogen und Propyläen und alte Pinakothek aus. – Und während diese Neueren so wenig Großes vermögen, haben sie die Frauenkirche, die ich vor einundzwanzig Jahren noch mit ihren herrlichen Barockgittern an den Kapellen und mit dem köstlichen Triumphbogen über dem Grab des Kaisers Ludwig mitten im Schiffe (und demselben zur schönsten und leichtesten Unterbrechung dienend) gesehen hatte – diese Kirche haben sie nun streng gotisch purifiziert; vor allem natürlich ein blaues Gewölbe mit Sternen, so daß sie nur noch halb so hoch wie früher aussieht, darunter die achteckigen Pfeiler jetzt cremegelb usw. – anstatt dem Himmel zu danken, wenn ein so mäßig ausgestattetes gotisches Gebäude vom heitern Barock ist in die Kur genommen worden.

AN MAX ALIOTH
München, 11. August 1877, abends

Ihr Urteil über das Maximilianeum ist leider nur zu gerecht; es ist ein Kartonmachwerk, und wenn man die kümmerliche Rückseite sieht, wird einem vollends schwach. Ich habe nur deshalb einige Dankbarkeit für das Gebäude empfunden, weil es wenigstens äußerlich in die Formen der Renaissance hinüberleitet und den Geist von dem jämmerlichen Gotisch der Maximiliansstraße befreit. ...
Heute ließ ich mich mit einem Strom von Menschen durch die Säle der Residenz treiben, die Sie ohne Zweifel kennen.

Von den Fresken sage ich nichts; in den zwei Schönheitskabinetten des Königs Ludwigs I. mußte ich aber gestehen: trotz der faden, almanachmäßigen Auffassung des Hofmalers Stieler, von welchem alle diese Porträts herrühren – es war an sich ein königlicher Gedanke, und nur ein König konnte ihn ausführen. Dem reichsten Privatmann zu Gefallen hätte man nicht die Erzherzogin wie die Schusterstochter gleichmäßig bewegen können, zum Malen zu sitzen, damit eine vom Stand unabhängige, völlig neutrale große Konkurrenz der Schönheit entstehe. – Himmlisch war, wie der Kustode von all den Damen sagte, wo sie noch lebten, und mit wem sie verheiratet seien! – Am Trumeau des einen Kabinetts hing 1856 einsam das Bild der Lola Montez mit ihren zwei schreckhaften und schönen Augen; dasselbe war jetzt ersetzt durch Frau X, „geborene Daxelberger, Tochter eines Kupferschmieds von Minchen", predigte der Kustode. – Der Thronsaal allein mit den zwölf goldenen Statuen hat etwas Großartiges, wenngleich diese goldenen Wittelsbacher sämtlich vom Rücken her beleuchtet sind. – Aber nun kam die Hauptsache, die Sie vielleicht noch nicht gesehen haben, nämlich die Zimmer Kaiser Karls VII., aus den Jahren 1730–1740 usw., geradezu der herrlichste Rokoko, der auf Erden vorhanden ist, und an Erfindung und elastischer Eleganz sogar den Prachtzimmern von Versailles überlegen. Man wird jetzt mit dem ganzen Schwarm durchgetrieben, aber ich lasse mich noch ein paarmal durchtreiben, um mir diese wunderbaren Formen noch kräftig einzuprägen. Und zwar ist es ein Crescendo, von den Vorsälen bis zum Schlafzimmer und verrückt prächtigen Toilettenkabinett. Das große Prachtwerk über die Residenz muß diese Räume wohl mit enthalten, wenn es schon soweit gediehen ist. ...

AN MAX ALIOTH

München, 15. Aug. 1877, abends spät

Heute waren wegen Mariä Himmelfahrt die Läden (also auch meine Helgenläden) geschlossen, und dafür ging die

Oper auf. Ich weiß zwar nicht, was hiezwischen für ein idealer Zusammenhang besteht, aber ich suchte wieder das Opernhaus auf, wo ich einst vor achtunddreißig Jahren mehrere Opern gehört, die seitdem den Schlaf des Gerechten schlafen (Chelards Macbeth, Lachners Caterina Cornaro, ferner das Erdbeben von Lima u. dgl.), und vor einundzwanzig Jahren u. a. die Bekanntschaft Tannhäusers machte. – Heut Verdis Aïda mit vollem Pomp und ägyptischen Dekorationen, wovon im dritten Akt ein Palmenwald mit Tempietto am Nil im Mondschein ganz bezaubernd war. Nachbauer als Radames himmlisch bei Stimme, die beiden Weiber wenigstens schön von Ansehen; von den drei Bässen u. a. der alte Kindermann, den ich vor einundzwanzig Jahren u. a. als Wolfram gehört, noch völlig unverändert, so daß ich meinen Nachbar fragen mußte, ob das etwa ein Sohn vom Alten sei. Nein, er war es selber. – Die Musik hat viel Sophistisches und mit Anstrengung von verschiedenen Seiten (selbst aus Wagner und aus Spohrs Jessonda) Hinzugelerntes, aber daneben ganz wundervolle Verdi-Inspirationen, im zweiten und dritten Akt wird er stellenweise der alte Gott, nur strenger in den Kunstformen. Die rhythmisch reißenden Melodien des früheren Verdi fehlen, aber ein gut Stück Seele ist noch vorhanden, und vom Finale des zweiten Aktes durch den ganzen dritten hindurch ist alles schön, und im Duett des Amonasro und der Aïda: Du wirst die duftigen Wälder wiedersehen usw., da ist es ergreifend und zum Heulen schön, wie gar kein früherer Verdi; überhaupt hat er viel Neues, Eigenes. Der sechzigjährige Mensch hatte noch ein Inneres neu zu geben, das ich nicht bei ihm vermutete. Der vierte Akt hat hohe Momente, aber nicht die dauernde Schönheit des dritten. – Hört das, wo Ihr könnt, doch womöglich nicht in Basel! Es gehört die meeresbreite Münchner Szene dazu u. a. m. Den kleinen Mohrenkindern, welche unter den verschiedenen Balletten das Burleske zu tanzen haben, hatte man (ohne Zweifel durch vorgebundene grüne Gläser) völlig wildleuchtenbe Katzenaugen gegeben. Freitag Fidelio, Sonntag Lohengrin usw. ...

AN MAX ALIOTH

München, 27. Aug. 1877, Nachmittag

... Gestern abend wieder Aïda! Alles göttlich bei Stimme! Nachbauer als Radames ließ die herrlichsten Raketen steigen. Diesmal hat mich das Finale des zweiten Aktes in alle Höhen mit hinauf genommen, dann wieder der wundervolle dritte Akt mit Reichmann, einem der weichsten und zugleich gewaltigsten Baritons, die Gott in seiner Gnade geschaffen hat, als Amonasro – und nun wieder das herzergreifende Duo: Du wirst die duftigen Haine wiedersehen! – Dann Radames im vollen Lichtglanz seiner Stimme: Du bist der Kampfpreis, den ich begehre usw. – und dann in voller Verzweiflung: Um dich verriet ich Land und Volk! – Von den gewaltigen Momenten im vierten Akt nicht zu sprechen! – Man kann ein Narr werden. – Nachher solo in Enthusiasmus im Ratskeller zwei Schoppen Affenthaler getrunken.

AN MAX ALIOTH

Nürnberg, Freitag, 31. Aug. 1877

Gestern nachmittag fuhr ich hieher und kam gerade noch an, um den deutschen Kronprinzen durch eine ehrfurchtsvolle Double Haye von Nationalliberalen nach dem Bahnhof fahren zu sehen. Abends hieß es in der Weinkneipe unter verschiedenen Philistern: „Der Mann is auch geplagt!" – In der Tat: was meinen Sie dazu: etwa vierzehn Tage lang stets fünf Uhr aufstehen und Revuen abnehmen zu müssen? Der Philister empfand offenbar aufs tiefste, was dies heißen will.

Daß ich aber abends in der Weinkneipe saß und nicht in den von G. in verjährtem Enthusiasmus angepriesenen Bierlöchern, das versteht sich von selbst. Ich hatte noch in der Abenddämmerung in das „Wurstglöckle" hineingeschaut und mich viel zu alt gefunden, um dort noch eventuelle Fidelitäten anderer Leute mit anzusehen. Vollends in die „Wolfsschlucht" hätten mich keine vier Pferde hineingebracht; es saß dort alles dick bis weit auf die Gasse, weil daselbst das einzige anständige Bier verzapft werden soll, während sonst in Nürnberg (laut Schimpfens in den Zeitungen) das Bierelend allgemein sein soll.

Propos des beuveurs aus den letzten Tagen: „Es ist eine Schmoch für Siddaitschland, daß wir koan oanzigs politischs Witzblott hoben, außer die Frankforter Lotern!" – Wenn ein Kladderadatsch II in München oder Regensburg entstände, wäre diesen Dubeln[1] geholfen. – Ein stocktauber Mensch wird als dernière ressource von einem guten Freund in eine Wagnersche Oper mitgenommen und genest im vierten Akt, aber dafür war im fünften Akt der gute Freund taub geworden. – „Wann's Wasser schlecht ist und's Bier gut, dann trinkt man erst recht Wein." – Dies stammt aus der Weinkneipe von gestern abend, wie Sie wohl erraten werden. Sonst aber befand sich dort ein ältlicher Herr, den man „Herr Professor" titulierte, und der so bedenkliche Lügen aus der Naturwissenschaft vorbrachte, daß ich mich heimlich wegen unseres gemeinschaftlichen Titels zu genieren anfing. So u. a., daß die Karpfen bis fünfhundert Jahre alt würden und daß man in den Bassins von Versailles noch die Individuen aus der Zeit des Louis XIV kenne, weil sie damals seien gezeichnet worden. Ich dachte: wenn doch du nur einmal einen zweihundertjährigen Karpfen fressen müßtest!

Nürnberg steckt voll von schönen und merkwürdigen Sachen, und schon im Germanischen Museum habe ich mich zwei Stunden lang dumm gelaufen. Aber zum Wohnen möchte ich die Stadt nicht, es ist mir zu eng zwischen den himmelhohen Häusern mit den hohen Spitzdächern. Und das, was mir sonst den Aufenthalt versüßen könnte, nämlich wohlfeile Photographiepreise, davon ist in erschreckender Art das Gegenteil der Fall. In Regensburg habe ich noch einen tüchtigen Stoß anderer Helgen bei einem vernünftigen Antiquar gekauft und bereue es jetzt, nicht noch mehr gekauft zu haben. Hier in N. ist alles ausgekauft, wie ich schon vor zwei Jahren erfuhr, doch werde ich nun noch einen letzten Versuch wagen. – Ferner macht mir die Umgegend von Nürnberg förmlich übel, dies

[1] Baslerisch: Tölpeln. Bekanntlich wurde zwanzig Jahre später mit der Gründung des „Simplizissimus" ihnen geholfen.

sandige Wellenland mit Fichten und Rüben; auch erfuhr ich, daß hier heftig Tabak gepflanzt werde, und glaube sogar, daß diejenige Havanna, welche ich eben jetzt rauche, aus leidlicher Nähe stammen möchte. – Kein wahrer Weiser mehr raucht dunkle Zigarren, solange er helle haben kann, denn all jenes Zeug ist sauciert, und als ich heute im Laden eine darauf bezügliche Bemerkung wagte, hieß es: Ja, da haben's recht! – Doch muß ich zum Lobe Nürnbergs noch beifügen, daß auch viel Meerrettich gepflanzt wird, welchen ich sehr liebe. Doch genügt Meerrettich noch nicht, um über eine ganze, absolut weinlose Gegend einen verklärenden Schimmer zu verbreiten. Auch pflegt er etwas aufzustoßen. Daher ich mich denn nicht wenig auf Bamberg und Würzburg freue. Solche alte Pfaffenstädte haben immer etwas Verlottertes und Fideles, wie ich es gern habe.
Unmittelbar nachdem ich meine letzte Sendung in den Briefkasten geworfen, wandte ich zwei Mark dran und ließ mir in der Residenz die Prachtzimmer Karls VII. zu ruhigem Betrachten und Notieren aufschließen, erfuhr auch: der Hofphotograph Albert habe alles photographiert. Ich wagte mich auch nachher zu selbigem Albert, erhielt aber den Bescheid: verkäuflich seien diese Sachen nur mit Spezialerlaubnis Sr. Maj. des Königs – worauf verzichtet wurde.

AN MAX ALIOTH

Frankfurt a. M., Dienstag, 4. Sept. 1877

Gestern fuhr ich von Würzburg über Aschaffenburg (höchst malerisch, auch einiges zu sehen und zu studieren, drei Stunden Aufenthalt) hieher und „stieg ab" im Württemberger Hof. Der Gasthof ist verwohnt, verlebt und schmierig, aber Frankfurt ist und bleibt doch die souveräne hohe Schule für alles Gasthofswesen; der Oberkellner und seine ganze Schar freundlich und prevenant, ganz als gälte es, an mir einen bleibenden Kunden zu gewinnen, während in andern Gegenden, auch in der Schweiz das Benehmen oft so ist, als dächte man: „So, wie wir dich traktieren, kommst du doch nicht wieder, also lassen wir uns gehen und führen uns (Kellner, Wirt usw.) auf als Flegel."

FRANKFURT · WÜRZBURG · ASCHAFFENBURG

In Würzburg ist Barock und Rokoko in grenzenloser Fülle und Auswahl in fast sämtlichen Kirchen und vollends in der ganz gewaltigen, kaiserlich prächtigen Residenz der alten Fürstbischöfe, letztere ganz, völlig harmonisch, aus einem Geld und Stück gebaut und dekoriert um 1750. Hier paßt geradezu alles zusammen; als Dekorationsmaler aber funktionierte der große Giovan Battista Tiepolo. Es ist wieder eine andere Schattierung als zu München in den Zimmern Karls VII., und auch die fünfzehn Jahre (zirka), welche zwischen beiden Bauten liegen, sind schon etwas fühlbar. Aber man muß eben allgemach wie ich diesen Sachen nachgehen, um in diesen Nuancen den unermeßlichen Reichtum von Geist und Können zu ahnen, welcher in den damaligen Dekoratoren waltete. Auf morgen nachmittag habe ich mir das Schloß von Bruchsal ausersehen, wo ein genialer Mensch im Bischöflich Speyerischen Dienst mit viel geringern Mitteln hat arbeiten müssen. – Das Schloß von Bamberg ist merkwürdig für den früheren Dekorationsstil um 1680. – Im Schloß von Aschaffenburg werden nur die Reihe von Zimmern, wo der letzte Kurfürst von Mainz gehaust und gedekoriert hat (geringer Louis XVI.), gezeigt und das Dasein anderer Luxusräume geradezu geleugnet. Ich kann aber nicht glauben, daß die Hauptresidenz der alten Kurfürsten von Mainz nichts Reicheres enthalten habe, als was man für gut findet zu zeigen. Das Schloß selbst ist eines jener kuriosen Stücke deutscher Renaissance nach 1610, da man sich noch nicht bemüßigt fand, von den Italienern das Treppenhaus zu lernen, sondern mit vier plumpen Treppentürmen in den vier Ecken des Hofes aushalf, alles mit Wendeltreppen. – Über die Bedenklichkeiten der deutschen Renaissance, wie sie auch hier grassiert, mündlich ein Mehreres. – Im hiesigen „Hôtel Francfort" oder Aktienhotel, dem Kolossalbau des Mylius, herrscht dagegen die italienische Renaissance bis an die Grenzen des Glaubhaften; denken Sie sich ein Gebäude reichsten Stils en fer à cheval und vor dem Garten herum gegen die Straße oder Platz eine als Kreissegment vortretende durchsichtige Halle. Das hat Mylius „gederft", wie die Frankfurter sagen.

Im ganzen kann ich wohl mit der Reise zufrieden sein, aber nun ist's Zeit nach Hause, weil der Geschichtsprofessor wieder hinter seinen Büchern sitzen muß. Vom Photographienelend habe ich mich gestern abend durch einen letzten Kauf für emanzipiert erklärt. Man kann aber bis auf den letzten Moment nicht wissen.

Die hiesige sogenannte Pfarrkirche oder Parrkirche (wie die Frankfurter sagen) ist nun in der Restauration (nach dem Brand von 1866) beinahe fertig und wird sehr schön; auf der Turmspitze ist dieser Tage die Kreuzblume aufgesetzt worden. – Heute abend ist Tannhäuser, welchen ich jedoch werde ungesehen lassen, da ich nachmittags nach Mainz hinüberfahre und wohl erst zu spät wiederkomme. – Alle Welt freut sich der neuen russischen Schlappe; im übrigen habe ich in Würzburg von Aufgeklärten stark räsonieren hören über das innere Leben des Deutschen Reiches, und dito gestern von einem reichen Berliner auf der Eisenbahn. Daß der Kulturkampf den Katholizismus nur gekräftigt habe, ist bei diesen Leuten ein unverhohlener Gegenstand der lauten Klage. Ich nenne brieflich denjenigen nicht, der mir sagte: „es bricht eine allgemeine Nacht herein."

AN FRIEDRICH v. PREEN

Basel, 28. November 1877

... Wir haben gegenwärtig in der Schweiz eine gelinde offizielle Entrüstung gegen Theobald Zieglers „Republik oder Monarchie"[1]. Aber Tausende sagen: der Mann hat in den Hauptsachen recht und ist nicht zu widerlegen. Ich habe mir das Ding gekauft, um es genau zu lesen und zu ermitteln, woher dieses Windchen weht. Und da bin ich denn

[1] Theobald Ziegler (1846–1918) war als geborener Süddeutscher vor seiner akademischen Tätigkeit als Professor der Philosophie und Pädagogik an der Universität Straßburg Gymnasiallehrer in Winterthur in der Schweiz und veröffentlichte in dieser Stellung die im Text zitierte Schrift, in der er die republikanischen Einrichtungen der Schweiz mit den entsprechenden Verhältnissen im kaiserlichen Deutschland verglich, wobei die Eidgenossenschaft nicht gut abschnitt.

innegeworden, daß es kein Reptil, sondern ein ganz korrekter Schwabe ist. In welchen Beziehungen die Schrift mir in specie mißfallen muß, wissen Sie schon, wenn Sie dieselbe etwa ansehen. ...

Das für mich erstaunlichste, was ich [auf der Sommerreise durch Süddeutschland] neu sah, war das Schloß von Würzburg, dagegen hat dasjenige von Aschaffenburg meinen Erwartungen als Sitz von Kurmainz nicht entsprochen. An Aschaffenburg ist die romantisch herrliche Lage, die hohe grüne Halde über dem Main die Hauptsache. Endlich auf dem Heimweg Bruchsal! An Genialität der Anlage bei zwar großen, doch noch nicht Würzburgischen Geldmitteln ist geleistet, was zu leisten war, und der große mittlere Rundbau mit der Treppe ist geradezu ersten Ranges und ginge allen jetzt lebenden Architekten weit über den Kopf! Das könnte keiner, und keinem fiele es ein. Die zwei anstoßenden Säle: der Speisesaal und Kaisersaal bilden damit ein Ensemble von ganz überwältigender Wirkung. Ich habe hernach aus Dankgefühl hier eine Vorlesung über den Rokoko gehalten[1]. Nachdem ich schon auf der Reise zirka vierhundert Mark in Abbildungen vertan, fiel ich hier anfangs Oktober meinem alten Bekannten von Rom her, dem Photographiehändler Carlo Crippa, in die Hände, welcher hier acht Tage lang Bude hielt. Bei dem starken Rabatt, welchen dieser Verführer mir gönnte, sind wieder dreihundert Mark und darüber an Photographien in die Rapuse gegangen, so daß unter meinen Leuten die Frage ventiliert worden ist, ob ich nicht eigentlich zu meinem eigenen Besten unter Kuratel zu stellen wäre?

Donnerstag, 29. November

Weshalb ich dann auch am anderen Ende spare und zum Beispiel lästerlicherweise die Bianca Bianchi einem weiten Sonntagsbummel aufopferte. Dito habe ich bis jetzt alle Konzerte geschwänzt, auch vorletzten Sonntag Clara Schumann und letzten Sonntag die Festaufführung der „Antigone" durch die Liedertafel (wobei manche Leute, mit

[1] Am 13. Nov. 1877. Leider ist bisher nichts davon veröffentlicht worden.

Ausnahme von zwei bis drei Chören, heimliche, aber heftige
Langeweile ausgestanden haben). Sonntags ist Sarasate, und
vermutlich werde ich auch neben die Kirche laufen. Ich
bin in der Musik eben doch ein kindlicher Barbar; ich höre
gerne Virtuosen und habe in meiner Jugend in großen
Städten alle möglichen Zelebritäten von Gesang und Saiten-
spiel begierig gehört. Aber ich scheue mich vor Abend-
toilette, mag das Konzertpublikum (das mir alle Illusionen
benimmt) nicht mehr leiden, habe bei jeder Instrumental-
musik, die über zwanzig Minuten währt, meine Gedanken
anderswo und begnüge mich daher, hie und da eine Oper
zu hören im Dunkeln einer Loge, wo ich niemandes Nachbar zu sein und von den vorn sitzenden Leuten niemand
zu kennen brauche. Es hat für mich vollends etwas Cho-
kantes, daß so ein Spaniol gegen Basel hin im Anzug ist,
weil er weiß, daß wir unsere letzten Groschen für ihn aufwenden werden. – Ich nicht....

AN FRIEDRICH v. PREEN

Basel, Silvester 1877

... Eine Sorte von Menschen ist aber doch noch amüsant
im allgemeinen Jammer: nämlich die Zeitungsartikel-
schreiber, welche ein förmliches Gift über das Publikum
ausschütten, weil dasselbe nicht mehr ins Theater mag.
Es ist ja recht traurig, und auch ich bedaure es aufrichtig,
wenn diese Ressource uns auf Zeit oder auf lange Zeit
kaputtgehen sollte; aber Abgeschmackteres gibt es nichts als
diese Manier, sorgenvolle und bekümmerte Menschen zu
einem Vergnügen nötigen zu wollen, damit sich letztes
rentiere. Ich hoffe bei allem Unheil gerade das Gute, daß
sich endlich eine offene Rebellion gegen völlig unzurech-
nungsfähig gewordene Festlinge erhebe. Ihre Kaisermanöver
im Herbst hatten freilich einen anderen Sinn als gewöhnliche Feste; es wäre hübsch, sich einmal die Parallele
zwischen solchen großen Demonstrationen der wirklichen
Macht auf Erden und andererseits den sogenannten Sammel-
festen des Plebses recht klarzumachen.

Die Bronzetafel, wovon Sie erzählen, hat mich höchlich ergötzt. Wir hätten hier die Leute schon auch, welche solche Verewigungen zugunsten von, ich weiß nicht wem, probieren möchten, aber man muß noch das allgemeine Gelächter scheuen. Es gibt überall eine gewisse Quote von public characters, welche aus Gefühl innerer Öde und Einsamkeit stets gern irgend etwas en train setzen möchten, nur um sich selber zu überzeugen, daß sie noch am Leben sind. Irgend etwas muß los sein, und wenn sie sonst gar nichts mehr wissen, so agitieren sie für ein Denkmal. Mir ist im Lauf dieses Jahres von einem der fatalsten hiesigen Heißsporne zugemutet worden, mich an die Spitze eines Hebeldenkmalsvereins zu stellen, wobei sogleich auch die Stelle für das Denkmal (die absurdeste, welche denkbar war) namhaft gemacht wurde. Ich zog mich sofort aus der Sache, indem ich dem Betreffenden einen sittlich ernsten Brief schrieb, in welchem ich auf die schwere Verantwortlichkeit hinwies, die man auf sich ladet, wenn man in schlechten Zeiten Denkmäler proponiert, aus welchen dann für lange Zeiten, ja ewig nie mehr etwas wird. Hierauf ließ mich der Treffliche in Ruhe und agitierte wieder für was anderes. ...

AN FRIEDRICH v. PREEN

Basel, 21. Februar 1878

... Die allzuvielen Schulstunden, wozu Ihr vortrefflicher Jüngster sich bequemen soll, tun einem wirklich leid. Allein wir sollen ja eine zu Boden gelernte Nation sein und bleiben. Ich komme bisweilen auf höchst häretische Ansichten, die ein Lehrer gar nie aussprechen sollte. Rein als Geschäft betrachtet ist nämlich das Schulwesen von unten, vom Abc auf bis in die höchsten ultraakademischen Höhen hinauf eines der schlechst rentierenden, die es gibt, insofern man von dem Gelernten so ganz unglaublich weniges behält und wirklich braucht. In den oberen Gymnasialklassen ist doch wohl viel unnötige und übermäßige Schinderei, die nur den einen wirklich hohen Wert hat, dem jungen Menschen vorläufig allegorisch-symbolisch zu zeigen, was seiner (für die meisten Fälle) im übrigen Leben wartet. Allein diese Bedeutung wird er meist nicht inne, weil die lockenden Universitätssemester der Freiheit als Schadloshaltung vor seinen Augen flimmern. Und so sieht er in den letzten Schulsemestern meist nur noch die Kujonade. Und gar zu oft haben die Lyzeen für bereits sehr schwierige Fächer keine Lehrer finden können, die auch nur die Mittelmäßigkeit erreicht hätten, denn gute Lehrer sind gar nicht zu häufig. ...

AN FRIEDRICH SALOMON VÖGELIN

Basel, 7. Juni 1878

Ihr prächtiges Geschenk[1] versetzt mich in die höchste Verlegenheit, indem ich auch nicht die geringste Aussicht habe, mich auf ähnliche Weise dankbar zu erzeigen. Es ist von hohem Werte, daß ein solches Stück, welches nahezu ein Unikum heißen kann, publiziert und erläutert vorliegt. Das mittlere dunkle Viereck mit seinen in so verschiedenem Maßstab gegebenen Darstellungen ist ein wahres Hauptaktenstück damaliger Phantastik; vielleicht war Huttens Elegie (Nemo, in Distichen) gerade damals obenauf. Ganz speziell hat mich Ihre Bemerkung frappiert, daß Holbein hier noch keiner seiner bald so reich entwickelten Renaissancezieraten angewandt hat. Man soll nicht leicht und ohne Not konjekturieren, aber es ist sehr einladend fortzufahren, wo Sie aufhören: Holbein war bei Marignano mit, wo Bär fiel; er blieb dann einige Zeit in Italien hängen, lernte Tafelbilder und Cenacolo Lionardos und Fresken und Stiche Mantegnas kennen und kam dann wieder nach Basel? – Abgesehen von der Kraft des hurtigen Improvisierens lebendiger Hergänge muß ihn freilich schon vorher und selbst in früher Jugend die illusionäre Darstellung von allerlei bei dem damals noch staunensfähigen Publico ganz besonders empfohlen haben. Was Dürer in dieser Hinsicht konnte, das getraute er sich wohl auch.

Sie sind zu gütig, indem Sie mich anfeuern wollen, auch noch eine Plastik und Malerei der Renaissance drucken zu

[1] Vögelins Publikation: „Der Holbeintisch auf der Stadtbibliothek zu Zürich."

lassen; ich bin froh, wenn ich mit meinen täglichen Schulpflichten leidlich durchkomme, habe aller Autorschaft abgesagt und kann vollends nicht mein Amt liegen lassen, um lange Reisen zu machen. Bin jetzt auch schon über sechzig.

AN FRIEDRICH v. PREEN

Basel, 7. Juli 1878

... Neulich ist dann wieder (in Kleinbasel) ein Reformpfarrer gewählt worden, per Kopfzahl durch die, welche nicht in die Kirche gehen, zum Jammer derer, welche hineingehen. Wie Sie wissen, gehöre ich nicht zu den letzteren; ich habe einst mit großem Interesse vier Semester hindurch Theologie studiert und dann gefunden, ich hätte den Glauben nicht für die Kanzel, worauf ich zur Geschichte überging. Das aber verstehe ich nicht, mit welcher Stirne ein Reformer die Kanzel besteigt, um unter anderem Ritualien abzuhalten, an deren Wortsinn er nirgends glaubt! Und wie er sich einer gläubigen Gemeinde aufdrängen mag, nachdem er bloß durch ein mal-entendu, nämlich durch Übertragung der Kopfzahlberechtigung auf eine supponierte, aber in Tat und Wahrheit gar nicht vorhandene Gemeindeangehörigkeit zum Amte gelangt ist. ...

AN MAX ALIOTH

Gravedona am Comer See,
Dienstag, 30. Juli 1878

Ich fange einen Brief an Sie an, ohne zu wissen, wo ich selbigen schließen werde, nach einem großen, weiten Vormittagsbummel zwischen lauter steilen, engen Gassen, Gärten, hochhingepfiffenen Kirchlein usw. Summa, ich ging wie zwischen lauter verschobenen Theaterdekorationen. Freitagabend fuhr ich noch bis Zürich. Samstagvormittag nach Chur und von hier nachts elf Uhr über den Splügen; Sonntag gegen Mittag langte ich in Chiavenna an, vom Frieren auf dem Berg gleich in den wunderbaren heißen Süden, wo über die Gartenmauern Feigenbäume und hohe

Oleander herüberschauen. Das ganze Nest ist zwischen haushohe Höllenbrocken eines urweltlichen Felssturzes eingenistet, zwischen welchen je nach dem Reflex gedeiht von Pflanzen, was nur wachsen kann, da zu der spanischen Hitze auch noch reichliches fließendes Wasser kommt. Dazu einige einfach gute Vestiboli mit Säulen gegen den Hof und mit Aussicht auf lauter Wein- und Felshalden, denn den Himmel sieht man nur, wenn man den Kopf ganz nach oben dreht. Abends bei der Lorettokirche mit der Aussicht auf das ganze Nest hinab war ich glückselig.

Gestern früh bei einem ersehnten und köstlichen feinen Regen fuhr ich an den Comer See. NB. auf dem Bock beim Postillon, der mir seine Decke über die Knie legte, mit meinem aufgespannten Schirm, so daß ich ganz trocken blieb. Dann von Colico per Dampfer hieher, wo ich zwar das sogenannte „gute" Hotel geschlossen fand, dafür aber in einem echten Lombardenalbergo mich ganz vortrefflich befinde. Aus meinem Fenster sehe ich, wenn ich auf dem Bette leitsche[1], vier Bergkirchen, wovon die oberste schwindelnd hoch. Von Fleischwaren habe ich bisher in Italien nichts verzehrt als Koteletten, welche in der hiesigen Kneipe den höchsten Grad von Vortrefflichkeit erreicht haben. Dazu esse ich minestra di paste, in Butter gebackene große Bohnen (eine Delice! schmeckt wie Kastanien) und trinke einen heißen, aber vorzüglichen Barbera. In den beiden schmierigen kleinen Cafés hier habe ich einen Kaffee (NB. nero) zu 20 Centesimi gefunden, von welchem es mir rätselhaft ist, daß in einem Lande mit Eingangszöllen, wie sie Italien hat, ein so vorzüglicher Kaffee gebraut werden kann.

Es sind nun wohl in Gravedona zwei merkwürdige romanische Kirchen und anderes mehr – aber was will das heißen gegen die majestätische Villa auf Felsen direkt über dem See, welche 1586 Kardinal Tolomeo Galli bauen ließ, und zwar durch Pellegrino Tibaldi. – Quadratisch, vier gewaltige Loggien auf den Ecken, in der Mitte mit jenem Riesensaal, der durch zwei Stockwerke geht und sich in drei Fenstern gegen eine Vorhalle nach dem See hin öffnet. In dieser Vorhalle ist zwischen zwei Säulen und rechts und links Pilaster

[1] behaglich liege. (Trog)

Handschriftprobe Burckhardts aus dem Jahre 1878

von rotem Marmor eine Aussicht eingefaßt, wie man sie eben nur am Comer See hat. Die Lieblingsfronte Tibaldis aber ist die Gartenfronte, wo das Hauptgeschoß der Seefronte zum Erdgeschoß wird, weil der Garten höher liegt. Ich weiß, ich habe gräßliche Formen gezeichnet, und der offene Mittelbau ist mir viel zu engbrüstig geraten, auch zeichne ich jonische und toskanische Säulen wie gestreckte Bratwürste, aber ich weiß auch, Sie verzeihen mir[1].

Dieser Bau wurde im Innern nie fertig, und es wäre eine herrliche Aufgabe, diese volte à specchio und andere Gewölbe aller Art zu stuckieren und zu malen! Der Bau als solcher ist vollkommen gut erhalten und gesund. Vom Kardinal erbten ihn die Duchi del Vitto zu Neapel, welche zur größten Seltenheit hinkamen und nicht hindern konnten, daß certi gentiluomini del paese sich bisweilen im Erdgeschoß einnisteten und unterschiedliche Orgien hielten. Erst 1819 verkaufte der letzte del Vitto das Ding an den Oheim des jetzigen Besitzers, des Advokaten Pero, und nun ist alles voll Kokonwirtschaft, mit dem bekannten Duft, der mich von (meine fast vertrocknete Tinte ist nach guter italienischer Sitte mit etwas rotem Wein aufgefrischt worden, und ich fahre fort:) der mich von Anno 46 von Neapel her anheimelt, wo ich auch die Kokons als Bestände eines Palazzo bei Portici kennenlernte unter Aufsicht des Herrn Major, der kurz vorher die letzte Maitresse des verstorbenen Duca di San Weißnichtwas mit Mühe ausgetrieben hatte. So ist nun auch in Palazzo Pero die Ehrbarkeit eingezogen. In der Mitte des Riesensaales an einem mächtigen Tisch zwischen vier Kokonleserinnen thronte die Mutter des jetzigen Herrn, eine große alte Donna Lombarda mit bedeutenden, ehemals gewiß bildschönen Zügen, und ringsum andere Tische mit Kokonleserinnen, und als ich im Garten zeichnete, tönte aus einem Saale der Arbeiterinnen ein stattlicher Gesang, worin jene tiefen Altstimmen vorklangen, die man bei uns mit der Laterne suchen muß. – Abends war Signor Pero in der Wirtschaft, d. h. wir saßen all' italiana in der Küche und tranken unter langen Gesprächen einen sehr guten Vino nostrano, den man neben dem Barbera auch nicht

[1] Vgl. die Schriftprobe.

verachten darf, da er doch nicht so auf die Nerven haut. Es war das erstemal in meinem doch schon so langen Leben, daß ich mit dem Besitzer eines klassischen Riesenbaues kneipte, und der Mann kam mir ganz venerabel vor. ...

AN MAX ALIOTH
Brescia, Samstag, 3. August 1878, abends

Meine Epistel aus Gravedona haben Sie hoffentlich richtig erhalten. Ich fuhr tags darauf per Comer See und Eisenbahn direkt nach Bergamo, wo man schon recht mitten in Italien ist. Was sind unsere Millionäre in Basel in betreff des Wohnens für arme Tröpfe im Vergleich mit den Nobili, welche die Paläste in der obern und untern Stadt Bergamo gebaut haben! Freilich, diese hatten Majorate; vivat das Majorat, denn es ist gut Freund mit der großen Architektur; die jüngern Brüder blieben ledig und gingen in Militärdienste und zur Seltenheit auch ins Kloster. ...

In der oberen Stadt sieht man durch mehr als ein pompöses Vestibül hindurch auf die Lombardische Ebene oder auf die prachtvollen Bergzüge um Bergamo hinaus; ein solcher Ausblick ist sogar auf ein herrlich gelegenes Bergdorf gerichtet, welches genau die Mitte der Perspektive einnimmt. Mehr als einmal findet sich der Witz, daß jenseits von der Straße ein Garten liegt, der demselben Eigentümer gehört wie der Palast und in der Hauptachse eine Nische oder Grotte hat; wendet man sich im Vestibül gegen die Tür, so sieht man jenseits diese Dekoration. Ich will gern glauben, daß sich die Leute oft krumm gelegt und Hunger gelitten haben, um solche bellezze zu bauen.

Gestern nachmittag fuhr ich nach Brescia, wo die Paläste, zumal im östlichen Stadtteil, noch um einen beträchtlichen Grad pompöser sind als in Bergamo. Aber ich muß überall meine Hauptmühe auf die Malerei wenden, kann jedoch, was Architektur betrifft, nur sagen: L'Italie est à peine entamée. Eine enorme Fülle von originalen Motiven von der frühsten Renaissance bis zum spätesten Barock bietet sich hier dar, ohne daß ich weiß, ob ein einziger reisender Architekt für Brescia irgendwelche Zeit und Muße übrig gehabt hat. Von Kirchen gar nicht zu reden, welche in einzelnen Stadtteilen ganz dicht aufeinander sitzen, und jede hat etwas! Und nun wird neben dem Kreuzgang von Madonna delle Grazie noch eine halbgotische Nebenkirche gebaut. Besagten Kreuzgang sollten Sie aber sehen! 16. Jahrhundert und von guten Formen, und weil er zu länglich geraten wäre, zog man in der Mitte ein Stück Halle quer hindurch, was deliziös wirkt. Man sieht von Anfang an das Ganze.

Sonntag, 4. Aug.

... Gestern abend bei bedecktem Himmel ging ich in das berühmte Camposanto hinaus, welches um 1830 begonnen wurde, und sah mir diese klassische steinerne Wehmut auch einmal an. Glücklicherweise schaut die herrlichste Berglandschaft auf diese Anlage hernieder, und die vierfache Zypressenallee, welche von der Straße her zum Camposanto führt, ist auch nicht zu verachten. Unter den Skulpturen ist viel langweiliger Canovismo, aber auch einiges recht Schöne. – Im übrigen sehe ich, daß ich hier einen Monat auf das nützlichste mit Studien zubringen könnte. Diesen Morgen durchlief ich anderthalb Dutzend Kirchen und fand in einer oder zweien allein schon genug, um tagelang daran zu spinnen. Morgen und übermorgen in Cremona, dann drei Tage in Mantua, dann einen Tag in Modena (oder noch einen Tag in Carpi) wird's vollends genug und übergenug zu sehen geben. Glücklicherweise kühles, herrliches Wetter und jeden Tag uno spruzzo d'acqua, veritabler Regen, noch heute früh, und jedenfalls heut noch einmal. Der Bann des heißen Sommers ist gebrochen, und ich fürchte mich nicht mehr, befinde mich auch vortrefflich. Alle Welt, mit der ich spreche, meint, ich sei wohl wegen der auf übermorgen angesetzten Eröffnung der Oper hieher gekommen; man will mir offenbar damit ein Kompliment wegen guten Geschmackes machen, und ich muß dann mit betrübsamer Miene von den eiligen Geschäften reden, die mich nach Cremona rufen. ...

Bisher habe ich in Chiavenna das letzte deutsche Wort gesprochen; auf dem Comerboot wollte mich noch ein Deutscher anreden, allein ich stammelte ihn in einigen unartikulierten Lauten ab. – In Mailand ist der Hof und wird enorm fetiert; im Gespräch mit den einzelnen Leuten aber hört man ganz ungeniert von den Vorzügen der Republik reden. Das erstemal, in einem Gartenkonzert zu Bergamo, standen mir die Haare zu Berge, allmählich gewöhnt man sich.

Hier in Brescia wird offenbar ziemlich gekneipt; der Philister loci hockt abends viele Tische voll in den Weinwirtschaften, und der gute Landwein (Vino della riviera) ist ganz vortrefflich, wie ein guter Val Policella.

Ich werde nun, um halb elf Uhr, einen zweiten Kaffee nehmen und dann meinen zweiten Besuch in der Galeria Tosi machen, wo ganz herrliche Sachen beisammen sind. Nachmittags wird Nachlese in den Kirchen gehalten und etwa einiges gezeichnet, wobei ich mir die größte Gewalt antue, indem ich ja wohl weiß, daß ich Abscheuliches hervorbringe; es gibt aber doch keine bessere Art, sich Formen einzuprägen.

Heut habe ich einen Barock-Balkon ersten Ranges gesehen; es war ein großer Palast, sonst ganz einfach in den Formen, aber am Mittelfenster fährt das Ding mit Pauken und Trompeten hervor!

AN MAX ALIOTH
Mantua, 8. Aug. 1878, abends nach 5

Nachdem ich soeben volle zweieinhalb Stunden unablässig im Palazzo di Corte skizziert und hierauf zur Herstellung meiner Besinnung einen Caffè nero getrunken, will ich Ihnen nun melden, was seit Sonntag geschehen. In Brescia war ich im Gasthof gut und wohlfeil und ebenso dann in Cremona; es läßt sich bei mäßigen Ansprüchen noch sehr leben in Italien. Cremona hat nicht den gleichmäßigen Reichtum an großen wohlerhaltenen Palästen wie Brescia, aber dafür einzelne, welche erstaunlicher sind als alle brescianischen. Palazzo Dati, welcher jetzt mit dem Hospital verschmolzen ist, von außen stattlich früh-palladianisch, würde als Anlage wahrhaftig noch in Rom neben Palazzo Farnese usw. Figur machen. Denken Sie sich folgendes: Die Halle quer über den Hof führt in einen Garten, welcher hinten, wo das Gebäude noch einmal in mächtigen Flanken auseinandergeht, noch eine zweite homogene Halle enthält! Das Treppenhaus ist erst aus dem Ende des 17. Jahrhunderts und vom Pomphaftesten, was ich kenne. ... Sehen Sie, mit solchen Geistern habe ich jetzt Verkehr!

Die Hitze ist sehr leidlich. ... Es ist jetzt das drittemal in meinem Leben, daß ich im Hochsommer in Mantua bin, jedesmal glücklicherweise bei bedecktem Himmel; da nur wenige wichtige Fresken hier sind und diese wenigen (Mantegna und die weniger wichtigen neben vieler Läusesalbe von Giulio Romano) vortreffliches Licht haben, so schaden mir die Wolken hier im Studium nicht.

Palazzo di Corte ist die hohe Schule für alle, welche Gewölbe und Plafonds der goldenen Zeit und Räume aller Art und Größe studieren wollen. Ich war schon vormittags zwei Stunden dort und nachmittags noch länger, und da der alte Kustode mich allgemach in Affektion nahm, sagte er mir am Ende: adesso le farò vedere tre stanzine, dove non si conducono i visitatori superficiali! und tat mir drei kleine Räume auf (wahrscheinlich alle von Giulio), wovon der eine zum Entzücken schön und die beiden andern noch immer herrlich waren. Hätte ich nicht den Mut zum Weiterskizzieren gänzlich verloren gehabt, ich hätte hier noch zeichnen müssen. Da das Haus Gonzaga weislich immer nur weiterbaute, wenn es Geld hatte, so sind in der enormen Baumasse, welche Palazzo di Corte heißt, eine Menge einzelner schöner Räume und Gruppen, lauter einzelne Ideen ausgesprochen, die einander gar nichts angehen, und die Verbindungswege, Treppen, Korridore sind so toll und unscheinbar als möglich, die echten auch wohl zum Teil zerstört oder vermauert. Man wird eine dunkle Hühnertreppe abwärts geführt, und der Kustode stößt eine Tür auf, die plötzlich in einen klassischen Prachtraum führt. ...

AN MAX ALIOTH

Bologna, 13. Aug. 1878

... Die Hitze ist seither wiedergekehrt, aber sehr leidlich und ohne mir jenen unauslöschlichen Durst zu bringen, den ich bei Julireisen in der Lombardei empfand und dann regelmäßig mit einem schlechten Magen büßte, weil ich in Mailand, Venedig usw. zuviel Wasser trank.

In Modena habe ich gar nicht mehr skizzieren mögen, obwohl die Hülle und Fülle für mich dagewesen wäre. In S. Bartolommeo ist eine perspektivische Gewölbemalerei mit zahlreichen Figuren von Pozzo, welche derjenigen von S. Ignazio in Rom an Wert am nächsten kommt. S. Agostino, das Pantheon aller heiligen und berühmten Leute des Hauses Este, ist eigentlich ein flachgedeckter Prachtsaal, dessen Hallen sich gegen den Altar hin mit gedrängten Säulen- und Pilastermassen verengern, wozwischen man in ein lichtes Kuppelchor (dreiviertel einer Ellipse) hindurchschaut. Der prachtvolle theatralische Effekt läßt mich vermuten, daß nur der ältere Bibbiena dies Schaustück könne komponiert haben. Es reut mich jetzt doch, daß ich keine Skizze riskiert habe. In der Galerie war ein köstlicher, kunsteifriger Kustode, mit dem ich zweieinhalb Stunden von einem kritischen Bild zum andern ging und kaufte, was das Zeug hielt.

Gestern bei der Einfahrt in Bologna in offener Droschke mußte ich bekennen: diese Hallenstadt hat eine größere Zahl schöner und malerischer Straßenanblicke als die vier bis fünf übrigen italienischen Großstädte, die ihr ja an einzelnen Gebäuden überlegen sind. Gestern abend sah ich einen nagelneuen, in gutem gemäßigtem Barock erbauten Palast, der aussieht wie die nobelsten alten; eine reiche Marchesa (Lambertazzi oder sowas) hat ihn auf Spekulation erbaut und vermietet ihn hoch, während sie in einem kleinern alten Palast daneben wohnt. Das kann man freilich nur im jetzigen Bologna, wo sich viele Behörden und Reiche aus den verlassenen Nachbarstädten zusammendrängen. Eine ganze Anzahl Straßen, die früher mit Gassensteinen gepflastert waren, haben jetzt Steinplatten. Freilich die Krüge und die Munizipalfinanzen in Italien gehen heutzutage zum Brunnen, bis sie brechen. Ich liebe die Pracht, aber ein Wahnsinn wie der neue Palast der „cassa di risparmio" geht doch über das Maß und erinnert mich an den wirklich schönen und reichen Bahnhof in Zürich, der jetzt

der verkrachten Nordostbahn so übel auf dem Magen liegt.
(In dem bankrotten Florenz hat die Sparkasse vorige Woche
wirklich fünf Tage lang nicht bezahlt, bis man ihr zu Hilfe
kam.)
Die Italiener sind ganz wie vor Zeiten: gestern nachts im
großen Tagestheater unter freiem Himmel bei deliziöser
Luft wurde Norma vor mindestens tausend Zuschauern
gegeben, Platea 50 Cts., I. Platz 1 Lira usw. Es waren sogenannte Sänger dritten Ranges, aber noch immer ganz
respektabel, und nun hätten Sie dies Publikum von kleinen
Handwerkern, Geschäftsleuten, Wackesen usw. sehen
sollen, wieviel besser es sich benahm, als so oft das Publikum der vornehmen und teuren Theater tut, wo man
schwatzt, mit dem Stock den Takt gibt, beliebte Stellen
nachsingt usw.; hier war lautlose Stille, mit Ausnahme
der Applausstellen; dies geringe Publikum wollte seine alte
herrliche Lieblingsoper wirklich hören. Es war schade, daß
im Augenblick, da Norma die große Arie „casta diva" begann, der helle Vollmond gerade hinter eine Wolke ging.
Das Auditorium war sehr genügend mit etwa neunzig
Gasbecs beleuchtet; man verließ sich nicht auf den Mond.
Eins ist und bleibt schrecklich: das beständige Ausspucken.
Auf der Eisenbahn habe ich einem, der eine Virginia rauchte,
nachgezählt: er spuckte etwa fünfzigmal. In den Kirchen
spucken die Betenden beständig; unter jedem Betstuhl ist
eine nasse oder getrocknete Lache. So kommt es, daß dies
so heitere und angenehme Volk sich periodisch in lauter
Spuckgestalten verwandelt. Und um eines beneide ich die
Leute: dies schöne vollständige Zahnwerk! So einer kann
sagen, er zähle die Häupter seiner Lieben, und sieh, es fehlt
kein teures Haupt. Es ist ein Vergnügen, diese Menschen
gähnen zu sehen....

AN MAX ALIOTH

Bologna, 15. Aug. 1878, abends

... Heute ist Assunta, und da mußte ich leider erleben,
daß eine meiner Lieblingskirchen allhier, San Salvatore,
innen völlig mit jenen abscheulichen Ornati behangen war,

da die Säulen schmutzigpurpurrote Hosen mit verschundenem Goldbesatz tragen, wie etwa die Clowns bei Seiltänzern. Es ist der einfach-schönste Barock in Backstein, den ich kenne, innen farblos – wenn nur bewußte Hosen nicht gewesen wären. – Vorher war ich im Bade; es fließt in Bologna dort hinein ein Arm jenes Flusses Reno, auf dessen naher Insel Augustus, Antonius und Lepidus Anno 42 v. Chr. das zweite Triumvirat schlossen, d. h. jenen Aderlaß dekretierten, welcher 4000 Römern aller Parteien, Konservative, Fortschritt, Zentrum und Nationalliberal, das Leben kostete. Nun badet man in Steinkammern, in welche besagter Fluß Reno sein Wasser, aber auch seinen Schlamm hineinführt, und ich fürchte, dreckiger herauszuals hineingekommen zu sein; tauchen mochte ich den Kopf nicht. Es war mir fast, als müßte ein altbackener Sch... kegel des Kaisers Augustus zur Öffnung hereingeschwommen kommen; soweit geht aber meine Verehrung für das Altertum nicht, daß ich so etwas angenehm befunden haben würde.

In Italien wird von den Wühlern auf dieselbe Auflösung hingearbeitet wie überall; hier erscheint u. a. ein ganz arges sozialistisches Hetzblatt, la Stella. Überhaupt ist es schon so weit, daß auch die sog. anständigen Blätter enorm vieles voraus zugestehen müssen, als selbstverständlich, was bereits ganz bedenklich lautet. Und wenn man die Zeitungsjungen mit dem schrillen Ton ausrufen hört: la gahzittah! la Stellah! so geht es einem durch Mark und Bein. – Seitdem man weiß, wie fast in allen großen Städten von Deutschland die Sozialisten ihre Kandidaten durchgesetzt haben, kennt man überhaupt die wahren Majoritäten in den städtischen Massen.

Es ist heiß, aber bewegte Luft – und eine Schönheit und Klarheit in derselben! Ich wollte nur, es gäbe einen Bläue-Messer, um diejenigen Leute zu überführen, die an das Himmelblau von Italien nicht glauben wollen. Jetzt, gegen sieben Uhr hin, mischt sich gegen den Horizont jener wunderbar sanfte, grünliche Ton hinein; fern über die Dächer leuchtet, flammend davon abstechend, in der Abendglut der gewaltige Oberbau von S. Petronio in mein

Fenster. – Nun freue ich mich auf das Adriatico, wo ich den Schlamm des Reno wieder von mir waschen werde. Rimini und Fano sind ja Badeorte.

Wie es einst einen Abbé Trublet gab, welcher den Voltaire erzürnte durch eine Abhandlung „über die wahren Ursachen der Langweiligkeit der Henriade", so studiere ich hier über die wahren Ursachen der Langweiligkeit vieler Bilder der Caracci – nicht aller! Aber ich weiß jetzt den Punkt anzugeben, wo namentlich Lodovico Caracci umschlug: es war, als er nur noch das Allgemeine seines Wissens gab und keine psychologischen Kämpfe mehr um die einzelnen Charaktere und ihr Tun bestand; zuletzt mit der kolossalen Annunziata über der Apsis von S. Pietro merkte er es selber, wurde melancholisch und starb....

AN MAX ALIOTH
Bologna, Sonntag, 25. Aug. 1878

Ich bin hier schon vierundzwanzig Stunden früher eingetroffen, als ich vorgehabt hatte, und beginne nun im Vorrat einen Brief an Sie. Seit ich vorletzten Donnerstag von hier aus an Sie schrieb, habe ich sämtliche Nester an der Eisenbahn abgeweidet: Imola, Forli, Cesena, Rimini, Pesaro, Fano, Ancona und Loreto, freilich nicht in dieser Reihe, sondern teils im Kommen, teils auf der Rückreise, nur Sinigaglia ließ ich beiseite, weil fiera war, und Faenza, weil ich gestern wirklich an Nestern genug hatte und dringend nach einer komfortabeln, großen Stadt verlangte.

Zu sehen und zu meditieren ist überall genug, und selbst das ärmste dieser Nester, Imola, hat dies und jenes, aber dabei ein schauderhaftes Pflaster. Und dabei wurde es allgemach wieder heiß, wenn auch in gnädigem Maße, aber man kann sich in den Nestern mit den ganz elenden Caféhäusern, meist ohne Eis, nicht befreunden. Glücklicherweise ließ mich von Forli bis Ancona ein ganz herrlicher Wein nicht aus den Augen, der Sangiovese; man sitzt etwa auf einer engen Gasse in köstlichem nächtlichem Zugwind und schlürft das Ding langsam in Stunden aus und schwatzt dazu. Überhaupt habe ich auf dieser Reise an Konversation keinen Mangel gehabt und noch vorgestern in Fano von acht bis gegen Mitternacht auf der Piazza mit einem reichen Kaufmann aus Bologna konversiert, welcher in Deutschland und sonst überall gewesen und eifriger Wagnerianer war; Mariani, der verstorbene Operndirektor von Bologna, war sein intimer Freund und hatte ihm bei der Bologneser Aufführung des Lohengrin Eintritt in alle Proben verschafft! Hier zum erstenmal lernte ich einen gebildeten Italiener frevelhaft objektiv über Rossini, Bellini und Verdi reden, daß mir die Haare zu Berge standen. Den Wagner nahm er von einer mystisch-psychologischen Seite, man könne ihn nur genießen durch völlige Hingebung und Versenkung, d. h. durch das Gegenteil von dem, was sonst in Italien als Theatergenuß passiert. Und dabei schöpfte ich im stillen die tröstliche Hoffnung, daß sich die Italiener diese Vorbedingung schon nie werden gefallen lassen. Freilich wies er darauf hin, daß die jetzigen jüngern italienischen Komponisten bereits bei Wagner in die Schule gingen. Worauf ich im stillen wieder dachte: kein Wunder, daß kaum eine haltbare Oper per Jahr entsteht und alle nach einem kurzen succès de réclame wieder untertauchen, höchstens einige komische Opern ausgenommen. Überhaupt war ich innerlich gegen alle seine Reden gefeit, weil ich an jenem Donnerstag, da ich an Sie schrieb, die Norma noch einmal gehört hatte, und zwar vor wohl eintausendvierhundert lautlos stillen Zuhörern, sintemal Festtag (Assunta) war. – Forlì mußte ich besonders wegen Fresken sehen; in Rimini sind S. Francesco und der Arco d'Augusto, wovon ich Ihre Zeichnung besitze, doch höchst erstaunlich; von S. Francesco habe ich eine ganze Anzahl von Photographien des Innern (Kapelleneingänge, Teile der Pfeiler, Grabmäler) bekommen können. Daneben nahm mich das Seebad in Anspruch, und zwar wurde ich inne, daß Seebäder, in der Mitte des Tages und bei glorreichem hohem Wellenschlag genommen, eine ganz seriöse Sache sind und für den Rest des Tages den Sterblichen studierfaul machen. (Beiläufig: die Stadt Rimini hat für luxuriöse Einrichtungen der Bäder samt Hotels usw. eine Million aufgenommen, die sich nun doch nicht verzinst, und nun kann man im lokalen

Käseblatt täglichen Jammer darüber lesen. Auch Ancona hat sich überbaut und heult nun.) In Ancona war ich wieder, wie im Jahre 1847, entzückt von dem Trajansbogen und der Loggia de' mercanti; außerdem aber würde ich die toll majestätischen beiden Barockpforten am Arsenal und gegenüber gezeichnet haben, wenn ich nicht zum Skizzieren allen Mut verloren gehabt hätte. Die eine davon, der Arco Clementino, ist geradezu das Nonplusultra. Außerdem aber muß in Ancona eine Porta Pia existieren, welche der römischen gleicht und von der ich nur die Photographie erwarb; denn in der Hitze von Tor zu Tor zu gehen, das brachte ich nicht über mich. – Loreto, wo Sie scheint mir nicht gewesen sind, ist voll von Belehrung; zunächst der köstliche Hügel mit frischer Luft und laufender Fontäne, dann diese gotisch begonnene Kirche, über welche dann alle Stile gekommen sind, und endlich diese Reihe von Skulpturen! Die Einzelphotographien der Santa Casa spottwohlfeil; die etwa fünf Propheten und Sibyllen, die einzeln zu haben sind, nur 15 Centesimi.

Sonntag abend

Von Pesaro aus ging ich nach Monte Imperiale, welches ich nicht hätte versäumen dürfen, und welches, wie Sie wissen, schon durch die herrliche Aussicht lohnt. Wenn das fertig geworden wäre! Hier hat endlich einer das Enorme gedurft, wie seit dem Architekten weiland Ihrer Majestät Semiramis, der die hängenden Gärten baute, niemand mehr. Aber ich mache keine solchen Landpartien mehr; es wird zu unsicher. Vorgestern abend ist hier, ganz nahe vor Bologna, eine Stunde nach Sonnenuntergang, der Conte Aldrovandi in seinem Chaislein von ein paar Kamorristen angefallen, nach seiner Villa begleitet und dort um mehr als tausend Lire erleichtert worden. Es geht hier überhaupt kuriosen Häusern zu: Romagna ist unterhöhlt von der Internationale. Aber auch sonst in Italien bringt das systematische laisser aller et laisser faire merkwürdige Blasen an das Tageslicht. Die heutige Epoca (von Genua) bringt folgende tragische Karikatur: man sieht Hödel, der den drei entsetzten Kaisern seinen abgehauenen Kopf hinhält und dazu sagt: Insensati, ihr glaubt auf diese Weise den Sozialismus zu köpfen, statt dessen solltet ihr die reichen Kapitalisten zwingen di associare il loro denaro al lavoro! (d. h. ihr Geld den Wackesen zu verehren). Es wird freilich noch eine Weile dauern, bis hierzulande der stark eingewurzelte Optimismus Pater peccavi singt.

Wenn sie nur keine solchen Tierquäler wären! Da ist zunächst das Fahren dicker alter Kerle auf zweirädrigen Karren mit Eseln! man haut beständig auf das Tier (welches offenbar nicht stark genug ist und ganz gewiß durch einen frühern Tod dem Eigentümer die nötige Belehrung bringt). – Dann fährt am Sonntag abends il Sgr. Marchese mit einem netten Rößlein so horrend schnell als möglich irgendeinen Korso von Bologna entlang, indem er beständig mit der Peitsche auf das zierliche Tier haut, damit seine werte Person sich ja vor den Weibsleuten in einem beständigen prestissimo präsentiere. Ich darf sagen, daß im ganzen Norden ein solches Schauspiel unmöglich wäre. Daneben war aber in einer Bottega eine Riesenschildkröte zu sehen, und ich dachte, es könne etwa ein gutgehaltenes Tier sein, und zahlte meine 10 Centesimi. Es war in der Tat ein kolossales Beest, mit einem Kopf wie ein starker Kindskopf, am 6. Juli in Korsika gefangen. Nur freilich hatte sie dabei einen Hieb oder Schuß über den Rücken bekommen, und der Eigentümer erklärte einem Herrn, der Spaß werde nicht mehr lange dauern, indem sie eine cancrena (gangrène) habe. Ich dachte an die Notiz vom tat twam asi bei Schopenhauer und hätte dem Kerl gern eins über das Gesicht versetzt. ...

Montag, 26. August

Bologna ist wiederum von göttlicher Anmut und Schönheit; gestern durchging ich nur an Via Galliera die Paläste und Kirchen Stück für Stück und hatte reichlich zwei Stunden nötig nur zum Bummeln, denn Notizen mache ich keine mehr. Mein eigentlicher Liebling aber ist Palazzo Zucchini, unmittelbar hinter dem Hotel d' Italie, mit einfach phantasievollem Hof und einer Treppe vom Süßesten, was es gibt, die Dekoration erst nobler Louis XVI, oben ein ovaler Ausblick gegen ein lichtes Deckengemälde.

AN MAX ALIOTH

> Mailand, Freitag nachm. [30. August 1878]
> in einem Café am Korso

Es ist ein wonniger Regentag, kein bloßer Sprühregen, nein, ein Landregen; umsonst hat die Sonne einige infame Versuche gemacht, uns wieder zu kujonieren; es hilft ihr nichts.

Architekturlied aus Italien

An manchem schönen Vestibül
Verstärkt' ich schon mein Kunstgefühl,
An mancher schönen Stegen;
Es ist ein wahrer Segen.

Ich bin in Welschland wohlbekannt,
Jetzt durchgeschwitzt und hartgebrannt
Und tu mich nicht genieren,
Krummkrüpplich zu skizzieren.

Denn neben Dir ist alles Tand,
O Du, halb Dreck- halb Götterland,
Wo alles hoch und luftig
(Der Mensch bisweilen schuftig).

Und mein Programm ist bald gesagt:
An allem, was da schwebt und ragt.
Gebälk, Gewölb und Kuppeln
Mich noch recht vollzuschnuffeln,

Damit mir Atem übrigbleibt,
Wenn Basel mir den Angstschweiß treibt
Und enge Häuserreihen
Ob mir zusammen keien[1].

AN FRIEDRICH v. PREEN

> Basel 9. Dezember 1878

... In Italien fast sechs Wochen (Ende Juli bis Anfang September) hatte ich zwar sehr schöne und genußreiche Zeiten, aber die Luft war schon so dicht mit revolutionären Miasmen erfüllt, daß man's beinahe mit Händen greifen konnte, auch die Unsicherheit sehr im Wachsen. Mich hat auch

[1] fallen. (Trog)

deshalb nicht gewundert, was seither geschehen ist, und auch weiteres wird mich nicht wundern. Die enorme Unwahrheit, welche darin liegt, daß Italien eine Großmacht und ein Militärstaat und ein zentralisierter Staat sein will, muß sich auf Weg und Steg rächen. Zu der höchsten weltgeschichtlichen Ironie, die je vorgekommen, gehört doch die jetzige Lage in Rom, wo einer als freiwilliger Gefangener im Vatikan sitzt und ein anderer im Quirinal als unfreiwilliger! und eine halbe Stunde weit über die Dächer der Stadt hinweg können sie einander sehen und sprechen: Von ferne sei herzlich gegrüßet! – Wie lange die Dynastie sich noch wird behaupten können, das hängt schon nur noch von einigen wenigen Umständen ab. Man wird eben nicht sicherer, wenn man seinesgleichen verjagt und die Länder erbt! ...

Mein Wintersemester habe ich mit drei Extraabenden coram publico eröffnet, und zwar predigte ich über Talleyrand, nicht ohne auch die heitere Tonart hin und wieder zu gebrauchen, was das Publikum sehr goutiert haben soll. Aber jetzt ist's genug mit solchen öffentlichen Vorlesungen; ich gehe jetzt ins einundsechzigste und finde, daß dieser Talleyrand ein ganz passender Schwanengesang für mein öffentliches Auftreten möchte gewesen sein. Die Unruhe und die Störung in allen übrigen Studien, die man als Lecturer empfindet, ist gar zu lästig.[1] ...

Von gepfefferten Sachen wende ich mich, je älter ich werde, um so lieber zu allem Harmlosen und auch zum Altgewohnten. Gestern habe ich mit wahrer Kindeswonne im Theater „Martha" vom ersten bis zum letzten Tone gehört. Es sind ja wohl auch oberflächliche Partien und ordinari Gut mit darin, aber daneben manches ergreifend Schöne. Allmählich habe ich eine ganze Bibliothek von Klavierauszügen (Opern, Oratorien, Lieder usw.) um mich herum aufgetürmt und bringe damit die einsamen Abende hin, wenn ich von acht Uhr an nicht mehr arbeiten mag. Es nimmt mich wunder, ob nicht das Wohlfeilwerden so manches Schönen

---

[1] Die drei Vorträge über Talleyrand fanden am 7., 14. und 21. Nov. statt. J. B. hat entgegen seinem Vorsatz noch 10 Jahre bis 1887 öffentliche Vorträge gehalten.

(zumal durch die Ausgaben Peters) dermaleinst, wenn einer die Geschichte des Geschmackes im neunzehnten Jahrhundert schreibt, als kenntlich und fühlbar in unseren letzten zwei Dezennien wird nachgewiesen werden. ...

10. Dezember

... Apropos: haben Sie bemerkt, daß Nietzsche in seinem Buch[1] wieder eine halbe Wendung zum Optimismus vollzieht? Leider ist sein Befinden (gänzliche Augenschwäche und ewiger Kopfschmerz mit heftigen Krisen alle paar Tage) keineswegs die Veranlassung zu dieser Änderung. Er ist ein außerordentlicher Mensch; zu gar allem hat er einen eigentümlichen, selbsterworbenen Gesichtspunkt. ...

AN FRIEDRICH NIETZSCHE

Basel, 5. April 1879

... Den Anhang zu „Menschliches" habe ich durch Herrn Schmeitzner richtig erhalten und mit neuem Staunen über die freie Fülle Ihres Geistes gelesen und durchgenascht. In den Tempel des eigentlichen Denkens bin ich bekanntlich nie eingedrungen, sondern habe mich zeitlebens in Hof und Hallen des Peribolos ergötzt, wo das Bildliche im weitesten Sinne des Wortes regiert. Und nun ist in Ihrem Buche gerade auch für so nachlässige Pilger, wie ich bin, nach allen Seiten hin auf das reichlichste gesorgt. Wo ich aber nicht mitkommen kann, sehe ich mit einer Mischung von Furcht und Vergnügen zu, wie sicher Sie auf den schwindelnden Felsgraten herumwandeln, und suche mir ein Bild von dem zu machen, was Sie in der Tiefe und Weite sehen müssen.

Wie käme es auch Larochefoucauld, Labruyère und Vauvenargues vor, wenn sie im Hades Ihr Buch zu lesen erhielten? und was würde der alte Montaigne sagen? Einstweilen weiß ich eine Anzahl von Sprüchen, um welche z. B. Larochefoucauld Sie ernstlich beneiden würde. ...

[1] „Menschliches, Allzumenschliches" erschien 1878. Vgl. den nächsten Brief.

AN FRIEDRICH v. PREEN

Basel, 2. Januar 1880

... Ich bin im Jahre 1879 ohne herbere Unannehmlichkeiten und ohne schwere Unklugheiten durchgeschlüpft; im Grunde das Demütigendste sind die falschen Vorderzähne, welche ich seit Ende März trage. In der Familie einiges Erfreuliche und kein Verlust; im sonstigen Umgang keine Einbuße, sondern Fortdauer und hoffentlich eine solide. – Fürs Jahr 1880 wird auf Reisen verzichtet und dafür eine größere Arbeit – aber ohne Schinderei – in Aussicht genommen, in der Voraussetzung, daß die Welt im allgemeinen genommen noch vorderhand so weiter humpeln werde, noch dies Jahr wenigstens.

Die allgemeinen und besonderen Aspekten sind freilich traurig; der Geldstag grassiert bei uns wie bei Ihnen, und selbst ohne das schlechte Jahr kann dies Jahr gar nicht anders sein, seitdem gewisse Menschenquoten und -klassen, die vom allgemeinen Kreditwesen nichts verstehen können, ohne weiteres in dasselbe hineingezogen worden sind. Oh, welche Masse von Sterblichen würde zu ihrem eigenen Besten unter Kuratel gehören! Die alte Gesetzgebung und Verfassung war eine solche Kuratel, schlecht genug, aber es war eine. – Dem Semiten würde ich gegenwärtig große Klugheit und Mäßigung anraten und glaube selbst dann nicht mehr, daß die gegenwärtige Agitation wieder einschlafen werde. Der Liberalismus, welcher den Semiten bis jetzt verteidigt hat, wird schon in Bälde der Versuchung, ein solches Odium abzuschütteln, nicht mehr widerstehen können. Er wird nicht mehr lange zusehen können, wie Konservative und Katholiken den populärsten Trumpf, den es gibt, gegen ihn in Händen halten und ausspielen. Und dann wird auch die Gesetzgebung wieder verändert, und namentlich garantiere ich den Herren semitischen Juristen ihre Karriere nicht mehr auf lange Zeit. Sobald es für den Staat sicherer sein wird einzuschreiten, als länger zuzusehen, tritt Änderung ein. – Die Semiten werden namentlich ihre völlig unberechtigte Einmischung in alles mögliche büßen müssen, und Zeitungen werden sich semitischer Redakteure und Korrespondenzen entledigen müssen, wenn sie weiter leben wollen. So etwas kann sich einmal plötzlich und kontagiös von einem Tag auf den andern ereignen.

Sie haben im Sommer recht gehabt, in die Waldfrische von Herrenalb zu ziehen, während ich in London D...k stampfte und am 17. August einen schlotterkalten Sonntag, den gräßlichsten meines Aufenthaltes, feierte. Aber es hat nun einmal von Amtes wegen sein müssen, und ich habe gewaltig viel gesehen. Hätte ich noch ein Jahr gewartet, ich hätte die Resolution zu dieser Reise nicht mehr gehabt. – Dies Jahr begnüge ich mich mit kleinen nahen Ausflügen und werde sonst regelmäßig hier in Basel zu finden sein.

Wenn irgendein freundliches Augurium für das neue Jahr in den letzten Tagen des alten zu erkennen gewesen ist, so war es das Auftauen und der Föhn. Ich habe mich zwar so wie Sie über die Kälte vortrefflich befunden, aber man leidet doch wegen der allgemeinen Not, und eine Spezies Kalamität traf auch mich, nämlich das Einfrieren eines gewissen Rohres. Nun wohne ich, wie Sie wissen, bei zwei nicht mehr jungen Jungfrauen. Bei unseren gemeinsamen Beratungen hätten Diplomaten zugegen sein können, um das Gleichgewicht zwischen Deutlichkeit und Zartgefühl, welches innegehalten wurde, zu bewundern. – Jetzt, seit wir sieben bis acht Grad haben, hat sich alles von selbst erledigt. Die Wohltätigkeit ist auch hier sehr groß gewesen, und vielleicht hätte man von dem großen Mitgefühl besser einen Teil verheimlicht; man hätte ja die Gaben nicht zu vermindern brauchen. Merkwürdig, daß die nächsten elsässischen Dörfer, welche man 1830 von hier aus nähren und mit Wolle versehen mußte, diesmal gar nicht in Betracht kamen.

Greulich wirkte noch vorgestern der Bericht des Madrider Attentates so rasch auf das von Moskau. (Ad notam: vor einigen Tagen soll ein slawischer Nihilist gesagt haben: man werde binnen zwanzig Tagen Neues hören – vielleicht war's nur Flunkerei.) – Ich weiß nur eine Parallele aus der Geschichte, nämlich die anderthalbhundert Jahre, während welcher die Assassinen sämtliche Fürsten des vorderen Orients bedrohten und zum Beispiel eine Anzahl von Seldschukensultanen aus der Welt schafften[1]. Und dabei können alle, die irgend etwas sind, vorstellen und besitzen, sich nur recht deutlich sagen, daß die Fürsten, auf welche man pirscht wie auf Jagdwild, die Vormänner von ihnen allen sind. – In Rußland rächt sich jetzt das seit bald zweihundert Jahren der Nation auferlegte petrinische System der gewaltsamen Okzidentalisierung. Der Nationalcharakter der Russen hätte sich bei einer leidlichen Barbarei sehr viel besser und gesünder befunden und Westeuropa ebenfalls, d. h. nicht bei eigener Barbarei, sondern bei Fortdauer derjenigen der Russen. ...

AN FRIEDRICH v. PREEN

Basel, 2. August 1880

Zu gleicher Zeit mit diesem Briefe reist ein Paket von Basel ab, welches die zweite Auflage meiner „Zeit Konstantins des Großen" mit einer bescheidenen Dedikation an Euer Hochwohlgeboren enthält. Durch Ihre öftere freundliche Erwähnung des Buches haben Sie sich dies Schicksal selbst zugezogen. Auch ist noch ein besonderer Umstand dabei: schon die erste Auflage vor achtundzwanzig Jahren war ins Badische gewidmet, nämlich an den alten Beförderer meiner historischen Studien, Professor Heinrich Schreiber in Freiburg, und nun bin ich glücklich, in Ihren schönen Gauen noch jemanden zu besitzen, welchem ich vertrauensvoll das Werk zu Füßen legen kann. Verändert ist es nur im einzelnen; in den Nachträgen finden Sie Seite 418 ein Jokosum und Seite 419 ein spätes Licht, das mir über Konstantin aufgegangen ist, und das ich in diesen Appendix habe einschmuggeln müssen, wie es hie und da schon einem Autor wird ergangen sein.

Die große literarische Entreprise[2], wovon ich noch auf dem

---

[1] Die Assassinen (eig. Haschaschin = Hanfesser) waren eine politisch-religiöse Sekte der Mohammedaner, die von dem Perser Hasan ibn Sabbah 1081 gegründet worden war. Ihr blutiger Terror hat dazu geführt, daß ihr Name gleichbedeutend mit Meuchelmördern wurde. Vgl. frz. assassin.
[2] Die Niederschrift der „Griechischen Kulturgeschichte", die schon im vorhergehenden Brief angekündigt wurde.

Bahnhof am 22. April mit Ihnen sprach, habe ich begonnen und nach Abfassung von etwa hundert Seiten – weislich liegenlassen, weil ich mich in ein Meer hineingeführt sah. ...

AN MAX ALIOTH
Basel, 1. Sept. 1880

... Die Glorie des Pantheons[1] habe auch ich immer etwas kalt gefunden, aber die Vorhalle ist eines der schönsten und geistvollsten Originale der Welt. Die äußern Säulen an beiden Enden haben gar kein Précédant in der ganzen Geschichte der Baukunst, und das herrliche Gewölbe der Vorhalle ist wenigstens schöner als irgendein analoges. Im Innern wird all der Glanz der vier lichten Kreuzarme sehr gedämpft durch die vier undurchsichtigen Pfeiler, welche um der gewaltigen Kuppel willen nicht zu umgehen waren. Denken Sie sich dies Interieur so, wie es hätte werden können, wenn man nur eine leichte, niedrige Kuppel in der Mitte angebracht hätte! Aber das Innere von St. Etienne du Mont, das ist d'un seul jet! ich habe glücklicherweise eine herrliche Photopraphie davon – natürlich über Mailand, durch Crippa – erwischt, und zu 50 Centimes – statt c'est trois francs, monsieur! – Ich glaube immer, es geht den Franzosen zu gut, als daß sie sich beim Photographieren von Kunstsachen auf die Spekulation du bon marché legen möchten. Ich danke Gott dafür, daß ich voriges Jahr in Paris nur wenige Photographien nach Gemälden kaufte; Crippa lieferte mir etwa dreißig Stück aus Louvre usw., lauter Braun, Ziegler usw., die dort zu 2.50 bis 3.50 verkauft werden, – und die ich nun zu 50 Cents per Blatt besitze, freilich indem ich viel anderes mitkaufe.

[2 ?.] Sept.

Das Wetter ist und bleibt schön und warm, und das Weinlaub ist überall vom herrlichsten Reichtum – aber so wenig Trauben!

> Und wird Er (der Wynen) diesmal noch so gut,
> Er geht in einen Fingerhut.

[1] Der Adressat des Briefes lebte damals in Paris.

Italien soll einen sehr reichlichen Herbst bekommen, Ungarn mittel. Sie sehen, daß mich schon von früh an, da ich dieses schreibe, Gedanken verfolgen über das: was werden wir trinken? In Wyhlen hat der Gemeinderat beschlossen, diesmal das Rebhütergeld zu sparen, weil es sich nicht lohne zu hüten, wo nichts sei!

AN MAX ALIOTH
Straßburg, 20. Sept. 1880

Heute habe ich einen zehn- oder vierzehntägigen Bummel angetreten und benütze nun das frühe Nachtwerden, um Ihnen zu schreiben. Ihre Versailler Ideen hätten vielleicht einst bei Louis XIV Anklang gefunden, der jetzigen Welt aber würden die Haare zu Berge steigen ob solcher Großartigkeit. Es ist ewig schade um alles das, was das siebzehnte und achtzehnte Jahrhundert nicht riskiert haben, denn wir riskieren es nicht mehr. — In Sachen des Palais de Justice bin ich völlig Ihrer Ansicht, und am Tribunal de Commerce schätze ich nur die Rundtreppe. Einst sah ich dort unter einer der Bogennischen, die in die Treppe schauen, eine hübsche junge Dame (oder Person) lehnen, die ihren feuerroten Überwurf über die Balustrade sinken ließ, und seitdem macht mir die Treppe Effekt.

Seit heut nachmittag bin ich in Straßburg und habe laut lachen müssen, als ich wieder einmal die Gutenbergstatue von David d'Angers nebst den Piedestalreliefs sah. Das alles ist gar nichts als Naturalismus, mit affektiertem Pathos gemischt, eine odiöse Mixtur.

Bei diesem Anlaß noch etwas über den kruden Naturalismus, womit unsere Kunst und Romanschreiberei Geschäfte macht. Ein deutscher Skribent hat neulich von Zola geschrieben: wenn die Hunde lesen könnten, würden sie Zola zu ihrem Shakespeare erklären! — was seine Richtigkeit haben könnte[1].

Das Münster allhier sehe ich mit ganz neuen Augen, da ich seit dreizehn Jahren nicht hier gewesen. Die ursprünglichen Teile der Fassade sind doch das schönste und geist-

[1] Vgl. dazu den Brief vom 8. Oktober 1880, vierter Absatz.

vollste Gotisch, was auf Erden existiert, und wenn man bedenkt, welche deliziöse Feinheit des Gefühls im Architekten und welcher Entschluß in dem Bauherrn dazu gehörte, so wird einem ganz ehrfürchtig zumute.

Morgen geht's nach Speyer, wo ich ebenfalls einen großen alten Tumb wiederzusehen habe. Dann vielleicht Schwetzingen und Mannheim, wenn ich dort einen guten Theaterabend erwischen kann. Beiläufig eine schöne Geschichte von einem ehemaligen Mannheimer Theaterdirektor zur Zeit, als dort die verwitwete Großherzogin Stephanie residierte: er hatte den Freischütz neu montiert mit einer schönen neuen Wolfsschlucht, in welcher diesmal der Wasserfall nicht mehr mit gedrehtem Silberpapier, sondern mit wirklichem Wasser gegeben werden sollte, und sagte nun zur Großherzogin: aujourd'hui je lâcherai mon eau naturelle. Hernach will ich die Galerie in Darmstadt sehen, dann drei Tage in Frankfurt a. M. vor Anker liegen – dann vielleicht noch ein paar Tage Kassel, dann Heimweg.

AN MAX ALIOTH

Frankfurt a. M., Freitag abends, [Ende] Sept. 1880

Endlich finde ich wieder eine Stunde, um von meiner Wanderung weiter zu berichten. Von Straßburg fuhr ich eines Regenabends nach Weißenburg, wo eine sehr noble frühgotische Abteikirche ist, in Gesellschaft eines Deutschen aus Texas, der wieder nach Texas geht und mir den ganzen Lebenswandel, wie er dort geführt wird, erzählte, u. a., daß die in der Einöde zerstreuten Deutschen in zwei Parteien geteilt sind, namens: die Pfeifenstummel und die Zigarettenstummel, und daß man einander mit Schlägen und selbst Messerstichen heimsucht. Denken Sie sich um Gottes willen, daß wir dort wären und unsere Partei wählen müßten! – Von Weißenburg fuhr ich vorgestern durch die Pfalz (wo Neustadt eine Perle von Lage ist) nach Speyer, wo man es mit Freskozyklen und blauen goldgestirnten Gewölben richtig dahingebracht hat, daß der Dom nur noch halb so groß aussieht als früher. – Abends nach Mannheim, wo ich gestern früh eine Galerie durchzumustern hatte, die unter drei- bis vierhundert Bildern zwanzig ausgezeichnete enthält. Dafür aber im Schloß ein opulentes Vestibül-Treppenhaus usw. An einer Straßenecke sah ich folgende für unsere Zeit bezeichnende Affiche: Fahnen waschecht, die gemalten Fahnen wasserecht, Transparente, Illuminationsartikel aus der Bonner Fahnenfabrik in Bonn am Rhein. Alleinige Niederlage bei F. C. Menger, Mannheim, Str. soundso. Wollen wir nicht in der Schweiz eine Filiale gründen? – Gestern um Mittag fuhr ich nach Darmstadt und ging in die Galerie, sowie auch heut morgen wieder. Das ist schon anderes Wetter als in Mannheim. Abends im Thater sah ich die zwei ersten Akte von Zar und Zimmermann und endlich einmal die Rolle des Bürgermeisters, so dumm sie ist, gut und mit Takt gegeben. Der Chateauneuf war ein Tenor von seltener Höhe und Helligkeit. Die katholische Kirche (von Moller), die Sie vielleicht gesehen haben, innen kreisrund auf Säulenumgang, hat reines Oberlicht wie das Pantheon durch eine Rundöffnung inmitten der Kuppel, und das ist doch das edelste Licht, was es gibt, so daß bei aller Nüchternheit der Formen die Kirche eine unerwartete Weihe hat. – Nachmittags heut nach Frankfurt, wo ich nur bummelte. Unglaublich viel üppige deutsche Renaissance wird jetzt hier in derbem rotem Sandstein verzapft; seit drei Jahren ist eine Masse hinzugekommen. Das hat zum Teil Lübke zu verantworten. Das neue Theater dagegen, welches in einigen Wochen eingeweiht werden soll, ist gute klassische Renaissance und Kalkstein, enorm reich und großartig, kostet auch schon gegen sechs Millionen Mark, was die Stadt bezahlt. Der hohe Oberbau, welcher in Paris, grand opéra, nur auf der zweiten Hälfte sitzt, geht hier ganz symmetrisch über das ganze Gebäude. Alles schön, nur wüßte ich gern: 1. welche neue Opern vorkommen, 2. welche Stimmen in dem enormen Raum dieselben singen sollen. Im übrigen ist Frankfurt ganz das alte, wie schon Dingelstedt einst dichtete:

> Jeder Winkel eine Bud'
> Und die dritte Nas' ein Jud.

Um hier mit Vergnügen zu wohnen, würde ungeheuer viel Geld, nämlich eins der Häuser im Grünen am Rande der eigentlichen Stadt nötig sein. – Während man in einem Städtchen wie Weißenburg die herrlichsten Lagen in Gärten und dabei die Aussicht in die nahen, grünen Vogesen hätte – dafür aber nur in Weißenburg wäre.

Auf meiner bisherigen Tour hatte ich zwar nur wenigen Regen, aber dafür fast lauter Wolkenhimmel, was in Galerien betrübt wirkt. Nur die altdeutschen Bilder leiden weniger, alle übrigen Schulen sind kaum zu genießen. Der Gedanke, nach Kassel zu gehen, ist mir völlig verleidet, ich will etwa nächsten Dienstag wieder in Basel sein. Was mich nicht hiezu bewegt, der aber noch angeführt zu werden verdient, ist, daß die Gasthöfe sündlich teuer sind, doch war der „Deutsche Hof" in Mannheim wenigstens sehr gut.

Nehmen Sie nun mit diesem Wisch vorlieb, ich muß nun etwas essen und dann die letzte Hälfte der Zauberflöte – gottlob noch im alten Theater – anhören. Denn wie sich Mozart in der neuen Prachtbude ausnehmen wird, ist mir noch sehr zweifelhaft.

AN MAX ALIOTH

Basel, 8. Okt. 1880

... Was Paris betrifft, habe ich mich an zwei herrlichen Zola-Artikeln im Figaro erquickt, auf welche hin ich ein Partisan dieses Mannes geworden bin. Sie haben dieselben gewiß auch gelesen? Der Inhalt ist in kurzem der: ihr Sackermentsintriganten tutti quanti, wollt ihr endlich einmal die Schnurre[1] halten und uns in Frieden arbeiten und genießen lassen? – Mir scheint, es war für Zola eine sehr tief erwogene Reklame, daß er zum Figaro überging, mit möglichstem Eklat.

Wir haben jetzt auch Theater hier, letzten Sonntag wurde mit Trovatore (ganz leidlich) der Anfang gemacht, und heute gedenke ich die zwei letzten Akte des Freischütz zu hören.

Da der Barometer etwas steigt und im Lauf des Abends sich der Himmel (nach einem abscheulichen Vormittag und

[1] Das Maul. (Trog)

einer dito vorangegangen Gewitternacht) aufgehellt hat, stellt sich bei mir die angenehmste Hoffnung ein, die ich unter jetzigen Umständen hegen kann: die auf einen guten, wenn auch einsamen Sonntagsbummel. Ich will dann Ihrer gedenken, da Sie ja Sonntags ebenfalls auf den Beinen zu sein pflegen. Es ist allerdings wahr, daß diejenigen, welche die Umgegend von Paris als prachtvoll in Ruf gebracht haben, genügsame Leute gewesen sind, denn selbst der Blick von Meudon aus ist nur sehr eigentümlich, weil man sonstwo nicht gewöhnt ist, eine solche Häusermasse mit einem Blick zu schauen, aber doch keineswegs, was man schön nennen könnte. Ich glaube aber, die Reputation der Environs de Paris kommt – abgesehen von der allgemeinen Prahlerei, welcher dem Namen Paris in allen Dingen anhängt – noch aus einer besondern Quelle her: im Lauf der Jahrhunderte haben viele geistvolle Leute in besagten Environs gute Stunden verlebt, und der Reflex hievon in ihren Romanen und Gedichten tut's. Dazu noch einige blendende Erinnerungen aus der Geschichte. – Und man würde sich ja allen möglichen Charme dieser Gegenden in Gottes Namen bereitwillig aufreden lassen, wenn nur das Einkehren nicht so gottlos teuer wäre. – Ein Duval in St. Germain, Versailles usw., nur an Sonntagen geöffnet, würde glänzende Geschäfte machen. Sie sehen, ich komme in allen Briefen auf Geschäftsprojekte. Das war in meiner Jugend nicht so, und ich glaube ganz ernstlich, die letzten Jahrzehnte haben mich angesteckt.

Also neulich hat's wieder am Eingang der Galerie du Louvre gebrannt! In der Amtswohnung, ich weiß nicht, welches Citoyen. Man sollte Euch Parisern die alten Kunstsachen völlig wegnehmen. Nun ist es Zeit, Ihnen adieu zu sagen. Ich freue mich wieder auf ein Stück Freischütz.

AN FRIEDRICH v. PREEN

Basel, 3. Dezember 1880

Es drängt mich, Ihnen wieder einmal ein Lebenszeichen zu geben, wobei der geheime egoistische Wunsch mitwirkt, gegen Neujahr hin etwas von Ihrer werten Hand zum Lesen zu bekommen. Wir gehen hier unseren gewohnten Trott; das Semester an der Universität zeichnet sich in angenehmer Weise durch erhöhte Frequenz aus – gegen 250 Studenten! Freiburg hat oft nicht mehr gehabt.

Ich meinesteils fange an, Beschwerden des Alters zu spüren, namentlich etwas Asthma. Der Doktor, welchem ich mich zutrauensvoll überlasse, sagt, das sei nun einmal so, und man könne damit noch recht alt werden, was ich nicht einmal wünsche. Was mich am meisten kränkt, ist, daß ich meine weiten Sonntagsgänge sehr mäßigen muß. Mit dem Asthma hängt auch eine starke Neigung zu baldigem Schwitzen zusammen, d. h. Gefahr der Erkältung. Kurz, ich bin in das Kapitel getreten, da man anfängt, sich zu schonen, und das Bücherschreiben läßt man dann vollends gerne ruhen.

Basel schwirrt von Musik; Rubinstein hat sich zwei Abende das Herz aus dem Leibe getrommelt, ich habe ihn aber beide Male versäumt, wie ich denn überhaupt gegen das Virtuosenhören ein allmähliches Vorurteil habe in mir aufkommen lassen. Der letzte, den ich gehört habe, war Sarasate, und wenn ich mich nun darauf besinne, was ich daran gehabt haben soll, so weiß ich nichts mehr zu melden. Mit Stimmen ist es etwas anderes, und Vogel als „Faust", den ich vor drei Wochen hörte, bleibt mir noch lange im Gedächtnis. Heut ist ein Konzert, aber morgen „Armida"[1], und da gehe ich hin; ich habe sie vor vierzig Jahren zweimal in Berlin gesehen und seither nicht mehr. Ich bewundere den Mut unseres Impresarios; er muß auf mehrere Vorstellungen rechnen, da er sich sogar neuer Dekorationen ad hoc rühmt. Bei einem Hoftheater wie das Ihrige versteht sich so vieles von selbst und läuft wie auf Rädchen, was bei uns die Sache eines außerordentlichen Efforts ist. ...

AN MAX ALIOTH
Basel, Weihnacht 1880

Zu allerförderst meinen schönen Neujahrswunsch, obwohl wir beide alt genug sind, um zu wissen, wie wenig die

---

[1] Doch wohl die Oper von Gluck und nicht die gleichnamige von Rossini, den J. B. auch sehr schätzte.

Wünsche bewirken können. – Es freut mich sehr, daß Sie
den rechten Giorgione (Madonna mit Donator und Heiligen)
nun gefunden haben; allerdings ist außer der Pastorale
(welche Sie an Tizians amor sacro e profano erinnert hat)
kein drittes Bild von Giorgione mehr im Louvre, aber es
sind ja in ganz Venedig kaum drei ganz sichere, dieweil
Giorgione schon dreiunddreißigjährig starb. Die Madonna
„im Krautgewölbe" von Mantegna[1] ist eines der souveränen
Hauptbilder des Louvre. Es ist ganz recht, daß Sie sich ohne
alle Kunstgeschichte, rein aus Vorliebe allgemach in die ältern Italiener hineinfressen; Sie haben ja nicht die amtliche
Verpflichtung wie ich, jedem Maler historisch die Pro-
venienz seines Könnens oder die Stufe nachzuweisen, welche
er innerhalb seiner Zeit und Schule einnimmt, und können
daher völlig con amore verfahren. In den Landschaften der
Eklektiker, Caracci, Domenichino, Albani usw. steckt ein
süßer Duft von Mittelitalien, obschon keine einzige Vedute
sich darunter befindet. Es ist der allgemeine Parfum der
Campagna und des römischen Gebirges, aber unendlich
frei wiedergegeben. ...

AN FRIEDRICH v. PREEN

Basel, Mittwoch, 29. Dezember 1880

... Meine Gesundheitsumstände, nach welchen Sie sich
erkundigen, bleiben wenigstens in statu quo, ich glaube
aber, mein Asthma und andere Mängel mehr sind anderer
Art und Ursache, als Ihr Asthma in der Jugend war; es
sind Erbsachen, und ein solches Erbe muß man antreten
wie ein anderes. Aber zum Unterjäckchen kann ich mich
trotz mehrseitigen Zuredens nicht bequemen; eher trage
ich starke warme Röcke, und dem Doktor ist Gott sei Dank
die Idee noch nicht gekommen; befähle der es, so würde
ich gehorchen.

„Armida" ist heut abend wieder, und ich präpariere mich
aus dem Klavierauszug. Das Akkompagnement der Garten-
szene „Heiteres Wonnegefild" ist doch mit einfachen
Mitteln ein wahrer Claude Lorrain in Tönen. Man greift

[1] Exakter Name: Madonna della Vittoria, eines seiner letzten Werke.

doch wieder aller Orten nach alten Opern, weil die neuen entweder nur in großen Städten durchführbar sind, wie die Wagners, oder nach einigen Aufführungen sanften Todes sterben. In Italien sterben auf diese Weise, wie ich mir habe sagen lassen, jährlich gegen hundert Opern, und nichts mehr bleibt oben schwimmen. In Paris hat auf der Großen Oper seit vielen Jahren keine einzige Novität Fuß gefaßt, und es ist noch sehr abzuwarten, ob es mit der vorbereiteten Oper Gounods „Le serment de Zamora" besser ablaufen wird. Es ist eine allgemeine Glaubenslosigkeit gegenüber neuen Opern eingerissen, und nun meinen einige, dem Wagner auf seinen Pfaden folgen zu können, und solche werden eines Tages am allerübelsten dran sein. Was Sie neulich bei der Faust-Ouvertüre ausgestanden, dafür mein innigstes Beileid! Man wird aber noch eine Weile Geduld haben müssen, weil die Orchester sich für Wagner im höchsten Grade interessiert haben, der ihnen das Extraordinäre gibt. ...

AN EDUARD SCHAUENBURG

Basel, Mittwoch, 12. Januar 1881
Lieber alter Ede!
Auf Dein Brieflein hin erkundigte ich mich alsobald und erfuhr, daß Fräulein Anna[1] bei einer mir wohl bekannten und befreundeten Familie wohnen würde, und erhielt dann eine Einladung von dort auf Samstagabend. Vorher ging ich in die Probe und hörte zunächst, in der Rolle als Erlkönigs Mutter, jene Stimme wie Orgelton und Glockenklang, welche mir für die Aufführung die sichersten Erwartungen gab. Hernach lernte ich die vortreffliche Tochter in jener Abendvisite kennen und war in einzelnen Tönen und Äußerungen ihres Gespräches erstaunt durch einzelne Ähnlichkeiten mit Dir. – Samstags war dann Aufführung, und gleich nach der Arie von Saint-Saëns, welche mit erstaunlicher Unbefangenheit, Kraft und Schönheit vorgetragen wurde, brach unser ziemlich mächtig anwesendes

[1] Die Tochter Eduard Schauenburgs, die später, nach einer Krankheit, ihren Beruf als Sängerin nicht weiter ausübte. (Schwabe)

Publikum in eine dreifache Salve von Applaus aus. Ich muß bemerken, daß unsere Leute sonst eher kalt sind und schon sehr namhafte Künstler mit kaum einmaligem Klatschen belohnt haben. – Nachher, als Erlkönigs Mutter, war die verehrte Tochter noch ganz anders mächtig als Tages zuvor in der Probe.

Kurz, es ist Dir von wegen hier auf alle Weise Glück zu wünschen, und die Zeit möchte nahe sein, da Fräulein Anna, was geborenen, mächtigen und höchst ausgebildeten Alt betrifft, für die größten deutschen Konzerte eine unentbehrliche Spezialität werden wird.

Dies nur in Eile von Deinem

herzlich getreuen J. Burckhardt.

AN HEINRICH v. GEYMÜLLER
Basel, 29. Jan. 1881

Außer Ihrem Schreiben ist auch durch Baudry der mächtige Textband hier angelangt, und nun endlich hat man den Schlüssel zu der großen Reihenfolge Ihrer Blätter[1]. Nur ganz allmählich werde ich mich nun in den Gang Ihrer Gedanken und Beweise hineinmachen können. Es hat mich gerührt, daß Sie auch meiner geringen Verdienste an mehrern Stellen so freundlich gedacht haben, und daß damit in einem auf Jahrhunderte geltenden Werk mein Name gerettet ist, welcher durch meine eigenen, bereits an allen Enden überbotenen Opera nicht mehr lange wird über dem Wasser der Vergessenheit gehalten werden. Es gibt nichts Hinfälligeres als das Leben historischer und kunsthistorischer Bücher, und es ist nichts als eine sehr starke und traurige Wahrscheinlichkeit, daß z. B. in fünfzig Jahren selbst z. B. Ranke nicht mehr wird gelesen werden[2].

Ihr S. Pietro dagegen ist nicht so bald zu überbieten und überflüssig zu machen. ...

---

[1] Es handelt sich um das 1875–1880 in Paris erschienene Werk von H. v. Geymüller „Les projets primitifs pour la Basilique de Saint-Pierre de Rome par Bramante".
[2] Wie sehr hat sich J. B. Ranke und sich selber gegenüber geirrt!

AN FRIEDRICH v. PREEN

Basel, 19. Februar 1881

... In Politicis sprechen Sie klar aus, was mir etwa dunkel vorschwebt. Ob die „starke, ernste Herrschaft" noch möglich werden wird? Jedenfalls würde der ganz rand- und bodenlose Mutwille, welchen das laisser aller in unseren zumal städtischen Volksmassen großgezogen hat, sich zum Staunen der Welt größtenteils in alle Mauslöcher verkriechen, wenn einmal serios dreingefahren würde. Bei uns, in unserem kleinen Kessel, ist der Mutwille einiger ganz enorm miserablen Gassenbuben imstande, den besten Leuten, den Aufopferungsfähigen, die Amtsführung zu verleiden oder sie heimlich von deren Übernahme abzulenken, worauf sie sich auf Wohltätigkeit und dergleichen beschränken. Es wäre viel zu sagen, ach!

Der große Mann in Berlin hat also angekündigt, er werde unter allen Umständen im Dienste bleiben, das heißt also, auch wenn er Majoritäten im Reichstag und Landtag gegen sich haben sollte und wieder Konflikt spielen müßte. Die große Probe, auf welche es dabei ankommt, könnte höchst materielle Gestalt annehmen, anders als Anno 1863 ff., wo die Sache zuletzt mit einem vereitelten Kölner Zweckessen abgetan war. „Alle Welt hat an der Gewalt genascht", wie Sie sagen, und hat den Lutschbeutel süß gefunden. Diejenigen ökonomischen Vorteile, welche der große Mann verspricht, getrauen sich die Parteien auch ohne seine Güte zu erreichen, wobei ihm freilich zustatten kommt, daß jede derselben etwas anderes will. Es ist freilich, wie Sie sagen, „ein Geschlecht, das von Josef und allen Erzvätern nichts mehr weiß", das weder historisch noch rein politisch denkt und empfindet, sich endlos in Unterparteien spaltet und in Summa völlig unbrauchbar ist, sogar für sich selbst. Das sind die Versammlungen, welche von heute auf morgen zu den unerwartetsten Majoritätsbeschlüssen kommen könen, wie das Mädchen zum Kinde. ...

AN FRIEDRICH v. PREEN

Basel, 1. Mai 1881

... In der ganzen Schweiz hat der Radikalismus in diesen letzten Tagen einen Ruck vorwärtsgetan, und wenn mich nicht alles täuscht, so liegt eine europäische Strömung auch bei uns zugrunde, und auch in Ihrem Lande wird man etwas davon zu spüren bekommen. Ich habe es in allen Gliedern, daß im Westen etwas losbricht, sobald Rußland etwa durch weitere Gewaltereignisse völlig konfus gemacht sein wird. Dann eröffnen sich jene Zeiten, da alle Stadien des Durcheinanders müssen durchlaufen werden, bis endlich irgendwo sich nach bloßer maßloser Gewalttätigkeit eine wirkliche Gewalt bildet, welche mit Stimmrecht, Volkssouveränität, materiellem Wohlergehen, Industrie usw. verzweifelt wenige Umstände macht. Denn dies ist das unvermeidliche Ende des Rechtsstaates, wenn er der Kopfzahl und ihren Konsequenzen verfallen ist. Verzeihen Sie, lieber Herr und Freund, wenn ich Sie mit Aussichten behellige, die ich hier nicht zu Gehör bringen mag.

Mir geht es sonst recht leidlich, und ich habe die Hoffnung, daß jene Altersbeschwerden (es sind ihrer verschiedene), welche sich seit letztem Sommer gemeldet haben, wenigstens für jetzt nicht im Fortschreiten begriffen seien. Ich sollte durchaus, bevor ich unbeweglich werde, noch einmal nach Italien und muß nun hören, was mein Doktor dazu sagt.

AN MAX ALIOTH

Basel, 14. Juni 1881

... Den Salon möchte ich gerne in Ihrer Gesellschaft sehen; ohne Begleitung wage ich mich zwar unter jede beliebige Masse alter Kunstwerke, unter neuen aber graust es mir, wenn ich so ganz allein bin, und bei den bedeutendsten Malern unserer Zeit werde ich in der Regel ballottiert zwischen Bewunderung für das Können und Abscheu gegen das wirkliche Machen. Seit Eugène Delacroix muß man bei vielen Malern Frankreichs und auch Europens zuerst eine persönliche Beleidigung des Schönheitssinnes einstecken und dann keine Miene verziehen und zum Darstellungstalent das Beste sagen. In dieser Weise affrontiert mich von den großen Meistern der Vergangenheit niemand als etwa Rembrandt.

15. Juni

Heute wieder mild und schwül. Wenn meine Gesundheit bleibt, wie sie ist, gehe ich August und September nach Italien, welches ich durchaus noch einmal sehen muß, ehe ich sterbe; im September hoffentlich bis Rom, welches unsereiner eigentlich regelmäßig bewohnen sollte. Glücklicherweise sind les environs de Bâle noch immer schön und haben mir auf einem weiten einsamen Bummel letzten Sonntag wieder sehr geschmeckt. Und les environs de Paris sind doch wirklich schwach dagegen.

AN FRIEDRICH v. PREEN

Genua, 5. August 1881

... Weshalb ich eigentlich nach Italien gegangen bin? Hauptsächlich um gewisse große Kunsteindrücke noch einmal aufzufrischen, bevor ich für solche Reisen unbeweglich werde. Für diesmal tut es noch ganz vorzüglich; ich beschränke mich und lasse die Sachen liegen, die ich nur mit gar zuviel Sonnenbrand und Blendung erreichen könnte; ich schleiche da, wo ich in jüngeren Jahren rannte, bin im Essen sehr mäßig und freue mich eher der Weine des Landes.

Und dieses imposante Volk! Diese Erstgeborenen von Europa! Es mag ihnen gehen, wie es will, in der Politik sogar übel und kindisch – das Wort Alfieris bleibt doch wahr: l'Italia è il paese, dove la pianta „ uomo " riesce meglio che altrove, und wer es nicht glauben will, der sehe nur eine halbe Kompanie Bersaglieri im Geschwindschritt vorbeidefilieren. Gestern auf der Bahn zwischen Lavona und hier, wo ich terza Classe fuhr, schlüpfte ein fettes, aber bildhübsches Weibstück mit einer Geige in den Wagen und sang zu ihrem Spiel mit der hellsten Stimme ein Lumpenlied, wobei man – ach des Neides! – ihre zweiunddreißig Zähne in bester und schönster Ordnung sah.

Es ist wieder sehr heiß, aber in Genua mit den engen hohen Gassen ganz wohl auszuhalten. Die Nächte sind von göttlicher Schönheit und Frische; es wird ganz kühl, so daß man sogar die leichte Decke wieder über das Leintuch zieht – notabene versteht sich bei sperrweit offenen Fenstern. Vielleicht gibt es auf der Welt keine so absolut süße und herrliche klimatische Wahrnehmung als diese Morgenkühle im heißen Süden. In Savona erwachte ich einmal und sah einen flammenden Stern, den ich erst für ein Meteor hielt, bis ich sah, daß es die alte Venus war, nur eben in der Klarheit einer Nacht am Mittelmeer.

Jetzt schleiche ich zur Börse, aber nicht um dort Geschäfte zu machen, auch nicht so sehr wegen des edel schönen Baues von Galeazzo Alessi, als vielmehr weil dort in der Nähe eine Photographiebude ist, wo ich einiges Geld opfern werde. Für diese edle Opfertat werde ich mich nachher mit einem Sorbetto belohnen, und zwar in dem nahen Café della Costanza, das ich schon gestern mit Rührung wieder aufsuchte. Hier habe ich nämlich als junger Student in den dreißiger Jahren die erste Ahnung von Bellini bekommen, und zwar durch einen Harfenisten und Klarinettisten, welche ein Potpourri aus „Romeo" spielten. – Und gestern nacht aus einer Birreria klangen wiederum von irgendeiner Bande her Stücke aus demselben „Romeo", was die deutsche musikalische Ästhetik um 1845 für absolut unmöglich würde erklärt haben.

6. August, abends

Regt sich in mir der verdünnte Tropfen italienischen Geblütes, den ich durch diverse Mütter hindurch seit dem sechzehnten Jahrhundert in mir habe? Genug, daß mir alles so verwandt und selbstverständlich erscheint, was ich vor mir sehe. Mein Geschick will ich gar nicht tadeln; ich bin ein nicht ganz unnützer Basler geworden und wäre doch nur ein unzulänglicher Italiener, aber es ist mir doch lieb, daß ich hier das Gefühl der Fremde nicht mehr habe. Es ist mir hier reichlich so heimisch zumute als in Frank-

Jacob Burckhardt
Photographie von Burckhardts Vetter
Rektor Burckhardt in Basel

furt oder in Dresden, und ich habe es leichter, mit den Leuten in Verkehr zu treten. Nur muß man den Genuesen gleich einige Komplimente sagen, wegen ihrer Neubauten und Stadterweiterung, die denn in der Tat erstaunlich sind, dann werden sie gesprächig auch über andere Dinge. – Die jetzige Antipathie gegen Frankreich ist groß und möchte kaum zu versöhnen sein, wenn die Franzosen nicht recta Tunis aufgeben, wozu sie sobald sich nicht entschließen werden. Nach meiner törichten Ansicht hätte Frankreich eigentlich Gott danken sollen, wenn ein anderes europäisches Volk, aber ein kinderreiches, ganz Tunesien besetzte und die Araber Schritt für Schritt völlig austriebe. Die Franzosen, welche schon die Menschen zum wirklichen Kolonisieren nicht haben, sind in ihrem Algerien darauf angewiesen, die Araber „erziehen und zivilisieren" zu müssen – und dabei käme ihnen nichts besser zustatten, als wenn die Italiener zugleich in Tunesien eine gründliche Bresche in den Islam legten, – statt dessen laden sich die Franzosen ein zweites Algerien auf den Hals, legen sich zu Deutschlands Wonne eine Kette an den Fuß und erzürnen gründlich eine Nation, die ihnen bei gewissen Vorkommnissen doch wenigstens die Flanke würde gedeckt haben.

7. August

Die Hitze ist erträglich, und ich habe wenigstens gewußt, daß ich ihr auf meiner Reise begegnen werde, während die Zeitungen melden, daß die, welche in Davos und anderen Höhen Kühlung suchten, dort oben erst recht schmachten. Es kam mir schon am Mont Cenis in Modane kaum kühler vor als in Chambéry. – Gestern besah ich mir wieder einmal den schönsten Rokokoraum, den es auf Erden gibt, den Saal im Palazzo Serra; ich begreife nicht, daß kein reicher Luxuriant sich anderswo dies (schon vor hundert Jahren in der Enzyklopädie umständlich in Kupfer gestochene) Meisterwerk gegen irgendeinen See oder einen gesicherten freien Ausblick sonstwo einfach wiederholen läßt; ganz Versailles zieht den kürzeren daneben. – Dann ging ich ins Municipio und sah unter der Hofhalle die Statue Mazzinis aus seinen letzten Jahren des Leidens, die

Hände vorn übereinander wie ein Christo alla Colonna. Es soll Bedenken erregt haben – doch warum? Sind nicht die großen Männer, welche in Erz oder Marmor alle Plätze von Turin einnehmen, im Grunde lauter mehr oder weniger erfolgreiche Verschwörer gewesen wie dieser? Anzufangen mit dem Riesendenkmal Karl Alberts? – Dann heißt hier eine jener Budengalerien, welche man in Italien hoch und prächtig liebt, Galeria Mazzini. Der Haken dabei ist bekanntlich, daß dergleichen als republikanische Manifestation gilt; aber: non aver paura! Die Clique von Advokaten, welche tatsächlich regiert, hat das stärkste Interesse, die Dynastie oben zu halten, denn ohne diese zerfiele Italien in mehrere Republiken, und dabei wären gar keine Geschäfte mehr zu machen, ja es kämen ganz ungefragt neue Gesichter empor, und mit dem Paradiesgärtlein, das man in Rom etabliert hat, wäre es gründlich zu Ende.

Heute ist Madonna delle nevi, und schon seit einer Woche haben alle Säulen in der Kathedrale rotseidene mit Gold galonierte Hosen an, und der ganze Bau flimmert von lauter Draperien und goldenen Fransen. Leider hat man neuerdings auch noch die ohnehin sparsamen Fenster mit modernen Glasgemälden versehen und damit Statuen und Gemälde so gut als ungenießbar gemacht.

Morgen nachmittag gedenke ich nach Spezia zu fahren und dort den Abend zuzubringen. Dann geht's nach Toskana – vierzehn Tage sind für Florenz bestimmt – und dann langsam durch Oberitalien heim; für Rom ist bereits die Geduld nicht mehr vorhanden. Wenn ich, gegen den 10. bis 12. September, wieder im Norden bin, sind Sie, verehrter Herr und Freund, bereits immerso nelle delizie Ihrer Festlichkeiten, wozu ich Geduld und Ausharren wünsche; für mich wäre es schon überwiegend Beschwerde, dabei sein zu müssen.

AN MAX ALIOTH

Basel, 10. Sept. 1881

... Es ist in Italien ähnlich wie in Frankreich: Anwachsen der Geschäfte und alles Materiellen bei starker Abnahme der politischen Sicherheit, welche zu solchen Geschäften und betreffenden Genüssen gehören würde; die guten liberalen und selbst radikalen Erwerblinge können lange vor den Volksführern auf die Knie fallen und sie anflehen, keine Dummheiten zu machen. Die Volksführer müssen eben, um wiedergewählt zu werden, die geschreilustigen Schichten der Volksmassen für sich haben, und diese verlangen, daß stets etwas geschehe, sonst glauben sie nicht, daß „Fortschritt" vorhanden sei. Aus diesem cercle vicieux kommt man beim suffrage universel überhaupt nicht mehr heraus. Eins nach dem andern muß geopfert werden: Stellen, Habe, Religion, distinguierte Sitte, höhere Wissenschaft – solange die Massen auf ihre meneurs drücken können und solange nicht irgendeine Gewalt drein ruft: Haltet's Maul!, wozu vorderhand noch nicht die leiseste Aussicht vorhanden ist. Und (wie ich Ihnen schon längst geklagt) diese Gewalt kann beinahe nur aus den Bösesten hervorgehen und haarsträubend wirken.

Heute fange ich wieder an, im Pädagogium meine Stunden zu geben (vier wöchentlich), obwohl ich das Recht zu völligen Ferien hätte. Man gibt damit ein gutes Beispiel, und die Mühe ist nicht groß. – Daneben werden die gekauften Photographien sortiert, in Serien an den Buchbinder gegeben, nachher etikettiert und zuletzt in die Mappen verteilt. Dies ist schon mehrmals meine Herbstbeschäftigung gewesen, ein ganz angenehmes Wenigtun. – Leider hat man mir die Rektoratsrede aufgehalst, weil der Prof. Miaskowski mitten aus seinem Rektorat heraus nach Breslau abgegangen ist und ich nun bei Steffensens Kränklichkeit der Älteste in der betreffenden Fakultät bin. Es macht mir zwar keine große Arbeit, aber große Unruhe.

AN MAX ALIOTH

Basel, 19. Nov. 1881

Ich habe Sie ewig lange warten lassen, aber teils lag auf mir das Peso jener Rektoratsvorlesung, teils der stets beschwerliche erste Monat des Semesters. Nach abgetaner

Schinderei[1] ging ich nicht etwa an das Rektoratsessen (das
ich samt allen Toasten seit achtzehn Jahren meide), sondern
heim, und nachmittags holte mich R. zu einem Bummel
nach Frenkendorf, allwo er zu tun hatte; es war paradiesisches Wetter. Und nach kurzem Regen in den letzten Tagen
ist es auch jetzt wieder wunderschön, wenn auch kühler;
in Summa der schönste November, den ich jemals im Norden erlebt habe.

Es ist recht von Ihnen, daß Sie sich an Versailles gewöhnen; Sie werden dort mit der Zeit noch viel Merkwürdiges
und sogar Schönes finden, u. a. in der Galerie der Gipsabgüsse das Prachtgrab des Ferdinand und der Isabel von
Spanien aus dem Dom von Granada usw. Wenn wir zusammen dort wären, könnte unser Wissen sich beiderseitig
ergänzen.

Die Matinées der Theater sind eine sehr vernünftige Kompensation der enormen Unvernunft, kraft welcher man ordentlichen Leuten den Besuch der Abendvorstellungen
durch späten Anfang, lange Entr'actes und urspäten Schluß
verleidet, selbst wenn man in einem sicheren Quartier
wohnt, geschweige denn in einem exzentrischen und unsichern. – Im Fra Diavolo wußte Nachbauer so schön und
täuschend zu stürzen, als dies Ihr Montaubry irgend vermocht haben wird. – Übrigens haben wir gegenwärtig hier,
und bei nur mäßigem Besuche, eine Oper, wie wir sie noch
gar nie so gut gehabt haben.

Ich muß diesen Winter wieder Revolutionszeitalter lesen,
und noch nie habe ich solche Mühe gehabt, mir und den
Zuhörern den unwillkürlichen Eindruck der Aktualität
fernzuhalten, den jene jetzt bald hundertjährigen Historien gerade heute hervorbringen. Mich überkommt
bisweilen ein Grauen, die Zustände Europens möchten
einst über Nacht in eine Art Schnellfäule überschlagen,
mit plötzlicher Todesschwäche der jetzigen scheinbar erhaltenden Kräfte. ...

---

[1] J. B. sprach am 10. Nov. 1881 „Über das wissenschaftliche Verdienst der Griechen".

AN MAX ALIOTH

Basel, 6. März 1882, und 7.

... Dieser Tage hörte ich Wagners Rienzi mit obligatem Lärm; das ganze Ding lebt von Meyerbeer (zumal Hugenotten) und auch von Donizetti.

Ihre Entdeckungsreisen im Louvre werden Sie noch weit und immer weiter führen, und Sie werden allgemach immer mehr beachtenswerte Dinge finden, die Sie „noch nie gesehen" haben, wie Ihr Brief vom 3. Febr. sich ausdrückt. – In den Landschaften der spätern Italiener (Pierfrancesco Mola, Pietro da Cortona usw.) haben Sie den Reiz entdeckt, der den meisten Kunsterichen entgeht, weil diese sich von der ungenügenden Auffassung des Figürlichen, der Affektation im Dramatischen abschrecken lassen. Pietro da Cortona hat oft herrliche Bergzüge und eine deliziöse feuchte Luft; leider hat ihm öfter das Durchschlagen des Bolus-Grundes Schaden getan wie den meisten Malern jener Zeit, zumal dem Nikolas Poussin. – Von Tizian sind im Louvre nicht einmal die allerschönsten landschaftlichen Gründe; gehen Sie einmal bei guter Jahreszeit nach London, nur für ein paar Tage, um der National-Gallery willen!

Vom Katzenmaler[1] Lambert hat seither ein umständlicher Artikel im Figaro gehandelt. Es ist nun freilich fatal, daß der gute Mann seine Katzen-Veine so rasch ausbeuten muß; als Holländer vor zweihundertundfünfzig Jahren lebend, würde er bis ins vorgerückte Alter mit ruhiger, gleichmäßiger Anstrengung ein Katzenmotiv nach dem andern entwickelt und dafür gesorgt haben, daß die zirka dreißig unbedingten Kunstfreunde, welche Holland damals besaß, mit Geduld und Warten der Reihe nach bedient worden wären. Sein letztes Bild aber wäre vielleicht so wertvoll geworden wie eines seiner mittleren Zeit. Das verläuft heutzutage alles ganz anders. ...

Die Nike von Samothrake kannte ich bisher nur in ihrer sehr ungünstigen Aufstellung beim Übergang aus der Halle des Karyatides in die große Halle; dort im Halbdunkel war sie kaum verständlich. Es ist jedenfalls ein Kapitalstück,

---

[1] J. B. war ein großer Liebhaber von Katzen.

die Stiftung eines Königs der Diadochenzeit. Anderes gewaltig Bewegtes aus jener Zeit lerne ich jetzt aus dem Altar von Pergamon kennen, wovon ich mir die größern Photographien habe kommen lassen. Die Archäologen vom Fach sind schon damit beschäftigt, auch diese Sachen mit Phidias zu vergleichen und dabei herunterzumachen. Wenn die nur irgendwo Verfall nachweisen können, dann sind sie glücklich.

Daß Ihnen über Prudhon Lichter aufgehen, der eine Oase in der Zeit des Empire war, ist sehr schön von Ihnen. – Jene schändlich langweiligen Zeitgenossen hatten bisweilen eine Ahnung von ihrem innern néant; David saß einst mit einem seiner Schüler vor seinem Leonidas und sagte endlich: „Vois-tu, c'est toujours le vieux chien!"...

AN FRIEDRICH v. PREEN

Basel, 13. April 1882

... Bleiben Sie bei Ihrer glücklichen Leichtfertigkeit, ich mache es nach Kräften auch so und lasse mir die (obzwar ziemlich deutliche) Voraussicht des Kommenden nicht über den Kopf wachsen. Jede heitere Stimmung ist ja ein wahrer Profit, und Sie haben ja die Herren Söhne, welche Ihnen die Dinge dieser Welt immer wieder ins Jugendliche und Hoffnungsreiche dolmetschen. Meine wenige Geselligkeit beschränkt sich auf fröhliche Leute, denn von den säuerlich gewordenen hat man nichts. Es wird auch, glaube ich, in meiner Umgebung niemand zu klagen haben, daß ich ihm die gute Laune verdorben hätte; daneben aber gewinne ich auch, wie es alten Leuten wohl geschieht, die (mit einiger Musik verbundene) Einsamkeit recht lieb.

Von der Weltlage, Frieden oder Krieg, denkt jetzt jeder, was er kann, und hat das Recht dazu. Diplomatische Geheimnisse hierüber gibt es wohl noch, aber sie entscheiden nicht mehr; die Gefahren laufen für jedermann sichtbar auf der Gasse herum. Ein Hauptunterschied der jetzt dahingehenden Jahre von den früheren liegt u. a. darin, daß Regierungen großer Länder, wie zum Beispiel Frankreich, gar nicht mehr zu geheimen Verhandlungen fähig sind, weil die Ministerien zu oft wechseln und keine Art von Diskretion mehr gesichert ist. Mit Italien ist es ebenso; wer will doch einem Signor Mancini und Konsorten noch irgendetwas anvertrauen?

Besonders sprechend aber ist die enorme Petulanz, welche in Rußland bei männiglich einreißt, weit über den Kopf des Kabinetts hinweg. Nicht die Nihilisten, sondern die Frechheit der Hochgestellten ist das Gefährlichste. – Daß man bei Ihnen auf direkte Wahlen lossteuert, wundert mich nicht; die Parteien sind jetzt in der ganzen Welt der Meinung, daß aus diesem Lotterietopf vielleicht etwas zu gewinnen und daß überhaupt nicht mehr viel zu verlieren sei, also los damit! im Humor der Verzweiflung. Für mich ist es schon lange klar, daß die Welt der Alternative zwischen völliger Demokratie und absolutem rechtlosem Despotismus entgegentreibt, welcher letztere denn freilich nicht mehr von Dynastien betrieben werden möchte, denn diese sind zu weichherzig, sondern von angeblich republikanischen Militärkommandos. Man mag sich nur noch nicht gern eine Welt vorstellen, deren Herrscher von Recht, Wohlergehen, bereichernder Arbeit und Industrie, Kredit usw. völlig abstrahieren und dafür absolut brutal regieren könnten. Solchen Leuten treibt man aber die Welt in die Hände mit der heutigen Konkurrenz um Teilnahme der Massen bei allen Parteifragen. – Die ultima ratio mancher Konservativen, das von ihnen zitierte Wort: „Es kommt doch, und es nützt nichts, sich dagegen zu sperren" in Beziehung auf die völlige Demokratisierung, kennen wir hierzulande längst.

Daß bei dem allem die ältere Schicht von Arbeitern aus der Mode kommt, daß man Leuten von sicheren Präzedenzien seltener und seltener im Amt begegnet – auch das ist ein Phänomen, womit wir schon lange vertraut sind, und wer sich's ganz im großen ansehen will, braucht nur auf Frankreich zu blicken mit seinem jetzigen dirigierenden Personal.

Ihr lokales Amt, verehrtester Herr und Freund, gibt Ihnen Einsichten in den wirklichen Tenor dieser Zeiten, welche manchem „Volksmann" völlig fehlen, oder die ein solcher sich verbäte. Ein Hauptphänomen, welches Sie betonen, verrät sich auch bei uns in der Schweiz soweit es kann: die Flucht vor dem Risiko eines Geschäftes in die Arme des besoldenden Staates offenbart sich zum Beispiel, sobald der Ackerbau schlecht geht, durch wachsenden Zudrang in die Lehrerseminarien. Wo in aller Welt soll es aber noch hinaus mit dem enormen Luxus des Lernens neben dem des Lehrens? Hier in Basel stehen uns gerade jetzt wieder zwei Millionen Ausgaben bevor für neue Schulhäuser! Es ist nichts als eine Kette von Dingen derselben Art: Gratisunterricht, Zwangsunterricht, Maximalzahl von dreißig per Klasse, Minimum von soundso viel Kubikmeter Raum per Schulkind, Überfüllung mit Fächern des Wissens, Nötigung der Lehrer zu oberflächlicher Vielseitigkeit usw. – Und natürlich als Resultat: Unzufriedenheit aller mit allem (gerade wie bei Ihnen), Drängen nach höheren Lebensstellungen, welche ja doch nur in beschränkter Zahl vorhanden sind. Von der völlig wahnsinnigen Gelehrsamkeit in den Mädchenschulen nicht zu reden. Eine Stadt ist gegenwärtig ein solcher Ort, nach welchem unvermögende Eltern schon deshalb gerne übersiedeln, weil man ihnen dort die Kinder zu allen möglichen Prätentionen ausbildet. So wie schon dieser und jener Krach, so wird auch einmal der Schulkrach eintreten, da man dieses ganze Treiben plötzlich nicht mehr aushält; aber dies könnte in Verbindung mit schrecklichen anderen Dingen kommen, an die wir lieber nicht denken. Es könnte sein, daß gegenwärtig das Schultum schon seinen Gipfel erreicht hätte und nun wieder seinem Niedergange sich näherte....

AN FRIEDRICH v. PREEN

Basel, 20. Juli 1882

Ein volles Vierteljahr habe ich Ihnen nicht geschrieben, aber was für eines! In jugendlicher Unvorsichtigkeit hatte ich mich verpflichtet, nach sechzehnjähriger Unterbrechung wieder einmal „Kultur des Mittelalters" zu lesen, und merkte dann chemin faisant zu meinem wachsenden

Schrecken, wie wenig mein altes Heft taugte. Da galt es nachzuarbeiten ohne Rast, zumal da ich ein übervolles Auditorium hatte. Alle übrigen Verpflichtungen blieben unerfüllt, eine Anzahl Briefe unbeantwortet. Nun, da es zu Ende geht und meine Abreise in die Ferien vor der Tür ist, darf ich nicht mehr säumen. ...

Während Sie, wie ich hörte, nach Lichtenthal gehen, gedenke ich 28. d. über Straßburg abzureisen, dann nach Mainz, Koblenz, Limburg an der Lahn, Kassel, Braunschweig, dann vierzehn Tage Berlin, acht Tage Dresden und endlich über Prag heim. Es ist eine bloße Studienreise, wie sie der Dozent der Kunstgeschichte jährlich und unvermeidlich machen muß, um nicht einzurosten. Ich nehme Gott zum Zeugen, daß ich lieber wieder nach Italien gegangen wäre, diesmal noch aus einem ganz besonderen Grund: mir schwant nämlich, daß wer Italien noch genießen will, Ursache haben möchte, ein wenig zu eilen. Ich habe wieder einige gar zu üble Details erfahren. ...

AN MAX ALIOTH

Berlin, 10. August 1882

... Ich wäre begierig, zu sehen, was Sie zur jetzigen Bauphysiognomie von Berlin für Augen machen würden; einiges von der frechsten sog. deutschen Renaissance läuft auch mit, und zwar in allen echten Stoffen bis zu einem Mosaikfries oben! Im ganzen aber freut mich die Abwesenheit jeglichen Louis-Napoleon-Stiles, den ich selbst in seinen guten Leistungen nicht recht mag und außerhalb von Frankreich wahrhaft perhorresziere. Von den neuen Denkmälern sind Schiller, Goethe (Tiergarten), Königin Louise und noch eins oder das andere von großer und sprechender Schönheit; nirgends wird der wüste pathetische Naturalismus (wie in Italien öfter) an Zahlung genommen, aber ebensowenig ein konventioneller Idealismus.

Ich muß hier beständig sehen und notieren und bin ein ziemlich geschundenes Wesen. Glücklicherweise hat seit meiner Ankunft das entsetzliche, oft völlig trostlose Regenwetter aufgehört, das mich seit Mainz verfolgt hatte.

Ich lese noch einmal Ihren Brief durch und treffe auf die Nike von Samothrake, welche ja wohl herrlich ist – aber denken Sie sich etwa zwanzig solcher 8′ Weiber, darunter ganz gut erhaltene, im Fries von Pergamon! Alles voll der wütendsten Vehemenz und im allergrößten Stil, der ein gutes Stück Kunstgeschichte auf den Kopf stellt!
Nun wird's allgemach dunkel, und ich muß noch etwas bummeln, bevor ich in die Kneipe gehe.

AN FRIEDRICH NIETZSCHE

Basel, 13. Sept. 1882

Vor drei Tagen langte Ihre „Fröhliche Wissenschaft" bei mir an, und Sie können denken, in welches neue Erstaunen das Buch mich versetzt hat. Zunächst der ungewohnte, heitere Goethesche Lautenklang in Reimen, dessengleichen man gar nicht von Ihnen erwartet – und dann das ganze Buch und am Ende der Sanctus Januarius! Täusche ich mich, oder ist dieser letzte Abschnitt ein spezielles Denkmal, das Sie einem der letzten Winter im Süden gesetzt haben? er hat eben sehr einen Zug. Was mir aber immer von neuem zu schaffen gibt, ist die Frage: was es wohl absetzen würde, wenn Sie Geschichte dozierten? Im Grunde wohl lehren Sie immer Geschichte und haben in diesem Buch manche erstaunliche historische Perspektive eröffnet, ich meine aber: wenn Sie ganz ex professo die Weltgeschichte mit Ihrer Art von Lichtern und unter den Ihnen gemäßen Beleuchtungswinkeln erhellen wollten. Wie hübsch vieles käme – im Gegensatz zum jetzigen Consensus populorum – auf den Kopf zu stehen! Wie froh bin ich, daß ich seit längerer Zeit die landesüblichen Wünschbarkeiten mehr und mehr dahinten gelassen und mich damit begnügt habe, das Geschehene ohne gar zu viele Komplimente oder Klagen zu berichten. – Im übrigen geht gar vieles (und ich fürchte, das Vorzüglichste), was Sie schreiben, über meinen alten Kopf weit hinaus; – wo ich aber mitkommen kann, habe ich das erfrischende Gefühl der Bewunderung dieses ungeheuren, gleichsam komprimierten Reichtums und mache mir es klar, wie gut man es in unserer Wissenschaft haben könnte, wenn man vermöchte, mit Ihrem Blicke zu schauen. Leider muß ich in meinen Jahren froh sein, wenn ich neuen Stoff sammle, ohne den alten zu vergessen, und wenn ich als betagter Fuhrmann die gewohnten Straßen ohne Malheur weiter befahre, bis es einmal heißen wird: spann aus.

Es wird nun seine Zeit dauern, bis ich vom eiligen Durchkosten bis zum allmählichen Lesen des Buches vordringe, so wie es von jeher sich mit Ihren Schriften verhalten hat. Eine Anlage eventueller Tyrannei, welche Sie S. 234 § 325 verraten[1], soll mich nicht irre machen.

AN FRIEDRICH v. PREEN

Basel, 23. Dezember 1882

... Im Sommer hatte ich eine Studienreise durch deutsche Galerien absolviert, unter anderem einen vierzehntägigen Aufenthalt in Berlin. Ich glaube mich überzeugt zu haben, daß ich jetzt nicht mehr am Leben wäre, wenn ich vor zehn Jahren den Ruf dorthin angenommen hätte. Das Wetter der betreffenden beiden Wochen war vorwiegend schön, ich erreichte meine Zwecke und hatte nur angenehme Begegnungen – aber Berlin hat für mich etwas Tödliches; in der Jugend hielt ich dort vier Jahre aus, und jetzt hielte ich sie nicht mehr aus. Was es ist, weiß ich nicht; in Prag und Dresden könnte ich existieren, in Berlin nicht. Es hängt nicht bloß daran, daß ich melancholisch werde, wenn einer Stadt ein Fluß und Anhöhen fehlen; die Menschen dort haben ein gewisses Etwas, wogegen ich mich hilflos fühle und konkurrenzunfähig bin. Auf dem Heimweg sah ich viel Schönes und Neues, etwas Böhmerwald, dann außer Regensburg und Augsburg, die ich längst kenne, die höchst gemütlichen Landschaften an der Bahn nach Ulm und dann diejenigen an der Bahn nach Mengen, welche zum Teil wirklich schön sind. Einen Tag wandte ich auf einen der

---

[1] Der erste Satz des betr. Aphorismus lautet: „Wer wird etwas Großes erreichen, wenn er nicht die Kraft und den Willen in sich fühlt, große Schmerzen zuzufügen."

anmutigsten Winkel Süddeutschlands, nämlich auf Sigmaringen. Wegen der Gemälde kam ich her, wegen der Lage aber blieb ich vierundzwanzig Stunden dort hängen. An dem heißen, schönen Unglückssonntag von Hugstetten fuhr ich nach Radolfzell und dann nach Waldshut, wo wir schon abends zehn Uhr die erste Kunde von dem Jammer hatten....
Dieser Tage hat unser Gesangverein mit Hilfe vorzüglicher Soli Glucks „Alceste" gesungen, die ich noch nie gehört hatte. Diese unschuldige, evident wohllautende und tiefernste Musik machte auf unsere hiesige Menschheit sehr großen Eindruck und wahrscheinlich einen größeren, als sie auf dem Theater würde hervorgebracht haben (wenigstens auf unserem Theater). – Vorgestern habe ich Bizets „Carmen", welche ich von der Frankfurter Oper her teilweise kannte, ganz durchgehört und mir die Überzeugung gebildet, daß man nach dem großen Duett des zweiten Aktes eigentlich wohltut, heimzugehen oder irgendwo zu einem Schoppen zu sitzen. Es ist viel ossa foetida in dieser Oper, eine Essenz, welche Auber glücklicherweise noch nicht nötig hatte.
In Politicis haben mich die Raisonnements der badischen Landeszeitung über unsere Abstimmung vom 26. November ausnehmend ergötzt. Daß man bei Konsultation der Volksmassen auf die allerbefremdlichsten Resultate kommen könne, welche zum Beispiel ganz anders lauten können als die Resultate von Wahlen, das leuchtete jenen weisen Radikalen nicht ein, bis sie es mit Schrecken vor sich sahen. Daß aber diejenigen neun Zehntel der deutschen Presse, welche von Juden produziert werden, laut über unser Referendum schimpften, ist sehr begreiflich, denn wenn es im Deutschen Reich zu einem solchen Referendum über Weiterexistenz der Juden käme, so garantiere ich dafür, daß eine noch viel größere Stimmenquote als die unsrige des 26. November für Austreibung der Juden stimmen würde. Ich erstaunte auf der Reise mehrmals über die auffallend wenigen Umstände, welche man bereits mit dieser Nation macht....

AN MAX ALIOTH
Basel, Montag nachts, 12. März 1883

Ich war gestern nach dem Konzert in der Halle, ich mußte mich erquicken nach dem gräßlichen „Vorspiel der Meistersinger", welches sich teilweise anhörte wie Katzengeheul. Der Maestro defunto hatte enorm viel orchestrales Wissen, auch verrät er (unwillkürlich, versteht sich) tiefe Kunde von Weber, Beethoven und hier namentlich von des geschmähten Mendelssohns Marsch aus dem Sommernachtstraum; was er aber gar nicht verrät, ist irgendein Funke von eigenem Schönheitssinn. In der Osterwoche führt Angelo Neumann mit kolossalem Orchester und eigenen Dekorationen hier an vier Abenden die Nibelungen auf, natürlich weniger für Basel als für Oberelsaß, das badische Oberland und die ganze Schweiz, indem deren sonstige Theater zu klein sind. Es soll schon sehr stark abonniert sein.

Donc vous avez le sentiment de vous débrouiller, wie Sie unrespektierlich von Ihnen selber schreiben. Ich kann mir natürlich gar kein Bild machen von dem innern Prozeß, der beim Aktstudium allgemach über den Kunstjünger kommt, und von den Lichtern, die einem dabei aufgehen. Aber daß dabei tröstlich das Ziel der wachsenden Naturtreue winkt, und daß diese in der ganzen neuern Kunst die unumgängliche Vorbedingung alles Heiles ist, das verstehe ich wohl. Die bisherige Überlegenheit der Pariser Malerei hing wohl noch an einigen andern Sachen, hauptsächlich aber an dem unerbittlichen Aktstudium; durch Mode und Chic und Kulturbeziehungen konnte sie ihre Kunden glänzender, durch das Studium aber zugleich auch solider und ehrlicher bedienen, und ich will ihr gerne gönnen, daß es auch ferner so bleibe. ...

Was Politik betrifft, so möchte ich dringend mahnen, in Frankreich kaum auf eine Monarchie und keinenfalls auf eine haltbare zu hoffen. Die Dinge gehen diesmal anders als früher. Meine Meinung von jener Soldatenherrschaft kennen Sie, und leider kann ich mich immer weniger von diesen Bildern losmachen. Der Umschlag aus der Demokratie geschieht nicht mehr in die Herrschaft eines einzelnen, denn diesen würde man ja mit Dynamit usw. aus der

Welt schaffen, sondern in die Herrschaft einer militärischen Korporation; auch wird dabei vielleicht zu Mitteln gegriffen werden, welche auch der furchtbarste Despot nicht übers Herz brächte. Und unserer Klasse zuliebe oder auch nur zum Vorteil geschieht dabei nichts.

Meine Vorlesungen vor dem Publikum sind diesmal, Gott Lob und Dank, nicht stenographiert worden wie im letzten Winter, da mir der Stenograph burschikose Ausdrücke und namentlich geschmacklose und übertriebene Adjektiva in den Mund legte. Ich litt dabei wie ein armer Sünder und mochte doch öffentlich nicht protestieren, da es ein armer Student war. — Im übrigen haben Sie an meinen diesjährigen Oraisons nichts verloren[1]. — Kläglicherweise werde ich, wenn ich nächsten Winter noch lebe und gesund bin, statt nur zweimal viermal auftreten müssen, weil mich eine Ehrenpflicht an die öffentliche Bibliothek zwingt.

Daß X. mit Frau und zwei ältesten Töchtern samt Herrn Z. mit Frau nach Italien gereist sind, wissen Sie vielleicht aus Familienberichten. Summa für fünf Wochen, in der unsichersten Jahreszeit. Vor acht Tagen sind sie in Rom angelangt, haben dann schnell Neapel vorweggenommen, sind im Regen in Pompeji herumgepflotzt und werden nun vielleicht schon wieder in Rom sein. So der Herr will, werden sie sich nun dort einige Ruhe gönnen! Es ist mir aber niemand gut dafür, daß sie nicht schon in vierzehn Tagen wieder hier einrücken. Das nennt man heute eine Vergnügungstour, und insofern man sich zu sechst unter jungen und halbjungen Leuten immer vergnügt, mag es denn beim Namen sein Bewenden haben. Es ist freilich ungefähr das Gegenteil meiner Methode, Italien zu genießen.

AN MAX ALIOTH

Basel, 12. Mai 1883

... Ich beneide Sie um Ihren jugendlichen Feuereifer, womit Sie jetzt die Malerei als etwas Neues und Unvergleichliches ergriffen haben. Während wir Bücherleute es nur

[1] J. B. berichtete am 16. und 30. Januar 1883: „Aus großen Kunstsammlungen".

mit Schreiben und Reden zu tun haben, bringt doch der Maler etwas Wirkliches zustande, worin er sich und eine Sache gibt, und worauf er sich berufen kann. Ahnungsvoll und groß sind Ihre Worte über Studien an Weibsleuten, dergleichen in Paris denn auch eher zu absolvieren ist als anderswo, denn nur in Paris liefert das Weibsstück in seinem Sitzen, Gehen, Lehnen usw. zugleich das Motiv, während man in andern Klimaten gewiß eine ebenso große Auswahl der bloßen schönen Formen hat. Ach, Sie glauben nicht, was für kuriose Erscheinungen von jungen Deutschinnen man jetzt seit Beginn des Reisestromes hier wahrnimmt! Vielleicht hie und da hübsch geboren, aber auf Mädchengymnasien verhockt, odiös mit den Schultern vorwärts, auf der Nase ein Lorgnon oder auch schon die Brille, von irgendeinem Schimmer unbewußter Anmut keine Spur! Was Engländerinnen betrifft, welchen bisweilen die größte Schönheit nicht zur Anmut verhilft – deren sehen Sie in Paris genug. ...

AN MAX ALIOTH

Rom, 23. August 1883, abends

Ich will Ihnen doch auch ein Lebenszeichen von Rom aus geben[1]. Was ich in diesen acht Tagen gesehen habe, ist unsäglich, aber was hilft's, wenn man niemand bei sich hat? Ich hätte weiß nicht was drum gegeben, wenn Sie mir mit Ihren Entzückungen und Sarkasmen zur Seite gewesen wären, zumal vor Guido und Guercino und Caravaggio. Unsereiner wird ja mit diesen Sachen allein nicht fertig, man muß einen ausübenden Künstler mit sich haben, besonders auch vor Domenichino.

Was Ihr alle nie mehr können werdet, ist dann das große saftige Venezianisch, wie z. B. die Herodias des Pordenone bei Doria, welche alle ähnlichen Tiziane in Grund segelt.

---

[1] Am 10. Juni 1883 hatte J. B. an Alioth geschrieben: „Ich gedenke Ende Juli ins Tessin zu gehen, aber Paß und Geld genug mitzunehmen, um auch für weitere Spritztouren verfügbar zu sein." – 1883 hat J. B. Rom das letztemal gesehen.

Ferner habe ich gegen das jetzige Rom einzuwenden, daß es kein Segen ist, wenn gute alte Cafés sich in Café-Restaurants umwandeln. Ein gutes Restaurant, wie Falcone oder Rosetta, wird doch nicht daraus.

Ferner machte ich heut nachmittag in reichlicher Gluthitze einen eiteln Versuch – nur par acquit de conscience –, in Villa Ludovosi einzudringen, um die Statuen wiederzusehen. Alles war hermetisch verschlossen; da schlenderte ich vor Porta Salara und vor Porta Pia hinaus, legte meinen Rock über den Arm, ging bis nach S. Constanza und S. Agnese und ließ mir wieder einmal seit dreißig Jahren die beiden alten Kirchen durch einen guten alten Pater aufmachen; dann lag, im Kampf zwischen Tramontana und Schirokko, die erhabene Campagna so eigentümlich da, und ich lief bis über Ponte Nomentano und sah den Teverone wieder wie in den Zeiten meiner Jugend. Auf dem Heimweg erquickte mich ein herrliches Fiaschetto Velletri in einer ländlichen Osteria. Wie altgewohnt sieht da alles aus im Vergleich mit der fluchwürdig gewordenen Straße, ehemals Via Flaminia, von Porta del Popolo aus, wo das herrliche Rokoko-Kasino rechts bis auf kleine Trümmer verschwunden und ein vierstöckiges Scheusal neben dem andern entstanden ist!

Das altgebliebene Rom ist noch immer ganz unsäglich schön, und vor den neuen Quartieren macht man ganz einfach die Augen zu. Sobald man vor Porta Pia ist, sieht man nur noch Altgewohntes und Herrliches. Auf dem Aventin, wo ich gestern abend bummelte, fängt man erst an zu bauen, und so habe ich die sublime Einsamkeit dort noch in ihrem Verenden genießen können. Ich bin nun neugierig und zugleich in Sorgen, wie es mit Ihrer Kneipe bei S. Pancrazio aussehen wird. Sicher ist in diesem Rom nichts mehr als das wachsende Gedränge und Elend. Die Leute heulen über die Steuern und lassen den Papst leben. Ich habe dieser Tage an ein paar kleinen Dingen bemerken können, wie es in dieser Beziehung steht. Natürlich bleibt die Regierung übermäßig stark genug, solange sonst nichts in der Welt geht.

Rafael macht mir einen andern Eindruck als früher, und ich sehe eine Menge Größe an ihm, die ich früher nicht

Jacob Burckhardt
Photographie von Hans Lendorff, etwa 1890

erkannt hatte. Um den Heliodor wird ihn die ganze künftige Kunst ewig beneiden. Doch hierüber ist ja nur mündlich zu verkehren. ...

AN MAX ALIOTH

Basel, 17. Febr. 1884

... Von Courbet, Manet usw. kenne ich nichts Eigenhändiges, nur gelegentliche Publikationen, z. B. im neusten Heft der Gazette des beaux arts, und das Genre widert mich erstaunlich an. Es ist möglich, daß ich Landschaften und Tierbilder dieser Leute bewundern müßte, aber ihre Menschheit ist mir fürchterlich. – Von Watteau ist im letzten Herbst in Berlin sehr Kostbares auf einer dortigen Ausstellung von Werken aus dem Privatbesitz zu sehen gewesen, nämlich der Kaiser gab dazu die Bilder her, die aus dem Erbe Friedrichs des Großen stammen, und sein Privatbibliothekar Dr. Dohme publizierte hierauf eine schöne Schrift mit Illustrationen über Watteau und hatte die gute Idee, mir selbige zu senden.

Das Schicksal der Künste, worüber Sie sehr gediegen philosophieren, erscheint mir doch noch um einen Grad dunkler, nicht nur, weil es auf die bedenklichste Weise ins allgemeine Weltschicksal möchte verflochten werden, sondern weil die möglichen Besteller und Abnehmer ein gar zu meliertes Korps geworden sind und Kirche und Vornehme nicht mehr den Grundton angeben. Ich will Ihnen aber keine unerfreulichen Gedanken wecken; uns hält's noch aus – dies unser Wahlspruch. In Frankreich wird man vielleicht noch lange mit wachsendem Jacobinismus weitermanschen; eine erlösende Krisis ist noch lange nicht in Sicht. Wie es bei uns geht, wissen Sie aus den Zeitungen. ...

AN HEINRICH v. GEYMÜLLER

Basel, 29. Febr. 1884

... Übrigens steigt Vignola in meinem Augen sehr als Schöpfer vieler großartiger Motive. Behalten Sie doch ja, lieber Herr und Freund, die Meister der Spätrenaissance

(1540–1580) im Auge; das gibt Publikationen für die weitern Dezennien Ihres Daseins. Im Grunde sind ja Vignola, Pellegrino, Tibaldi, Galeazzo, Alessi, Palladio und sogar Vasari und Pirro Ligorio und Ammanati viel gesündere Architekten geblieben, als die damaligen Maler und Bildhauer waren, etwa die Venezianer ausgenommen. Das Phänomen erinnert einigermaßen an das Schicksal der spätesten antiken Kunst, da ebenfalls im 3. Jahrhundert nach Christo die Baukunst noch voll von Kräften war, während Malerei und Skulptur erstarrten. Ohne Zweifel sind Ihnen schon Massen von Zeichnungen aus dieser spätern Zeit durch die Hände gegangen; möchten Sie sich wenigstens Notizen darüber anlegen und nicht vergessen, daß in diesen Leuten noch Kräfte tätig waren, welche unsere heutige Architektur so gänzlich vermissen läßt. Palladio würde mit der Hälfte des Geldes, welches Euer Grenier für seine gottesjämmerliche Grand Opéra gebraucht hat, einen Wunderbau ohnegleichen hervorgebracht haben. Denken Sie nur an die Basilika von Vicenza! – Auch die damalige Entwicklung der Dekoration würde ich nicht verschmähen; in Frankreich und Deutschland nimmt man ja mit jeder Kleinigkeit aus jenen Jahrzehnten (1540–1580) vorlieb und tut kostbar damit, und da ist denn doch Poccetti ein anderer Meister gewesen. Wenn sich doch nur jemand der Fassadenmalerei von Italien erbarmen wollte! Es ist seit vierzig Jahren schon so vieles davon zugrunde gegangen, das ich noch gesehen hatte. Das Regno tut ja nichts, und das ganze junge Italien hat eher jeden anderen Sinn als Kunstsinn! Unter den gebietenden Archäologen aber thronen ganz entsetzliche Individuen, welche der Rechthaberei in topographischen Fragen zuliebe das ganze Forum zu einem Tal Josaphat gemacht und wahrscheinlich jetzt Vignolas Portone farnese und die letzte malerische Kulisse – Santa Maria Liberatrice dem Boden eben gemacht haben! – Das gehört freilich mit zu jenem langen Kapitel vom fanatischen Hochmut der Wissenschaft, und dieses will ich hier nicht entamieren.

Nun bleiben Sie heiter! Aufrechtgehaltene ehrliche Arbeitskraft ist auch ein Gottesdienst. . . .

AN HEINRICH v. GEYMÜLLER
Basel, 14. März 1884

Immerso ne' sentimenti di gratitudine[1] fange ich einen Brief an, ohne zu wissen, wie bald ich ihn werde fertigschreiben können. Sie haben eine Art, die Beweise zu häufen, bei welcher die Zweifel gar nicht mehr aufkommen können, und wenn man all die großen Dinge in dem 37 jährigen Leben Rafaels nicht mehr glaubt unterzubringen, so glaube man in Gottes Namen noch an ein Wunder mehr! Schon bei Rafael als Maler gerät man ja allstündlich an diesen Punkt, und so mag denn der erstaunliche Architekt auch noch mit ins Maß gehen, und wenn Ihr mir in Rafael auch noch einen großen Astronomen, Chemiker u. dgl. nachweist, so will ich es auch noch für möglich halten. Wir stehen hier ein für allemal vor einer übermenschlichen, mysteriösen Kraft. ...

AN FRIEDRICH v. PREEN
Basel, 19. Dezember 1884

... Meine diesmalige Ferienwonne war ein Monat in Wien und vierzehn Tage in München et voilà tout. Ich denke auch, es wird wohl meine letzte größere Reise sein, denn wenn man bald siebenundsechzig ist, haben diese einsamen Aufenthalte in der Ferne schon fast etwas Bedenkliches, und ich male mir die nächsten Sommerferien nur etwa mit den Dekorationen des Bodensees aus, welcher mir sehr lieb ist.

Unsere hiesige Lage hat sich mit Frühlingswahlen und Kulturkampf noch einmal recht sehr verschlechtert, und mir ahnt schon vom nächsten Jahr nichts Gutes. Die meisten großen Geschäfte stehen so, daß sie jeden Augenblick liquidieren möchten, wenn sie könnten, und dazu das allgemeine Sinken der Renten und gleichzeitig die Ankündigung erhöhter Steuern, indem unser „Fortschritt", wie der der ganzen heutigen Welt, eine furchtbar kostspielige Sache geworden ist. Basel hat in den letzten paar Jahren vier Millionen Franken nur schon an Schulhäusern

---

[1] Für Übersendung seines Werkes „Raffaello Sanzio, studiato come architetto".

ausgegeben! Und dafür darf dann sogar im großen Rat die Universität als mißliebig bedroht werden. Ich würde nichts sagen gegen die so furchtbar anwachsende Schulerei, wenn sie nur Geld kostete, aber sie schafft ja dem neuen Europa jene endlosen Generationen von Unzufriedenen. Ganz als ob nicht deren schon ohnehin genug wären! Ich brauche nicht weiter fortzufahren, wir verstehen uns, denk' ich. ...
Bisweilen kommt es mir ganz kurios vor, daß die Leute – ich so gut wie andere – in ihren täglichen Verrichtungen so fortfahren, als ginge es noch lange so weiter, daß zum Beispiel einzelne noch historische Dramen drucken lassen usw. – und doch kann die Welt einmal von einem Tag auf den anderen kurios neu angemalt sein. Gott, was wird dann aus den Bergeslasten archivalischer Forschungen, womit die Geschichte in den letzten Jahrzehnten ist verumständet worden? Und aus den Millionen von naturhistorischen Tatsachen, welche man in einem fort entdeckt? Wahrlich, das Niveau der allgemeinen Kulturvoraussetzungen braucht nur um eine Handbreit zu sinken, so liegt dies alles auf einmal trocken. Einstweilen aber behalte ich am ehesten die gute Laune, wenn ich fortdoziere, als sollte es so gehen bis an den Jüngsten Tag. Es wäre zwar einiges zu klagen über das Gefühl stärkerer Anstrengung für den alt gewordenen Professor, vielleicht auch über eine Veränderung in der Qualität der Zuhörer, die auch von anderen wahrgenommen wird, wir wollen es aber auf sich beruhen lassen. ...

AN MAX ALIOTH

Basel, 20. März 1885

... Das Souper bei X., zu dessen Fortsetzung als Weingelage ich mich einfand, war recht gemütlich, und da es Freitag war und ich Samstags nicht lese, konnte ich mir auch dessen Verlängerung bis zwei Uhr gefallen lassen. An gewöhnlichen Tagen aber liebe ich es sehr, halb zwölf in den Federn zu sein.
Unsere hiesigen Angelegenheiten sind und bleiben in den Händen, die Sie wissen. In den letzten Tagen ist es guter Ton im Volksfreund und Basler Nachrichten, der Universität

Tritte unter dem Tisch zu geben. Hierin bin ich aber ein hartgesottener Fatalist: wenn unsere Universität dem Untergang bestimmt ist, so kommt dies von einem höhern Ratschluß her als aus jenen Zeitungsartikeln, und wenn wir fortdauern sollen, so steht geschrieben, daß solche Finken uns nicht schaden sollen. Ein kleiner Zug zum Bessern ist, daß auch Radikale anfangen, über die hiesige Verschwendung resp. Steueraussicht zu heulen. In solchem Anflug von Katzenjammer hat neuerlich, wie Sie wissen werden, der Große Rat einen Schulbau wenigstens um ein Jahr verschoben, und das war schon viel.

An Ihrer Vergötterung der Pariserinnen habe ich immer von neuem etwas zu nörgeln. Es ist doch mit aller Grazie ein großstädtisch verlebtes Volk, und wenn Sie sich hievon überzeugen wollen, so merken Sie nur einmal unparteiisch auf die Kleinheit ihrer Stimmen und schließen Sie daraus auf die physische Gesamtbedürftigkeit der Rasse. Denn an Ihre Augen (welche Ihnen sofort die Mangelhaftigkeit der Schultern etc. verraten müßten) appelliere ich jetzt absichtlich nicht. Der Schluß hieraus ist: irgendwo Studien zu machen, wo gesunde Bauernmädchen in einiger Anzahl leben. Daß Sie zwischenhinein in Paris sehr vorzüglich gewachsene Modelle beständig studieren, welche aus der halben Welt dorthin kommen, genügt nicht, um Sie vor dem allzu großen Kultus der femme parisienne zu bewahren. Es könnte ohnehin sein, daß die Verehrung der Völker für Paris im ganzen bald auf dem letzten Loche pfiffe. Dies ist eine Lästerung, ich weiß es, aber ich kann sie nicht unterdrücken.

21. März

Auch heute morgen kann ich mich in dieser Hinsicht noch nicht bessern. Man macht dem Pariser Schick zuviel den Hof. Für eine künftige Kunstgeschichte (wenn in dem bevorstehenden Barbarenzeitalter noch eine möglich wäre) würde es eine anregende Aufgabe sein, diese ganze Erscheinung als eine vergangene, historisch gewordene in beschreibende Worte und verdeutlichende Illustrationen zu fassen.

Seit Monaten habe ich Rheumatismus in der linken Ferse und muß nun abwarten, was der Doktor mir für die Ferien verschreibt. Letztere beginnen für mich nächsten Freitag und dauern drei Wochen, dann geht der Tanz wieder an.

AN MAX ALIOTH

Basel, Samstag, 18. Juli 1885

Dr. O. spediert mich diesmal nach Baden-Baden, wohin ich 29. ds. abzudampfen gedenke; ich bade drei Wochen, bummle dann etwa noch eine Woche und kehre jedenfalls vor Ende August wieder hieher zurück.

Von Ihrem Bouguereau sah ich neulich im Musée zu Mülhausen ein herrliches Rundbild: Amor und Psyche, gewiß eins der allerbesten Werke der neuern französischen Schule; ich bin zu sehr aus aller lebenden Kunstwelt heraus, um zu urteilen, aber ich weiß wahrlich nicht, welcher jetzt Lebende sonst so etwas zustande brächte. Was ist aber das für ein absurdes Thema des Constant, wovon Sie melden? Getötete Haremsweiber! Voriges Jahr waren es getötete Kardinäle, die auf einem Bündel beisammenlagen. Damals hieß der Exekutant Laurens, das ist aber ganz gleich; Euer fiebriges, verpfeffertes Paris macht eben mehr und mehr solche Themata möglich. Ist denn das rendu gar alles und der Gegenstand nichts mehr? – An das Bild des vorigen Jahres von Constant entsinne ich mich sehr wohl: es sind die Sklavinnen im Moment, da der Herr kommen soll; in der Tat höchst effektvoll, namentlich die, welche sitzend sich anschickte, die Honneurs zu machen....

Daß Van der Meer van Delft Sie durch seine Lichtmalerei verhext hat, ist mir von Erfahrungen bei andern Malern her nicht befremdlich; leider ist seine „Person" fast immer so gleichgültig!

Inzwischen haben Sie Victor Hugo und seither auch das Bastillenfest überstanden. Wenn es nur nicht mit dem armen Frankreich so handgreiflich abwärts ginge! Auch unsere Schweizer Zustände werden sich so lange auf der schrägen Fläche abwärts bewegen als die von Frankreich. Die zwei ersten Jahrzehnte unseres Bundeswesens waren so ruhig und vernünftig gewesen – kein Wunder, denn daneben hielt Louis Napoleon die Kräfte der Zerstörung darnieder; seither wurde es dann auch bei uns „anders". ...

AN FRIEDRICH v. PREEN

Basel, Weihnacht 1885

... Mir geht es recht ordentlich, und mein Rheumatismus, der in Baden kaum eben merklich abgenommen hatte und mich hier noch den ganzen September hindurch festhielt, ist dann in dem greulich nassen und unfreundlichen Oktober gewichen, wie man mir das hier mit dem allgemeinen Sprichwort geweissagt hatte: Die Kuren von Oberbaden wie von Baden-Baden wirken erst gegen die Basler Messe hin. Und so ist es buchstäblich eingetroffen. Zwar wäre an meinem Kadaver noch sonst einiges nicht mehr vollkommen, aber ich will nicht klagen, sintemal ich letzten Sonntag nach Haltingen und zurück gegangen bin, ohne zu schwitzen. Wenn dieser Übelstand gänzlich wiche, über welchen ich Ihnen in Baden einiges klagte, so würde ich mich wieder für verjüngt halten und tagelang im Land herumlaufen wie früher. ...

Wieder auf meine Wenigkeit zurückzukommen, bin ich nun nahezu entschlossen, mir vom Ende des Sommersemesters an – wenn ich's erlebe – eine Erleichterung in meinem Amt auszubitten, und male mir nun zum voraus den künftigen Winter als eine Zeit der Wonne aus, da ich den halben Tag Ferien haben werde. Zehn Vorlesungen per Woche sind in meinem Alter zuviel[1], fünf sollten's auch tun. Die Sache verdient aber alle mögliche Überlegung von wegen des Modus.

Wilhelm v. Humboldt, als er vom Amt kam, fragte ganz zufrieden: Muß man denn vom Aktentisch ins Grab taumeln?

---

[1] J.B. las von 1874–82 wöchentlich Geschichte fünfstündig und Kunstgeschichte dreistündig, von 1882–86 beide Fächer fünfstündig.

VI.

BRIEFE AUS DEN JAHREN

1886—1897

AN FRIEDRICH NIETZSCHE

Basel, den 26. Sept. 1886

Verehrtester Herr,
vor allem meinen ergebensten Dank für die Übersendung Ihres neuesten Werkes[1], welches richtig in meine Hände gekommen ist, und meinen Glückwunsch zu der ungebrochenen Kraft, welche in demselben lebt.
Leider überschätzen Sie nur zu sehr, wie Ihr seither angelangtes Schreiben zeigt, meine Fähigkeit. Problemen, wie die Ihrigen sind, bin ich nie imstande gewesen nachzugehen, oder mir auch nur die Prämissen derselben klarzumachen. Zeitlebens bin ich kein philosophischer Kopf gewesen, und schon die Vergangenheit der Philosophie ist mir so viel als fremd. Ich könnte noch lange nicht einmal diejenigen Ansprüche machen, welche manchen Gelehrten die Schilderung auf Seite 135 zugezogen haben[2]. Wo bei der Betrachtung der Geschichte allgemeinere Geistestatsachen sich mir an den Weg stellten, habe ich immer nur das unumgänglich Notwendige dafür getan und auf bessere Autoritäten verwiesen. Was mir nun in Ihrem Werke am ehsten verständlich ist, sind die historischen Urteile und vor allem Ihre Blicke in die Zeit: über den Willen in den Völkern und dessen zeitweilige Lähmung; über die Antithese der großen Assekuranz des Wohlbefindens gegenüber der wünschbaren Erziehung durch die Gefahr; über die Arbeitsamkeit als Zerstörerin der religiösen Instinkte; über

[1] „Jenseits von Gut und Böse."
[2] Gemeint ist wohl Aphorismus 206.

den jetzigen Herdenmenschen und dessen Ansprüche; über die Demokratie als Erbin des Christentums; ganz besonders aber über die künftigen Starken auf Erden! Hier ermitteln und schildern Sie deren vermutliche Entstehungs- und Lebensbedingungen in einer Weise, welche die höchste Teilnahme erregen muß. Wie befangen nehmen sich daneben die Gedanken aus, welche sich unsereiner bei Gelegenheit über das allgemeine Schicksal der jetzigen europäischen Menschheit zu machen pflegt! – Das Buch geht eben weit über meinen alten Kopf, und ich komme mir ganz blöde vor, wenn ich Ihre erstaunliche Übersicht über das ganze Gebiet der jetzigen Geistesbewegung und Ihre Kraft und Kunst der nuancierenden Bezeichnung des einzelnen innewerde.

Wie gerne hätte ich aus Ihrem werten Schreiben auch etwas über Ihr Befinden erfahren. Ich meinerseits habe auf Grund meiner vorgerückten Jahre die Geschichtsprofessur niedergelegt und nur die Kunstgeschichte einstweilen noch beibehalten.

In vollkommener Hochachtung Ihr stets ergebener
J. Burckhardt

AN MAX ALIOTH
Basel, 17. Nov. 1886

... Idealismus – Realismus ... als ich anfangen wollte nachzudenken, fand ich, daß mein ganzes Denkvermögen über lebende Kunst völlig eingerostet sei. So viel aber empfinde ich noch, daß ich die Exekration einer vielleicht gar nicht mehr fernen Zukunft gegen den ganz rohen Realismus voraussehe, mag derselbe mit noch soviel Talent vorgetragen sein. Die Photographie hat für Wiedergabe von gleichgültigen oder widrigen Gegenständen ja immer noch viel mehr Talent.

Bleiben Sie nur bei der idealistischen Richtung; nur ein Anblick, welcher einem Künstler hat irgendwie lieb werden können, wird auch andern auf die Dauer lieb sein. Nur solchen Werken läßt sich nachsinnen, während der Realismus seine Patronen sogleich verschießt; denn das Erstaunen vor

dem rendu bei odiösen Gegenständen hält nicht lange vor,
der Ekel aber bleibt. Auch braucht man keine Engel mit
Fäckten[1] zu malen, um Idealist zu sein.
Keine Woche vergeht jetzt, ohne daß ich zwei- bis dreimal
über alte Gemälde oder Antiquitäten konsultiert werde, und
bisweilen bekomme ich doch sehr gute Sachen zu sehen.

AN FRIEDRICH v. PREEN
Basel, Weihnacht 1886

... Meine Wenigkeit war im Sommer in Belgien und am
Rhein; auf dem Heimweg war ich in Oos tentiert, auszusteigen
und mich in Baden oder Lichtenthal nach Ihnen
umzusehen, aber es war eben der Heimweg, und da bin ich
immer ungeduldig nach den auf meinem Schreibtisch liegenden
Briefen. Und es wies sich dann, daß ich so gut hätte
warten können! Es ist unsäglich, was man sich im Leben
mit der bloßen Ungeduld für Chancen verdirbt, ja dies
hätte für Schopenhauer noch wohl ein Zusatzkapitel für
den zweiten Band der Parerga abgegeben.
In Ihrem werten Schreiben vom Juni war bereits von der
Doppelgefahr des Deutschen Reiches gegenüber Frankreich
und Rußland die Rede, – wie steht es aber vollends jetzt damit!
Von Rußland weiß man in Karlsruhe viel mehr als wir,
für Frankreich aber erhalten wir hier etwa besondere Kunde
von unseren Geschäftsleuten, und diese lautet so bedenklich
als nur möglich, ja nicht wegen einer kriegerischen Leidenschaft
im Volke, sondern gerade wegen völliger Apathie des
ganzen höheren und Mittelstandes, welche so schwach und
indolent geworden sind, daß sie auch das wahnsinnigste
Kriegsgeschrei werden über sich ergehen lassen. Solange
das „Gouvernement" den einzelnen auch nur leidlich
sichert in seinem Kontor, Laden oder Fabrik, ist man entschlossen,
völlig zu schweigen zum ganzen Rest, obwohl es
da so gefährliche Sachen gibt wie z. B. den Kulturkampf
und das am Horizont befindliche impôt sur le revenu. Bei
letzterem wird man vielleicht aufschreien, doch nur leise.
Daneben im Dunkel lauert noch eine besondere Ursache

[1] Flügeln. (Trog)

des Krieges: die Desperation aller Einsichtigen gegenüber dem jetzigen Regiment, welches Frankreich handgreiflich immer tiefer herunterbringt. Eine gründliche Änderung, die Gründung einer neuen Autorität und das Aufräumen mit dem suffrage universel und dessen Konsequenzen, erwartet man in jenen Kreisen nur von einem Kriege, er mag auslaufen, wie er will.

In der französischen Armee aber könnte sich die Kriegsclique (vielleicht ein Hundertel der Nation) doch verrechnen: man hat sie überfüllt mit widerwilligen Elementen, und dies gilt in hohem Grade auch von der italienischen Armee, so groß auch neulich der Minister in der Kammer in Rom damit getan hat.

In der Kriegsfrage ist die ganze Welt fürchterlich verlogen; offenkundig bedroht ist nur Deutschland, und hier glaube ich Moltke und den übrigen aufs Wort. Auch begnügt sich Deutschland allein mit dem parta tueri, während alle übrigen neue Geschäfte machen wollen.

Wie soll es uns in der Schweiz diesmal ergehen? Ich fürchte, wir kommen diesmal nicht so ungeschlagen durch wie Anno 1870/71.

Einstweilen tue ich desgleichen, als ob alles ruhig weitergehen müßte, und genieße meine Halbmuße nach Kräften cum dignitate. Für die fünf Stunden wöchentlich Kunstgeschichte genügen die Vormittage; der Rest des Tages aber ist nun mein, und ich studiere jetzt endlich, was ich gerne will. Meine Gesundheit hält sich für meine hohen Jahre noch ganz löblich, nur mit den weiten Sonntagstouren hat's ein Ende. ...

AN FRIEDRICH v. PREEN

Basel, Pfingstsonntag 1887

... Daß ich solange mit der Antwort gezögert habe, hing für die letzten vierzehn Tage komischerweise an der französischen Streberkrisis; ich wollte das Ende – avec ou sans Boulanger – abwarten, und nun ist das auch gestern noch nicht entschieden worden. Inzwischen munkelt es aber von schweren finanziellen Unrichtigkeiten im Département de la guerre, und wenn sich die Franzosen dies Individuum jetzt dennoch müssen aufhalsen lassen, dann ist alles möglich, sogar eine Kriegserklärung, während $^{99}/_{100}$ der Franzosen den Krieg verabscheuen. Die innere Todesschwäche der Demokratie gegenüber frechen Fraktionen kennen wir zur Genüge. Aber Deutschland, denke ich, kann diesmal den Krieg kühn an sich kommen lassen, denn in Frankreich ist in den letzten Jahren gründlich dafür gesorgt worden, daß kein fähiger Mann mehr an irgendeiner entscheidenden Stelle steht, daß es überhaupt keine Respektspersonen mehr gibt, wie doch noch Thiers und in gewissem Sinne selbst Jules Favre usw. waren. – Wenn Boulanger etwa mit Hilfe eines Pariser Gassentumultes das Ministerium ertrotzen sollte, so würde er allerdings mit einer Kriegserklärung fortfahren müssen; da aber, bei Aufgebot und Mobilisierung und dabei zutage kommender grenzenloser Konfusion, sinkt vielleicht das ganze Wesen in sich selbst zusammen, bevor nur ein Bein gegen Deutschland auf dem Marsche ist. Urteilen Sie nur nach einer ganz untergeordneten Sache: die Opéra comique hätte sollen, wie alle Theater von Paris seit dem Ringtheaterbrand, einen vollständigen inneren Dienst mit Pompiers jedes Ranges besitzen, und den Privattheatern hat man denselben in der Tat auferlegt; da aber die Opéra comique ein Staatsinstitut ist, so war dies hier unterblieben, und ich wage weiter fortzufahren: der Staat wird die betreffenden Pompiers bezahlt, ein Streber aber das Geld gefressen haben. Der heutige „Figaro" hat einen lehrreichen Brief hierüber. – Was die Elsässer anbelangt, so glaube ich, daß nur ganz wenige in ihrem geheimsten Herzen wieder zu Frankreich zurückbegehren, die deutsche Regierung aber zu ärgern, ist ein gottgefälliges Werk. – Ich glaube, man hat in Berlin von Anfang an das wahrhaft grenzenlose Hochgefühl dieser Bevölkerung nicht genug in Rechnung gezogen – nicht in dem Sinne, daß man es mehr hätte schonen und verwöhnen sollen – sondern nur: man hat zu frühe geglaubt, die Leute durch evidente Vorteile gewinnen zu können. Die Hauptsache wird hier die Auswanderung der heftigeren Elemente und die deutsche Einwanderung tun müssen.

Und daneben der Fürst Reichskanzler, welcher im Tiergarten beständig galoppiert, vielleicht damit die Franzosen ihn noch nicht für moribund halten – und der neunzigjährige Herr[1], ein Mysterium unserer Tage! indes um uns soviel Jüngere herum schon so manche noch Jüngeren weggestorben sind – denn Ihre Erfahrung ist ganz die meine. Und auch jenes Gefühl teile ich mit Ihnen, wie und wasmaßen „diese Nacht meine Seele könnte von mir gefordert werden". Ich bin dieser Tage neunundsechzig geworden und mag nun die St.-Alban-Vorstadt aus- oder eingehen, so gehe ich eben in das siebzigste. Über mein Befinden will ich gar nicht klagen, aber größere Reisen mache ich keine mehr und werde auch in den großen Ferien mich vielleicht mit einem Landaufenthalt ganz in der Nähe begnügen, wohin ich mir leichte Arbeit mitzunehmen gedenke. Ich habe einen gelehrten Neffen, dem muß ich doch, abgesehen von anderem, auch Manuskripte hinterlassen, nicht damit er sie drucken lasse, sondern damit er sich daran erbaue oder auch nicht. Einstweilen lebe ich in der holden Täuschung, daß ich noch stets meine Erkenntnis vermehre. ...

AN FRIEDRICH v. PREEN

Basel, 15. Oktober 1887

... Während Sie in Baden Ihren schönen und vergnügten Sommeraufenthalt hatten, war ich von Ende Juli an mutterseelenallein drei wundervolle heiße Wochen in Locarno und identifizierte mich nach Kräften mit der großartig schönen Landschaft und der schon völlig südlichen Vegetation. Nun werden Sie auch das Motiv erfahren, welches mich, abgesehen von aller Vorliebe für den Süden, über die Alpen trieb. Nördlich von der Alpenkette nämlich, in Gasthöfen wie in Pensionen, herrscht tyrannisch die Table d'hôte, ein mir und meiner Gesundheit und guten Stimmung absolut verderbliches Institut, und wenn man in Gasthöfen à la carte speisen will, so ist es teuer und nicht gut, und bei längerem Aufenthalt würde es einem unmöglich gemacht. In meinem herrlichen Oberitalien dagegen bin ich hierin völlig frei, und

[1] Kaiser Wilhelm I.

alle Welt bestellt sich das zum Essen, was man gerne hat, und was die Küche gerade besitzt. Ich aß nun mit großer Wonne alle Tage fast das gleiche: wenigstens meine Hauptspeise, fedelini all'asciutto, war konstant. Wenn Sie einst in meinen Jahren sein werden, kommen Sie vielleicht auf ähnliche Ideen.

Als die drei Wochen um waren, kamen gute Leute aus Basel und Mailand und holten mich zu einem Bummel nach Novara, Vercelli, Varallo, Mailand, Como usw. ab, und damit gingen weitere vierzehn Tage vergnüglich hin. Ich bin auch noch einmal auf dem Sacro Monte von Varese gewesen und habe von dort, wie Moses auf dem Berg Nebo, die Lombardie noch einmal überschaut. Das nächste Jahr aber, wenn ich Leben und Gesundheit behalte, gehe ich wieder in den gleichen Gasthof in Locarno vor Anker und nehme eine mäßige Arbeit mit und esse täglich fedelini all'asciutto. ...

Franzosen wie die, welche Sie bei Anlaß des Roten Kreuzes kennengelernt haben, können es einem immer antun, und ein Franzose in mittleren oder vorgerückten Jahren, von echter Bildung und gebändigten Leidenschaften, bleibt wohl das vollendetste Produkt der europäischen Menschheit. Aber das ist eine kleine Minorität, und auch auf dem Gebiete des Geschmackes wird sie jetzt völlig überschrien, was unter Louis Philippe wahrhaftig noch nicht so war. Jetzt äußert sich auch im Ästhetischen die Masse, und das hat man im großen sehen können, zum Beispiel beim Leichenbegängnis des Victor Hugo! – In Politicis will diese Masse unbedingt den Frieden, aber wo das Renommieren der Straße anfängt und den Krieg erschreit, genieren sich alle anderen und machen mit, auf daß man sie um des Himmels willen nicht für feige halte, und namentlich auf daß sie nicht vor ihren Weibern als feig erscheinen. In Erwägung aller Umstände muß man eben doch sagen: der Krieg kann von heute auf morgen kommen, und der Besuch des Crispi hat im ganzen uns nur darüber die Augen geöffnet, daß zugleich mit dem lothringischen und dem Vogesenkrieg ein großer Krieg auf dem Mittelmeer ausbrechen wird. In Italien ist Crispi jetzt gewiß unendlich populär, schon weil er im Norden etwas verhandelt hat, wovon man nichts weiß; "als Cavour 1858 in Plombières gewesen war, bekamen wir die Lombardie, als Govone 1866 in Berlin gewesen war, bekamen wir das Veneto; jetzt bekommen wir gewiß wieder was".

Zunächst gibt es jetzt einen offenen Kampf mit Boulanger, denn wenn sich dieser nur knurrend in die Höhle verzieht, ist es mit ihm auf immer vorbei. Die größte Sicherheit von Europa aber, für den Krieg und – wir wollen noch hoffen: für den Frieden ist die deutsche Armee, und ich wünsche Ihnen Glück zu dem vortrefflichen Eindruck der Herbstmanöver. Und ebenso zu Ihren Wahlen, wo endlich die Stillstellung des Kulturkampfes Wunder getan hat. Wir sind hier heimgesucht mit einer soeben auf das Tapet gebrachten Verfassungsrevision, welche selbst unsere Radikalen bedauern, aber dennoch befürworten, aus Furcht vor den Arbeitern usw. Haben Sie Mitleid mit dem alten Basel! Wir sind übel dran. Freilich suche auch ich den Blick vom "Störenden" abzuwenden, aber es gerät mir nicht recht.

AN MAX ALIOTH

Basel, 16. Nov. 1887

Gestern endlich habe ich meine letzte Aulavorlesung vom Stapel lassen können[1] und bin nun der heillosen Präokkupation los, welche dies Genre von Tätigkeit begleitet. Und so kann ich nun auch einen Brief schreiben.

Versailles habe ich auch schon beim braunen Herbstlaube besucht und denken müssen, dies sei eigentlich der beau moment, weil derselbe zu der sonstigen Elegie stimmt. Das Schweizerdorf beim Trianon und was man dabei zu phantasieren gezwungen ist, paßt ebenso zu dieser nobel melancholischen Jahreszeit wie der große Garten von Versailles selbst. Es ist doch sehr gut, daß Louis Philippe das Schloß vor gar zu jämmerlich profanen Bestimmungen rettete, indem er es mit jener Galerie Historique anfüllte. Wir kennen sie ja, und sie mag sein, wie sie will – wäre sie nicht hineingekommen, wer weiß, was jetzt für "Anstalten" und sonstiges

[1] Über die "Briefe der Madame de Sévigné".

Pöbelzeug hineinlogiert wären? Denn heute ist alles möglich. Ja, alles, sogar daß Bürger Grévy im Amte bleibt. ...

AN FRIEDRICH v. PREEN

Basel, 17. März 1888

... Ihre Worte über Kaiser Wilhelm, von welchem Sie so viel mehr Kunde und lebendige Eindrücke besaßen als Unzählige, die ihn ebenfalls gekannt, waren mir vom höchsten Werte. Wenn die ganze jetzige Welt meint, man könne es von unten herauf mit der Masse und mit den von Majoritäten Emporgehobenen genügend machen, dann protestiert ein solcher Mann durch sein bloßes Dasein: er war das Seltene, wie Sie sagen. Für das Seltene hat denn freilich die Demokratie keinen Sinn und, wo sie es nicht leugnen oder entfernen kann, haßt sie es von Herzen. Selbst eine Ausgeburt mediokrer Köpfe und ihres Neides, kann sie auch als Werkzeuge nur mediokre Menschen brauchen, und die gewöhnlichen Streber geben ihr alle wünschbare Garantie der Mitempfindung. Freilich fährt dann etwa in die Masse untendran ein neuer Geist, daß sie in dunklem Drange wieder das Seltene sucht, aber sie kann dabei erstaunlich schlecht beraten sein und sich auf einen Boulanger kaprizieren. Diese parallelen Ereignisse von Frankreich wären für jeden Deutschen unendlich belehrend, wenn man jetzt die Stimmung hätte, darauf zu achten. Aber von einer Leiche höchster historischer Art wendet man sich zu einem dem baldigen Tod Geweihten. Mir fällt aus der ganzen Geschichte keine ähnliche Situation mehr ein: wenn sonst etwa auf einen Herrscher ein todkranker Erbe folgte, so hing wenig an der Veränderung, und die Welt eskomptierte nicht fieberhaft wie diesmal die Wahrscheinlichkeiten, welche sich daran knüpften. ...

AN FRIEDRICH v. PREEN

Basel, 16. Juni 1888

... Uns draußen kamen doch kuriose Gedanken, als wir in diesem merkwürdigen Vierteljahr[1] innewurden, welche

[1] d. h. während der 100 tägigen Regierung Kaiser Friedrichs III.

Parteien sich bereits um die Macht wie um ein offenes Erbe stritten, und wie vor allem die Judenpresse Posto gefaßt hatte. Und doch sollte bei allen, welche die dauernde Größe von Deutschland wünschen, gerade jetzt alle konstitutionelle und sonstige Neuerung und Machenschaft völlig schweigen. Es handelt sich jetzt gar nicht darum, von unten herauf Rechte zu erringen, sondern mächtig und leidlich einträchtig wenigstens zu erscheinen, damit der Weltfriede erhalten bleibe. Wenn zum Beispiel in Berlin ein hirnerweichter Radikalismus zu Worte käme, so würde vielleicht – unter beständigem Gefühlsaustausch mit französischen Staats- und Presseleuten – eine Abtretung von Elsaß-Lothringen und dergleichen aufs Tapet kommen, woneben man aber freilich sich etwa die Satisfaktion verschaffen würde, Stöcker zu verbannen oder einzukerkern. Bei der furchtbaren geistigen Nullität des Radikalismus, der absolut nur noch im Nivellieren besteht, dürfte man auf alles gefaßt sein. Für welche große künftige Autorität hier Vorarbeit gemacht wird, können wir allerdings noch nicht wissen; denn diese selber kennt sich noch nicht; unterwegs aber ist sie und wächst heran. Es graut einem, wenn man daneben sieht, wie der Radikalismus vergnüglich ins Gras hockt und alle Woche oder Monat irgend etwas Lebendigem das Genick durchbeißt oder den Kopf abreißt, weil es nicht war wie er. Irgendeinen Maßstab hat er nicht mehr, die kleinsten Bagatellen betreibt er wie das Wichtigste und umgekehrt, wenn nur immer irgendeine Neuerung vor sich geht, wobei er die Kopfzahl für sich hat. Wir hatten dieser Tage hier eine Pfarrwahl von der Art, da die, welche nicht in die Kirche gehen, denjenigen den Pfarrer setzen, welche hineingehen. Bei dieser Geschichte kam wie in Miniatur höchst niedlich im kleinen alles vor, was auf diesem Felde vorkommen konnte.

Vergegenwärtigt man sich neben solchen mutwilligen Erbärmlichkeiten den gewaltigen Ernst eines Wesens, wie der alte Kaiser Wilhelm war, dann gähnt ein Abgrund von Unterschied! Einstweilen hat man nun den kräftigen Enkel in Verbindung mit dem Reichskanzler, und es gibt keine Lücken und Spalten mehr, in welche die Auflösungsgier ihre Krallenfinger schieben könnte. Wir denken hier,

Bismarck nimmt noch einmal Handgeld und hilft weiter. Es ist nun einmal das Schicksal des Reiches, daß es auf außergewöhnlich kräftigen und pflichttreuen Individuen beruht. Dann braucht man sich auch nicht gefallen zu lassen, was sich dieser Tage das unglückliche Königspaar von Italien im prächtigen Hallenhof des Archiginnasio von Bologna mußte gefallen lassen, nämlich den anerkannt republikanischen, nicht bloß mazzinianischen Festredner Carducci! Seine Rede stank von Fortschritt und Kulturkampf mit ungeheurem vorbereitetem Applaus an den starken Stellen, und dies in Gegenwart des halben Europa erudita; Umberto und Donna Margherita saßen auf erhöhtem Thron und hörten zu, wie sie mußten. Ich denke, Kaiser Wilhelm II. wird sich eine Festrede dieser Art wohl einreichen und durchsehen lassen, bevor er sie coram publico anhört.

A proposito von Italien: ich gedachte in den Ferien gegen Ende Juli wieder wie voriges Jahr nach Locarno zu gehen und an dem Lago Maggiore zu sitzen und meinte, noch Ausflüge nach italienischen Kunstorten daranhängen zu können. Dem hat nun mein Doktor ein Ende gemacht, indem er mich wieder nach Baden-Baden weist, wie Anno 1885. Es wäre nun beglückend für mich, wenn ich hoffen könnte, daß Sie um diese Zeit so irgendwo gegen Lichtenthal hin Quartier bezögen. Ich hätte so unendlich viel mit Ihnen zu konversieren.

Über meine jetzige Gesundheit als die eines im einundsiebzigsten Jahre Stehenden ist im Grunde noch nicht viel zu klagen, nur meldet sich von Zeit zu Zeit jetzt immer etwas Neues und setzt sich einstweilen ins Vorzimmer und wartet. Und die bekannten Sachen, die man früher in einmal oder zweimal vierundzwanzig Stunden los wurde, erzeigen sich jetzt beharrlicher. Es laufen während der Saison in Baden viele Leute dieser Art herum, mit deren Schicksal ich mich werde trösten müssen. ...

AN FRIEDRICH v. PREEN

Basel, 1. Januar 1889

Gestern abend erhielt ich Ihren schönen Brief, als ich gerade ohnehin schon nach Karlsruhe, und zwar an Freund

Lübke schrieb. Als ich nachher, wie alle Montage, um
neun Uhr zu meinem Schoppen ging, wußte ich also schon,
daß Sie meiner beim Glase gedenken würden, und brachte
Ihnen auch ein heimliches Vivat. Möge Ihnen und den verehrten Ihrigen das neue Jahr alles Gute bringen!
Mitternacht selber, mit dem Geläute aller Glocken des
Münsters, trat ich schon zu Hause an und hörte von meinem
kleinen Altan aus ein Weilchen zu.
Mit Ihrem mäßig überwiegenden Optimismus haben Sie
wahrscheinlich das für unser Glück richtigste Teil erwählt.
Der Pessimismus als Ansicht und Meinung kann irgendeinen Wert haben, den niemand taxieren kann; bedenklich ist nur, daß er in heutiger Zeit, NB. in unserem Okzident, so sehr überhandnimmt und so ungeniert sich laut
macht, und dies ist nur dadurch zu erklären, daß in dem
Verhältnis zwischen den Lebenswünschen und deren Erfüllung eine wachsende Störung da ist. Türken und Mohren
mögen so ziemlich bei ihren tausendjährigen Ansichten
weiter verharren – in Europa hat man doch das Gefühl
einer Änderung. Bei uns könnte man schon aus den Resultaten der Volkszählung einiges hieherziehen, vor allem
die handgreifliche Abnahme der eigentlichen Volkssubstanz, nämlich der ländlichen Bevölkerung. Das ist praktischer Pessimismus, man wende es, wie man wolle. Der
Kanton Aargau hat seit 1880 um sechstausendachthundert Seelen abgenommen, obwohl er doch eine Anzahl industrieller Städtchen und Ortschaften hat, welche gewiß
schon vieles Volk vom Lande an sich gezogen, d. h. dem
Kanton erhalten haben; wie stark muß also die Abnahme
des Bauernstandes sein! Ich sollte denken, daß wenn endlich einmal die Resultate der Zählung in der ganzen Schweiz
in Tabellen vorliegen, womit wir noch immer im Rückstande sind, einige urteilsfähige und der Verblendung abholde Menschen der Nation ein Spiegelchen vorhalten
werden.
Und bei Ihnen zu Lande die Steigerung des Tintenverbrauchs in den Amtsstuben von drei zu viereinhalb binnen
fünf Jahren! Oder sollte hie und da ein Disperato etwa
Tinte getrunken haben?

Daß Sie in einer Denkmalagitation sich befinden, ist ein Schicksal, welches Karlsruhe derweilen mit mehreren anderen Städten teilt. Wenn man sich dabei völlig inkognito nebendraußen halten kann, ist eine solche Agitation äußerst lehrreich. Das flicht sich zusammen aus wirklicher, dankbarer nationaler Überzeugung, aus blinder Denkmalsucht, aus städtischer Dekorationsbegier, aus stillen Wünschen verschiedener Skulptoren (welche dann mit der Zeit laut werden) und aus dem Interesse bestimmter Quartiere und Straßen. Das Feuilleton der Zeitungen macht die Musik dazu. In casu wird nun zunächst die Pyramide auf dem Marktplatz einige gefährliche Zeiten durchzumachen haben, aber eine Ahnung sagt mir: die liebe Pyramide wird gerettet werden. – Mit einer Stelle an einer belebten Verkehrsstraße gibt man einem Denkmal, welches es auch sei, ein übles Angebinde mit. Da hatten es die Alten gut mit ihren Fora, wo nicht gefahren werden durfte, und wo alles dicht vollstehen durfte von Denkmälern. Beiläufig: Ihre Stadtväter haben ganz recht mit den Einwendungen gegen Reiterstatuen; wenn man diesen nicht eine sehr eigene momentane Wendung geben kann, so werden sie einförmig, und die Erinnerung kann sie bald nicht mehr voneinander unterscheiden. Solche momentane Reiterbilder aber sind zum Beispiel der Erzherzog Karl vor der Burg in Wien, mit dem steigenden Roß und der Fahne von Aspern (von Fernkorn), oder der Emanuel Philibert auf Piazza S. Carlo in Turin (von Marocchetti), welcher das Roß zurückhält und das Schwert in die Scheide stößt, weil mit ihm die ewigen Kämpfe um Piemont für Jahrzehnte ein Ende hatten.
Ist denn die Mittelachse von der Festhalle nicht mehr frei?
Vor Kuppelbauten, gotischen Sacella und dergleichen über einer sitzenden Statue habe ich einen heiligen Schrecken seit dem Prinz-Alberts-Denkmal in London. Doch kommt bei konkurrierenden Projekten dieser Art wohl einiges zum Vorschein, was zum Ansehen recht lehrreich ist, sobald man nicht als Schiedsrichter funktionieren muß, wovor Sie der gütige Himmel in diesem Jahre bewahren möge.
Jetzt muß ich gehen Visiten machen.
Und nun von Herzen nochmals glückliches Neujahr!

AN MAX ALIOTH

Basel, 19. Febr. 1889

... Gegenwärtig bin ich dauernd im Gefühl des Abnehmens der Kräfte; neben mehreren andern Gebrechlichkeiten ist, wie ich glaube, ein Herzleiden im Anzug, welches nun einmal Erbkrankheit in unserem Hause ist. Meinem Bruder [1] geht es insofern erträglich, als er in seinem Phantasieren abwesend ist und dann offenbar nicht leidet, aber seine Erlösung ist nur eine Frage der Zeit, und einer nahen Zeit. Wahrscheinlich wird bei irgendeinem Erstickungsanfall die Konstitution nicht mehr stark genug sein zum Widerstande, und es tritt ein, was man einen Herzschlag nennt. Inzwischen probiert der Doktor noch hie und da ein neues Mittel, womit ein kürzeres oder längeres Hinhalten erreicht wird. Ich präge mir alles ein, damit ich auch mein Ende kenne. Einstweilen lese ich fünfstündig per Woche weiter und bilde mir ein, daß es noch einige Zeit so gehen werde. ...

20. Febr.

... So wie Sie ein Parisien par Sehnsucht, so bin ich ein Romano und werde doch nie mehr nach Rom kommen, und das Rom, welches ich gern hatte, lebt ja ohnehin nicht mehr. Also Pazienza!

AN LUDWIG PASTOR

[Basel] 12. Mai 1889

... Ich bin Ihnen schon lange Dank schuldig für die mehrmalige Anerkennung, welche Sie meinen Arbeiten in Ihrem ersten Bande erwiesen haben, vor allem aber für Ihre mächtige Arbeit selbst und für die angenehme Aussicht auf das Erscheinen eines zweiten Bandes noch während dieses Jahres. Sie erwerben sich ein großes Verdienst, indem Sie das innerhalb Ihrer Kirche, wenigstens in Deutschland, vorhandene Vorurteil gegen die Renaissance überhaupt bekämpfen. Es hat mir immer wehe getan, wenn ernste Katholiken diesen Ton der Feindschaft anstimmten und nicht

---

[1] Gottlieb Burckhardt, welcher am 13. März 1889 starb.

einsahen, daß innerhalb der künstlerischen und literarischen Renaissance Italiens der eine große und starke Strom der Ehrfurcht vor der Religion und der Verherrlichung des Heiligen gedient hat, mochte der andere Strom brausen, wohin er wollte. Ich entsinne mich noch genau, welchen Eindruck mir einst bei meinen Studien dies Phänomen machte, und ich beklage nur, der Sache nicht eifriger nachgegangen zu sein, aber man war vor 30 Jahren in diesem Gedanken so völlig allein, und die Menge der Eindrücke des für mich Neuen war so groß, daß ich unmöglich eine richtige Proportion in dem Vielen innehalten konnte. Und wie weniges war es dennoch, was ich wußte und kannte, im Vergleich mit dem gewaltigen Umfang, welche diese Studien seither und vorzüglich durch Ihr Werk gewonnen haben. ...

AN FRIEDRICH v. PREEN

Basel, 5. Juni 1889

Dies Jahr annonciere ich mich wieder auf Ende Juli in Baden-Baden und bin nun auch gleich so keck, mir auszumalen, wie schön es wäre, wenn Sie ebenfalls in der Nähe lebten oder hie und da zu meinem Troste erschienen wie voriges Jahr. Nur bin ich wieder um etliches weniger beweglich als damals: Beine und alles Muskuläre täten es schon noch wie sonst, aber sobald ich nicht langsam gehe wie ein Uhrzeiger, fange ich an zu keuchen und zu schwitzen. Das Herz sei noch nicht dabei engagiert, sagt der Doktor, aber einstweilen sei ein Lungenemphysem vorhanden, und in einiger Zeit, das weiß ich wohl, wird die Herzkrankheit kommen, an welcher zwei meiner Geschwister gestorben sind und meine liebe alte Schwester darniederliegt. Auch andere Plagen des Alters haben sich eingestellt. Eines nach dem anderen ist ganz still gekommen und hat gesagt: He, guten Abend, ich wär' denn auch da. Glücklicherweise kann ich noch meine fünf Stunden Kunstgeschichte per Woche leidlich absolvieren und überhaupt noch ohne Beschwerde sprechen, sobald ich nicht dazu marschieren muß.

Nun spreche ich freilich von Baden-Baden, als ob es so gewiß wäre, daß nicht bis in einigen Wochen die Grenze so viel als gesperrt sein wird, ja daß nicht noch ganz andere Historien am Horizont auftauchen möchten bis dahin, wobei noch ganz andere Leute als unsereiner ihre Badereisen aufgeben müßten. Einstweilen wäre es sehr schön von Ihnen, wenn aus den Tiefen Ihrer Kunde der Dinge und aus Ihrer besänftigenden Feder ein paar Worte der Beruhigung an mich abgesandt werden könnten.

Ich arbeite beständig, aber ohne mich sonderlich anzustrengen. Bald dies, bald jenes aus Kollegienheften und Kollektaneen wird jetzt säuberlich ausgearbeitet, nicht zum Druckenlassen, sondern zum Abschluß für mich. Hierin bin ich ein alter Schriftsteller, der nicht wohl anders kann, der sich aber gar nicht mehr einbildet, zum Publikum sprechen zu müssen. Als Beweis, daß ich noch weiterzuleben gedenke, dienen mir meine noch immer fortgeübten Ankäufe von Photographien und anderen Abbildungen für meine Kurse, welches eigentlich seit längerer Zeit das einzige Symptom von Verschwendung ist, der ich nachhänge. Doch will ich auch noch melden, daß ich gestern wieder für ein Jahr Wein eingetan habe, von dem nämlichen Trentiner, welchen Herr Wolfgang[1] kennt, und daß ich also noch in Voraussetzung des Weiterlebens handle. Freilich sagte mir ein Amicus jocosus, wenn ich den Wein nicht mehr austränke, würden meine Neffen schon damit fertig. Der Wein wächst bei Caliano zwischen Trient und Rovereto, unter den Auspizien eines Conte Martini, welcher erstaunlich kostbar damit tun soll, als verkaufte er den Trank aus reiner Barmherzigkeit.

An schönen Sonntagen fahre ich jetzt abends nach Rheinfelden oder noch Frenkendorf und Haltingen usw., bummle dann ein Stündchen in der Nähe, esse zu Abend und fahre zurück. Die meisten Abende von neun bis elf bin ich am Klavier und trinke dazu von dem genannten Caliano. Wenn man nur wieder einmal Herrn Paul[1] oder Herrn Wolfgang eines Abends ansichtig würde, oder Sie selbst, verehrter Herr und Freund!

Von Kaiser[2] habe ich seit ewiger Zeit nichts erfahren noch gesehen. In Lörrach bin ich seit Jahresfrist nicht mehr

---
[1] Söhne v. Preens. [2] Vgl. S. 349, Anm. 1.

gewesen. Obschon die Lerchenwirtin, Witwe Senn (ehemals Bäbeli Richter von Grenzach) noch immer ein Anziehungspunkt wäre. Wenn ich Geld hätte nach Belieben, ich kaufte Frau Senn von Lörrach los und bezöge hier ein nettes Haus und ließe mich von ihr verpflegen bis an mein Ende. Dies aber ganz unter uns! Das sind nur solche übermütige Ideen, mit welchen ich vielleicht bei Frau Senn recht übel ankäme. (Doch nein, eigentlich übel nähme sie mir es nicht.)

In betreff des „Hirschen" zu Haltingen wurde neulich unter uns gestritten, ob es wahrscheinlich sei, daß der Vater Beck dem Sohn alle Mysterien höherer Weinpflege habe mitteilen können oder nicht; er starb an einer schnellen Lungenentzündung und hatte vielleicht das wahre Arkanum noch geheim behalten, wie es solche Leute etwa machen. Aber mit jedem Wissenden und Könnenden sterben ja eine Menge Sachen, und wenn ich zum Beispiel beim Tode des Galeriedirektors Waagen[1] hätte seine ganzen Bildererinnerungen erben können, so wäre mir dies doch wichtiger als alle Kunde von Becks feinen Weinen. Und Waagen wollte mir so wohl!

In diesem warmen Frühjahr ist unser Oberland unglaublich schön, und ich bin dankbar für das wenige, was ich davon sehe. Immerhin habe ich jedoch die Aussicht von meiner Wohnung aus, und meine Augen sind noch recht gut und glücklicherweise auch das Gehör. Allein Sie werden denken, was so alte Leute für Egoisten seien, die immer nur an sich denken.

AN FRIEDRICH v. PREEN

Baden, Aargau, 24. Juli 1889

... Vorhin nach dem Kaffee bin ich die Straße in die Stadt hinaufgeschlichen – nämlich geschlichen, um nicht zu schwitzen – allwo ein recht ordentlicher Buchhändler haust, bei welchem man sich mit Bändchen aus Reclams Universalbibliothek assortieren kann. Dort kaufte ich heute „Rochholz, Sagen des Aargaus" und muß bei diesem Anlaß bekennen, daß mich das Mythische mehr und mehr

[1] Vgl. S. 325, Anm. 1.

anzieht und vom Historischen abwendig macht. Nicht umsonst war das einzige Buch, so ich von Basel mitnahm, der griechische Pausanias. Ich bekomme allmählich die rechten mythischen Augen, vielleicht sind es die des wiederum dem Kind sich nähernden Alten? Ich muß jetzt lachen, wenn ich daran denke, daß ich in einer einzigen Vorlesung imstande war, zwanzig Schlachten und Kriegsaffären, soundso viele Gebietsveränderungen und eine ganze Anzahl Genealogica zu absolvieren. Herr Wolfgang kann dessen mein Zeuge sein.

Übrigens gebe ich mich nicht nur mit alten Sagen und dergleichen ab, ganz wie Sie rekapituliere ich jetzt bisweilen die bunte eigene Vergangenheit, nur werde ich mich vielleicht mehr zu wundern Ursache haben als Sie, weil ich so vieles töricht beurteilt und angegriffen habe; es ist ganz unsäglich, wie blind man hat sein können über Entscheidendes, und wie wichtig man dafür Unwesentliches hat nehmen können, und wie pathetisch! Im ganzen will ich wahrlich nicht klagen, es hätte viel unerwünschter gehen können. Was wir beide gemein haben in unserem Erdenwallen, wenigstens seit den nämlichen Jahren, das ist die Notwendigkeit gewesen, dem Augenblick durch Arbeit zu genügen, und zwar durch wechselnde und anregende Arbeit. Es ist über uns nicht jene Bleiwalze gegangen, welche so viele brave Leute platt drückt.

Wie das jüngere Geschlecht sich durchhelfen und sein Nest bauen wird, darüber darf man sich bei der völligen Unbeständigkeit aller Dinge wahrlich nicht zu viele Gedanken machen. Die jungen Leute in meiner Familie schauen mindestens so keck in die Welt als seinerzeit wir, und es ist bei mir Prinzip, ihnen meine Zukunftssorgen völlig zu verhehlen. Die Vierzigjährigen merken freilich selber schon was. Mein Gedankenbild von den terribles simplificateurs, welche über unser altes Europa kommen werden, ist kein angenehmes; und hie und da in Phantasien sehe ich solche Kerle schon leibhaftig vor mir und will sie Ihnen schildern, wenn wir im September bei einem Schoppen sitzen. Bisweilen erwäge ich schon im voraus, wie es zum Beispiel unserer Gelehrsamkeit und Quisquilienforschung ergehen

möchte, schon wenn diese Dinge erst im Anfang sein werden und die Kultur einstweilen nur um eine Handbreit sinkt. Dann male ich mir auch etwa eine der Lichtseiten der großen Neuerung aus: wie über das ganze Strebertum der blasse Schrecken des Todes kommt, weil wieder einmal die wirkliche bare Macht oben sein und das Maulhalten allgemeine consigne sein wird. Was ist nun aber für den jetzigen Augenblick einstweilen das Dankbarste? Offenbar: die Leute so intensiv als möglich zu amüsieren. Es haust hier, und zwar nur noch bis heute abend, ein Velozipedzirkus, welcher zwei Theater, die Operette im Kursaal und die Komödien im Theater, völlig lahmgelegt und geleert hat, zu großem ästhetischem Jammer des hiesigen Käseblättchens. Kulturgeschichtlich bin ich noch nicht völlig im klaren darüber, inwieweit eine solche Exhibition die Pferdezirkusse wird schädigen, ja verdrängen können. Hat nicht etwa schon bei diesen der Anblick des Menschen im Grunde mehr Teilnahme erweckt als der des Rosses? Und dann das geringe Kapital, das in diesen Stahlrädern steckt im Vergleich mit dem Ankauf der Pferde, ungerechnet deren Bedienung, Roßdoktor, Heu und Hafer? Das sind Ideen meines thermalen Müßigganges, werden Sie denken. An der Badegesellschaft habe ich bis jetzt insofern Anteil, als ich mehrere Leute grüße und am Mittagstisch mit meinen Nachbarn spreche, trage aber große Sorge, mich nicht für den Abend irgendwie zu binden, und trinke einstweilen mein Glas für mich. Baden, sonst in der Alpensaison gemieden, ist gegenwärtig ziemlich stark besetzt.
Einen dieser Abende muß ich doch nach Zürich, allwo ich eine Droschke für zwei Stunden zu nehmen und allen Neubau in Kürze abzugucken gedenke, namentlich die Quais, die Umgebung der Tonhalle und manches andere. Man spricht in Basel etwa von diesen Dingen, und da muß ich mitrenommieren können. Sonst aber denke ich unendlich lieber an Luzern, welchem ich einen Besuch am Ende meiner Kur zugedacht habe. Ach, wenn Wohlbefinden usw. noch reichte für vierzehn Tage Locarno! Das Geld reichte schon noch und würde mich nicht reuen. Hier in Baden bleibe ich voraussichtlich noch bis zum 12. bis 14. August;

zunächst müssen die sakramentalen einundzwanzig Bäder durchgemacht sein und dann noch ein paar Tage Ruhezeit. Echte Basler nehmen übrigens immer zweiundzwanzig Bäder – „es ist nur, damit man sich nichts vorzuwerfen hat".
Den „Goldwändler" kennen Sie wohl gar nicht? Derselbe ist nicht etwa ein Landstreicher oder ein Gespenst, welches hier wandelte, sondern der hellrote Wein, welcher an der „goldenen Wand" wächst, der steilen Höhe westlich von den Bädern. Es ist ein vortreffliches und leidlich unschuldiges, auch Patienten zuträgliches Getränk und wächst dort ohne allen Zweifel schon seit Römerzeiten. Der Ort, welchen ich bewohne, hieß nämlich castellum Thermarum und ist schon bei Tacitus genannt, eine Ehre, deren sich Karlsruhe, das schöne Karlsruhe doch nicht rühmen kann. Wir in Basel kommen wenigstens im Ammianus Marcellinus vor. ...

AN PAUL HEYSE

Basel, 13. Januar 1890

Lieber alter Freund!
Nacheinander langten bei mir als Geschenke ein Deine „Italienischen Dichter"[1], zuerst die alten (die ich noch in meiner frühern Zeit las), dann Leopardi, drittens Giusti samt Beigaben, und endlich kam der Band „Lyriker und Volksgesang" hereingeschwebt mit der freundlichen Dedikation an mich und mit dem wiederholten Schreiben von 1860! Wie wenig kann ich so etwas verdienen! Als demnächst 72 jähriger und etwas kränklicher Mensch habe ich mich allmählich von manchen Studien und Interessen abgewandt und muß jedesmal, wenn der Lektionskatalog gerüstet wird, fragen, ob ich wohl das nächste Semester noch auf den Beinen sein werde. Glücklicherweise ist mir bis heute das Augenlicht noch bewahrt geblieben, und ich habe in den bisherigen drei Bänden oft und viel gelesen und freue mich nun des vierten, welcher diesmal so vieles für mich Neue bringt. Nach Oberitalien habe ich mich vor dritthalb Jahren noch einmal etwas hineingewagt, auch

[1] Paul Heyses „Italienische Dichter seit der Mitte des 18. Jahrhunderts" waren 1889 in neuer Ausgabe erschienen. (Petzet)

leben wir hier in sehr häufiger Verbindung mit diesem
Süden, aber ich könnte nicht mehr sagen, daß ich von der
dortigen Zukunft in irgendeiner Beziehung sonderlich viel
Gutes hoffte. Deine Lorbeergekrönten von Parini und
Alfieri an haben alle ein gar viel anderes Italien erhofft
als das, welches gegenwärtig so oder so ausgebeutet auf
dem Boden liegt, und auch die echten Garibaldiner haben
für ein anderes gekämpft. Es hat etwas ungemein Wehmütiges zu sehen, wie diese Dichter glaubten, die alten
Einrichtungen und Menschen allein seien es, welche ihrem
und ihres Volkes Glück im Wege ständen. Jetzt weiß man,
wer eigentlich empor wollte und wirklich emporgelangt
ist. Wenn man sich dort etwas umsieht, wundert man sich
nicht, daß auch ein Nievo hat in Vergessenheit fallen
können. Nun tuest Du, lieber Freund, in rührender Weise
das mögliche, damit auch dies neuere Italien auf die Deutschen einen geistigen Eindruck mache, Gott lohne Dir's.
Bleibe auch Deinem etwas stumpf und alt gewordenen
Freunde gut, welcher so viel darum geben würde, Dich
noch einmal zu sehen.
Dein stets getreuer   Jac. Burckhardt.

AN FRIEDRICH v. PREEN

Basel, 25. März 1890

Jawohl, was für Zeiten! Jetzt können Sachen, Interessen
und Menschen in den Vordergrund kommen, neben
welchem der ganze Ameisenbau unseres bisherigen Daseins
in Abgang gerät. Unser liebenswürdiges neunzehntes Jahrhundert hat die Menschen derart an die Berechtigung jeder,
auch der bedenklichsten Neuerung gewöhnt, daß jetzt, gegen
das Ende hin, gar kein Haltgebieten mehr helfen wird. Sehen
Sie sich nur an, was für im Grunde gute Leute gegenüber
von dem, was „Zug der Zeit" heißt, völlig spatzenköpfig
und ohne jegliche Widerstandskraft sind. Die bisherigen
Parteien kommen mir vor wie eine Gruppe von Schauspielern, welche gegen die Rampe hin unter bisherigem
hellem Oberlicht gestikuliert haben und so stehengeblieben sind, nunmehr aber von hinten und von unten

durch einen starken rötlichen Schein beleuchtet werden.
Jeder liest seine Zeitungen auf seine Weise; mir hat zum
Beispiel bei den Unruhen von Köpenick das eine Eindruck
gemacht, daß die Exzedenten einem förmlichen militärischen Kommando folgten, d. h., daß die Dienstpflicht und
ihre Disziplin anfangen könnten, auf die andere Seite überzugehen. Schon die bisher latente gewöhnliche Randaliersucht wird mehr vortreten und mit den bisher üblichen
Mitteln immer schwerer unten zu halten sein. Ein ganz
kleines Muster hatten wir letzten Samstag hier an den
deutschen Stellungspflichtigen und ihrem trotzigen und
drohenden Lärm in der unteren Stadt, wie er noch nie
in diesem Grade vorgekommen.

Und in diesen Zeiten „zerschmettert" man den Kanzler.
Nicht als ob derselbe eine Mixtur gegen die großen Gefahren im Sack bei sich trüge, aber es wäre doch wohlgetan gewesen, wenigstens nach außen alles, was nach
Autorität aussieht oder daran erinnert, nach allen Kräften
zu schonen. Der Artikel möchte auf einmal ziemlich rar
werden. Einen störrischen Reichstag wird man heimsenden
und dann ohne Reichstag regieren können, aber wahrscheinlich nur noch kurze Zeit. Vielleicht folgen dann auf irgendein Ereignis hin Ministerien, welche der Regierung durch
die Parteien auferlegt werden, und mit denselben eine
völlige Streberwirtschaft, aber alles in rascher Abwechslung
von Personen und Tendenzen. Inzwischen werden sich im
übrigen Europa die, welche bisher unterducken oder beim
Deutschen Reich in die Kost gehen mußten, zu einer mehr
oder weniger munteren und frechen Selbständigkeit erheben. Man darf zum Beispiel begierig sein zu sehen, wie
sich Italien aufführen wird, wo inzwischen schon durch
die finanziellen Krache eine innere Herrenlosigkeit wird
eingetreten sein.

Das sind alles recht verwunderliche Sachen, verehrtester
Herr und Freund. Immerhin haben wir vorgestern hier
einen letzten oder vorletzten Schein des Glückes gehabt:
unser „Volk" (δημος) hat mit mächtiger Majorität das vom
Großen Rat bereits aus Ermüdung angenommene Krankenversicherungsprojekt bachab geschickt, welches von der

empörendsten Demagogerei eingegeben und zugleich auf
den schärfsten Despotismus des Staates (das heißt eines
jeweiligen Departementschefs) über das Privatleben be-
rechnet war. Unter der ganzen Schar der Betreiber war
kein einziger von baslerischer Abkunft, wenn auch einer
oder der andere hier geboren. Indes sind wir alten Basler
in dieser Beziehung gewöhnt, vieles zu schlucken.
Über das weitere Schicksal unserer Universität, welches
wohl auch einmal wieder auf das hohe Meer hinausgeraten
könnte, mache ich mir geflissentlich keine Gedanken: hat
die Alte gegen so viele Stürme sich gehalten, so hält sie
auch wohl noch länger. Solch ein Wesen hat ein zäheres
Leben als der größte Staatsmann; soeben sehe ich in einem
Antiquariatskatalog eine Reihe von Büchern über Bismarck
verzeichnet, welche jetzt sämtlich eines Nachtrags bedürftig
wären!
Sorgen Sie nur ja recht für Ihre völlige Genesung und Erholung! Ich meinesteils bin ohne Influenza durchgeschlüpft
und auch neulich bei genauer Untersuchung durch meinen
Doktor mit leidlich guter Nota weggekommen, sehe aber
doch, daß meines Dozierens nicht mehr lange sein wird.
Für den Sommer wird voraussichtlich mein Nächstes eine
Kur in Aargau-Baden sein, dann ginge ich sehr gern noch
einmal in meinem Leben an den Lago Maggiore für etwa
drei Wochen; ohne einen letzten Schnapp südlicher Luft
möchte ich nicht gerne sterben. ...

AN FRIEDRICH v PREEN

Basel, 26. September 1890

... Ihre Mitunterzeichnung für das Bismarckdenkmal billige
ich vollkommen, so widrig mir das Individuum von jeher
gewesen ist, und sosehr uns in der Schweiz sein Tun geschadet hat; denn sein Kulturkampf (ich muß es wiederholen) hat neben dem Treiben der französischen Radikalen
eine ermutigende Wirkung für jede Art von Verneinung
und Auflösung gehabt. Für Deutschland aber war Bismarck
geradezu Anhalt und Standarte jenes Mysteriums Autorität,
und in Ihrer Stellung können Sie den hohen Wert eines

solchen Imponderabile nach allen Seiten schätzen gelernt haben. Diejenigen, welche nur den zufällig sehr Mächtigen in ihm ästimierten und beschmeichelten, mögen sich von dem Gestürzten abwenden; was dagegen Sie schätzten, war der Schöpfer und Befestiger einer Gesamtmacht, ohne welche alle Einzelkräfte, auch der tapfersten Nation, sich vielleicht gegenseitig lahmlegen und aufzehren müssen. Daneben freilich bitte ich für meine Person um gütige Nachsicht für die Schadenfreude, womit ich die seitherigen Interviews betrachtet habe; denn noch hat niemand so gegen den eigenen Ruhm „gewütet" wie dieser Mann. Die rein geschichtliche Betrachtung seines Wesens ist nun durch ihn selber von aller Pietät dispensiert. – Daneben dieser faux grand homme Boulanger und die Offenbarungen in den Coulisses, welche zu verfolgen so sehr pläsierlich ist! Nur muß man sich doch sagen, daß Frankreich eben auch diese Krisis überstanden hat, und daß es allgemach als Republik eine vollständig neue Haut hat ansetzen können, faire peau neuve, wie man dort sagt; auch die elendesten Streberregierungen werden jetzt dort ertragen und vielleicht noch sehr lange, bis alle Habe und aller Kredit aufgefressen sind. Könnten diese Jakobiner sich auch noch mit der Kirche leidlich arrangieren, so wären ihnen die Stellen sicher in secula seculorum. Aber hier und an doch so fraglichen Chancen des Weltkrieges hängt es. Sonst wäre Frankreich einfach dasjenige Land, welches die Mauserung, die anderen erst noch bevorstehen mag, bereits durchgemacht hat. Aber mittelmäßig muß man sein, sonst wehe! Der fabelhafte Haß gegen Ferry kommt einzig davon her, daß er etwas, und noch gar nicht viel, über die Mediokrität hinausragt. ...

AN HEINRICH v. GEYMÜLLER

Basel, 8. Mai 1891

Besten Dank für Ihren herzlichen Brief vom 1. dieses und für das nachfolgende Billet! Aber von einem Besuch von Paris, wozu Sie mich so freundlich auffordern, kann für mich längst keine Rede mehr sein; ich bin in einem Zustande, da ich mich auf alle Weise schonen und froh sein muß, gegen Ende Juli in Obernbaden unterkriechen zu können. Die Leute nehmen mich hier noch für gesund, weil ich herumgehe und fünfmal die Woche lese, aber die Maschine geht eben gerade noch zur Not und zeigt Defekte der verschiedensten Art. Das Hinscheiden hat für mich zwar nicht die Hoffnungen, womit Sie, lieber Herr und Freund, erfüllt sind, aber ich sehe demselben doch ohne Furcht und Grauen entgegen und hoffe auf das Unverdiente.

In den Gebieten, welche uns beide insbesondere angehen, sah es zur Zeit, da Sie jung waren, vollends aber zu der Zeit, da ich jung war, ganz anders aus als jetzt; die ideale Schönheit als Ziel aller Kunst verstand sich noch von selbst, und der Wohllaut war noch eine Bedingung des Schaffens. Seither ist das Leben überhaupt unendlich viel großstädtischer geworden, und den früheren kleineren Wirkungsstätten ist der Geist entzogen. In den großen Städten aber werden Künstler, Musiker und Poeten nervös. Alles wird wilde, eilige Konkurrenz, und das Feuilleton spielt dazu auf. Die wirklich vorhandene Menge und Höhe der Begabungen ist außerordentlich groß, aber es kommt mir vor, mit Ausnahme des jeweiligen, oft kleinen fanatischen Geleites freue sich niemand mehr recht an den einzelnen Werken.

Ich sehe dies freilich alles nur von ferne an und habe mich auf mehrfache Erfahrungen hin von der lebenden Kunst so gut wie vollständig zurückgezogen, so daß mich das große Vergangene um so mehr beschäftigen und beglücken kann. Zwar sucht sich auch auf diesem Gebiet die Nervosität einzunisten in Gestalt der heftigen kunsthistorischen Händel, namentlich über Attributionen, aber diesen gehe ich aus dem Wege und sage meistens, ich verstehe nichts davon. Noch heute denke ich wie mein alter längst verstorbener Freund Gioachino Curti, welcher sagte: „Purchè la roba sia buona, non dimandar il nome dell' autore."

Das Vordrängen des Naturalismus sieht unserem fin de siècle vollkommen ähnlich. Was aber die Kunst des 20. Jahrhunderts für Patrone und Mäzenaten haben wird? und ob sie nicht in einer großen allgemeinen Flut völlig untertaucht? Mir kommen bisweilen kuriose Gedanken über alles fragliche Wohlergehen in den Zeiten, welche im Anzug

sind. – In Italien, wo ich vor 40–50 Jahren noch beinahe die Illusion eines altertümlichen Lebenszustandes genoß, drängt sich das „Jetzige" auf schreckhafte Weise hervor; oben die Streber, unten eine allmählich furchtbar enttäuschte Nation.
Von Frankreich aus gesehen, in einem Hohlspiegel des Hasses reflektiert, mag sich Italien vollends übel ausnehmen, und, abgesehen von Spekulanten in alten Gemälden, studiert kaum mehr ein Franzose das alte Italien. ...

AN FRIEDRICH v. PREEN

Basel, 10. Sept. 1891

... Bei Anlaß des Zitates aus dem Prediger Salomonis blätterte ich wieder einmal in diesem Pessimisten und las ihn dann wieder von Anfang bis zu Ende, besann mich auch, daß ich vor etwa dreiundfünfzig Jahren als damaliger Theolog begonnen hatte, ihn hebräisch zu lesen; er war mir aber zu schwer und ist es stellenweise den Gelehrten bis heute. Nun bitte ich Sie aber, statt der gutenteils irrigen Lutherschen Übersetzung einmal etwa die von De Wette oder sonst eine richtige vorzunehmen; es ist eines der erstaunlichsten Bücher und im Grunde ziemlich gottlos. Wenn aber doch nur unsern Sozialisten etwas von der Denkweise des Predigers beizubringen wäre; denn diese sind so furchtbar gefährlich durch ihren Optimismus, durch das enge Hirn und den weiten Schlund usw. Da heißt es nicht: vanitas vanitatum! – sondern der Himmel wird behängt mit lauter Baßgeigen.
Wie lange wird man dann noch mit Glocken läuten, selbst mit denjenigen Ihrer Stadtkirche? Wissen Sie aber, verehrter Herr und Freund, daß Sie bei Anlaß Ihres Samstagsgeläutes einen sehr schönen Nachtrag zu „Schillers Glocke" geschaffen haben? Daß nämlich Glocken nicht bloß ein Erdenleben begleiten, sondern die Jahrhunderte vermitteln? Schiller tönt nur ganz flüchtig drauf an:

„Noch dauern wird's in späten Tagen" usw.

Der Gedanke würde aber eine ganz sublime Ausführung gestatten. Die Glocke ist das einzige Tönende, welches die wechselnden Zeiten überdauert und jedesmal, sooft es sich um Ernst und Weihe handelt, von denselben bis jetzt unfehlbar in Anspruch genommen wird. Leider wird nur niemand wagen, einen Nachtrag zu dichten, welcher sich für Verse Schillers ausgeben könnte....

AN FRIEDRICH v. PREEN
Basel, 28. Dezember 1891

Wie oft und viel in der Zeit, da ich Ihnen nicht antwortete, habe ich Ihrer gedacht, und was hätte ich dafür gegeben, mich wieder einmal herzhaft mit Ihnen unterhalten zu können! Nur bin ich leider nicht mehr mobil und scheue jetzt alles Reisen. Daran allein schon erkenne ich, wie weit ich jetzt von meinen grünen Zeiten entfernt bin. Aus dem noch immer von mir schmerzlich geliebten Italien lasse ich mir Stöße von Photographien kommen, es ist aber nicht das gleiche wie der einst reichlich genossene unmittelbare Anblick. Ich lese noch immer fünfstündig, aber die Mappe trägt jetzt ein Dienstmann hin und her, nachdem ich lange Jahre selber ce vieux monsieur au portefeuille geheißen hatte. Einstweilen kann ich noch des Abends ausgehen, aber die Zeit wird vielleicht bald kommen, da ich damit sparsamer werde und es endlich nicht mehr riskiere. Unter solchen Umständen ist es gut, wenn man in der Nähe liebe Wesen der aufsteigenden Welt besitzt wie Sie in Ihrer blühenden Deszendenz und ich im Aufwuchs meiner Familie. Wohl denkt man hie und da an die kuriosen Zeiten, welche dieser Jugend harren könnten, aber dieselbe wird ja in die neuen Zustände hineinzuwachsen wissen. Ein gelehrter lieber Neffe von mir, und folgerichtig dessen Ältester, welcher jetzt dem Abiturientenexamen entgegenreift und ein sehr tüchtiger Mensch zu werden verspricht, – diese werden die Erben meiner ungedruckten Manuskripte, welche überhaupt nicht für den Druck geschrieben worden sind; dieser Zweig unseres Hauses wird also verpflichtet bleiben zu bezeugen, daß der Onkel respektive Großonkel ein fleißiger Mann geblieben ist, auch als er nicht mehr für das Publikum arbeitete, sondern nur noch, um für sich

mit so und so vielen wissenschaftlichen Dingen zum Abschluß zu gelangen. Wer jetzt in der Kunstgeschichte öffentlich arbeitet, kommt aus Hader und Zank gar nicht heraus, und mit [der] Geschichte des Altertums ist es ebenso; aber zum Redigieren dessen, was ich im Lauf der Zeiten gesammelt, habe ich eine angeborene Neigung. ...
Heil Ihnen, daß Ihre amtliche Stellung Ihnen möglich macht, den Armen und Elenden förderlich zu sein, und daß man weiß und erkennt, daß es eine Sache des guten Willens ist. Ich kann mir denken, wieviel hier schon auf Auskunft und klaren Bescheid ankommen muß, damit die Leute wenigstens ihre Lage erkennen. Wie wenige Beamte in allen Ländern aber tun in diesen Dingen ein Übriges! ...

AN HEINRICH v. GEYMÜLLER

Basel, 8. Januar 1892

... In der letzten Zeit habe ich aus Italien eine Masse von Photographien bezogen, hauptsächlich Malereien; ein Luxus, welcher meine alten Tage erheitert, und den ich mir auch noch weiter zu gönnen entschlossen bin. Für meine Erben macht ja das nichts aus, wenn ich ein paar 100 Lire weniger hinterlasse; dafür kann ich noch flott vor meinem Auditorium aufziehen. Man hat jetzt viele schöne Kircheninterieurs, u. a. S. Francesco in Rimini, dann römische Baroccokirchen und, last not least, aus Mailand das Innere von S. Eustorgio, von S. Fedele, S. Alessandro und S. Lorenzo! Von letzterem freilich nur die Hauptconcha mit der näheren Umgebung, aber es ist doch so viel. Hätte ich noch das Innere von S. Celso und sonst noch dieses und jenes, so wäre ich völlig zufrieden. – Von Trescorre unweit Bergamo habe ich die vollständigen Fresken einer ganzen Kapelle von Lorenzo Lotto. –
Ferner hat man jetzt von dem glücklich hergestellten großen Fresko des Montorfano alle Grazie (dem Cenacolo[1] gegenüber) eine große und gelungene Photographie, auf welcher auch die von Ihnen publizierte Baulichkeit (Jerusalem) sehr gut herausgekommen ist. ...

[1] von Leonardo da Vinci. (Neumann)

Daß ich auf einem Katheder der Sorbonne bin zitiert worden[1], macht mich in meinen alten Tagen noch recht hochmütig. Jetzt ist aber Zeit, daß ich den Brief schließe.

AN FRIEDRICH v. PREEN

Basel, 2. Juli 1892

Nicht ohne die selbstsüchtige Absicht, wieder ein erwünschtes Lebenszeichen von Ihnen zu bekommen, greife ich zur Feder. Es ist heute ohnehin ein Tag boni ominis, mein Doktor hat mich heut früh, wie das vor den Ferien Brauch ist, umständlich untersucht und mir eine für das 75. Lebensjahr leidlich gute Nota erteilt. Sodann muß ich doch zu rechter Zeit melden, daß ich anfangs September meine Wohnung verändern und nach dem Äschengraben ziehen werde, wovon Ihnen tempore suo noch besondere Anzeige gemacht werden soll. Sie denken vielleicht, Ihr greiser Freund hätte nach sechsundzwanzig Jahren Aufenthalt in der alten Wohnung auch noch den Rest seines Daseins in dieser Höhle zubringen können; allein meine Verwandten redeten mir zu, es sei jetzt hohe Zeit, eigene Haushaltung anzufangen, und für eine richtige Perpetua werde man mir sorgen, und so entschloß ich mich denn, freue mich auch im stillen Herzen, endlich einmal gewisse Dinge nach eigenem Geschmack anordnen zu können, anstatt dem geheiligten Schlendrian zu gehorchen. Ich weiß nur nicht, wovor mir beim Umzug am meisten graut: wegen meines Hausrates, oder wegen meiner Bücher- und Photographiensammlung!

Unser Semester geht tatsächlich in vierzehn Tagen zu Ende; ich gehe dann zunächst wieder nach Aargau-Baden, werde aber nicht mehr wie die letzten Jahre täglich fünfzig Minuten im Zementkasten sitzen, sondern nur dreißig Minuten, nach heutiger Weisung des Doktors; immerhin gedenke ich jedesmal im Bad den „edlen" „Figaro" zu lesen, wo-

---

[1] Der französische Literaturprofessor Emil Gebhard hatte in einer Vorlesung über „Dante et son époque" die Kultur der Renaissance „de l'illustre professeur de l'université de Bâle, J. B." zitiert. Vgl. den Brief von Geymüllers an J. B. vom 30. Dez. 1891.

neben mich noch ein Freund in Mailand täglich mit „Corriere, Secolo, Guerrino, Italietta" usw. abwechselnd zu versorgen pflegt. Da ich allgemach manche Blicke in den italienischen Jammer, in diesen allgemeinen Streberfraß habe tun können, verstehe ich jetzt diese Lektüre.

Unser hiesiges Dasein steht augenblicklich ganz unter dem Zeichen eines der sinnlosesten Riesenfeste, welches heut über acht Tage beginnen soll: die Verherrlichung des Jahres 1392, da Groß- und Klein-Basel eine Stadt wurden. Das Fest wäre würdig, vom seligen Gotti Bischoff ersonnen zu sein, und sein Schatten im Hades rumort jetzt ohne Zweifel sehr, weil er nicht dabei sein kann. Ich für meine Person habe natürlich einen Altersdispens und brauche nicht dabei zu sein, und wenn nur der ganze pathetische Schwindel glücklich vorübergeht, bin ich völlig zufrieden. Alles ist mit größtem Aufwand vorbereitet, und sehr angesehene hiesige Leute sind seit Wochen von früh bis spät damit in Anspruch genommen. Nachher wird die hiesige Welt matt wie Fliegen sein, und dann ist wieder mit den Leuten zu reden.

Über dieser „Feststimmung" haben wir hier die Bismarckwoche fast gänzlich zu verfolgen verabsäumt. Heute lese ich die neueste Äußerung des großen Mannes über die Ungnade, in die er beim Kaiser gefallen: „Der Kaiser ist ja nicht bei mir in Ungnade gefallen!" und das möchte wohl das Stärkste sein, das nicht mehr wird können überboten werden. Ich schlug im „Rheinländischen Hausfreund" die Geschichte von „Seinesgleichen" nach und las, wie folgt: „Der Wirt aber, der bisher ruhig am Ofen stand, trat hervor und sagte: Jetzt, Zirkelschmied, reist!" – und ein kleiner Abstecher, etwa nach England, wo er bereits (laut „Figaro") seine Papiere liegen hat, möchte dem Herrn bald zu raten sein. ...

AN FRIEDRICH v. PREEN

Basel, Äschengraben 6, 26. Dezember 1892

Beste Wünsche zum Jahre 1893, welches also Ihren Eintritt ins siebzigste Jahr in sich enthalten wird. Machen Sie sich nur darauf gefaßt, an dem betreffenden Tag einen Jubelgreis vorstellen zu müssen: ich habe das im Jahre 1888 ebenfalls mit großem Widerwillen durchgemacht, nachdem ich umsonst kniefällig abgemahnt und mir alles verbeten hatte. Die Leute sind heutigentags von einem Dämon besessen, welcher sie antreibt, irgend etwas, was und wer es sei, zu „feiern". Anderseits mag es für Sie tröstlich sein, wenn ich erkläre, daß ich in den seitherigen fünfthalb Jahren noch recht gute Zeiten gehabt habe, wenn auch bei fühlbarer Abnahme der Arbeitskraft. Indem ich mich nun vorläufig schone, wird l'huile à la lampe vielleicht noch einige Zeit reichen, und das beste ist, man mache sich keine weiteren Gedanken darüber. Meine Wohnung und die Fürsorge und Kochkunst der Perpetua haben mir wieder neue Courage gegeben. Gestern und vorgestern sah ich das junge Volk unserer Familie en résumé, und das sind doch hoffnungsvolle Gesichter um die Weihnachtsbäume herum und einige außerordentlich schöne Kinderköpfchen im vollen und ganz ernsten Ausdruck des Erstaunens. – Das ablaufende fin de siècle muß man schnurren lassen, wie es geht, und keine von den organisierten Staatsgewalten kann viel dazu oder davon tun, und dieselben alle dürfen noch beträchtlicher Überraschungen gewärtig sein, wobei mehrere Leitseile in neue, wer weiß was für Hände übergehen könnten. Für Deutschland aber ist immerhin eines tröstlich: wenn in Frankreich die offizielle politische Welt einen Geruch wie den des Panamaschwindels von sich duftet, dann ist auch in der französischen Armee – Verwaltung und Hierarchie der Anstellung durcheinandergerechnet – vieles bis in den Grund morsch und faul. Selbst dem als heimlicher Organisator der Revanche geltenden Freycinet ist schon ein Teil seiner Maske abgerissen. – Was die geistige Produktion der heutigen Zeiten betrifft, in welcher Sie, verehrter Herr und Freund, die großen Individuen vermissen, so wird sich wohl im 20. Jahrhundert, wenn einmal Zeiten der Verarmung und Vereinfachung kommen und die Orientation aller Hervorbringungen auf das Großstädtische und dessen Presse aufhört, noch immer zeigen, daß frische und große wirkliche Kräfte vorhanden sein können, welche der allgemeinen Verfälschung entrinnen und sie überleben werden?? – Das sind so meine unmaßgeblichen Tröste.

Im genannten 20. Jahrhundert werden dann auch jene erstaunlichen Karikaturen von sogenannten Reform-Pastoren und -Professoren nicht mehr vorhanden sein, welche sich heute neben den drohendsten Daseinsfragen noch auf den Vordergrund der Szene drängen dürfen. Dieselben werden einander dereinst an einem schönen Tage kurios ansehen, wenn niemand mehr da ist, der sie einsetzen und besolden will. Aus eigenen Kräften haben sie ja nie existiert, man installiert sie einzig nur, damit sie den Gläubigen die Plätze versitzen und die Kanzel sperren. Eine falschere Position hat es unter der Sonne noch nie gegeben, und damit kracht es, wenn einmal ihre Zeit um ist. Es kann geschehen, daß sie wesentlich und im großen für die Römisch-Katholischen arbeiten, und das ist ihnen auch schon oft gesagt worden; schon vor zwanzig Jahren sagte ich es einem guten Freund, welcher dabei mithielt, und er antwortete mir: ich weiß es wohl. Wir in Basel haben diese sogenannte Reform schon seit langen Jahrzehnten, und ihre Partei deckt sich nahezu mit derjenigen des politischen Radikalismus, nur ist der Widerstand der Positiven viel energischer und offener als im Staat der Widerstand der Konservativen, welches doch größtenteils die nämlichen Personen sind. Das Apostolikum hat man hier noch florente ecclesia, vor etwa dreißig Jahren abgeschafft, weil die große Seele eines gewissen Kandidaten Hörler (welcher Hegelianer war und nichts glaubte) sich davon beengt fand. – Seien wir nur gewiß, daß all dies Wesen in Staub zerstieben wird, sobald eine recht Not über die Menschen kömmt....

AN HEINRICH v. GEYMÜLLER

Basel, Donnerstag, 13. April 1893

Es ist allerdings gar nicht zu leugnen, daß ich vorige Woche meine Demission genommen habe, aber es geschah aus leider sehr gediegenen Gründen. Vor nicht ganz drei Wochen wurde ich von einer schmerzlichen Ischias in der

ganzen linken Seite und von einem noch bedenklicheren
Asthma befallen, und letzteres gab den Ausschlag; wenn ich
auch noch im Zusammenhang sprechen könnte, so bringt
mir doch jegliche Bewegung (wenn sie nicht sehr langsam
vor sich geht) erbärmliches Keuchen und Schwitzen, und
bei einem solchen Zustand kann man keine Kollegien mehr
garantieren. Auch habe ich jetzt mein $^3/_4$ Jahrhundert auf
dem Buckel.

Nun glauben Sie auch gar nicht, wie herrenwohl es einem
alten Manne zumut ist, wenn er allen Verpflichtungen und
Verantwortungen fortan entzogen bleibt. Ich habe sogleich
ein kleineres Ärbetli vorgenommen und angefangen zu
schäfferlen; kleine Sächli, welche man auch kann liegenlassen. Nur nichts Größeres und Weitausgreifendes mehr!
Denn bei einem solchen Gedanken schon fange ich an zu
schwitzen.

Der Doktor hat mir bis jetzt gegen das Komplott von Herz
und Lunge Strophanthustropfen gegeben, und wegen der
Ischias werde ich täglich (und dies mit Erfolg) massiert,
aber die ganze Maschine ist eben alt, und drei Geschwister
von mir sind an Herzkrankheiten gestorben, et il faut bien
qu'on meure de quelque chose. Ich will nicht zu sehr klagen, wenn mir bis in die letzten nun folgenden Zeiten Auge
und Ohr noch frisch bleiben.

Lübke war 8 Jahre jünger, hat sich aber durch lauter maß-
loses Arbeiten krank gemacht und an den weiteren Folgen
den Tod geholt; denn sein Fußleiden war Folge seines Diabetes (wie mir sein alter Freund Kestner, zugleich Arzt,
versicherte), und den Diabetes hatte er einzig von der Überanstrengung. Letztere hat man mir nie nachsagen können,
indem ich über einen gewissen regelmäßigen, aber bequemen Fleiß niemals weit hinausgegangen bin.

Am 5. April starb Lübke, am 6. gab ich meine Entlassung
ein, und nun ist eine große Polytechnikumsprofessur und
ein bescheidener kleiner Universitätskatheder zur nämlichen Zeit ledig geworden. Das wird ein Wettrennen werden
unter den 100 aufgenudelten Kunsthistorikern, für welche
es kaum irgend Stellen gibt, gente che non ha posto nè in
cielo nè in terra! ...

AN GEORG KLEBS

Basel, 2. Mai 1893

Verehrter Vir magnifice!

Da man Sie vielleicht auf der Lesegesellschaft in den nächsten Tagen nicht träfe, schreibe ich Ihnen hiemit in Vertrauen.

Wenn je etwas – von seiten der Universität – der Fakultät – oder einzelner Kollegen bei Anlaß meines Rücktrittes oder meines Geburtstages zu meinen Ehren beabsichtigt sein sollte – was es auch wäre –, so bitte ich Sie, als Rector magnificus und sicheren Freund, dies in meinem Namen vollständig und entschieden abzulehnen, wofür ich Ihnen hiemit absolute Vollmacht erteile. Mein Wunsch nach völliger Stille beim Ausscheiden aus dem Amt ist ein ganz unbedingter.

Sie sind gewiß so gut und mir so freundlich gesinnt, daß Sie hiebei helfen

Ihrem völlig ergebenen J. Burckhardt.

AN ARNOLD v. SALIS

Basel, Pfingstmontag 1893

Hochverehrter Herr Antistes!

In diesen Tagen sind mir manche Beweise unerwarteter Anhänglichkeit von Schülern und Zuhörern verschiedener Generationen zuteil geworden; Ihre Zeilen aber haben mich ganz besonders erfreut und ergriffen. Zwar muß ich mir sagen, daß Sie meine Tätigkeit mehr so beschreiben, wie sie hätte sein sollen und wollen, als wie sie wirklich war; aber Sie gedenken ja so freundlich auch des persönlichen Verkehrs, der uns etwa gegönnt gewesen ist, und nun erinnere ich mich wieder einiger jener wahrhaft guten Abende, da wir zusammen waren. Jetzt, da alles vorüber ist, empfinde ich überhaupt, daß ich manchen Schülern auch außerhalb des Hörsaales noch etwas hätte sein sollen; aber es war von jeher schwer zu machen, wie Sie wohl ahnen können. Und so ist nun das Leben vorbeigegangen,

bis mir auf einmal die Beschwerden sagen ließen, daß ich
ins hohe Alter eingetreten sei.
Herzlichen Dank für Ihre Güte und Freundschaft
von Ihrem getreu ergebenen
                                        J. Burckhardt, Prof. emer.

AN FRIEDRICH v. PREEN

Basel, 2. Brachmonat [Juni] 1893

... Ich arbeite jetzt noch alte Notizen auf, nicht als ob dabei
etwas herauskäme, sondern weil ich das bloße Herumlesen,
d. h. das völlige Nichtstun nicht vertragen kann. Die schöne
Lage meiner Wohnung und meine nunmehrige bequeme
Einrichtung haben viel Tröstliches, wofür ich meiner
Schwester beständig dankbar bin; denn ohne sie hätte ich
voriges Jahr weder den Entschluß noch die Ausführung des
großen Exodus finden können. In der Waldnacht, auf welche
ich niederschaue, führen die Frechsten, nämlich die Amseln, den hellsten Gesang auf.
Und nun gedenke ich Ihrer, wie Sie jetzt wieder sich einstweilen auf dem Trottoir der Karl-Friedrich-Straße oder auf
irgendwelcher Promenade ergehen und täglich neue Kräfte
sammeln, nicht noch einmal für den Aktentisch, sondern
für eine gemütlichere Ruhe, als die von uns Asthmatikern
sein wird. Ein sehr gutes Vorzeichen hiefür sind Ihre acht
Stunden Schlaf, doch hierin will ich auch noch nicht klagen,
da ich noch sechs bis sieben Stunden habe. Kinder und alte
Leute sollten überhaupt schlafen können und namentlich
nach Belieben schlafen dürfen. Das Glas Extrawein, welches
Sie zu Ehren meiner Befreiung trinken wollen, werde ich
heute abend, wenn ich meinen Trunk am offenen Klavier
neben mir habe, durch einen aparten Schluck erwidern.
Meinen Nachfolger Wölfflin, hiesigen Ursprungs, hat man
in glücklichster Weise sofort von München herkommen
lassen und eingestellt, so daß im kunsthistorischen Unterricht gar keine Lücke eingetreten ist. Wären Wochen und
Monate mit Beraten und Korrespondieren verstrichen, so
hätte sich alle Welt eingemischt und der T....l seinen
Schwanz auf die Sache gelegt. ...

AN FRIEDRICH v. PREEN

Basel, 30. Dezember 1893

Lieber Herr und großer Freund!
Was muß ich in Ihrem soeben angelangten Briefe lesen von allerlei Krankheit, die auf Ihnen und Ihrem verehrten Hause lag und zum Teil noch liegt? Alles, was ich dabei zum Troste sagen kann, ist, daß es in meiner Jugend und späteren Zeit in meinem väterlichen Hause auch hie und da ein solches Jahr gegeben hat, und daß wir am Ende doch glücklich oder leidlich durchkamen, und ein Mehreres wird auch ein anderer kaum zu sagen wissen. Ich erinnere mich aber ganz wohl, wie wehmütig es in solcher Zeit daheim ausgesehen hat, und wünsche Ihnen von ganzem Herzen ein freundliches 1894. – Ich meinesteils pflege mein (leider nicht in Abnahme befindliches) Asthma und gehe nur noch einmal täglich aus, nämlich gegen Mittag nach der Lesegesellschaft, wo ich zwei bis drei meiner Leute finde und die notwendigsten Abreden treffen kann. Glücklicherweise besuchen mich gute Leute nachmittags oder abends, und ich bin nicht verlassen. Ganz in der Nähe wohnt auch meine in jeder Beziehung so hilfreiche Schwester.

Wenn nun der Januar es wenigstens mit Kälte und Schnee gnädig machte! d. h. wenn wir um diesen Winter so schlüpfen könnten! Dieser Wunsch gehört bei alten und hilflosen Menschen zu den alleraufrichtigsten. – Ich arbeite noch immer kunsthistorische Notizen aus, um mir selber glaubhaft zu machen, ich sei noch einer konsequenten Tätigkeit fähig.

31. Dezember

Und es gibt noch immer edle Menschen in meiner Umgebung, die mich dabei aufmuntern, so daß der eine oder andere Aufsatz nach meinem Tode – aber nicht früher – kann gedruckt werden, worüber ich besondere Vollmacht hinterlasse.

Daß an diesem Jahr das Beste der Wein gewesen, ist, wie ich aus Gesprächen vernehme, eine verbreitete und begründete Ansicht; denn außer dem vielen schönen Wetter hat dies 1893 wenig getaugt. Bei uns hat es in der Politik das eine

Günstige gehabt, daß gegenüber von den unten heraufbrausenden und -prasselnden Bewegungen der Radikalismus vulgaris sich plötzlich sehr viel schwächer befindet. Unsere „National-Zeitung" (ehemals „Volksfreund") hat jetzt ganz ebenso wehmütige und langweilige Leitartikel auf Lager, wie selbige sonst in den Blättern anderer in den Schatten geratener Parteien vorzukommen pflegten. Die Leute von unten geben sich nicht einmal die Mühe, ihre Geringschätzung gegen die radikalen Bourgeois zu verhehlen, und schneiden deren Annäherungsversuche mit Hohn ab, und dessen ist der feierliche Radikalismus bei uns zulande noch nicht gewohnt gewesen. Poveretto!

Über Deutschland versagt unsereiner sich jedes Urteil. Ein Augenblick der Gefahr von außen – und alles bekommt sofort ein anderes Antlitz. Aus Italien erfahre ich ziemlich viel; denn das hiesige Geschäft und in specie ein sehr naher Freund von mir sieht in die wahren dortigen Gefahren ganz anders hinein als die meisten Zeitungen. Da tun sich Abgründe auf, gegen welche alles Renommieren dem Crispi nichts mehr helfen wird.

Ganz unberechenbar ist Frankreich, seitdem es den Russenjubel so hat an die große Glocke hängen mögen. Diese Nation ist gemütskrank von furchtbar verletztem Selbstbewußtsein her und zwingt einmal ihre irgendwelchen Führer zum Losschlagen, auch wenn neunundneunzig Prozent der konkret vorhandenen Franzosen innerlich nach dem Frieden seufzen. Das kommt von dem vielen Bundenöri[1], womit man dort von jeher Geschäfte gemacht hat. ...

Grenzach, der Heimatort meiner Perpetua, ist in vollem Fortschritt begriffen. Die Wasserleitung ist jetzt zu einer Wasserversorgung in den meisten Häusern geworden, und die Kirche soll glänzend erneuert worden sein. Marcus hat auf den reichen Herbst hin zu den Altargefäßen ein silbernes Plateau gestiftet.

Wenn Sie doch, großer Herr und Freund, im Frühjahr wieder ins Oberland kämen, das wäre eine Freude! Mich armen Alten träfen Sie, wenn ich noch am Leben bin, unfehlbar zu Hause.

---

[1] Schweizerischer Ausdruck für point d'honneur. (Strauß)

Darf ich bitten, mich der gnädigen Frau bestens zu empfehlen? Wie sehr wünsche ich allerseits Genesung[1]! Erst wenn man so dran ist wie ich, weiß man recht gründlich, was Gesundheit ist.

Leben Sie wohl, und empfangen Sie den herzlichsten Neujahrsgruß
Ihres J. Burckhardt

AN EINEN THEOLOGIESTUDENTEN

Basel, 31. August 1894

Verehrter Herr!

Herzlichen Dank für Ihren Brief von gestern! Es ist so tröstlich zu erfahren, daß man die Zuhörer nicht umsonst auf die reichen Auen der großen Kunst hingewiesen hat, und daß die schwachen Worte, die man hat sagen können, eine Art Erfüllung gefunden haben. Ich sehe nun, daß Sie der Kunst als einer Ergänzung alles Geistigen auf immer zugewandt bleiben werden, und sie gehört doch wahrhaftig zu den tröstlichsten Dingen, welche dieses arme Erdenleben begleiten können. Auch hat das in so manchem Betracht eher bedenkliche heutige Weltalter auch seine besondern Vorteile: bis in einigen Jahren werden wohlfeile Photographien, welche zugleich gut sein können, alle Erinnerungen festhalten helfen, gerade wie die Klassiker aller Literaturen und die Klavierauszüge aller großen Komponisten auf eine Weise zugänglich werden, von welcher zu den Zeiten unserer Jugend nicht von ferne die Rede war. (Ich meine die Vokalkompositionen, an welche sich ja doch die lebendigsten Erinnerungen knüpfen.) Es kommt ja nicht darauf an, daß man alles habe, sondern nur darauf, daß wichtige Erinnerungen bis spät im Leben stets wieder können aufgefrischt werden, denn es ist kaum zu glauben, über wie manches man mit den Jahren noch froh wird. Berlin kann Ihnen nun unendlich vieles bieten, und vielleicht finden Sie dort auch ähnlich künstlerisch gesinnte Genossen.

---

[1] J. B.s Wunsch ging nicht in Erfüllung. In den ersten Monaten des Jahres 1894 ist Friedrich v. Preen gestorben.

Mein Befinden ist leider eher mangelhaft, so daß ich mich
in Briefen allmählich kurz fassen muß. Ich will aber nicht
klagen, solange ich noch Auge, Ohr und Gedächtnis besitze.
Und nun leben Sie wohl, und freuen Sie sich auf die bevorstehende Herbstreise. Ihnen insbesondere gönne ich alles
Gute, schon weil ich Ihrer freundlichen Gefälligkeit den
freien Genuß des letzten Konzertes verdanke, dem ich auf
dieser Erde beigewohnt habe.
In dauernder Erinnerung Ihr in Hochachtung ergebener
J. Burckhardt

AN EINEN THEOLOGIESTUDENTEN

Basel, Äschengraben 6, 26. Mai 1895
Lieber Herr!
Noch immer habe ich Ihr wertes Schreiben vom 20. Januar
nicht beantwortet und tue dies nun erst, nachdem ich mich
durch meinen Neffen ... vergewissert habe, daß Sie noch
in Berlin weilen. ... Ich trete jetzt mein 78. Jahr an und
bin nicht nur alt, sondern auch recht müde und wohne
nun ganz objektiv dem Feldzug bei, welchen mein werter
und vortrefflicher Arzt (auch ein Neffe) gegen meine
Krankheit mit Hilfe beständiger Untersuchung und dreier
wechselnder Medizinen führt. Doch habe ich Auge und
Ohr noch und leidlichen Schlaf und will nicht klagen.
Bleiben Sie nur der Kunst in „allen ihren Zungen" getreu,
der Musik, der Poesie und der Malerei, und glauben Sie
beharrlich, daß die Veredlung des Lebens durch diese herrlichen Dinge einem nicht umsonst verliehen ist. Es gibt
ja vortreffliche Menschen, die dies alles entbehren, und es
wird ihnen ein Ersatz gegönnt sein, aber besser ist, man
habe es. Und wieviel günstiger ist die jetzige Jugend daran,
als einst die unsrige war, da es noch keine wohlfeilen Musik-
ausgaben, keine wohlfeilen Bücher und gar keine Photographien gab, und auch keine Eisenbahnen zum leichten
Herumreisen. Ein Glück der Jugend überhaupt aber ist das
herrliche Gedächtnis für alles Gehörte und Gesehene, auch
für Sachen, die man nur einmal genossen hat.

Die heutige Kunst ist mir schon lange fast völlig aus den Augen entschwunden, und ich weiß auch kaum oder gar nicht, was die jetzigen Stichwörter bedeuten. In hohem Alter wünscht man ohnehin nichts als Frieden, und den findet man am ehesten, wenn man von obschwebenden Händeln in Kunst und Literatur nichts mehr erfährt. Dies geht jedoch nur auf steinalte Leute, denn in der Jugend soll und muß man Bescheid um dergleichen wissen und Posto fassen können, denn die Zeitgenossen und Kameraden halten es auch so.

Berlin aber war schon zu meiner Zeit (seit 1839, noch unter Friedrich Wilhelm III.) ein hochwichtiger Ort, weil man hier am ehesten die Vergangenheit und Geschichte der Künste kennen lernte. Schon das ganze Alte Museum war in diesem Sinn und Geist angelegt, und für alte Musik habe ich nur dort den unvergänglichen Eindruck der Opern Glucks und (in einem Privatchor) den von alter Kirchenmusik in mich aufnehmen können – wenigstens so weit, daß mir davon ein Anfang des Verständnisses aufging. Unermeßlich vieles ist seither hinzugekommen und in einem Grad der Übung und Verwertung wie sonst in der Welt nirgendwo.

Dies Berlin hat aber schon Schätze, die überhaupt auf der Welt nicht wieder so vorkommen: in der Plastik die Pergamener und für die Malerei die Tafeln des Altars von Gent. Dazu im Neuen Museum die Abgüsse alles Wichtigen aus der ganzen Welt. Nun werden Sie ja vielleicht als Landvikar und Landpfarrer einstweilen gänzlich auf die großen Eindrücke und Erinnerungen von solchen Dingen her angewiesen sein, und dieselben tun, wie ich glaube, dem geistlichen Amt keinen Eintrag.

Wenn Sie nun wieder nach der Heimat kommen, und ich bin etwa noch am Leben, so möchte ich Ihnen gerne noch einmal danken für den mir überlassenen Sitzplatz im letzten Konzert, dem ich in meinem Basel habe beiwohnen können. Auch möchte ich gerne von der Kunst mit Ihnen allerlei sprechen.

        Ihr hochachtungsvoll ergebener J. Burckhardt.

AN HEINRICH WÖLFFLIN

Basel, Mittwoch, 18. September 1895

... Daß das Thema „Die klassische Kunst in Italien[1]" kein leichtes ist, kann ich mir denken, allein das sind eben Fragen, deren Lösung man am ehesten von Leuten gerade wie Ew. Wohlgeboren erwartet. Und jetzt, da das Wetter kühler geworden ist, sind Sie exakt in der rechten Stimmung dazu.

Zunächst aber: Wer sind wir eigentlich, daß wir vom Italien des Cinquecento einen konstanten und selbst in saecula saeculorum bastanten Idealismus verlangen? Unser jetziger Koloritkultus macht uns ohnehin a priori zu ziemlich befangenen Toren. ...

Im übrigen wird Ihr Büchlein oder Buch, Sie mögen wollen oder nicht, einen kunsthistorischen Zug annehmen; Sie werden eine Anzahl von Übergängen konstatieren müssen, und sehr im großen (wobei einiger echte Fatalismus zu empfehlen). In der Renaissance vor allem das an sich notwendig zarte Leben des Schönen, welches im Grunde nur ein höherer Sonnenblick war, der sich auf Erden kombinierte mit der Vereinfachung oder höheren Ökonomie, durch welche man zunächst dem realistischen Individualisieren des Quattrocento auswich. In dieser Lage der Dinge aber mußte bei allen großen Meistern zweiten Ranges und in Augenblicken der Ermüdung auch bei solchen des ersten Ranges dasjenige Element vortreten, welches Sie das formelhafte nennen, das Schematische. Das zweite Stadium war dann, daß der Formelhafte zu renommieren anfing, und daß das vermeintlich Klassische sogar oft völlig in Renommage überschlug. ...

Durch das ganze Cinquecento hindurch werden Sie indes auch der danebenstehenden Nation gedenken müssen, welche die Künstler hetzte und ihnen renommieren half.

Jetzt ist's aber genug an zudringlichem Dreinreden! Nehmen Sie es als einen Beweis meiner Teilnahme in Güte und Geduld auf.

[1] Erschien 1899.

AN HEINRICH GELZER

Basel, 5. Dezember 1896

Alt und schon sehr von Kräften, habe ich mich doch an manchen Stellen in Ihren „Abriß der byzantinischen Kaisergeschichte[1]" hineingelesen und mit Erstaunen das gewaltige Wissen und die gleichmäßige Kraft der Verarbeitung wahrgenommen. Wie mancher ganz rüstige Dozent aber, welcher über den großen Zusammenhang der byzantinischen Dinge unter sich und mit den Feinden ringsum und mit dem Okzident in aller Eile Bescheid wissen sollte, wird nun Ursache haben, Ihnen dankbar zu sein, auch wenn er es nicht an den Tag gibt. ...

Nun weiß ich nicht, ob irgend etwas Zusammenhängendes über Leben und Wesen der Untertanen des [byzantinischen] Reiches, so etwas Kulturgeschichtliches, etwa aus der Zeit der mazedonischen Kaiser[2] vorhanden ist, nämlich lesbar und deutsch. Sollte es nun nach den furchtbaren politischmilitärischen Strapazen im „Abriß" nicht eine wahre Erholung für Sie sein können, solche Bilder zusammenzustellen, von der Hauptstadt bis ins Bauerndorf, von der Archontenfamilie bis zum Gewerbsmann und Kaufmann, von den großen Hierarchen bis auf Klöster und Einsiedler? Dazu noch der Grad der freien Geisterbeschäftigung aus der nicht mehr ganz unbeträchtlichen „schönen Literatur". Sie werden mich etwas keck und überflüssig finden mit solchen Ratschlägen, allein bei Ihnen finden sich so viele Kräfte und Vorteile für ein solches Unternehmen vereinigt, und zu allem noch Kenntnis von Land und Leuten, wie sie heute sind!

Dies alles wäre aber nicht unser bis auf jedes Stäubchen anekdotisch ausgebeuteter Westen, sondern eine für jedermann fremde neue Welt, welche doch auch wohl ihre graziösen Seiten gehabt haben wird. Dixi etc.

Mein Befinden ist leidlich, kann aber jede Stunde anders

---

[1] Es handelt sich um eine Abteilung der 2. Aufl. der „Geschichte der byzantinischen Literatur" von Karl Krumbacher, die erst 1897 erschien, von der aber Gelzer als Bearbeiter J. B. einen vorherigen Sonderabzug *gesandt* hatte.

[2] 867–1056.

werden, und mit jeder Art wissenschaftlicher Anstrengung hat es ein völliges Ende.

Vom Weltlauf nehme ich nur noch Notiz, soweit es sein muß, und Freude habe ich nicht daran und, soviel ich sehe, andre rechte Leute auch nicht. Wir hätten aber, als Sie hier waren, doch näher davon reden sollen.

AN HEINRICH v. GEYMÜLLER

Basel, 6. April 1897

Lieber Herr und Freund!

Auf Ihre doppelte Sendung[1] von gestern kann ich leider nur mit einiger Betrübnis antworten, indem mein jetziger Gesundheitszustand deutlich bergab geht. Schlaf und sonstige Qualitäten gehen noch, aber der Atemzug ist gering; vom Arbeiten ist keine Rede mehr, und so bin ich nun auch völlig unfähig zu der großen Auskunft über die beiden Stile, wovon Sie reden. Die alten Zeiten sind gründlich vorbei, und wenn mich nun auch vieles und recht sehr interessiert, kann ich mich doch nicht mehr im Zusammenhang äußern. Mit Leidwesen sende ich Ihnen deshalb die Schrift zurück; denn selbst zum umständlichen Reden über diese Dinge wäre ich jetzt zu schwach und auch wohl schon zum Hervorholen von Photographien, soweit ich solche besitze.

Die freundliche Erinnerung Seiner Königlichen Hoheit wegen jenes Gemäldes hat mich auf das höchste erfreut; mein Verdienst bei der Sache war ein sehr geringes[2]. Dabei

[1] Es handelt sich um den Brief v. Geymüllers vom 5. April 1897 und die diesem beigefügte und in Nr. 18 der Liste der bisherigen Teilbriefausgaben S. 156 ff. abgedruckte höchst interessante Zusammenstellung italienischer Bauten von 1520 bis 1750, mit der der Autor beweisen wollte, daß damals „in Italien zwei ununterbrochene Reihen von Denkmälern entstanden seien, welche einer strengen und einer freien Strömung entsprungen seien".
[2] In dem erwähnten Brief H. v. Geymüllers heißt es von zwei Abenden, die er mit dem Großherzog von Baden verbrachte: „Ich freute mich an den Worten, mit welchen S. Kgl. Hoheit die Sympathie ausdrückte, die er damals für Ihr Wesen und Ihre Art empfunden hatte, als Sie die Freundlichkeit gehabt hätten, die Werke der Karlsruher Sammlung zu besehen und deren Attributionen zu berichten." Er erwähnt dann im besonderen ein kleines Gemälde, das J. B. damals dem Garofalo zugeschrieben habe.

handelte es sich auch nicht um einen Garofalo, sondern um einen ganz jugendlichen und schwer zu definierenden Guido Reni, als dieser unter den hier so schwer zu vermutenden Eindrücken des Albrecht Dürer arbeitete. Das Bild gehört der Frau Großherzogin persönlich, und dabei habe ich eine superbe Photographie für mich erhalten.

Nun leben Sie wohl und bleiben Sie Ihrem alten „Cicerone" freundlich gewogen, nachdem unser Leben nun einmal so oft und freundlich zusammengetroffen ist; nehmen Sie mich auch nach meinem Tode ein wenig (nicht zu viel) in Schutz, es soll ein gutes Werk sein! Ihr J. Burckhardt

VERZEICHNIS

der dem Herausgeber bekannt gewordenen Briefe Jacob Burckhardts

---

A: Teilbriefausgaben

1. Briefwechsel Jacob Burckhardts mit dem Freiburger Historiker Heinrich Schreiber [1835–1869], hrsg. von Gustav Münzel; Basel 1924.

2. Vier Briefe des Studenten Jacob Burckhardt [1838–1840], mitgeteilt v. R. Hunziker; Wissen und Leben [Neue Schweizer Rundschau] Bd. XVII, S. 32–47.

3. Ein Berliner Brief [1840], mitgeteilt v. A. Burckhardt-Finsler; Basler Jahrbuch 1907, S. 170 ff.

4. Jacob Burckhardt, Briefe und Gedichte an die Brüder Schauenburg [1841–1881], hrsg. v. Dr. Julius Schwabe; Basel o. J.

5. Briefe Jacob Burckhardts an Gottfried (und Johanna) Kinkel [1841–1847], hrsg. v. Rud. Meyer-Kraemer; Basel 1921.

6. Aus Jacob Burckhardts Jugendzeit [1841–1845; Briefe an W. Beyschlag u. A. Wolters], hrsg. v. M. Pahncke; Basler Jahrbuch 1910, S. 103–136.

7. Briefe Jacob Burckhardts an Karl Fresenius. [1842–1846], mitgeteilt v. J. Fr. Hoff; Hist. Ztschr. 141 (1929), S. 288–314.

8. Jacob Burckhardt, Briefe an Otto u. Emma Ribbeck. [1849 bis 1867], hrsg. von Hans Trog; Neue Rundschau, Bd. 21 (1910), S. 1518–1530.

9. Der Briefwechsel von Jacob Burckhardt und Paul Heyse [1849–1890], hrsg. v. Erich Petzet; München 1916.

10. Jacob Burckhardt, Briefwechsel mit der Basler Dichterin Emma Brenner-Kron [1852–1866], hrsg. v. K. E. Hoffmann; Basel 1925.

11. Briefe Jacob Burckhardts an seinen Schüler Albert Brenner [1855–1856]. 2. Aufl.; Basel o. J.

12. Zwei Briefe Jacob Burckhardts [a. d. Jahre 1857]. Neue Züricher Zeitung 1924, Nr. 704, 711, 724.

13. Ein Brief Jacob Burckhardts an Wilhelm Baumgartner [a. d. Jahre 1861]. Neue Züricher Zeitung 1927, Nr. 1325, 1342.

14. Zwei unbekannte Briefe Jacob Burckhardts [an Otto Mündler; 1862, 1870], mitgeteilt v. H. Schrade; Hist. Ztschr. 148 (1933) S. 89 ff.

15. Briefe Jacob Burckhardts an [Friedrich] Salomon Vögelin [1862–1878], hrsg. v. Hans Barth; Basler Jahrbuch 1914, S. 43–72.

16. Jacob Burckhardts Briefe an seinen Freund Friedrich v. Preen [1864–1893], hrsg. v. Emil Strauß; Stuttgart u. Berlin 1922.

17. Briefe von Jacob Burckhardt an Bernhard Kugler [1867–1875], hrsg. v. Rud. Wackernagel; Basler Zeitschr. f. Gesch. und Altertumskde Bd. 14 (1915), S. 351–377.

18. Jacob Burckhardt, Briefwechsel mit Heinrich v. Geymüller [1867–1897]. Mit einer Einleitung über H. v. Geymüller und mit Erläuterungen v. Carl Neumann; München 1914.

19. Unedierte Briefe Jacob Burckhardts zum „Cicerone" [1868 bis 1870]. Neue Züricher Zeitung 1923, Nr. 1592, 1594, 1599.

20. Ein Brief Jacob Burckhardts [a. d. J. 1869]. Basler Nachrichten, Nr. 142, vom 24. Mai 1928.

21. Jacob Burckhardt, Briefe an einen Architekten [1870–1889], hrsg. von Hans Trog; München 1913.

22. Briefwechsel zwischen Friedrich Nietzsche und Jacob Burckhardt [1874–1888], mit Erläuterungen von Elisabeth Förster-Nietzsche; Nietzsches Gesammelte Briefe, Bd. III, 1. Hälfte, S. 163–194.

23. Drei Briefe Jacob Burckhardts aus Rom [1875], überreicht von der Jacob-Burckhardt-Stiftung, [als Manuskript gedruckt]; Basel 1918.

24. Ein Brief Jacob Burckhardts [a. d. J. 1890]; Neue Züricher Zeitung 1920, Nr. 866.

25. Zwei Briefe Jacob Burckhardts [a. d. J. 1894 u. 1895]; Neue Züricher Zeitung 1925, Nr. 972.

B: Publikationen mit eingestreuten oder angehängten Brieftexten

26. Otto Markwart, Jacob Burckhardt. Persönlichkeit und Jugendjahre. Basel 1920.

27. Burckhardt-Gesamtausgabe, 14 Bände; Stuttgart, Leipzig, Berlin 1929 ff.

28. Jacob Burckhardt als Freund Emanuel Geibels. Mit unveröffentlichten Briefen Burckhardts von Heinrich Schneider; Basler Nationalzeitung vom 6., 13., 20. Dezember 1931. Sonntagsbeilagen.

29. Hans Trog, Jacob Burckhardt; Basler Jahrbuch 1898, S. 1ff.

30. R. Oeri-Sarasin, Beiträge zum Verhältnis zwischen Jacob Burckhardt und Arnold Böcklin; Basler Jahrbuch 1917, S. 252 ff.

31. Jacob Burckhardt und die Geschwister Charlotte und August Kestner von Dr. Max Unger; Neue Züricher Zeitung 1922, Nr. 1035, 1038.

32. Briefwechsel zwischen Aug. Kestner und seiner Schwester Charlotte, hrsg. v. H. Kestner-Köchlin, Straßburg 1904.

33. Festgabe Hans Lehmann Zürich 1931. Aus dem Briefwechsel Ferdinand Kellers, hrsg. v. Anton Largiadèr. [S. 4 ff: 3 Briefe Jacob Burckhardts aus den Jahren 1856 u. 1858.]

34. Werner Kaegi, Ein Plan Jacob Burckhardts zu einem Werk über Karl den Kühnen; Basler Ztschr. f. Gesch. und Altertumskunde Bd. 30 (1931). S. 393 ff.

35. Arnold v. Salis, Zum 100. Geburtstag Jacob Burckhardts. Erinnerungen eines alten Schülers. Basler Jahrbuch 1918, S. 270 ff.

36. Jacob Burckhardt, Die Kultur der Renaissance, 7. Aufl., Vorwort von L. Geiger.

37. L. Pastor. Geschichte der Päpste, Bd. II (1889), S. 18*.

38. Heinrich Wölfflin, Jacob Burckhardt. Zum 100. Geburtstag. Ztschr. f. Bild. Kunst, Bd. 29 (1918), S. 127 ff.

39. Heinrich Gelzer, Jacob Burckhardt als Mensch und Lehrer. Ausgewählte kleine Schriften, 1907, S. 295 ff.

40. Georg Klebs, Erinnerungen an Jacob Burckhardt; Heidelberg 1919.

C: Gesamtbriefverzeichnis

Mit diesen Editionen ist die Epistolographie Jacob Burckhardts keineswegs erschöpft. Um dies zu erkennen, braucht man nur obige Listen mit den Briefgruppen zu vergleichen, die O. Markwart bei der Abfassung seiner Burckhardt-Biographie zur Verfügung gestanden haben und die er Seite XII seines Buches nennt. Selbstverständlich empfand der Herausgeber des vorliegenden Briefbandes von Anfang an den dringenden Wunsch, auch bisher unveröffentlichtes Material für seine Arbeit heranzuziehen und durch Studien in Basel die Grundlage für seine Arbeit zu vervollkommnen. Leider ist es ihm nicht möglich gewesen, aus den im Jacob-Burckhardt-Archiv verwahrten, noch unveröffentlichten Briefen Stücke aufzunehmen, jedoch liegen die veröffentlichten glücklicherweise schon so dicht, daß sie eine Erkenntnis der geistigen Gestalt Jacob Burckhardts und seiner Entwicklung durchaus ermöglichten.

Zu der technischen Einrichtung des Gesamtbriefverzeichnisses ist noch zu bemerken, daß die Briefe chronologisch geordnet sind unter gleichzeitiger Angabe des Absendungsortes, des Adressaten und der Stelle des ersten Abdruckes. Diejenigen Briefe, welche in die vorliegende Sammlung ganz oder teilweise aufgenommen wurden, sind mit einem Sternchen (*) versehen. D bedeutet gedruckt; Z zitiert; die jeweilige Nummern korrespondieren mit denen der Liste der bisherigen Briefpublikationen.

*1823 Okt 4, Basel. An die Großmama. D: 26, S. 180.

1835 Okt 24/25/26, Basel. An Prof. Schreiber. D: 1, S. 15-17. — *Nov 10, Basel. An Prof. Schreiber. D: 1, S. 18-19. — *Dez 10, Basel. An Prof. Schreiber. D: 1, S. 19-22.
*1836 Juli 15, Basel. An Prof. Schreiber. D: 1, S. 22-24.

1837 Jan 3, Basel. An J. J. Oeri. Z: 26, S. 198. — *April 21, Basel. An Prof. Schreiber. D: 1, S. 24-25. — Mai 6, Basel. An Prof. Schreiber. D: 1, S. 26. —

Juli 8, Basel. An Prof. Schreiber. D: 1, S. 27-29. — Juli zwischen 8 u. 25, Basel. An Prof. Schreiber. D: 1, S. 29-31. — Sept 21, Basel. An Prof. Schreiber. D: 1, S. 31-32. — Okt 13, Basel. An Prof. Schreiber. D: 1, S. 33-34.

*1838 Jan 2, Basel. An Prof. Schreiber. D: 1, S. 34-36. — Juni 11, Basel. An H. Riggenbach. Z: 26, S. 226. — *Aug 26 u. 28, Basel. An H. Riggenbach. D. 27, I, S. XVIII-XXIII und 2, S. 33-35. — *Okt 6, Basel. An Prof. Schreiber. D: 1, S. 38-39. — *Okt 9, Basel. An H. Riggenbach. D: 2, S. 35-37. — Okt 12, Basel. An Prof. Schreiber. D: 1, S. 40. — Nov 8, Basel. An Prof. Schreiber. D: 1, S. 40-41. — Dez 10, Basel. An Prof. Schreiber. D: 1, S. 41-42. — *Dez 12/13, Basel. An H. Riggenbach. D: 2, S. 38-42.

1839 Jan 2, Basel. An Prof. Schreiber. D: 1, S. 42. — *Palmsonntag, Basel. An Prof. Schreiber. D: 1, S. 43. — April 10, Basel. An H. Riggenbach. Z: 26, S. 243. — *Sept 8, Basel. An Prof. Schreiber. D: 1, S. 43-46.

*1840 Jan 15, Berlin. An Prof. Schreiber. D: 1, S. 46-51. — *März 11, Berlin. An Th. Meyer-Merian. D: 2, S. 43-45. — *März 22, Berlin. Ans Dörli. D: 3. — März 29, Berlin. An Louise Burckhardt. Z: 26, S. 18. — Juli 16, Berlin. An Louise Burckhardt. Z: 26, S. 309. — *Aug 11, Berlin. An Prof. Schreiber. D: 1, S. 51-53. — *Aug 15, Berlin. An Louise Burckhardt. D: 26, S. 295-296.

*1841 April 5, Frankfurt a. M. An Louise Burckhardt. D: 26, S. 339-344. — *April 15, Sancta Colonia. An E. Schauenburg. D: 4, S. 1-5. — Juni 12, Bonn. An E. Schauenburg. D: 4, S. 6-11. — Sept 24, Braunschweig. An E. Schauenburg. D: 4, S. 11-12. — Sept 25 Braunschweig. An Louise Burckhardt. Z: 26, S. 364. — *Dez 30, Berlin. An G. Kinkel. D: 5, S. 5-8.

1842 Jan 29, Berlin. An Louise Burckhardt. Z: 26, S. 378. — *März 4, Berlin, An Prof. Schreiber. D: 1, S. 53-56. — *März 21, Berlin. An G. Kinkel. D: 5 S. 8-12. — April 17, Koblenz (?). An E. Schauenburg. D: 4, S. 16. — *Juni 13, Berlin. An G. Kinkel. D: 5, S. 13-16. — *Juni 14, Berlin. An W. Beyschlag. D: 6, S. 109 f. — *Juni 19, Berlin. An K. Fresenius. D: 7, S. 291—296. — *Juli 1, Berlin. An Prof. Schreiber. D: 1, S. 57. — *Sept 12, Berlin. An W. Beyschlag. D: 6, S. 110-111. — Sept 19, Dresden. An G. Kinkel. D: 5, S. 17-18. — Sept 22, Berlin. An W. Beyschlag. D: 6, S. 112. — *Okt 2/3, Berlin. An Prof. Schreiber. D: 1, S. 57-61. — *Nov 25, Berlin. An G. Kinkel. D: 5, S. 19-21. — *Dez 7/8, Berlin, An G. Kinkel. D: 5, S. 21-26. — Dez 26, Berlin. An G. Kinkel. D: 5, S. 26-28.

1843 Febr 4, Berlin. An Prof. Schreiber. D: 1, S. 61-62. — *Febr 7/9, Berlin. An G. Kinkel. D: 5, S. 29-33. — *März 3, Berlin. An G. Kinkel. D: 5, S. 34-36. — *März 15/16, Berlin. An G. Kinkel. D: 5, S. 36-38. — April 21, Niederdollendorf. An W. Beyschlag. D: 6, S. 117. — April 21, Niederdollendorf. An A. Wolters. D: 6, S. 117 f. — Mai 3, Bonn. An E. Schauenburg. D: 4, S. 16-19. — Mai 15, Bonn. An E. Schauenburg. D: 4, S. 19-22. — *Mai 20, Bonn. An W. Beyschlag. D: 6, S. 118 f. — *Juni 16, Paris. An G. Kinkel. D: 5. S. 41-45. — *Juni 19, Paris. An W. Beyschlag. D: 6, S. 119-121. — Juni 21, Paris. An A. Wolters. D: 6, S. 121-122. — Juli 19, Paris. An W. Beyschlag. D: 6, S. 122-123. — *Juli 20, Paris. An A. Wolters. D: 6, S. 123-125. — Aug. 12, Paris. An Louise Oeri-Burckhardt. Z: 26, S. 354 f. — *Aug 20/26, Paris. An G. Kinkel. D: 5, S. 45-53, 58 f. — *Aug 21/23/25, Paris. An Johanna Kinkel. D: 5, S. 53-58. — Sept 3, Mainz. An G. Kinkel. D: 5, S. 59-61. — Sept 18, Bonn. An E. Schauenburg. D: 4, S. 23. — Okt 12, Basel. An G. Kinkel. D: 5, S. 61. — *Okt 27, Basel. An Prof. Schreiber. D: 1, S. 62-63. — *Nov 24/26/29/Dez 1, Basel. An G. Kinkel. D: 5, S. 62-65. — *Nov 30, Basel. An E. Schauenburg. D: 4, S. 23-27. — Dez 9, Basel. An Professor Schreiber. D: 1, S. 63. — Dez 28, Basel. An G. Kinkel. D: 5, S. 65-66.

*1844 Jan 14/30, Basel. An W. Beyschlag. D: 6, S. 127-131. — *Jan 21/27/30, Basel. An K. Fresenius. D: 7, S. 296-298. — *Jan 18/21/27/Febr 1, Basel. An G. Kinkel. D: 5, S. 66-73. — *Jan 29/Febr 1, Basel. An Johanna Kinkel. D: 5, S. 73-75. — *Jan 28/29/Febr 1, Basel. An E. Schauenburg. D: 4, S. 27-32. — Febr 12, Basel. An K. Fresenius. D: 7, S. 299-301. — März 8, Basel. An E. Geibel. D: 28. — April 3/Aug 27/28, Basel. An K. Fresenius. D: 7, S. 301-304. — *April 21/26, Basel. An G. Kinkel. D: 5, S. 76-80. — *Mai 22/23, Basel. An G. Kinkel. D: 5, S. 83-86. — *Juni 10, Basel. An H. Schauenburg. D: 4, S. 32-37. — Juni 30, Basel. An G. und Johanna Kinkel. D: 5, S. 86-88. — Juli 16, Basel. An H. Schauenburg. D: 4, S. 37-39. — *Juli 31/Aug 2/6, Basel. An E. Schauenburg. D: 4, S. 39-43. — *Aug 2/5/6, Basel. An G. und Johanna Kinkel. D: 5,

VERZEICHNIS DER BRIEFE

S. 88-91. — *Aug 3/6, Basel. An W. Beyschlag. D: 6, S. 131-133. — *Sept 14/ Okt 8/Nov 6/7, Basel. An G. Kinkel. D: 5, S. 91-94. — *Dez 20, Basel. An K. Fresenius. D: 7, S. 304-306. — *Dez 23, Basel. An G. Kinkel. D: 5, S. 95-96.

1845 Jan 5/7, Basel. An E. Schauenburg. D: 4, S. 43-46. — *Jan 7, Basel. An G. Kinkel. D: 5, S. 97-98. — Febr 5, Basel. An E. Schauenburg. D: 4, S. 46-48. — Febr 6, An W. Beyschlag. D: 6, S. 134f. — März 2, Basel. An G. Kinkel. D: 5, S. 99. — März 22, Basel. An Prof. Schreiber. D: 1, S. 64-65. — *April 19, Basel. An G. Kinkel. D: 5 S. 99-102. — Mai 1, Basel. An Prof. Schreiber. D: 1, S. 65-66. *Juni 4/12, Basel. An E. Schauenburg. D: 4, S. 48-52. — Juni 11, Basel. An G. Kinkel. D: 5, S. 102-103. — Juni 13, Basel. An Prof. Schreiber. D: 1, S. 67. — Juni 15, Basel. An H. Schauenburg. D: 4, S. 52-56. — *Juni 18/29, Basel. An G. Kinkel. D: 5, S. 104-105. — Juli 16, Köln. An E. Schauenburg. D: 4, S. 56. — Juli 21, Bonn. An E. Schauenburg. D: 4, S. 56-57. — Juli 26, Limburg a. d. Lenne. An H. Schauenburg. D: 4 S. 57-58. — *Aug 14/15, Basel. An G. Kinkel. D: 5, S. 106-109. — *Aug 16, Basel. An K. Fresenius. D: 7, S. 306-308. — *Nov 1, Basel. An G. Kinkel. D: 5, S. 107-109.

*1846 Jan 11, Basel. An G. Kinkel. D: 5, S. 109-112. — *Jan 24/26, Basel. An E. Schauenburg. D: 4, S. 58-68. — Febr 11/13, Basel. An K. Fresenius. D: 7, S.308-309. — Febr 23, Basel. An K. Fresenius. D: 7, S. 309-311. — *Febr 28/März 5, Basel. An H. Schauenburg. D: 4, S. 68-73. — *März 9, Basel. An G. und Johanna Kinkel. D: 5, S. 113-117. — März 21, Basel. An Prof. Schreiber. D: 1, S. 67. — *April 21/22, Rom. An K. Fresenius. D: 7, S. 311-313. — Mai 1, Rom. An W. Wackernagel. Z: 29, S. 52f. — Mai 16, Rom. An K. Fresenius. D: 7, S. 313-314. — *Mai 18/19, Rom. An G. Kinkel. D: 5, S. 117-123. — *Juli 22, Florenz. An G. Kinkel. D: 5, S. 123-126. — *Aug 9, Venedig. An E. Schauenburg. D: 4, S. 83-85. — *Aug 13, Venedig. An E. Schauenburg. D: 4, S. 85-87. — *Aug 15/21, Venedig. An G. Kinkel. D: 5, S. 126-128. — *Sept 11/12, Basel. An G. und Johanna Kinkel. D: 5, S. 130-132. — Nov 12, Berlin. An E. Schauenburg. D: 4, S. 87-90. — Dez 5, Berlin. An E. Schauenburg. D: 4, S. 90-92 — *Dez 6/7/9, Berlin. An G. Kinkel. D: 5, S. 133-139.

1847 Jan [?], Berlin. An W. Wackernagel. Z: 29, S. 54. — *Febr 27/März 1, Berlin. An H. Schauenburg. D: 4, S. 92-98. — *März 22/23/25/26, Berlin. An H. Schauenburg. D: 4, S. 98-103. — *März 25, Berlin. An E. Schauenburg. D: 4, S. 103-105. — *März 28, Berlin. An Kuratorium d. Univ. Basel. D: 29, S. 55. — April 17, Berlin. An G. Kinkel. D: 5, S. 140-143. — *Mai 4/5, Berlin. An G. Kinkel. D: 5, S. 143-146. — Juli 20, Berlin. An G. Kinkel. D: 5, S. 146. — Juli 21, Berlin. An E. Geibel. D: 28. — Aug 23, Berlin. An E. Schauenburg. D: 4, S. 106-107. — Aug 23, Berlin. An G. Kinkel. D: 5, S. 147-148.

1848 Jan 7, Rom. An Ratsherr Heusler. Z: 26, S. 323. — März 4, Rom. An Ratsherr Heusler. Z: 27, I, S. L. — *Aug 23, Basel. An H. Schauenburg. D: 4, S. 107-110.

1849 Febr 25, [Basel]. An die Museumskommission. Z: 29, S. 58. — April 11, Basel. An Emma v. Baeyer. D: 8, S. 1519. — *Sept, Basel. An H. Schauenburg. D: 4, S. 111-113. — *Nov 2, Basel. An P. Heyse. D: 9, S. 14-15. — *Dez 20/21, Basel. An H. Schauenburg. D: 4, S. 114-118. — *Dez 24, Basel. An Emma v. Baeyer. D: 8, S. 1519-1521. — *Dez 31, Basel. An E. Schauenburg. D: 4, S. 118-121.

1850 Jan 21, Basel. An P. Heyse. D: 9, S. 22-24.

*1851 Jan 28, Basel. An F. Sarasin. D: 30, S. 259-261. — Febr 14, Basel. An F. Sarasin. Z: 30, S. 261. — Febr 17/21, Basel. An Charlotte Kestner. D: 31. — *Mai 17, Basel. An F. Sarasin. D: 30, S. 262-264. — 2. Hälfte des Mai, Basel. An F. Sarasin. D: 30, S. 264-265.

*1852 Mai 21, Basel. An Emma Brenner-Kron. D: 10, S. 17-25. — *Juni 4, Basel. An E. Brenner-Kron. D: 10, S. 30-33. — *Aug 13, Basel. An P. Heyse. D: 9, S. 77. — *Ende Okt, Basel. An E. Brenner-Kron. D: 10, S. 36-42. — *Nov 5, Basel. An E. Brenner-Kron. D: 10, S. 43-47. — *Dez 18, Basel. An Prof. Schreiber. D: 1, S. 70-71.

*1853 Jan 16, Basel. An E. Brenner-Kron. D: 10, S. 48-51. — Febr 9, Basel. An E. Brenner-Kron. D: 10, S. 52-53. — *März 21, Basel. An E. Brenner-Kron. D: 10, S. 54-56.

VERZEICHNIS DER BRIEFE

*1854 Mai 2, Basel. An P. Heyse. D: 9, S. 30-32. — Anfang Aug, Basel. An E. Brenner-Kron. D: 10, S. 57. — *Aug 12, Basel. An E. Brenner-Kron. D: 10, S. 58-59. — *Dez 2, Basel. An E. Brenner-Kron. D: 10, S. 60-62.

1855 März 22, Basel. An E. Brenner-Kron. D: 10, S. 63. — *Mai 6/7, Basel. An P. Heyse. D: 9, S. 32-37. — *Okt 17, Zürich. An A. Brenner. D: 11, S. 3-4. — *Nov 11, Zürich. An A. Brenner. D: 11, S. 4-5. — *Dez 2, Zürich. An A. Brenner. D: 11, S. 6-7.

1856 Jan 22, Zürich. An Ferd. Keller. D: 33, S. 4. — Jan 28, Zürich. An A. Brenner. D: 11, S. 7-8. — *Febr 21, Zürich. An A. Brenner. D: 11, S. 8-11. — *März 16, Zürich. An A. Brenner. D: 11. S. 11-12. — *Mai 24, Zürich. An A. Brenner. D: 11, S. 12-14. — Juni 19, Zürich. An E. Geibel. D: 28. — Juli 27, Zürich. An Ferd. Keller. D: 33, S. 5. — Okt 24, Zürich. An E. Geibel. D: 28.

1857 März 29, Zürich. An Präs. Zehnder. D: 12. — Mai 14, Zürich. An H. Köchly. D: 12. — Aug 5, Zürich. An Franz Kugler. Z: 27, V, S. XLIII. — Nov 2, Zürich. An P. Heyse. D: 9, S. 39-41.

1858 Jan 22, Zürich. An Ferd. Keller. D: 33, S. 6. — *April 3, Basel. An P. Heyse. D: 9, S. 46-47. — *April 9, Basel. An P. Heyse. D: 9, S. 51-53. — Mai 9, Basel. An P. Heyse. D: 9, S. 59-60. — *Pfingsttag, Basel. An P. Heyse. D: 9, S. 61-62. — *Ende Mai, Basel. An König Maximilian II. von Bayern. D: 27, V, S. XLVI. — *Juli 4, Basel. An P. Heyse. D: 9, S. 64-66. — *Aug 14, Basel. An P. Heyse. D: 9, S. 70-72. — Dez 17, Basel. An Charlotte Kestner. D: 31.

1859 Jan 16/17, Basel. An P. Heyse. D: 9, S. 74-78. — *Jan 23, Basel. An P. Heyse. D: 9, S. 80-82. — Febr 22, Basel. An P. Heyse. D: 9, S. 84-86. — *Nov 26, Basel. An P. Heyse. D: 9, S. 88-91.

*1860 Febr 12, Basel. An P. Heyse. D: 9, S. 91-93. — *Aug 1, Basel. An Professor Schreiber. D: 1, S. 72. — *Sept 16, Basel. An P. Heyse. D: 9, S. 96-97. — *Sept 19, Basel. An Prof. Schreiber. D: 1, S. 73. — Okt 20, Paris. An die Schwester Margaretha. Z: 26, S. 319. — *Nov 16/17, Basel. An P. Heyse. D: 9, S. 99-102.

*1861 Febr 3, Basel. An O. Ribbeck. D: 8, S. 1521-1522. — Febr 7, Basel. An O. Ribbeck. D: 8, S. 1522. — April 8, Basel. An Charlotte Kestner. D: 31. — *Juni 29, Basel. An Ch. Kestner. D: 32, S. 374 f. — Okt 4, Basel. An Ch. Kestner. D: 31. — *Dez 29/30, Basel. An Wilhelm Baumgartner. D: 13.

*1862 Jan 1, Basel. An P. Heyse. D: 9, S. 103-107. — *Jan 5, Basel. An O. Mündler. D: 14, S. 89-91. — *Jan 6, Basel. An E. Brenner-Kron. D: 10, S. 64-65. — Jan 15, Basel. An A. S. Vögelin. D: 15, S. 47-48. — April 22, Basel. An P. Heyse. D: 9, S. 111-114. — *April 22, Basel. An F. S. Vögelin. D: 15, S. 48-51. — Mai 3, Basel. An F. S. Vögelin. D: 15, S. 51-53. — *Nov 30, Basel. An P. Heyse. D: 9. S. 114-117.

*1863 Febr 15, Basel. An F. S. Vögelin. D: 15, S. 53-55. — *Juni 27/28, Basel. An O. Ribbeck. D: 8, S. 1522-1524. — *Okt. 10, Basel. An E. Geibel. D: 28.

*1864 April 3, Basel. An P. Heyse. D: 9, S. 117-120. — Juni 19, Basel. An P. Heyse. D: 9, S. 124-127. — *Juli 10, Basel. An O. Ribbeck. D: 8, S. 1524-1527. — *Sept 11, Basel. An F. v. Preen. D: 16, S. 1. — Sept 23, Basel. An P. Heyse D: 9, S. 128-130. — Nov 19, Basel. An E. Geibel. D: 28. — Nov 25, Basel. An P. Heyse. D: 9, S. 133-135. — Nov 25, Basel. An Duncker u. Humblot. D: 9, S. 135-136. — Nov 27, Basel. An W. Lübke. Z: 27, VI, S. XVII; XIII, S. 10. — Dez 1, Basel. An Verlag Ebner. Z: 27, VI, S. XVIII. — *Dez 6, Basel. An P. Heyse. D: 9, S. 139-140. — Dez 13, Basel. An P. Heyse. D: 9, S. 143-144. — [??] An J. Oeri. Z: 26, S. 18.

1865 März 14, Basel. An J. Oeri. Z: 26, S. 164. — April 23, Basel. An Professor Schreiber. D: 1, S. 75-77. — *April 24, Basel An F. S. Vögelin. D: 15, S. 55-57. — *Okt 16/17, Basel. An O. Ribbeck. D: 8, S. 1527-1529. — [??] An G. M. Dalla Vedova. Z: 27, V, S. LXIII.

*1866 Jan 14, Basel. An F. S. Vögelin. D: 15, S. 57-58. — *Jan 21, Basel. An Prof. Schreiber. D: 1, S. 77-79. — *März 6, Basel. An F. S. Vögelin. D: 15, S. 58-59. — März 18, Basel. An F. S. Vögelin. D: 15, S. 59-60. — April 26, Basel. An F. S. Vögelin. D: 15, S. 60. — Juni 6, Basel. An F. v. Preen. D: 16, S. 2. — Sept 7, Basel. An F. v. Preen. D: 16, S. 3. — *Montag u. Bettag, Basel. An F. S. Vögelin. D: 15, S. 60-61. — Nov 9, Basel. An E. Brenner-Kron. D: 10, S. 66.

VERZEICHNIS DER BRIEFE

1867 Jan 15, Basel. An F. S. Vögelin. D: 15, S. 61-62. — Febr 3, Basel. An B. Kugler. D: 17, S. 351-353. — *April 10, Basel. An Ratsherrn Vischer. D: 29, S. 123 f. — *Mai 14, Basel. An H. v. Geymüller. D: 18, S. 53-54. — *Mai 19, Basel. An H. v. Geymüller. D: 18, S. 55-56. — *Juni 2, Basel. An Prof. Schreiber. D: 1, S. 79-81. — *Okt 28, Basel. An O. Ribbeck. D: 8, S. 1529-1530. — Okt 28, Basel. An F. S. Vögelin. D: 15, S. 62-63. — *Nov 24, Basel. An Professor Schreiber. D: 1, S. 81-83.

1868 Jan 1, Basel. An H. Frey. Z: 26, S. 50. — März 3, Basel. An F. S. Vögelin. D: 15, S. 63. — März 27, Basel. An F. v. Preen. D: 16, S. 4. — Sept 30, Basel. An Prof. Schreiber. D: 1, S. 83-84. — *Okt 22, Basel. An A. v. Zahn. D: 19. — Okt 24, Basel. An J. Oeri. Z: 27, VIII, S. XVII.

*1869 Febr 13, Basel. An Prof. Schreiber. D: 1, S. 84-85. — Febr 28, Basel. An B. Kugler. D: 17, S. 353-354. — *Febr 28, Basel. An A. v. Zahn. D: 19. — *April 15, Basel. An F. S. Vögelin. D: 15, S. 63-64. — *April 16, Basel. An A. v. Zahn. D: 19. — April 30, Basel. An A. v. Zahn. D: 19. — Juli 30, Basel. An A. v. Zahn. D: 19. — Juli 30, [Basel]. An J. V. Widmann. Z: 26, S. 111. — Aug 10, Basel. An A. v. Zahn. D: 19. — *Okt 28, Basel. An A. v. Zahn. D: 19. — *Nov 6, Basel. An F. v. Preen. D: 16, S. 5-6. — Nov 16, Basel. An F. v. Preen. D: 16, S. 7. — *Nov 19, Basel. An A. v. Zahn. D: 19. — *Dez 3, Basel. An E. Schauenburg. D: 20. — *Dez 13, Basel. An A. v. Zahn. D: 19.

*1870 Jan 8, Basel. An F. v. Preen. D: 16, S. 8-10. — *Febr 1, Basel. An M. Alioth. D: 21, S. 1-3. — *Febr. 15, Basel. An A. v. Zahn. D: 19. — *Febr. 15, Basel. An O. Mündler. D: 14, S. 91-92. — *März 30, Basel. An B. Kugler. D: 17, S. 354-357. — *April 11, Basel. An B. Kugler. D: 54. — April 12, Basel. An B. Kugler. D: 17, S. 357-358. — *April 27, Basel. An F. v. Preen. D: 16, S. 11-16. — Mai 6, Basel. An H. v. Geymüller. D: 18, S. 57-60. — Mai 26, Basel. An H. v. Geymüller. D: 18, S. 61-64. — Mai 26, Basel. An F. S. Vögelin. D: 15, S. 64-65. — *Juli 3, Basel. An F. v. Preen. D: 16, S. 19-22. — *Juli 7, Basel. An M. Alioth. D: 21, S. 4-5. — *Juli 20, Basel. An F. v. Preen. D: 16, S. 23-25. — Juli 21, Basel. An F. S. Vögelin. D: 15, S. 65-67. — *Aug 22, Basel. An F. S. Vögelin. D: 15, S. 67-68. — *Sept 27, Basel. An F. v. Preen. D: 16, S. 26-28. — *Dez 31, Basel. An F. v. Preen. D: 16, S. 29-31.

1871 März 5/6, Basel. An F. v. Preen. D: 16, S. 32-34. — April 30, Basel. An B. Kugler. D: 17, S. 358-360. — *Juli 2, Basel. An F. v. Preen. D: 16, S. 35-37. — *Juli 2, Basel. An B. Kugler. D: 17, S. 361-362. — Aug 24, Basel. An F. S. Vögelin. D: 15, S. 68. — Sept 2, Basel. An F. S. Vögelin. D: 15, S. 69-70. — Sept. 11, Basel. An Ch. Kestner. D: 31. — *Okt 12, Basel. An F. v. Preen. D: 16, S. 38-40. — *Dez 23, Basel. An F. v. Preen. D: 16, S. 41-45.

*1872 März 17, Basel. An F. v. Preen. D: 16, S. 46-48. — April 19, Basel. An F. v. Preen. D: 16, S. 49. — *April 21, Basel. An A. v. Salis. D: 35, S. 301-303. — *April 26, Basel. An F. v. Preen. D: 16, S. 50-52. — Mai 28, Basel. An F. v. Preen. D: 16, S. 53. — *Juni 28, Basel. An F. v. Preen. D: 16, S. 54-56. — *Okt 3, Basel. An F. v. Preen. D: 16, S. 57-59. — *Nov 20, Basel. An B. Kugler. D: 17, S. 362-364. — *Dez 11, Basel. An B. Kugler. D: 17, S. 364-365. — *Dez 31, Basel. An F. v. Preen. D: 16, S. 60-64.

1873 Febr 6, Basel. An B. Kugler. D: 17, S. 365-366. — April 23, Basel. An F. v. Preen. D: 16, S. 65-69. — Dez 26, Basel. An die Kuratel d. Univ. D: 29, S. 125 f. — *Dez 29, Basel. An F. v. Preen. D: 16, S. 70-73.

1874 Febr 10, Basel. An F. S. Vögelin. D: 15, S. 70. — *Febr 25, Basel. An F. Nietzsche. D: 22, S. 171-173. — *Mai 31, Basel. An F. v. Preen. D: 16, S. 74-77. — *Juni 14, Basel. An B. Kugler. D: 17, S. 366-368. — Aug 5, Basel. An B. Kugler. D: 17, S. 368-369. — Aug. 5, [Basel]. An Diego Valbusa. Z: 27, V, S. LX. — Aug 8, [Basel]. An D. Valbusa. Z: 27, V, S. LXIV. — Aug 9, [Basel]. An B. Kugler. D: 17, S. 369-370. — Aug 9, [Basel]. An D. Valbusa. Z: 27, V, S. LXV. — Aug 15, Basel. An B. Kugler. D: 17, S. 371. — Aug 21, Basel. An B. Kugler. D: 17, S. 372. — Aug 28, Basel. An B. Kugler. D: 17, S. 373. — Aug 29, [Basel]. An D. Valbusa. Z: 27, V, S. LXIV. — *Okt 5, Basel. An B. Kugler. D: 17, S. 373-375. — *Dez 27, Basel. An H. v. Geymüller. D: 18, S. 65-67. — *Dez 30/31, Basel. An F. v. Preen. D: 16, S. 78-81.

*1875 April 1, Rom. An R. Grüninger. D: 23, S. 5-8. — *April 5, Rom. An M. Alioth. D: 21, S. 6-9. — *April 13, Rom. An R. Grüninger. D: 23, S. 8-12. —

*April 16, Rom. An M. Alioth. D : 21, S. 10-14. — *April 20, Rom. An R. Grüninger. D : 23, S. 12-15. — Mai 27, Basel. An H. v. Geymüller. D : 18, S. 68-71. — *Juli 24, Dresden. An M. Alioth. D : 21, S. 15-19. — Aug 14, [?]. An Conte Agosto di Cossilla. Z : 27, V, S. LXIV. — *Sept 19, Basel. An F. v. Preen. D : 16, S. 82-85. — *Okt 30, Basel. An B. Kugler. D : 17, S. 375-376. — Nov 11, Basel. An B. Kugler. D : 17, S. 376-377. — *Nov 12, Basel. An P. Heyse. D : 9, S. 146-148. — Nov 12, Basel. An P. Heyse. D : 9, S. 149. — *Dez 30, Basel. An F. v. Preen. D : 16, S. 86-89.

*1876 Febr 27, Basel. An F. v. Preen. D : 16, S. 90-93. — Juli 3, Basel. An F. v. Preen. D : 16, S. 94. — Juli 14, Basel. An F. v. Preen. D : 16, S. 95. — *Aug 6, Verona. An M. Alioth. D : 21, S. 20-22. — *Aug 23, Mailand. An M. Alioth. D : 21, S. 23-25. — Sept 4, Turin. An R. Grüninger. Z : 26, S. 92, 132. — *Nov 17, Basel. An F. v. Preen. D : 16, S. 96-99. — Dez 2, Basel. An H. v. Geymüller. D : 18, S. 71-72.

1877 Jan 16, Basel. An H. v. Geymüller. D : 18, S. 73-76. — Febr 11, Basel. An H. v. Geymüller. D : 18, S. 76-77. — *April 13, Basel. An F. v. Preen. D : 16, S. 100-102. — *Mai 30, Basel. An F. v. Preen. D : 16, S. 103-106. — *Juli 13, Basel. An F. v. Preen. D : 16, S. 107-108. — Juli 29, Kempten. An M. Alioth. D : 21, S. 26-28. — *Juli 30, München. An M. Alioth. D : 21, S. 29-30. — Aug 3/4, München. An M. Alioth. D : 21, S. 31-33. — Aug 5/6, [München]. An R. Grüninger. Z : 26, S. 25. — *Aug 7, München. An M. Alioth. D : 21, S. 34-36. — *Aug 11, München. An M. Alioth. D : 21, S. 37-39. — *Aug 15/16, München. An M. Alioth. D : 21, S. 40-41. — Aug 19/20, München. An M. Alioth. D : 21, S. 42-43. — Aug 24, München. An M. Alioth. D : 21, S. 44-45. — *Aug 27, München. An M. Alioth. D : 21, S. 46. — Aug 29, Regensburg. An R. Grüninger. Z : 26, S. 126. — *Aug 31, Nürnberg. An M. Alioth. D : 21, S. 47-49. — *Sept 4, Frankfurt a. M. An M. Alioth. D : 21, S. 50-52. — *Nov 28/29, Basel. An F. v. Preen. D : 16, S. 109-112. — *Dez 31, Basel. An F. v. Preen. D : 16, S. 113-116.

*1878 Febr 21, Basel. An F. v. Preen. D : 16, S. 117-120. — *Juni 7, Basel. An F. S. Vögelin. D : 15, S. 70-71. — *Juli 7, Basel. An F. v. Preen. D : 16, S. 121-124. — *Juli 30, Gravedona a. Comer See. An M. Alioth. D : 21, S. 53-56. — *Aug 3/4, Brescia. An M. Alioth. D : 21, S. 57-62. — *Aug 8, Mantua. An M. Alioth. D : 21, S. 63-66. — *Aug 13, Bologna. An M. Alioth. D : 21, S. 67-70. — *Aug 15, Bologna. An M. Alioth. D : 21, S. 71-73. — *Aug 25/26, Bologna. An M. Alioth. D : 21, S. 74-78. — Aug 26, Bologna. An R. Grüninger. Z : 26, S. 132. — *Aug 30, Mailand. An M. Alioth. D : 21, S. 79-80. — *Dez 8/9/10, Basel. An F. v. Preen. D : 16, S. 125-128.

1879 Jan 1, Basel. An F. v. Preen. D : 16, S. 129-133. — *April 5, Basel. An F. Nietzsche. D : 22, S. 174-175. — Mai 12, Basel. An H. v. Geymüller. D : 18, S. 77-78. — Mai 15/16, Basel. An H. v. Geymüller. D : 18, S. 78-83. — Juli 16, Basel. An F. v. Preen. D : 16, S. 134-135. — Juli 31 / Aug 1/2, London. An M. Alioth. D : 21, S. 81-87. — Aug 4/6/7, London. An M. Alioth. D : 21, S. 88-95. — Aug 8/9, London. An M. Alioth. D : 21, S. 96-101. — Aug 11/12/13, London. An M. Alioth. D : 21, S. 102-106. — Aug 16/17, London. An M. Alioth. D : 21, S. 107-112. — Aug 20/21, London. An M. Alioth. D : 21, S. 113-116. — Aug 21, London. An R. Grüninger. Z : 26, S. 36. — Aug 25, London. An M. Alioth. D : 21, S. 117. — Aug 30, London. An M. Alioth. D : 21, S. 118-120. — Sept 2, London. An M. Alioth. D : 21, S. 121-122. — Sept 3, Paris. An M. Alioth. D : 21, S. 123-127. — Sept 9, Paris. An M. Alioth. D : 21, S. 128-129. — Sept 30, Basel. An H. v. Geymüller. D : 18, S. 83.

*1880 Jan 2, Basel. An F. v. Preen. D : 16, S. 136-139. — Mai 21, Basel. An M. Alioth. D : 21, S. 130. — Juni 5, Basel. An M. Alioth. D : 21, S. 131-132. — Juni 22, Basel. An M. Alioth. D : 21, S. 133-134. — Juli 14, Basel. An M. Alioth. D : 21, S. 135-136. — Aug 1, Basel. An M. Alioth. D : 21, S. 137-139. — *Aug 2, Basel. An F. v. Preen. D : 16, S. 140-141. — Aug 9, Basel. An F. v. Preen. D : 16, S. 142. — Aug 17, Basel. An F. v. Preen. D : 16, S. 143-145. — Aug 22, Basel. An M. Alioth. D : 21, S. 140-142. — *Sept 1, Basel. An M. Alioth. D : 21, S. 143-145. — *Sept 20, Straßburg. An M. Alioth. D : 21, S. 146-147. — *[Ende] Sept, Frankfurt a. M. An M. Alioth. D : 21, S. 148-150. — *Okt 8, Basel. An M. Alioth. D : 21, S. 151-153. — Nov 7, Basel. An M. Alioth. D : 21, S. 154-155. — *Dez 3, Basel. An F. v. Preen. D : 16, S. 146-149. — Dez 6, Basel. An M. Alioth. D : 21, S. 156-158. — *Dez 25, Basel. An M. Alioth. D : 21, S. 159-161. — *Dez 29, Basel. An F. v. Preen. D : 16, S. 150-153.

VERZEICHNIS DER BRIEFE

*1881 Jan 12, Basel. An E. Schauenburg. D: 4, S. 122-123. — Jan 23, Basel. An M. Alioth. D: 21, S. 162-163. — *Jan 29, Basel. An H. v. Geymüller. D: 18, S. 84-86. — Febr 16, Basel. An M. Alioth. D: 21, S. 164-166. — *Febr 19, Basel. An F. v. Preen. D: 16, S. 154-157. — März 10/11, Basel. An M. Alioth. D: 21, S. 167-169. — Ostern, Basel. An M. Alioth. D: 21, S. 170-172. — *Mai 1, Basel. An F. v. Preen. D: 16, S. 158-159. — *Juni 14/15, Basel. An M. Alioth. D: 21, S. 173-174. — Juli 20, Basel. An F. Nietzsche. D: 22, S. 179-180. — Juli 22, Basel. An F. v. Preen. D: 16, S. 160-164. — *Aug 5/6/7, Genua. An F. v. Preen. D: 16, S. 165-169. — *Sept 10, Basel. An M. Alioth. D: 21, S. 175-177. — Sept 29, Basel. An F. v. Preen. D: 16, S. 170-172. — Okt 10, Basel. An M. Alioth. D: 21, S. 178-179. — *Nov 19, Basel. An M. Alioth. D: 21, S. 180-182. — Dez 27, Basel. An M. Alioth. D: 21, S. 183-185. — Dez 29, Basel. An F. v. Preen. D: 16, S. 173-176.

1882 Jan 31, Basel. An M. Alioth. D: 21, S. 186-188. — *März 6/7, Basel. An M. Alioth. D: 21, S. 189-191. — April 2, Basel. An M. Alioth. D: 21, S. 192-194. — *April 13, Basel. An F. v. Preen. D: 16, S. 177-181. — Mai 14, Basel. An M. Alioth. D: 21, S. 195-196. — Juni 25, Basel. An M. Alioth. D: 21, S. 197-198. — Juli 2, Basel. An H. v. Geymüller. D: 18, S. 87-90. — *Juli 20/21, Basel. An F. v. Preen. D: 16, S. 182-185. — Juli 21/22, Basel. An M. Alioth. D: 21, S. 199-201. — *Aug 10, Berlin. An M. Alioth. D: 21. S. 202-204. — Aug 17, Berlin. An R. Grüninger. Z: 27, XIII, S. 16. — Aug 28, Prag. An R. Grüninger. Z: 26, S. 286. — *Sept 13, Basel. An F. Nietzsche. D: 22, S. 182-183. — Dez 9, Basel. An H. v. Geymüller. D: 18, S. 91-96. — *Dez 23, Basel. An F. v. Preen. D: 16, S. 186-189. — Dez 23, Basel. An M. Alioth. D: 21, S. 205-206.

1883 Febr 4, Basel. An M. Alioth. D: 21, S. 207-208. — *März 12, Basel. An M. Alioth. D: 21, S. 209-212. — *Mai 12, Basel. An M. Alioth. D: 21, S. 213-214. — Juni 10, Basel. An M. Alioth. D: 21, S. 215-216. — Aug 16, [Rom]. An G. Stehelin. Z: 26, S. 36. — Aug 20, Rom. An R. Grüninger. Z: 26, S. 162. — *Aug 23, Rom. An M. Alioth. D: 21, S. 217-218. — Sept 10, Basel. An F. Nietzsche. D: 22, S. 185-186. — Okt 15, Basel. An M. Alioth. D: 21, S. 219-220. — Nov 4, Basel. An F. v. Preen. D: 16, S. 190-191. — Dez 16, Basel. An M. Alioth. D: 21, S. 221-223.

1884 Jan 2, Basel. An F. v. Preen. D: 16, S. 192-194. — *Febr 17, Basel. An M. Alioth. D: 21, S. 224-226. — *Febr 28/29, Basel. An H. v. Geymüller. D: 18, S. 97-103. — März 11, Basel. An H. v. Geymüller. D: 18, S. 104. — *März 14/16/17/19, Basel. An H. v. Geymüller. D: 18, S. 104-110. — Mai 3, Basel. An H. v. Geymüller. D: 18, S. 110-111. — Mai 6/7, Basel. An M. Alioth. D: 21, S. 227-228. — Okt 8, Basel. An M. Alioth. D: 21, S. 229-231. — Nov 30, Basel. An M. Alioth. D: 21, S. 232-235. — Dez 16, Basel. An L. Geiger. D: 36. — *Dez 19/20, Basel. An F. v. Preen. D: 16, S. 195-198.

1885 Jan 12/13, Basel. An M. Alioth. D: 21, S. 236-237. — März 14, Basel. An H. v. Geymüller. D: 18, S. 112-113. — *März 20/21, Basel. An M. Alioth. D: 21, S. 238-240. — *Mai 26/27, Basel. An M. Alioth. D: 21, S. 241-243. — Juni 20, Basel. An H. v. Geymüller. D: 18, S. 113-114. — *Juli 18, Basel. An M. Alioth. D: 21, S. 244-245. — *Dez 25, Basel. An F. v. Preen. D: 16, S. 199-201. — Dez 30/31, Basel. An M. Alioth. D: 21, S. 246-248.

1886 Febr 24/25, Basel. An M. Alioth. D: 21, S. 249-250. — März 30, Basel. An M. Alioth. D: 21, S. 251-252. — Mai 28/29, Basel. An M. Alioth. D: 21, S. 253-255. — Juni 25/26, Basel. An F. v. Preen. D: 16, S. 202-205. — *Sept 26, Basel. An F. Nietzsche. D: 22, S. 188-190. — *Nov 17, Basel. An M. Alioth. D: 21, S. 256-258. — *Dez. 25, Basel. An F. v. Preen. D: 16, S. 206-209.

1887 Febr 17, Basel. An M. Alioth. D: 21, S. 259-261. — *Pfingstsonntag, Basel. An F. v. Preen. D: 16, S. 210-213. — *Okt 15, Basel. An F. v. Preen. D: 16, S. 214-217. — *Nov 16/17, Basel. An M. Alioth. D: 21, S. 262. — Dez 27, Basel. An M. Alioth. D: 21, S. 263-264. — Dez 31, Basel. An F. v. Preen. D: 16, S. 218-220.

1888 Jan 11, Basel. An H. v. Geymüller. D: 18, S. 114-116. — *März 17, Basel. An F. v. Preen. D: 16, S. 221-223. — März 23, Basel. An M. Alioth. D: 21, S. 265-266. — *Juni 16, Basel. An F. v. Preen. D: 16, S. 224-226. — Juli 26, Baden i. Aargau. An F. v. Preen. D: 16, S. 227. — Juli 31, Baden i. A. An F. v. Preen. D: 16, S. 228. — Aug 6, Baden i. A. An F. v. Preen. D: 16, S. 229-230. —

Sept 2, Basel. An F. v. Preen. D: 16, S. 231. — Nov 12, Basel. An M. Alioth. D: 21, S. 267-268. — Dez 4/5, Basel. An F. v. Preen. D: 16, S. 232-235.

*1889 Jan 1, Basel. An F. v. Preen. D: 16, S. 236-238. — *Febr 19/20, Basel. An M. Alioth. D: 21, S. 269-270. — *Mai 12, Basel. An L. Pastor. D: 37. — Mai 14/15, Basel. An M. Alioth. D: 21, S. 271-273. — *Juni 5, Basel. An F. v. Preen. D: 16, S. 239-241. — Juli 10/11, Basel. An F. v. Preen. D: 16, S. 242-244. — *Juli 24, Baden i. A. An F. v. Preen. D: 16, S. 245-250. — Aug 4, [Baden i. A.]. An R. Grüninger. Z: 26, S. 181. — Aug 11, Baden i. A. An F. v. Preen. D: 16, S. 251-253. — Sept 3, Basel. An F. v. Preen. D: 16, S. 254.— Nov 2/3, Basel. An F. v. Preen. D: 16, S. 255-257. — Nov 29, Basel. An E. A. Seemann. Z: 27, VIII, S. XXXIII.

*1890 Jan 13, Basel. An P. Heyse. D: 9, S. 152-153. — *März 25, Basel. An F. v. Preen. D: 16, S. 258-260. — April 26, Basel. An Freiherrn v. Ungern-Sternberg. D: 24. — Sept 14, Basel. An F. v. Preen. D: 16, S. 261-263. — Sept 17, Basel. An Wilhelm Schäfer. Z: 27, V, S. XXII. — *Sept 25/26, Basel. An F. v. Preen. D: 16, S. 264-268. — Dez 26/27, Basel. An F. v. Preen. D: 16, S. 269-271.

1891 April 29, Basel. An H. v. Geymüller. D: 18, S. 117. — *Mai 8, Basel. An H. v. Geymüller. D: 18, S. 117-120. — Juli 22, Baden i. A. An F. v. Preen. D: 16, S. 272-274. — Aug 3, [Baden i. A.]. An R. Grüninger. Z: 26, S. 64. — Aug 12, [Baden i. A.]. An R. Grüninger. Z: 26, S. 142. — *Sept 10, Basel. An F. v. Preen. D: 16, S. 275-278. — *Dez 28, Basel. An F. v. Preen. D: 16, S. 279-281.— [? ?]. An O. Markwart. Z: 26, S. 85.

1892 Jan 2, Basel. An O. Markwart. Z: 26, S. 20. — *Jan 8, Basel. An H. v. Geymüller. D: 18, S. 123-126. — März 8, Basel. An H. v. Geymüller. D: 18, S. 126-131. — *Juli 2/3, Basel. An F. v. Preen. D: 16, S. 282-285. — *Dez 26, Basel. An F. v. Preen. D: 16, S. 286-289.

1893 April 1/2, Basel. An F. v. Preen. D: 16, S. 290-294. — *April 13, Basel. An H. v. Geymüller. D: 18, S. 133-135. — *Mai 2, Basel. An G. Klebs. D: 40, S. 36. — Mai 19, Basel. An G. Klebs. D: 40, S. 37. — *Pfingstmontag, Basel. An A. v. Salis. D: 35, S. 303-304. — *Juni 2, Basel. An F. v. Preen. D: 16, S. 295-298. — Aug 8, [?]. An R. Grüninger. Z: 26, S. 181. — Nov 15, Basel. An O. Markwart. Z: 26, S. 45. — *Dez 30/31, Basel. An F. v. Preen. D: 16, S. 299-301.

1894 März 18, Basel. An Luise Klebs. D: 40, S. 38. — Mai 25, [Basel]. An O. Markwart. Z: 26, S. 88. — Juni 6, [Basel]. An F. Stähelin. Z: 26, S. 206. — *Aug 31, Basel. An einen Studenten. D: 25. — Dez 7, Basel. An E. A. Seemann. Z: 27, VIII, S. XXXIII.

1895 Jan 22, Basel. An F. Stähelin. Z: 26, S. 37. — *Mai 26, Basel. An einen Studenten. D: 25. — Sept 10, Basel. An H. Wölfflin. Z: 38, S. 130. — *Sept 18, Basel. An H. Wölfflin. D: 38, S. 129-130.

1896 Jan 23, Basel. An L. Pastor. Z: 26, S. 44. — März 4, Basel. An L. Geiger. D: 36. — Mai 19, Basel. An G. Klebs. D: 40, S. 39. — Aug 29, [Basel]. An O. Markwart. Z: 26, S. 180. — Sept 1, Basel. An H. v. Geymüller. D: 18, S. 136-137. — Sept 24, Basel. An H. Wölfflin. Z: 38, S. 129. — Okt 16, Basel. An H. Wölfflin. Z: 38, S. 130. — Dez 4, Basel. An O. Markwart. Z: 26, S. 39. — *Dez 5, Basel. An H. Gelzer. D: 39, S. 40-42.

1897 Febr 1, [Basel]. An Josef Bánóczi. Z: 27, V, S. LXX. — *April 6, Basel. An H. v. Geymüller. D: 18, S. 141-142. — Juni 10, [Basel]. An Louise Mycielska. Z: 27, V, S. LXX. — Aug 5, Basel. An R. Grüninger. Z: 26, S. 11.

REGISTER

Alioth, Max *115*; 312.
Ästhetische Grundempfindungen *17, 28, 65, 97 ff.*; 297, 303 f., 311, 314, 330 f., 369, 421, 469 f.
„Die Alemannen und ihre Bekehrung zum Christentum" *43*, 93.
„Andeutungen zur Geschichte der christlichen Skulptur" *64, 86.*
„Andreas von Krain und der letzte Konzilsversuch in Basel" *79.*
„Aufzeichnungen zur Griechischen Kunst" *97.*
„Autobiographische Aufzeichnungen" *129*; 485.

Basel 82, 84, 94 ff., 187 ff., 257 f., 307 f., 464 f.
„Beiträge zur Kunstgeschichte Italiens" *124 ff.*; 502 f.
Bekenntnischarakter von J. B.s Schriften *79*.
„Bemerkungen zu Schweizer Kathedralen" *17*; 9 f., 25.
Berlin *21*; 34 ff., 169 ff., 325. 453 ff., 507.
Berufungen, spätere *87 f.*; 291 f., 294, 349 f.
„Beschreibung der Münsterkirche und ihrer Merkwürdigkeiten zu Basel" 73 f.
Beyschlag, Willibald *30, 36*; 115.
Bismarck *128*; 326, 344, 348, 365, 395, 477 f., 489 ff., 497.
Böcklin, Arnold 68, *115*; 193 ff., 247 ff.
Brenner, Albert 69; 219.
Brenner-Kron, Emma *68 f.*; 196.
Briefgruppen *5 ff.*
Brockhaus, Lexikon *43*; 95, 97.

„Cicerone" *62 ff*; 218, 267, 298 f., 305 f., 309, 313, 314 ff., 529, 373.

Deutsche Jugendfreunde *30 f., 48, 51 f.*; 76 f., 102 ff., 129, 142 f., 163, 182 ff., 307 f., 439 f.
Deutsche Kultursituation um 1840 *21 f.*
Deutscher Geist *107*; 327, 348.
Deutsch-französischer Krieg 331 ff.
Dichterischer Rat 196 ff., 225 ff., 232 ff.
Dichtung *18, 30 ff., 35, 44, 54 f., 68 ff., 73*; 8, 50 f., 53 f., 56 f., 68 ff., 72, 78 f., 85, 89 f., 98, 106 ff., 111, 154, 156, 165, 186 f., 197 ff., 204 f., 219, 425.
Dilthey, Wilhelm 295.

„E Hämpfeli Lieder" *55*; 215, 236 ff.
„Erinnerungen aus Rubens" *126 ff.*; 483, 494 f.

Faust 222 f.
„Ferien. Eine Herbstgabe" *55*; 186, 189, 234 ff.

Gegenwartsbedeutung J. B.s *8 f.*
Geibel, Emanuel *36, 51, 115*; 77, 115, 169 f., 278 f.
Geymüller, Heinrich v. *115 f.*; 292.
Goethe und J. B. *47 f., 50.*
Griechische Dichter 206.
„Griechische Kulturgeschichte" *90 ff.*; 282, 285, 293 f., 307, 330, 332, 344 f., 347, 351, 483, 494 f.
Griechische Kunst 449 f., 454.
Grillparzer *71*; 355.
Grimm, Jacob 65, 73.

Heyse, Paul *51, 115;* 244f., 254f., 265f., 387.
„Historische Fragmente" *94ff.*
Holbein, Hans 410f.

Jacob Burckhardt
Eltern *13f.;* 20, 247; Schulzeit *15;* Neuenburg *15;* 6; Theologiestudium *15, 19;* 17ff., 22ff., 27ff.; Hilfsarbeit für Schreiber *16;* 5; kunsthistorische Anfänge *17;* 9f., 25; künstlerische Begabung *18;* erster Berliner Studienaufenthalt *21ff.;* 30ff., 38f.; rheinisches Semester *30ff.;* 49ff; zweiter Berliner Studienaufenthalt *35ff.;* 52ff., 62ff., 72; Promotion 23. – Redaktortätigkeit *40ff.;* 113ff., 118, 122ff., 136, 139, 142; Korrespondententätigkeit *40f., 119;* 130f.; Habilitation *42f;* ao. Professur für Geschichte *43;* 139, 179; erste Lebenskrisis *39ff.;* 82f., 94ff.; „Flucht"nach Italien *45ff.;* 127, 133f., 138ff., 142, 144ff. – Erster italienischer Aufenthalt *48ff.;* 152ff.; Berliner Aufenthalt 1846/47 *51;* 154f., 167ff.; zweiter italienischer Aufenthalt *51f.;* Liebeserlebnisse *53ff.;* 110, 188f., 192; dritter italienischer Aufenthalt *61;* 210f., 214; Ordinarius für Kunstgeschichte in Zürich *67ff.;* 219, 250f. – Ordinarius für Geschichte in Basel *73ff.;* 358f., 360, 390; zweite Lebenskrisis *81ff.;* 253ff., 266, 272f., 275ff., 281; Ordinarius für Kunstgeschichte in Basel *96;* 357f., 361, 383f. – Altersbeschwerden *121;* 437, 481f., 487, 491f., 499f., 502f., 506, 510; Rücktritt von der Geschichtsprofessur *122;* 467; Vollemeritierung *123;* 499; Tod *131.* – Lebensrückschau *128f.;* 485; Wesenszüge *4, 14, 24ff., 37, 44, 46, 49, 56, 71f., 80, 106f., 108ff., 117;* 59ff., 396f., 409f., 427, 444f., 479; Kontinuität der Lebensentwicklung *16;* Gesamtcharakteristik *112ff.* (Spitteler), *132.*
Jesus 100f.
Juden *104f.;* 351, 428f., 456.
Junges Deutschland *32f.;* 56, 73.

Kaiser Friedrich III. 343, 476.
Kaiser Wilhelm I. 473, 476.
Kaiser Wilhelm II. 477.
„Karl Martell" *22f.;* 53, 73.
Keller, Gottfried *67;* 263f.
Kestner, Charlotte 258f.
Kinkel, Gottfried *30, 32, 114;* 66ff., 77, 116, 121, 168.
„Kirche zu Ottmarsheim im Elsaß" *44;* 138.
„Konrad v. Hochstaden" *23;* 53, 56, 63, 67, 71, 73, 108, 114.
Kugler, Bernhard *93;* 273, 318f., 341f., 352ff., 361f.
Kugler, Franz *27, 51, 63, 75, 93;* 34, 53, 85, 169, 239ff., 255, 283.
„Kultur der Renaissance in Italien" *76ff.;* 221, 239, 241, 243f., 251ff., 255, 257, 266, 278, 354f., 385f., 481f.
Kulturgeschichte *26;* 54, 64, 333.
Kunst der deutschen Blütezeit *99f.;* 303f., 306f., 309f.
„Kunst der Renaissance" *81ff.;* 221, 239, 241, 243f., 253, 266, 272f., 274ff., 283, 285, 294, 302, 389.
Kunstgeschichtl. Forschungsziele *29f., 65f., 85f., 99ff., 126f.;* 62, 117, 138, 159f., 181f., 303f., 378.
Kunstgeschichtliche Situation um 1840 *27f.*
„Kunstwerke der belgischen Städte" *28;* 53.

„Lage Frankreichs zur Zeit des Armagnakenzuges" *43;* 87, 114.

REGISTER

v. Lasaulx, Ernst *89*.
Lebenslehren 220f., 226ff., 505ff.
London 256, 429.

Maikäferbund *30*, 35.
Mittelalter *95f.*; 300, 452f., 509.
Moderne Kunst 258ff., *315f.*, 346, 442f., 457, 461, 466, 492f., 507.
München 398ff.
Mündler, Otto 266f., 501, 515ff., 524f., 373.
Musik *18*, *119*; 25, 71f., 190f., 260ff., 326, 336, 390, 395, 407f., 419, 426f., 435, 437, 439, 443f., 456, 505ff.
Mythisches *122f.*, *127*; 484f.

Napoleon III. 252, 284, 290, 305, 311, 343, 467.
Neuere Dichter 207ff., 211ff., 216f., 249f., 325f., 329.
Neuere Geschichte *93ff.*; 300, 448.
Neuere Kunst 301, 421, 438, 442f., 449f., 459, 461ff., 466, 494f., 508, 511.
Nietzsche, Friedrich *75*, *111*; 336, 347, 427, 454f., 468f.

Oeri, Jacob *92*; 308, 494.

Paris *36*; 77f., 80ff., 85ff., 256, 296f., 304f., 313f., 431, 435f., 448, 459, 465, 475, 491.
Photographie 363f.
Picchioni, Luigi 84.
Politik *18*, *33ff.*, *40ff.*, *46f.*, *102ff.*, *127ff.*; 21, 57f., 75f., 112ff., 121, 131ff., 137f., 146ff., 185, 277, 290, 311, 328, 331ff., 340, 343ff., 347ff., 352f., 356f., 394ff., 406, 420, 425f., 429f., 441ff., 447f., 450ff., 456f., 463f., 470ff., 474ff., 485f., 497ff., 505ff.

Portugiesen 310.
Preen, Friedrich v. *115*; 282.

„Randglossen zur Skulptur der Renaissance" *124ff.*; 502f.
Ranke, Leopold v. *22*, *23*, *24*, *27*; 40, 53, 65, 82f., 364.
Reisen *19f.*, *21*, *30*, *36*, *117ff.*
Reisen, in Deutschland *21*, *30*, *36*, *118*; 32f., 41ff., 74f., 134f., 386ff., 398ff., 432ff., 453 ff., 470.
Reisen, in Frankreich *117f.*; 284f., 296f., 304f.
Reisen, in Italien *20*, *49*, *118*; 11ff., 22f., 26f., 128f., 163, 344f., 366ff., 390ff., 411ff., 443ff., 458, 473f.
Religion *19*, *51*, *128ff.*; 17ff., 21, 23ff., 99ff., 116, 136f., 274f., 411, 492, 493, 499.
Ribbeck, Otto 257.
Rom *48*; 152f., 156f., 162f., 166f., 512ff., 370ff.; 459ff., 481.

Scheeling 58.
Schnaase, Karl 85.
Schopenhauer *6*, *106*; 333, 340, 343, 385, 470.
Schreiber, Heinrich *16*; 28f., 33, 64, *210*, 287ff., 299f., 430.
St. Severin *58*, *117*.

Taine, Hippolyte 396.

Universalhistorisches Gesamtbild *87ff.*, *95f.*
„Ursprung und Verlauf des Veltliner Mordes 1620" *43*; 114.

Verdi, Giuseppe 401.
Vögelin, F. S. 268f.
„Vorgotische Kirchen am Niederrhein" *29*.
Vortragstätigkeit *43*, *109f.*; 96, 129f., 140, 190, 250, 264ff., 281, 290, 305, 308, 363, 426, 447f., 458, 475.

Waagen, Gustav *27*; 325, 484.
Wagner, Richard 67, *119*; 299f., 338f., 356, 390, 422, 449, 457.
„Weltgeschichtliche Betrachtungen" *88 ff*.
Wien *118*; 351.
Wissenschaftliche Ratschläge an Jüngere 287, 318ff., 541f.
Wölfflin, Heinrich *116*; 502.

Zahn, Albert v. *99f.*; 298ff., 303f., 306f., 309f., 314f., 575.
Zeit Karls des Kühnen *93*; 320ff., 342.
„Zeit Konstantins des Großen" *56ff*; 361, 430f.
Zola, Emile 432, 435.
Zukunft der Kunst *106*; 293.

Kröners Taschenausgabe

Dem heutigen Menschen, der zwischen Arbeit und Erholung eine Stunde über sich und die Welt nachdenkt, auf dem Wege zu einer echten und festen Lebensanschauung beizustehen, ihn von Jahr zu Jahr mit neuen Schätzen des Geistes zur Belehrung, Ertüchtigung und Freude zu geleiten, ist das Ziel von Kröners Taschenausgabe. Bloßer Tagesmode und unnützem Wissen gleich abhold, hebt sie aus der Vergangenheit nur Werke herauf, deren Geist in unserer Weltanschauung fortwirkt. Aus der Gegenwart wählt sie das Wesentliche, Leben Schaffende und gibt in klaren Übersichten allmählich ein Gesamtbild der heutigen Welt. Sie veröffentlicht keine Abhandlungen über Werke, sondern die Werke selbst oder faßt deren Wichtiges in sorgfältige Auswahlen zusammen. In jedem Bande unterrichtet eine Einleitung über den Verfasser und sein Werk; den meisten Bänden sind Bildnisse und Abbildungen beigegeben. Die von Kennern mit Liebe bearbeiteten, geschmackvollen und durch ihr schmiegsames Taschenformat überaus handlichen blauen Leinenbände sind seit langem auch zu Geschenkzwecken beliebt. Der Verlag scheut keine Mühe, die Sammlung bei wohlfeilem Preise immer reichhaltiger zu gestalten und bittet seine Leser auch fernerhin um ihre Mithilfe.

ALFRED KRÖNER VERLAG · LEIPZIG

1
ERNST HAECKEL
Die Welträtsel
Gemeinverständliche Studien über monistische Philosophie

Mit Bildnis, Autogramm und 3 Abbildungen. M 2.75

Immer stärker hat sich die natürliche Weltbetrachtung des Monismus als herrschende Anschauung unserer Zeit durchgesetzt, die Stofflichkeit alles Lebens ist ebenso anerkannt wie die Beseeltheit aller Materie. Die „Welträtsel" sind das ewig junge Hauptwerk des Monismus. Sie führen zu einer klaren, wissenschaftlichen und erhabenen Gesamtanschauung von Welt und Mensch.

2
EPIKTET
Handbüchlein der Moral und Unterredungen
Herausgegeben von Prof. *Heinrich Schmidt*-Jena. M 1.35

Das rührende Buch des römischen Sklaven hat viele Jahrhunderte hindurch Kraft und Trost gespendet, denn es zeigt, wie das wahre Glück des Lebens nur auf sittlichem Gebiete gefunden wird.

3
B. CARNERI
Der moderne Mensch
Versuche über Lebensführung

Mit Bildnis. M 1.35

Der bekannte österreichische Denker bejaht in diesem seinem Hauptwerk über die sittliche Lebensführung des modernen Menschen das Dasein auf Grund monistischer Weltanschauung.

4
MARC AUREL
Selbstbetrachtungen
Neu übertragen und eingeleitet von Prof. Dr. *Wilhelm Capelle*

Mit Bildnis. M 2.—

Das unsterbliche Buch weiser Selbstbesinnung, die, den Anfechtungen und Verwirrungen des Tages gewachsen, die Ruhe und Unbescholtenheit der Seele bewahren lehrt, liegt hier in der meisterhaften Übersetzung Prof. Capelles vor. Eine ausführliche Einleitung zeichnet den geschichtlichen und ideengeschichtlichen Hintergrund, auf dem es erwuchs.

5
SENECA
Vom glückseligen Leben
Herausgegeben und eingeleitet von Prof. *Heinrich Schmidt*-Jena
Mit Bildnis. M 1.75

Durch Großartigkeit der Weltanschauung und Strenge der sittlichen Forderung erreicht der Stoizismus den Einklang des Menschen mit sich und der Natur, „denn mächtiger als alles Schicksal ist die Seele" (Seneca).

6
Die vier Evangelien
Deutsch von Prof. *Heinrich Schmidt*-Jena
Mit Bildnis. M 1.35

Erst wenn wir die Evangelien losgelöst von aller Dogmatik betrachten, erleben wir ihre wahre Größe. Diese schlichte Übertragung geht auf den Urtext zurück und läßt die hohe Menschlichkeit des echten Christentums klar hervortreten.

7
SAMUEL SMILES
Der Charakter
Deutsch von Prof. *Heinrich Schmidt*-Jena
Mit Bildnis. M 1.80

Der Arzt Smiles erzieht in diesem Werke die Jugend zu Wahrhaftigkeit und Pflichtgefühl, Mut und Lebensart, Arbeitsamkeit und Selbstbeherrschung. In England längst ein Volksbuch geworden, lehrt es den Deutschen viel.

8
Gracians Handorakel und Kunst der Weltklugheit
Deutsch von *Arthur Schopenhauer*
Mit einer Einleitung von Geh. Rat Prof. *Karl Voßler*
Mit Bildnis. M 1.60

Diese berühmten Sentenzen, ursprünglich für Jesuitenpriester geschrieben, bilden ein einzigartiges Vademekum der Weltklugheit und lehren die Taktik im Verkehr mit Menschen, die zu einer überragenden Stellung im Gemeinwesen führt.

9
HERBERT SPENCER
Die Erziehung
intellektuell, moralisch und physisch
Deutsch von Prof. *Heinrich Schmidt*-Jena
Mit Bildnis. M 1.60

Das Ziel der Erziehung ist für Spencer, den letzten großen englischen Philosophen, Menschen heranzubilden, die sich selbst und ihr Verhältnis zu Natur und Gesellschaft kennen, freie Persönlichkeiten, die das Vernünftige, das heißt Naturgemäße, tun. Alle Praktiker und Theoretiker des Erziehungswesens sollten die berühmte Schrift beherzigen.

10
KARL HEINEMANN
Die deutsche Dichtung
Grundriß der deutschen Literaturgeschichte
Fortgeführt von Dr. *Friedrich Michael*
Mit 32 Bildnissen und Zeittafel. M 2.70

Das klare, treffende Urteil des bedeutenden Literarhistorikers, seine inhaltreiche, höchst fesselnde Darstellungskunst und seine aufrichtige Liebe zur deutschen Dichtung verschaffen dieser Literaturgeschichte, die von der berufenen Hand Friedrich Michaels bis auf die jüngste Zeit fortgeführt wurde, eine außerordentliche Verbreitung.

11
Epikurs Philosophie der Lebensfreude
Von Prof. Heinrich Schmidt-Jena
Mit Bildnis. M 1.60

Epikur, der Seelenbeschwichtiger des Altertums, ist für uns einer der hervorragendsten Positivisten. Die vorliegende Arbeit fügt alles Wesentliche an Zeugnissen über seine weltphilosophische Persönlichkeit zusammen zu einem strahlenden Bilde edler Menschlichkeit.

12
Goethes Faust, erster und zweiter Teil
Mit Bildnis. M 1.35

Goethes mächtigste und tiefste Dichtung, die sein ganzes unvergleichlich reiches Leben durchzieht, ist eine Verklärung des Menschengeistes und des Menschenschicksals überhaupt.

13
HEINRICH SCHMIDT
Philosophisches Wörterbuch
9., neubearbeitete und erweiterte Auflage
Mit Zeittafel, Anhang: Wege zur Philosophie, und 40 Bildnissen
790 Seiten. *M 4.—*

Der Wert dieses Wörterbuches liegt in seiner Vollständigkeit und Gründlichkeit, in den erstaunlich treffsicheren, anschaulichen Definitionen philosophischer Begriffe, in der klaren Darstellung der Lehren und den Zitaten aus den Werken selbst. Die neue, vollkommen durchgearbeitete, wesentlich erweiterte Auflage gibt erschöpfende Auskunft nach dem jüngsten Stande der Philosophie und Gesamtwissenschaft.

14
KARL HEINEMANN
Die klassische Dichtung der Griechen
Mit 4 Abbildungen. *M 1.80*

Ein von edler Begeisterung beseelter Führer durch die ewig junge Dichtung der Griechen. Der Reiz geistvoller Darstellung wird erhöht durch zahlreiche meisterhafte Übersetzungsproben.

Vergriffen:
15
KARL HEINEMANN
Die klassische Dichtung der Römer
Mit 4 Abbildungen. *M 2.—*

Durch genaueste Kenntnis, lebendige Darstellung und zahlreiche Textproben gibt Heinemann einen klaren Einblick in die Dichtung des gewaltigen römischen Volkes.

16
ARTHUR SCHOPENHAUER
Aphorismen zur Lebensweisheit
Leinen mit Goldaufdruck *M 2.—*

Das geistvolle Buch des weltklugen Philosophen über Lebenssinn und Lebensführung, voller Güte, Weisheit und Kenntnis der Menschen. Eines der nutzbringendsten Bücher der Welt.

17
K. P. HASSE
Die italienische Renaissance
Ein Grundriß der Geschichte ihrer Kultur
Mit 37 Abbildungen. *M 2.50*

Werden und Wachsen der neuen Weltanschauung, ihre entscheidende Befruchtung durch die Wiedererweckung der Antike, die in den machtvollen Ideen des Humanismus und Platonismus sich schöpferisch auswirkt, Höhepunkt und Ausbreitung der italienischen Renaissance sind von Hasse meisterhaft dargestellt worden.

18
WILHELM WUNDT
Die Nationen und ihre Philosophie
Mit Bildnis und Einführung. *M 2.25*

Wilhelm Wundt, der große Psychologe, der als letzter das Gesamtgebiet der Philosophie und Psychologie beherrschte, gibt in diesem Buche eine meisterhafte Schilderung des Geistes der großen europäischen Völker und verfolgt ihre Seelengeschichte mit tiefdringendem, weltoffenem Blick in Krieg und Frieden vom Mittelalter bis in die jüngste Gegenwart. So bildet das Buch eine einzigartige Einführung in das völkerpsychologische Denken und in das Verständnis der heutigen Politik und Gesellschaft.

19/20
KONRAD STURMHOEFEL
Geschichte des deutschen Volkes
2 Bände. Mit je vier Bildnissen und zwei Zeittafeln.
In einem Band gebunden. *M 3.85*

Ein Kenner und Denker gestaltete den gewaltigen Stoff klar, lebendig und erschöpfend. Der erste Band umfaßt die Zeit bis zum Tode Friedrichs des Großen, der zweite bis zur Kriegserklärung 1870, dem sich die Deutsche Geschichte von 1870 bis zur Gegenwart (Band 50) anreiht.

21
Nietzsches prophetische Worte über Staaten u. Völker
Zusammengestellt von *Elisabeth Förster-Nietzsche*
Mit Bildnis. M 1.—

Aus dieser Zusammenfassung der politischen Partien von Nietzsches Werk wird die einzigartige in die Zukunft weisende Größe Nietzsches ergreifend deutlich und offenbar, mit wie viel Recht sich dieser Denker als Prophet gefühlt und bezeichnet hat.

22
ERNST HAECKEL
Die Lebenswunder
Gemeinverständliche Studien über biologische Philosophie
Mit Bildnis. M 2.70

Aus dem Ganzen der Welt und ihrer Fragen hebt dieser Band eine einzelne Hauptfrage zu gesonderter Behandlung heraus: Das Leben. Sein Wesen, die Gestaltungen, die es annimmt, die mannigfachen Lebensvorgänge, sein Ursprung und sein Ende im Tode werden gemeinverständlich im Zusammenhang dargestellt. Dadurch bildet dieser Band eine glückliche Ergänzung zu den „Welträtseln", indem er ausführt, was dort nur angedeutet werden konnte, und vervollständigt das große Gesamtbild der Welt.

23
KARL HEINEMANN
Lebensweisheit der Griechen
Mit 3 Bildnissen. M 1.35

Eine Sammlung von Sentenzen griechischer Denker und Dichter der klassischen und nachklassischen Zeit, die Einblick gibt in die überwältigende Fülle unvergänglicher Gedanken und sich zusammenschließt zu einer tiefen und wahrhaft frommen Lebensweisheit.

24
BENEDICTUS DE SPINOZA
Die Ethik
Deutsch von *Carl Vogl*, eingeleitet von Dr. *Friedrich Bülow*
Mit Bildnis. M 2.25

Das ewige Werk des Spinoza, des großen, furchtlosen Verkünders der All-Einheit. „Ihn durchdrang der hohe Weltgeist, das Unendliche war sein Anfang und Ende, das Universum seine einzige und ewige Liebe. Gott ist ihm gleich Natur, alles wird verschlungen im Abgrund der göttlichen Substanz." (Schleiermacher) — Der fließenden und klaren Übertragung von Carl Vogl hat Friedrich Bülow eine ausführliche Einleitung in das Leben und Werk dieses einzigartigen Denkers vorausgeschickt.

25
DAVID FRIEDRICH STRAUSS
Der alte und der neue Glaube
Ein Bekenntnis

Mit Bildnis. M 1.80

Die Wirkung dieser Schrift des berühmten Theologen war ungeheuer und ihre Bedeutung zeigt sich bei den ungeklärten religiösen Verhältnissen der Gegenwart immer wieder aufs neue. Die Frage: Sind wir noch Christen? beantwortet Strauß mit einem sicheren Nein.

26
LUDWIG FEUERBACH
Die Unsterblichkeitsfrage
vom Standpunkt der Anthropologie

Mit Bildnis. M 1.60

Mit befreiendem Idealismus behandelt Feuerbach die Unsterblichkeitsfrage. Als Philosoph, Freigeist und Sozialist fordert er statt unsterblicher Menschen solche, die in der wirklichen Welt großer Gesinnungen und Taten fähig sind.

27
LUDWIG FEUERBACH
Das Wesen der Religion
Mit Bildnis. M 2.25

In diesem wundervollen Buche trägt Feuerbach die Erkenntnis vor, daß nicht die Religion den Menschen, sondern der Mensch die Religion macht. Gottesfreunde erzieht er zu Menschenfreunden, Gläubige zu Denkern, Beter zu Arbeitern, Christen zu ganzen Menschen.

28
CHARLES DARWIN
Die Abstammung des Menschen
Deutsch von Prof. *Heinrich Schmidt*-Jena
Mit Bildnis. M 2.75

Darwins Abstammungslehre hat den Anstoß gegeben zu einer auch heute noch sich vollziehenden Umwertung aller Werte, nicht nur im Bereich der Naturwissenschaft, sondern der gesamten praktischen und theoretischen Philosophie.

29
EDUARD VON HARTMANN
Gedanken über Staat, Politik, Sozialismus
Zusammengestellt von *Alma von Hartmann*
2. Auflage. Mit Bildnis. M 2.—

„Es ist ein wirkliches Verdienst der Gattin des Philosophen, aus seinen Werken diese Sammlung zusammengestellt zu haben, die weiter greift, als der Titel vermuten läßt. Der Philosoph des „Unbewußten" erscheint hier mit einer auf die Wirklichkeit angewendeten Weisheit und einer Aufgeschlossenheit für alle Dinge, die hoffen läßt, daß eine gerade in letzter Zeit wieder wachsende Würdigung sich weiterhin steigern wird."   *Deutsche Hochschule für Politik*

30
FRIEDRICH NIETZSCHE
Worte für werdende Menschen
Eine Einführung in seine Werke von *Walter von Hauff*
Mit einem Bildnis. M 1.50

Nietzsche ist überreich an hinreißender Begeisterung, überströmender Lebensfülle und dichterischem Glanz, die im besten Sinne das Herz der Jugend gefangennehmen. Hier wird ihr das Edelste aus seinen Werken dargereicht.

31
LUDWIG FEUERBACH
Pierre Bayle
Ein Beitrag zur Geschichte der Philosophie und Menschheit
Mit Bildnis. M 1.80

Die Beschäftigung mit Pierre Bayle, dem Vorkämpfer für Toleranz in religiösen Fragen, führt Feuerbach zu einer überragenden Kritik aller Theologie. Aufklärung ist ihm sittliche Pflicht.

32
HANS LEISEGANG
Die Gnosis
404 Seiten. M 3.15

Die religiöse Bewegung der ersten Jahrhunderte unserer Zeitrechnung, als in die Ideen des sinkenden Altertums die phantastische Mystik des Orients eindrang und der Kampf gärte um das werdende Christentum. Der nach religiöser Erneuerung strebenden Gegenwart tritt dies Buch des hervorragenden Kenners als erste Monographie entgegen.

33
DAVID FRIEDRICH STRAUSS
Voltaire
Mit Einleitung von *Rudolf Marx*
Mit 9 Abbildungen. M 2.50

Voltaire, der vielgeschmähte und vielbewunderte Dichterphilosoph, samt seiner Zeit hat seine klassische Darstellung gefunden in dem Meisterwerk des Freidenkers David Fr. Strauß, das ein unvergänglicher Teil der Geschichte des Geisteslebens bleibt.

34
FRIEDRICH SCHLEIERMACHER
Über die Religion
Reden an die Gebildeten unter ihren Verächtern
Eingeleitet von Prof. *Hans Leisegang*
Mit Bildnis. M 2.—

Das Wesen der Religion als des unmittelbaren Gefühls vom Unendlichen und seiner selbständigen Fähigkeit des Menschen hat kein Theologe tiefer gefühlt und in schönere Worte gefaßt als Schleiermacher.

35
JOHANN GOTTLIEB FICHTE
Reden an die deutsche Nation
Eingeleitet von Prof. *Hermann Schneider*
Mit Bildnis. M 1.80

Diese Reden, die berühmtesten in deutscher Sprache, suchen das eiserne Geschlecht, das wie 1813 einst bereit ist, alles einzusetzen und hinzugeben für die Idee des Deutschtums. Dem Deutschen, vor allem der heutigen Jugend, ein Schatz der Lehre und Ertüchtigung.

36
Das Nibelungenlied
In der Übertragung von *Karl Simrock*. Mit einer Einleitung
360 Seiten. M 2.25

Das Nibelungenlied übertrifft an ungeheurer Großartigkeit der Handlung, Wucht und Tragik der Gestalten alle Epen der Weltliteratur. Das deutsche Volk greift mehr als je zu seinem ureigensten Dichtwerk, dessen Heldenuntergang ihm die jüngste Geschichte so nahebrachte.

37
FRIEDRICH NIETZSCHE
Vom Nutzen und Nachteil der Historie für das Leben
Mit Bildnis. M 1.—, kartoniert M —.75

Nietzsche protestiert gegen die einseitig historische Jugenderziehung des modernen Menschen. Statt ihrer fordert er, daß der Mensch vor allem zu leben lerne und die Geschichte im Dienste des gelernten Lebens verstehe und gebrauche.

38
FRIEDRICH NIETZSCHE
Schopenhauer als Erzieher
Vergriffen. In Band 71 enthalten

Unter dem Bilde Schopenhauers zeichnet Nietzsche sein Ideal eines Denkers, der als ein großer Mensch in mutiger Sicherheit seinen Weg geht, das Urbild und Vorbild des heroischen Menschen, dessen Haltung auch recht behält, wenn seine Lehre irren sollte.

Vergriffen:

39
HEGEL
Der Staat
Herausgegeben und eingeleitet von *Paul Alfred Merbach*

Leinen M 2.25

Der moderne Hegel, dessen tiefer Wirklichkeitsblick für das Leben von Staat, Volk und Gemeinschaft erst heute voll erkannt ist, wird hiermit allen Denkenden, allen an Fragen der Gemeinschaft Interessierten vorgelegt. Wer sich heute mit den Fragen der Politik, des Aufbaus und Neubaus von Staat, Gesellschaft und Wirtschaft befaßt, wird diesen Band mit größtem Gewinn aus der Hand legen.

40
VOLTAIRE
Für Wahrheit und Menschlichkeit
Seine Schriften ausgewählt und eingeleitet von Prof. *Paul Sakmann*
Mit Bildnis. M 2.25

Aus dem Werke des Werdenden, der reifen Leistung und der Altersweisheit Voltaires formt Sakmann ein köstliches Brevier. Die glänzende Überlegenheit des großen Schriftstellers, seine Weltkenntnis und seinen Kampf für die Menschlichkeit Europas zeigt dieses Buch in überraschender Fülle und Lebendigkeit. Kaum irgendwo wird der Abgott seines Jahrhunderts, kaum irgendwo der französische Geist so bestrickend greifbar wie hier.

41
FRIEDRICH NIETZSCHE
Über die Zukunft unserer Bildungsanstalten
Mit Bildnis. M 1.—, kartoniert M —.75

In diesen enthusiastisch aufgenommenen Reden beantwortet der junge Nietzsche die Frage: Was ist Bildung? Was ist ihr Ziel? Mit dem ihm eigenen Tiefblick um echte Kultur bemüht, nimmt er leidenschaftlich Partei für die Jugend und das Leben gegen den klappernden Apparat der staatlichen Bildungsanstalten. An die Stelle der Phrase von der akademischen Freiheit setzt er den Satz, daß man in der Jugend große Führer brauche, daß alle Bildung mit Gehorsam beginnt. In keiner Schrift strömt Nietzsches pädagogischer Grundtrieb so ungehemmt. Zur Einführung in Nietzsches Denken eignet sich nichts besser als diese seine konkreteste Erziehungsschrift.

42
FRIEDRICH NIETZSCHE
Die Philosophie im tragischen Zeitalter der Griechen
Mit Bildnis. M 1.—, kartoniert M —.75

Der Morgen von Hellas liegt über dieser Reihe von Standbildern der frühen griechischen Denker. Von ihnen ging Nietzsche aus, sie begleiteten ihn sein Leben hindurch; auf Schritt und Tritt begegnen wir ihren Spuren beim hohen Nietzsche. Hier wurde Zarathustra geboren. Aus dem tiefen Verständnis für die heroischen Denker der Frühzeit wendet sich Nietzsche gegen Sokrates und das instinktauflösende Bewußtsein. Das Griechenland vor Sokrates und Platon war s e i n Griechenland, das unentdeckte, von dem zu reden für ihn der einzige Weg war, über die eigenen Abgründe etwas anzudeuten.

44
SCHELLING
Sein Weltbild aus den Schriften
Herausgegeben von Dr. *Gerhard Klau*
Mit Bildnis. *M* 2.25

Der romantische Philosoph, reich, immer neu anregend durch die wechselnden Richtungen seines Denkens, steigt mit dem Glanz und der Tiefe seiner Worte über Natur und Kunst aus diesem Buche. Niemand wird es ohne bleibende Bereicherung und nachhaltigen Genuß aus der Hand legen.

45
Goethes Tagebuch der italienischen Reise
Herausgegeben von Prof. *Heinrich Schmidt*-Jena
Mit 11 Abbildungen. *M* 2.50, Geschenkband *M* 3.40

Durch die Unmittelbarkeit und Frische, mit der hier Erleben und Geschehen für die geliebte Frau von Stein niedergeschrieben ist, macht uns Goethe unmittelbar zu Reisebegleitern, mehr, als in seinem späteren Buche über die gleiche Reise.

46
Die Kant-Laplacesche Theorie
Ideen zur Weltentstehung
von Immanuel Kant und Pierre Laplace
Herausgegeben von Prof. *Heinrich Schmidt*-Jena
Mit zwei Bildnissen. *M* 2.50

Die kosmischen Theorien, insbesondere über die Entstehung unseres Planetensystems, sind für uns Weltanschauungsfragen geworden. Die bei weitem wichtigste dieser Theorien ist die Kant-Laplacesche, deren klassische Schriften, Kants „Allgemeine Naturgeschichte und Theorie des Himmels" und Laplaces „Exposition du système du monde" hier vereinigt sind.

47
ALFRED KÖRTE
Die hellenistische Dichtung
Mit 4 Abbildungen. *M* 2.70

Die viel zu wenig bekannte späte Dichtung der Griechen, deren weltstädtische Verfeinerung uns Heutigen seltsam nahe rückt, wird von dem ausgezeichneten Kenner mit einer Fülle eigener Versübertragungen dargestellt: über alles Fachinteresse hinaus ein umfassendes Gemälde des Untergangs einer Kultur.

48
ARTHUR SCHOPENHAUER
Die Persönlichkeit und das Werk
in Worten des Philosophen dargestellt

von Dr. *Konrad Pfeiffer*

Mit Bildnis. M 2.50, Geschenkband M 3.40

Mit feinem Blick für das Bezeichnende hat der Herausgeber aus Schopenhauers Werk, seinen Briefen und den wesentlichen Äußerungen seiner Freunde ein lebendes Ganzes zusammengesetzt, ein Bild seiner Person und ein System seines Denkens.

49
PESTALOZZI
Grundlehren über Mensch und Erziehung

Seine Schriften ausgewählt von Prof. *Hermann Schneider*

Mit Bildnis. M 3.15

Formung der Jugend zu tiefen und tüchtigen Menschen ist das Ziel dieser unsterblichen Stücke aus dem Werke des großen Erziehers, dessen Schriften meist nur eingeprägt, nicht in ihrer heiligen Ergriffenheit erlebt und nachgelebt werden. Diese in neuer Auflage erweiterte Auswahl redet in entscheidender Stunde zu allen Eltern und Erziehern.

50
ALBRECHT WIRTH
Deutsche Geschichte von 1870 bis zur Gegenwart

Mit 4 Abbildungen und Zeittafel. M 2.95

Eine fesselnde, mit weiten Perspektiven geschriebene Darstellung der jüngsten deutschen Politik und Gesamtgeschichte. Der heutige Deutsche, dem nichts mehr nottut als beizeiten der Blick für die großen Wirklichkeiten um ihn her, greife zu diesem durch Sachlichkeit vaterländischen Buche. — Es ist in sich vollkommen selbständig und führt doch zugleich Bd. 19/20, Sturmhoefels „Geschichte des deutschen Volkes", bis auf die Gegenwart fort.

51
RAOUL H. FRANCÉ
Bios, die Gesetze der Welt
Taschenausgabe
Mit 17 Abbildungen. M 2.70

Die gemeinverständliche, lebensvolle Übersicht über die Gesetze der Welt von den neusten Theorien der Materie und des Raumes beginnend bis zu den Lebensgesetzen von Pflanze, Tier und Mensch. Wirkliches Verständnis des Daseins und dadurch richtiges Leben zu lehren ist das Ziel dieses berühmten modernen Gesamtgemäldes der Natur.

52
J. J. BACHOFEN
Mutterrecht und Urreligion
Eine Auswahl. Herausgegeben von *Rudolf Marx*
Mit 23 Abbildungen. M 3.15

Bachofens Leistung: Die Erschließung der urzeitlichen Seele, ihrer Erd- und Tiefen-Religion und das grandiose Bild des vorgeschichtlichen Kampfes der Urgegensätze: Muttertum – Vatertum, Weib – Mann ist mit heutigen Erkenntnissen der Seelenwissenschaft und Völkerkunde zu höchstem Glanz emporgestiegen. Die Auswahl gibt, allenthalben übersetzt und erklärt, den ewigen Kern von Bachofens Werk.

53
JACOB BURCKHARDT
Die Kultur der Renaissance in Italien
Durchgesehen von Geh.-Rat Prof. *Walter Goetz*
Mit 25 Abbildungen. M 2.75. Geschenkausgabe auf Dünndruckpapier in Leinen M 4.50, *in Leder M 10.80*

Burckhardts „Kultur der Renaissance" ist das Juwel deutscher Kulturgeschichtschreibung. Aus der Verbindung von vollendeter Beherrschung des Stoffes mit meisterhafter Darstellungskunst erwuchs hier eines der schönsten und dauerhaftesten Werke der Geschichtschreibung.

54
JACOB BURCKHARDT
Die Zeit Konstantins des Großen
Mit Vorwort von Prof. *Ernst Hohl* und 28 Abbildungen
M 3.15. Geschenkausgabe (Dünndruckpapier) Ln. M 4.50, Ldr. M 10.80

„Eine Tat, die in ihrer Genialität an die Werke Rankes heranreicht. Der Untergang der antiken Welt: das Jahrhundert der Soldatenkaiser, des Verfalls von Staat und Kultur, der Christenverfolgung und Göttermischung, gewinnen in ihm farbigstes Leben." *Frankfurter Zeitung*

55
JACOB BURCKHARDT
Weltgeschichtliche Betrachtungen

Mit Nachwort herausgegeben von *Rudolf Marx*
M 2.70. Geschenkausgabe auf Dünndruckpapier in Leinen M 4.50

Die Einzigartigkeit dieses berühmten Buches liegt in der visionären Sicherheit, mit der die leitenden Kräfte alles Historischen: Staat, Religion, Kultur dargestellt und in ihrem Verhältnis zueinander geschildert werden. Die Kapitel über „Die geschichtlichen Krisen", „Historische Größe" und „Glück und Unglück in der Weltgeschichte" zählen zum Bedeutendsten, was über Geschichte geschrieben ist.

56
JACOB BURCKHARDT
Kulturgeschichtliche Vorträge

Mit Nachwort herausgegeben von *Rudolf Marx* und 20 Abbildungen
M 3.40. Geschenkausgabe auf Dünndruckpapier in Leinen M 4.50

Burckhardts Vorträge, das ebenbürtige Seitenstück zu den „Weltgeschichtlichen Betrachtungen", sind glanzvollste Aufgipfelungen menschlicher Besinnung und weltgeschichtlichen Rundblicks. Man weiß, daß ihn in seiner zweiten Lebenshälfte Jahrzehnte hindurch allein Vorlesungen und Vorträge beschäftigten. Das Buch enthält nicht nur die berühmten Vorträge über Napoleon, Rembrandt, Schiller, Van Dyck, sondern sämtliche bisher veröffentlichte, auch die zur Kunstgeschichte. Weg blieben nur einige, die in die „Griechische Kulturgeschichte" eingingen.

57
JACOB BURCKHARDT
Erinnerungen aus Rubens

Mit Nachwort von Prof. *Hans Kauffmann* und 40 Bildtafeln
M 3.50. Geschenkausgabe auf Dünndruckpapier in Leinen M 4.50

Der große Kunsthistoriker faßte gegen Ende seines Lebens sein Schönheitserlebnis noch einmal zusammen in diesem Buche über den großen Maler, der ihm der nächste war. So entstand eine beinah bewegte Meisterdarstellung des Flandern im 17. Jahrhundert, von Gestalt und Werk dieses großen Künstlers überragt. Die angehängten Abbildungen erhöhen den Genuß des Buches noch wesentlich.

58/60
JACOB BURCKHARDT
Griechische Kulturgeschichte
3 Bände mit 129 Abbildungen
Herausgegeben und mit Nachwort von *Rudolf Marx*

I. Der Staat und die Religion
II. Künste und Forschung / III. Der griechische Mensch

Jeder Band einzeln M 4.—. Dünndruckausgabe in Leinen M 17.—

Jacob Burckhardts „Griechische Kulturgeschichte" ist die größte Gesamtdarstellung der griechischen Kultur in deutscher Sprache, ein Werk einzigartiger Überschau und bewunderungswürdiger Darstellung, nur vergleichbar den höchsten und zugleich künstlerischsten Werken der geschichtlichen Weltliteratur überhaupt. Unsere Zeit verehrt in ihm ein viel bewundertes Vorbild und Gipfelwerk, dessen Kenntnis jedem Tieferen unerläßlich ist.

61
ERWIN ROHDE
Psyche
Seelenkult und Unsterblichkeitsglaube der Griechen

Ausgewählt und eingeleitet von *Hans Eckstein*
Mit 17 Abbildungen. M 4.—

Rohdes „Psyche", die unerreichte Meisterdarstellung der griechischen Religion, ist ein Hauptwerk der Religionswissenschaft, von Freunden und Lehrern des Altertums und der Religionskunde, Theologen und Philosophen gleich gepriesen. Darüber hinaus aber gesellt sie sich durch Tiefe der Ahnungen und Zauber des Stils unmittelbar den Werken Burckhardts, Nietzsches und Bachofens.

62
GOETHE
Schriften über die Natur
Geordnet und ausgewählt von Dr. *Gunther Ipsen*
Mit 3 Abbildungen. M 3.15

Der alte Goethe hielt seine Schriften zur Natur für bedeutender als den „Faust". Als ein Vermächtnis ersten Ranges hat sie die neueste Geisteswissenschaft wiederentdeckt. Unsere Ausgabe ordnet die Schriften nach den Grundgedanken, erklärt alle Fachausdrücke und erreicht so eine unerhörte Klarheit. Für jede Goethe-Ausgabe ist dieser Band des Morphologen und Naturforschers eine notwendige Ergänzung.

63
SÖREN KIERKEGAARD
Religion der Tat
Sein Werk in Auswahl

Herausgegeben von Prof. *Eduard Geismar*

Mit Vorwort von *Gerhard v. Mutius* und Bildnis. M 3.25

Kierkegaards überragende Gestalt als Schriftsteller und als Denker des Christentums und seine hohe Bedeutung gerade für dessen gegenwärtige Fragestellungen werden von Jahr zu Jahr mehr erkannt. Diese Auswahl von Prof. Geismar gibt zum erstenmal im Kerne den ganzen Kierkegaard, indem sie die Hauptpartien fast aller Schriften, Tagebücher und (oft erstmalig übersetzten) Reden zu einem Bilde von überwältigender Größe zusammenfaßt.

66/67
PLUTARCH
Antike Heldenleben

Übertragen und herausgegeben von Dr. *Wilhelm Ax*

Bd. I: Griechische Heldenleben
Bd. II: Römische Heldenleben

Leinen je M 3.50 (Bd. III vgl. Nr. 124)

Der große Menschenschilderer Plutarch, in der antiken Wucht und Plastik seiner Biographien oft nachgeahmt, im Zauber seines Anekdotischen nie erreicht, wird lebendig in diesen beiden Bänden, die uns die Großen der Antike in ihren vollständigen Lebensbeschreibungen leibhaftig nah vor Augen stellen. Enthalten sind: Themistokles, Perikles, Alkibiades, Alexander, Pyrrhos; Fabius Maximus, Cato der Ältere, Die Gracchen, Marius, Sulla, Pompeius, Cäsar. Plutarch schrieb im ersten nachchristlichen Jahrhundert. Er schöpfte aus einer umfassenden Kenntnis älterer, meist verlorener Literatur. Im Mittelpunkt seiner Lebensbeschreibungen steht der Mensch, der große strebende oder getriebene Charakter, der auch im Irrtum oder Untergang seinem inneren Gesetz treu bleibt. Wie Plutarch das Menschliche der großen Griechen und Römer, ihr einmaliges Wesen aus ihren Worten und Taten, aus feinen Einzelzügen oder Anekdoten erstehen läßt, bleibt ewig bewundernswert. Für junge Leser und im Lebenskampf stehende Männer kann es noch heute kaum eine fesselndere und zugleich formendere Lektüre geben.

68
RAOUL H. FRANCÉ
Die Waage des Lebens
Eine Bilanz der Kultur
Mit Bildnis. M 2.70

In diesem nach dem Urteile der Kritik besten Werke Francés werden die großen Kulturen zu Bildern von fast dichterischer Eindringlichkeit zusammengefaßt und daran gemessen, was sie für den kommenden Menschen bedeuten, der das Naturgemäße auf allen Gebieten des Lebens zur Herrschaft bringt. So unternimmt das Buch nichts Geringeres, als die Kultur an der Natur zu messen, und zeigt eindringlich und ergreifend die Grundlinien der kommenden Gemeinschaft.

69
PLATON
Hauptwerke
Ausgewählt und eingeleitet von Prof. Dr. *Wilhelm Nestle*
Mit Bildnis. M 3.75

Die unvergänglichen Werke Platons, in denen sich die Macht eines einzigartigen Geistes mit der Form eines Künstlers verbindet, sind in diesem Buche vereinigt. Platon tritt in der ganzen Größe seiner Erscheinung, als Denker und Führer vor den Leser hin. Im Mittelpunkt des Werkes steht als seine Krönung der „Staat". Wilhelm Nestle, der hervorragende Kenner griechischen Geistes, besorgte die Übertragung, leitete den Band ein und erläuterte alles der Erklärung Bedürftige, so daß eine geschlossene, zuverlässige und jedermann zugängliche Ausgabe entstand.

70
FRIEDRICH NIETZSCHE
Die Geburt der Tragödie / Der griechische Staat
Mit Nachwort von Prof. *Alfred Baeumler*
Mit Bildnis. M 2.25

Der geniale Erstling Nietzsches, „Die Geburt der Tragödie", erscheint in diesem Bande umgeben von den gleichgerichteten Schriften der Frühzeit: „Der griechische Staat", „Die Philosophie im tragischen Zeitalter der Griechen" und „Wissenschaft und Weisheit im Kampfe". Aus der farbenvollen, seelenspürerischen Betrachtung antiker Vergangenheit hebt sich der Gedanke **heroischer Bejahung** des Lebens gegen alle Verneinung herauf. So ist dieser erste Band der Schlüssel zu Nietzsches Werk.

Als Einzelausgabe: *Die Geburt der Tragödie.* Kartoniert M —.80

71
FRIEDRICH NIETZSCHE
Unzeitgemäße Betrachtungen
Mit Nachwort von Prof. *Alfred Baeumler*
Mit Bildnis. *M* 2.70

Die „Unzeitgemäßen Betrachtungen" zeigen den Erzieher Nietzsche in großartigstem Licht, den Vorkämpfer einer deutschen Kultur. Er wendet sich gegen die falsche, von der Gelehrsamkeit bestimmte Bildung der Zeit, gegen den „Bildungsphilister". Ihnen entgegen stellt Nietzsche die Gesichtspunkte, unter denen sich die Menschen der kommenden Kultur verbünden sollten. Die beigegebenen Schriften: „Über die Zukunft unserer Bildungsanstalten", „Wir Philologen" und „Über Wahrheit und Lüge" runden das Bild.

72
FRIEDRICH NIETZSCHE
Menschliches, Allzumenschliches
Ein Buch für freie Geister
Mit Nachwort von Prof. *Alfred Baeumler*
Mit Bildnis. *M* 3.40

Das europäische Aphorismenbuch, das vor dem Schatten Voltaires den Degen senkt; das Buch eindringender Seelenkennerschaft, das durch Demaskierung der gültigen Metaphysik, Religion und Kunst, indem es überall an die Stelle des „beruhigenden Glaubens" die helle Erkenntnis setzt, den Weg freimacht für die späteren Einsichten Nietzsches; das Buch der Goldschmiedekunst und zartesten Wägung des Wortes, das einen unvergeßlichen Reiz ausstrahlt.

73
FRIEDRICH NIETZSCHE
Morgenröte
Gedanken über die moralischen Vorurteile
Mit Nachwort von Prof. *Alfred Baeumler*
Mit Bildnis. *M* 2.25

„Mit diesem Buche beginnt mein Feldzug gegen die Moral". Nietzsche, der im „Menschlichen, Allzumenschlichen" noch beweglich Umschau hielt, findet seinen Gegner in einer Moral, die die Naturtriebe des Menschen bekämpft und als Ziel die Entselbstung, das Leben für andere aufstellt, ein Ideal, bei dem aller Glanz und alle Tiefe des Lebens verlorengehe. Der Forderung nach dieser Humanität stellt er den Trieb zum Wettkampf, zur Überwindung, zum Siege entgegen.

74
FRIEDRICH NIETZSCHE
Die fröhliche Wissenschaft
Mit Nachwort von Prof. *Alfred Baeumler*
Mit Bildnis. M 2.25

Stürmisch führt die „Fröhliche Wissenschaft" das Thema der „Morgenröte" fort: der Kampf gegen die lebensfeindlichen Vorurteile wird zum Kampfe gegen den schwächenden liberalen Kulturstaat. „Gefährlich leben!" ist die Losung dieses Buches, das den Troubadours huldigt, den Sängern, Rittern und Freigeistern in einem. Das Bild des „guten Europäers", des Wächters und Lenkers der Kultur, steigt auf, dessen Ziel die „Verstärkung und Erhöhung des Typus Mensch" ist.

75
FRIEDRICH NIETZSCHE
Also sprach Zarathustra
Ein Buch für Alle und Keinen
Mit Peter Gasts Einführung und Nachwort von Prof. *Alfred Baeumler*
Mit Bildnis. Kart. M 1.—, Lein. m. Goldaufdr. M 1.70, Leder M 4.05
Das ewige Buch der „azurnen Einsamkeit", die Krone von Nietzsches Schaffen, eines der höchsten Werke der Weltliteratur. In seinem Mittelpunkt in heroischer Humanität der „Übermensch", das Gegenbild des christlich-demokratischen Europa, und der Gedanke der „Ewigen Wiederkunft" mit der Forderung, alles so zu tun, „daß ich es unzählige Male tun will." Die meisterhafte Einführung erhöht das Verständnis und den Genuß des einzigartigen Werkes wesentlich.

76
FRIEDRICH NIETZSCHE
Jenseits von Gut und Böse / Zur Genealogie der Moral
Mit Nachwort von Prof. *Alfred Baeumler*
Mit Bildnis. M 2.25

Nietzsche nannte auf die Frage, was man zuerst von ihm lesen solle, „Jenseits von Gut und Böse" und die „Genealogie der Moral" als die wichtigsten seiner Schriften. Sie geben mit unerbittlicher Genauigkeit des Blickes für die moralischen Hintergründe der Kultur die vollständigste Kritik der Zeit, führen durch die Betrachtung der „Herrenmoral" und Sklavenmoral" zur Frage der natürlichen Rangordnung der Menschen und einem neuen Blick auf Gesellschaft und Geschichte. Sie sind die Meisterwerke unter Nietzsches Prosa.

Jenseits von Gut und Böse. Einzeln, kartoniert M 1.—
Zur Genealogie der Moral. Einzeln, kart. M —.80, Leinen M 1.20

77
FRIEDRICH NIETZSCHE
Götzendämmerung / Der Antichrist
Ecce homo / Gedichte
Mit Nachwort von Prof. *Alfred Baeumler*
Mit Bildnis. M 2.95

Dieser Band vereinigt die Schriften von 1888. In großartiger Vielseitigkeit nehmen sie alle Themen Nietzsches auf: „Der Fall Wagner" mit dem Anhang „Nietzsche contra Wagner" und die „Götzendämmerung" den Kampf gegen seine Zeit, der „Antichrist" den Gedanken vom Kampfe des aufsteigenden Lebens gegen die Kräfte des absteigenden. Hinzu treten die Selbstbiographie des „Ecce homo" und die „Gedichte".

78
FRIEDRICH NIETZSCHE
Der Wille zur Macht
Versuch einer Umwertung aller Werte
Mit Nachwort von Prof. *Alfred Baeumler*
Mit Bildnis. M 4.—

Das Hauptwerk des Denkers Nietzsche, das wichtigste philosophische Werk des 19. Jahrhunderts, zu dem „Also sprach Zarathustra" die „Vorhalle" bildet. In vier Teilen behandelt es alle großen Gebiete des Lebens: zeichnet im ersten den europäischen „Nihilismus": den Zustand der Ermüdung und Sinnlosigkeit, beschreibt als deren Ursache im zweiten die falschen höchsten Werte in Religion, Moral und Philosophie, stellt im dritten Teil die Grundlinien der n e u e n Wertsetzung auf und entwirft im vierten die Lehre von der Rangordnung und Verkündung des großen Menschen als des Gesetzgebers der Zukunft.

79
JOHANNES BÜHLER
Die Kultur des Mittelalters
Mit 30 Abbildungen. M 3.50

Bühler, der sich durch seine Quellenreihe „Deutsche Vergangenheit" als ausgezeichneter Kenner und Darsteller mittelalterlicher Kultur erwies, gibt hier ein ausführliches Gesamtbild des abendländischen Mittelalters. Auf weite Gebiete fällt dabei neues Licht. Durch die Verbindung von wissenschaftlicher Zuverlässigkeit und lebensnaher Darstellung wird das Buch als einzige Gesamtdarstellung mittelalterlicher Kultur und als gleich ausgestattetes Seitenstück zu Burckhardts „Kultur der Renaissance" größtem Interesse begegnen.

80
AUGUSTINUS
Bekenntnisse und Gottesstaat
Sein Werk ausgewählt von Dr. *Joseph Bernhart*
Mit Bildnis. M 3.75

In jüngster Zeit hat sich die katholische und die gesamte geistige Welt erneut auf den großen Bekenner und Denker besonnen, dessen Schatten von der Schwelle des Mittelalters her übermächtig in die Fragen unserer Gegenwart fällt. Allen, die an der inneren Erneuerung und Vertiefung unserer Zeit teilhaben oder mithelfen, allen, denen es um Verstehen des Ehemals oder Heute geht, wird hier **der ewige Kern des Augustinischen Werkes geschlossen dargeboten** von der Hand eines ersten Kenners.

81
FRIEDRICH BÜLOW
Volkswirtschaftslehre
Ein Lehrbuch. Dritte, neubearb. Auflage
616 Seiten. M 4.—

Dr. Bülows Werk gibt eine geschlossene Darstellung des gesamten Stoffes der theoretischen Volkswirtschaftslehre, wie sie in so eindringlicher Klarheit und Objektivität bisher nicht vorhanden war. In 11 ausführlichen Kapiteln wird in ihm das System, das gesamte Lehrgebiet, vorgetragen durch Beispiele stets mit dem konkreten Leben in Zusammenhang; dem System gehen eine Geschichte der Wirtschaft, der Volkswirtschaftslehre und eine Methodenlehre vorweg. Das Buch setzt keinerlei gelehrte Kenntnisse voraus. Fern falscher Popularität, die den Schwierigkeiten ausweicht, führt es in klarer Sprache vom Einfachsten zur Höhe wirtschaftlicher Erkenntnis.

82/83
FRIEDRICH NIETZSCHE
Die Unschuld des Werdens
Der Nachlaß ausgewählt und geordnet von Prof. *Alfred Baeumler*
2 Bände. Jeder einzeln M 3.75
Einbändige Dünndruckausgabe in Leinen M 12.—, in Leder M 18.—

Nietzsches Nachlaß, von dem aus Nietzsches Werk in seiner überwältigenden Einheit erst voll verständlich wird, ist mit dieser Ausgabe jedermann geöffnet. Er ist **kein „Nachlaß" im üblichen Sinne, sondern, geordnet und vom Überflüssigen befreit, ein vollgültiges neues Werk von sieghafter Gewalt**, in dem alle Hauptthemen Nietzsches unmittelbarer, unverhüllt durchgeführt sind und gänzlich neue Zusammenhänge sichtbar werden.

Eine entscheidende Neuerscheinung für jeden Nietzsche-Leser! Der erste Band gipfelt in dem großartigen Kapitel über Richard Wagner (dem Dokument einer großen Freundschaft) und in den Abschnitten „Nietzsche über sich selbst" und „Nietzsche über seine Schriften". Der zweite Band umfaßt vollständig alles, was an Nachträgen und Entwürfen zum „Zarathustra" vorliegt, Stücke zum Teil von hoher Schönheit, ohne die der „Zarathustra" garnicht gewürdigt werden kann. Ferner enthält er die große Erläuterung des „Willens zur Macht" und die Niederschriften über die Deutschen, die Franzosen, Bismarck usw., die heute auf besondere Beachtung rechnen dürfen.

85
J. J. ROUSSEAU
Die Krisis der Kultur
Die Werke ausgewählt von Prof. *Paul Sakmann*
Mit Bildnis. *M 3.75*

Der große Schriftsteller, der Geist, der ein Jahrhundert formte, dessen Ideen uns noch heute nicht zur Ruhe kommen lassen, wird in diesem unerhört bewegenden Buche erstmalig übersehbar. Die Grundgedanken der Menschenrechte, der „Gesellschaftsvertrag", die Idee des „Zurück zur Natur!" und die Schriften über den Kultur-Verfall, die unvergänglichen Partien des „Emile", der „Neuen Héloïse" und der „Bekenntnisse": der Werke, die eine Welt erschütterten, sind hier erstmalig sorgsam zu einem Gesamtbilde vereinigt.

86
ADAM MÜLLER
Vom Geiste der Gemeinschaft
Elemente der Staatskunst / Theorie des Geldes
Zusammengefaßt und eingeleitet von Dr. *Friedrich Bülow*
Mit Bildnis. *M 3.75*

Das Ende des Zeitalters, dem das Individuum als Krönung des Daseins galt, der Staat zu einem Schutzinstitut der einzelnen gegeneinander herabschrumpfte, ist hereingebrochen. Allenthalben erhebt sich ein neues Gefühl für die Gemeinschaft. Adam Müller ist fast über Nacht zu höchstem Ruhme gelangt und durch seine Verbindung nationaler und echt sozialer Denkweise das Vorbild aller gemeinschaftsgerichteten Bemühungen geworden. Durch diese Ausgabe werden seine Hauptwerke, das geistige Programm des nationalen Sozialismus und der neuen Jugend erstmalig weitesten Kreisen zugänglich.

87
JOH. GUST. DROYSEN
Geschichte Alexanders des Großen
Neudruck der Urausgabe
Mit Einleitung und Nachbericht von Prof. *Helmut Berve*
Mit 19 Abbildungen und 2 Karten. In Leinen M 4.—

Droysens „Geschichte Alexanders" ist das hinreißendste unter den Büchern der historischen Weltliteratur. Ein weitblickender junger Gelehrter gerät in umfassenden Quellenstudien über diesen Stoff und formt mit Meisterschaft das weltgeschichtliche Drama: Leben und Welt Alexanders, Aufeinanderprall und Versöhnung von West und Ost. Dieses Werk lebt nicht nur für die Historiker. Jeder, der über seinen Beruf hinaus in der Welt der Geschichte Stärkung sucht, wird dieses Heldenleben wie ein gewaltiges Abenteuer miterleben.

88
WERNER MAHRHOLZ
Literargeschichte und Literarwissenschaft
2., erweiterte Auflage. 256 Seiten. M 3.—
Durchgesehen und mit einem Nachwort von Prof. *Franz Schultz*

Was die deutsche literarwissenschaftliche Forschung geleistet hat, von dem ersten Versuche der Zusammenfassung im siebenten Buch von Goethes „Dichtung und Wahrheit" bis zur unmittelbaren Gegenwart, ist in diesem Buche mit untrüglichem Sinn für das Wesentliche meisterhaft dargestellt. Es würdigt eindringlich die Leistungen der Begründer und Hauptvertreter ihrer jüngsten Bewegungen und bildet so eine einzigartige Einführung für jeden, der sich tiefer um Literatur und Geisteswissenschaften bemüht.

89
HANS HENNING
Psychologie der Gegenwart
2., neu bearbeitete Auflage. 1933. 224 Seiten. M 3.—

Prof. Hennings Werk gibt eine vorzügliche, dabei glänzend geschriebene Übersicht über die gesamte heutige Psychologie. Zum ersten Male wird hier diese weit verzweigte Wissenschaft unseres Jahrhunderts in ihrer Entwicklung, in ihren vielerlei Richtungen und Teilgebieten, Problemen und Ergebnissen dargestellt und durch eine sorgfältige Bibliographie der Weg ins Einzelne gewiesen. Der Student der Philosophie oder Pädagogik wird nach diesem lange erwarteten Buche ebenso eifrig greifen wie der Lehrer und die große Zahl der Gebildeten.

90
HEINZ POTTHOFF
Arbeitsrecht
Das Ringen um werdendes Recht
152 Seiten. M 3.—

Einer der besten Kenner stellt in diesem fesselnden Buche gemeinverständlich die Entwicklung des Arbeitsrechts aus dem deutschen Rechtsempfinden heraus dar. Von den Grundlagen des Arbeitsverhältnisses ausgehend, zeigt er uns als Ziel den Ersatz des individuellen Einzelvertragsverhältnisses durch die kollektive verfassungsmäßige Regelung, die von den beruflichen Organisationen getragen wird. Durch die geschickte Verknüpfung von Wirtschaftsentwicklung, Recht und Kultur wird die Lektüre, das Eindringen, zum Genuß.

93
G. C. LICHTENBERG
Aphorismen und Schriften
Sein Werk ausgewählt und eingeleitet von *Ernst Vincent*
Mit Bildnis. M 3.75

Seit Jahren rufen die Literaturfreunde Deutschlands nach einer guten, ausreichenden Ausgabe Lichtenbergs. Hier ist sie: eins der erregendsten und zugleich amüsantesten Bücher der Welt (Nietzsche). Der scharfsichtige und tiefsinnige Beobachter, der große Meister des Aphorismus, mit dem er zu geißeln, zu funkeln, zu lächeln und zu sinnen weiß, der Göttinger Professor am Fenster, der alles Merkwürdige draußen und drinnen genau notiert, dem Echten offen, mit einem tödlichen Witz für alles Eitle und Falsche: Der große deutsche Prosaist erhält hier von der Hand eines Kenners die würdige Ausgabe.

„Der subtilste und doch vielleicht größte Satiriker der neueren deutschen Literatur war bislang nur für den quellenforschenden Fachmann erreichbar. Eine Neuherausgabe seines Werkes wurde schon seit langem gefordert; denn der seltsame Denker, der zwischen den Zeiten und Welten steht, der Aufklärung huldigt und die Romantik vorwegnimmt, ein Freigeist und zugleich ein Mystiker ist, wirkt heute stärker als je." *Die Bücherwelt, Bonn*

94
WILHELM HEHLMANN
Pädagogisches Wörterbuch
Mit 16 Bildnissen. *M 3.50*

In der Pädagogik gibt es bisher nur große Lexika und Handbücher. Es fehlte durchaus an einem kleinen Handwörterbuch, das dem Lehrer und Studenten, dem Studienreferendar und Pädagogikstudenten als handliches Nachschlagewerk dienen kann und dem wissenschaftlich Arbeitenden schnell und bequem die Daten zur Hand gibt. Hier ist es. Privatdozent Dr. Hehlmann, an der Universität und der pädagogischen Akademie in Halle tätig, gibt zuverlässig und erschöpfend Auskunft über alle Fragen der heutigen Pädagogik und ihrer Grenzgebiete. Sein Wörterbuch wird auf außergewöhnliches Interesse stoßen.

95
MARTIN LUTHER
Theologie des Kreuzes
Die religiösen Schriften

Herausgegeben von *Georg Helbig*

Mit einem Bildnis. *M 3.50*

In dieser aus neuer Sicht auf Luther geschaffenen Ausgabe der zentralen Frühschriften, die alles Verbreitete und Abgeleitete zurückdrängt, wird Luthers Urerlebnis, die religiöse Erschütterung des Menschen vor Gott, für jedermann als unvergängliche Quelle protestantischer Besinnung und Entscheidung dargestellt.

96
Wörterbuch der Antike
Von Prof. *H. Lamer*. Unter Mitarbeit von Dr. *E. Bux* und Dr. *W. Schöne*

796 Seiten. *M 5.80*

Dieses Wörterbuch gibt ein Gesamtbild der antiken Kultur. Über Philosophie, Kunst, Literatur, Religion und Mythologie erteilt es ebenso sachkundig Auskunft wie über Politik, Wirtschaft, Technik, Medizin, Geographie, Recht, öffentliches und Privatleben, Geflügelte Worte und Heerwesen. Gemeinverständlich und in „durchlaufender Betrachtungsweise" abgefaßt, zeichnet es überall die Fäden von der Antike bis zur Gegenwart durch und dient so dem weitesten Kreise aller derer, die neben ihrem Beruf Zugang zur Welt der Antike suchen ebenso wie dem Fachmann, Philologen, Historiker oder Pädagogen.

97
C. G. CARUS
Goethe
Zu dessen näherem Verständnis
Mit einem Nachwort herausgegeben von *Rudolf Marx*
Mit Bildnis. M 3.—

Carl Gustav Carus (1789—1869), als Mediziner, Denker und Maler gleich hervorragend, einer der universalsten Menschen des vorigen Jahrhunderts, von Goethe, den er kannte und mit dem er bedeutende Briefe wechselte, mit höchsten Lobeserhebungen begrüßt, zeichnet in diesem Buche mit dem hellen Blick des Menschenkenners den Eindruck auf, den er von Goethe gewann. So entstand, aus nächster Nähe gesehen, ein unschätzbares Bild von dem Menschen Goethe, von seiner Lebensform, seinem Verhältnis zur Natur und zu den Menschen.

98
C. G. CARUS
Psyche
Zur Entwicklungsgeschichte der Seele
Mit einem Nachwort herausgegeben von *Rudolf Marx*
Mit Bildnis. M 4.—

Die „Psyche" ist das denkerische Hauptwerk von Carus und zugleich das Buch, in dem die deutsche Romantik ihr Wissen um die Seele am umfassendsten dargestellt hat. Carus verband mit großer seelischer Erfahrung und der Fähigkeit, aufs zarteste in Seelen hineinzulauschen, die Vorsicht des Arztes. Sie behütete ihn davor, romantischen „Ahnungen" zu unterliegen. So entstand ein in der Geschichte des deutschen Geistes einzigartiges Werk über die Seele.
Unsere Ausgabe gibt den Text der zweiten Auflage ungekürzt.

99
GUSTAVE LE BON
Psychologie der Massen
Mit einem Vorwort von Prof. *Walther Moede*
Sechste deutsche Auflage. M 3.50

Das berühmte Buch über die Seele der Massen wird mit dieser Taschenausgabe jedem erschlossen, der durch Beruf oder privates Interesse, sei es als Psychologe, Soziologe oder Pädagoge, Kaufmann, Jurist oder Politiker mit seelischen Massenvorgängen zu tun hat. Die ausgezeichnete Kennerschaft Prof. Moedes, Berlin, gab dem auch darstellerisch hervorragenden Werk einen Überblick über die letzten massenpsychologischen Erfahrungen bei.

100
Nietzsche in seinen Briefen
und Berichten der Zeitgenossen
Die Lebensgeschichte in Dokumenten
Herausgegeben von Prof. *Alfred Baeumler*
Mit 11 Abbildungen und 3 Handschriftproben. M 4.—
Geschenkausgabe auf Dünndruckpapier. Ln. M 8.—; Ldr. M 12.50

Für jeden Nietzsche-Leser kommt einmal der Augenblick, in dem er sich brennend fragt: Wie sah der vieldeutige Mensch aus, den ich hier lese? Welches ist sein **wahres** Gesicht, durch Liebe oder Haß unentstellt? Welches sein **persönliches** Lebens-Schicksal, das er so groß auf die Wand des Geistes hinausspiegelte? Auf alle diese Fragen antwortet der vorliegende Band. Er vereinigt alle irgend bedeutsamen Briefe Nietzsches und die Berichte der Zeitgenossen über ihn zu einem unsagbar großen erschütternden Denkmal seines geistigen Lebenskampfes.

101
MICHEL DE MONTAIGNE
Die Essais
und das Reisetagebuch
In den Hauptteilen herausgegeben und verdeutscht von
Prof. *Paul Sakmann*. Mit einem Bildnis. M 3.50

Von literarischem und philosophischem Weltruhm seit Jahrhunderten beglänzt, wieder und wieder gelesen, bekämpft, bewundert, nachgeahmt, voll sprühenden, zitternden Lebens wie am ersten Tag, ein Buch ohnegleichen. Die hervorragende Kennerschaft Prof. Sakmanns betreute die Ausgabe.

102
LUDWIG BÜCHNER
Kraft und Stoff
Empirisch-naturphilosophische Studien
in allgemeinverständlicher Darstellung
Neudruck der Urausgabe. Mit einer Einführung und Anmerkungen
von *Wilhelm Bölsche*. M 2.75

Das großartige Gesamtbild der Welt, von den Naturwissenschaften aus gesehen (Wilhelm Bölsche gab ihm die notwendigen Ergänzungen und Berichtigungen), das furchtlose Bekenntnis des zu den Tatsachen jasagenden Mannes, der den Menschen mit seiner Winzigkeit und sittlichen Größe in die Natur stellt, das Buch der Klärung für Hunderttausende wird hier in der Frische der Urausgabe wieder zugänglich.

103
ADAM SMITH
Natur und Ursachen des Volkswohlstandes
Neu übersetzt und mit Kommentar von Dr. *Friedrich Bülow*. M 4.—

Diese neue Ausgabe des Grundbuches alles Wirtschaftsdenkens kommt einer Entdeckung gleich. Durch die klare Trennung der unvergänglichen von den vergänglichen Partien, die durch Zwischenberichte ersetzt sind, ist das Buch für den Studenten und die weiten Kreise, die ein Verständnis wirtschaftlicher Vorgänge brauchen, neu erobert. Dr. Bülow hat es fortlaufend vom heutigen Stande der Wissenschaft kommentiert und damit die beste Einführung in das wirtschaftliche Denken geschaffen.

104
IMMANUEL KANT
Die drei Kritiken
in ihrem Zusammenhang mit dem Gesamtwerk

Mit verbindendem Text von Dr. *Raymund Schmidt*. M 3.75

Als Herausgeber Kants, der „Annalen der Philosophie" und des „Forum Philosophicum" international bekannt, gibt Dr. Schmidt hier erstmalig eine Übersicht über das ganze System Kants in Kants eigenen Worten. Die Hauptpartien der drei „Kritiken" sind in ihm ebenso enthalten wie die der eigenen Schriften zur Religions-, Rechts- und Geschichtsphilosophie. Durch einführende Zwischenberichte zusammengehalten, bildet das Buch eine Einheit. Es ist die für Studium und Privatlektüre seit langem gesuchte ausreichende knappe Kant-Ausgabe.

105/106
THOMAS VON AQUINO
Summe der Theologie
Herausgegeben von Dr. *Joseph Bernhart*

Bd. I: Gott und Schöpfung. Bd. II: Die sittliche Weltordnung

Mit zwei Bildnissen. Je M 4.—

Als Grundpfeiler und Richtschnur katholischen Glaubens, als Summe und Krone mittelalterlicher Philosophie erscheint uns die „Summa theologiae", das Hauptwerk des Thomas. Sie wird mit dieser Ausgabe erstmalig deutsch jedermann zugänglich. Die Herausgeber scheuten keine Mühe, den gesamten Gedankengehalt in den zwei Bänden unterzubringen. Zwischenberichte, Einleitung, Kommentar, Register treten dazu. Wissenschaftliche Zuverlässigkeit und Gemeinverständlichkeit zu verbinden, ist das Ziel.

107
AUGUSTE COMTE
Die Soziologie
Die Positive Philosophie im Auszug
Herausgegeben von Dr. *Friedrich Blaschke.* M 4.—

Das Hauptwerk der Soziologie in einem Bande, der sorgsam die heute noch lebenden Grundzüge und Hauptpartien vom Beiwerk trennt, über das in Zwischenberichten referiert wird. Da das Interesse an soziologischen Fragestellungen ständig im Steigen ist, wird dieser Ausgabe große Beachtung entgegengebracht werden. Die handliche Ausgabe wird von den Studierenden und allen an Gesellschaftsproblemen Interessierten seit Jahren als Notwendigkeit empfunden.

108
ERNST VON ASTER
Geschichte der Philosophie
2., verbesserte Auflage. 492 Seiten. M 3.50

Immer wieder wurde dem Verlag der Wunsch nach einer **einbändigen**, wissenschaftlich erstklassigen, modernen Geschichte der Philosophie zugetragen. Sie soll den Problemen nichts von ihrer Tiefe nehmen, dabei aber auch nicht zu schwer und nicht trocken geschrieben sein. **Hier ist dieses Buch!** Professor v. Aster, Gießen, hat es aus vollendeter Beherrschung des Gegenstandes und reichster Lehr-Erfahrung geschaffen. Er gibt eine **Geschichte der philosophischen Probleme und Ideen** und stellt die Philosophie überall in den Zusammenhang der allgemeinen Kultur. Beratende Literaturangaben, ein Aufsatz „**Wie studiert man Philosophie?**", eine Wiederholungszwecken dienende **Zeittafel** und ausführliche **Register** beschließen den Band.

110
PAUL DE LAGARDE
Schriften für Deutschland
Herausgegeben von Prof. *August Messer.* M 2.70

Diese Ausgabe vereinigt die „Deutschen Schriften" mit den kleineren zu einem abschließenden Bild Lagardes unter dem Gesichtspunkt, unter dem wir heute den zu neuem Leben erweckten Künder echten Deutschtums sehen. Als Buch einer Gesinnung, die das Wohl des Ganzen über den privaten Vorteil stellt, zählt es zu den führenden Schriften des neuen Deutschland.

111
PLATON
Der Staat
Deutsch von Dr. *August Horneffer*
Mit einer Einleitung von Prof. *Kurt Hildebrandt*
Mit Bildnis. M 3.75

Platons „Staat", die Krone unter seinen Werken und eines der größten Bücher der Philosophie und politischen Denkens überhaupt, wird hier in der hervorragenden Verdeutschung A. Horneffers vollständig dargeboten. Die geforderte Vereinigung von Geist und und Macht in der gleichen Hand, die entworfene Rangordnung von Führenden und Geführten und der Erziehungsplan für den neuen Adel, die neue Führerschicht verleihen dem Buche über seine zeitlose Geltung hinaus höchsten Gegenwartswert.

112
G. W. LEIBNIZ
Die Hauptwerke
Zusammengefaßt und herausgegeben von Dr. *G. Krüger*
Mit einem Vorwort von Prof. *D. Mahnke*
Mit Bildnis. M 3.50

Diese Ausgabe erfüllt eine Ehrenpflicht Deutschlands gegenüber seinem größten Geiste. Sie ermöglicht, von Kennern betreut, zum ersten Male eine Übersicht über alles Wesentliche. Sie enthält die Schrift zur Errichtung der Akademie, wichtigste vaterländische Gedanken, die „Metaphysische Abhandlung", die Briefe an Arnauld und Clarke, das „Neue System der Natur", die „Nouveaux essais", die „Monadologie" und die „Theodizee".

113
Deutsche Geschichte seit 1918 in Dokumenten
Herausgegeben und mit verbindendem Text von Prof. *E. Forsthoff*
Mit 16 Photographien. Leinen M 3.75

In fast unheimlicher Nähe und Farbigkeit rollt hier das viel bewegte deutsche Geschehen: Niederbruch, Sammlung und Aufbruch, vor dem Leser ab. Aus einer Riesenfülle teils schwer zugänglicher Dokumente wurden die wichtigsten und bezeichnendsten ausgewählt, sorgsam geordnet und durch Zwischentexte zu einem Ganzen von ergreifender Wucht verbunden. Wer unsere Gegenwart verstehn will, kann sich kein besseres Lehrbuch, kein unmittelbareres Lesebuch wünschen als dieses.

115/116

HEINRICH VON TREITSCHKE
Deutsche Geschichte im 19. Jahrhundert

Zusammengefaßt herausgegeben von Dr. *H. Heffter*
Bd. I: Zusammenbruch und nationale Erhebung
Bd. II: Staat und Kultur der Friedenszeit

Mit 26 zeitgenössischen Abbildungen

In Leinen Bd. I *M* 3.50, Bd. II *M* 4.20

Unsere Ausgabe bietet das glänzende Geschichtswerk, die hinreißende Darstellung deutscher Geschichte seit den Tagen des großen Friedrich bis zu Bismarck hin *in vollgültiger Gestalt auf knappem Raume.* Die politische Geschichte hat sich mit der Kulturgeschichte und der Darstellung der deutschen Stämme und Landschaften zu einem unvergleichlichen Gesamtbilde deutschen Lebens durchdrungen. Hier erscheint das große Werk im vollen Zusammenhang. Nur diplomatische und parlamentarische Spezialausführungen sind in Berichte des Herausgebers zusammengezogen.

117

ERNST MORITZ ARNDT
Volk und Staat

Seine Schriften in Auswahl herausgegeben von Dr. *Paul Requadt*

Leinen *M* 3.25

Wer zu deutschem Wesen in seiner Stille, Schlichtheit und kernhaften Frische heimverlangt, wird diese neue Ausgabe des „getreuen Eckarts" unseres Volkes als eine hohe Offenbarung empfinden. Sie hebt aus Arndts umfangreichem Werk den glühenden Kern heraus, der uns Heutige unmittelbar angeht. Sie handelt von Volkscharakter und Rasse, von nordischem und deutschem Wesen, von der Wurzellosigkeit des Intellektuellen und der Einfügung in den Volksverband, von Fremdländerei und Muttersprache, von Führer und Masse, und von einem Staat, der die geistigen Kräfte des Bürgertums mit den irdischen des durch ein Erbhofgesetz befestigten Bauernstandes in Einklang bringt. Es gibt wenig so beglückende, männlich schlichte, dabei zarte Bücher wie dies: Arndts deutsches Vermächtnis.

120/121
Das Neue Testament
Verdeutscht und erläutert von
Prof. D. *Wilhelm Michaelis*

2 Bände

I. Die Evangelien. II. Apostelgeschichte, Briefe, Offenbarung
Bd. I Leinen M 3.75. Bd. II (Herbst 1935) Leinen etwa M 4.—

Zum ersten Male wird hier in einer schönen, knappen, dabei wohlfeilen Ausgabe eine neue Übersetzung mit einem in Fußnoten gebotenen fortlaufenden Kommentar verbunden. Die Erkenntnisse der modernen neutestamentlichen Wissenschaft sind in ihm und den Einführungen zu jeder Schrift gemeinverständlich zusammengefaßt. Unsere Ausgabe wendet sich an alle religiös fühlenden Menschen, an alle Religionslehrer, Seelsorger und Theologiestudierenden.

122
W. H. RIEHL
Naturgeschichte des deutschen Volkes
Zusammengefaßt und herausgegeben von Prof. *Gunther Ipsen*
Mit Bildnis. Leinen M 4.—

Riehls vielgepriesenes Buch ist als farbenvolle Gesamtdarstellung des deutschen Volkes, seines Landes und seiner Leute, seiner Stämme und Stände, seiner wirtschaftlichen und geistigen Kräfte, seiner Landschaften, seiner Geschichte und Kultur ohne Seitenstück. Es verbindet in der frischen Zeichnung des Wanderers die Landeskunde mit der Volks- und Gesellschaftskunde zu einem ungemein anziehenden Bilde. Unsere Ausgabe, von der Kennerschaft Prof. Ipsens, Königsberg, betreut, hebt die noch heute unvermindert geltenden Hauptteile heraus und vereinigt sie zu einem Ganzen von neuer Leuchtkraft. Außer dem Hauptwerk enthält sie die bedeutsamen Vorträge „Die Wissenschaft vom Volke" und „Über den Begriff der bürgerlichen Gesellschaft".

126
THOMAS VON KEMPEN
Die Nachfolge Christi
Übertragen von Prof. Dr. *Felix Braun*
Leinen mit Goldaufdruck M 3.—

Das unvergängliche Buch der Sammlung in den verwirrenden Stimmen des Alltags, der Heimkehr zum Urgrund Gott und Einkehr in das Geheimnis der eigenen Seele wird hier in neuer, wundervoller Übertragung dargeboten. Millionen von im äußeren Leben Verlaufenen in allen Weltteilen ist es durch seine Gemütstiefe, durch die schlichte, herzliche Frömmigkeit, seine Menschenkenntnis und Lebenserfahrung zum Freund und täglichen Begleiter geworden.

129
ARISTOTELES
Hauptwerke
Ausgewählt, übersetzt und eingeleitet von
Prof. Dr. *Wilhelm Nestle*
Leinen M 4.—

Der große Vollender griechischer Philosophie, der allumfassende Geist, dessen Fragen und Lösungen erregend in die Gedankengänge unserer Zeit hereinwirken, wird hier erstmalig in einer Ausgabe der Grundzüge seiner Philosophie vorgelegt. Sie enthält in durch Zwischenberichte zusammenhängender Form alle wesentlichen Partien der philosophischen Hauptwerke: der Schrift über die Seele, der Metaphysik, der Eudemischen und Nikomachischen Ethik, der Psychologie, Politik und Poetik. Nur einem so hervorragenden Kenner wie Prof. Nestle, Tübingen, konnte die große Aufgabe gelingen.

136
HERDER
Mensch und Geschichte
Sein Werk im Grundriß. Herausgegeben von Dr. *Willi Koch*
Leinen M 3.25

In Herders erstaunlichem, zugleich erleuchtendem und fortreißendem Werk begegnet uns Heutigen wie eine Neuentdeckung zweierlei: hier spricht ein Wächter ursprünglichsten, deutschen Wesens, ein Ahner und Rauner von Volk und Volksseele, der zugleich einer der mächtigsten Zauberer deutscher Sprache war. Denker und begnadeter Dichter sind hier eins: man wirft sich in sein Werk wie in einen Strudel, aus dem kein Entrinnen ist, und kommt als Verwandelter aus der zauberischen Tiefe zurück. — Unsere Ausgabe baut Herders Welt und Werk aus ihren Grundthemen: Sprache und Dichtung, Geschichte und Kultur, Volkstum und Religion, neu auf und schenkt ihn uns wieder. Vom „Reisejournal" und „Shakespeare" über die „Ideen" bis zu den späten Schriften: alle entscheidenden Schriften sind in ihren Hauptpartien hier vereinigt. In unserer deutschen Selbstentdeckung wird dieser sprühende Band an hervorragender Stelle stehen.

137
HEINRICH VON TREITSCHKE
Deutsche Kämpfe
Die schönsten kleineren Schriften
Herausgegeben von Dr. *H. Heffter*
Leinen M 3.25

Treitschke hat in den kleineren Schriften die hohen Vorzüge seines Hauptwerkes, der „Deutschen Geschichte im 19. Jahrhundert", noch übertroffen. Der Blick für das Ganze des politischen und kulturellen Lebens, die seltene Gabe anschaulicher Schilderung und die bezaubernde Macht seiner Rede sind hier zu höchster Meisterschaft entwickelt. Welches Glück, daß die Schriften überdies größtenteils **Höhepunkte deutscher Geschichte** darstellen! So reiht unser Band die schönsten und bedeutendsten zu einem ungemein anziehenden Überblick über die deutsche Vergangenheit aneinander, dessen Größe und Glanz sich kein heutiger Leser entziehen kann: „Das deutsche Ordensland Preußen", „Luther und die deutsche Nation", „Die Republik der vereinigten Niederlande", „Königin Luise", „Heinrich von Kleist", „Fichte und die nationale Idee", „Zum Gedächtnis des großen Krieges".

124
PLUTARCH
Helden und Schicksale
Übertragen und herausgegeben von Dr. *Wilhelm Ax*
444 Seiten. Leinen M 4.—

Den „Griechischen" und „Römischen Heldenleben" folgt hier der Band, der durch seine reichen Einblicke in das antike Leben wohl der farbigste, interessanteste genannt werden kann. Seine Helden kämpfen großenteils abseits der Ruhmesstraße der Unsterblichkeit; die Geschichte verweilt nur einen Augenblick bei ihnen. Viele stehn auf verlorenem Posten. Nirgends erlebt man jedoch Würde und Tragik des Menschlichen so schlicht und groß wie hier. Von Dion angefangen, zieht sich ihre Reihe über Pelopidas, Phokion, Agis und Kleomenes, über Coriolan und Flamininus zu Sertorius, Cicero und Brutus.

119
Die Vorsokratiker
Übersetzt und herausgegeben von Prof. Dr. *Wilhelm Capelle*
Leinen M 4.50

Mit den frühen griechischen Denkern vor Sokrates, deren Bruchstücke hier gesammelt sind, beginnt die abendländische Geistesgeschichte. Hier wurden die Begriffe Kosmos, Geist, Natur,Wissenschaft zum ersten Male gedacht. Von den Orphikern und Thales angefangen, enthält unser Band die Originalfragmente und die antiken Nachrichten (die sog. „doxographischen Berichte") von Anaximandros, Anaximenes, Pythagoras, Xenophanes, Parmenides, Zenon, Heraklit, Empedokles, Anaxagoras, Demokrit bis zur Sophistik des Protagoras und Gorgias. Im Unterschiede zu allen bisherigen Ausgaben übersetzt die unsere auch die antiken Berichte über diese Denker und bildet damit ein unentbehrliches, zusammenhängendes, abschließendes Werk für jeden Freund der Griechen und der Philosophie überhaupt.

Herbst 1935 liegen vor:

123
THOMAS CARLYLE
Heldentum und Macht
Ausgewählte Schriften.   Herausgegeben von Dr. *Michael Freund*
Leinen M 3.75

Dieser Band bietet Carlyles Philosophie des Heldentums, seine Meisterbiographien (darunter die hier erstmalig verdeutschte Cromwells) und die ergreifenden Schriften, in denen Carlyle als Verkünder eines heroischen, konservativen, nationalen Sozialismus erscheint, dem es nicht um ein Gaukelbild des Glückes, doch um Würde und Adel des Menschen geht.

127
Wörterbuch der deutschen Volkskunde
Unter Berücksichtigung der Vorgeschichte
Von Dr. *Oswald Erich* und Dr. *Richard Beitl*
Mit 130 Abbildungen
Leinen M 4.75

Zwei hervorragende Berliner Fachgelehrte, die zudem die Gabe einfacher, fesselnder Darstellung auszeichnet, haben sich hier unter Förderung der Deutschen Volkskunst-Kommission zu einem umfassenden Gesamtbilde unseres heutigen Wissens von deutscher Volkskunde und ihren vorgeschichtlichen Wurzeln zusammengefunden. Unser Wörterbuch ist für jedermann lesbar und doch bis ins letzte wissenschaftlich gesichert. Dr. Erich übernahm die Darstellung der Realien, Dr.Beitl die der geistig-literarischenVolkskunde.

134
JACOB BURCKHARDT
Briefe
zur Erkenntnis seiner geistigen Gestalt
Herausgegeben und eingeleitet von Dr. *Fritz Kaphahn*
Leinen M 4.75

Jacob Burckhardt ist der letzte große Briefschreiber europäischen Formats im deutschen Sprachraum. Unsere Auswahl seiner Briefe baut die überaus fesselnde geistige Gestalt Burckhardts vor uns auf, zeigt uns seine an Geheimnissen reiche Seelengeschichte und breitet in Fülle seine berühmten Äußerungen über Geschichte, Gegenwart und Zukunft der Kultur vor uns aus. Der Herausgeber hat das Buch mit einer ausführlichen äußeren und inneren Biographie Burckhardts eingeleitet. Für jeden Freund der Kunst, für jeden, der um ein tieferes Geschichtsbild ringt, wird der Band eine kostbare Gabe sein.

130
SUETON
Cäsarenleben
Neu herausgegeben und erläutert
Mit einer Einleitung von Dr. *Rudolf Till*
Mit einigen Porträts. Leinen M 4.—

Suetons zwölf Kaiserbiographien gehören durch die Fülle und Farbigkeit ihrer Einzelzüge zur Weltliteratur. Hier beschrieb ein Mann die Cäsaren, seine Zeitgenossen, aus nächster Nähe, im Besitz aller, auch der geheimsten Nachrichten, und er beschrieb sie vorurteilslos. So treten die römischen Weltherrscher von Cäsar bis zu Domitian in der ganzen Lebensnähe, der Furchtbarkeit, aber auch der Tragik ihrer Existenz vor dem Hintergrunde ihrer Zeit auf uns zu. Für unser Wissen um die Antike unschätzbar, für unser Wissen um den Menschen in seiner Rätselhaftigkeit von zeitloser Größe.

114
FRIEDRICH BÜLOW
Wörterbuch der Wirtschaft
400 Seiten. Leinen M 4.—

Dieses aus langjähriger Praxis erwachsene Buch enthält alles, was der heutige Mensch wissen muß, sei es, daß er selbst in der Wirtschaft steht oder daß er sich um ihr Verständnis bemüht. Es enthält allenthalben die neuesten Tatsachen und Erfahrungen. Es begnügt sich nie mit dürren, nichtssagenden Begriffsbestimmungen, sondern gibt stets die wahren Gegebenheiten der Wirtschaft mit ihren praktischen Fragen und praktischen Antworten. Über die Einzelheiten leitet es zum Verständnis wirtschaftlicher Zusammenhänge. Es ist gemeinverständlich, für jedermann geschrieben und setzt keinerlei besondere Vorkenntnisse voraus.

139
DIE BRÜDER GRIMM
Ewiges Deutschland
Ihre Schriften in Auswahl herausgegeben von Dr. *W. E. Peuckert*

Leinen etwa M 3.75

In den Schriften der Brüder Grimm verehrt das geistige Deutschland seinen geheimnisvollen Mittelpunkt. Nirgends ist die fromme Tiefe, die Lauterkeit und Innerlichkeit deutschen Wesens so rein und schön erklungen wie hier. Unsere Auswahl hebt aus den großen Einleitungen zu den Hauptwerken und aus den bedeutendsten und schönsten der kleineren Schriften ein Bild der Brüder und ihres Denkens heraus, wie es in solcher Eindringlichkeit noch nie da war.

Außerdem sind in Vorbereitung:

118
FRITZ LINDE
Deutsche Geschichte seit Bismarck
Leinen etwa M 4.—

125
JOACHIM WACH
Geschichte der Religionen
600 Seiten. Leinen etwa M 4.—

131
ERNST BÜCKEN
Die Musik der Nationen
Eine Musikgeschichte
600 Seiten. Mit Notenanhang
Leinen etwa M 4.—

132/33
ERNST KORNEMANN
Römische Geschichte
I: Die Republik. II: Die Kaiserzeit
Je 500 Seiten. Leinen etwa je M 4.—

135
WILL ERICH PEUCKERT
Deutsche Volkskunde
400 Seiten. Leinen etwa M 3.25

138
GERHARD LEHMANN
Philosophie der Gegenwart
Leinen etwa M 4.—

140
ARNOLD SCHERING
Geschichte der deutschen Musik
Leinen etwa M 4.—

141
FRITZ EBERHARDT
Militärisches Wörterbuch
Leinen etwa M 4.—

Die Sammlung wird fortgesetzt

VERFASSER-VERZEICHNIS

	Band
Aristoteles: Hauptwerke	129
Arndt: Volk und Staat	117
v. Aster: Geschichte der Philosophie	108
Augustinus: Bekenntnisse und Gottesstaat	80
Bachofen: Mutterrecht und Urreligion	52
Büchner: Kraft und Stoff	102
Bücken: Die Musik der Nationen	131
Bühler: Die Kultur des Mittelalters	79
Bülow: Volkswirtschaftslehre	81
— Wörterbuch der Wirtschaft	114
Burckhardt: Briefe	134
— Erinnerungen aus Rubens	57
— Griechische Kulturgeschichte	58/60
— Die Kultur der Renaissance in Italien	53
— Kulturgeschichtliche Vorträge	56
— Weltgeschichtliche Betrachtungen	55
— Zeit Konstantins d. Großen	54
Carlyle: Heldentum und Macht	123
Carneri: Der moderne Mensch	3
Carus: Goethe	97
— Psyche	98
Comte: Die Soziologie	107
Darwin: Die Abstammung des Menschen	28
Deutsche Geschichte seit 1918 in Dokumenten. V. E. Forsthoff	113
Deutsche Volkskunde. Von W. E. Peuckert	135
Droysen: Geschichte Alexanders des Großen	87
Eberhardt: Militärisches Wörterbuch	141
Epiktet: Handbüchlein der Moral	2
Epikurs Philosophie der Lebensfreude	11
Erich-Beitl: Wörterbuch d. deutschen Volkskunde	127
Die vier Evangelien. Deutsch von H. Schmidt	6
Feuerbach: Pierre Bayle	31
— Die Unsterblichkeitsfrage	26
— Das Wesen der Religion	27
Fichte: Reden an die deutsche Nation	35
Forsthoff: Deutsche Geschichte seit 1918 in Dokumenten	113
France: Bios, die Gesetze der Welt	51
— Die Waage des Lebens	68
Geschichte der deutschen Musik. Von A. Schering	140
Goethe: Faust, Band I u. II	12
Goethe: Schriften über die Natur	62
— Tagebuch d. italien. Reise	45
Gracians Handorakel	8
Grimm, Ewiges Deutschland	139
Haeckel: Die Lebenswunder	22
— Die Welträtsel	1
Hartmann: Gedanken über Staat, Politik, Sozialismus	29
Hasse: Die ital. Renaissance	17
Hegel: Der deutsche Staat	39
Hehlmann: Pädagog. Wörterbuch	94
Heinemann: Die deutsche Dichtung	10
— Klassische Dichtung der Griechen	14
— Klassische Dichtung der Römer	15
— Lebensweisheit d. Griechen	23
Henning: Psychologie der Gegenwart	89
Herder: Mensch und Geschichte	136
Kant: Die drei Kritiken	104
Die Kant-Laplacesche Theorie	46
Kierkegaard: Religion der Tat	63
Kornemann: Röm. Geschichte	132/133
Körte: Die hellenistische Dichtung	47
Lagarde: Schriften für Deutschland	110
Lamer: Wörterbuch d. Antike	96
Lehmann: Philosophie der Gegenwart	138
Leibniz: Die Hauptwerke	112
Leisegang: Die Gnosis	32
Le Bon: Psychologie der Massen	99
Lichtenberg: Aphorismen und Schriften	93
Linde: Deutsche Geschichte seit Bismarck	118
Luther: Theologie d. Kreuzes	95
Mahrholz: Literargeschichte	88
Marc Aurel: Selbstbetrachtungen	4
Militärisches Wörterbuch. Von G. Eberhardt	141
Montaigne: Die Essais	101
Müller, Adam: Vom Geiste der Gemeinschaft	86
Das Neue Testament. Verdeutscht u. erl. v. W. Michaelis	120/21
Das Nibelungenlied	36
Nietzsche: Also sprach Zarathustra	75
Nietzsche in seinen Briefen	100
Nietzsche: Die fröhl. Wissenschaft	74
— Die Geburt der Tragödie / Der griechische Staat	70
— Götzendämmerung / Antichrist / Ecce homo / Gedichte	77

	Band		Band
Nietzsche: Jenseits von Gut u. Böse / Zur Genealogie der Moral	76	**Schering:** Geschichte der deutschen Musik	140
— Menschl., Allzumenschliches	72	**Schleiermacher:** Über die Religion	34
— Morgenröte	73	**Schmidt:** Philosoph. Wörterbuch	13
— Die Philosophie im tragischen Zeitalter d. Griechen	42	**Schopenhauer:** Aphorismen zur Lebensweisheit	16
Nietzsches prophetische Worte über Staaten und Völker	21	— Persönlichkeit und Werk	48
Nietzsche: Schopenhauer als Erzieher (vergriffen)	38	**Seneca:** Vom glückseligen Leben	5
— Über die Zukunft unserer Bildungsanstalten	41	**Smiles:** Der Charakter	7
— Die Unschuld d. Werdens	82/83	**Smith:** Natur und Ursachen des Volkswohlstandes	103
— Unzeitgem. Betrachtungen	71	**Spencer:** Die Erziehung	9
— Vom Nutzen und Nachteil der Historie für das Leben	37	**Spinoza:** Die Ethik	24
— Der Wille zur Macht	78	**Strauß:** Der alte und der neue Glaube	25
— Worte für werdende Menschen	30	— Voltaire	33
Pädagogisches Wörterbuch	94	**Sturmhoefel:** Geschichte des deutschen Volkes	19/20
Pestalozzi: Grundlehren über Mensch und Erziehung	49	**Sueton:** Cäsarenleben	130
Peuckert: Deutsche Volkskunde	135	**Thomas von Aquino:** Summe der Theologie	105/106
Philosophie der Gegenwart. Von G. Lehmann	138	**Thomas von Kempen:** Nachfolge Christi	126
Philosophisches Wörterbuch	13	**Treitschke:** Deutsche Geschichte im 19. Jahrhundert	115/116
Platon: Hauptwerke	69	— Deutsche Kämpfe	137
— Der Staat	111	**Voltaire:** Für Wahrheit und Menschlichkeit	40
Plutarch: Griechische Heldenleben	66	**Die Vorsokratiker.** Hrsg. v. Prof. W. Capelle	119
— Römische Heldenleben	67	**Wach:** Geschichte der Religionen	125
— Helden und Schicksale	124	**Wirth:** Deutsche Geschichte	50
Potthoff: Arbeitsrecht	90	**Wörterbuch der Antike**	96
Riehl: Die Naturgeschichte des deutschen Volkes	122	**Wörterbuch der deutschen Volkskunde**	127
Rohde: Psyche	61	**Wörterbuch der Wirtschaft**	114
Rousseau: Die Krisis der Kultur	85	**Wundt:** Die Nationen und ihre Philosophie	18
Schelling: Sein Weltbild aus den Schriften	44		

Nr. 25. 50'. X. 35   RICHARD PRIES, LEIPZIG C 1